ALBER REIHE KOMMUNIKATION

Über dieses Buch:

Das Selbstverständnis und die Arbeitsweise deutscher Journalisten haben sich seit Ende des Zweiten Weltkriegs gravierend verändert. Dem nüchternen Journalistentypus der Nachkriegszeit, der durchaus Einfluß nehmen wollte auf Politik und Gesellschaft, sich in der Recherche jedoch zurückhielt und die Konsequenzen der Berichterstattung bedachte, steht der Nachrichtenjäger der neunziger Jahre gegenüber, der nach Selbstverwirklichung und beruflicher Freiheit strebt, seine Recherchebegeisterung mit gelegentlich skrupellosen Mitteln auslebt und auf unerwünschte Folgen der Berichterstattung kaum Rücksicht nimmt. Er wiederum hat den anwaltschaftlichen Journalistentypus der siebziger und achtziger Jahre abgelöst, der sein Engagement gegen Privilegien und Mißstände als Ausdruck von Gesellschaftskritik begriff.
Das Buch analysiert den Einfluß zeitgeschichtlicher Ereignisse auf den Wandel des Selbstverständnisses deutscher Journalisten. Dazu werden die historischen Eindrücke identifiziert, die für drei Journalistengenerationen seit Ende des Zweiten Weltkriegs typisch und prägend waren. Die Veränderungen im Selbstverständnis sind auch eine Folge des Miterlebens dramatischer Ereignisse der Kriegs- und Nachkriegszeit bis hin zur deutschen Vereinigung.

This book:

Since World War II professional thinking and work routines among German journalists have changed profoundly. The typical postwar journalist, although aspiring to influence politics and society, was quite cautious in research and worried about the consequences of his work. Journalists in the nineties are totally different: »News hunters« seeking for self-realization and freedom, they occasionally live up to their penchant for uncovering the hidden aspects of politics and business by unscrupulous research methods and quite often neglect negative consequences of their stories. Inbetween, that is in the seventies and eighties, journalists acted as advocates against privileges and in favor of complaints about social defects, seeing themselves primarily as social critics.
The book deals with the influence of historical events on the changing professional orientations among German journalists. For three generations of journalists the typical formative events since World War II are identified. The results of this study show that changes in journalists' role conceptions result from having lived through dramatic events, from the war and postwar periods up to the unification of Germany.

Die Autorin:

Dr. Simone Christine Ehmig, geb. 1964, studierte Publizistikwissenschaft, Deutsche Philologie und Kunstgeschichte an der Universität Mainz. Sie ist dort wissenschaftliche Mitarbeiterin am Institut für Publizistik. Buch- und Zeitschriftenveröffentlichungen zu Themen der politischen Kommunikation, Journalismusforschung und Risikokommunikation.

Simone Christine Ehmig

Generationswechsel im deutschen Journalismus

Alber-Reihe Kommunikation

Herausgegeben von
Hans-Bernd Brosius
Hans Mathias Kepplinger
Elisabeth Noelle-Neumann

Band 26

Simone Christine Ehmig

Generationswechsel im deutschen Journalismus

Zum Einfluß historischer Ereignisse auf das journalistische Selbstverständnis

Verlag Karl Alber Freiburg / München

Die vorliegende Untersuchung wurde 2000 vom Fachbereich 12-Sozialwissenschaften der Johannes Gutenberg-Universität Mainz unter dem Titel »Prägende Jahre. Zum Einfluß historischer Ereignisse und individueller Erlebnisse auf Journalisten« als Dissertation zur Erlangung des akademischen Grades eines Doktors der Philosophie (Dr. phil.) angenommen.

Die Deutsche Bibliothek – CIP-Einheitsaufnahme

Ehmig, Simone Christine :
Generationswechsel im deutschen Journalismus : zum Einfluß historischer Ereignisse auf das journalistische Selbstverständnis /
Simone Christine Ehmig. –
Freiburg [Breisgau] ; München : Alber, 2000
(Alber-Reihe Kommunikation ; Bd. 26)
ISBN 3-495-47494-3

Texterfassung: Autorin

Gedruckt auf alterungsbeständigem Papier (säurefrei)
Printed on acid-free paper

Einbandgestaltung: Eberle & Kaiser, Freiburg
Umschlagfotos: Ullstein Bilderdienst, Berlin
Einband gesetzt in der Rotis SemiSerif von Otl Aicher
Satz: SatzWeise, Föhren
Druck: Difo-Druck, Bamberg 2000
ISBN 3-495-47494-3

Inhalt

→ Vgl. dazu auch Moser in Claußen/Geißler (Hrsg.): Die Politisierung des Menschen. Opladen 1996
→ Kopie bei polit. Sozialisation

Vorbemerkung

Die vorliegende Untersuchung wurde vom Fachbereich 12 – Sozialwissenschaften der *Johannes Gutenberg-Universität* Mainz als Dissertation angenommen. Grundlage ihres empirischen Teils bilden Daten einer Journalistenbefragung, die im Herbst 1989 unter Leitung von Professor Dr. Hans Mathias Kepplinger (Mainz) und Professor Dr. Kurt Lang (Seattle) am *Institut für Publizistik* Mainz durchgeführt wurde. Ihnen beiden danke ich für die großzügige Überlassung der Daten. Professor Hans Mathias Kepplinger hat das Entstehen der Arbeit mit großem Interesse und zahllosen Anregungen begleitet. Ich danke ihm für die vielfältige Art der Förderung, die ich von ihm erfahren habe. Finanzielle Unterstützung hat für fast eineinhalb Jahre der *Verein der Freunde und Förderer des Instituts für Publizistik* durch ein Stipendium geleistet. Dafür danke ich der Vorsitzenden des Vereins, Frau Professor Dr. Dr. h. c. Elisabeth Noelle-Neumann. Mein Dank geht schließlich an alle, die Fragen gestellt, Anregungen gegeben und Kritik geübt haben.

Mainz, im Frühjahr 2000 — Simone C. Ehmig

1. Gegenstand der Untersuchung

Wer die jüngere Vergangenheit vor seinem geistigen Auge Revue passieren läßt, stützt sich dabei notwendigerweise auch auf die Berichterstattung der Massenmedien – die damals aktuelle Darstellung des Geschehens, die in der Erinnerung mit dem Geschehen selbst identisch geworden ist: Tatsächlich gibt es jedoch immer alternative Darstellungsmöglichkeiten. Sie sind von Kultur zu Kultur verschieden, und sie ändern sich im Laufe der Zeit mit den Sichtweisen der Darstellenden. Dies wirft mehrere weitreichende Fragen auf: Haben sich die Sichtweisen deutscher Journalisten geändert? Was hat sich geändert – und warum sind die Veränderungen eingetreten? Diese Fragen stehen im Mittelpunkt der vorliegenden Untersuchung.

Ausgangspunkt der Analyse sind Unterschiede im Selbstverständnis von drei Generationen deutscher Journalisten – den »Großvätern«, die noch das Dritte Reich bewußt erlebt haben, den »Vätern«, die während der Studentenbewegung erwachsen wurden, und den »Enkeln«, die danach aufwuchsen. Die Generationsunterschiede werden von Beobachtern innerhalb und außerhalb der Berufsgruppe festgestellt und zeigen sich beim Vergleich von Journalistenbefragungen aus den achtziger und neunziger Jahren. Ihren Niederschlag finden sie in den allgemeinen politischen Werthaltungen von Journalisten und in ihrem spezifischen Berufsverständnis. Theoretische Grundlagen der Studie bilden das Generationskonzept von Karl Mannheim, das Konzept des kollektiven Gedächtnisses von Maurice Halbwachs sowie die Lebensverlaufforschung in der Tradition von Glen Elder. Aus diesen Ansätzen werden mehrere Annahmen abgeleitet. Sie bilden den Ausgangspunkt der empirischen Analyse anhand einer Befragung von Angehörigen der drei erwähnten Journalistengenerationen. Die Analyse verfolgt vor allem vier Ziele.

Ihr erstes Ziel besteht darin, die prägenden Lebenserfahrungen der Journalisten zu identifizieren. Anhand der Aussagen der Journalisten wird geprüft, ob die drei Generationen entsprechend dem Konzept von Karl Mannheim von charakteristischen generationstypischen Ereignissen und Erlebnissen geprägt worden sind. In diesem Zusammenhang wird auch untersucht, inwieweit die Erinnerungen an prägende Lebenserfahrungen aussagekräftig und zuverlässig sind.

Das zweite Ziel der Analyse besteht darin, die Lebensphasen zu ermitteln, in denen die Journalisten geprägt worden sind. Aus soziologischen und entwicklungspsychologischen Ansätzen kann man die Annahme ableiten, daß es in der Jugendzeit sensible Perioden gibt, in denen Menschen für prägende Eindrücke besonders empfänglich sind. Anhand der Erinnerungen der befragten Journalisten wird geprüft, ob man in ihrem Leben Phasen besonderer Sensibilität erkennen kann. Darüber hinaus wird untersucht, ob alle drei Generationen die prägenden Phasen im gleichen Alter erlebten, oder ob diese sich von Generation zu Generation verschoben haben.

Das dritte Ziel der Analyse besteht in der Überprüfung der Annahme, daß die prägenden Lebenserfahrungen der Journalisten einen Einfluß auf ihre generationsspezifischen Sichtweisen besitzen. Gemeint sind hiermit sowohl ihre generellen politischen Grundhaltungen als auch ihre spezifischen Vorstellungen von den Aufgaben ihres Berufes.

Das vierte Ziel der Analyse besteht in der Klärung des Kausalitätsproblems: Haben die erinnerten Ereignisse die späteren Sichtweisen der Journalisten geprägt, oder erinnern sie sich an Ereignisse, die ihren aktuellen Sichtweisen entsprechen? Diese Frage wird im letzten Teil der Untersuchung eingehend diskutiert und – bei aller methodisch gebotenen Vorsicht – klar beantwortet.

2. Grundlagen

2.1 Generationen und Generationswandel

Dem Begriff *Generation* begegnet man in verschiedenen Lebensbereichen und Zusammenhängen. Werbeprospekte und Technikkolumnen präsentieren »neue Generation[en] von ... Automobilen«[1] oder die »nächste Generation« von Fernsehgeräten.[2] Eine Science Fiction-Fernsehserie trägt den Titel »Star Trek – The next Generation«. In aktuellen Presse- und Fernsehbeiträgen findet man immer wieder Porträts der »Achtundsechziger-Generation«.[3] Buchpublikationen mit Titeln wie »Die Generation, die nach der Revolte kam«[4], »Generation X«[5] oder »Die 89er«[6] beschäftigen sich in populärwissenschaftlicher oder literarischer Form mit der Jugend nach der Achtundsechziger-Bewegung. Werbeträger einer Kampagne der Firma *Volkswagen* vom Herbst 1997 sind junge Leute, die als »Generation Golf« vorgestellt werden.[7] Ältere Menschen sprechen von der »jüngeren Generation«, die nach ihnen kommt, Jugendliche von der »älteren Generation« ihrer Eltern oder Großeltern. »Das ist jemand aus meiner Generation« sagt man über Per-

[1] Vgl. stellvertretend für solche Formulierungen im Automobiljournalismus und der Werbung Tunberg 1993, 75.

[2] So beispielsweise eine Formulierung der *Focus*-Titelgeschichte vom 25.8.1997 über »Die neuen Hits der IFA« (S. 183).

[3] Vgl. zum Beispiel Köpf, Donauer, Hahn, Leuker 1996 oder die Darstellung über die Achtundsechziger-Generation in der DDR von Siemons 1995. Angehörige der Achtundsechziger porträtieren sich gelegentlich auch selbst: vgl. beispielhaft Schneider 1993 und die Rezension von Jesse 1993. Vgl. auch die Gegenüberstellung der Studentenproteste von 1968 und 1997/98 im Beitrag »Protestantenstadl« der *Frankfurter Allgemeinen Zeitung* am 12.1.1998, 9. Der Autor zitiert das Thema eines »Studentenkongresses«, der im Januar 1998 in Berlin stattfand: »Lost versus Last Generation '98 im Schatten von '68«.

[4] Mohr 1992.

[5] Coupland 1995.

[6] Leggewie 1995.

[7] Ein Beispiel für Presseanzeigen dieser Werbekampagne enthält *Focus* Nr. 50 vom 8.12.1997, 144f. Entsprechende Spots liefen im Winter 1997/98 im Fernsehen.

sonen, die gleich oder ähnlich alt sind wie man selbst. Familienunternehmen werben mit dem Hinweis darauf, in der wievielten Generation ihr Betrieb geführt wird. Reiseveranstalter wenden sich mit Angeboten an die »junge« oder die »ältere Generation«. In Zusammenhang mit der Finanzierung der Renten ist vom »Generationenvertrag« die Rede.

Die Beispiele zeigen eine facettenreiche Verwendung des Begriffs Generation in der Alltagssprache.[8] Wissenschaftlich ist Generation »ein in der Soziologie etablierter Terminus«,[9] der unter anderem in der Jugendsoziologie[10] und in der Forschung zum sozialen Wandel eine Rolle spielt.[11] In der Soziologie und angrenzenden Fachgebieten wird der Begriff allerdings nicht einheitlich gebraucht.[12] Man kann im wesentlichen drei Hauptbedeutungen unterscheiden – Generationen als Abfolge von Nachkommen, als beliebig eingegrenzte Alterskategorien und als Schicksalsgemeinschaften Gleichaltriger.[13]

Der ursprünglichen Wortbedeutung des Begriffs Generation entspricht seine Definition als *Abfolge von Nachkommen.*[14] Aufeinander folgende Generationen sind nach diesem Verständnis durch ein Eltern-Kinder-Verhältnis gekennzeichnet:[15] Generationen bilden

[8] Die Beispiele zeigen eine noch breitere Vielfalt der Verwendung des Generationsbegriffs im allgemeinen Sprachgebrauch als dies beispielsweise Lüscher 1993, 18 sieht: »Wird im Alltag von unterschiedlichen Generationen gesprochen, sind zunächst in der Regel jüngere und ältere Menschen gemeint, die zur gleichen Familie, ferner zur gleichen Organisation oder Gesellschaft gehören, jedoch aufgrund ihres unterschiedlichen Alters nicht dieselben Aufgaben, Pflichten und Rechte haben.«

[9] Schmied 1984, 232 und 235.

[10] Vgl. Buchhofer, Friedrichs, Lüdtke 1970, 300.

[11] Vgl. Schmied 1984, 232 und 236; auch Berger 1984, 221. Beispielhaft für eine Untersuchung von »Demokratisierung und sozialem Wandel« anhand von Umfragedaten ist Allerbeck 1976.

[12] Vgl. Lüscher 1993, 17.

[13] Vgl. zum folgenden vor allem Schmied 1984, 232–241; auch Ryder 1965; Kertzer 1983, 126f; Lüscher 1993; Peiser 1996, 10–28.
Neben den drei genannten Hauptbedeutungen von Generation finden sich andere Verwendungen des Begriffs – zum Beispiel zur Bezeichnung aller in einer bestimmten Zeit Lebenden (so zum Beispiel bei Riedel 1969, 14f), zur Beschreibung der Jugend allgemein (beispielsweise bei Neidthardt 1967) oder zur Eingrenzung bestimmter Lebensphasen (Kertzer 1983, 127 nennt beispielhaft den Begriff der »college generation«).

[14] Lüscher 1993, 22 sieht in diesem Zusammenhang Generationen als »soziale Rollen, die das Verhältnis von Eltern und Kindern umschreiben und über die Lebensphasen hinweg strukturieren«. Vgl. auch Kertzer 1983, 126 und die dort angegebene Literatur.

[15] Wie Schmied 1984, 240 beschreibt, entspricht dieses Verständnis der ur-

»die Familienmitglieder, die in der Abstammungslinie auf gleicher Ebene stehen«.[16] Das bedeutet: »In dem Moment, in dem ein Kind geboren wird, entsteht eine neue Generation.«[17] Die Definition von Generationen als Abfolge von Eltern und Kindern spielt vor allem in der Bildungs- und Mobilitätsforschung oder in Untersuchungen zur Sozialisation eine Rolle. Ein Beispiel sind Studien zur Sozialisation von ausländischen Arbeitnehmern, die in den sechziger Jahren nach Deutschland kamen, und deren Nachkommen.[18] Die Bedeutung des Generationsbegriffs als Abfolge von Eltern und Kindern wird in der vorliegenden Studie nicht weiter berücksichtigt.

In einer zweiten Bedeutung wird Generation zur Bezeichnung von *Alterskategorien* verwendet, die zu einem bestimmten Zeitpunkt nach beliebigen, formalen Kriterien gebildet werden.[19] Ausschlaggebend für die Einteilung solcher Kategorien ist meist ausschließlich das Alter zum Zeitpunkt der Klassifikation. Ihre Abgrenzung ist willkürlich. Die Alterskategorien sind als feste Zahl aufeinander folgender Jahrgänge definiert und bilden damit formale Konstrukte.[20] Ein Beispiel hierfür sind Einteilungen von Altersgruppen in Zehnjahresschritten, wie sie zur vergleichenden Analyse der Antworten jüngerer und älterer Personen bei Bevölkerungsumfragen verwendet werden. So enthält etwa die jährlich erscheinende *Allensbacher Werbeträger Analyse* eine Unterscheidung von sieben Gruppen: Befragte im Alter von 14 bis 19, 20 bis 29, 30 bis 39, 40 bis 49, 50 bis 59, 60 bis 69 und ab 70 Jahren.[21] Anhand dieser Einteilung werden in jedem Jahr nach dem gleichen formalen Kriterium jüngere und ältere Befragte verglichen. Ein weiteres Beispiel sind Studien zum Berufsverständnis von Journalisten, in denen die Befragten ebenfalls nach rein formalen Gesichtspunkten in verschiedene Altersklassen eingeteilt werden.[22] Soziodemographische Merkmale, Ansichten und Verhaltensweisen von Personen verschiedener Alterskategorien werden häufig über längere Zeiträume hinweg analysiert. In diesen Fällen ist der Begriff Generation zur Bezeichnung von Alterskategorien mit willkürlicher zeitlicher Abgrenzung

sprünglichen Bedeutung des lateinischen Worts *generatio:* Im klassischen Latein bedeutete es *Zeugung*, im Spätlateinischen *Nachkommenschaft*. Lüscher 1993, 18 geht vom griechischen Begriff *genos* aus. Das dazugehörige Verb *genestai* bedeute »›zum Leben kommen‹«, »ins Leben eintreten«.

16 Schmied 1984, 236.

17 Lüscher 1993, 18.

18 Schmied 1984, 238; vgl. auch Riedel 1969, 12, 18, 21 f.

19 Vgl. Kertzer 1983, vor allem 126; Peiser 1996, 10 f.

20 Vgl. Plum 1982, 511; Schmied 1984, 240.

21 *Institut für Demoskopie* Allensbach 1996.

22 Vgl. vor allem die Darstellung in Kapitel 2.2.2.3.

mittlerweile weitgehend durch den Begriff *Kohorte* ersetzt worden,[23] der auch in der folgenden Untersuchung in diesem Sinne[24] verwendet wird.

Von den bisher genannten Bedeutungen des Generationsbegriffs ist die Auffassung von Generationen als *Schicksalsgemeinschaften Gleichaltriger* zu unterscheiden.[25] Ihr liegen folgende Überlegungen zugrunde:[26] Die Angehörigen einer Generation sind innerhalb einer eng begrenzten Zeitspanne geboren und durchleben Kindheit, Jugend, Erwachsenenzeit und Alter gemeinsam. Während ihrer Kinder- und Jugendzeit werden sie durch dieselben historischen und gesellschaftlichen Ereignisse geprägt. Die gemeinsamen prägenden Erfahrungen führen zur Entstehung von dauerhaften Werten und Sichtweisen, die für die Generation charakteristisch sind und sie von früheren und nachfolgenden Generationen unterscheiden. Aufgrund dieser Unterschiede kann es zwischen aufeinander folgenden Generationen zu Konflikten kommen.[27] Generati-

[23] Vgl. Lüscher 1993, 26; Peiser 1996, 10f. Dabei sind Variationen des Begriffs wie *Alterskohorte* oder *Geburtskohorte* gebräuchlich. Schmied 1984, 242–244 diskutiert die Ablösung des Generationsbegriffs durch die Bezeichnung *Kohorte* ausführlicher.

[24] In der Literatur wird der Begriff *Kohorte* nicht nur zur Bezeichnung von Altersgruppen mit gleichem oder ähnlichem Geburtsjahrgang verwendet. Nach Pfeil 1967, 645 versteht man unter *Kohorte* allgemeiner »sämtliche Individuen einer Untersuchungseinheit, die einen gemeinsamen Standort oder Startplatz im Zeitablauf haben: Ein Geburtenjahrgang, ein Schulanfängerjahrgang, ein Eheschließungsjahrgang«. Carlsson, Karlsson 1970, 710 definieren *Kohorte* als »a set of individuals who pass some crucial stage at approximately the same time, like marriage, first employment, and especially birth«. Ähnlich Buchhofer, Friedrichs, Lüdtke 1970, 327: »Kohorten sind Bevölkerungsteile, die in einem demografischen Merkmal übereinstimmen, z.B. Personen gleichen Geburtsjahres, gleichen Heiratsjahres, gleichen Zeitpunkts des Berufseintritts.« Die Definitionen zeigen, daß die Bedeutung des Begriffs *Kohorte* nicht identisch mit der Bedeutung des Begriffs *Altersgruppe* sein muß. Vgl. hierzu differenzierter Marshall 1983, der zwischen »cohort, generation, age grade, age stratum, age group, and generation groups« unterscheidet.

[25] Marshall 1983, 209 spricht von *Generation* als Beschreibung des »natürlichen« Zusammenhangs bzw. Zusammenhalts zwischen einzelnen Geburtskohorten.

[26] Vgl. zusammenfassend und über die hier noch allgemein bleibende Darstellung hinausgehend Schmied 1984, besonders 232–236; auch Pfeil 1967, 647–651.

[27] Vgl. Lüscher 1993, 20f. Dazu bemerken verschiedene Autoren, daß Generationskonflikte seltener und von geringerer Bedeutung seien, als dies zahlreiche vor allem literarische Darstellungen des ausgehenden 19. und beginnenden 20. Jahrhunderts nahelegen. Vgl. dazu beispielsweise Litt 1947; Muchow 1959, 53f; Flacks 1971, 226; zusammenfassend Schmied 1984, 238f. Vgl. zur Wahrnehmung von Generationsunterschieden und -konflikten im Lebensverlauf Buchhofer, Friedrichs, Lüdtke 1970, vor allem 306–308. Die Autoren erkennen »von Generationsunterschieden zu Generationskonflikten hin« ein »Kontinuum« (S. 326).

onsunterschiede und -konflikte sind eine Voraussetzung für den Wertewandel in einer Gesellschaft, da die Sichtweisen der nachwachsenden Generationen die Sichtweisen der älteren Generationen nach und nach überlagern bzw. ablösen. Die genannten Thesen sind Kern des Generationskonzepts von Karl Mannheim.[28] Auf dieses Konzept ist im Detail zurückzukommen.

Die zuletzt genannte Bedeutung des Generationsbegriffs erweitert das Verständnis der willkürlich gebildeten Alterskohorten. Für die Ein- und Abgrenzung von Generationen spielen hier nicht nur formale Kriterien wie Zehnjahresschritte eine Rolle, sondern ein inhaltliches Merkmal: das gemeinsame Durchleben historischer Situationen und die gemeinsame Prägung durch die damit verbundenen Lebenserfahrungen.[29] Dieses Kriterium ist nicht an den jeweiligen Erhebungszeitpunkt gebunden wie etwa die Einteilung in 20- bis 29-jährige, 30- bis 39-jährige usw.[30] Es ermöglicht zudem die Erklärung oder Vorhersage von Veränderungen im Wertesystem einer Gesellschaft: den *Generationswandel*. Unter Generationswandel versteht man Wertewandel, der durch einen Generationswechsel verursacht wird.[31] Generationswandel bedeutet die Überlagerung und letztendlich Ablösung der Sichtweisen von Generationen, die

[28] Mannheim 1928, der sich auf Überlegungen von Dilthey 1875 und Pinder 1926 bezieht; vgl. zusammenfassend Schmied 1984, vor allem 232–234.

[29] Die formale Einteilung von Alterskategorien, zum Beispiel in Zehnjahresschritten, schließt nicht aus, daß damit Personen zusammengefaßt werden, die gemeinsam aufgewachsen und geprägt worden sind – also zu einer Generation im zuletzt genannten Sinne gehören. Diese Tatsache bildet jedoch bei dieser Art der Gruppenbildung meist kein Kriterium. Deshalb kann eine zehn Jahrgänge umfassende Altersgruppe auch Personen enthalten, die von unterschiedlichem Geschehen geprägt wurden und deshalb zu verschiedenen Generationen gehören. So sind diejenigen, die 1997 zwischen 60 und 69 Jahre alt waren, zwischen 1927 und 1937 geboren worden. Diese – zum Beispiel in der *Allensbacher Werbeträger Analyse* gebildete – Gruppe umfaßt einerseits Personen, die ihre frühe Kindheit in der Weimarer Republik erlebt haben und den Krieg als ältere Kinder erfuhren. Sie umfaßt andererseits Personen, für die der Krieg eine frühe Kindheitserfahrung darstellt und sie möglicherweise anders geprägt hat als die zuerst genannte Gruppe. Die 60- bis 69-jährigen umfassen demnach vermutlich Angehörige von zwei verschiedenen Generationen im Sinne Mannheims.

[30] Bei einer formalen Kohortenbildung fallen Generationen wie zum Beispiel die »Achtundsechziger« je nach Zeitpunkt zufällig in bestimmte Alterskategorien. Legt man beispielsweise die Einteilung der *Allensbacher Werbeträger Analyse* zugrunde, wurden die Achtundsechziger Anfang der siebziger Jahre mehrheitlich mit den 20- bis 29-jährigen erfaßt, Anfang der neunziger Jahre mit den 40- bis 49-jährigen.

[31] Dabei bildet Generationswechsel nur einen von zahlreichen möglichen Gründen für Wertewandel. Vgl. Ryder 1965, 853; zu den Bedingungen für Wertewandel ausführlicher Hillmann 1989, 91–156.

eine Gesellschaft bzw. Teile davon bestimmen, durch neue Vorstellungen und Werte jüngerer Generationen, die nach und nach die Rolle der Vorgängergenerationen einnehmen.[32] Für einen Wertewandel, der durch einen Generationswechsel verursacht wird, muß eine zentrale Bedingung erfüllt sein: Die charakteristischen Sichtweisen der einander ablösenden Generationen müssen sich voneinander unterscheiden.[33] Die Unterschiede zwischen den Generationen müssen dauerhaft sein.[34]

Die uneinheitliche und nicht immer eindeutige Definition des Begriffs Generation ist die Ursache der unklaren Abgrenzung ihrer Dauer. Legt man die Definition als Abfolge von Nachkommen zugrunde, umfaßt eine Generation etwa 25 bis 30 Jahre.[35] Generationen im Sinne von »Zeitgeist-Perioden«, in denen Personen benachbarter Geburtsjahrgänge auf spezifische Weise geprägt werden, können wesentlich kürzer sein, aber auch deutlich länger – je nachdem, welchen prägenden Zeitabschnitt man zugrundelegt.[36] Eine andere Facette desselben Problems bildet die Abgrenzung aufeinander folgender Generationen. Nach Marshall können bei-

[32] Vgl. Lambert 1972, 23 f. Aufgrund der natürlichen Gegebenheiten von Geburt und Tod komme es durch Verlust alter und und Hinzufügung neuer Denkweisen zwangsläufig zu Veränderungen. Aufgrund dessen bilde die Generationenfolge einen der wichtigsten Faktoren im Prozeß des soziokulturellen Wandels. Ryder 1965, 843 spricht von »structural transformation«. Als Voraussetzung dafür formuliert er: »The lives and deaths of individuals are … a massive process of personnel replacement«.

[33] So definieren Buchhofer, Friedrichs, Lüdtke 1970, 308 *»Generation allgemein … als ein Aggregat von Altersgruppen, deren charakteristische Orientierungs- und Verhaltensweisen sich von denen anderer Altersgruppen zum Zeitpunkt t_i unterscheiden.«* (Hervorhebungen im Original).

[34] Vgl. Carlsson, Karlsson 1970, vor allem 711; Ryder 1965, 845; Mayer 1992, 1 f; differenzierter Buchhofer, Friedrichs, Lüdtke 1970, 308 f, 326. Dies schließt die Möglichkeit ein, daß die Angehörigen der einzelnen Generationen ihre Sichtweisen im Lauf der Zeit verändern. Diese Veränderungen dürfen jedoch nicht dazu führen, daß die charakteristischen Unterschiede zwischen den Generationen verschwinden. In diesem Fall wären die Unterschiede keine Indikatoren für einen Generationswandel, sondern für Alterseffekte. Vgl. dazu Peiser 1996, 28. Das Problem der Unterscheidung zwischen Alters- und Generationseffekten wird an späterer Stelle wieder aufgegriffen.

[35] Vgl. Buchhofer, Friedrichs, Lüdtke 1970, 316.

[36] Berger 1960, 10 f. beschreibt, daß eine Generation in diesem Sinne zehn Jahre dauern kann, aber auch 60 wie das »Victorian age«, das er beispielhaft nennt. Schmied 1984 zeigt die unscharfe Eingrenzung von Generationen am Beispiel der »skeptischen Generation« Helmut Schelskys (Schelsky 1957). Nach Riedel 1969, 18 ff tragen auch Veränderungen der Lebensbedingungen und -abläufe wie sinkendes oder steigendes Heiratsalter oder zunehmende Lebenserwartung zu einer veränderten Dauer von Generationen bei. Kertzer 1983, 126 faßt demographische Versuche zusammen, die Länge von Generationen zu bestimmen.

spielsweise diejenigen, die noch als Soldaten in einen Krieg ziehen mußten (durch den sie als Generation geprägt wurden), nur ein bis zwei Jahre von denen trennen, die zur darauf folgenden Nachkriegsgeneration gehören.[37]

In der vorliegenden Untersuchung wird der Begriff Generation in der Bedeutung von Schicksalsgemeinschaften Gleichaltriger verwendet.[38] Wenn von Generationen die Rede ist, sind damit immer Personen benachbarter Geburtsjahrgänge gemeint, die gemeinsame Sichtweisen und Wertvorstellungen besitzen. Diese Sichtweisen und Wertvorstellungen gehen auf eine gemeinsame Prägung der Generationsangehörigen zurück. Sie unterscheiden die Generationsangehörigen dauerhaft von den Angehörigen früherer und nachfolgender Generationen.

2.2 Generationswandel im deutschen Journalismus

2.2.1 Qualitative Belege

Hinweise auf einen Generationswandel innerhalb des deutschen Journalismus[39] enthalten Aussagen von Beobachtern und Journalisten, die Veränderungen der Berufsgruppe beschreiben. Einige Autoren deuten ihn nur implizit an, andere sprechen explizit von einem Generationswandel, grenzen ihn zeitlich ein und identifizie-

[37] Marshall 1984.

[38] Dabei ist zu berücksichtigen, daß die Literatur zum Generationskonzept häufig auch den Begriff *Kohorte* zur Beschreibung von Generationen im hier genannten Sinne enthält. Ein Beispiel hierfür liefert Rosow 1978. Er definiert: »a social cohort: (1) consists of people who share a given life experience; (2) this experience is socially or historically structured, and (3) it occurs in a common generational framework; (4) its effects distinguish one generation from another; and (5) these effects are relatively stable over the life course.« (S. 67). Das Beispiel belegt, daß sowohl der Begriff *Generation* als auch der Begriff *Kohorte* in der Literatur uneinheitlich verwendet werden. Dies wird in der vorliegenden Arbeit durch die Beschränkung auf *Generation* zur Beschreibung von Schicksalsgemeinschaften Gleichaltriger vermieden.

[39] In der Publizistikwissenschaft findet der Generationsbegriff nicht nur speziell in der Journalismusforschung Verwendung, sondern generell in Zusammenhang mit Veränderungen und Wandlungsprozessen im Bereich der Massenkommunikation. Ein Beispiel ist die Mediennutzungsforschung, die in neuerer Zeit »[die]jenigen Menschen« näher betrachtet, »die mit dem Fernsehen aufgewachsen sind«, und sie mit Schlagworten wie »Video-«, »Multi-Media-« oder »Fernsehgeneration« benennt (Peiser 1996, 9; vgl. auch die Beiträge von Eschbach, von Hörisch und von Schroeder in den *Bertelsmann Briefen* vom Herbst/Winter 1998, unter Marketinggesichtspunkten dort auch der Beitrag von Michael).

ren konkrete Veränderungen, deren Konsequenzen und gelegentlich auch mögliche Ursachen. Im folgenden werden einige Aussagen zusammengestellt, die einen Generationswandel im deutschen Journalismus feststellen oder nahelegen.

Wahrgenommene Veränderungen

Veränderungen der Arbeits- und Denkweisen von Journalisten werden bereits am Ende der sechziger bzw. zu Beginn der siebziger Jahre beobachtet. Nach Hans Heinz Fabris kennzeichnet den Journalismus dieser Zeit eine bis dahin ungewohnte »Betonung des subjektiven Moments, der persönlichen Betroffenheit, der Anteil- und Parteinahme«. Die subjektive Perspektive der Berichterstatter habe ihren Ausdruck in der Entstehung eines Enthüllungsjournalismus gefunden, aber auch in »literarischen« Formen der Berichterstattung und in »Underground«-Publikationen.[40] Anfang der achtziger Jahre sei jedoch der »Spielraum für kritischen, engagierten, anwaltschaftlichen Journalismus« bereits »zunehmend enger geworden. Die ›Schere im Kopf‹ wird spürbarer wahrgenommen als in früheren Zeiten.«[41] Siegfried Weischenberg erkennt zu Beginn der achtziger Jahre in Deutschland die Entstehung eines »neuen Journalismus« mit eher gegensätzlichen Charakteristika. Eine vergleichbare Entwicklung habe sich bereits einige Jahre zuvor in den USA vollzogen. Dort seien Journalisten »auf der Grundlage einer systematischen Ausbildung« mittlerweile sehr »professionell« orientiert. Ihr Rollenverständnis sei auf »sozial-kommunikative Ziele wie Durchschaubarkeit und Verständlichkeit« ausgerichtet.[42]

Besonders markante Veränderungen im deutschen Journalismus beschreiben mehrere Autoren für die neunziger Jahre. Ihre Aussagen lassen sich in zwei Positionen zusammenfassen. Die erste Position beschreibt den Wandel zu einem ideologisch geprägten Enthüllungsjournalismus, die zweite Position den Wandel zu einem kommerzialisierten Unterhaltungsjournalismus. Die Entwicklung zu einem ideologisch geprägten Enthüllungsjournalismus deutet Henning Röhl 1992 an: »Viele junge Reporter sind heute … re-

[40] Fabris 1981, 201.

[41] Fabris 1981, 200.

[42] Weischenberg 1981, 167. Einen ganz anderen Eindruck vermittelt Boventer 1985 von der Entwicklung im amerikanischen Journalismus. Er zitiert den ehemaligen Chefredakteur der amerikanischen Tageszeitung *The Daily News*, Michael O'Neill, mit der Feststellung, amerikanische Journalisten hätten eine »harte Haltung intensiver Gegnerschaft entwickelt«. Diese zeige sich in »Attack-and-destroy-Missionen« (S. 347).

spektloser als ihre Altvorderen.«[43] Hermann Meyn stellt Mitte der neunziger Jahre einen zunehmenden Sensationsjournalismus fest, der von großer Rücksichtslosigkeit gekennzeichnet sei. Dabei seien beispielsweise Verletzungen des Persönlichkeitsschutzes an der Tagesordnung. Mit der Recherche nähmen es »manche Reporter offensichtlich nicht mehr so genau«.[44] Nach Beobachtung der inzwischen verstorbenen Journalistin Sabina Lietzmann sind die Angehörigen ihres Berufs »Schnüffler«, »Jäger und Verfolger« geworden.[45] Aus Sicht des langjährigen Chefredakteurs der *Neuen Rhein / Neuen Ruhr Zeitung*, Jens Feddersen, sind die »jungen Journalisten von heute ›besessen von dem, was man investigativen Journalismus nennt‹, und schießen in ihrer moralischen Rigorosität gelegentlich auch übers Ziel hinaus«. Verglichen mit seiner eigenen Generation seien die jungen Kollegen der neunziger Jahre »oft verdrossener, verbiesterter und bissiger als wir damals, überhaupt nicht mehr fröhlich oder heiter«. Es gebe »so einen Trend zu missionarischen Weltverbesserern, zur Nabelschau, zu grünem Radikalismus«.[46]

Eine völlig andere Sichtweise kennzeichnet Aussagen von Siegfried Weischenberg. Er charakterisiert Veränderungen im Journalismus der neunziger Jahre als Wandel zu einem kommerzialisierten Unterhaltungsjournalismus. Weischenberg kennzeichnet »die Medienwelt …, die vom kommerziellen Fernsehen geprägt wird«, mit dem Begriff »Schreinemakerisierung«.[47] Der »kompetente, verantwortungsbewußte … Journalismus« sei durch »die schleichende Vermischung von Unterhaltung und Information« bedroht. Ein »›neue[r] TV-Journalismus‹« habe sich etabliert, in dem »die einstmals fein getrennten Branchen der Aufklärer und der Gaukler immer mehr zusammengewachsen« sind. Aufgrund fragwürdiger Praktiken von Akteuren wie Margarethe Schreinemakers oder Michael Born[48] werde »gar nicht mehr gefragt …, welche Orientierungsleistungen seriös recherchierender und informierender Journalismus für eine Gesellschaft erbringen kann«.

[43] Röhl 1992, 36.
[44] Meyn 1995, 245 und 249.
[45] Lietzmann 1996, 205.
[46] Feddersen 1994, 7.
[47] Weischenberg 1997. Der Autor leitet den Begriff vom Namen der Moderatorin Margarethe Schreinemakers ab, deren Sendung *Schreinemakers live* durch die emotionale Präsentation der Themen über mehrere Jahre hinweg hohe Einschaltquoten erreichte.
[48] Michael Born hatte dokumentarische Fernsehbeiträge mit gestellten Szenen an verschiedene Sender verkauft. Sie wurden in Magazinsendungen ausgestrahlt, darunter in *Stern TV (RTL)*.

Wahrgenommene Ursachen der Veränderungen

Einige Autoren führen Veränderungen im Denken und Handeln von Journalisten explizit auf einen Generationswandel zurück.[49] So stellt Bernhard Wördehoff 1981 für die sechziger Jahre fest: »In diesem Jahrzehnt gab es ... einen doppelten Generationenschub im Journalismus ... Zunächst entließ die Reeducation ihre Kinder, dann folgte die erste hausgemachte Generation der Nachkriegsjournalisten.« Charakteristisch für beide Generationen sei die »Unbedingtheit, mit der« sie »die im Grundgesetz und in den Rundfunkgesetzen vorgegebenen Ziele zum Maßstab ihrer Arbeit machten.«[50] Besonders häufig betonen Autoren den Einfluß von Journalisten der Achtundsechziger-Bewegung. Für Fabris »waren es die Studentenbewegung und andere sektorale und regionale Bewegungen, die auch im Journalismus Konflikte und Polarisierungsprozesse sichtbar werden ließen.« Diese Konflikte äußerten sich in Forderungen nach Statuten und Mitbestimmung sowie in den genannten Veränderungen journalistischen Denkens und Handelns:[51] Mit dem Ende der sechziger und Anfang der siebziger Jahre habe ein »Aufschwung des neuen, anwaltschaftlichen Journalismus« eingesetzt. Seine »Protagonisten« hätten sich – »in bewußtem Gegensatz zum vorherrschenden journalistischen Selbstverständnis« – nun auch mit »Gruppen und Themen zu befassen begonnen, die aufgrund ungleicher Zugangsmöglichkeiten von der durch die Massenmedien hergestellten Öffentlichkeit ausgeschlossen blieben«. So seien erst mit den Achtundsechzigern Umweltprobleme, Frauenthemen und die Dritte Welt zum Gegenstand der Berichterstattung geworden.[52] Diese Entwicklung habe in den USA bereits viel früher eingesetzt: »Im Gefolge der Bürgerrechtsbewegung, der Kämpfe der farbigen Bevölkerung, von Frauenorganisationen, religiösen, politischen, ethnischen und sexuellen Minderheiten und schließlich

[49] Die Möglichkeit eines Generationswandels implizieren auch Hinweise, die bestimmte Generationen nur erwähnen – ohne im Detail auf Veränderungen einzugehen. So prognostiziert von Zahn 1988, 22: »Die Journalisten des 21. Jahrhunderts werden im Laufe ihres Berufslebens mit nicht weniger stürmischen Wandlungen der Technologie, mit ebenso unlösbaren Loyalitäts-Konflikten, und mit vielleicht noch schlimmeren ethischen Widersprüchen fertig werden müssen als meine Generation.« Bacher 1996, 184 beschreibt: »Wenngleich die Objektivität als eine nie ganz erfüllbare Forderung definiert wird, hat sich ein anständiger Journalismus Generationen lang bemüht, Objektivität als Haltungsversuch positiv zu erfüllen.«

[50] Wördehoff 1981, 276. Auf diese »Unbedingtheit« führt Wördehoff die »oft behauptete Linkslastigkeit in den Rundfunkanstalten« zurück.

[51] Fabris 1981, 201.

[52] Fabris 1981, 200.

des Protests gegen den Krieg in Vietnam waren vielfältige Formen eines neuen, alternativen Journalismus entstanden.« Kennzeichnend dafür sei eine »neue Generation von ›muckrakers‹, ›Enthüllungsjournalisten‹ wie Woodward und Bernstein«.[53]

Auch Hermann Boventer sieht im amerikanischen Journalismus einen Vorläufer der Entwicklung in Deutschland. In den USA hätten die sechziger Jahre einen »neuen, einen anderen Journalismus, der sich ›anwaltschaftlich‹ versteht, … hervorgebracht.« Ein vergleichbarer »aufklärerische[r] Journalismus hat sich in der Bundesrepublik Deutschland seit den frühen siebziger Jahren eine ›lokale Alternativpresse‹ geschaffen«. Mitte der achtziger Jahre sei die »›Gegenöffentlichkeit‹ der Studentenbewegung … in die Jahre gekommen«, geblieben sei allerdings das »Konzept und der Typus eines Gegenmodells, das deutlich aufklärerische Züge trägt.«[54] Dieses »Gegenmodell« beschreibt ein Vertreter der Achtundsechziger, Daniel Cohn-Bendit. Er charakterisiert die Haltung seiner Generation als Abgrenzungsbewegung gegenüber dem Journalismus, der sich bis zum Ende der sechziger Jahre in Deutschland etabliert hatte: »Die Medienlandschaft, die wir vorfanden, war uns fremd. *Unsere* Weise, die Welt wahrzunehmen und moralische wie politische Ansprüche an sie zu stellen, kam in ihr nicht vor, unsere eigene Stimme fehlte im Konzert.«[55] Seiner Meinung nach fehlten auch bestimmte Themen in der Berichterstattung – zum Beispiel die Dritte Welt und soziale Ungleichheit. Der Journalismus der Vorgängergeneration, »der sein ›Wächteramt‹ ja nicht erkämpft hatte, sondern in es eingesetzt worden war – schien selbst am allerwenigsten daran zu glauben«.[56] Selbst den *Spiegel* hätten die Achtundsechziger als »langweilig«, »spießig« und »kleinkariert« empfunden.[57] In der Konsequenz »wünschten [wir] uns Medien und einen Journalismus, die auf der Höhe der Zeit sind, die von jener verklemmten, aber auch herrschaftlichen Betulichkeit lassen, welche den politischen Journalismus bis dahin auszeichneten.«[58] Dieses Ziel hatten die jungen Journalisten nach Cohn-Bendits Einschätzung schnell erreicht: »Wir haben uns … wie abgebrühte Medienprofis verhalten, haben sehr schnell gelernt, wie man mit den großen Medien, die uns ja keineswegs freundlich gesonnen waren, die Wirkung erzielt, die

53 Fabris 1981, 201.
54 Boventer 1985, 85.
55 Cohn-Bendit 1988, 109; Hervorhebung im Original.
56 Cohn-Bendit 1988, 110.
57 Cohn-Bendit 1988, 108.
58 Cohn-Bendit 1988, 107.

wir wollten.«[59] Herausragende Vertreter der Achtundsechziger-Generation waren die Journalisten, die die alternative *Tageszeitung* etablierten. Hans Halter beschreibt ihr berufliches Selbstverständnis: »Wer Ende der siebziger Jahre in die *taz* … drängte, der wollte Politik machen, die Republik umstürzen, also vom Kopf auf die Füße stellen, mit Herzblut schreiben oder schreiben lassen und keine Diskrepanzen dulden zwischen Sagen und Tun. ›Wir haben die Generation der Nazis und der Flakhelfer abgelöst‹, ›wir fühlten uns hochmoralisch.‹«[60]

Wahrgenommene Folgen für den gesamten Journalismus

Den kurz- und langfristigen Einfluß der Achtundsechziger-Generation auf den gesamten Journalismus betrachten zahlreiche Autoren überwiegend kritisch. Dies zeigt beispielsweise eine Aussage, mit der Peter von Zahn die Gegenbewegung zum Nachkriegsjournalismus charakterisiert: »Die Methode, die Tatsachen mit einem Wust von Meinungen zu umhüllen, mußte dem deutschen Nachrichtenjournalisten nach dem Kriege mühsam abgewöhnt werden. Es gelang auch ganz gut, bis in den sechziger Jahren die Ideologisierung des Journalismus die alten Laster aufleben ließ. Die Nachricht verkam wieder zur Waffe im Kampf für den eigenen Ismus gegen den Ismus der anderen.«[61] Der Medienkritiker Reginald Rudorf sieht in der »junge[n] Linke[n], die den langen Marsch durch die Institutionen von Funk, Fernsehen und Presse angetreten« habe, eine »Verstärkung« der »Alte[n] Garde der elektronischen Antifas«.[62] In ähnlicher Weise äußert sich Gerhard Löwenthal über »diese Achtundsechziger, die nun überall eindrangen«. Nach seiner Ansicht »hatte damals kein Mensch die Parole von Rudi Dutschke vom ›langen Marsch durch die Institutionen‹ ernst genommen, das haben die Bürgerlichen überhaupt nicht ernst genommen, haben gelächelt: ›das wird doch bald vorbei sein‹, und wir sehen ja heute das Resultat: die haben das fertiggebracht, und sind heute in den wichtigsten Bereichen des öffentlichen Lebens, also in den Schulen, an den Universitäten, in den Kirchen und vor allen Dingen in den Medien.«[63]

Dieter Weirich, heute Intendant der *Deutschen Welle*, beobachtet Anfang der achtziger Jahre unter den Journalisten viele »›gesell-

[59] Cohn-Bendit 1988, 110f.
[60] Halter 1995, 35. Der Autor zitiert Arno Widmann, 1995 Chefredakteur der *Tageszeitung*.
[61] von Zahn 1991, 164.
[62] Rudorf 1994, 67.
[63] Winckler 1994, Anhang – Dokumentarischer Teil, 6. Vgl. auch Winckler 1997.

schaftspolitische Missionare‹, die oft noch unter den Apo-Spätfolgen der Jahre 1967/68 leiden und durch das Erstarken der Ökologie- und Anti-Kernkraft-Bewegung neue Impulse zur geistigen Überwindung der bürgerlich parlamentarischen Ordnung in der Bundesrepublik Deutschland erhalten haben.«[64] Über Forderungen nach Einhaltung beruflicher Standards »schütteln« nach Weirichs Einschätzung die jüngeren »Macher … nur lächelnd den Kopf« und gehen »zur probaten Mikrophon-Praxis über«, während diese Standards vielen »älteren Journalisten … banal vorkommen, halten sie sich von ihrem Berufsbild her ohnehin an solche Maximen.«[65] Auch Sabina Lietzmann betrachtete die Arbeitsauffassung und -praxis der Generation(en) nach 68 mit skeptischem Blick: »Wer meine Meinung teilt, daß zum Beispiel der *›Spiegel‹* in Ton und Haltung eine ganze Generation deutscher Journalisten verdorben hat, den kann nicht wundern, wenn fast jedes Interview, vor allem im Fernsehen mit seinem spezifischen Unterhaltungswert, zum Verhör ausartet, der befragte Politiker wird in die Rolle des Angeklagten, zumindest Verdächtigen gedrängt, der sich rechtfertigen soll. Vor wem? Vor der Selbstgerechtigkeit der Nachgeborenen, denen sich Komplexes in simples Schwarzweiß zerlegt.« So wie in den USA stecke auch in Deutschland der »engagierte Gesinnungsjournalismus« besonders den »Schreibern und Redakteuren der achtundsechziger Generation« »so in den Gliedern, daß Konflikte mit großen Teilen des Wahlvolkes unvermeidlich sind. Jede Verschiebung der politischen Stimmung zur Mitte oder zum Konservativen hin wird von der Presse nicht so sehr verzeichnet als verübelt.«[66]

Fazit

Die Autoren der referierten Aussagen beobachteten in den achtziger und neunziger Jahren Veränderungen im Denken und Handeln von Journalisten. Einige charakterisieren sie im Sinne einer zunehmende Ideologisierung, andere sehen darin eine wachsende Kommerzialisierung. Die Ursache der Ideologisierung sehen viele im Einfluß bzw. dem Erbe der Achtundsechziger-Generation. Die Aussagen über einen Generationswandel im deutschen Journalismus beruhen auf unterschiedlichen Grundlagen: eigener journalistischer Tätigkeit, persönlichen Erfahrungen im Umgang mit Journalisten, Beobachtungen journalistischer Arbeitsweisen und der Berichterstattung. Alles in allem besitzen die Hinweise einen überwiegend

[64] Weirich 1981, 293.
[65] Weirich 1981, 297.
[66] Lietzmann 1996, 205.

impressionistischen Charakter und geben den subjektiven Einschätzungen der – in vielen Fällen medienkritischen – Autoren Ausdruck. Sie lassen offen, ob es sich um Einzelbeobachtungen und Reaktionen auf Ausnahmefälle handelt, oder ob die Diagnose eines Generationswandels auch einer Betrachtung standhält, die über das subjektive Urteil Einzelner hinausgeht. Diese Frage beantwortet ein Blick in empirische Studien zum deutschen Journalismus. Eine Vielzahl von Befunden bestätigt: »Ein Generationswandel hat stattgefunden im Journalismus«.[67] Diese Befunde werden im folgenden Kapitel ausführlich behandelt.

2.2.2 Quantitative Belege

2.2.2.1 Indikatoren des Generationswandels

Die Feststellung, daß sich innerhalb des deutschen Journalismus ein Generationswandel vollzogen hat bzw. noch vollzieht, beruht auf zahlreichen empirischen Befunden, die sich in drei Thesen zusammenfassen lassen. Die erste These lautet: Im deutschen Journalismus insgesamt ist ein *Wertewandel* zu erkennen, der vor allem die berufsspezifischen Sichtweisen betrifft. Er zeigt sich bei systematischen Vergleichen von Befragungsdaten, die zu unterschiedlichen Zeitpunkten erhoben wurden. Basis der Vergleiche sind jeweils die Antworten *aller* erfaßten Journalisten, die als mehr oder weniger repräsentiv für die Gesamtheit der Berufsgruppe betrachtet werden. Die zweite These lautet: Es bestehen charakteristische Unterschiede im Denken von Journalisten verschiedener *Altersgruppen*. Aktuell wie in der Vergangenheit läßt sich zeigen, daß jüngere Journalisten andere vor allem berufsspezifische Sichtweisen besaßen bzw. besitzen als ältere Journalisten. Die Altersunterschiede werden als Generationsunterschiede interpretiert. Junge Journalisten, die in den Redaktionen nachwachsen, bringen demnach Denkweisen mit, die sich von denen der älteren Redakteure unterscheiden, und sich mit der Ablösung der Generationen innerhalb der gesamten Berufsgruppe nach und nach durchsetzen. Die dritte These lautet: Der deutsche Journalismus hat sich in den achtziger und neunziger Jahren stark *verjüngt*, da während dieser Zeit überdurchschnittlich viele junge Journalisten in den Beruf gegangen sind. Dies führte dazu, daß die Sichtweisen der jungen Generation(en) besonders rasch die Sichtweisen der älteren Generation(en) ablö-

[67] Schneider, Schönbach, Stürzebecher 1993a, 29.

sen. Der Generationswandel wird deshalb eher sprunghaft als kontinuierlich sichtbar.

Führt man die drei Thesen zusammen, kann man argumentieren: Der Wertewandel im gesamten Journalismus ist darauf zurückzuführen, daß junge Journalisten mit veränderten berufsspezifischen Sichtweisen in den Redaktionen nach und nach ihre älteren Kollegen ablösen, mit denen auch deren bis dahin etablierte Ansichten an Gewicht innerhalb der gesamten Berufsgruppe verlieren. Die Ablösung der Generationen und ihrer Sichtweisen erfolgte in den letzten 20 Jahren besonders schnell und auffällig, weil außergewöhnlich viele junge Journalisten in den Beruf gekommen sind, deren Ansichten sich deshalb deutlicher und rascher durchsetzen als zuvor. Schaubild 1 verdeutlicht diesen Zusammenhang. Die Ziffern in Klammern verweisen auf die Kapitel, in denen die angesprochenen Aspekte ausführlich behandelt werden. Die zentralen empirischen Befunde, die die Grundlage der Argumentation bilden, werden in drei Schritten zusammengefaßt. Im ersten Schritt werden Ergebnisse präsentiert, die auf einen Wertewandel im gesamten Journalismus hindeuten. Dazu werden vor allem drei Befragungen vom Beginn der neunziger Jahre mit einer Befragung vom Anfang der achtziger Jahre verglichen. Für diese Vergleiche werden jeweils alle befragten Journalisten zusammenbetrachtet. Im zweiten Schritt werden charakteristische Unterschiede in den Sichtweisen jüngerer und älterer Journalisten zusammengefaßt. Im dritten Schritt werden die Belege referiert, die die starke Verjüngung der Berufsgruppe anzeigen.

Schaubild 1: Indikatoren für einen Generationswandel im deutschen Journalismus

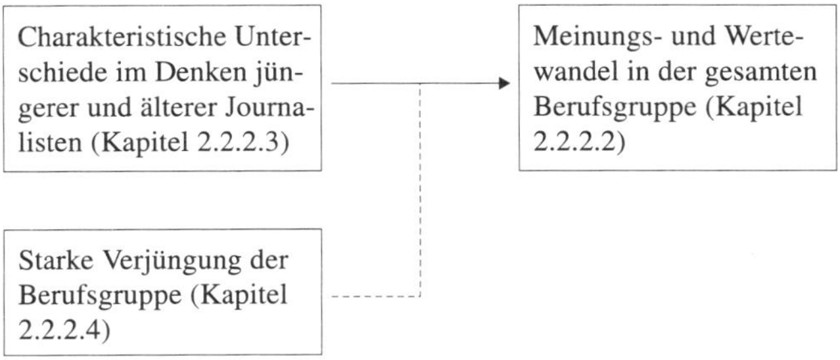

2.2.2.2 Wertewandel

Datengrundlage

»Was Journalisten denken und wie sie arbeiten«[68] ist seit mehreren Jahrzehnten Gegenstand der Kommunikatorforschung.[69] Zahlreiche Studien, die meist auf Befragungen beruhten, erfassen die politischen Ansichten von Journalisten einerseits und ihr Berufsverständnis andererseits sowie mögliche Auswirkungen dieser Sichtweisen auf das journalistische Handeln. Untersuchungen zum Journalismus in Deutschland[70] betrachten das Denken und Handeln von Journalisten unter vielfältigen Perspektiven. Einige Autoren vergleichen die politische Orientierung von Journalisten mit der Meinungsverteilung in der Bevölkerung.[71] Andere stellen die Ansichten von Journalisten zu aktuellen kontroversen Sachfragen den Sichtweisen von Experten oder anderen gesellschaftlichen Gruppen gegenüber.[72] Einen weiteren Schwerpunkt bilden Vergleiche zwischen den Einstellungen und Meinungen von Journalisten verschiedener Ressorts.[73] Zahlreiche Studien stellen das Denken und Handeln deutscher Journalisten dem ihrer Kollegen in anderen Ländern gegenüber.[74] Befragungen, die nach der Vereinigung Deutschlands

[68] So der Untertitel des von Hans Mathias Kepplinger 1979 herausgegebenen Bandes *Angepaßte Außenseiter*. Die Formulierung findet sich – ohne Quellenangabe – im April 1994 als Titel eines Sonderheftes von *Sage & Schreibe* wieder.

[69] Unberücksichtigt bleiben hier die seit einiger Zeit intensiven Bemühungen um eine allgemeine Theorie des Journalismus. Vgl. dazu beispielhaft Esser 1998a zu einer Tagung der *Fachgruppe Journalistik und Journalismusforschung* der *Deutschen Gesellschaft für Publizistik und Kommunikationswissenschaft* über »Theorien des Journalismus« sowie die im Tagungsband von Löffelholz 2000 zusammengestellten Beiträge. Vgl. auch Scholl, Weischenberg 1998, 13–51. Kritisch zum Bemühen um eine allgemeine Theorie des Journalismus Kepplinger 2000.

[70] Die vorliegende Darstellung konzentriert sich auf Ergebnisse der deutschen Journalismusforschung. Studien zum Journalismus anderer Länder werden nur dann herangezogen, wenn deren Befunde für die hier behandelte Thematik relevant sind.

[71] Vgl. etwa Noelle-Neumann, Kepplinger 1978; Kepplinger 1982 auf der Grundlage von Daten des *Instituts für Demoskopie Allensbach* von 1976–78; Köcher 1985; auch Kalt 1994 oder Kepplinger, Ehmig 1997 auf der Grundlage des Bundestagswahlergebnisses 1994 und von Daten, die Weischenberg, Löffelholz, Scholl 1994a veröffentlichten.

[72] So beispielsweise von Rohland 1989; Kepplinger, Ehmig, Ahlheim 1991; Schaus 1992 und darauf aufbauend Kepplinger 1992a; 1993.

[73] Vgl. beispielsweise Kepplinger, Brosius o.J.; Uhlenhut 1990; Kepplinger, Ehmig, Ahlheim 1991; Weischenberg 1994.

[74] So etwa Donsbach 1983; 1990; 1993a und b; Donsbach, Patterson 1992; Donsbach, Klett 1993; Köcher 1985; 1986; Kepplinger, Köcher 1990; von Rohland 1989; Schneider, Schönbach, Stürzebecher 1993a; Weischenberg 1995.

durchgeführt wurden, erfassen überblicksartig soziale und berufliche Merkmale sowie politische und berufliche Sichtweisen der Journalisten im ganzen Bundesgebiet. Einen Schwerpunkt bildeten Vergleiche west- und ostdeutscher Journalisten.[75]

Die Befragungen deutscher Journalisten sind meist Querschnittuntersuchungen.[76] Für sich betrachtet, erlauben sie die Beschreibung von Merkmalen bestimmter Teilgruppen oder auch – bei entsprechender Repräsentativität – der Gesamtheit der Journalisten zu einem bestimmten Zeitpunkt. Da die einzelnen Untersuchungen mit zum Teil großem zeitlichem Abstand durchgeführt wurden, bieten sie die Möglichkeit, über die Querschnittbetrachtung hinauszugehen: Anhand des Vergleichs von Befragungen verschiedener Zeitpunkte können mögliche *Veränderungen* im Denken von Journalisten festgestellt werden. Um über längerfristige Veränderungen oder auch Konstanten zuverlässige Aussagen treffen zu können, muß sich eine Längsschnittbetrachtung auf Studien konzentrieren, die für die Vergleichszeitpunkte eine vergleichbare Datengrundlage bieten. Deshalb können erstens nur Ergebnisse zum Denken westdeutscher Journalisten herangezogen werden, da für die Zeit vor der Vereinigung keine Informationen über die Kollegen in Ostdeutschland vorliegen.[77] Zweitens können nur Untersuchungen be-

[75] Wissenschaftler in Hannover und Münster führten 1992 bzw. 1993 jeweils repräsentativ angelegte Befragungen von Journalisten in West- und Ostdeutschland durch. Zu den methodischen Besonderheiten dieser Studien vgl. die Gegenüberstellung im Sonderheft *Sage & Schreibe special* April 1994, 42–45 und 47. Ergebnisse der Hannoveraner Studie sind unter anderem veröffentlicht in Schönbach 1992; Böckelmann, Mahle 1993; Mast 1993; Schneider, Schönbach 1993; Schneider, Schönbach, Stürzebecher 1993a und b; 1996; Stürzebecher 1993a und b; Böckelmann, Mast, Schneider 1994; Schönbach, Stürzebecher, Schneider 1994. Ergebnisse der Münsteraner Studie sind unter anderem veröffentlicht in Löffelholz 1992; Weischenberg, Löffelholz, Scholl 1993; 1994a und b; Scholl 1993a und b; Weischenberg 1994 und 1995; *Sage & Schreibe special* 1994; Scholl, Weischenberg 1998.

[76] Eine Ausnahme bildet die Studie, die der vorliegenden Arbeit zugrundeliegt: Zusammen mit den amerikanischen Soziologen Kurt Lang und Gladys Engel Lang befragten Hans Mathias Kepplinger und die Verfasserin im Herbst 1989 und im Winter 1991/92 eine jeweils gleich strukturierte Stichprobe westdeutscher Journalisten, zum zweiten Befragungszeitpunkt auch eine Gruppe ehemaliger DDR-Redakteure. Ziel der zweifachen Befragung war unter anderem, Veränderungen in der Wahrnehmung prägender Erfahrungen, im Berufsverständnis und in den politischen Sichtweisen aufgrund der deutschen Vereinigung festzustellen. Die (zum Teil identischen) Befragten erhielten deshalb in beiden Wellen einen in den zentralen Fragen identischen Erhebungsbogen. Die Studie wird in einem späteren Abschnitt im Detail vorgestellt.

[77] Sieht man von essayistischen Beschreibungen *ehemaliger* DDR-Journalisten ab. Ein Beispiel für eine autobiographische Auseinandersetzung ist Klump 1993.

rücksichtigt werden, die eine ausreichende Zahl von Journalisten verschiedener Ressorts aus Presse und Rundfunk einschließen und damit möglichst repräsentativ für die Gesamtheit oder einen Großteil der deutschen Journalisten sind.

Nach diesen Kriterien eignen sich für eine Längsschnittbetrachtung vor allem vier Studien, die einen Vergleich des Denkens von westdeutschen Journalisten zu Beginn der achtziger und Anfang der neunziger Jahre erlauben.[78] Die Ansichten zu Beginn der achtziger Jahre erfaßte 1980/81 eine Befragung von 450 Journalisten, deren Ergebnisse einer Studie von Renate Köcher zugrundeliegen.[79] Für die Zeit seit dem Beginn der neunziger Jahre sind drei Untersuchungen relevant. Es handelt sich erstens um eine Befragung von 338 westdeutschen Journalisten, die 1991 im Rahmen eines international vergleichenden Projekts unter Leitung des amerikanischen Politikwissenschaftlers Thomas Patterson durchgeführt wurde. Für den deutschen Teil der Studie, die fünf Länder umfaßte, war Wolfgang Donsbach verantwortlich.[80] Es handelt sich zweitens um eine Befragung von 983 Journalisten in westdeutschen Redaktionen, die 1992 von Beate Schneider, Klaus Schönbach und Dieter Stürzebecher (Hannover) durchgeführt wurde.[81] Es handelt sich drittens um eine Befragung von 1.498 Journalisten 1993, davon circa 1.200 in West- und circa 300 in Ostdeutschland. Die Studie wurde von Siegfried Weischenberg, Martin Löffelholz und Armin Scholl (Münster) geleitet.[82] Vergleiche zwischen den Antworten der Journalisten in den vier Umfragen sind, vor allem aus methodischen Gründen, nur bedingt möglich: Die Untersuchungen unterscheiden sich in Zielsetzung, Definition der Grundgesamtheit, Stichprobenbildung, Befragungstechnik und Testfragen.

Köcher stützte sich in ihrer Untersuchung auf eine mündliche

[78] Systematische Vergleiche zu den sechziger oder siebziger Jahren sind mangels geeigneter Daten nicht möglich.

[79] Köcher 1985 und 1986, auch Kepplinger, Köcher 1990. Auch den Arbeiten von Donsbach 1982 und 1983 liegen Ergebnisse dieser Befragung zugrunde.

[80] Donsbach, Patterson 1992; Donsbach 1993a und b; Donsbach, Klett 1993; Patterson, Donsbach 1996. Die Befragung war Teil des internationalen Projektes *Media and Democracy.* Aus Gründen der Vergleichbarkeit mit den anderen Ländern wurde die Zahl der deutschen Befragten auf 300 heruntergewichtet.

[81] Schneider, Schönbach, Stürzebecher 1993a und b; Stürzebecher 1993a und b; Schönbach, Stürzebecher, Schneider 1994; Schneider, Schönbach, Stürzebecher 1996. Die Antworten der westdeutschen Befragten werden unter anderem im Rahmen einer *Sozialenquête über die Journalisten in den neuen Bundesländern* mit denen ostdeutscher Redakteure verglichen.

[82] Löffelholz 1992; Weischenberg, Löffelholz, Scholl 1993; 1994a und b; Scholl 1993a und b; Weischenberg 1994 und 1995; *Sage & Schreibe special* 1994; Scholl, Weischenberg 1998.

Befragung[83] von festangestellten Redakteuren der Ressorts Politik, Wirtschaft, Lokales, Kultur und Sport in Presse, Rundfunk und Nachrichtenagenturen. Journalisten in leitenden Positionen waren überrepräsentiert.[84] Grundgesamtheit der Studie von Patterson und Donsbach sind »Journalisten, die an tagesaktuellen Nachrichtenentscheidungen über Themen aus den Bereichen Politik und Zeitgeschehen beteiligt sind.«[85] Für die schriftliche Befragung wurden zu etwa gleichen Teilen Redakteure bei Tageszeitungen und Rundfunkanstalten berücksichtigt. Jeweils die Hälfte arbeiteten bei Medien von nationaler und regionaler bzw. lokaler Bedeutung.[86] Die Studie von Schneider, Schönbach und Stürzebecher beruht auf einer telefonischen Befragung[87] festangestellter Redakteure und Volontäre in Tages- und Wochenzeitungs-, Zeitschriften- und Rundfunkunternehmen sowie deutschsprachigen Nachrichtenagenturen mit Sitz in Deutschland. Weischenberg, Löffelholz und Scholl berücksichtigten neben festangestellten Redakteuren und Volontären auch hauptberuflich freie Journalisten in Zeitungen, Nachrichtenagenturen, Zeitschriften, öffentlich-rechtlichen und privaten Rundfunkanstalten, Anzeigenblättern mit redaktionellem Teil sowie Mediendiensten. Ihre Befragung erfolgte in mündlichen Interviews.[88] Zwei der drei neueren Studien – die Befragungen von Patterson und Donsbach sowie der Hannoveraner Arbeitsgruppe – weisen die Antworten west- und ostdeutscher Journalisten getrennt aus. Weischenberg, Löffelholz und Scholl beziehen ihre Ergebnisse überwiegend auf alle Befragte.[89]

Die Autoren der vier Studien verwendeten zum Teil gleiche bzw. ähnliche, zum Teil verschiedene Testfragen, um die Ansichten der Journalisten zu erfassen. Besonders deutlich wird dies am Beispiel der Fragen zur *politischen Orientierung*.[90] Zur Messung der *berufli-*

[83] Durchgeführt vom *Institut für Demoskopie Allensbach*.
[84] Vgl. Köcher 1985, 26–32.
[85] Donsbach 1993b, 144.
[86] Vgl. Donsbach 1993b, 144 f.
[87] Durchgeführt vom *Emnid-Institut* Bielefeld.
[88] Durchgeführt von *GFM / GETAS* Hamburg. Vgl. zur Methode *Sage & Schreibe Special* April 1994, 43–45.
[89] Zu den Gründen vgl. Scholl 1993a. Eine Ausnahme bildet der »Exkurs« über »Journalismus in Ost- und Westdeutschland« bei Scholl, Weischenberg 1998, 234–243.
[90] Köcher arbeitete mit mehreren Indikatoren, zum Beispiel der Parteipräferenz (Sonntagsfrage) und einem Bandmaß (von 0 bis 100) zur Links-Rechts-Einstufung (vgl. den Fragebogen im Anhang von Köcher 1985). Patterson und Donsbach verwendeten eine siebenteilige Links-Rechts-Skala zur Einstufung des eigenen Denkens, des eigenen Mediums, anderer Medien, Parteien usw. (vgl.

chen Ansichten arbeiteten die Autoren aller vier Studien unter anderem mit Indikatoren für die Berufsmotivation, das journalistische Rollen- und Aufgabenverständnis sowie das Recherche- und Publikationsverhalten. Dabei verwendeten sie häufig Fragemodelle oder komplette Testfragen aus der Untersuchung Köchers. Dies gilt besonders für die Hannoveraner Befragung, deren Daten zum Teil im direkten Vergleich mit den Ergebnissen Köchers präsentiert werden.[91] Nicht berücksichtigt werden dabei jedoch die unterschiedlichen Definitionen der Grundgesamtheit und die Verschiedenartigkeit der Erhebungsverfahren. Deshalb kann nicht ausgeschlossen werden, daß die ausgewiesenen Unterschiede auch auf den Verfahrensdifferenzen beruhen.

Die Unterschiede in den Definitionen des Begriffs Journalist sowie in den Kriterien für die Auswahl der Befragten, den Erhebungsmethoden und Testfragen müssen bei einem zeitlichen Vergleich berücksichtigt werden. Trotz der Differenzen besitzen die Untersuchungen zwei grundlegende Gemeinsamkeiten. Erstens, die – in Bedeutung und Anzahl zentrale – Kerngruppe aller vier Studien bilden Presse- und Rundfunkredakteure, die für die aktuelle Berichterstattung über Politik und Zeitgeschehen zuständig sind. Generelle Unterschiede im Denken von Journalisten zwischen dem Beginn der achtziger und Anfang der neunziger Jahre dürften aufgrund der großen Zahl dieser Redakteure sichtbar werden. Daran ändert mit hoher Wahrscheinlichkeit auch die Tatsache wenig, daß in die einzelnen Befragungen jeweils noch andere (meist kleine) Teilgruppen einbezogen wurden. Zweitens, in allen vier Studien wurden dieselben zentralen Aspekte journalistischen Denkens erfaßt – die politische Orientierung und das Berufsverständnis. Wenn diese Aspekte auch nicht mit identischen Fragen erhoben wurden, können die zum Teil ähnlichen bzw. vergleichbaren Indikatoren

Donsbach 1993a, 305–307; 1993b, 156; Donsbach, Klett 1993, 67). Schneider, Schönbach und Stürzebecher erfaßten die Parteisympathie, indem sie die Befragten baten, *CDU / CSU*, *FDP*, *SPD*, *Grüne / Bündnis 90*, *PDS* und *Republikaner* auf einer elfstufigen Skala von –5 (»halte überhaupt nichts von der Partei«) bis +5 (»halte sehr viel von der Partei«) einzuschätzen (vgl. Schönbach, Stürzebecher, Schneider 1994, 153). Weischenberg, Löffelholz und Scholl fragten nach der Nähe zu einer politischen Partei. Sie ließen die Journalisten darüber hinaus ihre eigene politische Richtung und die ihres Mediums anhand von Attributen wie »nationaldemokratisch«, »liberal«, »grün-alternativ« oder »neutral« einschätzen (vgl. Weischenberg, Löffelholz, Scholl 1994a, 162).

[91] Siehe vor allem die Gegenüberstellung in Schneider, Schönbach, Stürzebecher 1993a; vgl. auch den Aufsatz von Schönbach, Stürzebecher, Schneider 1994, in dem die Autoren zu zeigen versuchen, daß frühere Befunde auf der Grundlage von Köchers Daten aktuell nicht mehr zutreffen.

doch Hinweise auf generelle Veränderungen geben. Diese werden im folgenden zusammengefaßt.

Konstanten und Veränderungen der politischen Orientierung
Köcher erhärtete mit den Ergebnissen der Befragung von 1980/81 Befunde früherer Untersuchungen vor allem der siebziger Jahre, »die sämtlich eine ausgeprägte Dominanz von linksliberalen Anschauungen im deutschen Journalismus nachwiesen.«[92] Nach ihren Daten sympathisierte Anfang der achtziger Jahre gut die Hälfte der Redakteure mit der *SPD*, ein Fünftel mit deren damaligem Koalitionspartner *FDP*. Weniger als ein Fünftel der Befragten waren Anhänger der *CDU / CSU*, etwa jeder Siebte gab keine Auskunft über die parteipolitische Orientierung.[93] Eine Frage nach dem Standort im Links-Rechts-Spektrum bestätigte die linksliberale Orientierung eines Großteils der Journalisten: Mehr als zwei Fünftel stuften sich links, nur knapp ein Fünftel rechts der Mitte ein. Etwa jeder Dritte sah sich im mittleren Bereich des politischen Spektrums. Wie Köcher und vor ihr schon Kepplinger zeigte,[94] bestanden in den siebziger und Anfang der achtziger Jahre deutliche Unterschiede in der politischen Orientierung der Journalisten und der Gesamtbevölkerung.

Die Ergebnisse der neueren Befragungen weisen darauf hin, daß sich an der überwiegend linksliberalen Orientierung der Journalisten wie auch an den Unterschieden zur Bevölkerung wenig geändert hat. Donsbach erkennt anhand der Daten, die er zusammen mit Patterson erhoben hat, einen »extreme[n] Überhang der parteipolitischen Orientierungen von Journalisten zugunsten linker Parteien«:[95] 1991 standen mehr Befragte der *SPD* oder den *Grünen* nahe (57 %) als der *CDU / CSU* oder der *FDP* (43 %). Die politische Orientierung der Journalisten unterschied sich damit deutlich von der Meinungsverteilung in der Bevölkerung.[96] Die Ergebnisse der Hannoveraner Studie ergänzen das Bild mit einem weiteren Indikator – der Bewertung der Parteien auf einer Sympathieskala von

[92] Köcher 1985, 48. Die früheren Untersuchungen, auf die sich die Autorin bezieht, sind vor allem Befragungen des *Instituts für Demoskopie Allensbach*.
[93] Vgl. Köcher 1985, 49. Die Prozentwerte in Tabelle 7, die sich dort auf »Journalisten mit konkreter Parteiangabe« beziehen, wurden auf alle Befragten hochgerechnet.
[94] Vgl. Kepplinger 1982, 130; Köcher 1985, 54.
[95] Donsbach 1993a, 305 f.
[96] Dies zeigt das Ergebnis der Bundestagswahl 1990: Damals hatten 55 Prozent der Bevölkerung die christlich-liberale, nur 39 Prozent eine mögliche sozialdemokratisch-grüne Koalition gewählt.

–5 bis +5: Die westdeutschen Journalisten beurteilten die Regierungsparteien 1992 deutlich negativer (Mittelwert für *CDU / CSU* und *FDP* jeweils –0,9) als die *SPD*, die sie leicht positiv einstuften (+0,2), und die *Grünen*, die sie ambivalent bewerteten.[97]

Weischenberg, Löffelholz und Scholl veröffentlichten mehrfach gleichlautende Daten zur Parteinähe und zur generellen politischen Orientierung,[98] die jedoch nicht nach west- und ostdeutschen Journalisten differenziert sind, sondern für Gesamtdeutschland gelten und folglich keine direkten Vergleiche zulassen.[99] Trotz dieses Vorbehalts weisen auch die Ergebnisse der Münsteraner Studie darauf hin, daß die relative Mehrheit der deutschen Journalisten linke Parteien bevorzugt (*SPD*, *Bündnis 90 / Die Grünen* und *PDS:* 44 %), nur eine Minderheit konservative Parteien (*CDU / CSU* und *FDP:* 19 %). 36 Prozent der Befragten nannten keine Parteineigung.[100] Der Anteil derjenigen, die ihre Parteipräferenz 1993 nicht angaben, war damit deutlich höher als in der Befragung Köchers 1980/81 (15 %). Die Annahme, daß alle Antwortverweigerer keine Partei einer anderen vorzogen, oder aber alle Parteien gleichermaßen ablehnten, erscheint unrealistisch.[101] Ihr hoher Anteil kann auf eine abnehmende Bereitschaft deuten, den eigenen politischen Stand-

[97] Am deutlichsten negativ bewerteten sie die Extreme der politischen Linken und Rechten (*PDS:* –3,0 / *Republikaner:* –4,3). Vgl. Schneider, Schönbach, Stürzebecher 1993b, 377 (Tabelle 14).

[98] Weischenberg, Löffelholz, Scholl 1994a, 162; 1994b, 67; Weischenberg 1995, 448 f.

[99] Schneider, Schönbach und Stürzebecher 1993b, 377 (Tabelle 14) zeigen, daß die Sympathie für Parteien des linksliberalen Spektrums und die Ablehnung konservativer Parteien unter den ehemaligen DDR-Journalisten noch stärker ausgeprägt ist als bei den westdeutschen Kollegen. Eine Umfrage des *Instituts für Demoskopie Allensbach* im November / Dezember 1991 bestätigt die besonders starke Linksorientierung von Journalisten in Ostdeutschland (*IfD*-Umfrage 5103). Danach standen dort 1991 nur 17 Prozent der Journalisten den konservativen Parteien nahe (12 % der *CDU*, 9 % der *FDP*). Mehr als zwei Drittel entschieden sich für linksliberale bzw. linke Parteien (26 % *SPD*, 34 % *Grüne / Bündnis 90*, 9 % *PDS*). 54 Prozent der Journalisten, die 1991 in den Neuen Bundesländern arbeiteten, waren Mitglieder der *SED* gewesen (vgl. *Institut für Demoskopie Allensbach* 1993, 17). Vor diesem Hintergrund lassen die Daten zur Parteinähe und politischen Orientierung, die Weischenberg, Löffelholz und Scholl für Journalisten aus dem *gesamten* Bundesgebiet präsentieren, vermutlich eine stärkere linke bzw. linksliberale Tendenz erkennen, als dies bei den *Westdeutschen* der Fall ist. Die Werte sind deshalb mit Vorsicht zu betrachten.

[100] 28 Prozent gaben an, keiner Partei nahezustehen, acht Prozent verweigerten jegliche Antwort auf die Frage.

[101] Vgl. dazu auch Kepplinger, Ehmig 1997. Mit dem Problem der Antwortverweigerung bei Fragen nach politischen Einstellungen beschäftigen sich ausführlicher Schumann, Presser 1980 oder Feldman 1989.

punkt preiszugeben. Zu berücksichtigen ist jedoch, daß 1993 36 Prozent *aller* Befragten schwiegen, 1980/81 15 Prozent der Journalisten in *Westdeutschland*.[102] Eine zweite Erklärung liegt möglicherweise in der Doppeldeutigkeit der Antwortvorgabe von Weischenberg, Löffelholz und Scholl. Der Ausdruck »nahestehen« kann sowohl die geistige Nähe zu einer Partei bezeichnen als auch die Vereinnahmung durch eine Partei. Letzteres dürften Journalisten generell von sich weisen. Möglicherweise verneinten diejenigen, die die Frage so verstanden, die Nähe zu einer Partei, obwohl sie vermutlich meist Präferenzen hatten.[103]

Auf eine Frage nach ihrer generellen politischen Orientierung, die sie anhand von Etiketten wie »konservativ« oder »sozialistisch« beschreiben sollten, verweigerten 1993 deutlich weniger die Antwort (9 %).[104] Mehr als die Hälfte bezeichneten ihr politisches Denken mit Etiketten des linken (»links-liberal«, »sozialdemokratisch«, »grün-alternativ«, »sozialistisch« und »kommunistisch«: 52 %), nur ein gutes Siebtel mit Etiketten des rechten Teils des Spektrums (»rechts-liberal«, »christlich-demokratisch«, »konservativ«, »nationaldemokratisch«: 15 %). Fast jeder vierte Journalist charakterisierte sich als politisch »liberal« oder »neutral« (23 %). Auch wenn der Überhang von Journalisten mit linker gegenüber Kollegen mit rechter politischer Orientierung unter den westdeutschen Journalisten vermutlich nicht so groß ist, wie es die Daten für Gesamtdeutschland annehmen lassen,[105] zeigen auch diese Werte: Linke bzw. linksliberale Sichtweisen dominieren den westdeutschen Journalismus nach wie vor, wenn auch nicht unbedingt in demselben Maß wie zu Beginn der achtziger Jahre.[106] Nach wie vor besteht

[102] Weischenberg, Löffelholz und Scholl bemerken in einem kurzen Portrait der ostdeutschen Befragten, daß sie »wesentlich häufiger an[geben], keiner Partei nahezustehen« als die westdeutschen Journalisten (*Sage & Schreibe special* 1994, 13).

[103] 1980/81 war nach der Partei gefragt worden, die man wählen würde, »wenn schon am nächsten Sonntag Bundestagswahl wäre«. Der Unterschied zur Frageformulierung bei Weischenberg, Löffelholz und Scholl könnte ebenfalls zu der verschieden hohen Zahl von Antwortverweigerern beigetragen haben.

[104] Dies zeigt, daß Journalisten Selbsteinstufungen bzw. Angaben zu ihren politischen Einstellungen nicht generell häufig ablehnen.

[105] Die Autoren geben darauf einen Hinweis in einem Portrait der ostdeutschen Befragten. Diese »stufen sich selbst weiter links, jedoch ähnlich wie die Westdeutschen … ein« (*Sage & Schreibe special* 1994, 13). Die Formulierung »jedoch ähnlich wie die Westdeutschen« erhärtet den Befund der anderen neueren Studien, daß der westdeutsche Journalismus auch weiterhin eine erkennbare Linkstendenz aufweist.

[106] Dies wird von den Autoren der Münsteraner Studie jedoch mehrfach heruntergespielt (vgl. Weischenberg, Löffelholz, Scholl 1994a, 162; 1994b, 66f; Wei-

auch eine Diskrepanz zwischen der politischen Orientierung der Journalisten und der Gesamtbevölkerung.[107] Zusammenfassend kann man drei Feststellungen treffen: Erstens, nach wie vor steht die Mehrheit der Journalisten links. Dies deutet auf eine hohe Stabilität der politischen Meinungsverteilung. Zweitens, nach wie vor steht die Mehrheit der Journalisten links von der Mehrheit der Bevölkerung. Drittens, die politische Orientierung der deutschen Journalisten entspricht in etwa der politischen Orientierung der Journalisten in anderen Ländern.[108] Dies deutet darauf hin, daß es sich um eine berufsspezifische Eigenart handelt.[109]

Konstanten und Veränderungen im Berufsverständnis

In der Kommunikatorforschung unterscheidet man passive, vermittelnde von aktiven, engagierten journalistischen Berufsrollen. Sie werden mit Begriffen wie *Mediatoren*, *Makler*, *Informatoren* einerseits und *Kommunikatoren*, *Missionare*, *Oberlehrer* andererseits

schenberg 1995, 447–449). Im Sonderheft *Sage & Schreibe special* vom April 1994 heißt es sogar: »Den starken Linksdrall der (westdeutschen) Journalisten, den der Dresdner Kommunikationswissenschaftler Wolfgang Donsbach kritisiert hat, konnten wir nicht feststellen.« (S. 9). Ähnlich lautet eine Formulierung Weischenbergs 1995, 447: »Zur politischen Einstellung der Journalistinnen und Journalisten ist zunächst anzumerken, daß keineswegs, wie behauptet wurde, ›die parteipolitische Präferenz stark in das linke Spektrum verschoben ist‹ ...«. Dieses – durch konkrete Zahlen speziell für Westdeutschland nicht belegte – Urteil ist angesichts der präsentierten Daten nicht nachzuvollziehen.

[107] Dies zeigte bereits der Vergleich der von Patterson und Donsbach 1991 erhobenen Daten mit dem Ergebnis der Bundestagswahl 1990. Dies bestätigt auch ein Vergleich der von Weischenberg, Löffelholz und Scholl 1993 erhobenen Daten mit dem Ergebnis der Bundestagswahl 1994: Von allen wahlberechtigten Bundesbürgern entschieden sich 37 Prozent für die christlich-liberale Koalition, von den befragten Journalisten sympathisierten nur 19 Prozent mit den beiden Parteien. Das Wahlergebnis erbrachte für *SPD*, *Bündnis 90 / Die Grünen* und *PDS* ebenfalls 37 Prozent der Stimmen aller Wahlberechtigten, die Journalisten zogen zu 44 Prozent diese Parteien vor. 22 Prozent der Wahlberechtigten enthielten sich, 36 Prozent der Journalisten gaben ihre Parteipräferenz nicht an. Konzentriert man sich nur auf die abgegebenen Wählerstimmen bzw. auf die Journalisten, die die Frage nach ihrer bevorzugten Partei beantworteten, ist das Mißverhältnis noch krasser: *CDU / CSU* und *FDP:* 49 % der abgegebenen Wählerstimmen gegenüber 20 % der Journalisten; *SPD*, *Bündnis 90 / Die Grünen*, *PDS:* 47 % gegenüber 68 %. Vgl. Kalt 1994; Kepplinger, Ehmig 1997.

[108] Vgl. für Großbritannien Köcher 1985 und 1986; für die USA zum Beispiel Donsbach 1993b; für Italien Malasomma 1991; für Taiwan (aufgrund der schwierigen Vergleichbarkeit allerdings mit Vorbehalt) Shaw-Weng 1985; zusammenfassend siehe Kepplinger, Köcher 1990.

[109] Weischenberg 1995, 447 spricht von einer »für intellektuelle Berufe wohl auch international ... typische[n] Linkstendenz«.

charakterisiert.[110] Im deutschen Journalismus ist seit jeher eine starke Überlappung beider Rollenvorstellungen zu beobachten, deren relative Bedeutung sich im Zeitverlauf gewandelt hat. Bis in die sechziger Jahre dominierte die Vorstellung, Journalisten sollten passive Beobachter sein, die so neutral wie möglich über das aktuelle Geschehen berichten.[111] Neben das Bild vom neutralen Vermittler genau und persönlich distanziert recherchierter Fakten trat zunehmend die Vorstellung vom engagierten Kritiker, der mit seiner Berichterstattung aktiv in das Geschehen eingreift.

Nach Köchers Befunden besaßen deutsche Journalisten zu Beginn der achtziger Jahre häufig Berufsmotive, die dem Wunsch nach Selbstverwirklichung und -entfaltung sowie beruflicher Freiheit Ausdruck gaben: Sie wollten ihre Aufgaben und Themen selbst bestimmen, Spannung und Abwechslung erleben oder die Möglichkeit zum Schreiben und Formulieren haben. Sie sahen in ihrem Beruf andererseits bemerkenswert häufig auch Anziehungspunkte, die auf eine aktive Rolle im politischen Geschehen zielten – zum Beispiel anderen die eigenen Überzeugungen mitzuteilen, sich für Werte und Ideale einzusetzen oder Einfluß auf politische Entscheidungen zu nehmen. Das Rollenverständnis der Redakteure war 1980/81 von dem Anspruch geprägt, Mißstände aufzudecken und Benachteiligten der Gesellschaft in der Öffentlichkeit Gehör zu verschaffen. Fast alle sahen es als ihre Aufgabe an, eine extreme Partei, in der sie eine Gefahr für die demokratische Grundordnung erkennen, mit publizistischen Mitteln zu bekämpfen und öffentlich auf ihre Gefährlichkeit hinzuweisen. Dementsprechend sahen sich zahlreiche Journalisten als Wächter der Demokratie und betrachteten die Medien als vierte Gewalt im Staat. Demgegenüber vertrat Anfang der achtziger Jahre jedoch eine Mehrheit der Befragten auch die Ansicht, Journalisten sollten neutrale Berichterstatter sein.[112]

[110] Vgl. die Unterscheidung zwischen passiven und aktiven journalistischen Berufsrollen bei Langenbucher 1974/75; vgl. zu ähnlichen Unterscheidungen vor allem im angelsächsischen Bereich Donsbach 1982, 40–67; für den neueren Stand vgl. zusammenfassend Schönbach, Stürzebecher, Schneider 1994.

[111] Dies war ein kurzfristiger Effekt, der durch den Einfluß der Siegermächte des Zweiten Weltkriegs, vor allem der Amerikaner und Engländer, auf die Neugestaltung des deutschen Mediensystems ausgelöst wurde. Vgl. dazu Kepplinger 1992b.

[112] Vgl. Köcher 1985, vor allem 72–85 und 114–120; auch Köcher 1986; Kepplinger, Köcher 1990; Donsbach 1982 und 1983. Auch Daten aus den siebziger Jahren zeigen, daß viele deutsche Journalisten ihren Beruf ergriffen haben, um Mißstände aufzudecken und daran Kritik zu üben; vgl. Gruber, Koller, Rühl 1974/75; Noelle-Neumann 1973b; Donsbach 1979; Mühlberger 1979; Stemmle 1971.

Die Ergebnisse Köchers belegen eine starke Überschneidung der Rollenvorstellungen vom neutralen Vermittler einerseits und vom engagierten Kritiker andererseits, begleitet vom Wunsch nach Selbstverwirklichung und -entfaltung. Eine untergeordnete Rolle spielte 1980/81 noch das unterhaltende Element des Journalismus. Mit ihren Rollenvorstellungen und Berufsmotiven unterschieden sich die deutschen Journalisten erkennbar von ihren britischen Kollegen, die den Schwerpunkt auf die Vermittlerposition eines neutralen Berichterstatters legten und noch häufiger als die Deutschen Abwechslung, Spannung und den Reiz des Termindrucks betonten. Dabei sahen sich die Briten auch vergleichsweise häufig in der Rolle des Unterhalters. Ein weiterer Unterschied zwischen deutschen und britischen Journalisten bestand Anfang der achtziger Jahre in ihren Ansichten zu fragwürdigen Recherchemethoden – zum Beispiel Informanten unter Druck zu setzen oder sich unter falscher Identität Zugang zu internen Informationen zu verschaffen. Während die englischen Redakteure solche Vorgehensweisen mehrheitlich für vertretbar hielten, lehnten die deutschen Journalisten sie überwiegend ab.[113]

Selbstbild und Aufgabenverständnis von Journalisten besitzen einen Einfluß auf ihr konkretes berufliches Handeln. Zahlreiche Studien der siebziger, achtziger und neunziger Jahre belegen die bewußte oder unbewußte Auswahl von Informationen, die die eigene Überzeugung stützen, für lokale, nationale und internationale Konflikte aus unterschiedlichen Politikbereichen.[114] Besonders bedeutsam ist dies bei öffentlichen Konflikten. Eine Untersuchung von Hans Mathias Kepplinger und Mitarbeitern lieferte einen quasi-experimentellen Beleg der sonst meist nur gefolgerten Zusammenhänge zwischen subjektiven Sichtweisen und Nachrichtenauswahl: 1984 billigten 49 Prozent von 214 deutschen Redakteuren der Ressorts Politik, Wirtschaft und Lokales in Fernseh-, Hörfunk-, Tages- und Wochenzeitungsredaktionen das bewußte Hochspielen von Informationen entsprechend der eigenen Ansichten in einem politischen Konflikt. Die Meinungen der Journalisten, verbunden mit den Vorstellungen, welche Konfliktsicht Meldungen unterstützen, besaßen einen signifikanten Einfluß auf ihre Auswahl von Meldungen.[115] Patterson und Donsbach bestätigten den Befund mit

[113] Vgl. Köcher 1985 und 1986; auch Kepplinger, Köcher 1990.

[114] Beispielsweise Schönbach 1977; Noelle-Neumann, Kepplinger 1978; Kepplinger 1989a; Kepplinger, Ehmig, Ahlheim 1991; Wagner 1991; Donsbach 1993b; Donsbach, Klett 1993; Kepplinger, Eps, Esser, Gattwinkel 1993.

[115] Vgl. Kepplinger, Brosius, Staab, Linke 1989; Kepplinger, Brosius, Staab, Linke, Autze, Wüst 1990.

einem ebenfalls quasi-experimentellen Untersuchungsdesign.[116] Aufgrund des engen Zusammenhangs zwischen dem beruflichen Selbstbild von Journalisten, ihren Ansichten zu Sachfragen und ihrem Publikationsverhalten kann man vermuten, daß Veränderungen im Berufsverständnis auch mit einem Wandel im beruflichen Handeln verbunden sind.

Von den Rollen*vorstellungen* der Journalisten sind ihre *faktischen* Berufsrollen zu unterscheiden, also die Aufgaben und Tätigkeiten, die sie im Alltag wahrnehmen. Der deutsche Journalismus ist von einer geringen Arbeitsteilung in den Redaktionen gekennzeichnet. Journalisten sind bei der Bearbeitung eines Themas häufig sowohl mit Recherche und sachlicher Faktenwiedergabe in Nachrichten und Berichten als auch mit ihrer Bewertung in Kommentaren, Glossen usw. beschäftigt. Sie nehmen dabei ebenso die vermittelnde Rolle eines Mediators wie die aktive Rolle des Kommunikators wahr. Auch hierin unterscheidet sich der deutsche vom traditionellen angelsächsischen Journalismus, der von einer klaren Rollen- und Aufgabenteilung geprägt ist. Journalisten in den USA und in England sind deshalb stärkerer redaktioneller Kontrolle ausgesetzt als ihre deutschen Kollegen. Die Deutschen sind entsprechend seltener als die angelsächsischen Kollegen der Ansicht, Journalisten sollten nicht über Themen berichten, zu denen sie selbst eine feste Meinung haben. An der geringen Arbeitsteilung in den Redaktionen und der starken Überlappung vermittelnder und aktiv-engagierter Arbeitsrollen im deutschen Journalismus hat sich seit dem Beginn der achtziger Jahre nichts geändert.[117]

Die neueren Befragungen deuten auf einen Wandel im *Selbstverständnis* der westdeutschen Journalisten hin, dessen Anfänge Wolfgang Donsbach bereits 1981 anhand von zwei Beobachtungen charakterisierte: »Die erste Beobachtung … ist eine gewisse ›Säkularisierung‹ und Versachlichung des Aufgabenverständnisses. Die zweite Beobachtung betrifft eine gleichzeitige Polarisierung und Interessenorientierung bei der Festlegung von Zielen und Mitteln

116 Vgl. Patterson, Donsbach 1996, 462f.

117 Vgl. Köcher 1985 und 1986; Kepplinger, Köcher 1990; Donsbach 1993a und b; Esser 1993; 1998b. Auch die Daten von Weischenberg, Löffelholz und Scholl 1994a, 157f; 1994b, 59f; Scholl und Weischenberg 1998, 88 lassen darauf schließen, daß deutsche Journalisten mit Tätigkeiten beschäftigt sind, die verschiedenen Arbeitsrollen zuzuordnen sind. Die Autoren verwenden allerdings andere Tätigkeitsbeschreibungen als zum Beispiel Patterson und Donsbach und weisen auch nicht aus, in welchem Grad es zu Überlappungen bzw. Trennungen zwischen den verschiedenen Arbeitsrollen bei ein und denselben Personen kommt (wie etwa Donsbach 1993a, 145–151).

journalistischer Arbeit.«[118] Die Studien vom Beginn der neunziger Jahre präzisieren diese Eindrücke. Sie belegen, daß sich der Wandel im journalistischen Selbstverständnis vor allem in der rückläufigen Bedeutung der Kritikerrolle zeigte. Von den westdeutschen Journalisten, die Schneider, Schönbach und Stürzebecher 1992 befragten, hielten es zwar – absolut betrachtet – noch ähnlich viele wie 1980/81 für wichtig, Mißstände aufzudecken und zu kritisieren, eigene Überzeugungen mitzuteilen und politische Entscheidungen zu beeinflussen. Die *relative* Bedeutung dieser Motive war jedoch zurückgegangen. Häufiger als in den achtziger Jahren sahen sich die Redakteure in einer vermittelnden Rolle, in der sie für ihr Publikum einerseits eine unterhaltende, andererseits eine Sprachrohrfunktion übernehmen. Auch die Möglichkeit der Selbstentfaltung und der Anreiz von Spannung, Abwechslung und beruflicher Freiheit spielten Anfang der neunziger Jahre eine noch dominierendere Rolle als zehn Jahre zuvor.[119]

In eine ähnliche Richtung weisen die Ergebnisse der Studie von Patterson und Donsbach, die die westdeutschen Journalisten mit Vertretern der angelsächsischen Berufstradition – Redakteuren aus den USA – vergleichen. Ihren Daten zufolge ist der deutsche Journalismus einerseits noch immer in hohem Maße der engagierten Kritikerrolle verhaftet. So wollten die Befragten politische Konflikte häufiger »interessant darstellen« als »neutral vermitteln«. Sie stimmten auch zu über einem Drittel der Aussage zu, daß politische Streitfragen einen höheren Nachrichtenwert besitzen als politische Sachthemen. In beiden Fällen unterschieden sie sich deutlich von den Kollegen aus den USA. Die 1991 befragten deutschen Redakteure zeigten jedoch andererseits auch die Tendenz zu einem zurückhaltenden, vermittelnden Aufgabenverständnis. So nannten vergleichsweise wenige die Möglichkeit der Einflußnahme auf das Publikum oder auf das politische Geschehen als Berufsmotive. Für ein neutrales journalistisches Rollenmodell stimmten mehr Befragte als für ein anwaltschaftliches.[120]

Auch die Befragung von Weischenberg, Löffelholz und Scholl be-

[118] Donsbach 1981, 170.

[119] Schneider, Schönbach, Stürzebecher 1993a, 22 f. Die Autoren zeigen, daß sich ostdeutsche Journalisten stärker vom Bild des aktiven, politisch engagierten und kritischen Journalisten angezogen fühlen als ihre westdeutschen Kollegen. Darauf deuten auch die Daten einer Befragung von 455 west- und 115 ostdeutschen Redakteuren, die Kurt Lang, Gladys Engel Lang, Hans Mathias Kepplinger und die Verfasserin im Winter 1991/92 durchgeführt haben. Vgl. dazu Kepplinger 1992c; Lang, Kepplinger, Engel Lang, Ehmig 1992.

[120] Donsbach 1993b, 293–299.

legt – für den Journalismus in Gesamtdeutschland –, daß das Selbstverständnis als Kritiker gegenüber dem neutralen, vermittelnden Berufsbild in den neunziger Jahren nicht mehr so deutlich dominiert. Zwar sahen 1993 immerhin fast zwei Drittel der Befragten die Kritik an Mißständen als ihre Aufgabe an.[121] Deutlich mehr – etwa drei Viertel – verstanden sich jedoch »als neutrale Vermittler, die ihrem Publikum komplexe Sachverhalte erklären ... und es schnell ... und präzise ... informieren«. Sehr viele Journalisten stimmten auch der Forderung zu, »daß möglichst nur Nachrichten veröffentlicht werden sollen, deren faktischer Inhalt bestätigt wurde«.[122] Neben den Veränderungen im Aufgabenverständnis zeigte sich Anfang der neunziger Jahre eine deutliche Zunahme der Billigung von fragwürdigen Recherchemethoden und Publikationspraktiken. 1992 hielten es erheblich mehr westdeutsche Journalisten für vertretbar als 1980/81, geheime Regierungsunterlagen zu benutzen, eine andere Meinung vorzugeben, um einem Informanten Vertrauen einzuflößen, oder sich als Mitarbeiter in einem Betrieb zu betätigen, um an interne Informationen zu kommen.[123]

Zusammenfassend kann man festhalten: Der Vergleich des Berufsverständnisses deutscher Journalisten Anfang der achtziger und zu Beginn der neunziger Jahre läßt deutliche Unterschiede erkennen. Sie geben – trotz aller methodischen Einschränkungen – einem Meinungs- und Wertewandel innerhalb der Berufsgruppe Ausdruck, der sich im Rollenverständnis und in den Ansichten zu journalistischen Verhaltensweisen manifestiert. Mit den Veränderungen hat sich das Berufsverständnis der deutschen Journalisten

[121] Ergebnisse in Scholl, Weischenberg 1998, 168 zeigen, daß Indikatoren einer politischen Rolle von Journalisten einen weitaus größeren Teil der Varianz des Rollenselbstverständnisses erklären (25 %) als Indikatoren, die eine neutral-informierende Position anzeigen (9 %).

[122] Weischenberg, Löffelholz, Scholl 1994a, 160. In den Rollenvorstellungen und Berufsmotiven zeigen sich jedoch deutliche Unterschiede zwischen Journalisten aus verschiedenen Ressorts. So sind »Kritik und Kontrolle ... journalistische Aufgaben, für die vor allem das Politikressort zuständig ist. Mißstände kritisieren wollen folgerichtig [sic!] drei Viertel der überregional berichtenden Politikredakteure, aber auch genauso viele Lokaljournalisten« (*Sage & Schreibe special* 1994, 17) – und damit eine zentrale Gruppe innerhalb der Journalisten, die für die tagesaktuelle Berichterstattung zuständig sind.

[123] Schneider, Schönbach, Stürzebecher 1993a, 25. Vgl. auch die gleichlautenden Daten in Schneider, Schönbach, Stürzebecher 1993b und Schönbach, Stürzebecher, Schneider 1994. Eine ähnliche Entwicklung zeigt sich bei der Billigung des Arbeitens unter einer falschen Identität oder von Geldzahlungen für vertrauliche Informationen (Weischenberg 1995, 464; Daten unter Einschluß der Antwortvorgabe »teils-teils vertretbar«). Hier ist wieder zu beachten, daß die Werte für West- und Ostdeutschland zusammen gelten.

dem ihrer Kollegen in den angelsächsischen Ländern angenähert, womit die charakteristischen Unterschiede vom Beginn der achtziger Jahre jedoch nicht aufgehoben sind.[124]

2.2.2.3 Altersunterschiede

Die Befunde zum Wandel der berufsspezifischen Sichtweisen von Journalisten beruhen auf einem Vergleich der Ergebnisse von Befragungen, die zu unterschiedlichen Zeitpunkten durchgeführt wurden. Basis der vergleichenden Analyse waren jeweils *alle* Befragten, die – mit den genannten Einschränkungen – als Stellvertreter der gesamten Berufsgruppe zum jeweiligen Befragungszeitpunkt betrachtet wurden. Die Unterschiede vor allem im Berufsverständnis der Journalisten zwischen dem Beginn der achtziger und Anfang der neunziger Jahre zeigen – erneut mit den genannten Einschränkungen – Veränderungen der Meinungsverteilung innerhalb der Berufsgruppe insgesamt an, die man als Werte- und Normwandel charakterisieren kann. Wenn dieser Wertewandel durch einen Generationswechsel verursacht wird, müssen charakteristische Unterschiede im Denken der einander ablösenden Generationen bestehen. Für den deutschen Journalismus der vergangenen zwanzig Jahre kann man folglich annehmen: Wenn die Veränderungen im beruflichen Denken durch einen Generationswechsel ausgelöst wurden, ist in den Redaktionen eine beträchtliche Anzahl junger Kollegen nachgewachsen, deren Aufgaben- und Arbeitsverständnis sich von dem der älteren Journalisten unterscheidet. Demnach müßten in den Befragungen sowohl Anfang der achtziger als auch Anfang der neunziger Jahre charakteristische Altersunterschiede im beruflichen Denken nachzuweisen sein. Dies ist Gegenstand des folgenden Abschnitts. Verglichen werden nun nicht mehr jeweils alle Befragten zu den verschiedenen Zeitpunkten. Verglichen werden vielmehr die Sichtweisen jüngerer und älterer Journalisten in den einzelnen Studien.

Bereits 1974 hatte Günter Kieslich anhand einer Befragung von 380 Volontären das Selbstverständnis der »Journalist[en] der Zukunft« beschrieben: Die angehenden Redakteure besäßen »veränderte«, nämlich »spezialisierte und differenzierte« Rollenvorstel-

[124] Dies stellt bereits Kepplinger 1992b, 62 fest. Vgl. auch die daran angelehnte Gegenüberstellung der Ansichten von deutschen, britischen und amerikanischen Journalisten zu umstrittenen Recherchemethoden bei Weischenberg 1995, 464 oder die Unterschiede zwischen deutschen und amerikanischen, australischen sowie türkischen Journalisten in Scholl, Weischenberg 1998, 230 und 233.

lungen: Sie sähen sich selbst als Informatoren, aber auch in der Funktion von Meinungsbildnern. Im Vordergrund stehe die Aufgabe der wertneutralen Berichterstattung. Sprachrohr der Bevölkerung oder Ausführungsorgan des Verlegers wollten die Volontäre nicht sein.[125] Ein gegenüber älteren Kollegen verändertes Selbstverständnis junger Journalisten konstatierte auch Jürgen Prott 1976 anhand einer Befragung von 130 Mitgliedern der *dju* und des *DJV*. Er identifizierte drei »Realtypen des Bewußtseins von Zeitungsredakteuren«: Den damals etwa 60-jährigen schrieb er ein »traditionalistisches Bewußtsein« zu, den 20- bis 30-jährigen ein »progressives«. Die Journalisten mittleren Alters charakterisierte er als »ambivalent«.[126] Trotz der vagen Terminologie deutete der Autor hier die zentrale Voraussetzung für einen Generationswandel an: Die jungen Kollegen, die in den Redaktionen nachkommen, bringen andere Sichtweisen mit, als sie bisher dort vorherrschten.[127]

Systematischer und aktueller sind Befunde der Studien von Köcher, Patterson und Donsbach, Schneider, Schönbach und Stürzebecher sowie Weischenberg, Löffelholz und Scholl. Die Autoren aller vier Befragungen vergleichen – mehr oder weniger intensiv und differenziert – die Sichtweisen jüngerer und älterer Kollegen. Dazu bilden sie nach zum Teil ähnlichen, zum Teil unterschiedlichen Kriterien zwischen drei und fünf Altersgruppen, die je nach Untersuchungszeitpunkt Befragte unterschiedlicher Geburtsjahrgänge umfassen.[128] Die Ergebnisse der Studien lassen erkennen, daß sich

[125] Kieslich 1974, 107 f.

[126] Prott 1976, 344.

[127] Elisabeth Noelle-Neumann stellte Anfang der siebziger Jahre fest, daß Journalisten vor allem jüngerer Altersgruppen den Journalismus dominieren. Sie sah darin eine Ursache für Konsonanz in der politischen Berichterstattung. So seien »junge Jahrgänge unter Journalisten im Vergleich zu anderen Berufsgruppen mit ähnlichem Status« und im Vergleich zur Gesamtbevölkerung »stark überrepräsentiert«. Dies führe zu einer »[i]m Vergleich zur Bevölkerung größere[n] Einheitlichkeit der Auffassungen und Perspektiven der Journalisten« (Noelle-Neumann 1973a, 35).

[128] Köcher 1985 unterscheidet Befragte, die zum Zeitpunkt der Untersuchung 1980/81 18 bis 34 (geboren 1946–62), 35 bis 44 (geboren 1936–45) sowie 45 Jahre und älter waren (geboren vor 1936). Mit denselben drei Kategorien arbeiten Schneider, Schönbach und Stürzebecher 1993a und b. Da ihre Befragung 1992 stattfand, erfaßten sie Journalisten, die zwischen 1958 und 1974 (18–34-jährige), 1948 und 1957 (35–44-jährige) sowie vor 1948 geboren wurden (45-jährige und Ältere). Donsbach, Klett 1993 vergleichen Redakteure, die 1991 34 Jahre und jünger (geboren nach 1956), 35 bis 44 (geboren 1947–56), 45 bis 54 (geboren 1937–46) sowie 55 Jahre und älter waren (geboren vor 1937). Weischenberg, Löffelholz und Scholl (*Sage & Schreibe special* 1994) bilden fünf Altersklassen: unter 25-jährige (geboren nach 1968), 25- bis 34-jährige (geboren 1959–68), 35- bis 44-

jüngere und ältere Journalisten in ihrem Berufsverständnis systematisch unterscheiden. Belege für Unterschiede in ihrer *politischen Orientierung* enthalten die Studien nur selten. Sie zeigen, daß junge Journalisten noch häufiger linke politische Einstellungen besitzen als ihre älteren Kollegen.[129] Die zahlreicheren Hinweise auf Unterschiede im *Berufsverständnis* werden im folgenden zusammengefaßt. Köcher zeigte für den Beginn der achtziger Jahre, daß sich ältere und jüngere Journalisten zwar insgesamt »in der Beurteilung der Anziehungspunkte ihres Berufs kaum« unterscheiden. Zwei Beweggründe nannten jüngere Befragte jedoch häufiger als ältere – die Möglichkeit, Mißstände aufzudecken und zu kritisieren, sowie die Chance, eigene Interessen weiterzuentwickeln. Die älteren Redakteure gaben demgegenüber etwas häufiger als ihre jüngeren Kollegen an, mit ihrer Tätigkeit Wissen vermitteln und politische Entscheidungen beeinflussen zu wollen.[130] Die älteren Journalisten hielten es seltener für gerechtfertigt als die jüngeren, die Medien als vierte Gewalt im Staat zu bezeichnen. Sie billigten auch seltener die Anwendung fragwürdiger Recherchemethoden. Sie gaben dem Persönlichkeitsschutz häufiger Vorrang gegenüber der Information der Öffentlichkeit als die jüngeren Redakteure. Sie plädierten häufiger dafür, Einzelheiten aus dem Privatleben von Persönlichkeiten des öffentlichen Lebens zurückzuhalten, durch deren Veröffentlichung den Betroffenen Unannehmlichkeiten entstehen könnten.[131]

Anhand einiger Indikatoren, die bereits Köcher verwendet hat, zeigen Schneider, Schönbach und Stürzebecher ähnliche Altersunterschiede: 1992 nannten mehr ältere als jüngere Befragte die Berufsziele, sich für Werte und Ideale einzusetzen und anderen die eigenen Überzeugungen mitzuteilen. Die älteren Journalisten sahen sich darüber hinaus häufiger als ihre jüngeren Kollegen in der Rolle von Beratern des Publikums, Pädagogen sowie Politikern mit anderen Mitteln. Wie bereits in der Studie Köchers war auch zehn Jahre

jährige (geboren 1949–58), 45- bis 54-jährige (geboren 1939–48) sowie 55-jährige und ältere Journalisten (geboren vor 1939).

129 1980/81 stuften die 18- bis 34-jährigen ihr politisches Denken noch häufiger links ein (58 %) als die 35- bis 44-jährigen (48 %) und diese wiederum häufiger als die über 44-jährigen (32 %). Im rechten Teil des politischen Spektrums lokalisierten sich die jungen Journalisten und ihre Kollegen mittleren Alters etwas seltener (15 % bzw. 16 %) als ihre älteren Kollegen (vgl. Köcher 1985, 55). 1992 stuften jüngere westdeutsche Journalisten die *CDU / CSU* noch negativer ein als ihre älteren Kollegen (Schneider, Schönbach, Stürzebecher 1993b, 377). Bei den Urteilen über die anderen Parteien zeigten sich allerdings keine derartigen Altersunterschiede.

130 Vgl. Köcher 1985, 80–85, Zitat Seite 80.

131 Vgl. Köcher 1985, 144, 154 und 156.

später die Bereitschaft zur Billigung fragwürdiger Recherchemethoden bei den jungen Redakteuren höher als bei den älteren.[132] Aus der Befragung von Patterson und Donsbach 1991 liegen Hinweise auf ein unterschiedliches Objektivitätsverständnis von Journalisten verschiedenen Alters vor. Objektive Berichterstattung bedeutete für ältere Redakteure vor allem die faire Wiedergabe der verschiedenen Standpunkte in einem Konflikt. Jüngere Kollegen sahen darin eher die Jagd nach harten Fakten. Darüber hinaus besaßen Journalisten verschiedenen Alters unterschiedliche Vorstellungen vom Stellenwert, den Objektivität in der Berichterstattung einnehmen sollte: Um so älter die Befragten waren, desto bedeutsamer war es für sie, daß ein Journalist versucht objektiv zu sein.[133]

Auch die Ergebnisse der gesamtdeutschen Befragung von Weischenberg, Löffelholz und Scholl weisen auf Altersunterschiede im genannten Sinne hin. Die Autoren zeigen, daß Journalisten im Alter von 45 bis 54 Jahren vergleichsweise häufig eigene Ideen entwickeln, Ideale vermitteln und sich für Benachteiligte einsetzen wollten. Ihre jüngeren Kollegen favorisierten dagegen vor allem das Berufsbild des neutralen Vermittlers von Fakten und des Unterhalters. Bei den unter 25-jährigen zeigte sich allerdings auch bemerkenswert häufig wieder der Wunsch, Politik kontrollieren, die Informationen von Regierungsstellen nachrecherchieren und Gegenpart zu politischen Kräften sein zu wollen. Diese Haltung ging einher mit einer hohen Bereitschaft junger Journalisten, fragwürdige Recherchemethoden zu akzeptieren. Ihre älteren Kollegen zeigten dabei eher Zurückhaltung.[134]

Aus den Vergleichen der Altersgruppen in den verschiedenen Studien kristallisieren sich drei generelle Unterschiede zwischen jüngeren und älteren Journalisten heraus. Erstens, jüngere Journalisten sehen sich selbst häufiger als ältere in der Rolle neutraler Berichterstatter, aber auch als Unterhalter. Zweitens, jüngere Journalisten sehen seltener als ältere ihre Aufgabe in der Beeinflussung des Publikums und im Einfluß auf politische Vorgänge. Drittens, jüngere Journalisten zeigen in bezug auf die konkrete Ausübung ihres Berufs eine deutlich offensivere Haltung als ältere Kollegen, was vor allem in ihrer hohen Bereitschaft zur Billigung fragwürdiger Recherchemethoden Ausdruck findet.

[132] Vgl. Schneider, Schönbach, Stürzebecher 1993a, 22–25; auch zusammenfassend 1993b, 369–375.
[133] Vgl. Donsbach, Klett 1993, 67, 71 und 75.
[134] Vgl. *Sage & Schreibe special* 1994, 10.

2.2.2.4 *Verjüngung der Berufsgruppe*

Die charakteristischen Unterschiede in den Sichtweisen jüngerer und älterer Journalisten sprechen für die Vermutung, daß sie in hohem Maße zu dem beschriebenen Wertewandel im Selbst- und Arbeitsverständnis der gesamten Berufsgruppe beitragen – daß also tatsächlich ein Generationswandel im Gang ist: Mit dem Ausscheiden älterer Journalisten aus dem Berufsleben nimmt die Zahl der Vertreter einer vor allem »missionarischen« Berufsauffassung immer weiter ab – und mit ihnen auch die Zahl derjenigen, die eine eher zurückhaltende, defensive Auffassung von journalistischer Recherche besitzen. Mit dem Berufseintritt jüngerer Kollegen nimmt demgegenüber die Zahl der Vertreter eines vermittelnden, aber auch unterhaltenden Journalismus immer mehr zu – ebenso wie die Zahl der Verfechter eines offensiven, investigativen Umgangs mit den Möglichkeiten der Informationsbeschaffung. Schneider, Schönbach und Stürzebecher stellen zwischen dem Beginn der achtziger und Anfang der neunziger Jahre eine wesentliche Verjüngung des deutschen Journalismus fest: »Die Zahl der über 50jährigen Redakteure hat sich fast halbiert, während die Gruppe der unter 40jährigen um knapp 20 v. H. gewachsen ist.«[135] Basis dieser Feststellung ist ein Vergleich der Altersstruktur der 1992 Befragten mit der Altersstruktur der Journalisten, die Köcher 1980/81 befragt hatte. Wie bereits erwähnt, waren in der Studie Köchers leitende – und damit meist ältere – Redakteure überrepräsentiert. Zudem hatte Köcher nur Journalisten in Redaktionen von Nachrichtenagenturen, Presseorganen und öffentlich-rechtlichen Rundfunkanstalten berücksichtigt. Schneider, Schönbach und Stürzebecher hatten dagegen außer festangestellten Redakteuren auch – üblicherweise junge – Volontäre befragt und Redaktionen privater Rundfunkanstalten einbezogen. Dort dürften junge Journalisten ebenfalls stärker repräsentiert sein als in Redaktionen öffentlich-rechtlicher Anstalten.

Die von den Hannoveraner Autoren festgestellten Unterschiede spiegeln aus den genannten Gründen nicht unbedingt eine Veränderung in der Altersstruktur der Berufsgruppe, sondern ebenso wahrscheinlich die unterschiedlichen Auswahlverfahren der Untersuchungen. Schneider, Schönbach und Stürzebecher setzen dem entgegen: »Diese Verschiebung ist so groß, daß sie sicher nicht durch unsere von vornherein etwas ›jüngere‹ Stichprobenzusam-

[135] Schneider, Schönbach, Stürzebecher 1993a, 12. Vgl. auch ähnlich lautend Schneider, Schönbach, Stürzebecher 1993b.

mensetzung zu erklären ist.«[136] Auch die Münsteraner Autoren stellen fest, daß »im Journalismus derzeit vor allem jüngere Personen tätig« sind. So seien »fast die Hälfte der deutschen Journalistinnen und Journalisten weniger als 35 Jahre alt. Und nur knapp 7 Prozent sind 55 Jahre oder älter.«[137] Trotz der methodischen Vorbehalte kann man annehmen, daß sich die Berufsgruppe der Journalisten seit dem Beginn der achtziger Jahre tatsächlich beträchtlich verjüngt hat.[138] Aufgrund dessen sind in einem relativ kurzen Zeitraum sehr viele junge Kollegen in Redaktionen hineingekommen, die zuvor überwiegend von Journalisten mittleren und höheren Alters dominiert waren. Diese Tatsache trägt – so die Vermutung von Schneider, Schönbach und Stürzebecher – dazu bei, daß die Sichtweisen der jungen Generation verhältnismäßig rasch die Sichtweisen der älteren Generation(en) ablösen.

2.2.3 Methodische Probleme quantitativer Belege

Die Altersunterschiede in den berufsspezifischen Sichtweisen von Journalisten müssen nicht unbedingt – wie oben unterstellt – dauerhafte Generationsunterschiede anzeigen. Sie können auch auf einem Alterungseffekt beruhen, der in allen Journalistengenerationen ähnlich abläuft. In diesem Fall wären die unterschiedlichen Sichtweisen älterer und jüngerer Journalisten keine dauerhaften Charakteristika von Generationen. Sie repräsentierten vielmehr verschiedene Stationen einer Entwicklung, die sich im Verlauf der journalistischen Berufstätigkeit bei jedem in ähnlicher Weise vollzieht. Die Ansichten der jungen Journalisten würden demnach anzeigen, wie ihre älteren Kollegen vor einigen Jahren gedacht haben. Die Ansichten der älteren Journalisten ließen erkennen, wie ihre jüngeren Kollegen in einigen Jahren denken werden. Folgt man dieser Interpretation, wird der Wertewandel im Journalismus insgesamt ausschließlich durch die Verjüngung der Berufsgruppe hervor-

[136] Schneider, Schönbach, Stürzebecher 1993a, 12.
[137] Weischenberg, Löffelholz, Scholl 1994a, 155.
[138] Eine zentrale Ursache hierfür liegt in der Differenzierung des Mediensystems, die vor allem mit der Dualisierung des Rundfunks einhergegangen ist. Mit den privaten Hörfunk- und Fernsehsendern sind zahlreiche Arbeitsplätze und -möglichkeiten entstanden, die zunächst überwiegend junge Journalisten eingenommen haben dürften. Aufgrund der generell hohen beruflichen Mobilität der Angehörigen von Kommunikationsberufen sind viele dieser jungen Journalisten vermutlich auch relativ schnell zu Redaktionen der »klassischen« Medien – Qualitätszeitungen, öffentlich-rechtlicher Rundfunk – gewechselt.

gerufen und ist deshalb nur eine scheinbare Veränderung: Dadurch daß in kurzer Zeit überdurchschnittlich viele junge Kollegen in den Beruf kamen, schlagen sich ihre Sichtweisen kurzfristig besonders stark in der Meinungsverteilung nieder. Mit der alterungsbedingten Veränderung ihrer Ansichten wird sich die Meinungsverteilung in einigen Jahren wieder der in der Vergangenheit angleichen.

Daß Menschen im Verlauf ihres Lebens ihre Sichtweisen ändern, ist quantitativ gut belegt.[139] Aus dem Journalismus liegen hierzu jedoch nur einzelne Selbstaussagen vor.[140] Alters- und erfahrungsbedingte Veränderungen des Denkens erklären die Unterschiede im Berufsverständnis jüngerer und älterer Journalisten deshalb unter Umständen besser als der vermutete Generationswandel aufgrund stabiler generationsspezifischer Sichtweisen.[141] Wenn das der Fall ist, müßten Journalisten aller Generationen zu Beginn ihrer Tätigkeit ähnliche Berufsvorstellungen besitzen. Sie müßten ihre Ansichten mit zunehmendem Berufs- und Lebensalter in ähnlicher Weise verändern. Deshalb müßten Journalisten aller Generationen auch am Ende ihres Berufslebens wieder ein ähnliches Berufsverständnis besitzen. Die Voraussetzung für die Prüfung dieser Annahmen sind Informationen über die *Entwicklung* der Sichtweisen von Journalisten im Verlauf ihrer Berufstätigkeit. Solche Informationen können langfristige Panelanalysen liefern, noch besser aber Kohor-

[139] Zahlreiche Untersuchungen belegen Alterseffekte, zum Beispiel in der politischen Orientierung, die allerdings in der Regel zusammen mit Generationseffekten auftreten. Vgl. beispielhaft Crittenden 1962; Cutler 1969; Riley 1973; Cutler, Bengtson 1974; Glenn 1974; Sears 1981; Krosnick, Alwin 1989; Danigelis, Cutler 1991.

[140] Ein Beispiel hierfür sind Aussagen, die Rudolf Augstein in einem Interview mit Harry Pross und Fritz J. Raddatz machte (Wiegenstein, Raddatz 1964, 35–48). Er formulierte dort die Überzeugung, »daß ein leidenschaftlicher Journalist kaum einen Artikel schreiben kann, ohne im Unterbewußtsein die Welt verändern zu wollen«. Für die Journalisten des *Spiegel* sei der Einfluß auf Politik ein zentrales Ziel, das allerdings nicht von Anfang an im Mittelpunkt stand: »Ja sicher, man kann die Welt versuchen zu verändern, indem man in die Politik geht, man kann versuchen, sie durch Information zu ändern, man kann versuchen, sie durch Polemik zu ändern und auch durch politischen Journalismus. Das sind verschiedene Wege. Aber das möchte ich sagen, als wir 1947 angefangen haben, war auch ein ursprünglich journalistischer Impuls da, der nicht unbedingt darauf ging, die Dinge zu verändern, sondern sie zuerst einmal zu erfassen und darzustellen.« (S. 41).

[141] Für diese Annahme spricht auch die starke Kollegenorientierung im Journalismus, die sich unter anderem in der Nachwuchsrekrutierung zeigt. In der Regel entscheiden die Berufsangehörigen selbst darüber, welche jungen Kollegen in den Redaktionen eingestellt werden. Sie können damit zu einer ständigen Reproduktion der eigenen Wert- und Rollenvorstellungen beitragen. Vgl. Donsbach 1987, 131 f; Donsbach 1994, 86.

tenanalysen, die über einen möglichst langen Zeitraum angelegt sind.[142]

Kohortenanalyse
Als Kohortenanalyse bezeichnet man in den Sozialwissenschaften eine Methode, »mit der menschliches Verhalten im Hinblick auf drei Erklärungsdimensionen untersucht wird: Alter (Lebensalter, Lebenszeit), Periode (Zeit, historische Zeit, Kalenderzeit) und Kohorte (Geburtszeit, Zugehörigkeit zu einer bestimmten Geburtskohorte)«.[143] Kohortenanalysen dienen der Untersuchung von Prozessen des sozialen und individuellen Wandels.[144] Ziel von Kohortenanalysen ist es zum Beispiel, Unterschiede in den Merkmalen verschiedener Altersgruppen zu erklären.[145] Dazu werden Altersgruppen, die nach identischen Kriterien gebildet sind (Kohorten), zu mehreren Untersuchungszeitpunkten auf dieselben Merkmale hin untersucht.

Angenommen, aus einer einzelnen Befragung liegen Ergebnisse zur politischen Orientierung der Bevölkerung vor. Ein Vergleich verschiedener Altersgruppen zeigt: Es bestehen Unterschiede in den politischen Einstellungen jüngerer und älterer Menschen. Jüngere sehen sich selbst eher links, ältere eher rechts. Diesen Befund kann man einerseits als *Alterseffekt* interpretieren, also als Folge des Älterwerdens. Dies bedeutet konkret: Wenn Menschen älter werden, werden sie konservativer und orientieren sich zur rechten Seite des politischen Spektrums. Die Unterschiede können andererseits auch dauerhafte Differenzen zwischen den Altersgruppen sein, die unabhängig vom Lebensalter fortbestehen. In diesem Fall

142 Mit einer Panelstudie könnte man realistischerweise nur die Entwicklung einer Altersgruppe über einen längeren Zeitraum verfolgen. Kohortenanalysen würden es erlauben, die zu den einzelnen Befragungszeitpunkten »nachgewachsenen« jungen Journalisten als jeweils neue Kohorte in die Betrachtung einzubeziehen.

143 Peiser 1996, 67f. Vgl. zum Kohortenansatz grundlegend Glenn 1977; auch Ryder 1965; Pfeil 1967; Carlsson, Karlsson 1970; Buchhofer, Friedrichs, Lüdtke 1970; Riley 1973; Hagenaars, Cobben 1978; Palmore 1978; Hobcraft, Menken, Preston 1982; Fienberg, Mason 1985.

144 Vgl. zusammenfassend Mayer, Huinink 1990, 443–445. Die Autoren referieren beispielhaft zwei Kohortenanalysen zu unterschiedlichen Fragestellungen: zum Wandel der Geburtenentwicklung in der Bundesrepublik Deutschland (S. 448f) und zu den Folgen des Krieges für den (beruflichen) Lebensverlauf von Männern (S. 449f). Ein Beispiel für eine Kohortenanalyse, die Generationseffekte in der Parteipräferenz zeigt, liefert Baker 1978.

145 Vgl. zum folgenden die komprimierte Zusammenfassung bei Peiser 1996, 66–73. Wendt 1997, 19 zeigt grundsätzlich die Problematik der Betrachtung von Kohorten- und Alterseffekten auf.

spricht man von einem *Kohorten-* oder *Generationseffekt.*[146] Für das genannte Beispiel bedeutet dies: Jüngere Menschen unterscheiden sich in ihrem politischen Denken deshalb von älteren, weil sie in einer anderen Zeit geboren und aufgewachsen sind. Das Geschehen ihres bisherigen Lebens hat sie – dauerhaft – in eine andere Richtung geprägt als ältere Menschen.[147]

Welche Interpretation – Alters- oder Generationseffekt – zutrifft, läßt sich klären, wenn man zu mehreren Zeitpunkten Altersgruppen miteinander vergleicht, die nach identischen Kriterien gebildet werden.[148] Der Abstand der Meßzeitpunkte sollte genauso groß sein wie die Anzahl der Jahrgänge, die die Altersgruppen umfassen.[149] Unter diesen Voraussetzungen sind drei Betrachtungsweisen möglich: Vergleiche der Merkmale einzelner Alterskohorten zu verschiedenen Zeitpunkten (Längsschnittbetrachtung), Vergleiche der Merkmale verschiedener Alterskohorten zu einzelnen Zeitpunkten (Querschnittbetrachtung) und Vergleiche der Entwicklungen verschiedener Alterskohorten im Zeitverlauf. Anhand dieser Vergleiche läßt sich feststellen, ob alle Alterskohorten – ausgehend von identischen Merkmalen in ihrer Jugend – identische Entwicklungen durchlaufen (Alterseffekt), oder ob die Alterskohorten in ihrer Jugend jeweils eigene Merkmale entwickeln und diese im Verlauf der Zeit beibehalten (Generationseffekt). Darüber hinaus besteht eine dritte Möglichkeit: Die Alterskohorten entwickeln zwar in ihrer Jugend eigene (generationsspezifische) Merkmale. Die dadurch bedingten Generationsunterschiede bleiben auch im Lauf der Zeit erhalten. Allerdings führen äußere Bedingungen wie historische und gesellschaftliche Ereignisse dazu, daß in den verschiedenen Generationen Veränderungen ähnlicher Intensität und Richtung ablaufen. Solche Veränderungen in allen Kohorten, die aufgrund von äußeren Einflüssen der »Kalenderzeit« – unabhängig von Alterungsprozessen – ablaufen, bezeichnet man als *Periodeneffekte.*[150]

[146] Vgl. zum Begriff des Generationseffekts und entsprechenden Studien Kertzer 1983, vor allem 128–134. Vgl. auch Schmied 1984, 241.

[147] Vgl. Jennings 1976, 172.

[148] Vgl. zur Anlage solcher Untersuchungen beispielsweise die Modelle bei Hagenaars, Cobben 1978; Hobcraft, Menken, Preston 1982; Fienberg, Mason 1985; Markus 1985.

[149] Arbeitet man beispielsweise mit Alterskohorten, die jeweils zehn Jahrgänge umfassen, sollten die Meßzeitpunkte ebenfalls zehn Jahre auseinanderliegen. Vgl. die Beispieltabelle bei Peiser 1996, 67.

[150] Schmied 1984, 241 spricht von *Epochaleffekten.* Vgl. zum Problem der Identifikation von Alters-, Kohorten- und Periodeneffekten genauer Palmore 1978; Hobcraft, Menken, Preston 1982.

Alterseffekte im Journalismus

Für den deutschen Journalismus liegen weder Panelanalysen vor noch Studien, die längerfristige Untersuchungen systematisch anhand von Kohortenanalysen durchführen. Für eine näherungsweise Analyse von Alterseffekten kommen deshalb wieder nur die Umfragen von Köcher, Patterson und Donsbach, Schneider, Schönbach und Stürzebecher sowie Weischenberg, Löffelholz und Scholl in Frage. Alle vier Untersuchungen legten Daten aus Vergleichen von Altersgruppen vor. Zwischen der Studie von Köcher und den Untersuchungen der anderen Autoren liegen etwas mehr als zehn Jahre. Deshalb kann man feststellen, ob Journalisten aus den von Köcher gebildeten Altersgruppen zehn Jahre später noch ähnlich oder anders dachten als 1980/81. Genaugenommen ist eine solche Betrachtung allerdings nur unter zwei Bedingungen zulässig. Erstens, die Befragungen der verschiedenen Zeitpunkte müssen methodisch vergleichbar sein. Diese Bedingung ist aufgrund der erwähnten Unterschiede in Definition der Grundgesamtheit, Stichprobenbildung, Befragungstechniken und Fragemodellen nur eingeschränkt erfüllt. Zweitens, die Alterskohorten, deren Denken zu verschiedenen Zeitpunkten verglichen werden soll, müssen in allen Studien anhand derselben Geburtsjahrgänge gebildet sein. Die Autoren der vier Studien unterscheiden ihre Altersgruppen nicht nach Geburtsjahrgängen, sondern nach dem Lebensalter zum Zeitpunkt der Befragungen. Dabei setzen sie für die Gruppenbildung zwar formal ähnliche Altersgrenzen,[151] erhalten damit aber – je nach Befragungszeitpunkt – Journalisten unterschiedlicher Geburtsjahrgänge. So waren zum Beispiel die von Köcher identifizierten jüngeren Journalisten im Alter von 18 bis 34 Jahren zwischen 1946 und 1962 geboren worden. Zuverlässige Hinweise auf Veränderungen im Denken von Journalisten dieser Altersgruppe kann man aus den Befragungen zu Beginn der neunziger Jahre streng genommen nur dann erhalten, wenn dort exakt dieselbe Kohorte gebildet worden wäre. Das ist allerdings – wie Schaubild 2 zeigt – nicht der Fall.

Trotz der genannten Einschränkungen wird anhand von zwei Befragungen – von Köcher 1980/81 sowie von Schneider, Schönbach und Stürzebecher 1992 – geprüft, ob es Hinweise auf systematische

[151] Alle vier Studien setzen Grenzen zwischen 34 und 35 sowie zwischen 44 und 45 Jahren. Köcher und Schneider, Schönbach, Stürzebecher belassen es bei drei Altersgruppen. Patterson und Donsbach sowie Weischenberg, Löffelholz, Scholl teilen die über 44-jährigen noch einmal in zwei Gruppen auf: die 45- bis 54-jährigen und die über 54-jährigen. Weischenberg, Löffelholz, Scholl unterscheiden bei den jüngeren Journalisten noch zwischen Befragten unter 25 Jahren sowie 25- bis 34-jährigen.

Schaubild 2: Altersgruppen, die in verschiedenen Journalistenbefragungen unterschieden werden

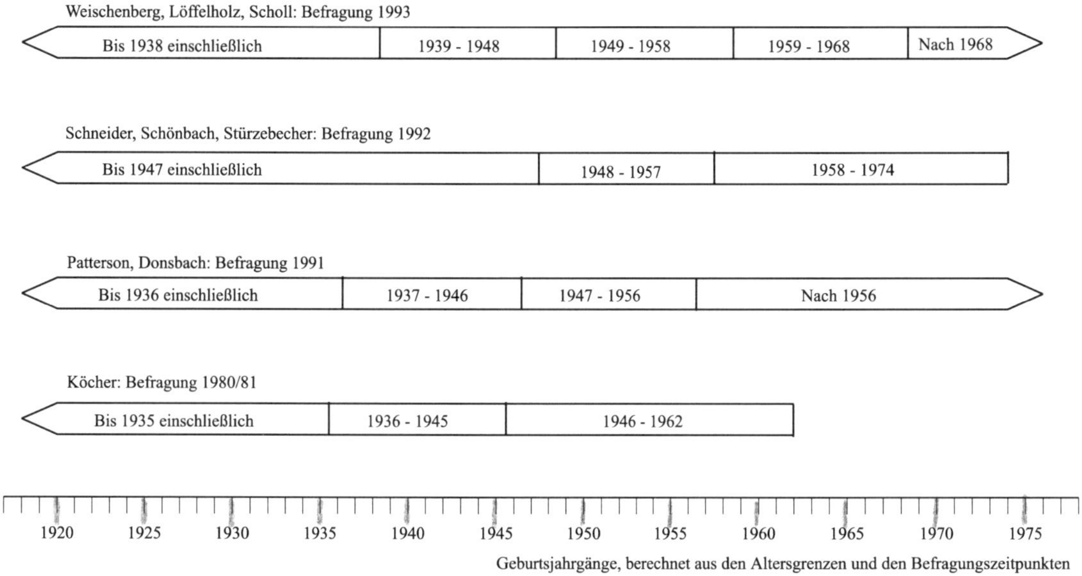

Quellen: Angaben zu den Altersgrenzen in Köcher 1985; Donsbach, Klett 1993; Schneider, Schönbach, Stürzebecher 1993a; *Sage & Schreibe special* 1994 (zu den Altersgruppen bei Weischenberg u. a.)

Alterseffekte im Berufsverständnis der Journalisten gibt. Dazu werden die Antworten derjenigen, die 1980/81 18 bis 34 Jahre alt waren (geboren 1946 bis 1962), mit den Antworten derjenigen verglichen, die 1992 35 bis 44 Jahre alt waren (geboren 1948 bis 1957). Darüber hinaus werden die Sichtweisen der Journalisten, die 1980/81 35 Jahre und älter waren (geboren 1945 und früher)[152] mit den Sichtweisen der Journalisten verglichen, die 1992 45 Jahre und älter waren (geboren 1947 und früher). Diese Alterskohorten sind für die beiden Befragungen zwar nicht identisch, aber sehr ähnlich und umfassen jeweils Journalisten derselben Generationen: der Kriegs- und Vorkriegsgeneration (geboren 1945 bzw. 1947 und früher) sowie der Nachkriegsgeneration (geboren 1946/48 bis 1957/62). Um festzustellen, ob und in welcher Weise Journalisten der genannten Altersgruppen ihre Sichtweisen verändert haben, werden Angaben herangezogen, die die Befragten 1980/81 und 1992 zu ihren Berufsmotiven, zu ihrem Rollenverständnis und zur Recherche machten.

In einigen Fällen zeigen sich Hinweise auf Alterseffekte, und zwar sowohl in der Berufsmotivation[153] wie auch im Rollenverständnis[154] und in den Ansichten zur Recherche.[155] Diese Hinweise belegen – bei allen methodischen Vorbehalten –, daß Journalisten ihre beruflichen Sichtweisen mit zunehmendem Alter verändern. Die Veränderungen verlaufen zum Teil auch so, wie man aufgrund des Wandels im Selbstverständnis der gesamten Berufsgruppe und aufgrund der Altersunterschiede zu einzelnen Zeitpunkten erwar-

[152] Hierfür wurden Gesamtwerte für die Gruppen der 35–44-jährigen und der über 44-jährigen berechnet, die Köcher getrennt ausweist.

[153] Im einzelnen *gewannen* im Verlauf der Zeit an Bedeutung: die Möglichkeit zu schreiben, zu formulieren; das abwechslungsreiche, spannende Element des Berufs; die berufliche Freiheit, Aufgaben und Themen selbst zu bestimmen; daß man mit interessanten Leuten zusammenkommt und -arbeitet; die Möglichkeit, Interessen weiterzuentwickeln; daß es wenig Routine gibt; mit als erster zu wissen, was los ist; der Reiz, unter Termindruck zu arbeiten. An Bedeutung gewonnen hatten auch Karrieremotive wie der Anreiz, den eigenen Namen gedruckt zu sehen und gute Verdienstmöglichkeiten, aber auch das Ansehen von Journalisten und gute Zukunftschancen. Geringfügig *abgenommen* hatte der Anreiz, Mißstände aufdecken und kritisieren zu können, vor allem in der jüngeren Alterskohorte (vgl. Tabelle 1).

[154] Die Journalisten sehen sich mit zunehmendem Alter immer häufiger in einer vermittelnden Position, in der sie als Sprachrohr, Helfer und Berater, aber auch Unterhalter ihres Publikums auftreten (vgl. Tabelle 2).

[155] Zu Beginn der neunziger Jahre war in beiden Vergleichsgruppen die Bereitschaft zur Billigung einiger fragwürdiger Methoden der Informationsbeschaffung geringer als Anfang der achtziger Jahre. Dies deutet darauf hin, daß Journalisten mit zunehmendem Alter zurückhaltender und vorsichtiger werden gegenüber manchen Vorgehensweisen, denen sie als Berufsanfänger noch zugestimmt hätten (vgl. Tabelle A 1 im Anhang).

ten konnte: Mit zunehmendem Alter gewannen Selbstverwirklichung und berufliche Freiheit an Bedeutung. Die Journalisten sahen sich immer häufiger in einer vermittelnden Position und wollten dementsprechend seltener Mißstände aufdecken und kritisieren. Sie wurden mit zunehmendem Alter auch zurückhaltender in der Billigung fragwürdiger Recherchemethoden und Publikationspraktiken. Aus den Befunden kann man folgern, daß die Unterschiede, die Köcher, Patterson und Donsbach, Schneider, Schönbach und Stürzebecher sowie Weischenberg, Löffelholz und Scholl im Denken jüngerer und älterer Journalisten fanden, vermutlich teilweise auf Alterseffekten beruhen.[156] Daraus folgt jedoch nicht, daß keine Unterschiede im Denken von Journalisten verschiedener Generationen bestehen, die die altersbedingten Veränderungen überdauern und schließlich zu einem Generationswandel im Berufsverständnis beitragen. Dafür gibt es drei Gründe.

Erstens, Alterseffekte zeigen sich nicht in allen Fällen. Soweit erkennbar, bleiben einige Sichtweisen auch mit zunehmendem Alter und wachsender Berufserfahrung stabil. Dies gilt für Berufsmotive und -rollen, die sich dem »missionarischen« Selbstverständnis von Journalisten zuordnen lassen: Kritiker an Mißständen zu sein, für Werte und Ideale einzutreten und politische Entscheidungen zu beeinflussen (Tabellen 1 und 2).

Zweitens, die Alterseffekte verlaufen nicht immer in der erwarteten, sondern zum Teil in umgekehrter Richtung. So scheint beispielsweise mit zunehmendem Alter das Selbstverständnis als Unterhalter an Bedeutung gewonnen zu haben (Tabelle 1). Demnach müßten sich zu jedem beliebigen Zeitpunkt ältere Journalisten häufiger als Unterhalter verstanden haben als ihre jüngeren Kollegen. Die Befragungen von Köcher, Schneider, Schönbach und Stürzebecher sowie Weischenberg, Löffelholz und Scholl zeigen aber genau das Gegenteil: Sowohl Anfang der achtziger als auch zu Beginn der neunziger Jahre waren unter den jungen Befragten mehr Journali-

[156] Hierbei dürften die Berufserfahrung und der berufliche Werdegang eine große Rolle spielen. Ein Beispiel sind die Ansichten zu Recherchemethoden, die vermutlich sehr stark von den typischen Tätigkeitsbereichen junger und älterer Journalisten abhängen. Junge Journalisten sind häufiger mit Recherchetätigkeiten befaßt als ältere (vgl. Weischenberg, Löffelholz, Scholl 1994a, 158 und *Sage & Schreibe special* 1994, 28f: Die Autoren zeigen, daß Journalisten in Leitungspositionen – und damit meist ältere Redakteure – nicht so häufig recherchieren wie nichtleitende Journalisten.) Junge Journalisten sind deshalb selbst sehr viel häufiger als ältere vor die Entscheidung gestellt, fragwürdige Methoden anzuwenden oder nicht. Ihre Antworten in den Umfragen sind deshalb meist erlebnisgesättigt. Ältere Redakteure, die nicht mehr so häufig selbst vor Ort recherchieren, urteilen hierbei aus einer erheblich distanzierteren Position.

sten, die sich in einer unterhaltenden Funktion sahen, als unter den älteren. Analoges zeigt sich für die Motive der beruflichen Selbstverwirklichung und Selbstbestimmung oder den Anreiz von Spannung, Abwechslung und beruflicher Freiheit: Auch sie scheinen mit zunehmendem Alter bedeutsamer geworden zu sein (Tabelle 2). Demnach müßten ältere Journalisten diese Motive zu jedem beliebigen Zeitpunkt häufiger angeben als ihre jüngeren Kollegen. Die Befragungen zeigen erneut das Gegenteil: Sowohl Anfang der achtziger als auch zu Beginn der neunziger Jahre fühlten sich mehr junge Befragte von beruflicher Freiheit, Spannung, Abwechslung und Selbstverwirklichung angezogen als ältere.

Drittens, auch wenn Journalisten verschiedener Generationen einige ihrer beruflichen Sichtweisen in dieselbe Richtung veränderten, besaßen diese Veränderungen unterschiedliche Ausgangspunkte: Die Berufsanfänger zu Beginn der achtziger Jahre waren zum Teil mit erheblich anderen Vorstellungen in den Journalismus ge-

Tabelle 1: Alterseffekte im Rollenverständnis westdeutscher Journalisten

Ansichten von Journalisten vergleichbarer Altersgruppen in den Befragungen von Köcher (1980/81) und Schneider, Schönbach, Stürzebecher (1992)

	Vor-/Kriegs-generation		Nachkriegs-generation	
Berufliches Selbstverständnis: Anteil der Journalisten, die sich in den jeweiligen Rollen sahen	Köcher 1980/81 35 Jahre u. älter (geb. 1945 u. früher) %	Schneider u. a. 1992 45 Jahre u. älter (geb. 1947 u. früher) %	Köcher 1980/81 18–34 Jahre (geb. 1946–1962) %	Schneider u. a. 1992 35–44 Jahre (geb. 1948–1957) %
Kritiker an Mißständen	94	92	98	95
Neutraler Berichterstatter	81	88	82	87
Wächter der Demokratie	81	81	76	80
Vermittler von Ideen	74	86	68	88
Anwalt von Benachteiligten	74	73	73	76
Helfer, Berater	61	70	49	70
Unterhalter	55	77	51	80
Sprachrohr der Bevölkerung	48	57	43	64
Pädagoge, Erzieher	16	19	15	13
Politiker mit anderen Mitteln	12	13	11	8

Quellen: Köcher 1985, 221 f (Werte für die über 35jährigen neu berechnet aus den Werten für die 35–44jährigen und die über 44jährigen); Schneider, Schönbach, Stürzebecher 1993a, 23.

Tabelle 2: Alterseffekte in der Berufsmotivation westdeutscher Journalisten

Ansichten von Journalisten vergleichbarer Altersgruppen in den Befragungen von Köcher (1980/81) und Schneider, Schönbach, Stürzebecher (1992)

Anziehungspunkte des Berufs: Anteil der Journalisten, die die jeweiligen Anziehungspunkte nannten	Vor-/Kriegsgeneration		Nachkriegsgeneration	
	Köcher 1980/81 35 Jahre u. älter (geb. 1945 u. früher) %	Schneider u. a. 1992 45 Jahre u. älter (geb. 1947 u. früher) %	Köcher 1980/81 18–34 Jahre (geb. 1946–1962) %	Schneider u. a. 1992 35–44 Jahre (geb. 1948–1957) %
Möglichkeit zu schreiben, zu formulieren	68	75	68	75
Möglichkeit, Mißstände aufzudecken und zu kritisieren	66	64	83	65
Abwechslungsreiches, spannendes Element des Berufs	64	84	64	82
Berufliche Freiheit, daß man Aufgaben und Themen selbst bestimmen kann	64	71	64	72
Daß man mit interessanten Leuten zusammenkommt	54	66	59	64
Möglichkeit, sich für Werte und Ideale einzusetzen	42	56	42	46
Möglichkeit, Interessen weiterzuentwickeln	35	64	46	59
Daß es wenig Routine gibt	35	50	42	45
Möglichkeit, die eigenen Überzeugungen vielen anderen mitzuteilen	34	41	34	29
Mit als erster zu wissen, was los ist	30	48	37	49
Möglichkeit, politische Entscheidungen zu beeinflussen	30	28	28	28
Interessante Leute, mit denen man zusammenarbeitet, die Kollegen	20	56	26	53
Reiz, unter Termindruck zu arbeiten	19	37	26	36
Weil es Spaß macht, seinen Namen und seine Arbeit gedruckt zu sehen	18	39	15	32
Gute Verdienstmöglichkeiten	13	49	11	46
Gute Zukunftschancen	2	19	2	20
Ansehen der Journalisten	2	14	3	9

Quellen: Köcher 1985, 81–85 (Werte für die über 35jährigen neu berechnet aus den Werten für die 35–44jährigen und die über 44jährigen); Schneider, Schönbach, Stürzebecher 1993a, 22.

kommen als die Berufsanfänger zu Beginn der neunziger Jahre.[157] Daraus folgt: Die Ansichten der heute jungen Journalisten zeigen keineswegs an, wie ihre älteren Kollegen vor einigen Jahren gedacht haben. Dementsprechend lassen auch die Ansichten der älteren Journalisten nicht erkennen, wie ihre jüngeren Kollegen in einigen Jahren denken werden. Die Unterschiede im Selbstverständnis der *Berufseinsteiger* zu verschiedenen Zeitpunkten können nach den vorliegenden Befunden nicht hinreichend mit Alterseffekten erklärt werden. Sie müssen andere Ursachen besitzen. Diese können in veränderten beruflichen Bedingungen einerseits und in veränderten Lebenssituationen der Journalisten andererseits liegen. Zu den beruflichen Bedingungen gehören strukturelle, technische und rechtliche Merkmale des Mediensystems sowie die Ausbildungssituation von Journalisten. Zu den Lebenssituationen gehören die Erfahrungen, die Journalisten im Verlauf ihres Lebens in ihrer historischen und gesellschaftlichen Umgebung machen.

2.2.4 Einfluß von Veränderungen des Berufsfeldes auf Wertewandel und Altersunterschiede

Die Unterschiede im Selbstverständnis der Berufsanfänger zu verschiedenen Zeiten sind möglicherweise zum Teil darauf zurückführen, daß sich das Berufsfeld des Journalismus in Deutschland in den vergangenen Jahrzehnten deutlich verändert hat. Solche Veränderungen zeigen sich in der Struktur des Mediensystems, in den technischen Arbeitsabläufen und -möglichkeiten, in den rechtlichen Arbeitsbedingungen sowie in den Ausbildungswegen und beruflichen Voraussetzungen von Journalisten.

Strukturelle Veränderungen im Mediensystem

In den letzten beiden Jahrzehnten hat sich die Struktur des Mediensystems in Deutschland – und damit das Arbeitsfeld von Journalisten – grundlegend verändert. Junge Journalisten, die während der siebziger oder zu Beginn der achtziger Jahre ihren Beruf ergriffen haben, waren mit einem relativ überschaubaren Mediensystem aus Presseunternehmen und öffentlich-rechtlichem Rundfunk konfrontiert. Für die Berufseinsteiger der späteren achtziger und neunziger

[157] Dies erkennt man, wenn man die Sichtweisen der 18- bis 34-jährigen bei Köcher den Sichtweisen der 18- bis 34-jährigen bei Schneider, Schönbach und Stürzebecher gegenüberstellt. Vgl. Schneider, Schönbach, Stürzebecher 1993a, 22–25. Der Befund läßt auf die Wirksamkeit von Periodeneffekten schließen.

Jahre hat sich die Situation grundlegend verändert. Zu den öffentlich-rechtlichen Hörfunk- und Fernsehanbietern sind private Konkurrenten hinzugekommen, die ihre Marktanteile kontinuierlich ausgebaut haben. Durch die Beteiligung von Verlagshäusern an Fernsehprogrammen sind Verflechtungen zwischen Verlagshäusern und Medienkonzernen entstanden. Hinzu kommen Verflechtungen von Medienunternehmen mit Herstellern technischer Geräte und Anlagen wie zum Beispiel Decoder für Pay-TV-Programme.[158] Diese Veränderungen besitzen Einflüsse auf die Arbeitsbedingungen und Handlungsmöglichkeiten von Journalisten. So führen zum Beispiel neue Programmformen privater Anbieter wie Infotainment-Sendungen und ähnliches zu veränderten und erweiterten Möglichkeiten journalistischer Präsentation. Die Konkurrenz zu den privaten Anstalten führte für Journalisten in Redaktionen der öffentlich-rechtlichen Anbieter zu veränderten Anforderungen an Schnelligkeit und Methoden der Informationsbeschaffung sowie deren Publikation.[159] Man kann darüber hinaus annehmen, daß der Journalismus aufgrund der veränderten und erweiterten Arbeitsbedingungen und -möglichkeiten heute Personen anzieht, die diesen Beruf im Mediensystem der siebziger und frühen achtziger Jahre nicht ergriffen hätten.[160]

Die aufgrund der Konkurrenzsituation veränderten Bedingungen journalistischer Arbeit faßt der ehemalige Chefredakteur des *Bayerischen Rundfunks*, Heinz Burghart, kritisch zusammen: »Seit Anfang der neunziger Jahre haben sich Hörfunk und Fernsehen in Deutschland … wesentlich verändert. Die öffentlich-rechtlichen Anstalten müssen sich gegen vorwiegend am Massengeschmack orientierte Programme privater Anbieter behaupten und bestreiten diese Konkurrenz weitgehend mit Anpassung an den gleichen

[158] Vgl. zusammenfassend Kepplinger 1995, vor allem 57–62; auch bereits Pürer 1991, 28; Weischenberg, Altmeppen, Löffelholz 1994.

[159] Meyn 1995, 245 sieht in der Einführung des privaten Rundfunks eine Ursache für eine Zunahme des Sensationsjournalismus, der mit rücksichtslosem Verhalten der Journalisten, zum Beispiel in der häufigen Verletzung des Persönlichkeitsschutzes einhergehe.

[160] So argumentiert Jennings 1976, 172 zur Ursache von Unterschieden zum Beispiel des politischen Denkens verschiedener Altersgruppen in der Bevölkerung: »Differences between age groups may … arise because successive cohorts vary in terms of their composition. These differences could be in terms of migration, race, educational attainment, sex ratio, marriage and death rates, and so forth.« Übertragen auf den Journalismus bedeutet dies: Die Berufsgruppe der Journalisten besaß zu Beginn der neunziger Jahre möglicherweise andere zum Beispiel soziodemographische Merkmale als während der siebziger und Anfang der achtziger Jahre.

Geschmack.«[161] Für Jens Feddersen »zwingen« die »veränderten Wettbewerbsverhältnisse zur Oberflächlichkeit der Informationen«.[162] Am Beispiel der Konkurrenz zwischen Fernsehen und Presse beschreibt Henning Röhl Auswirkungen veränderter Medienstrukturen auf den Journalismus: »Die aktuelle Fernsehberichterstattung hat die Welt zusammenrücken lassen, ohne daß die Menschen sich dadurch nähergekommen sind. Aber sie hat den Journalismus verändert. Zeitungen und Zeitschriften sind heute stets auf der Suche nach Hintergrundberichten und Exklusivstories, mit denen sie glauben, dem aktuellen Vorsprung der elektronischen Konkurrenz Paroli bieten zu können.«[163] Der wachsende Konkurrenzdruck ist auch die Ursache der Kommerzialisierung, die Siegfried Weischenberg für den Journalismus der neunziger Jahre feststellt.[164]

Technische Veränderungen

Auch tiefgreifende technische Veränderungen sind charakteristisch für den Journalismus der letzten Jahrzehnte. Sie dürften ebenfalls dazu beigetragen haben, daß junge Redakteure in den neunziger Jahren mit einem anderen Selbstverständnis in ihren Beruf gegangen sind als junge Journalisten zu Beginn der achtziger Jahre.[165] Mit der Einführung der Redaktionssysteme im Pressewesen fielen Arbeitsschritte, die zuvor Setzer und Lektoren ausführten, in die Zuständigkeit der Journalisten. Die frühere Grenze zwischen Redaktion und Technik ist damit heute weitgehend aufgehoben, ein Großteil der Produktion fällt in den Aufgabenbereich der Redaktion. Diese Veränderungen dürften unter anderem Auswirkungen auf die sprachliche und formale Gestaltung journalistischer Beiträge besessen haben.[166] Moderne Desktop-Publishing-Systeme sowie

[161] Burghart 1993, 9.
[162] Feddersen 1994, 8.
[163] Röhl 1992, 36. Röhls Darstellung enthält darüber hinaus einen Hinweis auf reziproke Effekte der veränderten Medienstruktur: Die Akteure, über die berichtet wird, verhielten sich in der aktuellen, differenzierten Medienlandschaft anders als früher. Sie ermutigten Journalisten dadurch, in offensiverer Weise auf sie zu- und mit ihnen umzugehen.
[164] Vgl. Weischenberg 1997.
[165] Die Vorstellung, daß technische Veränderungen als »Motor« von sozialem Wandel wirksam werden können, findet sich auch in den Überlegungen von Generationstheoretikern. Vgl. dazu Ryder 1965, 851. Die Rolle des Generationskonzepts zur Erklärung von Unterschieden im Denken jüngerer und älterer Journalisten wird noch eingehend behandelt.
[166] Ein Beleg hierfür ist die Tatsache, daß man beim aufmerksamen Lesen von Zeitungen und Zeitschriften häufig auf Schreib- und Satzfehler trifft. Sie wären

die Digitalisierung der Informationserfassung und -verarbeitung ermöglichen beliebige Veränderungen, Korrekturen und Kombinationen von Text- und Bildbestandteilen bis hin zur Montage und Manipulation von Fotos und Filmen. Die Vernetzung von Arbeitsplätzen innerhalb von Redaktionen wie auch verschiedener Redaktionen untereinander erlaubt den Austausch von Informationen, Text- und Bildbausteinen sowie kompletten journalistischen Beiträgen in kürzester Zeit. In Hörfunkredaktionen sind »Ein-Mann-Studios« entstanden, in denen einzelne Redakteure Sendungen sowohl redaktionell als auch technisch betreuen.[167]

Mit Datenbanken, die zum Beispiel über das Internet[168] abrufbar sind, und hauseigenen, meist ebenfalls elektronisch erschlossenen Archiven steht Journalisten eine unüberschaubare Menge an Informationen zur Verfügung, die sie unter beliebigen Stichworten abrufen und miteinander kombinieren können. Dabei besitzen Presseunternehmen und Rundfunkanstalten das sogenannte *Medienprivileg*, das ihnen die elektronische Speicherung personenbezogener Daten erlaubt. Für Medienunternehmen entfallen damit eine Reihe von Auflagen des Bundesdatenschutzgesetzes.[169] Mit den technischen Veränderungen haben sich für Journalisten die Möglichkeiten der Informationsbeschaffung, der Gestaltung von Beiträgen und des Austauschs von Material stark erweitert.[170] Auch

beim Lektorieren, das bis zur Einführung der Redaktionssysteme üblich war, aufgefallen und bereinigt worden. Ein Beispiel für einen Beitrag mit auffälligen Satzfehlern ist Teil 9 einer Reihe des Nachrichtenmagazins *Focus* über Medizin, der am 17.11.1997 (Nr. 47, S. 222–234) erschienen ist.

[167] Vgl. zur Technisierung im Journalismus Weischenberg 1982; Prott, Blöbaum, Gießelmann, Tröbst, Vahle 1983; Mast 1991, 334–340; Pürer 1991, 29ff; Weischenberg, Altmeppen, Löffelholz 1994, 61–106; *Sage & Schreibe special* 1994, 28f; Meyn 1995, 249. Weischenberg, Altmeppen, Löffelholz 1994, 145 zitieren den *ZDF*-Journalisten Klaus Bresser mit der Vermutung, die Arbeitsweisen der Journalisten müßten im Zuge der Technisierung immer »schneller« werden. Christoph Scheuring (1995a, 58) beschreibt die Folgen veränderter Arbeitsbedingungen am Beispiel eines freien Fernsehjournalisten, den er Mitte der neunziger Jahre porträtiert: »Er ist ein neuer Typ Fernsehjournalist, der da entstanden ist: ein Mobiles Ein-Mann-Kommando, das alles kann und sich für nichts zu schade ist, nicht mal fürs Klinkenputzen. Ein Kommando, das ohne schußsichere Weste in den Krieg der Städte zieht und ohne Atemmaske Bilder vom Chemieunfall liefert, und das jeden Tag Dinge sieht, die andere Menschen um den Verstand bringen würden.«

[168] Vgl. zur Rolle des Internet im Journalismus beispielhaft Steinhau 1998.

[169] Das Medienprivileg ist in Artikel 41 des Bundesdatenschutzgesetzes in der Fassung vom Dezember 1990 verankert. Zu den Konsequenzen vgl. Kepplinger 1996a, 12f, bereits früher Kepplinger 1985, 255f.

[170] Boventer 1985 beobachtet mit den veränderten Arbeitsbedingungen im Journalismus, zum Beispiel durch die Einführung von Textverarbeitungssystemen,

diese Entwicklung dürfte die Erwartungen und Vorstellungen vor allem von Berufseinsteigern prägen und damit zu den Unterschieden im Selbstverständnis von Journalisten verschiedener Generationen beitragen.

Veränderte rechtliche Bedingungen
Eine dritte Veränderung des Berufsfeldes liegt in der Erweiterung einiger rechtlicher Privilegien von Journalisten während der letzten Jahrzehnte. Am 1. August 1975 trat das *Gesetz über das Zeugnisverweigerungsrecht der Mitarbeiter von Presse und Rundfunk* in Kraft, das den Schutz von Informanten der Massenmedien vergrößerte.[171] Das Zeugnisverweigerungsrecht erstreckt sich seitdem auf die Verfasser und Einsender von Beiträgen und Unterlagen sowie auf die Gewährsleute für Beiträge. Geschützt werden die Person des Mitteilenden wie auch der Inhalt der Mitteilung. Die Neufassung des Zeugnisverweigerungsrechts stellt die Anonymität von Informanten sicher und weitet die Handlungsmöglichkeiten von Journalisten vor allem bei der Informationsbeschaffung auf Kosten der Handlungsmöglichkeiten von Betroffenen und Strafverfolgungsbehörden aus.[172] Am 25. Januar 1984 billigte das Bundesverfassungsgericht in seiner *Wallraffentscheidung* generell die Verbreitung illegal beschaffter Informationen:[173] Die Veröffentlichung rechtswidrig erlangter Informationen falle in den Schutzbereich des Grundgesetzartikels 5. Da das Zeugnisverweigerungsrecht die Anonymität der Beschaffer illegal erlangter Informationen sichert und die Wallraffentscheidung Journalisten ermächtigt, diese Informationen zu publizieren, sind mit den beiden Privilegien die Voraussetzungen für den Handel mit illegal beschafften Informationen entstanden.[174]

auch Veränderungen im beruflichen Selbstwertgefühl und Aufgabenverständnis. Er sieht in den technischen Möglichkeiten jedoch eher eine Einschränkung des journalistischen Handelns als eine Erweiterung: »Die Elektronik beschneidet die Spielräume des freien Ermessens und Verantwortens ganz erheblich.« (S. 411). In diesem Sinne sprach bereits Weischenberg 1981, 154 von einer »Taylorisierung« des Journalismus: Dadurch daß Journalisten »objektivierbare, von bestimmten Individuen unabhängige Tätigkeiten« ausführen, sei ihre Arbeit austauschbar.

171 Vgl. Ricker 1994, 168–184.

172 Vgl. Kepplinger 1985, 254; 1996a, 11. Im Gegensatz zur Erweiterung des Zeugnisverweigerungsrechts von Journalisten verringerte der Bundesgerichtshof in zwei Entscheidungen vom 15.11.82 und vom 17.10.83 den Schutz von Informanten der Strafverfolgungsbehörden. V-Leute können demnach in Prozessen nur dann als Zeugen auftreten, wenn sie ihre Identität preisgeben.

173 BVerfGE 66, 116ff; vgl. auch Berg, Kohl, Kübler 1992, 121–135.

174 Vgl. Kepplinger 1985, 255; 1996a, 11f. Kepplinger nennt mehrere Beispiele für den Handel mit illegal beschafften Informationen: die Verhandlungen des

Seit Mitte der siebziger Jahre haben Gerichte verschiedener Ebenen in zahlreichen Entscheidungen den Spielraum der Medien bei Gegendarstellungsverlangen ausgeweitet bzw. die Möglichkeiten der Betroffenen eingeschränkt.[175] In diesen Entscheidungen ging es einerseits um die Definition von Kriterien, die den Redaktionen die Zurückweisung von Gegendarstellungsverlangen erlauben oder den Abdruck zu ihren Gunsten regeln.[176] In den Entscheidungen ging es andererseits um formale Bedingungen und Fristen, denen die Verfasser von Gegendarstellungen genügen müssen.[177] Einen zentralen Beitrag zur Ausweitung des Spielraums der Medien bilden die Interpretation von Tatsachenaussagen als Meinungsäußerungen, die unter den Schutz des Grundgesetzartikels 5 fallen, sowie die Interpretation der Kombination von Tatsachenbehauptungen und Meinungsäußerungen als Meinungsäußerungen.[178] Versuche zur Herstellung von Waffengleichheit wie die Novellierung des Saarländischen Pressegesetzes 1994 stoßen auf heftige Kritik und werden in der Öffentlichkeit als schwerwiegende Eingriffe in die Pressefreiheit angeprangert.[179] Mit den rechtlichen Privilegien

Nachrichtenhändlers Frank P. Heigl mit dem *Stern* und dem *Spiegel* über den Verkauf von Geheimdokumenten der *CSU* 1979/80 (Heigl, Saupe 1992, 22f), die Verhandlungen des ehemaligen Pressechefs der *Neuen Heimat*, Siegfried Mehnert, mit dem *Stern* und dem *Spiegel* über die Weitergabe von Akten des Unternehmens 1981 (*Frankfurter Allgemeine Zeitung* 18.3.1982), die Geldzahlungen an eine Mitarbeiterin des Bundeskriminalamtes durch den *Stern* und einen freien Mitarbeiter von *Bild am Sonntag* 1982 (*Allgemeine Zeitung* Mainz 2.2.1983) sowie die Geldzahlungen des *Stern* beim Ankauf der sogenannten »Hitler-Tagebücher« durch den Journalisten Gerd Heidemann 1982/83 (*Frankfurter Allgemeine Zeitung* 20.1.1984).

[175] Vgl. Reumann 1990, 124; Berg, Kohl, Kübler 1992, 825ff; Ricker 1994, 168; Soehring 1995, 493–528; Branahl 1996, vor allem 253–260; feuilletonistisch auch Gerhardt, Steffen 1996, 160.

[176] So können Gegendarstellungsverlangen abgewiesen werden, wenn sie Unwahrheiten enthalten, wenn das Medium bereits in irgendeiner Form dementiert hat, oder wenn die Gegendarstellung nur in belangloser Weise vom Inhalt des journalistischen Beitrags abweicht, gegen den sie gerichtet ist. Die Geltung dieser Kriterien ist zu einem großen Teil Auslegungssache. Zur Regelung des Abdrucks von Gegendarstellungen gehört zum Beispiel, daß sie mit einem »Redaktionsschwanz« versehen werden darf. Dort darf der Inhalt der Gegendarstellung zwar nicht glossiert oder kommentiert werden, es können aber weitere Tatsachenaussagen hinzugefügt werden.

[177] So etwa die Formulierung der Überschriften oder die Beschränkung auf Informationen, die unmittelbar die Inhalte der journalistischen Beiträge betreffen, auf die sich die Gegendarstellung bezieht.

[178] Zur Problematik dieser Rechtsauslegungen siehe Kiesel 1992; Kriele 1994; Ossenbühl 1995; Papier 1995. Zusammenfassend vgl. Kepplinger 1997.

[179] Vgl. zum Saarländischen Pressegesetz Soehring 1995, 520. Kepplinger 1997 stellt kritische Reaktionen einiger Medien auf die Novellierung zusammen.

ist der Spielraum für journalistisches Handeln in den vergangenen zwanzig Jahren erheblich erweitert worden. Journalisten, die aktuell in diesem Beruf arbeiten, sind vor allem in ihrer Informationsbeschaffung weniger eingeschränkt als Journalisten beispielsweise in den siebziger Jahren. Diese veränderten Möglichkeiten dürften in den Journalisten nachwachsender Generationen auch veränderte Ansprüche, Erwartungen und Vorstellungen von der Ausübung ihres Berufs wecken.

Veränderte Bildungs- und Berufswege von Journalisten
Eine weitere mögliche Ursache für die Unterschiede im Berufsverständnis von Journalisten verschiedener Altersgruppen stellt der Bildungshintergrund der Redakteure bei ihrem Berufseintritt dar sowie die Berufserfahrungen, die sie bis dahin gesammelt haben.[180] Jüngere Journalisten haben häufiger als ältere Abitur und Hochschulabschluß. Sie haben häufiger Fächer studiert, die in engem Zusammenhang mit dem Beruf stehen, vor allem publizistik- und kommunikationswissenschaftliche Studiengänge. Sie sind häufiger direkt nach ihrer Ausbildung in den Journalismus gegangen, während die älteren Kollegen oft als »Seiteneinsteiger« ohne journalismusrelevante Ausbildung aus anderen Berufen kamen.[181] Dies zeigt, daß Journalisten verschiedener Generationen mit zum Teil unterschiedlichen Voraussetzungen und Erfahrungen in ihren Beruf gegangen sind. Aufgrund dessen haben sie vermutlich verschiedene Vorstellungen von ihrer Arbeit gehabt und sind mit unterschiedlichen Erwartungen an diese Tätigkeit herangegangen.

[180] Veränderte Bildungs- und Ausbildungsbedingungen Heranwachsender berücksichtigen auch Autoren, die sich mit der Entstehung und Bedeutung von Generationen beschäftigten. Vgl. Berger 1984, 223–227. Jennings 1976, 175 bemerkt zum Einfluß der Ausbildung auf politische Ansichten: »One of the most common claims made when political differences are found between age cohorts in Western democracies is that the differences stem from the rising levels of education over time.« Vgl. auch die dort referierte Literatur.

[181] Vgl. Schneider, Schönbach, Stürzebecher 1993a, 15f, die ihre Aussagen allerdings nur auf den Vergleich ihrer Daten mit denen Köchers stützen, nicht auf Vergleiche der Altersgruppen. Kapitel 4.1.1 enthält härtere Belege für die Unterschiede in formaler Bildung und Berufserfahrung von Journalisten verschiedener Generationen.

2.3 Begrifflich-theoretische Ansätze

2.3.1 Das Generationskonzept von Karl Mannheim

Die bisher genannten Gründe beschreiben Veränderungen im beruflichen Umfeld von Journalisten, die den Berufseinsteigern verschiedener Generationen unterschiedliche Arbeitsbedingungen und -möglichkeiten boten. Sie sind Indikatoren für die generationsspezifischen Rahmenbedingungen journalistischer Tätigkeit, die einen Einfluß auf die Berufsentscheidung, die beruflichen Erwartungen und Ansprüche sowie die Wahrnehmung des Spielraums journalistischen Handelns besitzen dürften. Man kann jedoch vermuten, daß die Veränderungen des Berufsfeldes allein den Wandel nicht hinreichend erklären. Für diese Vermutung sprechen Überlegungen zur Entstehung von Generationen als Schicksalsgemeinschaften Gleichaltriger, die durch gemeinsame historisch bedingte Lebenserfahrungen geprägt wurden.[182] Sie bilden den Kern des Generationskonzepts, das wesentlich auf den Soziologen Karl Mannheim zurückgeht. Er veröffentlichte 1928 ein Essay über *»Das Problem der Generationen«*, das im Mittelpunkt des folgenden Abschnitts steht. Mannheim berief sich vor allem auf zwei Vorläufer, Wilhelm Dilthey und Wilhelm Pinder.

2.3.1.1 Vorläufer

Wilhelm Dilthey stellte bereits mehr als 50 Jahre vor Mannheim Überlegungen zur Rolle von Generationen bei der Strukturierung historischer Entwicklungen an.[183] Er sah *Generation* allgemein als

[182] Der japanische Kommunikationswissenschaftler Kazuto Kojima diskutiert Mitte der achtziger Jahre die Bedeutung des Generationskonzepts für die Journalismusforschung. Er stellt mit Blick auf Mannheims Definition fest: »Generation as a recruitment source of journalists … influences journalism quite strongly.« (Kojima 1986, 87). Der Autor betrachtet die Beziehung zwischen Generationen und Journalismus unter verschiedenen Aspekten: Generationswandel als Ursache von Veränderungen im Journalismus (entsprechend der hier behandelten Fragestellung), journalistische Berichterstattung als Ursache für gesellschaftliche Veränderungen, die Kojima im Sinne von Generationswandel betrachtet, und Generationswandel als Ursache für Veränderungen in der Wahrnehmung von Journalismus in der Gesellschaft. Die zum Teil sehr vagen Überlegungen sind ganz auf die Situation in Japan konzentriert (beispielsweise eine Unterscheidung verschiedener Generationen S. 95) und deshalb für die Analyse des hier behandelten Generationswandels im deutschen Journalismus nicht relevant.

[183] Dilthey 1875. Der Autor kam zum Generationskonzept über die Frage, »welche Hilfsmittel und Methoden wir besitzen, den Zusammenhang der Geschichte

»Bezeichnung für einen Zeitraum« an, in den das »Menschenleben eingeordnet«[184] ist. Konkret sei Generation eine »Bezeichnung für die Gleichzeitigkeit von Individuen«, die gemeinsam ihre Kindheit, Jugend und Erwachsenenzeit erleben. Aus dem gemeinsamen Durchleben dieser Entwicklungsphasen ergebe »sich dann die Verknüpfung solcher Personen durch ein tieferes Verhältnis. Diejenigen, welche in den Jahren der Empfänglichkeit dieselben leitenden Einwirkungen erfahren, machen zusammen eine Generation aus.« In diesem Sinne »bildet eine Generation einen engeren Kreis von Individuen, welche durch Abhängigkeit von denselben großen Tatsachen und Veränderungen, wie sie in dem Zeitalter ihrer Empfänglichkeit auftraten, trotz der Verschiedenheit hinzutretender anderer Faktoren zu einem homogenen Ganzen verbunden sind.«[185]

Wilhelm Pinder beschäftigte sich 1926 mit dem »Problem der Generation in der Kunstgeschichte Europas«. Er beobachtete, daß jüngere und ältere Künstlergenerationen gleichzeitig in ihrem jeweils eigenen Stil arbeiten. Er bezeichnete dies als »Ungleichzeitigkeit des Gleichzeitigen«.[186] Pinder sah die Ursache für die Entstehung von Künstlergenerationen in der Besonderheit jener Jahre, in denen junge Künstler ihr Problembewußtsein formen. Die Angehörigen dieser Generationen seien durch einen »einheitlichen Problemcharakter«[187] gekennzeichnet und bildeten gemeinsame künstlerische Stile aus, die von den sonst in der Kunstgeschichte gebräuchlichen Perioden verschieden seien.[188]

der moralisch-politischen Wissenschaften zu studieren« (S. 36). Vgl. die Zusammenfassung der Überlegungen Diltheys bei Schmied 1984, 232.

184 Dilthey 1875, 36 f.

185 Dilthey 1875, 37.

186 Pinder 1926, 11. Der Autor legte seiner Studie zwei »grundsätzliche Behauptungen« zugrunde: »Erstens: Künstler sind normalerweise zeitlich unversetzbar. Das heißt: die Zeit ihrer Geburt bedingt die Entfaltung ihres Wesens, ist sogar mitbedingend für dieses selbst. Das Wesen der Künstler liegt also auch noch darin, wann sie geboren werden. Ihre Probleme werden mit ihnen geboren; sie sind schicksalsbestimmt. Zweitens: Künstler werden durch diese … Tatsache nicht vereinsamt, sondern gruppiert. Es gibt ›Generationen‹ von normalerweise überwiegend einheitlichem Problemcharakter. Generation ist ein Stilwert. Beide Behauptungen … vereinigen sich zu der übergeordneten: Es gibt einen Rhythmus der Generationen.« (S. 10 f).

187 Pinder 1926, 27.

188 Vgl. zusammenfassend Becker 1989, 82 f. Pinder 1926, 42–91 erarbeitete dementsprechend den »Entwurf einer Kunstgeschichte nach Generationen«.

2.3.1.2 Das Konzept Mannheims

Mannheim übernahm die Überlegungen Diltheys und Pinders, differenzierte und präzisierte sie jedoch. Er unterschied Generations*lagerung*, Generations*zusammenhang* und Generations*einheit*. Die Begriffe bezeichnen verschiedene Stufen der Verbundenheit von Menschen verwandter Geburtsjahrgänge. Die Tatsache, daß Menschen in ein und demselben Jahr geboren sind oder benachbarten Geburtsjahrgängen angehören, ist nach Mannheim eine Voraussetzung für ihre gemeinsame *Generationslagerung:* »Durch die Zugehörigkeit … zu ein und demselben ›Geburtsjahrgange‹ ist man im historischen Strome des gesellschaftlichen Geschehens verwandt gelagert.«[189] Wenn Menschen in benachbarten Jahren geboren worden seien, besäßen sie die Möglichkeit, gemeinsam und im gleichen Alter an den bedeutsamen Geschehnissen ihrer Umgebung teilzunehmen: »Nicht das Faktum der in derselben chronologischen Zeit erfolgten Geburt, des zur selben Zeit Jung-, Erwachsen-, Altgewordenseins, konstituiert die gemeinsame Lagerung im sozialen Raume, sondern erst die daraus erstehende Möglichkeit an denselben Ereignissen, Lebensgehalten usw. zu partizipieren und noch mehr, von derselben Art der Bewußtseinsschichtung aus dies zu tun.«[190] Die vom Geburtszeitpunkt abhängige »Bewußtseins-« oder »Erlebnisschichtung«[191] ist für Mannheim ein entscheidendes Kriterium für die gemeinsame Lagerung der Angehörigen einer Generation. Denn auch ältere Menschen erlebten noch dieselben historischen Ereignisse mit wie die Heranwachsenden. Die Personen in fortgeschrittenem Alter seien aber deshalb nicht derselben Generationslagerung zuzurechnen wie die jungen Menschen. Nur diejenigen, die das Geschehen einer bestimmten Zeit und eines bestimmten historischen Raumes im selben Alter miterlebten, besäßen eine gemeinsame Generationslagerung: »Verwandt gelagert ist eine Generation … dadurch, daß sie am selben Abschnitt des kollektiven Geschehens parallel teilnimmt.«[192]

Mannheim verdeutlicht dies am Beispiel der Jugend um 1800. Die jungen Menschen in Preußen und China seien in denselben Jahren geboren worden. Die eng beieinanderliegenden Geburtsjahrgänge bildeten zwar eine notwendige, aber keine hinreichende Bedingung für eine gemeinsame Generationslagerung. Da die Jugend in Preu-

[189] Mannheim 1928, 527.
[190] Mannheim 1928, 536.
[191] Mannheim 1928, 536.
[192] Mannheim 1928, 535.

ßen in einer völlig anderen historischen Situation aufgewachsen sei als die Jugend in China, gehörten sie nicht zur selben Generationslagerung. Innerhalb Preußens unterscheidet Mannheim eine bäuerliche und eine städtische Jugend. Sie seien beide derselben Generationslagerung zuzurechnen, da sie gemeinsam die Möglichkeit besaßen, das historische Geschehen im Preußen der Wende vom 18. zum 19. Jahrhundert zu durchleben.[193]

Eine »besondere Art der gleichen Lagerung verwandter ›Jahrgänge‹ im historisch-sozialen Raume« bezeichnet Mannheim als »Generations*zusammenhang*«.[194] Er beschreibt damit eine spezifische Verbindung zwischen Individuen, die dieselbe Generationslagerung besitzen.[195] Der Generationszusammenhang gehe über die Generationslagerung hinaus. Er bedeute eine konkrete Verbundenheit derjenigen, die »an den gemeinsamen Schicksalen dieser historisch-sozialen Einheit« partizipierten und davon besonders beeindruckt würden.[196] Mannheim sieht einen Generationszusammenhang dann hergestellt, »wenn reale soziale und geistige Gehalte gerade in jenem Gebiete des … werdenden Neuen eine reale Verbindung zwischen den in derselben Generationslagerung befindlichen Individuen stiftet«.[197] Demnach bilde die gemeinsame Generations*lagerung* von Menschen eine Voraussetzung für einen Generations*zusammenhang* zwischen ihnen. Mannheim verdeutlicht auch dies am Beispiel der Jugend in Preußen um 1800. Die bäuerliche und städtische Jugend dieser Zeit seien zwar derselben Generationslagerung zuzuordnen, da sie im selben Alter dasselbe Geschehen miterleben konnten. Da sie aber aufgrund ihrer unterschiedlichen Lebensräume nicht von denselben sozialen und geistigen Folgen dieses Geschehens erfaßt und bewegt worden seien, befänden sie sich nicht im selben Generationszusammenhang. Ein solcher Zusammenhang bestehe jeweils nur zwischen den Individuen innerhalb der städtischen bzw. innerhalb der bäuerlichen Jugend Preußens um 1800.[198]

Nach Mannheim besteht ein Generationszusammenhang zwischen denjenigen Gleichaltrigen, die dasselbe historische Geschehen miterlebt haben (Generationslagerung) und dadurch besonders

193 Mannheim 1928, 542 f.
194 Mannheim 1928, 529 (Hervorhebung durch die Verfasserin).
195 Mannheim 1928, 525.
196 Mannheim 1928, 542. Die durch einen gemeinsamen Generationszusammenhang verbundenen Individuen bildeten aber keine konkrete Gruppe, keine gesellschaftliche Formation, die sich zu bestimmten Zwecken gebildet habe.
197 Mannheim 1928, 543.
198 Mannheim 1928, 543.

miteinander verbunden sind. Sie haben durch die Ereignisse mit anderen Worten eine gemeinsame Prägung erfahren. Die »Gruppen, die innerhalb desselben Generationszusammenhanges in jeweils verschiedener Weise diese Ereignisse verarbeiten, bilden jeweils verschiedene ›Generations*einheiten*‹ desselben Generationszusammenhanges.«[199] Das bedeutet: Die Angehörigen einer Generation, die vom selben Geschehen geprägt wurden, können sich aufgrund dieser Prägung in unterschiedliche Richtungen entwickeln. Eine Generationseinheit besteht jeweils zwischen denjenigen, die in derselben Weise geprägt wurden.[200] Mannheim illustriert auch dies wieder anhand der preußischen Jugend. Mit der Wende vom 18. zum 19. Jahrhundert hätten sich zwei gegenläufige Entwicklungen abgezeichnet: eine romantische Bewegung, deren Anhänger immer konservativer wurden, und eine rationalistische Bewegung, deren Anhänger immer liberaler wurden. Die Jugendlichen beider Denkrichtungen gehörten zwar zum selben Generationszusammenhang, bildeten aber entsprechend der Entwicklung ihrer Sichtweisen zwei verschiedene Generationseinheiten.[201]

Benachbarte Geburtsjahrgänge sind nicht immer durch einen Generationszusammenhang verbunden und bilden automatisch spezifische Generationseinheiten. Für »neue … Formierungstendenzen« sei vielmehr ein »Aktivwerden der in der Lagerung schlummernden Potentialität« notwendig. Die »Häufigkeit des Aktivwerdens dieser Potentialität« hänge »mit der Geschwindigkeit der gesellschaftlichen Dynamik zusammen«.[202] Wenn die »Umwälzungen ein Tempo einschlagen, das den Wandel der Einstellungen« stark »beschleunigt, … kristallisieren sich irgendwo die neuen Ansatzpunkte zu einem als neu sich abhebenden Impuls und zu einer neuen gestaltgebenden Einheit. Wir sprechen in solchen Fällen von einem neuen Generationsstil, von einer neuen Generations-

[199] Mannheim 1928, 544. Hervorhebung durch die Verfasserin. Vgl. zu den Charakteristika von Generationseinheiten auch Laufer, Bengtson 1974.

[200] Eine solche unterschiedliche Verarbeitung von Ereignissen durch Gleichaltrige in verschiedenen Lebenssituationen zeigt beispielsweise Elder 1974. Vgl. die kurze Zusammenfassung bei Elder, Rockwell 1978, 79–81.

[201] Ein aktuelleres Beispiel präsentiert Noelle-Neumann 1997: Sie vergleicht die politischen Einstellungen von unter 30-jährigen Ost- und Westdeutschen und bilanziert: »Eine Generation, zwei Gesellschaften«. Ähnliches beschreibt Zastrow 1991 mit »[t]iefgreifenden Identitätsunterschieden zwischen Ost und West«-Deutschen anhand ihres fundamental verschiedenen Geschichtsbewußtseins. Für ost- und westdeutsche Journalisten läßt sich Ähnliches zeigen: vgl. Kepplinger 1992c.

[202] Mannheim 1928, 550.

entelechie.«[203] Daraus folgt: Neue, für eine bestimmte Generation charakteristische Denk- und Sichtweisen entstehen immer dann, wenn besonderes, aus dem üblichen Ablauf herausragendes historisches Geschehen stattfindet und diejenigen prägt, die eine gemeinsame Generationslagerung besitzen. Solche Einschnitte in die Gesellschaft kann man als *Schlüsselereignisse* bezeichnen.[204] Für Mannheim sind es »entscheidende Kollektivereignisse«, die »›kristallisierend‹ wirken«.[205]

Folgt man der Argumentation Mannheims, sind Schlüsselereignisse die zentrale Voraussetzung für die Entstehung von Generationen mit eigenem Generationsstil.[206] Je nachdem, wie schnell Schlüsselereignisse aufeinander folgen, bilden sich neue Generationen in rascherem oder langsamerem Rhythmus. Generationen

[203] Mannheim 1928, 550.

[204] Lambert 1972, 25 nennt Beispiele für Fälle, in denen »the historical flow undergoes qualitatively new – and usually irreversible – modifications, thereby producing discontinuity in the common destiny of generations and their consciousness. Some kinds of such disruptions include major new technology, large demographic changes, and fundamental innovations.« Eine Umbruchphase, in der historische Veränderungen besonders auf generationstypische Sichtweisen einwirkten, sei die Zeit um 1945 gewesen. Eine herausragende Rolle hätten der Abwurf der Atombombe, der Wandel von der Industriegesellschaft zu einem postindustriellen und technologischen Zeitalter, die Computerisierung, die weltweite Verbreitung von Nachrichten sowie die Entwicklung von Luft- und Raumfahrt gespielt (Lambert 1972, 37).
Ryder 1965, 848f hebt besonders die Bedeutung von Krieg als »dramatic instance« hervor: »The most obvious effect of war is the mortality and morbidity of the participants, but war transforms non-combatants as well.«

[205] Mannheim 1928, 552.

[206] Spätere Ansätze modifizieren diesen Gedanken zum Teil grundlegend. So sehen Buchhofer, Friedrichs, Lüdtke 1970 in der Aufnahme von Information das zentrale Kriterium für die Abgrenzung von Generationen.
Lambert 1972, 39f nennt als Beispiel für eine Generation, die aufgrund von Ereignissen einer bestimmten Zeit einen eigenen Denkstil gebildet habe, diejenigen, die in den sechziger Jahren geboren wurden. Die Angehörigen dieser Generation seien von Geburt an mit dem Fernsehen vertraut. Sie seien mit der Bedrohung durch atomare und biologische Waffen aufgewachsen. Die Generation der in den sechziger Jahren Geborenen sei die erste, die Gentechnik anwenden werde. Als einschneidende Ereignisse ihrer prägenden Jahre identifiziert der Autor den Vietnamkrieg, den Kalten Krieg, Rassen- und soziale Unruhen, Morde an großen politischen Gestalten wie zum Beispiel John F. Kennedy, die Mondlandung, das Aufkommen und die selbstverständliche Anwendung von technischen Neuerungen wie Computer und Kopierer.
Für manche Generationen werden schlagwortartige Bezeichnungen geprägt wie etwa die der »Achtundsechziger«. Rosow 1978, 71 nennt Beispiele für solche »common designations of generations (typically in capital letters), such as the Jazz generation, the Depression generation, the War generation, the Hippie generation or the Vietnam generation«.

umfassen deshalb nicht immer gleich viele Geburtsjahrgänge.[207] Ihre Dauer hängt vielmehr vom zeitlichen Abstand zwischen den Schlüsselereignissen ab. Nach Mannheim sind für »das Aktivwerden der in der Generationslagerung schlummernden Potentialität ... außerbiologische und außervitale Faktoren« verantwortlich, »und zwar in erster Reihe« die »Eigenart der jeweils besonders gearteten gesellschaftlichen Dynamik. Ob alle Jahre, alle 30 Jahre, alle 100 Jahre, ob überhaupt rhythmisch ein neuer Generationsstil zustande kommt, das hängt von der auslösenden Kraft des gesellschaftlich-geistigen Prozesses ab.«[208] In diesem Sinne spricht man auch von »politischen Generationen«, die durch ihre gemeinsamen politischen Sichtweisen gekennzeichnet sind – im Unterschied zu »biologischen Generationen« in der Abfolge von Eltern und Kindern.[209]

Treten in einer Gesellschaft einschneidende Ereignisse ein, tragen nicht alle Menschen, die sie miterleben, zur Entstehung einer neuen Generation bei. Nach Mannheim sind hierfür die jeweils jungen Menschen verantwortlich. Sie würden in besonderer Weise von dem Geschehen beeindruckt.[210] Das Miterleben der Ereignisse präge das Denken der Gleichaltrigen während der Jugendzeit: »Es ist weitgehend entscheidend für die Formierung des Bewußtseins, welche Erlebnisse als ›erste Eindrücke‹, ›Jugenderlebnisse‹ sich niederschlagen, und welche als zweite, dritte Schicht usw. hinzukommen.« Für den prägenden Einfluß einer Erfahrung sei es wichtig, »ob sie

[207] Anders dagegen Alterskohorten, die – wie bereits ausgeführt – willkürlich gebildet werden.

[208] Mannheim 1928, 552 f. Vgl. auch Esch 1994, 21 f und 223 f. Gelegentlich findet man auch Betrachtungen isolierter Geburtsjahrgänge und ihrer prägenden Eindrücke. Ein Beispiel hierfür liefert Jeske 1996, der im »Jahrgang 1937 Lebenswege« erkennt, »die in einer Zeit beispiellosen Wachstums begonnen haben«, »[g]eprägt durch die fünfziger Jahre«.

[209] Rintala 1979a, 6 faßt diese Unterscheidung zusammen: »Whatever else it may be, a political generation is not the same as a biological generation. Political generations do not suddenly ›change‹ every thirty or thirty-five years. The process of social, including political, change is continuous, and it cannot wait until political power, economic wealth, or social prestige is handed on from father to son. Generations theory has very little in common with psychological theories about fathers and sons«. Vgl. zum Begriff der »politischen Generation« grundlegend Fogt 1982; zur Rolle im politischen System exemplarisch auch Allerbeck 1977.

[210] Ryder 1965, 848 formuliert diesen Sachverhalt: »All those alive at the same time are contemporaries but they respond and contribute to social history in different ways unless they are also coevals. In particular, the potential for change is concentrated in the cohorts of young adults who are old enough to participate directly in the movements impelled by change, but not old enough to have become committed to an occupation, a residence, a family of procreation or a way of live.«

… als … entscheidende[r] Jugendeindruck oder … als ›Späterlebnis‹ verarbeitet« werde.[211] Die Zeit, zu der junge Menschen besonders empfänglich für prägende Eindrücke seien, liege um das 17. Lebensjahr. Der Prozeß der Entstehung ihres Weltbildes sei etwa im Alter von 25 Jahren abgeschlossen.[212] Die in der Jugendzeit geprägten Sichtweisen bleiben nach Mannheim auch im weiteren Leben stabil und sind weitgehend unempfindlich für spätere Erfahrungen, auch wenn diese unter Umständen einen ganz anderen, gegensätzlichen Charakter besitzen: Die »Prädominanz der ersten Eindrücke bleibt auch dann lebendig und bestimmend, wenn der ganze darauffolgende Ablauf des Lebens nichts anderes sein sollte, als ein Negieren und Abbauen des in der Jugend rezipierten ›natürlichen Weltbildes‹.«[213]

Heranwachsende Generationen werden nach Mannheim nicht ausschließlich durch herausragende gesellschaftliche und historische Einschnitte geprägt. Eine zentrale Rolle spiele auch die Tradition, das »Übertragen des ererbten Kulturgutes«. Neue Generationen wüchsen »in die ererbten Lebenshaltungen, Gefühlsgehalte, Einstellungen hinein. Die tradierten Werte einer Gesellschaft würden von jungen Menschen unbewußt übernommen, »sickern ein« und bildeten »oft die historisch älteste Schicht im Bewußtsein, die als solche die Tendenz hat, sich als natürliches Weltbild festzulegen und zu stabilisieren«.[214] Tradierte Werte und Sichtweisen bildeten eine gemeinsame Basis, die jüngere und ältere Generationen zu-

[211] Mannheim 1928, 536.

[212] Mannheim 1928, 538. Die Frage nach dem Beginn und dem Ende der prägenden Phase im Leben von Menschen wird an späterer Stelle wieder aufgegriffen. Während der Phase, in der Jugendliche besonders sensibel für prägende Eindrücke sind, entwickeln sie vermutlich auch ein Bewußtsein für die Zugehörigkeit zu ihrer Altersgruppe. Nach Ewert 1983, 43 verläuft diese Beziehung zu den Gleichaltrigen kurvilinear und beginnt bereits in sehr frühen Jahren: Sie wachse während der Grundschuljahre an und nehme nach der Vorpubertät wieder ab. Der Höhepunkt der Konformität liege bei etwa zwölf Jahren. Freundschaftsbeziehungen würden bereits vom fünften Lebensjahr an stabiler, dieser Trend halte bis zum 18. Lebensjahr an.

[213] Mannheim 1928, 537. Vgl. hierzu auch Lambert 1972, 24f: Historische Ereignisse, die während der Phase besonderer Sensibilität (zwischen 18 und 26 Jahren) stattfinden, würden als besonders wichtig erlebt. Sie trügen sehr viel zur Bildung einer Kluft zwischen den Generationen bei, vor allem dann, wenn grundlegende historische Veränderungen eintreten wie große technische Neuerungen, demographische Veränderungen oder soziale Innovationen.

[214] Mannheim 1928, 538. Carlsson, Karlsson 1970, 717 diskutieren »parental transmission« als mögliche Alternative zum Generationskonzept. Sie stellen fest, daß »a direct transmission of influence from parents to their children takes place«. Die Weitergabe von Werten durch Eltern an ihre Kinder als alleinige Einflußquelle schließen sie jedoch aus.

nächst miteinander verbinde. Der spezifische Generationsstil, den die Heranwachsenden aufgrund ihrer prägenden Erfahrungen entwickeln, stelle eine Modifikation der gemeinsamen Grundlagen dar. Der »potentiell neuartige Zugang« der jungen Generation trete in Konkurrenz zur Tradition, während »die alte Generation bei ihrer früheren Neuorientierung verharrt«. Darin sieht Mannheim eine Ursache von Spannungen, aber auch von Wechselwirkungen zwischen den Generationen.[215] Der Vollzug eines Generationswechsels sei eine kontinuierliche Entwicklung: Nicht die jeweils ältesten und jüngsten lebenden Generationen stünden sich gegenüber, sondern die benachbarten »Zwischengenerationen«, die sich gegenseitig beeinflußten.[216]

2.3.1.3 Folgerungen aus dem Konzept Mannheims

Mannheims Überlegungen besitzen eine zentrale Bedeutung für die Frage nach den Ursachen von Unterschieden im Berufsverständnis von Journalisten verschiedener Altersgruppen. Sie bieten eine Erklärung, die über den Einfluß der beruflichen Rahmenbedingungen hinausgeht. Legt man sein Konzept zugrunde, sind die Unterschiede im Selbstverständnis junger und älterer Journalisten eine Folge generationsspezifischer prägender Erfahrungen. Diese beruhen auf historischen Schlüsselereignissen und haben das Denken der Journalisten charakteristisch beeinflußt. Daraus folgt: Die Journalisten verschiedener Altersgruppen besitzen ein unterschiedliches Berufsverständnis, weil sie unterschiedlichen Generationen angehören, die sich unter dem Eindruck spezifischer historischer und gesellschaftlicher Schlüsselereignisse bildeten. Die Lebenserfahrungen, die die Journalisten dieser Generationen als Heranwach-

[215] Nach Lambert 1972, 24 muß es dabei nicht unbedingt zu einem offenen Generationskonflikt kommen. Der durch Generationswechsel verursachte Wandel erfolge aber schneller, offensichtlicher und stärker polarisierend, wenn die – unter anderem historischen – Bedingungen eine wirkliche Generationskluft erzeugt haben.

[216] Mannheim 1928, 540 distanziert sich an dieser Stelle auch explizit von der Vorstellung eines Wandels, der (nur) durch die Abfolge von Eltern und Kindern ausgelöst wird. Entscheidend seien nicht »etwa die dreißigjährigen Abstände …; alle Zwischenstufen spielen mit, wirken, wenn auch nicht aufhebend, so doch ausgleichend auf die biologische Generationsdifferenzierung der Gesellschaft ein«.
Dies ergänzt die Überlegung Ewerts 1983, 45, nach der die (gegenseitige) Orientierung an den Gleichaltrigen nicht zwangsläufig konträr zu den Ansichten der älteren Generationen erfolgen muß. Demnach muß die Abfolge von Eltern und Kindern auch nicht zu abruptem Generationswandel führen.

sende in ihren jeweiligen historischen Situationen machten, haben ihr Denken in charakteristischer Weise geprägt. Die verschiedenen beruflichen Sichtweisen in unterschiedlichen Altersgruppen geben damit den jeweiligen »Generationsstilen« innerhalb des Journalismus Ausdruck.

Zu Beginn des Abschnitts wurden einige Hinweise auf einen Generationswandel im deutschen Journalismus zusammengetragen sowie Befunde aus Befragungen referiert, die ihn empirisch belegen. Sie zeigen: Seit dem Zweiten Weltkrieg haben sich im deutschen Journalismus verschiedene Berufsauffassungen und Denkweisen entwickelt, die man im Sinne Mannheims als »Generationsstile« interpretieren kann.[217] Dabei kann man mindestens drei journalistische Generationsstile unterscheiden, die sich in drei zeitliche Phasen einordnen lassen.[218] Der erste Generationsstil zeigt sich im Selbstbild des passiven Beobachters und neutralen Vermittlers, der distanziert und zurückhaltend recherchiert. Er folgte dem Einfluß der Siegermächte des Zweiten Weltkriegs auf die Neugestaltung des deutschen Mediensystems[219] und war bis in die sechziger Jahre charakteristisch für den Berufsstand. Der zweite Generationsstil ist im missionarischen Selbstverständnis von Journalisten als engagierte Kritiker und Anwälte von Benachteiligten zu sehen. Er spielte seit den sechziger Jahren eine Rolle.[220] Der dritte Generationsstil findet Ausdruck im Bild des Journalisten, der neutraler, objektiver Vermittler ist, andererseits aber rücksichtslos recherchiert. Dieses Selbstverständnis des »Spürhundes« ist seit Mitte der achtziger Jahre zu beobachten und schlägt sich in den Befragungsergebnissen der neunziger Jahre nieder.

Aus der Unterscheidung der Generationsstile kann man auf die Abfolge mehrerer Generationen schließen, die seit 1945 im deutschen Journalismus eine Rolle spielten. Eine Generation bilden die-

[217] In einem ähnlichen Sinn sprechen Westerståhl, Johansson 1986 von »news ideologies«.

[218] Den Rückschluß von verschiedenen Denkstilen auf entsprechende (politische) Generationen diskutiert Allerbeck 1977, 121 ff.

[219] Vgl. Kepplinger 1992b. Im Gegensatz zu diesem Berufsbild stehen Befunde bei Köcher 1985, die gerade bei den ältesten Befragten ein »missionarisches« Berufsverständnis erkennen lassen. Wie einige Selbstbeschreibungen von Journalisten noch zeigen werden, ist dies als Gegenbewegung zur Medienpolitik des Dritten Reiches zu sehen, die Journalisten in ihrer Berichterstattung stark gelenkt und eingeschränkt hatte.

[220] Bucerius 1974, 135 beschreibt den am Ende der sechziger Jahre aufkommenden Generationsstil: »Wenn es je einen Aufstand der Redakteure gegen die Herrschaft der Kapitalisten-Verleger gegeben hat, dann müßte er etwa 1969 begonnen haben.«

jenigen, die bereits während des Dritten Reichs und des Zweiten Weltkriegs Journalisten waren und ihre Tätigkeit nach dem Krieg fortsetzten oder wieder aufnahmen. Sie wurden im ersten Viertel des Jahrhunderts oder früher geboren und sind während des Ersten Weltkriegs und der Weimarer Zeit aufgewachsen. Die Pressionen, denen sie während des Nationalsozialismus ausgesetzt waren, dürften für die Erwartungen und Vorstellungen beim (Wieder-) Einstieg in den Beruf nach 1945 eine erhebliche Rolle gespielt haben. Die Vertreter dieser Generation sind mittlerweile aus den Redaktionen ausgeschieden und gehören auch nicht mehr zu den Personen, die in den Journalistenbefragungen zu Beginn der neunziger Jahre berücksichtigt wurden. Eine zweite Generation bilden Journalisten, die in den ersten Jahren nach dem Kriegsende in den Beruf gingen. Sie wurden vermutlich meist vor 1933 geboren und haben ihre Jugend während des Dritten Reichs und des Zweiten Weltkriegs verbracht. Der Einfluß der Siegermächte auf die Neustrukturierung des Mediensystems dürfte ihr Selbstverständnis zumindest zeitweise geprägt und zur Entstehung des Berufsbildes vom neutralen Vermittler beigetragen haben. Eine dritte Generation sind die sogenannten »Achtundsechziger«. Sie wurden während des Krieges oder kurz danach geboren und sind in der Nachkriegszeit aufgewachsen. Die Achtundsechziger haben als Vertreter eines missionarischen Berufsverständnisses grundlegende Veränderungen im Journalismus verursacht.[221] Eine vierte Generation bilden jüngere Journalisten, die nach den Achtundsechzigern in die Redaktionen kamen. Sie wurden in den fünfziger und Anfang der sechziger Jahren geboren und haben ihre Jugend Ende der sechziger, Anfang der siebziger Jahre verbracht. Sie lösten mit ihrem beruflichen Selbstverständnis als »Spürhunde« vermutlich den erneuten Wandel im Journalismus aus, den die Befragungen der neunziger Jahre erkennen lassen.

Aufgrund der Überlegungen Mannheims kann man annehmen: Die Unterschiede im Denken dieser Generationen, vor allem ihrer Berufsauffassung, sind auf Erfahrungen zurückzuführen, die sie während ihrer Jugendzeit gemacht haben. Bei diesen Erfahrungen handelt es sich um bedeutsame historische und gesellschaftliche Einschnitte. Durch das Miterleben des Geschehens wurden die Heranwachsenden in charakteristischer Weise geprägt und entwik-

[221] Entsprechend den bis hierher genannten drei Generationen unterscheidet auch Bude 1998 »drei intellektuelle Haltungen«: »die Kälte der Weimarer Generation, die Skepsis der Flakhelfer-Generation und die Kritik der Achtundsechziger-Generation«.

kelten gemeinsame Sichtweisen – die genannten Generationsstile. Diese Überlegungen stehen im Mittelpunkt der vorliegenden Studie. Ziel der Untersuchung ist die Überprüfung der folgenden Annahme: Die generationsspezifischen Auffassungen von Journalisten wurden von ihren generationsspezifischen prägenden Lebenserfahrungen beeinflußt, die auf historischen und gesellschaftlichen Schlüsselereignissen vor allem während ihrer Jugendzeit beruhen.

2.3.2 Kollektives Gedächtnis

Die gemeinsame Erinnerung von Menschen an (Schlüssel-) Ereignisse, die sie gemeinsam erlebt haben, bezeichnet der Begriff *kollektives Gedächtnis*. Er wurde in den zwanziger Jahren von Maurice Halbwachs geprägt. Nach Halbwachs bildet das kollektive Gedächtnis einen Bezugsrahmen, den jede Gruppe den ihr angehörenden Individuen biete. Es ermögliche den Individuen, »ihre Erinnerungen zu fixieren und wiederzufinden«.[222] In diesem Sinne sei die individuelle Erinnerung Einzelner durch die kollektive Erinnerung der Gruppen, in denen sie sich bewegen, beeinflußt.[223] »Auf diese Weise partizipieren die Individuen am kollektiven Gedächtnis.«[224] Halbwachs unterscheidet das *kollektive* Gedächtnis – die Erinnerung an Geschehen, das Individuen selbst miterlebt haben, vom *historischen* Gedächtnis – der Erinnerung an Ereignisse, die nur mittelbar erfahren wurden, weil sie vor der eigenen Lebenszeit stattgefunden haben.[225] »Das historische Gedächtnis bezieht sich ... auf Großgruppen wie die Nation. Es beinhaltet Ereignisse, die in der Geschichte der Gesamtgesellschaft aufbewahrt werden.«[226] Bei Karl Mannheim ist dieser Gedanke in ähnlicher Weise zu finden. Für ihn bildet sich eine Generation dann, wenn Menschen während ihrer Jugendzeit mit gesellschaftlich bedeutsamem Geschehen konfrontiert werden, das ihr weiteres Leben prägt. Daraus kann man folgern, daß einzelne Generationen durch ein generationsspezifisches kollektives Gedächtnis – eine gemeinsame Erinnerung an die eigenen prägenden historischen Erfahrungen – charakterisiert sind. Die historische Erinnerung an weiter zurückreichendes, nicht selbst erlebtes Geschehen dürfte – so kann man

[222] Halbwachs 1925, 121; vgl. auch die Zusammenfassungen bei Schuman, Scott 1989, 361 f; Heinrich 1996, 71 f.
[223] Halbwachs 1925, 49 f.
[224] Heinrich 1996, 71; vgl. Halbwachs 1925, 20 f.
[225] Halbwachs 1950, 65.
[226] Heinrich 1996, 72.

ebenfalls aus Mannheims Konzept und Halbwachs' Definition folgern – für die Prägung der Angehörigen späterer Generationen keine Rolle spielen und ist deshalb für die vorliegende Betrachtung von untergeordneter Bedeutung.

Eine Gruppe von Autoren um den amerikanischen Soziologen Howard Schuman untersuchte in mehreren empirischen Studien das kollektive Gedächtnis von Generationen.[227] Schuman und Scott formulieren als Ziel ihrer Analysen: »In our research we focused directly on the formative events and changes that cohorts are assumed to have experienced in the past and to carry with them into the present. We ask whether there are memories that distinguish one cohort from another, and whether cohorts defined initially in arbitrary age terms can be redefined generationally by the qualitatively distinct events and changes that are currently predominant in memory.«[228] Ausgehend von Mannheims Generationskonzept nehmen die Autoren an, daß Menschen vor allem Ereignisse als eindrucksvoll erinnern, die sie als Jugendliche und junge Erwachsene miterlebten. Seltener seien Ereignisse, mit denen sie später im Leben konfrontiert wurden, in ihrem Gedächtnis als prägende Erfahrungen gespeichert. Geschehnisse, die vor der eigenen Lebenszeit stattgefunden haben, gehörten nicht zu den als einschneidend empfundenen Erinnerungen.[229]

Schuman und Scott überprüften ihre Annahmen 1985 anhand einer Telefonbefragung von 1.410 Amerikanern über 17 Jahren. Die kollektive Erinnerung an Ereignisse erhoben sie mit folgender offenen Frage: »The next questions concern how people think about the past. There have been a lot of national and world events and changes over the past 50 years – say, from about 1930 right up until today. Would you mention one or two such events or changes that seem to you to have been especially important. There aren't any right or wrong answers to the question – just whatever national or world events or changes over the past 50 years that come to mind as important to you.«[230] Die am häufigsten genannten Ereignisse waren der Zweite Weltkrieg und der Vietnamkrieg, sehr viele Befragte erinnerten auch die Ermordung Kennedys, die Bürgerrechtsbewe-

[227] Schuman, Scott 1989; Schuman, Rieger 1992; Scott, Zac 1993.

[228] Schuman, Scott 1989, 360.

[229] Vgl. Schuman, Scott 1989, 360 f.

[230] Schuman, Scott 1989, 363 (Fußnote zu Tabelle 1). Die Autoren begründen ihre Einschränkung auf »the past 50 years«: »we deliberately focus on the half century preceding our date of inquiry (1985), so that we have a period that coincides with the lives of a large part of the population, but also includes years that preceded the lives of a significant part of the sample as well.«

gung, Bedrohung durch atomare Waffen, Fortschritte im Kommunikations- und Transportwesen und die Weltwirtschaftskrise der dreißiger Jahre als einschneidendes Geschehen. Entsprechend der Annahme nannte ein Großteil der Befragten Ereignisse der eigenen Jugendzeit. Die Autoren interpretieren dies als Bestätigung von Mannheims Generationskonzept.[231]

Einige Geschehnisse, vor allem der Zweite Weltkrieg, wurden nicht nur von Zeitgenossen, sondern auch von Personen genannt, die sie selbst nicht miterleben konnten. Unter anderem zur Klärung der Bedeutung dieser Angaben fragten Schuman und Scott, *warum* die Befragten die Ereignisse jeweils für wichtig hielten.[232] Die Gründe, die im Fall des Zweites Weltkriegs genannt wurden, zeigen Unterschiede in der Wahrnehmung des Ereignisses durch die Zeitgenossen und durch jüngere Befragte, die während des Krieges noch nicht geboren waren. Die Zeitgenossen hielten den Zweiten Weltkrieg vor allem wegen ihrer eigenen Erfahrungen von Einschränkungen und physischer Bedrohung für bedeutsam. Die Befragten der Nachkriegsgenerationen hielten den Zweiten Weltkrieg für bedeutsam, weil sie ihn als Symbol eines »guten« und »siegreichen« Krieges ansahen – im Gegensatz zum Vietnamkrieg, mit dem sie selbst eigene (schlechte) Erfahrungen verbanden: »[T]he characterizations of World War II as a ›good war‹ and a ›victorious war‹ come less from the World War II generation itself than from the later Vietnam generation now in its 30s and early 40s. Thus youthful experience of an actual event or change often focuses memories on the direct personal meaning of the experience«.[233] Als Konsequenz erweitern Schuman und Scott den Begriff des kollektiven Gedächtnisses. Sie sehen darin einerseits die *Erinnerung* größerer Bevölkerungsteile (Generationen) an herausragendes Geschehen, andererseits die *Vorstellungen* vom Charakter dieses Geschehens. Die Vorstellungen der Zeitgenossen seien von den Vorstellungen später geborener Personen meist verschieden: »The difference may lie less in the content of the memory than in the degree of personal feeling that is apt to accompany events lived through, as against events learned about second-hand.«[234]

Die Studie von Schuman und Scott wurde wenige Jahre später mit anderen Schwerpunkten fortgesetzt. Schuman und Rieger un-

[231] Schuman, Scott 1989, 362–365.
[232] Die entsprechende Frage lautete: »What was it about [Ereignis] that makes it seem especially important to you?« (Schuman, Scott 1989, 371).
[233] Schuman, Scott 1989, 378.
[234] Schuman, Scott 1989, 379.

tersuchten den langfristigen Effekt prägender historischer Erfahrungen: »One obvious condition for generational effects is that a past event must have made a lasting impression on the memories of those who experienced it during their youth.«[235] Die Autoren zeigen, daß Personen, die während des Zweiten Weltkriegs geprägt worden sind, aktuelles politisches Geschehen – die Irak-Krise und den Golfkrieg 1990/91 – aus einem anderen Blickwinkel betrachten als Personen, für die der Vietnamkrieg eine einschneidende Lebenserfahrung war.[236] Scott und Zac vergleichen das kollektive Gedächtnis der amerikanischen mit dem der britischen Bevölkerung. Mit den von Schuman und Scott 1985 erhobenen Daten für Amerika vergleichen sie Ergebnisse einer Befragung, die fünf Jahre später in Großbritannien durchgeführt wurde. Sie prüfen nationale Besonderheiten sowie den Einfluß von aktuellen Ereignissen, die zwischen 1985 und 1990 geschehen sind (Niedergang des Kommunismus, Öffnung des Ostblocks, Fall der Berliner Mauer, deutsche Vereinigung).[237] Die Autoren kommen zu dem Schluß: »There are striking similarities between the recent historical memories of the British and Americans and the most frequently chosen event in both Britain and America is World War II. Most of the differences in the choices can be explained by the momentous 5 years between 1985 and 1990. […] Both the British data and the American data clearly show that, broadly speaking, different cohorts remember different events or changes that were imprinted on their memories in the early formative years of adolescence and emerging adulthood.«[238]

Für Deutschland liegen Daten von Horst-Alfred Heinrich aus dem Jahr 1995 vor. Seine Panelstudie repliziert die Untersuchung von Schuman und Scott.[239] Die an 784 Personen aus West- und Ost-

[235] Schuman, Rieger 1992, 315 f.

[236] Die Autoren prüfen die Zustimmung zu zwei Thesen, in denen die Golfkrise einerseits mit dem Dritten Reich (»Saddam Hussein of Iraq is like Adolf Hitler of Germany in the 1930s and it is important to stop him now or he will just seize one country after another.«), andererseits mit dem Vietnamkrieg (»[G]etting involved with Iraq in the Middle East is a lot like getting involved in Vietnam in the 1960s and a small commitment at first can lead to years of conflict without clear results.«) verglichen wurde (Schuman, Rieger 1992, 317). Die Unterschiede zwischen der »Kriegs-« und der »Vietnamgeneration« waren vor Ausbruch des Golfkriegs gravierender als danach: »Thus, the initiation of war increased preferences for the Hitler analogy for all cohorts, but it did not entirely eliminate its greater appeal to the older generation compared to the younger generation.« (S. 321).

[237] Vgl. Scott, Zac 1993.

[238] Scott, Zac 1993, 330.

[239] Heinrich 1996.

deutschland gerichtete Frage lautet: »In dieser Frage geht es darum, wie Leute über die Vergangenheit denken. In den letzten sechzig Jahren – etwa von 1930 bis heute – gab es eine Reihe national oder auch weltweit bedeutender Ereignisse und Veränderungen. Erinnern Sie bitte ein oder zwei solcher Ereignisse oder Veränderungen, die Ihnen persönlich als besonders bedeutsam erscheinen.«[240] Die Angaben der Befragten lassen sich mehrheitlich zwei historischen Phasen zuordnen – dem Nationalsozialismus und dem Niedergang der DDR mit der anschließenden deutschen Vereinigung. Darin sieht Heinrich »einen Unterschied zum Ergebnis aus den USA«: »Assoziierten die Befragten in den USA sieben Zeitabschnitte, wird das zeithistorische Gedächtnis in Deutschland durch eine 50 Jahre zurückliegende Epoche sowie eine Kette jüngst erfolgter Ereignisse dominiert.«[241] Die Dominanz des Nationalsozialismus erklärt der Autor mit dem »traumatisierenden« Charakter des Geschehens, das »eine gesamte Gesellschaft« erfaßt hat, »im historischen Gedächtnis gespeichert sowie an die nachfolgenden Generationen vermittelt« wird.[242] Die häufigen Angaben aktueller Ereignisse in Zusammenhang mit den Veränderungen im Ostblock und in Deutschland sind nach Ansicht Heinrichs möglicherweise »auf einen Recency-Effekt zurückzuführen«: Das Geschehen, das erst kurze Zeit zurückliege, sei »sowohl Bevölkerung als auch Medien und Politik als überraschende, das gesamte System grundlegend verändernde Entwicklung erschienen. »Insofern ist es naheliegend, dem Vorgang derzeit einen hohen historischen Stellenwert beizumessen. Das muß aber nicht heißen, daß dem Ereignis auch langfristig diese herausragende Bedeutung zugemessen wird.«[243]

Die Studien zur kollektiven Erinnerung bilden eine empirische Grundlage für die Identifizierung historischer Ereignisse, deren prägender Einfluß zur Entstehung von bestimmten Generationen beigetragen hat. Sie verweisen auf zwei Probleme, die für die vorliegende Studie relevant sind. Das erste Problem betrifft die unterschiedliche Bedeutung von Geschehen, das die Angehörigen von Generationen selbst als Zeitgenossen miterlebt haben, und von Geschehen, das vor ihrer Lebenszeit stattgefunden hat. Folgt man den Bedingungen, die Mannheim für die Bildung neuer Generationen formuliert, muß sich eine Analyse des Einflusses prägender histori-

[240] Heinrich 1996, 75. Der Text ist die wörtliche Übersetzung der von Schuman und Scott verwendeten Frage.
[241] Heinrich 1996, 78.
[242] Heinrich 1996, 89.
[243] Heinrich 1996, 81.

scher Erfahrungen von Journalisten auf Ereignisse konzentrieren, die sie selbst miterlebt haben. Was in diesem Zusammenhang *miterleben* bedeuten kann, wird noch zu diskutieren sein. Das zweite Problem betrifft kurzfristige Effekte aktueller Ereignisse, die zwar momentan einen besonders lebhaften Eindruck bei den Zeitgenossen hinterlassen, langfristig aber nicht unbedingt einen prägenden Einfluß auf ihre generationsspezifischen Sichtweisen ausüben. Ein Beispiel hierfür ist das von Scott und Zac sowie Heinrich diskutierte Geschehen des Umbruchs im Ostblock und der deutschen Vereinigung. Seine Rolle für die Erfassung der prägenden historischen Erfahrungen verschiedener Journalistengenerationen wird eingehend zu prüfen sein.

2.3.3 Kritische Lebensereignisse

Die Vorstellung, daß Menschen im Laufe ihres Lebens durch herausragendes Geschehen geprägt und in ihren Sichtweisen beeinflußt werden, findet sich auch in der Lebensverlaufforschung. Mit dem Begriff *Lebensverlaufforschung* werden Ansätze zusammengefaßt, die anhand der systematischen Betrachtung von Merkmalen individueller Lebensverläufe soziologische, historische und psychologische Fragestellungen untersuchen. Einige davon geben Hinweise auf den Einfluß prägender Lebenserfahrungen. Die Lebensverlaufforschung führt »Individual-..., kollektive Lebens-... und Gesellschaftsgeschichte« zusammen[244] und untersucht Wechselwirkungen zwischen »individuelle[n] Lebenslagen und Lebensereignisse[n] sowie gesamtgesellschaftliche[n] Prozesse[n]«.[245] *Lebensverlauf* bezeichnet die »objektive Ereignisgeschichte von Individuen«, die von »subjektiv gedeuteter Lebensgeschichte« in biographischen Einzelfallbetrachtungen zu unterscheiden ist.[246] Der individuelle Lebensverlauf wird als »Abfolge von Aktivitäten und Ereignissen in verschiedenen Lebensbereichen und ... institutionalisierten Handlungsfeldern« betrachtet. Die Analyse individueller Lebensverläufe dient der »Untersuchung sozialer Prozesse, die sich über den gesamten Lebensverlauf oder wesentliche Teile davon erstrekken, insbesondere die Familien- und Haushaltsgeschichte, Bil-

[244] Mayer 1990, 8.
[245] Mayer 1990, 9; vgl. auch Bertaux 1982, 130.
[246] Mayer 1990, 8, Fußnote 4. Kohli 1985, 3 behandelt das »Verhältnis von Lebenslauf als institutionellem Programm und Biographie als subjektiver Konstruktion«. Vgl. dort auch S. 20–22.

dungs- und Ausbildungswege, Erwerbs- und Berufskarrieren, Wohnungs- und Wohnortsverläufe und Wanderungen. Solche Prozesse werden … im Kontext institutionellen Wandels und historischer Sonderbedingungen betrachtet.«[247] Dies ist möglich, da »Individuen … einerseits anhand ihres Geburtsjahres im Zeitgeschehen ›lokalisiert‹« sind, »und andererseits im Lebensverlauf die soziale Bedeutung des Alters … untersucht« wird.[248]

Die Voraussetzung für die Analyse von Lebensverläufen sind Datenquellen, die über längere Zeiträume Informationen auf Individualdatenniveau liefern. Dazu gehören Panelbefragungen der Personen, deren Lebensverläufe im Mittelpunkt stehen,[249] oder von Personen ihres Umfeldes (Eltern, Partner, Kollegen usw.). Dazu gehören auch einmalige Intensivbefragungen, in denen die Individuen ihre Lebensgeschichte »nacherzählen«.[250] Ergänzende Informationen werden persönlichen (Briefe, Tagebücher) oder amtlichen Dokumenten (Taufbücher, standesamtliche Eintragungen) und Statistiken entnommen.[251] Untersuchungen zur Lebensverlaufforschung beschäftigen sich – grob vereinfacht – mit drei Arten von Fragestellungen, die man als soziologisch, historisch und psychologisch charakterisieren kann.[252] Studien mit *soziologischem* Schwerpunkt stellen soziale Strukturen und Wandlungsprozesse in den Mittelpunkt: die Sozialisation von Jugendlichen und Erwachsenen, die Bedeutung bestimmter Lebensphasen (Jugend, Alter) in der Gesellschaft, Familienstrukturen, Arbeitsbedingungen und -karrieren.[253] Typi-

[247] Mayer 1990, 9.

[248] Elder, Caspi 1990, 22. Vgl. hierzu auch Kohli 1985, der die »Institutionalisierung des Lebenslaufs« unter verschiedenen Aspeken betrachtet.

[249] Elder, Caspi 1990, 24.

[250] Bertaux, Kohli 1984 sprechen in diesem Zusammenhang von »Life Story Approach«. Vgl. zum Beispiel Bertaux 1982, der auf diese Weise die Lebensgeschichten von circa 100 Bäckern und Bäckereiangestellten erhoben hat, um Aufschluß über ihre Arbeitsweisen und beruflichen Karrieren zu erhalten. Bertaux nennt »social mobility« als zentrales Forschungsinteresse seiner Studien.

[251] So etwa bei historisch weit zurückreichenden Studien, die keine persönliche Befragung der Personen mehr zulassen. Vgl. Bertaux, Kohli 1984, 216.

[252] Diese stark vereinfachte Betrachtung ist nur eine von mehreren Möglichkeiten zur Strukturierung des Forschungsgebietes. So nehmen Bertaux, Kohli 1984 oder Ecarius 1996 eine grundlegende Unterscheidung zwischen amerikanischer und europäischer Tradition vor. Ecarius differenziert beide Bereiche sehr detailliert. Die hier vorgenommene Unterscheidung von soziologischen, historischen und psychologischen Fragestellungen ist am Gegenstand der vorliegenden Untersuchung orientiert und entspricht der Darstellung bei Elder 1980, 4.

[253] Vgl. zusammenfassend Kohli 1982; Elder, Caspi 1990, 24; Mayer 1990, 7, 9. Kohli 1982, 302 spricht vom »Lebenslauf als sozial geregelte[r] Veränderung der Lebensverhältnisse«.

sche »Teildisziplinen der Soziologie«, in denen die Lebensverlaufforschung Anwendung findet, sind »die Familiensoziologie, die Raumsoziologie und die soziale Ungleichheitsforschung«.[254] In vielen Fällen arbeiten die Autoren der Untersuchungen mit Vergleichen der Lebensverläufe mehrerer Alterskohorten und schließen aus Gemeinsamkeiten und Unterschieden auf soziale Wandlungsprozesse.[255] Prozesse sozialen Wandels werden häufig unter einer *historischen* Perspektive betrachtet. Im Mittelpunkt steht die Frage, welchen Einfluß die spezifischen Bedingungen bestimmter historischer Situationen auf die jeweiligen Lebensumstände und -verläufe der Zeitgenossen besaßen. Manche Studien gehen in die weitere Vergangenheit früherer Jahrhunderte zurück,[256] andere betrachten näherliegende zeitgeschichtliche Ereignisse.[257]

Ein dritter Anwendungsbereich der Lebensverlaufforschung beschäftigt sich mit *psychologischen* Fragestellungen. Im Mittelpunkt stehen einerseits Entwicklungsbedingungen, die im Laufe der Kindheit, des Erwachsenwerdens und -seins eine Rolle spielen,[258] andererseits sogenannte »kritische Lebensereignisse«.[259] Der zuletzt genannte Bereich ist für die hier behandelte Thematik besonders interessant. Als »kritische Lebensereignisse« bezeichnet man Geschehen mit Wendepunktcharakter im Leben von Individuen. Sigrun-Heide Filipp definiert ein kritisches Lebensereignis als »raumzeitliche, punktuelle Verdichtung eines Geschehensablaufs innerhalb und außerhalb der Person«, die dazu führt, daß die »Kongruenz zwischen Person und Umwelt ein Mindestmaß unterschreitet und die Neuorganisation des Person-Umwelt-Gefüges erforderlich macht.« In diesem Sinne könne »der Verlust religiöser Überzeugungen … gleichermaßen ein kritisches Lebensereignis darstellen wie der Verlust eines nahen Angehörigen.« Kritische Lebensereignisse seien von »affektiven Reaktionen begleitet … die Tatsache ihrer emotionalen Nicht-Gleichgültigkeit läßt kritische Lebensereignisse in dem Strom von Erfahrungen und Einzelereig-

[254] Ecarius 1996, 56 f.

[255] Vgl. exemplarisch Elder 1975; Attias-Donfut 1978; Müller 1978; Labouvie-Vief 1982; Kudera 1985. Vgl. auch den Literaturüberblick bei Kohli 1986.

[256] Vgl. zusammenfassend und zum methodischen Zugriff Ecarius 1996, 70–81, auch (knapp) Bertaux, Kohli 1984, 220. Exemplarisch sind die Studien von Tamara K. Hareven, die Familienstrukturen ins 19. Jahrhundert, zum Teil auch weiter zurück verfolgt und mit der gegenwärtigen Situation vergleicht (Hareven 1977; 1982).

[257] So etwa die differenzierte Studie von Elder 1980.

[258] Vgl. hierzu zusammenfassend Ecarius 1996, 63–65.

[259] Vgl. Ecarius 1996, 63–68; ausführlicher Filipp 1990a; auch Wendt 1997, 386–392.

nissen, wie er jedes Leben kennzeichnet, als prägnant und herausragend erscheinen.«[260] In ähnlicher Weise erklären Elder und Caspi individuellen »Wandel … durch die Tatsache …, daß zu bestimmten Zeiten im Leben eines Menschen ein … Ereignis eintritt, das in den Entwicklungsprozeß eingreift, anstatt eine etablierte Verhaltensweise im Umgang mit der Welt zu verstärken.«[261] Die Autoren sehen in solchen Ereignissen »Schlüssel-Wendepunkte im Lebensverlauf«. Sie heben besonders »drei Lebensumschwünge« als »potentielle Wendepunkte« hervor, »in denen der Lebensverlauf umgestaltet wird: die erste Ehe, der Eintritt ins College und der Eintritt in den Militärdienst«.[262]

Die Beispiele aus verschiedenen Disziplinen lassen erkennen, daß mit dem Begriff *kritisches Lebensereignis* vielfältige Geschehnisse mit unterschiedlichen Merkmalen bezeichnet werden.[263] Kritische Lebensereignisse können negativ (persönliche Niederlagen, Verluste) oder positiv sein (Glücksmomente, Erfolge).[264] Sie können erwartet, vorhersehbar (Berufseintritt, Heirat) oder nicht vorhersehbar, unerwartet sein (Unfälle, Erkrankungen).[265] Sie können erwünscht (Heirat, Berufsentscheidung) oder unerwünscht sein (Unglücke, Entlassung). Sie können der Kontrolle des Individuums unterliegen (Wohnungswechsel) oder unkontrollierbar sein (Verbrechen). Kritische Lebensereignisse können an bestimmte Lebensphasen gebunden (Pubertät, Einschulung) oder in jedem Lebensalter möglich sein (Erkrankungen, Unglücke). Sie können mit hoher Sicherheit bei allen oder fast allen Menschen eintreten (Tod, Pubertät) oder nur bei manchen Personen bzw. unter bestimmten Umständen (Arbeitslosigkeit, Krankheiten, Scheidung).[266]

Untersuchungen über kritische Lebensereignisse beschäftigen sich mit ihrer Abfolge im Lebensverlauf und ihrer Rolle bei der persönlichen Entwicklung von Menschen.[267] Sie identifizieren Einflüs-

[260] Filipp 1990b, 24.
[261] Elder, Caspi 1990, 47; vgl. auch Hultsch, Cornelius 1990, 74 f.
[262] Elder, Caspi 1990, 48.
[263] Vgl. zu den folgenden Unterscheidungen die Darstellung bei Filipp 1990b, 24–36.
[264] Filipp 1990b, 24 f. bemerkt dazu: »Wesentlich hierbei ist nun, daß die affektiven Reaktionen im Umfeld kritischer Lebensereignisse nicht zwangsläufig negativer Qualität sein müssen, wie es der Zusatz ›kritisch‹ im Alltagsverständnis nahelegt.«
[265] Vgl. auch die Beispiele bei Ecarius 1996, 65.
[266] Vgl. zu den Unterscheidungsmerkmalen kritischer Lebensereignisse auch Brim, Ryff 1980, 373–379; Danish, Smyker, Nowak 1980, 342–345.
[267] So beispielsweise Hogan 1978; Hultsch, Plemons 1979; Thomae 1979; Levinson 1981.

se kritischer Lebensereignisse zum Beispiel auf Lebenserfolg, Lebenszufriedenheit oder Wohlbefinden.[268] Dabei steht auch die Dauer ihrer Wirksamkeit im Mittelpunkt.[269] Nach Jutta Ecarius ist »Ergebnis solcher Studien ..., daß jüngere Menschen mit einer größeren Zahl von Lebensereignissen konfrontiert sind als ältere Menschen, gleichzeitig aber die Streßbelastung mit steigendem Alter zunimmt ... In ... Befragungen nennen Männer mehr berufsbezogene Lebensereignisse und Konfrontationen mit gesetzlichen Bestimmungen. Frauen hingegen nennen mehr Ereignisse aus dem zwischenmenschlichen Bereich«.[270] Einen besonderen Einfluß besitzen negative Erfahrungen, die auch einen Schwerpunkt der Lebensereignisforschung bilden.[271]

Untersuchungen zur Rolle von kritischen Lebensereignissen – meist Befragungen – arbeiten mit Ereignislisten, die eine Vielzahl von Erfahrungen enthalten.[272] Die Befragten sollen aus diesen Listen eigene Erfahrungen identifizieren bzw. die prägenden Eindrücke auswählen. Ein großer Teil der Vorgaben umfaßt Lebensereignisse im persönlichen und privaten sowie beruflichen Bereich. In einigen Fällen werden auch Eindrücke berücksichtigt, die das politische und gesellschaftliche Geschehen im engeren und weiteren Umfeld des eigenen Lebens hinterläßt.[273] Nach Ansicht von Sigrun-Heide Filipp »gilt es« bei der Betrachtung kritischer Lebensereignisse auch »die Effekte der Kohortenzugehörigkeit und der historischen Zeit zu beachten«, denn einige »Arten von Ereignissen treffen zu einer gegebenen historischen Zeit erstmals oder einmalig auf Menschen (z.B. Unfälle in Kernkraftwerken)«.[274] Karl Ulrich Mayer unterscheidet »biographische Aspekte des Lebensverlaufs«, die »universale Aspekte des Handelns« sind, von »historisch variable[n]« Lebensereignissen.[275]

Für die vorliegende Untersuchung kann man aus der Lebensereignisforschung folgern: Die Analyse des prägenden Einflusses

[268] Vgl. exemplarisch Meulemann 1991; Smith 1992.
[269] Vgl. etwa Costa, McCrae 1980; Block 1981.
[270] Ecarius 1996, 66.
[271] Smith 1992, 354.
[272] Vgl. Ecarius 1996, 65. Beispiele für eine solche Liste kritischer Lebensereignisse enthalten Brim, Ryff 1980, 375; Danish, Smyer, Nowak 1980, 346f; Krech, Crutchfield, Livson, Wilson, Parducci 1985a, 65; Smith 1992, 360f.
[273] Solche verschiedenartigen Erfahrungen zählt Rosow 1978, 66 beispielhaft auf: »... social/historical affairs, such as the Civil War, great depression, Hiroshima bomb, or Watergate, or else personal/life-stage events, such as marriage, parenthood or retirement ...«.
[274] Filipp 1990c, 318.
[275] Mayer 1990, 11.

generationsspezifischer Erfahrungen von Journalisten muß nicht ausschließlich auf historische Eindrücke beschränkt bleiben. Außer zeitgeschichtlichem Geschehen wirken auch die als »universal« bezeichneten Lebenserfahrungen – »Erlebnisse« – im persönlichen, privaten oder beruflichen Bereich auf Menschen ein. Sie müssen in angemessener Weise berücksichtigt werden. Da die vorliegende Studie auf die Berufsgruppe der Journalisten konzentriert ist, bieten sich beispielsweise berufliche Eindrücke für eine vergleichende Betrachtung an: Ein Vergleich des Einflusses historisch bedingter und beruflicher Lebensereignisse kann Aufschluß über die relative Bedeutung des zeitgeschichtlichen Geschehens geben. Die Unterscheidung zwischen historisch bedingten und individuell-persönlichen Lebensereignissen erfordert eine Präzisierung dieser Begriffe und ihrer Inhalte. Deshalb werden im folgenden zentrale Merkmale historischer Ereignisse zusammengestellt und individuelle Erlebnisse – unter anderem in ihrem Verhältnis zu historischem Geschehen – charakterisiert.

2.3.4 Prägende Erfahrungen: Historische Ereignisse und individuelle Erlebnisse

2.3.4.1 Historische Ereignisse

Historische Ereignisse sind »wahre Ereignisse« in der Vergangenheit, »deren Akteur der Mensch ist«.[276] Je nachdem wie weit ein Ereignis zurückliegt, kann man es den in der Geschichtswissenschaft üblichen Epochen wie Altertum, Mittelalter oder Neuzeit zuordnen.[277] Historische Ereignisse, die für einen bestimmten Zeitraum aktuell bedeutsam sind oder waren, werden mit dem Begriff *Zeitgeschichte* bezeichnet. Ereignisse, die während der eigenen Le-

[276] Veyne 1990, 10. Für den Autor ist das »historische Feld … vollständig unbestimmt, mit einer Einschränkung: Alles, was sich darin befindet, muß wirklich stattgefunden haben.« (S. 21). Tuchmann 1989, 33 definiert Geschichte als »Gesamtheit der vergangenen Ereignisse, von denen wir Kenntnis haben«. Nach Vossler 1983, 17f schließt *historisch* ein, daß die so bezeichneten Ereignisse tatsächlich stattgefunden haben, also wahr sind. Dementsprechend seien sie auch verifizierbar und belegbar. Ereignisse in historischen Romanen oder anderen literarischen Stilformen, die so wie dargestellt hätten ablaufen können, also in diesem Sinne authentisch sind, stellen kein *wahres* historisches Geschehen dar. Sie werden aus der vorliegenden Betrachtung ausgeklammert. Vgl. dazu Waters 1955, 264–267.

[277] Vgl. zur Problematik historischer Periodisierung Esch 1994, 9–38.

benszeit stattgefunden haben, kann man *zeitgenössisch* nennen.[278] Historische Ereignisse im weitesten Sinne umfassen alles Geschehen, das jemals passiert ist, die gesamte sogenannte Real- bzw. Universalgeschichte.[279] Paul Veyne beschreibt diesen Sachverhalt: »Je mehr sich der Horizont möglicher Ereignisse vor unseren Augen erweitert, desto unbegrenzter erscheint er: Im Prinzip ist alles, woraus sich das Alltagsleben aller Menschen zusammensetzte, eingeschlossen das, was sich nur von einem Tagebuchvirtuosen beobachten läßt, Jagdbeute für den Historiker.«[280] Historische Ereignisse im engeren Sinne sind Geschehnisse von großer Bedeutung. *Historisch* bezeichnet hierbei nicht nur den in der Vergangenheit liegenden Ereigniszeitpunkt, sondern auch den herausragenden und weitreichenden Charakter von Ereignissen. Nach diesem Verständnis bildet historisches Geschehen einen auf wenige Ereignisse reduzierten Ausschnitt aus der gesamten Realgeschichte.[281] Dabei sind theoretisch zwei Aspekte zu unterscheiden: die Relevanz historischer Ereignisse und die Reichweite dieser Relevanz.

Ein historisches Ereignis ist ein wichtiges Ereignis. Es »hebt sich ab von einem Hintergrund des Gleichförmigen«.[282] Es unterscheidet sich vom übrigen Geschehen seiner Zeit, ragt aus diesem heraus. Ein historisches Ereignis kann durch verschiedene Eigenschaften vor anderen ausgezeichnet sein: dadurch daß es besonders überraschend und unerwartet geschehen ist (Katastrophen, Attentate), daß es eine Ausnahmesituation bedeutet (Krisen, Kriege), daß es besonders einschneidende Veränderungen hervorgerufen

[278] Vgl. zum Begriff der Zeitgeschichte ausführlich Schulz 1992; auch Le Goff 1992, 27f. Nach Le Goff kann man auch von »Gegenwartsgeschichte« sprechen, wenn mit Zeitgeschichte »die jüngste Vergangenheit, d. h. die historische Gegenwart« gemeint ist (S. 28).
Gelegentlich werden die Attribute *zeitgeschichtlich* und *zeitgenössisch* auch synonym gebraucht. So definiert Möller 1992 Zeitgeschichte als »Geschichte der Zeitgenossenschaft«. Dabei handele es sich um »die Zeit …, für die es noch miterlebende Zeitgenossen gibt«.

[279] Vgl. Vossler 1983, 9. Vossler definiert Realgeschichte als »alles, was einmal geschehen ist, … das ungeteilte Ganze«. Es handele sich um »Universalgeschichte im genauesten Sinne, nicht ausgeschnitten und zerstückelt, sondern einig und unendlich groß«. Schulz 1992, 66 definiert: »Universalgeschichte meint das verfügbare gesamthistorische Wissen als Voraussetzung der Analyse und Synthese historischer Probleme«.

[280] Veyne 1990, 28. Nach Hoffmeister 1955, 261 ist »Geschichte … das, was geschehen ist und geschieht, auch das, was einem geschieht, widerfährt und begegnet ist, und was man anderem widerfahren läßt.«

[281] Vgl. zum Verhältnis von umfassender Realgeschichte und einzelnen herausragenden, historisch bedeutsamen Ereignissen Vossler 1983, 9–11.

[282] Veyne 1990, 15.

hat (politische Umstürze, Revolutionen, deutsche Vereinigung), oder daß ein besonders großer Schaden oder Nutzen entstanden ist (Naturkatastrophen, wirtschaftliche Zusammenbrüche, wissenschaftliche Entdeckungen). Wie die Beispiele zeigen, bilden die *Folgen* von Ereignissen einen zentralen Indikator für ihre Bedeutsamkeit: Historisches Geschehen besitzt Konsequenzen, es löst Veränderungen aus, die lange andauern und einen weiten Kreis von Personen betreffen können.[283] Historische Ereignisse sind demnach bedeutsame Ereignisse von großer Reichweite. Das Geschehen und seine Folgen sind nicht auf Einzelpersonen und ihren privaten Bereich beschränkt. Sie besitzen vielmehr eine *überindividuelle* Reichweite, die politische, wirtschaftliche oder soziale Systeme als ganze betrifft.

Ereignissen wird ihre Historizität in der Regel ex post facto zugeschrieben. Sie werden von Historikern, Politikern oder Vertretern anderer Lebensbereiche als historisch definiert. Die Grundlage dafür bilden einerseits Merkmale der Ereignisse selbst, zum Beispiel das Ausmaß ihrer Folgen. Eine zentrale Quelle für die Einordnung von Ereignissen und ihren Folgen sind historische Dokumente.[284] Eine zweite Grundlage bilden die Maßstäbe derjenigen, die über die Historizität des Geschehens entscheiden. Ein und dasselbe Ereignis kann in den Augen von Betrachtern mit unterschiedlichen politischen, weltanschaulichen oder wissenschaftlichen Standpunkten unterschiedlich große Relevanz besitzen – und muß demnach nicht zwangsläufig als historisch bedeutsam angesehen werden.[285] Ein Beispiel hierfür sind Ereignisse, die durch Gedenktage in totalitären Regimes als historisches Geschehen herausgehoben werden, diese Bedeutung aber nach Beendigung des Regimes wieder

[283] Schaeffler 1991, 6 definiert Geschichte als »Abfolge von Veränderungen menschlicher Lebensverhältnisse, sofern sie für uns durch Interpretation von Zeugnissen rekonstruierbar wird«. Nach Assmann 1992, 42f blendet Geschichte »wandlungslose Zeiten als ›leere‹ Intervalle aus ihrem Tableau und läßt nur das als historisches Faktum gelten, was als Prozeß oder Ereignis Veränderung anzeigt«. Diesen Charakter illustrieren Formulierungen von Buchtiteln wie »Wendezeiten der Geschichte« (Bracher 1992) »Marksteine der deutschen Zeitgeschichte« (Wucher 1991) oder »Schicksalstage« (Wein 1994).

[284] Schaeffler 1991, 7 weist darauf hin, daß die »Hinterlegung von Dokumenten … ein unentbehrliches Mittel historischer Wirksamkeit« sei.

[285] Jeismann 1981, 48 erwähnt die »politische Funktionalität von Geschichtsdeutung«. Es bestehe eine enge »Verbindung von Geschichtsvorstellung und Geschichtsbild«. So seien auch die »großen wissenschaftlichen Kontroversen … nicht ohne politische Grundmotivation zu denken«. Ein Beispiel für die vom Geschichtsbild abhängige Geschichtsvorstellung bildet die Abhandlung von Jegorow 1992. Vgl. dazu Gnauck 1992.

verlieren.[286] In diesem Sinne bemerkt Veyne, »daß sich Ereignisse, die für uns ein Anrecht auf Geschichte haben, von anderen durch den Wert unterscheiden, den wir ihnen beilegen«. Die Wichtigkeit historischer Ereignisse hänge »ganz von den Kriterien ab, die der einzelne Historiker wählt: sie hat keine absolute Größe«.[287]

Die Historizität von Ereignissen kann unterschiedlich dokumentiert sein: Historische Ereignisse sind in Lehrbüchern und Nachschlagewerken verzeichnet. Denkmäler erinnern an herausragende Personen oder Ereignisse, Gedenktage an Geschehen, das eine bestimmte – meist »runde« – Zeitspanne zurückliegt, zum Beispiel der 50. Jahrestag der Machtergreifung Hitlers, der 50. Jahrestag des Kriegsendes oder das 40jährige Gründungsjubiläum der Bundesrepublik Deutschland.[288] In besonderen Fällen wird historisches Geschehen auch durch fest eingerichtete Feiertage hervorgehoben. Beispiele hierfür sind der 17. Juni, der bis 1990 ein gesetzlicher Feiertag war und an die Niederschlagung des Volksaufstandes in der DDR 1953 erinnerte, oder der 3. Oktober zur Erinnerung an die (Wieder-) Vereinigung Deutschlands 1990. Mit der Aufhebung formal festgelegter Feiertage ist nicht zwangsläufig eine Abwertung historischer Ereignisse oder die Feststellung verbunden, ein Ereignis sei nicht (mehr) als historisch zu betrachten. Der 17. Juni 1953 bleibt ein einschneidendes Datum der deutschen Nachkriegsgeschichte, auch wenn der Feiertag durch den 3. Oktober abgelöst worden ist. Chroniken, Denkmäler, Gedenk- oder Feiertage verweisen auf ein weiteres Merkmal historischer Ereignisse: Sie werden der Nachwelt überliefert, ihre herausragende Bedeutung wird tradiert.[289]

Der Ablauf und die Folgen historischer Ereignisse stellen Fakten dar. Die Dokumentation, Bewertung und Vermittlung dieser Fakten sind Gegenstand der Geschichtsschreibung.[290] Nach Veyne be-

[286] Ein Beispiel ist der Geburtstag Adolf Hitlers am 20. April, der in der Zeit des Nationalsozialismus den Status eines Feiertages besaß. Vgl. dazu Wehler 1995, 223.

[287] Veyne 1990, 46f und 25. Ähnliches findet sich bei Waters 1955, 253. Er zeigt, daß die Bewertung historischer Dokumente erheblich von den Maßstäben der Wissenschaftler abhängt: »Ultimately, the historian's evaluation of a document is the mere measure of his own judgment.«

[288] Vgl. Boockmann 1981; Wehler 1995, 215–232. Ein Beispiel für das Gedenken anläßlich solcher Jahrestage ist Kohl 1989.

[289] Nach Le Goff 1992, 29 »bezieht« »das historische Gedächtnis einer Gesellschaft seine Vorgaben aus Tradition und Unterricht«.

[290] Schulz 1992, 4 beschreibt diese Aufgabe: »Der Historiker versucht, die der Gegenwart ungenau oder nicht bekannte, vergangene fremde Wirklichkeit zu vergegenwärtigen, dem Verständnis nahezubringen, d. h. in konkreten Formen

steht die »erste Aufgabe des Historikers ... darin, die Wahrheit festzustellen. Die zweite, die Fabel verständlich zu machen«.[291] Historiker diskutieren die Frage, inwieweit historische Ereignisse überhaupt objektiv erkannt und beschrieben werden können.[292] Sie bleibt hier unberücksichtigt, da es in der vorliegenden Studie nicht um die Identifikation historischer Fakten geht, sondern um den Einfluß des Miterlebens historischer Ereignisse auf generationsspezifische Sichtweisen. Das faktische Geschehen historischer Ereignisse ist zu unterscheiden von seiner Wahrnehmung durch diejenigen, die es selbst miterlebten bzw. an die es tradiert worden ist:[293] Das was – möglicherweise intersubjektiv feststellbar – geschehen ist, wird von jedem Einzelnen individuell wahrgenommen,[294] er ist bzw. fühlt sich von den Ereignissen oder ihren Folgen unter Umständen persönlich betroffen: »Zur Geschichte gehört, daß die Veränderungen, die sie enthält, die *Bedingungen* mitbetreffen, unter denen Menschen leben.«[295] Jeder Einzelne kann ein historisches Ereignis für gesellschaftlich bzw. politisch bedeutsam halten – und sich damit dem allgemeinen Konsens bzw. dem Urteil der Historiker anschließen. Er kann es aber auch als unbedeutend betrachten – und

und Ausdrucksweisen zu begreifen und darstellend vor Augen zu führen.« Nach Schümer 1995, 2 ist »[d]er Kern aller wissenschaftlichen, optischen, poetischen Historiographie ... das Erzählen«.

291 Veyne 1990, 151. Gall 1993 faßt das Verständnis des Historikers Thomas Nipperdey von Geschichtswissenschaft zusammen. Ihre Aufgabe »sei es ..., die jeweilige Gegenwart gewissermaßen über ihre Bedingungen aufzuklären, eine ... ›Begegnung zwischen Vergangenheit und Gegenwart‹ herbeizuführen«.

292 Zur Problematik der Objektivität in der Geschichtsschreibung vgl. Junker, Reisinger 1974. Tuchmann 1989, 32 stellt in diesem Zusammenhang zwei alternative Sichtweisen gegenüber: die Auffassung, »daß Ereignisse der Vergangenheit nicht unabhängig vom Historiker existieren können, weil wir ohne den Historiker nichts von ihnen wissen würden« einerseits und ihre eigene Sichtweise, daß es »unabhängig vom Historiker existierende historische Tatsachen« gibt, andererseits. Vgl. auch Esch 1994, 39–69; Le Goff 1992, 21.

293 Waters 1955, 256 spricht in diesem Zusammenhang von der »double meaning of history«. Er unterscheidet »the sequence of events in time and our knowledge in the past«.

294 Dies beschrieb bereits 1752 der Philosoph Johann Martin Chladenius. Er unterschied das faktische Geschehen einerseits – »Die Begebenheiten, und mithin auch die Geschichte, sind Veränderungen derer wirklichen Dinge; und könnten also vorgehen, wenn auch gleich keine Zuschauer dabei wären.« – sowie die subjektive Wahrnehmung des Geschehens andererseits: »Nun betrachtet jeder die Sache nach seiner besondern Verbindung, die er vor sich mit derselben hat: folglich richtet sich die Vorstellung oder das Anschauen der Geschichte nach jedes Zuschauers seinem Stande, dergestalt, daß sein Stand daran schuld ist, daß der eine dieses, der andere jenes wahrnimmt, daß er die Sache auf dieser, der andere auf jener Seite betrachtet.« (S. 13).

295 Schaeffler 1991, 6. Hervorhebung im Original.

damit vom allgemeinen Konsens bzw. dem Expertenurteil abweichen. Davon unabhängig kann jeder Einzelne ein historisches Ereignis als einflußreich für sein eigenes Leben oder Denken ansehen – aber auch als Faktum, das für die eigene Person bedeutungslos ist. In der Regel »nähert sich« dabei »die individuelle an die kollektive Erinnerung an.«[296]

Die Wahrnehmung von und die Erinnerung an historische Ereignisse kann man als *historisches Bewußtsein* bezeichnen.[297] Jacques Le Goff definiert Erinnerung als »Fähigkeit, bestimmte Informationen zu bewahren«.[298] Die Art und Weise der Bewahrung und Weitergabe von Informationen hänge von verschiedenen Bedingungen ab, unter anderem dem technischen und kulturellen Entwicklungsstand einer Gesellschaft.[299] Richard Koebner unterscheidet »zwei Grundelemente« des historischen Bewußtseins, die er als »empirischen« und »spekulativen Faktor« bezeichnete: »Die empirische Seite des historischen Bewußtseins … ist die Mannigfaltigkeit von großen Ereignissen und Veränderungen im Völkerleben, die im Gedächtnis der Allgemeinheit haften bleiben. Das sind für die Menschen der Gegenwart und für die mancher früherer Epochen vor allem die Katastrophen, die ihr Bild verändert haben. Es ist daneben das Erlebnis großer einzelner politischer Erfolge und materieller Fortschritte. Es ist schließlich das Erlebnis lang anhaltender nationaler, sozialer und religiöser Konflikte. Die Mitlebenden vererben das Bild dieser Umschwünge und Kämpfe auf die kommende Generation.«[300] Der »empirische Faktor« Koebners umfaßt den gesellschaftlichen Konsens über die allgemeine Bedeutung historischer Ereignisse, der an die Nachwelt weitergegeben wird und im historischen Gedächtnis verbleibt. Davon unterscheidet der Autor das subjektive Erleben des Einzelnen, der für sich persönlich Konsequenzen aus dem Geschehen zieht: »Der zweite Faktor des historischen Bewußtseins, sein spekulatives Element, läßt sich bezeichnen als der spontane Drang des Einzelnen, sein Schicksal und seine Aufgaben im Zusammenhang mit Schicksalen und Zielsetzungen

[296] Le Goff 1992, 29. Deshalb gehe der individuelle Zeithorizont auch weit über die Dauer des eigenen Lebens hinaus. Auch Assmann 1992, 36 f weist darauf hin, daß individuelles Erinnern sich immer im Kontext des kollektiven Gedächtnisses vollziehe.

[297] Vgl. zum Begriff *Geschichtsbewußtsein* exemplarisch Jansen 1990.

[298] Le Goff 1992, 83. Nach Assmann 1992, 31 f wird »[i]n der Erinnerung … Vergangenheit rekonstruiert«. Für die Erinnerung gebe es zwei Voraussetzungen: das Vorhandensein von Zeugnissen und eine charakteristische Differenz des Vergangenen zum »Heute«.

[299] Vgl. dazu ausführlich Le Goff 1992, 91–136.

[300] Koebner 1990, 279.

zu begreifen, von denen der Gang der Menschheit durch die Zeit im Ganzen beherrscht ist.«[301] Jeder Einzelne steht zu historischen Ereignissen in einer ganz bestimmten Beziehung. Diese Beziehung hängt von der zeitlichen Nähe zum Geschehen einerseits und von der individuellen Betroffenheit bzw. persönlichen Nähe dazu andererseits ab.

Historische Ereignisse haben zu bestimmten, meist genau angebbaren Zeitpunkten stattgefunden. Gelegentlich erstreckt sich historisches Geschehen über einen längeren Zeitraum, dessen Beginn und Ende in der Regel bekannt sind. Ein Beispiel hierfür ist ein Krieg, der über mehrere Jahre andauert. Dieses Beispiel verweist auf ein zentrales Problem historischer Betrachtung – die Eingrenzung von Ereignissen. Je nach Verständnis und Definition des Begriffs *Ereignis* bestehen historische Situationen für den Betrachter aus einer mehr oder weniger großen Zahl einzelner historischer Ereignisse: »Die Ereignisse sind keine Dinge, keine festen Gegenstände oder Substanzen; vielmehr sind sie das Resultat unserer Zerlegung und Einteilung der Wirklichkeit, ein Aggregat von Prozessen, in denen interagierende Substanzen – Menschen und Dinge – Wirkungen hervorbringen und erleiden. Die Ereignisse haben keine natürliche Einheit«.[302] Schuman und Scott illustrieren dies in ihrer Studie zum kollektiven Gedächtnis von Generationen anhand des Zweiten Weltkriegs: »Even a well-demarcated ›event‹ such as World War II consisted of a complex series of more specific events (the attack on Pearl Harbor, the invasion of North Africa, the surrender of Germany, etc.), and the placement of these under the label ›World War II‹ is an act of conceptualization, since historical reality is an undivided stream.«[303] Das Problem der Ein- und Abgrenzung von historischen Ereignissen wird aus der vorliegenden Betrachtung ausgeklammert. Die historischen Ereignisse, die für die weitere Analyse ausgewählt werden, werden entsprechend dem Alltagsverständnis des Geschehens eingegrenzt.[304]

[301] Koebner 1990, 279.
[302] Veyne 1990, 40. Vgl. in diesem Zusammenhang analog die Ausführungen von Staab 1990, 100–106 zur Eingrenzung von Ereignissen in der Nachrichtenwerttheorie.
[303] Schuman, Scott 1989, 364.
[304] Vgl. die Hinweise von Staab 1990, 101 auf den »gesellschaftlichen Common Sense« bei der Abgrenzung von Ereignissen. Die genannte Vorgehensweise schließt die Möglichkeit ein, daß andere Autoren einige Ereignisse anders eingegrenzt hätten. So wurde beispielsweise im hier verwendeten Fragebogen mit dem Ereignis *»Zerschlagung des Prager Frühlings«* das Scheitern der Reformbemühungen in der CSSR hervorgehoben. Ebensogut denkbar wäre eine noch umfassendere Betrachtung des gesamten Geschehens (etwa mit der allgemeinen

Alle Menschen, die zum Zeitpunkt eines historischen Ereignisses gelebt haben, sind *Zeitgenossen* dieses Geschehens, sie haben es *miterlebt*. Diejenigen, die bereits gestorben waren, als ein Ereignis stattfand, konnten es *nicht mehr* erleben. Sie werden aus der Betrachtung ausgeklammert, da historische Ereignisse nach ihrem Tod keinen prägenden Einfluß mehr auf ihre Sichtweisen ausüben konnten. Diejenigen, die noch nicht geboren waren, als ein Ereignis stattfand und es deshalb *noch nicht* erleben konnten, kann man als *Nachfahren* des Geschehens bezeichnen. Historische Ereignisse können den Zeitgenossen und Nachfahren bekannt oder nicht bekannt sein.[305] Nachfahren historischer Ereignisse können davon aus Chroniken und Geschichtsbüchern erfahren, oder auch durch Erzählungen älterer Menschen, die selbst Zeitgenossen waren. Zeitgenossen können historisches Geschehen durch eigene Erfahrung – aus erster Hand – kennen, oder aus zweiter Hand davon wissen, zum Beispiel aus den Medien. Bei den Erfahrungen aus erster Hand sind zwei Fälle zu unterscheiden: die direkte Konfrontation mit dem Geschehen als *Augenzeuge* oder *Beteiligter* einerseits und die Konfrontation mit den Folgen oder Umständen des Geschehens als *Betroffener* andererseits.

Augenzeuge ist, wer den Hergang eines Ereignisses persönlich beobachtet. Augenzeugen eines historischen Ereignisses waren die Menschen, die das Attentat auf den amerikanischen Präsidenten Kennedy am 22. November 1963 vom Straßenrand aus beobachteten. *Beteiligter* ist, wer durch sein Handeln selbst – bewußt oder unbewußt und gewollt oder ungewollt – zum Ablauf von Ereignissen beiträgt, die später als historisches Geschehen eingeschätzt werden. Beteiligte eines historischen Ereignisses waren die deutschen Soldaten, die am 14. Juni 1940 in Paris einmarschierten. *Betroffener* ist, wer in seinem eigenen Lebensumfeld unmittelbar mit den Konsequenzen oder Umständen historischer Ereignisse konfrontiert ist. Von historischem Geschehen Betroffene waren die Bewohner der deutschen Städte, die 1942 bis 1945 von Streitkräften der Alliierten bombardiert wurden.

Die Rollen von Augenzeugen, Beteiligten und Betroffenen sind nicht immer klar zu trennen. Dies illustriert das folgende Beispiel: Diejenigen, die in der Nacht vom 9. November 1989 an der Berliner

Formulierung »Prager Frühling«) – oder aber eine Differenzierung in enger eingegrenzte Einzelereignisse – zum Beispiel die Unterzeichnung des Moskauer Protokolls am 26. August 1968, die endgültige Amtsenthebung von Alexander Dubcek im April 1969 usw.

[305] So unterscheidet Waters 1955 Ereignisse, von denen wir wissen, und Geschehen, von dem wir nicht wissen.

Mauer auf der Straße waren, waren einerseits Augenzeugen der Maueröffnung durch die DDR-Grenzposten. Da ihre Anwesenheit zuvor jedoch bereits dazu beigetragen hatte, daß die Grenzposten Übergänge öffneten, waren sie andererseits auch Beteiligte des Geschehens. Sie waren darüber hinaus Betroffene, da sie nach dem Mauerfall die deutsch-deutsche Grenze ungehindert passieren konnten. Zeitgenossen, die von historischen Ereignissen nur aus zweiter Hand – zum Beispiel aus den Medien – wissen, also weder Augenzeugen oder Beteiligte noch Betroffene im genannten Sinne waren, kann man als *externe Beobachter* bezeichnen. Externe Beobachter eines historischen Ereignisses waren deutsche Fernsehzuschauer, die vom Reaktorunfall in Tschernobyl am 26. April 1986 erfahren haben. Die Zeitgenossen historischer Ereignisse können von diesem Geschehen in ihrem Denken geprägt oder nicht geprägt werden. Augenzeugen, Beteiligte und vor allem Betroffene von historischen Ereignissen werden durch sie vermutlich häufiger geprägt als externe Beobachter. Doch ist auch denkbar, daß Geschehen, von dem man beispielsweise nur aus den Medien weiß, das eigene Denken und Handeln beeinflußt. Ein Beispiel hierfür sind die Reaktionen weiter Teile der deutschen Bevölkerung auf den Reaktorunfall von Tschernobyl.

Journalisten nehmen als Augenzeugen, Beteiligte oder Betroffene, manchmal auch externe Beobachter historischer Ereignisse eine besondere Rolle ein. Sie erleben das Geschehen nicht nur als Zeitgenossen bzw. Zeitzeugen, sondern berichten auch darüber. Die historischen Ereignisse sind deshalb einerseits Gegenstand ihrer persönlichen Beobachtung und Erfahrung, andererseits Gegenstand ihrer Berichterstattung. Ein Beispiel für Journalisten, die in Ausübung ihres Berufs Augenzeugen (oder auch Betroffene) historischer Ereignisse werden, sind Kriegsberichterstatter.[306] Eine exemplarische Beschreibung der besonderen Position von Journalisten, die über zeitgenössisches Geschehen berichten, liefert Jürgen Leinemann über den *Spiegel*- und späteren *Geo*-Redakteur Hermann Schreiber: »Was den meisten als Bruchstücke dramatischen Weltgeschehens auf dem Fernsehschirm ins Haus flimmerte, beobachtete Schreiber aus nächster Nähe – sah mehr, hörte mehr, erlebte mit: Vietnamkrieg und Mondflug, Wahlkämpfe und Staatsbegräbnisse, Theaterglanz und Großstadtelend. Vor allem aber rückte er den

[306] Vgl. zum Beispiel die autobiographische Schilderung von Stiller 1989, der seine Erfahrungen als Korrespondent in Vietnam und dem Nahen Osten beschreibt. Vgl. auch die Erfahrungen von Sartorius 1997 als »Augenzeuge bei Krisen, Kriegen, Katastrophen« (Zitat: Untertitel).

Mächtigen der Welt auf den Leib, versuchte die Menschen hinter den Herrschaftsfassaden zu entdecken, beschrieb – manchmal erschrocken, oft belustigt, aber auch beeindruckt und respektvoll – wen und was er vorfand: Kissinger und Chruschtschow, Heinemann und – immer wieder – Willy Brandt.«[307] In der vorliegenden Untersuchung geht es nicht vorrangig um die Rolle von Journalisten als Berichterstatter historischer Ereignisse, sondern um ihre Rolle als Zeitgenossen, deren persönliches Denken unter Umständen von den Eindrücken geprägt wird.

2.3.4.2 Individuelle Erlebnisse

Für Augenzeugen, Beteiligte und Betroffene stellen historische Ereignisse *individuelle Erlebnisse* dar: »Der Mensch als geschichtliches Subjekt steht in einer viel intensiveren Beziehung zur Wirklichkeit, nämlich derjenigen des ›Erlebens‹.«[308] Auch für externe Beobachter können historische Ereignisse Erlebnischarakter besitzen. Dies ist der Fall, wenn Menschen, die von einem Ereignis erfahren, dadurch tief emotional bewegt werden und innerlich an dem Geschehen regelrecht »teilnehmen«, es unter Umständen über einen längeren Zeitraum hinweg verfolgen. Beispiele für historisches Geschehen, das für externe Beobachter den Charakter eines individuellen Erlebnisses besessen haben dürfte, sind die Ermordung Kennedys, die Mondlandung oder die Ereignisse nach dem Anschlag arabischer Terroristen auf israelische Teilnehmer der Olympischen Spiele in München 1972. Zu den individuellen Erlebnissen eines Menschen zählen im weitesten Sinne alle Erfahrungen, die er im Laufe seines Lebens gemacht hat. In Anlehnung an den zur Definition historischer Ereignisse verwendeten Begriff der *Universalgeschichte* kann man im Falle der individuellen Erlebnisse von *Universalbiographie* sprechen. Individuelle Erlebnisse im engeren Sinne sind Lebenserfahrungen von großer Bedeutung für die einzelne Person.[309] Nach diesem Verständnis bilden individuelle Erlebnisse einen auf besondere Erfahrungen reduzierten Ausschnitt aus der gesamten Biographie eines Menschen – seine kritischen Lebensereignisse.

In der vorliegenden Studie werden individuelle Erlebnisse als

[307] Leinemann 1989, 322.

[308] Nolte 1992, 16.

[309] Hoffmeister 1955, 214 zählt zu den Erlebnissen »im all[gemeinen] alles, was wir an uns und um uns erfahren«. Er definiert Erlebnisse »im bes[onderen]« als »bedeutungsvolle Schicksale und Taten und alles, was dem Leben erst Gehalt gibt«.

persönliche Erfahrungen verstanden, die wichtige Stationen im Leben darstellen. Diese Erfahrungen unterscheiden sich vom übrigen Verlauf der Biographie, ragen aus ihr heraus. Ein individuelles Erlebnis im genannten Sinne kann durch verschiedene Eigenschaften vor anderen Lebenserfahrungen ausgezeichnet sein: dadurch daß es besonders überraschend und unerwartet geschehen ist (Unfälle, Verbrechen), daß es eine Ausnahmesituation bedeutet (Aufenthalte im Ausland oder in Umgebungen, die für die eigene Lebenssituation ungewöhnlich sind), oder daß es besonders einschneidende Veränderungen im Leben des Einzelnen hervorgerufen hat (berufliche Entscheidungen, Flucht aus einem totalitären Regime) usw. Wie im Falle der historischen Ereignisse bilden auch bei den individuellen Erlebnissen die Folgen des Geschehens einen wesentlichen Indikator für ihre Bedeutsamkeit: Individuelle Erlebnisse besitzen Konsequenzen, sie bedeuten Veränderungen. Im Unterschied zu den historischen Ereignissen sind die individuellen Erlebnisse einer Person und deren Folgen jedoch wesentlich auf diese Person selbst und ihr unmittelbares Umfeld beschränkt.[310] Individuelle Erlebnisse besitzen demnach eine *individuelle* Reichweite.

Erfahrungen, die Menschen im Laufe ihres Lebens machen, können einschneidende individuelle Erlebnisse im genannten Sinne sein – aber auch ohne weitreichende Bedeutung bleiben. Ein und dieselbe Art von Lebenserfahrung kann für verschiedene Individuen unterschiedlich bedeutsam sein. So bildet ein längerer Auslandsaufenthalt für manche Menschen einen tiefen Einschnitt, der ihr Leben grundlegend verändert. Für andere stellt er eine eher bedeutungslose Episode dar, nach deren Abschluß alles so weitergeht wie zuvor. Die besondere Bedeutung einschneidender individueller Erlebnisse kann dem Einzelnen bewußt sein – er kann sie aber auch verkennen. Lebenserfahrungen, die man selbst für bedeutsam hält, müssen von anderen – nahe- oder außenstehenden – Menschen nicht auch so eingeschätzt werden. Umgekehrt können andere Personen – zum Beispiel Familienmitglieder, Freunde – Erlebnisse als einschneidende Wendepunkte in der Entwicklung eines Menschen beobachten, die dieser selbst für unbedeutend hält. Die Beispiele zeigen: Die Bedeutung individueller Erlebnisse wird ihnen – ähnlich wie die Bedeutung historischer Ereignisse – in der Regel ex post facto zugeschrieben. Die eigene Wahrnehmung, die man als

[310] Ein Beispiel dafür, daß auch das Umfeld einer Person von einem individuellen Erlebnis betroffen sein kann, bilden berufliche Entscheidungen. Sie besitzen häufig nicht nur Konsequenzen für das eigene Leben, sondern auch für das Leben des Partners bzw. der Familie – zum Beispiel weil ein Umzug notwendig ist.

Bewußtsein für einschneidende Lebenserfahrungen bezeichnen kann, ist von der Wahrnehmung anderer zu unterscheiden. Die Grundlage des Bewußtseins für eigene Lebenserfahrungen bildet die Erinnerung.[311] Die Grundlage der Wahrnehmung anderer bildet deren Beobachtung.

2.3.4.3 Zusammenhang zwischen historischen Ereignissen und individuellen Erlebnissen

Die Diskussion der Merkmale historischer Ereignisse und individueller Erlebnisse zeigt, daß individuelle Erlebnisse sehr häufig mit historischem Geschehen verbunden sind.[312] Die Verbindung zwischen individuellen Erlebnissen und historischen Ereignissen kann unterschiedlich eng sein. Dies belegen Ergebnisse einer Studie der Soziologen Kurt Lang und Gladys Engel Lang, die die prägenden Erfahrungen von ehemaligen Stipendiaten des *Woodrow Wilson National Fellowship*-Programms untersuchten. Sie teilen diese Erfahrungen in drei Gruppen ein und unterscheiden »Life-« und »Carreer-Cycle-Experiences« von »Differentially formative events« und »Epochal events«.[313] »Life-« und »Carreer-Cycle-Experiences« bilden Erlebnisse, die für bestimmte Lebensabschnitte typisch und weitgehend unabhängig von der jeweiligen historischen Situation sind. Lang und Engel Lang zählen dazu persönliche und berufliche Erfahrungen wie längere Auslandsreisen oder Karriereentscheidungen. Als »differentially formative events« bezeichnen sie Erlebnisse, die zwar biographisch ebenfalls für bestimmte Lebensabschnitte typisch sind, aber in ihrem Charakter von historischem Geschehen beeinflußt werden. Die Autoren nennen beispielhaft den Armeedienst, der in Kriegs- oder Krisenzeiten eine individuell andere Situation darstellt als in Friedenszeiten. »Epochal events« bilden Erfahrungen, die unmittelbar vom historischen Geschehen abhängen bzw. nur unter bestimmten historischen Voraussetzungen möglich sind: »The impact of such experiences is concentrated within the limited number of years when historical cir-

[311] Streng genommen bilden den Gegenstand jeder Erinnerung ausschließlich die eigene Lebenszeit und die eigenen Lebenserfahrungen. Vgl. Waters 1955, 255.

[312] Die Journalistin Margret Boveri 1965, 10 stellt in diesem Zusammenhang fest, »daß die Erinnerung an die äußeren Ereignisse, die einmal zu ›Geschichte‹ werden, in jedem Menschen mit den gleichzeitigen Erlebnissen aufs engste verknüpft ist.«

[313] Vgl. zum folgenden Lang, Engel Lang 1978, 218–228.

cumstances make them commonplace.«[314] Erlebnisse dieser Art sind für Lang und Engel Lang beispielsweise die Teilnahme an einem »campus sit-in«, Haschischkonsum oder das Organisieren einer Demonstration.

In Anlehnung an die Darstellung von Lang und Engel Lang läßt sich die unterschiedlich enge Verbindung zwischen individuellen Erlebnissen und historischen Ereignissen präziser und systematischer differenzieren. Manche Erlebnisse sind ausschließlich in einer einzigen geschichtlichen Situation denkbar – man kann sie als *historisch determinierte Erlebnisse* bezeichnen. So war beispielsweise die Erfahrung einer Übersiedelung oder Flucht aus der DDR nur möglich, solange es die DDR gab, also zwischen dem 7. Oktober 1949 und dem 3. Oktober 1990. Andere Erlebnisse sind an historisches Geschehen gebunden, das in verschiedenen geschichtlichen Phasen in ähnlicher Weise stattfinden kann – man kann sie als *historisch bedingte Erlebnisse* bezeichnen. So ist beispielsweise die Erfahrung eines Lebens in einer Diktatur während des Dritten Reiches in Deutschland möglich gewesen, aber auch in der DDR oder in den sozialistischen Regimes anderer Ostblockstaaten. In einer dritten Gruppe kann man Erlebnisse zusammenfassen, die zwar unabhängig von historischen Ereignissen möglich, in bestimmten Situationen aber wahrscheinlicher sind als in anderen – man kann sie als *historisch begünstigte Erlebnisse* bezeichnen. Beispiele hierfür sind Erfahrungen in der Frauenbewegung oder das Leben in einer Wohngemeinschaft. Beides war – bei großzügigem Verständnis der Begriffe *Frauenbewegung* und *Wohngemeinschaft* – zwar auch schon Anfang und Mitte dieses Jahrhunderts denkbar. Sehr viel wahrscheinlicher ist es aber, daß jemand seit dem Ende der sechziger Jahre diese Erfahrungen machte. Eine vierte Gruppe von Erlebnissen bilden Eindrücke, die zu allen Zeiten denkbar und ähnlich wahrscheinlich sind – unabhängig von der historischen Situation. Man kann sie als *historisch unabhängige Erlebnisse* bezeichnen. Beispiele hierfür sind längere Auslandsaufenthalte oder die Begegnung mit Kriminalität im eigenen Lebensumfeld.

In der vorliegenden Studie geht es um den Einfluß generationsspezifischer prägender Erfahrungen auf die Sichtweisen von Journalisten. Generationsspezifisch, also typisch für einzelne Generationen sind Eindrücke dann, wenn Menschen nicht zu allen Zeiten gleich häufig und in derselben Weise mit ihnen konfrontiert sind. Im Mittelpunkt der Untersuchung stehen deshalb historische Ereignisse einerseits und individuelle Erlebnisse, die von diesen Ereignis-

[314] Lang, Engel Lang 1978, 224.

sen determiniert, bedingt oder begünstigt wurden, andererseits. Historisch unabhängige individuelle Erlebnisse werden nur am Rande in die Betrachtung einbezogen, da sie theoretisch für alle Generationen gleichermaßen möglich und wahrscheinlich sind, die Angehörigen verschiedener Generationen also nicht voneinander unterscheiden. Man kann deshalb mit hoher Wahrscheinlichkeit ausschließen, daß historisch unabhängige individuelle Erlebnisse eine Ursache der Unterschiede in den beruflichen Sichtweisen von Journalisten verschiedener Generationen bilden. Um diese Annahme zu bestätigen, werden einige wenige Erfahrungen dieser Art mitberücksichtigt.

2.4 Belege für den Einfluß spezifischer Lebenserfahrungen von Generationen auf ihre Sichtweisen

Der prägende Eindruck, den bedeutsame Erfahrungen hinterlassen, beruht auf ihrem Ausnahmecharakter, der sie von alltäglichen Erfahrungen unterscheidet. Prägende Lebensereignisse, die für Generationen charakteristisch sind, führen bei ihren Angehörigen zu Veränderungen, bewegen sie in eine bestimmte Richtung. Sie bilden »leitende Einwirkungen«[315] auf das Denken der Individuen, die »diese Ereignisse verarbeiten«.[316] Für Mannheim stellen prägende Erfahrungen einen »neu sich abhebenden Impuls« dar,[317] der zur »Formierung des Bewußtseins« beiträgt.[318] Die Prägung durch historische und individuelle Lebenserfahrungen kann Menschen vermutlich zu verschiedenartigen Reaktionen bewegen. Manche werden beispielsweise – angeregt durch ein Ereignis – beginnen, sich mit bestimmten Themen zu beschäftigen.[319] Andere werden aufgrund von einschneidenden Erlebnissen ihre weltanschaulichen oder politischen Überzeugungen überdenken, sich unter Umständen von gewohnten Sicht- und Lebensweisen ab- und alternativen Positionen zuwenden.[320] Die verschiedenartigen Reak-

[315] Dilthey 1875, 37.

[316] Mannheim 1928, 544. Rosow (1978, 67) spricht davon, daß die prägenden Erfahrungen »may affect … people about the same age … the same way«.

[317] Mannheim 1928, 550.

[318] Mannheim 1928, 536.

[319] Ein Beispiel hierfür wäre ein bis dahin politisch und historisch wenig interessierter Jugendlicher, der Mitte der sechziger Jahre den Auschwitz-Prozeß verfolgt, und aufgrund dessen Informationen über das Geschehen im Dritten Reich sammelt.

[320] Ein Beispiel hierfür wäre ein Offizier, der Zeit- oder sogar Augenzeuge des

tionen der Angehörigen bestimmter Generationen auf die generationsspezifischen prägenden Ereignisse und Erlebnisse illustrieren zahlreiche Studien aus unterschiedlichen Forschungsbereichen. Einige Untersuchungen und ihre Befunde werden im folgenden zusammengefaßt.

2.4.1 Allgemeine Belege

Hinweise auf die Bedeutung einschneidender historisch bedingter Erfahrungen geben Untersuchungen, die Generationen anhand von biographischen und literarischen Zeugnissen, Umfrageergebnissen und anderen Quellen porträtieren. Die Studien besitzen meist deskriptiven Charakter. Ihre Verfasser setzen Stichdaten in Form bestimmter Zeitabschnitte oder Ereignisse, von denen sie annehmen, daß sie für die Entstehung bestimmter Generationen eine besondere Rolle spielten. Generationen erkennen sie in jenen Personen, die diese Schlüsselereignisse in bestimmten Lebensphasen (meist in der Jugend) miterlebten und von den Konsequenzen der dabei gemachten Erfahrungen betroffen waren. Anhand von Merkmalen dieser Generationen und anhand von Vergleichen mit anderen Altersgruppen schließen sie – explizit oder implizit – auf die Wirkung der Schlüsselereignisse. Die Stichdaten, die die Autoren setzen, erscheinen als Kristallisationspunkte von Generationen plausibel, weil sie nach allgemeinem Verständnis zu den historisch herausragenden Ereignissen des Jahrhunderts gehören: Erster Weltkrieg, Weltwirtschaftskrise, Nationalsozialismus und Zweiter Weltkrieg.

Marvin Rintala beschreibt in einem Essay anhand von Tagebuchaufzeichnungen und literarischen Texten, vor allem Gedichten, der »European War Generation of 1914–18«,[321] wie die damaligen Soldaten die Erfahrungen des Ersten Weltkriegs erlebten und verarbeiteten. Rintala sieht in den Kriegserlebnissen die prägenden Eindrücke dieser Generation: »Those Europeans whose formative years, in whole or in part, occured during 1914–18, especially those who actually fought in the trenches, were not all influenced in the same way, but they were nevertheless all decisively influenced by it.[322]

Atombombenabwurfs auf Hiroshima ist und durch dieses Ereignis zu einem überzeugten Pazifisten wird.

321 Rintala 1979b.

322 Rintala 1979b, 31.

Glen H. Elder untersucht den Einfluß der Weltwirtschaftskrise der dreißiger Jahre auf die Lebenswege von Personen, die während dieser Zeit aufgewachsen sind.[323] Schwerpunkte seiner Studie sind »soziale und psychische Folgen, die der Verlust des Familieneinkommens für die Kinder bis in ihre Jugendjahre hinein« hatte sowie »die langfristigen Auswirkungen dieser frühen Folgen … auf den weiteren Lebenslauf der Erwachsenen und auf deren Persönlichkeit«.[324] Elder stützt seine Analyse auf eine Langzeituntersuchung anhand von 167 Personen, die 1920/21 geboren wurden und in Oakland (Kalifornien) aufwuchsen. Während der dreißiger Jahre wurden kontinuierlich Daten zur biologischen, psychischen und sozialen Entwicklung der Angehörigen dieser »Oakland-Kohorte« erhoben. Dazu wurden die Kinder bzw. Jugendlichen selbst, ihre Mütter und Lehrer sowie Gleichaltrige mehrfach befragt. Anhand von Folgeerhebungen in den fünfziger und sechziger Jahren konnte die weitere Entwicklung zum Erwachsenenalter verfolgt werden. Elder unterscheidet Kinder, deren Familien während der Wirtschaftskrise schwere finanzielle Verluste erlitten, von Kindern in finanziell nicht geschädigten Familien.[325] Die wirtschaftlichen Einbußen stellen einen Indikator für die persönliche Betroffenheit dar und sind ein Maß für den prägenden Eindruck, den die Wirtschaftskrise auf die Kinder ausgeübt hat. Elder stellt weitreichende Auswirkungen der Deprivation auf die wirtschaftliche Lage der Haushalte, auf Familienbeziehungen und soziale Spannungen in den Familien fest.[326]

Für Elder liefert die »Oakland-Kohorte« allein keine befriedigenden Ergebnisse. Er geht davon aus, »daß für aufeinanderfolgende Kohorten unterschiedliche Auswirkungen der … Weltwirtschaftskrise zu erwarten sind«, da jede »Kohorte ein geschichtliches Ereignis … an einem anderen Punkt ihres Lebenslaufes« erlebt. »Solche Abweichungen bringen Unterschiede in der Bedeutung des Ereignisses mit sich«.[327] Deshalb vergleicht der Autor die Lebenswege der 1920/21 Geborenen aus Oakland mit denen von 214 Kindern, die 1928/29 geboren wurden und in Berkeley aufwuchsen. Auch die Angehörigen dieser »Berkeley-Kohorte«, ihre Eltern und Lehrer wurden mehrfach befragt.[328] Die Wirtschaftskrise hatte die beiden

[323] Vgl. dazu Elder 1974 und die Zusammenfassungen in Elder 1979; 1982; Elder, Rockwell 1978; Elder, Caspi 1990. Die Studie wird im folgenden nach Elder, Caspi 1990, 26ff. referiert.

[324] Elder, Caspi 1990, 27.

[325] Elder, Caspi 1990, 27; auch Elder, Rockwell 1978, 79.

[326] Elder, Caspi 1990, 28f.

[327] Elder, Caspi 1990, 29.

[328] Elder, Caspi 1990, 30.

Vergleichsgruppen in unterschiedlichen Lebensphasen getroffen: »Die Oakland-Jugendlichen ... waren während der Notzeiten altersmäßig nicht mehr von der Familie abhängig und sie wurden erwachsen, als die Wirtschaft wieder zu erstarken begonnen hatte. Im Gegensatz dazu waren die Kinder der Berkeley-Kohorte, die sieben bis acht Jahre jünger waren ..., weniger als zwei Jahre alt, als die Wirtschaft zusammenbrach und die schlimmsten Jahre dieses Jahrzehnts verbrachten sie ausschließlich in der Familie.«[329] Elder stellt fest, daß die Lebenswege der beiden Gruppen »einen erstaunlich unterschiedlichen Verlauf« nahmen.[330]

Für die vorliegende Untersuchung kann man aus Elders Befunden folgern: Zur Analyse des prägenden Einflusses generationsspezifischer historischer Erfahrungen von Journalisten sind Geschehnisse zu berücksichtigen, denen sie in unterschiedlichen Lebensphasen und auch in unterschiedlichen Phasen ihrer Jugend ausgesetzt waren. In die Untersuchung müssen demnach frühe Kindheitserfahrungen ebenso einbezogen werden wie Ereignisse, die die späteren Journalisten als ältere Kinder und Jugendliche sowie als Erwachsene miterlebten. Auf diese Weise kann man feststellen, in welchen Lebensabschnitten das Geschehen einen besonders starken Einfluß auf die Sichtweisen von Journalisten ausübte.

Elisabeth Noelle-Neumann analysierte in den achtziger Jahren die »geschlagene und die befreite Generation« der vor 1933 Geborenen.[331] Anhand von Befragungen des *Instituts für Demoskopie Allensbach* beschreibt sie die Erfahrungen und Empfindungen der Angehörigen dieser Altersgruppe während des Nationalsozialismus, am Ende des Krieges und während der Nachkriegszeit. In einigen Fällen vergleicht sie die vor 1921 mit den nach 1921 Geborenen. Die beiden Altersgruppen, die vermutlich zwei verschiedenen Generationen im Sinne der Definition Mannheims angehören, unterscheiden sich in einigen Sichtweisen deutlich – so zum Beispiel in ihrer damaligen Haltung zum Nationalsozialismus oder ihrer aktuellen Wahrnehmung dieser Zeit: Die vor 1921 Geborenen geben häufiger als die nach 1921 Geborenen an, nie an den Nationalsozia-

329 Elder, Caspi 1990, 31. Die Autoren beziehen über die Wirtschaftkrise hinaus noch weitere historische Ereignisse in die Betrachtung ein. Tabelle 1 S. 32 zeigt, in welchem Alter sie jeweils Geschehnisse miterlebten, die zwischen 1923 und den siebziger Jahren stattfanden. Dies illustriert, daß die beiden Vergleichskohorten vermutlich zwei verschiedene Generationen im Sinne Mannheims repräsentieren.

330 Elder, Caspi 1990, 34 f.

331 Noelle-Neumann 1985.

lismus geglaubt oder Hitler bewundert zu haben. Dementsprechend häufiger äußern sie eine völlige Ablehnung der »ganze[n] damalige[n] Zeit, also alles, was mit Hitler zusammenhing«. Ihr Urteil über die damalige Politik halten sie im Nachhinein häufiger für richtig. Die vor 1921 Geborenen empfinden zu einem erheblich größeren Teil als die später Geborenen eine sehr starke persönliche Belastung durch »das, was im Dritten Reich und im Zweiten Weltkrieg geschehen ist«.[332]

Frederick D. Weil untersucht die Bedeutung des Nationalsozialismus für eine Altersgruppe, die er als »Nazi-Generation« bezeichnet.[333] Der Autor prüft, wie lange ein Einfluß der Sozialisation während des Dritten Reiches nach dem Ende des Regimes noch in den politischen Ansichten erkennbar ist. In den Mittelpunkt stellt Weil Personen, die zwischen 1933 und 1948 21 Jahre alt, also erwachsen wurden. Anhand von Befragungsdaten verschiedener Institute, die zwischen 1951 und 1983 erhoben wurden, betrachtet er die Ansichten der »Nazi-Generation« zum Nationalsozialismus und zum demokratischen System der Bundesrepublik. Mit ihren Sichtweisen vergleicht er die Meinungen von vier anderen Alterskohorten: Personen, die vor 1918, zwischen 1918 und 1932 (Vorkriegsgenerationen), zwischen 1949 und 1965 sowie nach 1965 21 Jahre alt wurden (Nachkriegsgenerationen). Die Ergebnisse der Analysen deutet Weil im Sinne eines Generationseffektes: »[T]hey show that a sufficiently impressive historical event – Nazism – produced effects concentrated in the cohort that came to maturity at that time. The ›Nazi cohort‹ showed greater residual support than did older or younger cohorts for the Nazi regime and weaker support for the new democratic regime shortly after the transition. [...] [T]his cohort effect was superceded by the influence of subsequent historical events ... One can argue that this pattern reflects the overcoming of this cohort's Nazi socialization by the influence of the subsequent democratic regime.«[334] Der Autor folgert: »The present study has shown that the ›Nazi cohort‹ lagged initially in embracing the new West German democracy after 1945 ... This was almost certainly due in part to the socialization and propaganda its members experienced under the Nazi regime. And their subsequent convergence

332 Vgl. Noelle-Neumann 1985, Tabellen A 13, A 14, A 15, A 16 und A 22; Zitate aus den Tabellen A 15 und A 22. Weitere Vergleiche zwischen den beiden Altersgruppen enthalten die Tabellen A 11, A 12, A 17 und A 18 in Noelle-Neumann 1985.

333 Weil 1987.

334 Weil 1987, 315.

with the views of other cohorts was almost certainly due in part to the performance of the new democratic institutions.«[335]

Henk A. Becker gibt eine Übersicht über die »gleichzeitig existierenden Generationen, die in der Mitte der achtziger Jahre noch aktiv sind«. Der Autor identifiziert »ein Muster von vier Generationen … bestehend aus: der Vorkriegsgeneration, geboren ungefähr zwischen 1910 und 1930; der Stillen Generation, etwa zwischen 1930 und 1940 geboren; der Protestgeneration, geboren zwischen ca. 1940 und 1955; und der Verlorenen Generation, geboren nach 1955«.[336] Becker porträtiert die vier Generationen anhand ihrer prägenden Einflüsse, ihrer typischen Lebensverläufe und ihrer Wertorientierung. Aus Hinweisen verschiedener Forschungsgebiete resümiert er, »daß der Unterschied zwischen der Vorkriegsgeneration und der Stillen Generation im wesentlichen eine Folge wirtschaftlicher Einschränkungen ist; Unterschiede in Werturteilen trennen die Stille und die Protest-Generation; zwischen der Protest-Generation und der Verlorenen Generation wiederum geht es einmal mehr um Unterschiede im Lebenslauf als Folge der Wirtschaftskrise.«[337]

In allen genannten Studien werden die spezifischen Schlüsselereignisse der Generationen als gegeben vorausgesetzt. Dies ist in Anbetracht ihrer faktischen historischen Bedeutung nachvollziehbar. Es bleibt jedoch offen, ob die Zeitgenossen das Geschehen auch selbst als prägende Eindrücke empfunden haben. Es fehlt mit anderen Worten der empirische Nachweis, daß die Ereignisse Schlüsselerfahrungen im *Bewußtsein* der Generationen sind. Diesen Aspekt berücksichtigten Kurt Lang und Gladys Engel Lang in einer Studie zum Einfluß prägender Erfahrungen auf die politischen Sichtweisen einer »intellektuellen Elite«.[338] Sie führten im Herbst 1973 eine schriftliche Befragung von 1.321 ehemaligen Stipendiaten des *Woodrow Wilson National Fellowship*-Programms durch. Die Autoren betrachten diese Personen als Multiplikatoren, die aufgrund ihrer späteren, beruflich und gesellschaftlich herausgehobenen Positionen einen besonderen intellektuellen und politischen Einfluß ausüben. Generationsunterschiede und Veränderungen im Denken der ehemaligen Stipendiaten würden nach und nach

335 Weil 1987, 321. Verallgemeinert man Weils Befunde, kann man analog ähnliche Effekte des DDR-Regimes auf diejenigen ehemaligen DDR-Bürger erwarten, die dort aufwuchsen und erwachsen wurden.
336 Becker 1989, 76.
337 Becker 1989, 82.
338 Der Untertitel der Studie von Lang, Engel Lang 1978 lautet: »The influence of the sixties on an intellectual elite«.

auch in die Bevölkerung hineingetragen, seien also symptomatisch für die Entwicklung der Gesamtgesellschaft. Da die *Wilson*-Stipendiaten hochmotiviert, engagiert und hervorragend ausgebildet seien, seien sie politisch besonders sensibel und ließen Veränderungen im politischen Klima früher und deutlicher erkennen als andere gesellschaftliche Gruppen.

Lang und Engel Lang vergleichen die politischen Sichtweisen verschiedener »College Generations«.[339] Dazu bilden sie anhand der Abschlußjahrgänge acht Kohorten.[340] Sie stellen einige Unterschiede fest, die allerdings weder gravierend noch systematisch sind. Deutliche Differenzen zeigen sich in einem groberen Vergleich von Befragten, die ihr Studium während der fünziger Jahre begonnen und bis etwa 1962 beendet haben, mit Kommilitonen, die später studierten bzw. abschlossen. Als »turning point« zwischen den beiden Gruppen identifizieren sie den Beginn der Amtszeit von Präsident Kennedy.[341] Lang und Engel Lang sprechen zwar von »College Generations«, charakterisieren die zu Gruppen zusammengefaßten Abschlußjahrgänge der *Wilson*-Stipendiaten aber nicht eindeutig als Generationen im Sinne Mannheims.[342] Sie interpretieren die Unterschiede im politischen Denken der Kohorten zunächst als Alterseffekte und begründen dies mit Veränderungen im Denken der Befragten während und nach ihrer Collegezeit.[343]

Über die Alterseffekte hinaus betrachten die Autoren einen weiteren Einflußfaktor auf die Entwicklung des politischen Denkens: Erfahrungen, die die *Wilson*-Stipendiaten in den historischen Situationen ihrer Studienzeit machten. »[C]ollege in the forties and fifties may have been radically different than campus life in the sixties. If this is so, influences that typically impinge on each cohort at

339 Lang, Engel Lang 1978, 201.

340 Die Kohorten umfassen die Abschlußjahrgänge vor 1953, 1953–58, 1959–60, 1961–62, 1963–64, 1965–66, 1967–68 und 1969–72 (vgl. Lang, Engel Lang 1978, 202). Diese eher unsystematisch gebildeten Gruppen bilden keine Generationen im Sinne Mannheims. Darauf weisen die Autoren – wenn auch eher indirekt – hin (vgl. S. 201 und 203).

341 Die Autoren präsentieren ihre Unterscheidung von *Wilson*-Stipendiaten, die vor und nach dem Beginn der Kennedy-Ära abschlossen, ausgesprochen vage. Im einen Fall setzen sie das Jahr 1960 als Wendepunkt an (vgl. Tabelle 3 S. 204 und die Aussagen zum »turning point« S. 206). An anderer Stelle setzen sie die Grenze bei 1962 (vgl. ebenfalls S. 206 oder Tabelle 4 S. 209).

342 Auch wenn sie später – in Zusammenhang mit den prägenden Erfahrungen – auf Mannheims »theory of generations« verweisen (S. 216 in Verbindung mit Anmerkung 8 S. 230).

343 Für deren Berechnung hatten sie die politische Orientierung in verschiedenen Lebensphasen erhoben.

roughly the same time in the life-cycle will shape the consciousness of each cohort in unique ways. Alternatively, experiences that were critical and formative for one cohort simply may not have been available to others or, coming at different times in the life cycle, may not have had the same impact.«[344] Zur Analyse der »critical experiences that changed their political thinking«[345] fragten die Autoren nach Erfahrungen im Leben der ehemaligen *Wilson*-Stipendiaten. Sie unterscheiden *persönliche*, häufig private *Erlebnisse* von *historischen Ereignissen*. Die Befragten sollten in einem ersten Schritt angeben, was sie während ihrer Jugendzeit bzw. ihrer studentischen und beruflichen Laufbahn *erlebt* hatten, zum Beispiel ob sie Militärdienst geleistet, einmal an einem »campus sit-in«[346] oder einem Streik teilgenommen hatten, ob sie einmal Probleme bei der Suche nach Arbeit gehabt hatten usw. Den Befragten wurde eine Liste mit 20 Erlebnissen vorgelegt, auf der sie die eigenen Erfahrungen ankreuzen sollten.[347] Zur Identifikation der Erfahrungen, die einen besonderen Einfluß auf die Entwicklung des politischen Denkens besessen hatten, sollten die ehemaligen *Wilson*-Stipendiaten drei Erlebnisse auswählen, »that had been *most significant* for their current political orientation«. Sie sollten für jeden der drei Eindrücke einschätzen, »whether it had gotten them *more* or *less* involved in social action and whether it had caused them to become *more* or *less* radical or liberal«.[348] Neben den persönlichen und beruflichen Erlebnissen fragten Lang und Engel Lang nach *historischen Ereignissen*. Sie legten den Befragten eine Liste mit 26 Geschehnissen vor, die zum Beispiel den Atombombenabwurf über Hiroshima, die Luftbrücke nach Berlin, die Watergateaffäre oder die Kubakrise enthielt. Die *Wilson*-Stipendiaten sollten für jedes Ereignis angeben, ob sie sich lebhaft daran erinnerten, und ob es für ihre aktuellen politischen Ansichten besonders bedeutsam war.

Anhand dieser Informationen identifizieren die Autoren Erlebnisse und Ereignisse, die – aus der retrospektiven Sicht der *Wilson*-Absolventen – für das politische Denken der verschiedenen »Generationen« bedeutsam waren. Sie unterscheiden prägende Erfahrungen, die vom individuellen Lebens- bzw. Karriereverlauf abhängig

344 Lang, Engel Lang 1978, 211 f.
345 Lang, Engel Lang 1978, 212.
346 Lang, Engel Lang 1978, 212.
347 Wichtige Erlebnisse, die nicht in der Liste enthalten waren, konnten ergänzt werden. Diese Eindrücke weisen die Autoren zusammen mit den vorgegebenen Erlebnissen aus (vgl. Tabelle 5 S. 213).
348 Lang, Engel Lang 1978, 212 (Hervorhebungen im Original).

sind, von Erfahrungen im Kontext historischer Situationen. Lang und Engel Lang klassifizieren die Erlebnisse und Ereignisse nach der Stärke und dem Charakter ihres Einflusses auf die Befragten. Sie stellen fest, daß die *Wilson*-Absolventen vor allem Ereignisse und Erlebnisse als prägende Eindrücke ansahen, die sie als junge Erwachsene erlebt hatten (durchschnittlich mit 25 Jahren). Allerdings seien viele auch durch Erfahrungen geprägt worden, die sie später im Leben gemacht hatten.

Die Untersuchung von Lang und Engel Lang ist für die vorliegenden Studie in mehrfacher Hinsicht beispielhaft und erfüllt Kriterien, die aus den referierten Forschungsgebieten abgeleitet werden können: Die Autoren berücksichtigen zur Identifikation prägender Erfahrungen historisches Geschehen, das die Befragten selbst miterleben konnten. Sie konzentrieren sich auf Ereignisse und Erlebnisse, deren historische und psychologische Bedeutsamkeit aufgrund von Erkenntnissen zum kollektiven Gedächtnis und zur Rolle kritischer Lebensereignisse außer Frage steht. Sie setzen die Erfahrungen nicht willkürlich als generationsbildende Stichdaten voraus, sondern prüfen, welche Ereignisse und Erlebnisse im Bewußtsein der *Wilson*-Stipendiaten selbst als prägende Eindrücke verhaftet waren. Die Untersuchung von Lang und Engel Lang besitzt jedoch auch eine Schwachstelle: Die Autoren unterscheiden keine Generationen im Sinne der Definition Mannheims, sondern bilden Altersgruppen nach rein formalen Kriterien. In der vorliegenden Studie sollen dagegen Vertreter der Journalistengenerationen identifiziert werden, die anhand der bereits beschriebenen Generationsstile im Journalismus der Nachkriegszeit unterschieden werden können.

2.4.2 Spezifische Belege für den Journalismus

Für den Journalismus liegen keine empirischen Befunde zum Einfluß spezifischer vor allem historisch bedingter Lebenserfahrungen auf die Sichtweisen verschiedener Generationen vor. Allerdings gibt die Literatur zum Journalismus – besonders biographische und autobiographische Werke – einige qualitative Hinweise darauf, daß prägende historische Eindrücke und die damit verbundenen Erfahrungen einen entscheidenden Einfluß auf die Sichtweisen der Zeitgenossen ausübten. Diese Hinweise werden im folgenden zusammengefaßt.

Hans Heinz Fabris stellt zu Beginn der achtziger Jahre fest, daß historische Ereignisse Auslöser von Veränderungen im Arbeitsverständnis von Journalisten seien.[349] Hermann Boventer nennt ein Beispiel aus dem amerikanischen Journalismus: Dort habe vor allem das Geschehen der Watergate-Affäre dazu geführt, daß innerhalb der Berufsgruppe eine Diskussion um medienethische Fragen in Gang kam.[350] Biographien und Autobiographien meist prominenter Journalisten enthalten konkrete Hinweise auf prägende Einflüsse historischer Erfahrungen im deutschen Journalismus. Einige Autoren, die ihre eigenen Erinnerungen oder das Leben anderer schildern, stellen explizit einen Zusammenhang zwischen den historisch bedingten Erlebnissen der (späteren) Journalisten und ihren Ansichten her.[351] Andere lassen die Bedeutung des Geschehens implizit erkennen, indem sie historischen Ereignissen bestimmter Lebensabschnitte einen besonders breiten Raum geben – ohne einen Einfluß auf das berufliche Selbstverständnis unbedingt zu thematisieren. Den Stellenwert, den die Ereignisse und die damit verbundenen Erlebnisse für das Selbstverständnis dieser Berufsgruppe besitzen, bezeugt nicht zuletzt die große Zahl und der Charakter der Lebensbeschreibungen von Journalisten, die in den vergangenen Jahrzehnten erschienen sind.[352] In diesem Sinne formuliert Karl Korn als Beweggrund seiner Rückschau: »Das Erinnern des Alltäglichen der Kindheit und Jünglingszeit scheint mir plötzlich nach all den Untergängen eine Pflicht. Ich will im Wort bewahren, was als Bild und Wirklichkeit verloren ist.«[353] In den Lebensbeschreibungen der Journalisten kommen immer wieder einige herausragende

[349] Vgl. Fabris 1981, 201.

[350] Vgl. Boventer 1985, 356.

[351] So schreibt Carmen Thomas 1984, 17 in ihren Erinnerungen an eine Hörfunksendung, die sie über viele Jahre moderiert hat: »Kennen Sie diese Situationen, in denen es auf einmal ›Klick‹ macht und Sie von da an etwas anderes denken. Bei meiner beruflichen Entwicklung habe ich mehrere solcher Schlüsselereignisse gehabt, die Anlaß dafür waren, daß ich mein journalistisches Handwerk auf einmal und immer wieder anders verstand.« Die Autorin führt zur Illustration dieser Bemerkung allerdings nur Erfahrungen an, die sie in ihrem journalistischen Alltag gemacht hat – keine historischen Ereignisse.

[352] In einer Lehrveranstaltung, die die Verfasserin im Sommersemester 1993 am Institut für Publizistik Mainz leitete, wurden solche Darstellungen zusammengetragen und analysiert. Exemplarisch seien genannt: Greuner o.J.; Utitz 1956; Stern-Rubarth 1964; Wiegenstein, Raddatz 1964; Boveri 1965; Courts 1967; von Eckardt 1967; Silex 1968; Demant 1971; Springer 1971; Bucerius 1974; Korn 1975; Bessermann 1979; Schultz 1980; Thomas 1984; Gillessen 1986; Streicher 1986; Brawand 1987; Kuby 1987; Köhler 1989 (polemisch, aber ebenso die historisch bedingten Lebenserfahrungen aufgreifend); Pöttgens 1989; Bade 1990; Flügge 1990; Jakobs, Müller 1990; Schäfer-Talanga 1990; Hesslein 1991; Karg 1991; von Zahn 1991; Cassirer 1992; Klump 1993. Aus einigen dieser Darstellungen werden im folgenden noch beispielhaft Aussagen herausgegriffen.

[353] Korn 1975, 8. Der Autor hat diese Bemerkung 31 Jahre zuvor schon einmal

historische Situationen zur Sprache, die den Werdegang und die beruflichen Vorstellungen der Journalisten nachhaltig beeindruckt haben. Dazu gehören der Erste Weltkrieg, der Nationalsozialismus, der Zweite Weltkrieg, die Nachkriegszeit und Ereignisse der sechziger Jahre.[354]

Erster Weltkrieg

Der 1896 geborene Chefredakteur der *Deutschen Allgemeinen Zeitung*, Karl Silex, betont die Bedeutung des Ersten Weltkriegs für seine Generation: »Welche Zeitspanne umfaßt eine Generation? Meist wird mit dreißig Jahren als der Dauer eines ›Menschenalters‹ gerechnet. Doch kann ein Generationsunterschied schon durch sehr viel weniger Jahre entstehen. In meinem Fall sind es die vier Jahre meines Lebens, mit denen ich noch dem 19. Jahrhundert angehöre. Diese vier Jahre Vorsprung bedeuten, daß man als Sekundaner und Primaner in den letzten vier Schuljahren die Wilhelminische Ära bewußter erlebte und von ihr unmittelbarer berührt wurde als der Tertianer oder Quartaner. Diese vier Jahre Vorsprung aus dem 19. Jahrhundert bedeuten aber noch mehr: Sie entsprechen der vierjährigen Dauer des Ersten Weltkrieges.«[355] Die besondere »Generationsauffassung«, die das bewußte Miterleben des Ersten Weltkriegs prägte, formuliert der Autor folgendermaßen: »Die Journalistengeneration, mit der ich angetreten bin, wollte Politik machen. Ich kann mir keinen Theodor Wolff und keinen Georg Bernhard, keinen Paul Lensch, keinen Fritz Klein, keinen Rudolf Kircher und keinen Paul Scheffer oder, wenn Sie wollen, auch keinen Karl Silex vorstellen, der nicht Politik ›machen‹ wollte. Und wenn man uns vorhält, daß wir gescheitert seien, so würden wir doch alle in vergleichbarer Lage immer wieder dasselbe versuchen, da dies nun einmal untrennbar mit unserer journalistischen Existenz verknüpft war, ja, diese Existenz überhaupt erst für uns sinnvoll werden ließ.«[356]

Für Edgar Stern-Rubarth, der in den achtziger Jahren des 19. Jahrhunderts geboren worden war, wurde der Erste Weltkrieg zu einem berufsentscheidenden Erlebnis: »Der Zufall oder das Ge-

gemacht (Korn 1946, 5). Jetzt stellt er Überlegungen zur Genauigkeit und Aussagekraft der Erinnerung an.

[354] Da (auto-) biographische Darstellungen meist über ältere Personen erscheinen, überwiegen die Quellen mit Hinweisen auf einen prägenden Einfluß der weiter zurückliegenden Ereignisse (Erster Weltkrieg, Drittes Reich, Zweiter Weltkrieg, Nachkriegszeit).

[355] Silex 1968, 32.

[356] Silex 1968, 9.

schick hat ihn immer wieder in den Kreis oder die Nähe der Männer geführt, die in der ersten Hälfte des 20. Jahrhunderts Geschichte gemacht haben. Dieser Zufall hat seine Berufswahl abseits von ursprünglichen Plänen bedingt, ihn in den Journalismus und über diesen hinaus in die Politik … geführt.«[357] Für Stern-Rubarth »vollzog sich« die »endgültige Berufswahl fast unmerklich und eigentlich erst als eine Folgeerscheinung meiner ersten Kriegserlebnisse.«[358] Angeregt von diesen Erfahrungen sah Stern-Rubarth nach 1918 die Presse als Instrument zur Verbreitung politischer Ziele und Ansichten. Sie war in seinen Augen ein Mittel des politischen Engagements.[359] Ähnliches berichtet Heinz Liepmann über Egon Erwin Kisch: »Die entscheidende Wendung in seiner beruflichen Laufbahn … trat ein im ersten Weltkrieg, als er zur österreichischen Armee eingezogen … wurde.« Diese Erfahrung habe seine schriftstellerische und journalistische Tätigkeit verändert.[360]

Der spätere Chefredakteur der *Welt*, Hans Zehrer, erhielt nach eigener Aussage »eine entscheidende charakterliche Prägung« durch »das Kriegserlebnis« – »wie … viele seiner Generation«.[361] 1899 geboren, hatte sich Zehrer während des Ersten Weltkriegs als Freiwilliger gemeldet. Diese Erfahrung war ein entscheidender Einschnitt in sein bis dahin geordnetes und eher ereignisloses Leben: »Problemfreie Jugend in einem sich in sozialem Aufstieg befindlichen Bürgertum, humanistisches Gymnasium, Kriegsfreiwilliger, bewußtes Miterleben von Krieg und Nachkriegswirren, Suche und Unbefriedigtsein im Studium – diese Linie erscheint für einen jungen Mann seiner Generation gerade.«[362] Ähnliches schreibt Nikolas Benckiser über Margret Boveri, die den Krieg zwar nicht an der Front erlebt hatte, aber durch seine Begleitumstände und Folgen nachhaltig beeindruckt wurde: »Sie hatte den Ersten Weltkrieg, bei dessen Ausbruch sie vierzehn Jahre alt war, wohlbehütet und abgeschirmt als Professorentochter in Würzburg erlebt. Aber der Eindruck von den Wirren, Gefahren, Ungerechtigkeiten jener Zeit wirkte doch wohl nachhaltiger auf das junge Mädchen, als es zunächst den Anschein hatte. Von da kamen die ersten Anstöße zur Beschäftigung mit der großen Politik und der mit ihr zusammenhängenden Publizistik.«[363]

[357] Stern-Rubarth 1964, 7.
[358] Stern-Rubarth 1964, 32.
[359] Stern-Rubarth 1964, 126f.
[360] Liepmann 1961, 407.
[361] Demant 1971, 9.
[362] Demant 1971, 11.
[363] Nikolas Benckiser über Margret Boveri in Schultz 1980, 273–282, hier 275.

Die politischen Ereignisse vor, während und nach dem Ersten Weltkrieg beschäftigen auch Felix von Eckardt in seinen Lebenserinnerungen. Der Autor, der während der Weimarer Republik Journalist wurde,[364] beschreibt beispielhaft eine einschneidende Erfahrung: »In meine Münchener Zeit fiel ein politisches Ereignis, das mir als jüngerem Journalisten deutlich machte, zu welchen schrecklichen Konsequenzen innerpolitische Kämpfe führen können.«[365] Er schildert, wie er als Redakteur einer Tageszeitung vom Aufstand der Linkssozialisten und Kommunisten gegen die österreichische Regierung am 15. Juli 1927 erfahren und darüber berichtet hatte. Ein Zeitgenosse von Eckardts war Fritz Sänger. Über die prägenden historischen Einflüsse auf seine beruflichen Sichtweisen und seine Arbeit schreibt Karl Heiner Busse: »Der berufliche und politische Werdegang Fritz Sängers von der Kaiserzeit bis zur Bundesrepublik Deutschland der Gegenwart … bot die Chance, die Erfahrungen und Beobachtungen, die Analysen und Kommentare eines kritischen ›Zeitzeugen‹ für die nachfolgenden Generationen zu bewahren und nutzbar zu machen.« Bei Sängers Arbeiten handele es sich »um Zeugnisse der Zeit«: »In einigen längeren und umfassenderen Beiträgen verbindet der Autor die Auswertung eigener historischer Erfahrungen mit der Ausarbeitung eines Konzepts der Pressefreiheit, das die schmerzlichen Erfahrungen der Vergangenheit nicht verleugnet und ein Neuaufleben autoritärer Tendenzen wirksam unterbinden soll.« Drei »wesentliche berufliche Lebensabschnitte« Sängers »fallen zusammen mit historisch bedeutungsvollen Einschnitten im Ablauf der neueren deutschen Geschichte.«[366] Ein nachhaltiger Einfluß historischen Geschehens auf journalistisches Denken und Handeln wird auch deutlich, wenn Manfred Flügge den langjährigen Deutschlandkorrespondenten des *Nouvel Observateur*, Gérard Sandoz,[367] als »einen Menschen« beschreibt, »dessen Leben durch die Geschichte des Jahrhunderts geprägt wurde.«[368]

Nationalsozialismus und Zweiter Weltkrieg

Der Erste Weltkrieg hatte die Zeitgenossen durch Erfahrungen von Bedrohung, Krieg und Vernichtung geprägt, viele hatten ihn als nationalen Schicksalskampf erlebt. Einen ganz anderen prägenden

[364] Vgl. zum Werdegang von Eckardt 1967, 39–54.
[365] Von Eckardt 1967, 44.
[366] Busse 1985, 296f.
[367] Gérard Sandoz war das Pseudonym von Gustav Stern, der während des Nationalsozialismus aus Deutschland emigrierte und später vor allem in Frankreich lebte und arbeitete.
[368] Flügge 1990, 8.

Charakter besaß die Zeit des Nationalsozialismus, die für den Werdegang und das berufliche Selbstverständnis zahlreicher Journalisten eine bedeutsame Rolle spielte. Hier dominierten die Erfahrungen des Faschismus und der Diktatur, die sich in den (auto-) biographischen Hinweisen wiederfinden.

Der spätere *ZDF*-Intendant Karl Holzamer beschreibt seine Arbeitsbedingungen als Redakteur des *Westdeutschen Rundfunks* zur Zeit der Machtübernahme Hitlers. Er schildert beispielhaft, wie er aus seinem Büro ausquartiert wurde, um einem Staatskommissar Platz zu machen. Solche Erfahrungen waren in seinen Augen symptomatisch für das, »was diese Generation durchzustehen hatte«.[369] Der Nationalsozialismus war auch entscheidend für den Berufsweg des späteren Verlegers Axel Springer. Er hatte vor dem Zweiten Weltkrieg eine journalistische Laufbahn begonnen, sie aber aufgrund seiner Distanz zum Dritten Reich aufgegeben.[370] Die Erfahrungen dieser Zeit waren prägend für seine spätere Haltung und sein Engagement als Verleger.[371] Beschreibungen der Zeit zwischen 1933 und 1945 nehmen in Autobiographien von Journalisten der Generation von Holzamer und Springer sehr häufig einen großen Raum ein. Dies läßt darauf schließen, daß die damaligen Erfahrungen einen nachhaltigen Eindruck auf diese Zeitgenossen hinterlassen hatten, der vermutlich auch nicht ohne Bedeutung für ihr berufliches Selbstverständnis geblieben war.[372] Ein Beispiel hierfür ist die Lebensbeschreibung von Hans Borgelt. Der 1914 geborene spätere Bühnen- und Drehbuchautor war während des Nationalsozialismus Volontär und freier Mitarbeiter lokaler Tageszeitungen in der Nähe von Berlin. Die »zwölf Jahre« zwischen 1933 und 1945, die Borgelt detailliert schildert, »haben ihn geprägt«.[373] Der Autor resümiert: »Als ich mit zwanzig Journalist werde, habe ich noch idealistische Vorstellungen von einem Beruf, den ich für ›schöpferisch‹ halte. Ich will nur schreiben, mich mitteilen, will interpretieren, bis mir bewußt gemacht wird, daß Diktaturen mit naiven Träumern nichts anfangen können. Da lerne ich auch allmählich den knappen Frei-

[369] Vgl. Holzamer 1974, 94ff. Zitat S. 95.
[370] Vgl. Naeher 1991, 60f.
[371] Vgl. Naeher 1991, 200.
[372] Vgl. beispielsweise die (Auto-) Biographien von bzw. über Karl Silex (Silex 1968), Karl Korn (Korn 1975), Gustave Stern, der sich in Frankreich Gérard Sandoz nannte (Flügge 1990), Hans Borgelt (Borgelt 1991) oder Henry M. Cassirer (Cassirer 1992). Ein herausragendes Beispiel für eine Beschreibung des journalistischen Arbeitsalltags während des Dritten Reiches bildet Gillessen 1986.
[373] Dieses Fazit wurde so nicht von Borgelt selbst formuliert, sondern findet sich im Klappentext des Buches (Borgelt 1991).

raum auszuloten, der dem Schreibenden bleibt, ohne ihm fremde Bekenntnisse ablegen zu müssen, zuerst zum Nationalsozialismus, alsdann zum internationalen Sozialismus. Seit ich weiß, daß Journalismus erpreßbar ist, daß Gedanken und Gefühle mißbraucht werden können, bin ich im Umgang mit den Medien vorsichtig geworden. Dennoch: Ich bin und bleibe Journalist. Einer, der sich bemüht hat, die faszinierende Vielfalt dieses Berufs produktiv zu nutzen.«[374]

Beispielhaft für einen Journalisten, dessen berufliches Selbstverständnis von Erfahrungen im Nationalsozialismus und während des Krieges geprägt wurde, ist auch Rudolf Augstein. Leo Brawand zitiert den *Spiegel*-Gründer und -herausgeber mit einem Hinweis auf die besondere Rolle der damaligen Erlebnisse: »Wir taten uns [1947] als blutjung-blutige Zeugen der Vernichtung unter dem unausgesprochenen Fahnenschwur ›dies nicht wieder‹ zusammen und formten uns, nur halb bewußt, das Instrument, um – von niemandem gehindert – sagen zu können, was ist: Rebellen von der Gerhart Hauptmannschen Art Hamlet, gefallene Engel, verlorene Kinder Gottes, die gezwungen sind, die grausame Wahrheit der menschlichen Blindheit aufzudecken.«[375] Während seiner Schulzeit im Dritten Reich habe Augstein eine Außenseiterrolle gespielt, da er sich als Kind katholischer Prägung und mit eigenem Willen nicht von den Jungvolk- und Hitlerjugendaktivitäten habe vereinnahmen lassen.[376] Seine »›Diasporasituation‹« habe er »intellektuell früh verarbeitet« und sei ihr »später als politischer Journalist wiederbegegne[t]«.[377] Die Tatsache, »daß ihn Jugenderlebnisse und Militärerfahrungen prägten«,[378] beeinflußte aus der Sicht Brawands

[374] Borgelt 1991, 512.

[375] Brawand 1987, 23. Der Autor charakterisiert die Äußerung als »etwas lyrische Formulierung«. Auch Kuby 1987, 151 zitiert diese Bemerkung Augsteins. In einem Beitrag zum 70. Geburtstag Augsteins beschreibt Michail Gorbatschow (1993, 66) seine Wahrnehmung der von historischen Erfahrungen geprägten Berufsauffassung des *Spiegel*-Gründers ähnlich pathetisch: Er »hat das grausame Blutbad überlebt und war, wie mir scheint, seither von einem unbändigen Wunsch beseelt: zu verhindern, daß Politiker wieder einmal Menschen wie brave Schafe zum Opferaltar marschieren lassen. Für diesen Zweck fand der 23jährige Augstein das Mittel, das seinem Naturell, seinen Fähigkeiten und seinem Talent am ehesten entsprach: Seit 1947 wurde seine Schöpfung, die Wochenzeitschrift *Der Spiegel*, zu einem der einflußreichsten Nachrichtenmagazine der Welt.«

[376] Vgl. Brawand 1987, 67–72.

[377] Brawand 1987, 71. Mit dem Begriff »Diasporasituation« zitiert Brawand Rudolf Augstein.

[378] In einem Interview mit der *Zeit* ging Augstein neben den prägenden Erfahrungen von Diktatur und Krieg auch auf eine persönliche Erfahrung ein, die offensichtlich eine zentrale Rolle für sein Selbstverständnis spielte: den Verlust seines Glaubens. Vgl. Müller 1993, besonders 67.

den Stil Augsteins: Er »marschierte zwangsläufig immer am Schluß der Kolonne, dort, wo die ironisch ›Mündungsschoner‹ genannten Kleineren eingeordnet waren –, Rudolf Augstein war nie ein Mann der lauten Töne und großen Gesten … Aber diese Eigenschaften, seine Nachdenklichkeit und gelegentlichen Selbstzweifel machten ihn um so mehr zu einem guten Zuhörer, zum Arbeiter und zur Integrationsfigur der zusammengewürfelten Redaktion.«[379]

Nachkriegszeit

Mit dem Ausgang des Zweiten Weltkriegs endeten die persönlichen und beruflichen Einschränkungen des Dritten Reichs und die Bedrohungen durch Kriegshandlungen. Es begann eine Zeit des Aufbruchs, die den Journalisten neue Entfaltungsmöglichkeiten und Aufgaben bot. Peter von Zahn beschreibt die damalige Aufbruchstimmung seiner Berufsgruppe: »Was verstanden meine Freunde und ich als die überragende Aufgabe des Journalisten in den ersten Jahren nach dem Krieg? Er mußte den Deutschen beibringen, sich selbst zu verstehen. Sie waren ein halbes Jahrhundert lang darüber getäuscht worden oder hatten sich selbst getäuscht in der Rolle, die sie in der Welt spielten. Sie wußten nicht, warum sie als ewige Spielverderber galten. Dem Journalisten oblag es damals, sie darüber aufzuklären und ihnen voranzugehen beim Analysieren der Vergangenheit.«[380] Ähnlich sieht der *Stern*-Autor Heinrich Jaenecke seinen »Standort bestimmt durch die Grunderfahrung seiner Generation, die Nationalsozialismus und Krieg als Trauma ihrer Jugend erlebte, als mörderischen Angriff der totalitären ›Volksgemeinschaft‹ auf das eben erwachende Individuum. Was für andere der ›Zusammenbruch‹ war, erfuhr der Autor, wie die Mehrheit seiner Generation, als wirkliche Befreiung, nämlich als Befreiung des eigenen Lebens aus dem Würgegriff eines monströsen Staates. Die Erinnerung daran ist nie verflogen, und die Skepsis … schlief nie ein. Sie blieb immer auf dem Sprung, um Alarm zu schlagen, sobald der Feind sich zeigte«.[381]

Die Nachkriegszeit prägte die Journalisten nicht nur durch die Abkehr von Diktatur und Krieg sowie den politischen Neuanfang, sondern auch durch die wirtschaftliche Situation, die von Armut und Hunger gekennzeichnet war. Dies klingt in einem Rückblick des Bildjournalisten Wolf Strache auf seine Arbeitsbedingungen nach 1945 an: »Meine Text- und Bildberichte erschienen in dem

[379] Brawand 1987, 105.
[380] von Zahn 1991, 258.
[381] Jaenecke 1991, 9.

Monatsmagazin ›*Stuttgarter Rundschau*‹, einer der ersten mutigen Zeitschriften nach dem Kriege, zu deren Autoren hervorragende Männer wie Theodor Heuss, Reinhold Maier und viele andere gehörten. Wann immer mir diese vergilbten Blätter in die Hände fallen, wundere ich mich, wie wir das alles damals überstanden haben: mittellos, hungrig, ohne alle materiellen Güter, nur erfüllt von einem unstillbaren Tatendrang, nachzuholen, was uns die sechs Jahre Krieg geraubt hatten, und zu erkunden, wie das Leben nach der Katastrophe in Deutschland weiterging. Es war eine unglaubliche, heute nicht mehr vorstellbare, eine tolle Zeit.«[382]

Eine weitere Facette der Nachkriegszeit war der Beginn des sogenannten »Kalten Krieges« – des Konflikts zwischen westlichen Demokratien und dem von der Sowjetunion dominierten Ostblock. Auch diese Erfahrung prägte die damals aktiven Journalisten in ihrem Arbeits- und Aufgabenverständnis. Einer von ihnen ist der langjährige Moderator des *ZDF-Magazins*, Gerhard Löwenthal. Er berichtet: Nach »1945, als ich beim *RIAS* war, haben wir … nichts anderes getan als psychologische Kriegführung gegen die Aggression der Sowjets im kalten Krieg – den ja die andere Seite angefangen hat; es ist ja nicht wahr, daß wir die kalten Krieger waren, wir haben die Herausforderung angenommen, Gott sei Dank haben wir sie angenommen. Ich war in dieser Auseinandersetzung von Anfang an, in der Zeit von ’45, Berliner Blockade, 17. Juni 1953, was ich am eigenen Leib erlebt habe.«[383] Löwenthal sieht seine »Grundüberzeugung … geprägt vom Kampf gegen Diktatur, Verfolgung, Unfreiheit und Unterdrückung von Menschenrechten«.[384]

Sechziger Jahre

Nach der politischen und wirtschaftlichen Konsolidierung der Bundesrepublik entstanden während der sechziger Jahre neue, innenpolitische Konflikte und Auseinandersetzungen. Sie prägten die Journalisten, die zum Teil von ihnen betroffen oder sogar daran beteiligt waren. Ein für den Journalismus in Westdeutschland besonders bedeutsames Ereignis war die *Spiegel*-Affäre des Jahres 1962. Ihre prägende Kraft wird in einem Nachruf des *Spiegel* auf den Anfang 1999 verstorbenen Sebastian Haffner deutlich: »Er war ein Kalter Krieger, der noch 1961 die Atombombe für Deutschland forderte. Sein Eintreten für den *Spiegel* und die Pressefreiheit in der *Spiegel*-

[382] Strache 1988, 8.
[383] Winckler 1994, Anhang – Dokumentarischer Teil, 6.
[384] Götz 1992. Andere Beispiele für autobiographische Beschreibungen der Zeit nach 1945 sind Höfer 1974; Littmann 1984; Brawand 1987.

Affäre 1962 entfremdete ihn der *Springer*-Presse. Haffner ging von der ›*Welt*‹ zum ›*Stern*‹.«[385] Haffner habe dort nun »mit seiner wöchentlichen Kolumne als einer der entscheidendsten Wegbereiter der Brandtschen Ostpolitik« gewirkt.[386]

Zu den gesellschaftlichen Veränderungen der sechziger Jahre gehörte auch die Frauenbewegung. Eine Journalistin, die darin selbst aktiv war, Alice Schwarzer, beschreibt, wie dieses Engagement ihre Tätigkeit geprägt hatte. Vor allem das »Movement de Libération des Femmes« in Frankreich habe ihre »Art zu leben und zu arbeiten gründlich« verändert.[387] Ihre Erfahrungen, die sie in Deutschland und Frankreich machte, waren Triebfedern des journalistischen Einsatzes für die Frauenbewegung, unter anderem mit der Zeitschrift *Emma*.[388]

Eine Prägung ganz anderer Art durch Entwicklungen, die in den sechziger Jahren ihren Anfang nahmen, beschreibt Christoph Scheuring in einem Portrait des *FAZ*-Herausgebers Frank Schirrmacher. Der 1959 geborene Journalist empfinde »Verachtung für die Nach-68er-Schwätzer, die zu … Anfang der achtziger Jahre die Universitäten blockierten. Diese ganzen verkrusteten Alt-Linken, die nichts Befreiendes an sich hatten, sondern jeden neuen Gedanken deckelten, bis er unter ihre Schablone paßte. Besonders Schirrmacher machte so etwas rasend. Diese Typen bremsten seinen Hunger nach Wissen und beleidigten seinen fliegenden Geist, weil er schon nach Sekunden wußte, wohin deren Gedanke zielte – aber nach zehn Minuten war die umständliche Rede noch immer nicht am Ziel.«[389] In dieser Beschreibung wird eine Gegenbewegung zur Achtundsechziger-Generation deutlich, die nicht nur für die Person Schirrmachers, sondern für zahlreiche jüngere Journalisten charakteristisch sein dürfte. So habe Schirrmachers Vorgänger, Joachim Fest, »noch andere Schlauköpfe aus« dessen »Generation zur *FAZ* geholt. Sie alle teilten diese Emphase und dienten ihm dabei, die verhaßten Nach-68er endlich aus der Zeitung zu hebeln.«[390]

Fazit

Die Hinweise aus den (auto-) biographischen Darstellungen belegen, daß historische Ereignisse und die damit verbundenen Lebenserfahrungen eine prägende Bedeutung für Journalisten besitzen,

385 Nachruf Sebastian Haffner 1999, 173.
386 Raulff 1999, 45.
387 Schwarzer 1982, 15 f.
388 Vgl. auch Karg 1991, hier vor allem 78 f.
389 Scheuring 1995b, 45.
390 Scheuring 1995b, 45.

die sie als Zeitgenossen miterleben. Die Ereignisse, die die Autoren nennen, besaßen – je nach historischer Situation – einen sehr unterschiedlichen Charakter. Man kann vermuten, daß sie aufgrund ihres jeweils spezifischen Charakters auch unterschiedliche Effekte auf die Journalisten hatten, die von ihnen geprägt wurden.

(Auto-) biographische Darstellungen können – obwohl authentisch und leicht zugänglich – nur sehr eingeschränkt als Quelle zur Identifikation der prägenden Erfahrungen von Generationen und ihres Einflusses auf die generationsspezifischen Sichtweisen herangezogen werden. Sie enthalten die Lebenserinnerungen einzelner Personen, die meist öffentlich bekannt sind und in ihrem Umfeld eine besondere Position einnehmen: Neben prominenten Journalisten stehen führende Politiker, erfolgreiche Unternehmer, bedeutende Wissenschaftler oder prominente Künstler im Mittelpunkt solcher Darstellungen. Ereignisse, die sie für sich persönlich herausheben, müssen für die weniger exponierten Angehörigen ihrer Generationen nicht in gleicher Weise bedeutsam gewesen sein. Darüber hinaus veröffentlichen die Autoren von (Auto-) Biographien Lebenserinnerungen nicht primär mit dem Anspruch objektiv nachprüfbarer Chroniken und Dokumentationen. Im Mittelpunkt steht vielmehr die Selbstdarstellung, für die bestimmte Lebenserfahrungen unter Umständen besonders herausgehoben, andere vernachlässigt werden. Es ist mit anderen Worten wahrscheinlich, daß prägende Eindrücke instrumentalisiert werden mit dem Ziel, die eigene Person in einem bestimmten Licht erscheinen zu lassen.

Aus den genannten Gründen sind die journalistischen Selbstaussagen zum Einfluß generationsspezifischer Erfahrungen nicht verallgemeinerbar. Mit der vorliegenden Untersuchung sollen die prägenden Lebenserfahrungen verschiedener Journalistengenerationen anhand empirischer Grundlagen identifiziert und genauer charakterisiert werden als dies anhand der vorliegenden Belege bisher der Fall ist. Darüber hinaus wird geprüft, welchen spezifischen Einfluß die verschiedenen prägenden Erfahrungen auf die Sichtweisen der Generationen besitzen.

3. Anlage der Untersuchung

3.1 Untersuchungsziel

Im Mittelpunkt der folgenden Studie steht der Einfluß generationsspezifischer prägender Eindrücke auf die generationsspezifischen Sichtweisen deutscher Journalisten. Sie soll die Frage klären, welchen Beitrag die prägenden Lebenserfahrungen verschiedener Journalistengenerationen zur Erklärung des Werte- und Normwandels in der gesamten Berufsgruppe leisten. Nach Wolfgang Donsbach kann man vier »Sphären« unterscheiden, die Einfluß auf das Denken und Handeln von Journalisten nehmen. Donsbach beschreibt sie mit den Begriffen »Subjekt-«, »Professions-«, »Institutions-« und »Gesellschaftssphäre«.[1] Die Annahmen, die der folgenden Untersuchung zugrundeliegen, enthalten Elemente der Subjekt-, Gesellschafts- und Professionssphären. Die Journalisten der verschiedenen Generationen erleben individuell das Geschehen ihrer jeweiligen historischen Situation mit und können davon in ihrem subjektiven Denken beeinflußt werden (Subjektsphäre). Die Journalisten erleben das historische Geschehen jedoch nicht nur als Individuen, sondern als Teil der Gesellschaft. Innerhalb der Gesellschaft bildet sich ein Konsens über die Bedeutung und den Stellenwert von historischen Ereignissen (Gesellschaftssphäre). Aufgrund des gemeinsamen Miterlebens bestimmter historischer Situationen entwickeln die Angehörigen verschiedener Journalistengenerationen spezifische berufliche Sichtweisen. Der typische »Generationsstil« manifestiert sich in den jeweils geltenden Berufsnormen (Professionssphäre). Zur Beantwortung der Frage nach dem Einfluß generationsspezifischer prägender Eindrücke auf die generationsspezifischen journalistischen Sichtweisen geht die Untersuchung in vier Schritten vor.

Im *ersten Schritt* werden Journalisten identifiziert, die verschiedenen Generationen im Sinne Mannheims angehören. Dazu ist es not-

[1] Vgl. die komprimierte Darstellung in Donsbach 1987, 111–114; ausführlicher ebd. 114–139.

wendig, über die sonst übliche Bildung von Alterskohorten anhand formaler Kriterien wie Fünf- oder Zehn-Jahresschritten hinauszugehen. Die empirischen Befunde und Hinweise aus der (auto-) biographischen Literatur legen die Unterscheidung von vier deutschen Journalistengenerationen seit dem Ende des Zweiten Weltkriegs nahe. Die älteste Generation – Journalisten, die bereits während des Krieges in ihrem Beruf tätig waren – ist für persönliche Kontakte mehrheitlich nicht mehr zugänglich und wird deshalb aus der Betrachtung ausgeklammert. Aus jeder der drei nachfolgenden Generationen sollen genügend viele Journalisten identifiziert werden, um fundierte Aussagen treffen zu können.

Im *zweiten Schritt* werden die Sichtweisen der Journalisten beschrieben, die den verschiedenen Generationen angehören. Dabei wird die These vom Generationswandel im Berufsverständnis überprüft. Sie beruht bisher nur auf dem Vergleich von Alterskohorten, die anhand formaler Kriterien gebildet wurden und keine Generationen im Sinne Mannheims sind. Die These vom Generationswandel wird auch anhand von Indikatoren präzisiert, die über die Befunde der vorliegenden Journalistenbefragungen hinausgehen. Neben den beruflichen werden die politischen Sichtweisen der Generationen berücksichtigt.

Im *dritten Schritt* werden die Erfahrungen identifiziert, die die Generationen geprägt haben. Berücksichtigt werden historische Ereignisse, die die Journalisten in verschiedenen Lebensphasen miterlebten, und individuelle Erlebnisse, die unterschiedlich eng mit den historischen Ereignissen zusammenhängen. Die typischen prägenden Erfahrungen der Generationen werden beschrieben und miteinander verglichen. Nur wenn die Journalisten verschiedener Generationen durch Eindrücke mit unterschiedlichem Charakter geprägt wurden, ist es realistisch anzunehmen, daß diese Eindrücke eine Ursache für charakteristische Unterschiede in den Sichtweisen darstellen.

Im *vierten Schritt* wird geprüft, ob und in welcher Weise die prägenden Erfahrungen einen Beitrag zur Erklärung der Unterschiede im Berufsverständnis von Journalisten verschiedener Generationen leisten. Dazu wird festgestellt, ob Zusammenhänge zwischen den prägenden Erfahrungen einerseits und dem beruflichen bzw. politischen Denken andererseits bestehen. Darüber hinaus wird die Richtung dieser Zusammenhänge identifiziert. Die Annahme der vorliegenden Studie lautet: Die gemeinsamen prägenden Lebenserfahrungen der Angehörigen einer Generation führen dazu, daß sie gemeinsame, für die Generation typische Sichtweisen entwickeln. Die prägenden Eindrücke sind also eine Ursache der Ansichten.

Man kann jedoch auch eine gegenteilige Annahme formulieren. Diese lautet: Die aktuellen Ansichten der Angehörigen einer Generation besitzen einen Einfluß auf ihre Erinnerung an frühere Lebensereignisse: Je nachdem, wie Journalisten aktuell denken, schätzen sie bestimmte Erfahrungen als prägende Eindrücke ein, andere dagegen nicht – obwohl sie de facto unter Umständen prägend waren. In diesem Fall bilden die Ansichten eine Ursache der Einschätzung der Bedeutung von Lebenserfahrungen.[2] Die Frage der Kausalität – und damit der Richtung des Zusammenhangs zwischen prägenden Lebenserfahrungen und generationsspezifischen beruflichen Sichtweisen – wird eingehend zu diskutieren und zu prüfen sein.

3.2 Datengrundlage

Grundlage der folgenden Analyse ist eine schriftliche Befragung von Journalisten aus drei Generationen, die im Herbst 1989 am Institut für Publizistik Mainz durchgeführt wurde.[3] Die Grundgesamtheit bilden alle festangestellten Redakteure, die in Tageszeitungen, Wochenblättern mit eigenständiger politischer Berichterstattung sowie aktuellen Redaktionen des öffentlich-rechtlichen Rundfunks[4] (Hörfunk und Fernsehen) mit der Berichterstattung über Politik und Wirtschaft beschäftigt sind. Sie waren 1989 für einen Großteil der tagesaktuellen Medieninhalte in der Bundesrepublik Deutschland verantwortlich. Innerhalb dieser Gruppe sollten Journalisten aus drei Generationen identifiziert und befragt werden. Aufgrund der Aussagen von Journalisten und Beobachtern

[2] Diese Vorstellung vertritt Beck 1994, 71 aus einer radikal konstruktivistischen Position. Für ihn ist »Vergangenheit … das Ergebnis der Erinnerung und nicht umgekehrt die Erinnerung das abbildhafte Produkt der Vergangenheit. Die Funktionalität der Erinnerungen für unsere Handlungen verweist auf ihre soziale Bedeutung.«

[3] Die Untersuchung leiteten Hans Mathias Kepplinger und Kurt Lang, der sich im Sommer 1989 zu einem Forschungssemester in Mainz aufhielt. An der Entwicklung des Fragebogens und der Konzeption der Stichprobenbildung waren außer ihnen Gladys Engel Lang, Uwe Hartung und die Verfasserin beteiligt. Für die praktische Durchführung der Befragung (Stichprobenbildung, Feldarbeit, Rücklaufkontrolle) und die Datenaufbereitung war die Verfasserin zuständig. Die Studie wurde von der *FAZIT*-Stiftung finanziell unterstützt. Ich danke Hans Mathias Kepplinger und Kurt Lang für die großzügige Überlassung der Daten.

[4] Da sich die privaten Rundfunkveranstalter im Herbst 1989 noch in einer Etablierungsphase befanden, wurden keine Journalisten berücksichtigt, die damals bei privaten Hörfunk- oder Fernsehanbietern beschäftigt waren.

sowie von Befragungsergebnissen waren diese Generationen bereits grob umrissen worden: eine erste, ältere Generation, die vor dem Dritten Reich geboren, währenddessen aufgewachsen und nach dem Krieg in den Journalismus gegangen war – sie hatte die Berufsgruppe mit ihrem Selbstverständnis bis in die sechziger Jahre hinein geprägt; eine zweite, mittlere Generation, die während des Krieges oder kurz danach geboren, in der Nachkriegszeit aufgewachsen und in den sechziger Jahren in den Journalismus gegangen war – sie war seitdem für Veränderungen im beruflichen Denken und Arbeiten der Berufsgruppe verantwortlich; eine dritte, jüngere Generation, die in den fünfziger und sechziger Jahren geboren, Ende der sechziger bzw. Anfang der siebziger Jahre aufgewachsen und zu Beginn der achtziger Jahre in den Journalismus gegangen war – ihre Sichtweisen gewinnen seitdem einen zunehmenden Einfluß. Anhand des Vergleichs dieser Journalistengenerationen kann festgestellt werden, ob unterschiedliche historische Phasen bzw. Ereignisse einen unterschiedlichen Einfluß auf ihre Sichtweisen ausübten, und ob – über diese historisch bedingten Unterschiede hinaus – Gemeinsamkeiten in den Prägungen der Generationen bestehen.

Befragt werden sollten ursprünglich 1.000 Journalisten. Bei einem erwarteten Rücklauf von etwa 60 Prozent[5] mußten 1.666 Personen angeschrieben werden, um 1.000 Fragebögen zurückzuerhalten. Zur Identifikation der Redakteure wurden der *Zimpel* und die Jahrbücher der öffentlich-rechtlichen Rundfunkanstalten herangezogen.[6] Allerdings verzeichnen diese Quellen erstens nicht alle Journalisten in den Redaktionen. Die Zahl ist im Fall der Rundfunkanstalten noch stärker begrenzt als bei der Presse. Zweitens enthalten *Zimpel* und Jahrbücher vorwiegend Namen leitender Redakteure (Chefredakteure, Ressortleiter). Hierbei handelt es sich in der Regel um Journalisten mittleren und fortgeschrittenen Alters. Eine Zufallsauswahl anhand der genannten Quellen führt deshalb zu einer verzerrten Stichprobe. Aufgrund des engen Altersspek-

[5] Bei früheren schriftlichen Befragungen des Instituts für Publizistik wurden Rücklaufquoten dieser Höhe erreicht. Beispielsweise betrug der Rücklauf einer schriftlichen Befragung von Lokalredakteuren 1977 62 Prozent (Mühlberger 1979).

[6] Für Deutschland gibt es keine Quellen, die die Namen und Anschriften aller Journalisten enthalten. Der *Zimpel* ist ein Verzeichnis aller Redaktionen von Zeitungen, Zeitschriften, Rundfunkanstalten und Agenturen in Deutschland, das unter anderem Angaben zu Ressorts, Mitarbeitern, Auflagenhöhe usw. enthält. Für die Stichprobenbildung herangezogen wurden der *Zimpel* Stand Sommer 1989, das *ARD*-Jahrbuch 1989 und das *ZDF*-Jahrbuch 1988.

trums der verzeichneten Personen wird zudem das Ziel verfehlt, gleichgewichtig drei Generationen zu erreichen.[7] Zum Ausgleich wurden die anhand des *Zimpel* und der Jahrbücher ermittelten Journalisten um die Namen je eines jüngeren und eines älteren Kollegen gebeten, die in einem zweiten Schritt angeschrieben wurden. Die aus *Zimpel* und Jahrbüchern identifizierten Redakteure werden im folgenden als *direkt ermittelte Journalisten* bezeichnet, die Kollegen, deren Namen sie nannten, als *indirekt ermittelte Journalisten*.

Unter der Zielvorgabe von 1.000 Befragten wurden zunächst 851 Redakteure anhand von *Zimpel* und *ARD- / ZDF*-Jahrbüchern direkt ermittelt.[8] Sie wurden Anfang Oktober 1989 zum ersten Mal kontaktiert.[9] Sie wurden im Anschreiben gebeten, auf der Antwort-

[7] Man kann allerdings davon ausgehen, damit bereits eine Generation sicher identifiziert zu haben – die der aktuell in Leitungspositionen etablierten Journalisten mittleren bis höheren Alters.

[8] Im Herbst 1989 arbeiteten in der Bundesrepublik etwa eineinhalb bis zwei mal so viele Redakteure im Pressebereich wie im Rundfunk. Basis dieser Angabe sind Schätzungen für 1989, die auf den Befragungen Anfang der neunziger Jahre beruhen. Die Jahrbücher von *ARD* und *ZDF* enthalten keine Angaben zur Anzahl der dort beschäftigten Redakteure (nur zur Anzahl aller Mitarbeiter). Schneider, Schönbach, Stürzebecher 1993a, 7 und 1993b, 355 schätzen für 1992 15.090 festangestellte Journalisten in westdeutschen Zeitungen und Zeitschriften sowie 7.346 Redakteure im Rundfunk (3.016 im Fernsehen, 4.330 im Hörfunk). Nach Weischenberg, Löffelholz, Scholl 1993, 26 waren 1992 insgesamt etwa 32.500 Journalisten in westdeutschen Redaktionen beschäftigt. Scholl 1993a, 86 weist davon 20.400 festangestellte Redakteure im Pressebereich aus (14.350 in Zeitungen und 6.050 in Zeitschriften).
Um die Relation von Presse- und Rundfunkredakteuren in der Stichprobe abzubilden, wurden 510 Presse- (60 %) und 341 Rundfunkjournalisten (40 %) ausgewählt (eigentlich 340 Rundfunkredakteure, versehentlich ein Name zuviel). Je die Hälfte der Rundfunkredakteure sollten für den Hörfunk (170) und das Fernsehen (171) arbeiten. Berücksichtigt wurden nur Redakteure aus Politik-, Wirtschafts-, Regional- und Lokalredaktionen.
In *Zimpel* und Jahrbüchern waren nur geringfügig mehr Namen von Rundfunkredakteuren verzeichnet als benötigt. Nach Ausschluß der Doppelnennungen und einiger weiterer Namen per Zufall wurden 341 Journalisten in den öffentlich-rechtlichen Funkhäusern angeschrieben. Damit waren Personen in allen relevanten Hörfunk- und Fernsehredaktionen berücksichtigt worden. Aus dem Pressebereich enthielten die Quellen wesentlich mehr Namen als aus den Rundfunkredaktionen. Um die im Unterschied zum Rundfunk weitaus differenziertere Presselandschaft in der Stichprobe möglichst proportional abzubilden, wurde für die Tageszeitungen und Wochenblätter eine nach Auflage und Redaktionsgröße geschichtete Zufallsauswahl von 510 Personen getroffen. Die Grundlage bildet eine Schätzung der Gesamtzahl festangestellter Journalisten in allen Tageszeitungen sowie in Wochenzeitungen und -zeitschriften mit konstanter, eigenständiger politischer Berichterstattung.

[9] Sie erhielten außer dem Fragebogen ein persönliches Anschreiben, einen (mit

postkarte die Namen eines jüngeren (»unter 35 Jahre«) und eines älteren Kollegen (»über 55 Jahre«) zu notieren, die befragt werden sollten, »um Unterschiede zwischen den Generationen« festzustellen. Diese indirekt ermittelten Journalisten erhielten ebenfalls einen Fragebogen mit Anlagen.[10] Alle direkt und indirekt ermittelten Journalisten, die bis Ende November nicht ihre Antwortkarte zurückgeschickt oder auf andere Weise reagiert hatten, erhielten erneut einen Fragebogen mit Anlagen sowie ein Anschreiben, in dem noch einmal der Zweck der Befragung erklärt und die Wichtigkeit der Teilnahme betont wurden.[11] Etwa zwei Wochen später, Anfang Dezember 1989, wurden diejenigen, die noch immer nicht reagiert hatten, ein weiteres Mal erinnert.[12]

Von den 851 direkt ermittelten Journalisten schickten 310 (36 %) den Fragebogen ausgefüllt zurück, über die Hälfte (53 %) reagierte nicht. 72 Redakteure lehnten die Beantwortung des Bogens ausdrücklich ab (8 %),[13] 17 wurden nicht erreicht (2 %).[14] Alles in allem waren von den direkt ermittelten Rundfunkjournalisten etwas mehr zur Teilnahme an der Befragung bereit als von den Pressejournalisten (41 % vs. 33 %), wobei der Rücklauf der Hörfunkredakteure höher war als der Fernsehredakteure (43 % vs. 39 %).

Mit einem Rücklauf von insgesamt nur einem guten Drittel war die Resonanz der im ersten Schritt kontaktierten Personen unerwartet gering. Dafür gab es mehrere Ursachen. Erstens waren die anhand von *Zimpel* und Jahrbüchern identifizierten Journalisten überwiegend leitende Redakteure,[15] die vermutlich aus Zeitmangel

»Gebühr zahlt Empfänger«) freigestempelten Rückumschlag für den Fragebogen sowie eine freigestempelte Antwortpostkarte. Die Befragung war anonym. Um kontrollieren zu können, wer geantwortet hatte, sollten die Befragten die Antwortkarte mit dem Vermerk, daß sie den Fragebogen ausgefüllt hatten, getrennt davon zurückschicken.

[10] Auch sie erhielten neben dem Fragebogen einen Rückumschlag, eine Antwortkarte sowie ein Anschreiben, das mit dem an die direkt ermittelten Redakteure gerichteten bis auf die Bitte um Kollegennamen identisch war.

[11] Bei den direkt ermittelten Journalisten enthielt das Anschreiben wieder die Bitte um die Namen je eines jüngeren und älteren Kollegen.

[12] Sie erhielten diesmal nur noch ein kurzes Anschreiben, das für die direkt und indirekt ermittelten Journalisten gleichlautend abgefaßt war.

[13] Schriftlich durch Briefe und Vermerke auf der Antwortpostkarte oder telefonisch. Das Anschreiben enthielt für solche Reaktionen oder Fragen die Telefonnummer der Verfasserin sowie feste Zeiten, zu denen sie täglich am *Institut für Publizistik* erreichbar war.

[14] Einige waren unter den in *Zimpel* und Jahrbüchern angegebenen Adressen nicht mehr erreichbar, andere befanden sich im Ausland oder konnten wegen Krankheit nicht über ihre Redaktionen kontaktiert werden.

[15] Der Entscheidung für das zweistufige Verfahren der Stichprobenbildung lag

häufig nicht reagiert haben. Zweitens fiel die Feldarbeit der seit längerer Zeit geplanten Befragung – die Vorarbeiten hatten im Frühsommer 1989 begonnen – in den sich abzeichnenden Umbruch der DDR. Die Journalisten hatten folglich kaum Gelegenheit, einen Fragebogen zu beantworten. Drittens enthält der Erhebungsbogen eine Reihe von Fragen nach persönlichen politischen Einstellungen, die ein Teil der Journalisten nicht beantworten wollte. Dies belegen zahlreiche Briefe, in denen sie ihre Verweigerung begründeten. Sie kritisierten vor allem die Bitte um Selbsteinstufung auf dem Links-Rechts-Spektrum. Nach Ansicht der erwähnten Journalisten waren die Etiketten *Links* und *Rechts* überholt und spiegelten nicht mehr das aktuelle Spektrum politischer Meinungen wider.[16] Einige Redakteure erklärten, daß sie ihre Meinungen in den Antwortvorgaben »nicht wiederfinden« würden. Ein weiterer Einwand gegen die Befragung war die Befürchtung, man könne die Journalisten namentlich identifizieren.

Knapp zwei Drittel der 310 befragten direkt ermittelten Journalisten nannten auf der Antwortkarte einen (11 %) oder zwei (54 %) Namen von Kollegen.[17] Insgesamt konnten 319 indirekt ermittelte Journalisten in die Stichprobe aufgenommen werden.[18] Von ihnen

die Annahme zugrunde, daß *Zimpel* und Jahrbücher überwiegend leitende Redakteure verzeichnen und deshalb nur den Zugriff auf eine vor allem in bezug auf das Alter relativ homogene Gruppe erlauben. Zur Überprüfung dieser Annahme wurden die Befragten gebeten, auf der Antwortpostkarte ihre berufliche Position als »Redakteur«, »Leitender Redakteur« oder »Ehemaliger Redakteur« anzugeben. Wie erwartet, waren die meisten der 310 befragten direkt ermittelten Journalisten tatsächlich leitende Redakteure (77 %), nur ein kleiner Teil bezeichnete sich als »Redakteur« (15 %) und hatte demnach mit hoher Wahrscheinlichkeit zum Zeitpunkt der Befragung keine leitende Stellung inne. Einige wenige direkt ermittelte Journalisten waren inzwischen im Ruhestand (6 %).

16 Die Journalisten zeigten häufig Widerstand gegen Fragen nach der Veränderung des Denkens unter dem Einfluß prägender historischer Ereignisse und individueller Erlebnisse. Sie zeigten sich in einigen Fällen auch skeptisch gegenüber einer Frage, in der sie ihr aktuelles politisches Denken im Vergleich zu ihren Ansichten in früheren Lebensphasen und im Vergleich zu Bezugsgruppen (Eltern, Kollegen, Freunde, Publikum) in Links-Rechts-Skalen einordnen sollten. Vgl. zu dieser Problematik ausführlich Kepplinger, Ehmig 1997.

17 Diejenigen, die nur einen Namen angaben, nannten in den meisten Fällen einen jüngeren Kollegen. Die anderen schickten zwar den Fragebogen ausgefüllt zurück und zeigten dies mit der Antwortpostkarte an, nannten aber keine Namen (35 %).

18 Die Antwortpostkarten enthielten insgesamt 369 Angaben von je etwa zur Hälfte jüngeren und älteren Kollegen. Zahlreiche Namen wurden von mehr als einem Befragten angegeben oder waren bereits in der Stichprobe der direkt ermittelten Redakteure enthalten. Deshalb ist die Zahl indirekt ermittelter Journalisten niedriger als die Zahl der Nennungen auf den Antwortpostkarten.

schickte über die Hälfte (53 %) den Fragebogen ausgefüllt zurück.[19] Damit zeigten die indirekt ermittelten Journalisten eine deutlich größere Bereitschaft zur Beantwortung des Fragebogens als ihre direkt ermittelten Kollegen (53 % vs. 36 %).[20]

Zusammengenommen liegen die Antworten von 498 Journalisten vor, 310 von direkt, 168 von indirekt ermittelten Redakteuren. Dies entspricht einem Gesamtrücklauf von 43 Prozent (Tabelle A 2 im Anhang). Die vorliegenden Antworten sind – wegen des erwähnten Ausfalls – im statistischen Sinn nicht repräsentativ. Dies bestätigt auch ein Blick auf die beruflichen Positionen: Mehr als die Hälfte der Befragten gaben an, leitende Redakteure zu sein (55 %), weniger als ein Drittel bezeichneten sich als »Redakteur[e]« (29 %). Damit kann man feststellen, daß leitende Redakteure deutlich überrepräsentiert sind.[21]

Die Ansichten der befragten Journalisten können aus den genannten Gründen nicht ohne weiteres auf die Ansichten aller Journalisten in der Bundesrepublik Deutschland übertragen werden.[22]

[19] Etwas weniger reagierten nicht (42 %). Zehn Journalisten lehnten die Beantwortung des Bogens ausdrücklich ab (3 %), acht wurden nicht erreicht (3 %).

[20] Dies kann mehrere Ursachen haben. Erstens waren die Namen der indirekt ermittelten Journalisten von Redakteuren genannt worden, die selbst an der Befragung teilgenommen hatten. Die Genannten waren vermutlich oft bereits über die Weitergabe ihres Namens und die Untersuchung informiert. Man kann deshalb davon ausgehen, daß sie der Studie aufgeschlossen gegenüberstanden. Dabei ist allerdings nicht ausgeschlossen, daß auch ein Austausch über den Inhalt des Fragebogens stattfand, so daß die indirekt ermittelten Journalisten unter Umständen nicht so unabhängig antworteten wie erwünscht. Zweitens waren die indirekt ermittelten Journalisten – wie mit dem Auswahlverfahren angestrebt – überwiegend nichtleitende (58 %) und ehemalige Redakteure (16 %) (Quelle: Angaben auf den Antwortkarten). Sie waren möglicherweise zum Zeitpunkt der Befragung nicht so extrem in Anspruch genommen wie die leitenden Redakteure. Drittens hatten nichtleitende und damit meist jüngere Journalisten vermutlich noch nicht an so vielen Umfragen teilgenommen wie ihre älteren Kollegen und waren auch deshalb unter Umständen aufgeschlossener und leichter zugänglich als diese.

[21] Der Anteil leitender Redakteure in der Grundgesamtheit ist wesentlich geringer. Dies lassen zum Beispiel Daten der repräsentativ angelegten Befragung von Weischenberg, Löffelholz und Scholl für 1993 erkennen: Von 1.498 befragten Journalisten hatten 245 leitende Positionen (16 %), 1.171 waren Redakteure (78 %), 82 Volontäre (5 %). Vgl. *Sage & Schreibe special* 1994, 11.

[22] Vgl. zu den soziodemographischen Merkmalen der Journalisten in Westdeutschland Schneider, Schönbach, Stürzebecher 1993a, 10–18; in West- und Ostdeutschland im Vergleich Schneider, Schönbach, Stürzebecher 1993b, 359–366; in Gesamtdeutschland Weischenberg, Löffelholz, Scholl 1994a, 155–157; 1994b, 56–58; *Sage & Schreibe special* 1994, 8 f. Die beiden Untersuchungen, die einige vor allem methodische Unterschiede aufweisen, sind mit dem Anspruch der statistischen Repräsentativität durchgeführt worden. Ihre Daten zu den soziodemo-

Dies ist jedoch für die vorliegende Studie ohne Bedeutung, weil es hier nicht darum geht, Meinungsverteilungen in der Grundgesamtheit aller Journalisten zu beschreiben. Dies war schon bei der Anlage der Stichprobe – die eine möglichst gleichgewichtige Erfassung von drei Generationen gewährleisten sollte – nicht geplant. Vielmehr standen von Beginn an Zusammenhänge zwischen Variablen – den prägenden Erfahrungen sowie den vor allem beruflichen Sichtweisen – im Mittelpunkt. Diese Zusammenhänge sind bei den Journalisten, die die Mitarbeit verweigerten, vermutlich nicht anders als bei jenen, die kooperierten. Es gibt auch keinen triftigen Grund für die Annahme, daß prägende Erfahrungen auf die Ansichten der Befragten einen anderen Einfluß ausgeübt haben als auf die Ansichten derer, die die Teilnahme ablehnten. Trotz der eingeschränkten Repräsentativität werden die Antworten der Redakteure auf die Testfragen zu ihren politischen und beruflichen Sichtweisen zunächst relativ ausführlich beschrieben, um eine Grundlage für die Bearbeitung der darauf aufbauenden Analyse zu geben. Im Mittelpunkt steht dabei der Vergleich der drei Generationen von Journalisten.

Das zentrale Ziel der Stichprobenbildung war es, Journalisten aus drei Generationen zu befragen, deren politische und berufliche Ansichten durch unterschiedliche historische Situationen und verschiedenartige individuelle Erlebnisse beeinflußt wurden. 492 der 498 Journalisten gaben ihr Alter an. Die sechs Journalisten, deren Alter nicht bekannt ist, werden, weil es sich hierbei um eine notwendige Information für die Analyse handelt, im folgenden nicht mehr berücksichtigt. Ebenfalls aus der Analyse ausgeschlossen wird ein Journalist, dem versehentlich ein unvollständiger Fragebogen zugeschickt worden war.[23] Die 491 Journalisten bilden drei ähnlich große Altersgruppen: die 23- bis 38-jährigen (n = 161), die 39- bis 53-jährigen (n = 162) und die 54- bis 80-jährigen (n = 168).[24] Alle drei Altersgruppen sind – für sich betrachtet – normalverteilt (Schaubild 3). Dies belegt, daß die Stichprobenbildung ihr Ziel erreicht hat: Man kann von drei Journalistengenerationen sprechen, einer *älteren Generation*, geboren in den 27 Jahren zwischen 1909 und 1935, einer *mittleren Generation*, geboren in den 15 Jahren zwi-

graphischen und beruflichen Merkmalen des deutschen Journalismus dürften deshalb – mit den erwähnten methodischen Einschränkungen – die tatsächlichen Gegebenheiten im großen und ganzen abbilden.

[23] In diesem Fragebogen fehlte die Seite mit der – zentralen – Frage nach der Wahrnehmung historischer Ereignisse.

[24] Das Perzentil für 33 Prozent liegt bei 39, das Perzentil für 67 Prozent bei 54 Jahren.

schen 1936 und 1950, sowie einer *jüngeren Generation*, geboren in den 16 Jahren zwischen 1951 und 1966. Etwas plastischer kann man die ältesten Journalisten (54 bis 80 Jahre) »Großväter«-Generation,[25] die Befragten mittleren Alters (39 bis 53 Jahre) »Väter«-Generation und die jüngsten Redakteure (23 bis 38 Jahre) »Enkel«-Generation nennen (Schaubild 3). Diese Begriffe werden im folgenden zur Bezeichnung der drei Altersgruppen verwendet. Die »Großväter«, »Väter« und »Enkel« repräsentieren jeweils im großen und ganzen die Generationen, auf deren Abfolge im deutschen Journalismus der Nachkriegszeit man aufgrund der Befragungsergebnisse sowie der Aussagen von Beobachtern und Journalisten schließen konnte. Die vermuteten und empirisch gesetzten Altersgrenzen decken sich nicht hundertprozentig. Dies stellt für die Analyse jedoch kein gravierendes Problem dar: Nach Mannheims Definition ist eine exakte Identifikation der Geburtsjahrgänge, die Generationen voneinander abgrenzen, nicht möglich, da die Übergänge fließend sind und »Zwischengenerationen« die jeweils ältesten und jüngsten Generationen miteinander verbinden. Entscheidend ist, daß die »Großväter«, »Väter« und »Enkel« in der Mehrzahl Vertreter der drei wichtigsten Nachkriegsgenerationen umfassen.

[25] Schaubild 3 legt nahe, die »Großväter«-Generation auf die 54- bis 69-jährigen zu beschränken (geboren in den 16 Jahren zwischen 1920 und 1935) und die über 69-jährigen als eigene Generation der »Urgroßväter« zu behandeln. Diese Gruppe umfaßt jedoch nur vier Befragte. Die beiden 72-jährigen, der 76-jährige und der 80-jährige Journalist werden deshalb zur »Großväter«-Generation gezählt. Ihre Antworten werden bei allen vergleichenden Analysen als Antworten von »Großvätern« behandelt.

Schaubild 3: Alter der befragten Journalisten

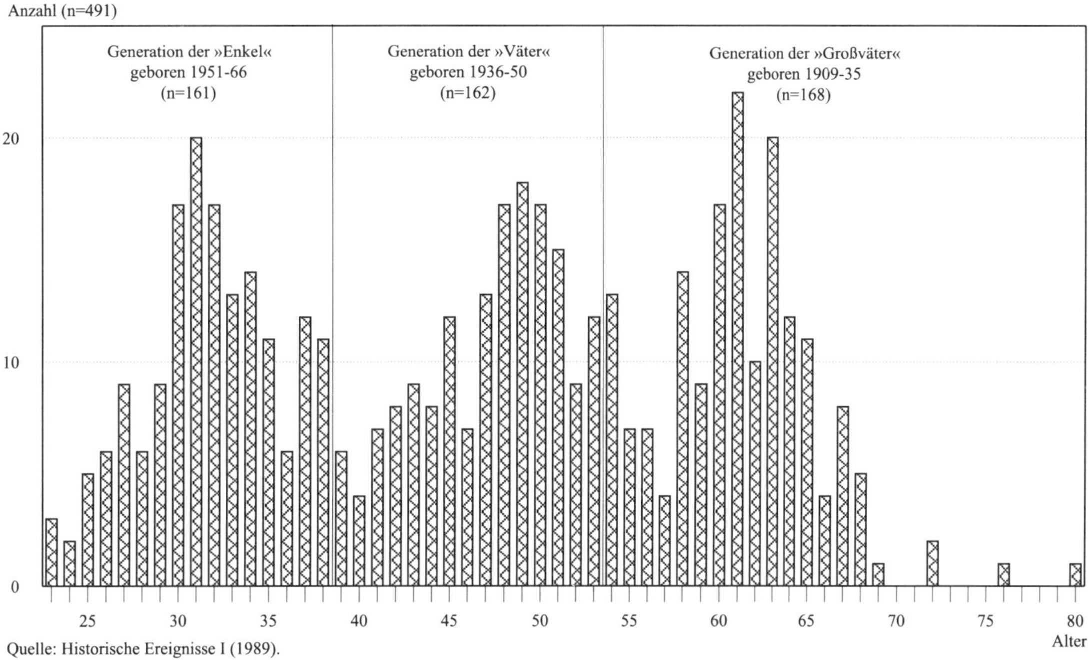

Quelle: Historische Ereignisse I (1989).

4. Ergebnisse

4.1 Charakteristika der drei Generationen

4.1.1 Soziodemographische Merkmale

Die fast ausschließlich männlichen Journalisten der *»Großväter«-Generation* (geboren 1909 bis 1935) waren meist verheiratet (83 %). Vier Fünftel hatten Abitur gemacht, mehr als die Hälfte ein Studium begonnen und überwiegend auch beendet. Etwa jeder vierte Befragte dieser Altersgruppe »hatte schon einen anderen Beruf«, bevor er Journalist wurde. 46 Prozent der älteren Journalisten arbeiteten für Presseorgane, 42 Prozent für den öffentlich-rechtlichen Rundfunk, die meisten davon für den Hörfunk. Vergleichsweise viele waren für mehr als ein Medium tätig (10 %). Fast zwei Drittel der Befragten aus dieser Generation waren beruflich organisiert, überwiegend im *Deutschen Journalisten-Verband*. Nur sehr wenige hatten sich zum Zeitpunkt der Befragung der *IG Medien* angeschlossen. Ihr Bruttoeinkommen war – wie man aufgrund des Alters annehmen konnte – durchschnittlich sehr hoch: Knapp ein Drittel verdiente *»10.000 DM und mehr«* im Monat.

Drei Viertel der ebenfalls fast ausnahmslos männlichen Journalisten der *»Väter«-Generation* (geboren 1936 bis 1950) waren verheiratet. In dieser Altersgruppe waren auch relativ viele geschieden (13 % vs. 5 % bzw. 3 %). Wie ihre älteren Kollegen hatten vier Fünftel Abitur gemacht; etwas mehr als die Älteren – zwei Drittel – hatten ein Studium begonnen und überwiegend auch beendet. Etwa jeder vierte »hatte schon einen anderen Beruf«, bevor er Journalist wurde. 51 Prozent der Journalisten mittleren Alters arbeiteten für Presseorgane, 48 Prozent für den öffentlich-rechtlichen Rundfunk, jeweils etwa zur Hälfte für Hörfunk und Fernsehen. Über zwei Drittel der Befragten aus dieser Generation waren beruflich organisiert, zu einem großen Teil im *Deutschen Journalisten-Verband*, bemerkenswert viele auch in der *IG Medien*. Ihr durchschnittliches Bruttoeinkommen lag erwartungsgemäß etwas unter dem ihrer älteren Kollegen.

Unter den 1951 bis 1966 geborenen Journalisten der »*Enkel«-Generation* waren bemerkenswert viele Frauen (24 % vs. 8 % bzw. 2 %). Jeweils fast die Hälfte waren verheiratet oder ledig. Fast alle jungen Journalisten hatten Abitur gemacht, drei von vier hatten ein Studium begonnen und meist auch abgeschlossen. Sie hatten noch häufiger als ihre älteren Kollegen ein Volontariat absolviert (67 % vs. 59 % bzw. 53 %). Vergleichsweise wenige hatten vor ihrer Tätigkeit als Journalist einen anderen Beruf. Anders als ihre älteren Kollegen arbeiteten deutlich mehr junge Redakteure für Presseorgane als für den Rundfunk. Vermutlich aufgrund ihrer geringeren Berufserfahrung und Spezialisierung waren sie häufiger mit lokalen und regionalen Themen oder Beiträgen für bunte Seiten befaßt. Ihr durchschnittliches Einkommen war entsprechend niedriger: Deutlich mehr als die Hälfte verdiente weniger als 6.000 DM im Monat.

Die Kurzportraits weisen auf deutliche generationsspezifische Unterschiede zwischen den drei Altersgruppen. Sie zeigen sich im Frauenanteil, im Anteil der Verheirateten bzw. Geschiedenen und Ledigen, in der Schul- und Berufsausbildung, in der Art der Medien, für die die Befragten arbeiteten, in ihren Themenschwerpunkten, in den bevorzugten Gewerkschaften und in der Höhe des Einkommens. Dies belegt, daß die drei anhand des zweistufigen Auswahlverfahrens identifizierten Altersgruppen in angemessener Weise verschiedene Generationen von Journalisten repräsentieren,[1] die im Herbst 1989 in westdeutschen Medien tätig waren (Tabelle A 3 im Anhang).[2]

4.1.2 Ansichten

4.1.2.1 Politische Orientierung[3]

Zur politischen Orientierung von Journalisten gehören ihre generellen politischen Einstellungen und ihre konkreten politischen Meinungen. Der Begriff *Einstellung* bezeichnet grundlegende Ver-

[1] Der Begriff *Repräsentieren* ist dabei nicht im Sinne statistischer Repräsentativität gemeint.

[2] Wie bereits bemerkt, könnte man darüber streiten, ob die Grenzen bei den Jahrgängen 1935/ 36 und 1950/51 die Generationen optimal voneinander trennen oder besser einige Jahre früher oder später gesetzt würden. Diese Frage wird hier vernachlässigt, da die exakte Definition und Eingrenzung der Generationen nicht im Mittelpunkt der Arbeit steht. Die möglichen geringfügigen Unschärfen werden in Kauf genommen, um vergleichbar große Gruppen zu erhalten und die weitere Analyse auf eine solide Basis zu stellen.

[3] Vgl. zum folgenden Abschnitt die mit anderem Schwerpunkt erstellte Analyse

haltensdispositionen. Einstellungen bilden Perspektiven, aus denen Menschen aktuelles Geschehen wahrnehmen. Sie stellen Schemata dar, anhand derer sie es deuten.[4] *Politische* Einstellungen sind demnach Orientierungshilfen, die für das politische Denken und Handeln relevant sind. Von den generellen politischen Einstellungen als Verhaltensdispositionen müssen Meinungen zu konkreten Themen und praktische Verhaltensweisen unterschieden werden. Es ist empirisch gut belegt, daß man Meinungen und Verhaltensweisen aus politischen Einstellungen vorhersagen bzw. ableiten kann.[5] So werden zum Beispiel Journalisten, die eine Partei entschieden ablehnen, dazu tendieren, diese Partei negativ darzustellen und vermeiden, sie positiv zu präsentieren. Ob sie dies tatsächlich tun, hängt von berufsspezifischen Faktoren ab: ihrer Ressortzugehörigkeit, ihrem Berufsverständnis, der redaktionellen Linie ihres Mediums usw. Deshalb kann man aus der Existenz bestimmter Einstellungen nicht immer auf Verhaltensweisen schließen, die diesen Einstellungen exakt entsprechen.[6] Man kann allerdings auch nicht im Umkehrschluß folgern, daß Einstellungen aufgrund der Wirksamkeit anderer Faktoren keinen Niederschlag im Verhalten finden. Der Zusammenhang zwischen den Einstellungen und Verhaltensweisen von Journalisten bzw. ihren Meinungen zu konkreten Themen ist mit zahlreichen Studien belegt, die auf verschiedenen Untersuchungsdesigns basieren.[7]

zum Einfluß politischer Einstellungen von Journalisten auf die Beurteilung aktueller Kontroversen (Kepplinger, Ehmig 1997). Grundlage dieser Studie sind Messungen der politischen Orientierung westdeutscher Journalisten aus drei Generationen im Winter 1991/92. Dazu wurden identische Fragemodelle verwendet wie für die vorliegende Befragung im Herbst 1989. Da es sich bei den Befragten im Winter 1991/92 und im Herbst 1989 überwiegend um dieselben Personen handelte, gelten die Befunde analog.

[4] Vgl. Smith 1982.

[5] Vgl. Kim, Hunter 1993.

[6] Vgl. Rust 1986.

[7] Zum Zusammenhang zwischen Einstellungen und Verhaltensweisen liegen vor: Laborexperimente, die eine logisch zwingende Beweisführung ermöglichen, aber Faktoren vernachlässigen, die das tatsächliche Verhalten mitbestimmen (Kerrick, Anderson, Swales 1964; Kepplinger 1989b); Befragungen von Journalisten kombiniert mit Analysen ihrer Berichterstattung, die realistische und verallgemeinerbare Ergebnisse liefern, aber keine zwingende Beweiskraft besitzen, weil es sich um Aggregatdatenanalysen handelt (Flegel, Chaffee 1971; Noelle-Neumann, Kepplinger 1978); Gegenüberstellungen von Kommentaren als Indikatoren für Einstellungen bzw. Meinungen und Berichten über das aktuelle Geschehen (Schönbach 1977; Kepplinger 1989a); Input-Output-Analysen in Kombination mit Einstellungsmessungen, die präzisen Aufschluß über die Zusammenhänge liefern, jedoch auf nicht verallgemeinerbare Fallbeispiele beschränkt bleiben (White 1950; Wilke, Rosenberger 1991); teilnehmende Beob-

Generelle politische Einstellungen

Politische Einstellungen von Journalisten werden mit unterschiedlichen Fragemodellen gemessen.[8] Eine erste Möglichkeit bietet die Vorlage mehrerer kontroverser Themen, aus deren Beurteilung die Einstellungen erschlossen werden.[9] Ein Vorteil dieses Vorgehens ist die Breite der Datenbasis, ein Nachteil der hohe Aufwand. Eine zweite Methode besteht in der Beurteilung von Parteien anhand von mehrstufigen Skalen. Dieses Verfahren verwendeten die Autoren der Hannoveraner Befragung 1992.[10] Es vermittelt differenzierte Informationen über die Nähe der Befragten zu den einzelnen Parteien, erlaubt jedoch keine eindeutige Lokalisierung im Parteienspektrum. Diese Möglichkeit bietet eine dritte Methode: die Entscheidung der Befragten für eine der Parteien. Sie liegt den Einstellungsmessungen in den Befragungen von Köcher, Patterson und Donsbach sowie Weischenberg, Löffelholz und Scholl zugrunde.[11] Ein Vorteil des Verfahrens ist die Anschaulichkeit der Ergebnisse, ein erheblicher Nachteil die Tatsache, daß ein Großteil der Befragten keine Parteipräferenz angibt.[12] Eine vierte Möglichkeit zur Messung der politischen Einstellungen von Journalisten bietet die Vorlage von Etiketten wie »nationaldemokratisch«, »konservativ«, »sozialdemokratisch« oder »grün-alternativ«. Für dieses Verfahren, mit dem die Autoren der Münsteraner Befragung arbeiteten, spricht die hohe Bereitschaft von Journalisten, ihre persönliche Haltung zu dokumentieren.[13] Dagegen spricht, daß die Antworten

achtungen (exemplarisch Fishman 1980), für die die gleiche Einschränkung gilt; Kombinationen von Befragungsexperimenten mit Inhaltsanalysen, die die Vorteile mehrerer Designs verbinden, aber extrem aufwendig sind (Kepplinger, Brosius, Staab, Linke 1989). Zum Zusammenhang zwischen den generellen politischen Einstellungen von Journalisten und ihren Meinungen zu konkreten Themen vgl. Kepplinger, Ehmig 1997; auch Furnham 1985; 1987; Heaven 1990.

[8] Vgl. dazu auch die Übersicht von Nie, Andersen 1974.

[9] Vgl. Scott 1968; Kepplinger, Brosius, Staab, Linke 1989. Bei diesem Verfahren handelt es sich im Grunde um einen Rückschluß von Meinungen zu konkreten Themen auf die zugrundeliegenden Einstellungen.

[10] Vgl. zum Beispiel Schönbach, Stürzebecher, Schneider 1994.

[11] Vgl. Köcher 1985; Donsbach 1993a; Weischenberg, Löffelholz, Scholl 1994a.

[12] In der Befragung von Weischenberg, Löffelholz und Scholl gaben 28 Prozent der Journalisten an, keiner Partei nahezustehen, acht Prozent verweigerten die Antwort auf die Frage nach ihrer Parteineigung. Es ist deshalb fragwürdig, ob die Parteineigung als Indikator für Werthaltungen von Journalisten überhaupt geeignet ist. Aufgrund der hohen Verweigerungsrate ergeben sich auch erhebliche Probleme beim Vergleich der Antworten von Journalisten mit allgemeinen Bevölkerungsumfragen und Wahlstatistiken. Vgl. dazu im Detail Kepplinger, Ehmig 1997.

[13] Vgl. zum Beispiel Weischenberg, Löffelholz, Scholl 1994a. Hier verweigerten nur neun Prozent der Befragten ihre Antwort.

ebenfalls keine eindeutige Lokalisierung der Befragten zulassen. Eine fünfte Methode besteht in der Vorlage einer bipolaren Skala, deren Enden mit »ganz links« und »ganz rechts« beschriftet sind.[14] Vorteile dieses Verfahrens bilden die Einfachheit der Frage und die Klarheit der Ergebnisse. Gegen die Verwendung der Links-Rechts-Dimension zur Charakterisierung politischer Einstellungen werden allerdings verschiedene Einwände erhoben.

Der erste Einwand lautet, daß eine wachsende Neigung von Befragten zur Skalenmitte besteht, die den Befunden von Studien mit anderen Indikatoren widerspricht und die Aussagekraft der Selbsteinstufungen fraglich erscheinen läßt.[15] Allerdings zeigt Oddbjørn Knutsen 1998, daß die Tendenz zur Skalenmitte bei Hochgebildeten schwächer ausgeprägt ist als in anderen Bevölkerungsgruppen. Dies relativiert das Problem und spricht für die Verwendung von Links-Rechts-Skalen zur Erhebung der politischen Orientierung von Eliten, darunter Journalisten. Der zweite Einwand lautet, spätestens seit dem Zusammenbruch des Sozialismus existierten politische Einstellungen in diesem weitreichenden Sinn nicht mehr. Ihre Basis bildeten, so die Begründung, intakte Ideologien, denen das Ende des Ost-West-Konflikts den Boden entzogen habe. Sie seien durch pragmatische Verhaltensmaxime ersetzt worden. Gegen diese These spricht, daß auch nach dem Ende des Ost-West-Gegensatzes politisch relevante Ideologien existieren, zum Beispiel in Form des religiösen Fundamentalismus.[16] Dagegen sprechen auch Befunde, die zeigen, daß die Bevölkerung sehr wohl in der Lage ist, rechte und linke Positionen als solche wahrzunehmen bzw. zuzuordnen.[17]

Der dritte Einwand lautet, die politischen Einstellungen seien heute so heterogen, daß sie nicht mehr auf einer bipolaren Skala lokalisierbar seien, sondern in einem mehrdimensionalen Raum verortet werden müßten.[18] Diese These kann nur mit Hilfe aufwendiger Spezialstudien überprüft und methodisch umgesetzt werden. In Untersuchungen, die vorrangig andere Probleme behandeln, muß man nach wie vor auf einfachere Modelle zurückgreifen. Der vierte, in der Öffentlichkeit häufig zu hörende und auch von den

[14] Vgl. Köcher 1985. Diese Vorgehensweise beruht auf Erkenntnissen der Einstellungsforschung, in der zahlreiche Dimensionen von Einstellungen unterschieden werden. Ihre Lokalisierung auf einer bipolaren Skala von links bis rechts spielt dort nach wie vor eine wichtige Rolle (Fuchs, Klingemann 1990; Heaven 1990; Noelle-Neumann 1998a).

[15] Vgl. Kepplinger, Köcher 1990; Knutsen 1998.

[16] Vgl. Hoff 1992.

[17] Noelle-Neumann, Köcher 1997, 799; Noelle-Neumann 1998a.

[18] Vgl. Kitschelt, Hellemans 1990; Lerner, Nagai, Rothman 1991.

hier befragten Journalisten geäußerte Einwand lautet, die Unterscheidung zwischen *links* und *rechts* sei seit längerem gegenstandslos, weil die Begriffe ihre Bedeutung verloren hätten. Deshalb sage eine Klassifikation von Menschen, die auf dieser Unterscheidung beruhe, nichts über ihre tatsächlichen Einstellungen aus. Gegen diese Behauptung sprechen Befunde, die einen klaren Zusammenhang zwischen der Links-Rechts-Klassifikation und einem breiten Spektrum von Werten dokumentieren.[19]

Die Einwände gegen die Verwendung von Links-Rechts-Skalen können aus den genannten Gründen ihren Indikatorwert letztlich nicht entkräften. Es ist vielmehr nach wie vor sinnvoll, an der Unterscheidung zwischen links- und rechtsliberalen Einstellungen festzuhalten. Deshalb wurde auch in der vorliegenden Studie ein Fragemodell verwendet, das eine Lokalisierung der Journalisten im Links-Rechts-Spektrum erlaubt. Dieses Modell wurde zur Messung der politischen Einstellungen der Journalisten aus den drei Generationen neu entwickelt. Es verbindet die vielfach übliche abstrakte Links-Rechts-Einstufung mit konkreten Bezugspunkten im Leben und im persönlichen Umfeld der Befragten.

Die Journalisten wurden gebeten, ihr aktuelles politisches Denken mit ihrem eigenen Denken in früheren Lebensphasen und dem Denken verschiedener Bezugspersonen in Vergangenheit und Gegenwart zu vergleichen. Dazu wurde ihnen eine zweigeteilte Frage vorgelegt. Der erste Teil der Frage lautet: »Um noch einmal auf Ihr politisches Denken zu kommen: In welcher Richtung (was man so ›rechts‹ oder ›links‹ nennt) unterscheidet es sich von Ihrem früheren Denken bis zu Ihrem Schulabschluß ... während Ihres Studiums / Ihrer Ausbildung ... seit Ihrem Berufseintritt?« Der zweite Teil der Frage lautet: »Und wie unterscheidet sich Ihr jetziges politisches Denken von dem Ihres Vaters ... Ihrer Mutter ... der meisten Ihrer früheren Schulfreunde ... der meisten Ihrer Kommilitonen ... der meisten Ihrer Kollegen ... Ihres jetzigen Freundeskreises ... Ihrer Leser / Zuhörer / Zuschauer?« Vorgegeben waren jeweils die Antworten »Mein heutiges politisches Denken ist eindeutig links davon«, »eher links davon«, »mehr oder weniger gleich«, »eher rechts davon« und »eindeutig rechts davon«.[20]

[19] Heaven 1990; Kepplinger, Ehmig 1997; Noelle-Neumann 1998b.

[20] Auch Lang und Engel Lang stellten Vergleiche zwischen den politischen Ansichten der *Wilson*-Stipendiaten und ihrer Bezugspersonen an. Sie verwendeten dazu ein etwas anderes Fragemodell. Sie baten die Befragten: »Indicate which ideological label best describes yourself today, your father, your mother, most of your current friends, most of your friends when you were a college senior, yourself when you entered college, yourself by the time you finished your stu-

Das neuartige Fragemodell, das hier zur Messung der politischen Einstellungen der Journalisten aus den drei Generationen verwendet wurde, besitzt mehrere Vorteile gegenüber den Indikatoren anderer Studien. Erstens, die politischen Selbsteinstufungen beruhen – von einer Ausnahme abgesehen – auf persönlichen Erfahrungen. Es handelt sich also um erlebnisgesättigte Antworten. Die Ausnahme bildet das Publikum, über dessen Denken die Befragten nur spekulieren konnten. Die ermittelte Distanz zum Publikum spiegelt deshalb eher sein Image in den Augen der Journalisten als reale Unterschiede der Denkweisen. Zweitens, die Vergleichszeitpunkte und -personen bieten aufgrund der Erlebnissättigung einen konkreten Bezugsrahmen für die Selbsteinstufung und vermeiden das sonst verwendete abstrakte Links-Rechts-Kontinuum. Drittens, durch die Verwendung mehrerer Skalen ist eine differenzierte Lokalisierung der Einstellungen möglich, die mit der sonst üblichen Vorlage einer einzigen Skala nicht zu leisten ist. Viertens, die Journalisten waren in hohem Maße bereit, ihr politisches Denken auf den verschiedenen Skalen einzustufen. Fast alle Befragten aus den drei Generationen verglichen ihre aktuellen Einstellungen mit ihrer eigenen früheren politischen Orientierung (92 % bis 97 %). Nahezu ebensoviele stellten solche Vergleiche mit dem Denken ihrer Eltern, Kollegen und Freunde her (83 % bis 96 %). Bemerkenswerte Ausfälle gab es nur bei den Vergleichen der »Großväter« mit den Schulfreunden und dem Publikum (26 % bzw. 24 %) sowie bei den Vergleichen der »Großväter« und der »Väter« mit den Kommilitonen (46 % und 25 %). Dies ist darauf zurückzuführen, daß ein Teil der Befragten dieser Altersgruppen nicht studiert hat bzw. sich kein Urteil über das Publikum zutraute.[21] Generell zeigt die hohe Bereitschaft zur Selbsteinstufung, daß das Fragemodell über nahezu alle Befragten inhaltlich interpretierbare Aussagen liefert. Es bietet damit einen klaren Vorteil gegenüber der Frage nach der Parteineigung, auf die Journalisten häufig keine Antwort geben.[22]

dies.« Die Einstufung erfolgte auf siebenstufigen Skalen, die mit »far ›right‹«, »conservative«, »regular Republican«, »regular Democrat«, »liberal reformer«, »moderate socialist«, »radical socialist or communist« beschriftet war. Befragte, die sich mit keinem Etikett beschreiben wollten, konnten unter »other« eine eigene Bezeichnung eintragen oder »not applicable (e.g. parent deceased)« ankreuzen. Die Autoren präsentieren auszugsweise Ergebnisse in Lang, Engel Lang 1978 (zum Beispiel Tabellen 3 S. 202 und 4 S. 209).

[21] Gerade bei der Skala zum Vergleich mit dem Publikum merkten einige Journalisten an, sie fühlten sich nicht in der Lage, eine Einstufung vorzunehmen. Vgl. zur Anzahl derer, die sich auf den einzelnen Skalen einstuften, die Werte in Tabelle 3. Für die Analyse werden jeweils nur sie herangezogen.

[22] Gegen diese Interpretation kann man einwenden, daß ein Großteil der Ziel-

Das Fragemodell besitzt neben den genannten Vorzügen zwei Nachteile, die bei der Interpretation der Daten zu beachten sind. Der erste Nachteil ergibt sich aus dem Charakter der Untersuchung. Weil es sich um eine Querschnittstudie handelt, gehen neben der tatsächlichen Entwicklung des politischen Denkens der Journalisten möglicherweise auch aktuelle Sichtweisen ein, die den Blick auf die eigene Vergangenheit und die Bezugspersonen beeinflussen. Mangels externer biographischer Daten kann man nicht feststellen, wie groß der Einfluß der aktuellen Sichtweisen auf die Erinnerung an das eigene frühere Denken und die Wahrnehmung des Denkens anderer Personen ist. Es besteht mit anderen Worten die Möglichkeit von Erinnerungsfehlern. Sie sind für die Analyse jedoch nur dann von Bedeutung, wenn sie auf Journalisten, die sich selbst links einstufen, einen anderen Einfluß ausüben als auf Journalisten, die sich selbst rechts einstufen. Da es für diese Annahme keinen plausiblen Grund gibt, und da die Analyse klare, eindeutige Ergebnisse liefert, kann man den Einfluß von Erinnerungsfehlern hier als marginal einschätzen.

Der zweite Nachteil besteht darin, daß man die politischen Standorte der Journalisten anhand der zehn Skalen nur *relativ* bestimmen kann – als Distanz bzw. Nähe zum Denken anderer und als Veränderung gegenüber der eigenen Vergangenheit. Die tatsächlichen Denkweisen der befragten Journalisten in früheren Lebensphasen sind jedoch ebensowenig bekannt wie die tatsächlichen Denkweisen der Bezugspersonen. Man kann deshalb nicht feststellen, von welcher Position im politischen Spektrum aus eine (Um-) Orientierung nach links oder rechts stattgefunden hat. Man kann auch nicht feststellen, gegenüber welchen Standpunkten der Eltern, Schulkameraden, Freunde oder Kollegen sich die Journalisten absetzten. So wird sich ein orthodoxer Marxist gegenüber einem grün-alternativen Freundeskreis ebenso »eher« oder »eindeutig links« sehen wie ein Rechtsliberaler gegenüber einem rechtskonservativen Vater.

Mit Blick auf die eigene Lebensgeschichte dürfte der Unterschied zwischen dem aktuellen Denken und dem früheren Denken um so geringer werden, je näher die Vergleichsphase rückt. Dies ist in den drei Generationen jedoch vermutlich nicht in gleicher Weise

personen die Teilnahme an der Befragung generell verweigert hat. Dieses Argument ist für die vorliegende Studie allerdings ohne Bedeutung: Es geht hier nicht darum, anhand repräsentativer Daten Meinungsverteilungen in der Grundgesamtheit der Journalisten zu beschreiben. Im Mittelpunkt stehen charakteristische Unterschiede im Denken von Journalisten verschiedener Generationen und Einflüsse prägender Erfahrungen auf die generationsspezifischen Denkweisen.

der Fall, sondern bei den »Enkeln« deutlicher ausgeprägt als bei den »Vätern« und bei diesen deutlicher als bei den »Großvätern«. Die Vergleichszeitpunkte liegen bei den »Großvätern« erheblich weiter zurück als bei den »Vätern« und »Enkeln«. Die »Großväter« betrachten Schulzeit, Ausbildung und Berufseinstieg deshalb vermutlich nicht mehr differenziert als verschiedene Lebensphasen, sondern eher als einen gesamten Lebensabschnitt, der aus ähnlich weit entfernten Etappen besteht. Man kann deshalb annehmen, daß die Distanz, mit der sie auf die Schulzeit zurückblicken, kaum größer ist als die Distanz zum Berufsbeginn. Die vermutete Verringerung des wahrgenommenen Unterschiedes zwischen dem aktuellen und dem früheren Denken bei näherrückendem Vergleichszeitpunkt müßte deshalb bei den Großvätern schwächer ausgeprägt sein als bei den »Vätern« und den »Enkeln«.

Die Annahmen erweisen sich als richtig. In allen drei Generationen erklärten die Befragten relativ häufig, daß ihr aktuelles Denken ihrem Denken beim Berufsantritt gleicht. Sie gaben seltener an, daß ihre Ansichten seit dem Schulabschluß gleichgeblieben sind. Wie erwartet, zeigt sich dies besonders deutlich bei den »Enkeln«: Von ihnen erklärten nur 27 Prozent, daß ihre aktuelle politische Orientierung dem Denken beim Schulabschluß gleicht. Dagegen meinten 66 Prozent der »Enkel«, daß es ihren Einstellungen beim Berufseintritt entspricht. Im Vergleich dazu die »Großväter«: Sie gaben zu 33 Prozent an, aktuell ähnlich zu denken wie zur Zeit ihres Schulabschlusses. Nur wenig mehr – 40 Prozent – erklärten, ihre Orientierung entspreche der beim Berufseintritt. Die Journalisten der »Großväter«- und »Väter«-Generation hatten ihr Denken häufiger nach links verändert als nach rechts. Dies zeigt sich bei den »Enkeln« nicht in gleicher Weise. Von ihnen sahen sich fast ebensoviele »eindeutig« oder »eher rechts« wie »eindeutig« oder »eher links« von ihrem Denken bis zum Schulabschluß und seit ihrem Berufsantritt. Im Vergleich zur politischen Orientierung während ihres Studiums bzw. während ihrer Ausbildung sahen sich sogar etwas mehr Journalisten der jüngsten Generation rechts als links davon.

Mit Blick auf die Bezugspersonen dürfte der Unterschied zwischen dem eigenen politischen Denken und dem politischen Denken der anderen um so geringer sein, je eher es sich bei den anderen um Personen handelt, denen sich die Befragten im Lauf ihrer jüngeren Vergangenheit selbst aktiv zugewandt haben. Man kann annehmen, daß dies für alle drei Generationen gleichermaßen gilt, da die Bezugspersonen der jüngeren Vergangenheit für Journalisten aller Altersstufen einen ähnlich aktuellen Vergleichsmaßstab darstellen. Auch diese Annahmen sind richtig. Jeweils relativ wenige Befragte aller drei Generationen sagten, ihr aktuelles Denken gleiche dem der Eltern.[23] Dagegen äußerten vergleichsweise mehr Journalisten, ihre aktuelle politische Orientierung gleiche der ihrer Kommilitonen, Kollegen und vor allem Freunde.

Die Entwicklung des politischen Denkens der Journalisten aller drei Generationen kann man als Absetzungsbewegung von den Eltern betrachten, die mit einer Integration in den Kollegen- und vor allem Freundeskreis verbunden ist. Je eher es sich bei den Bezugspersonen um selbst gewählte Weggefährten handelt, desto größer werden die wahrgenommenen Schnittmengen. Diese Bewegung vollzog sich offensichtlich in zwei Schritten. Den ersten Schritt bildete die Abwendung von den Eltern in Richtung der Schulfreunde. Der zweite Schritt vollzog sich mit der Abwendung von den Schulfreunden in Richtung der Kommilitonen und Kollegen. In beiden Fällen dürfte es sich nicht nur um individuelle Umorientierungen gehandelt haben, sondern um einen Wandel, den die Befragten zusammen mit Freunden vollzogen. Als Folge dieser Entwicklung sahen sich die meisten Journalisten links, nur wenige rechts von ihren Lesern, Hörern und Zuschauern. Dabei unterscheiden sich die Angehörigen der »Großväter«-Generation deutlich von den »Vätern« und »Enkeln«. Von den »Großvätern« ordneten sich 44 Prozent links von ihrem Publikum ein, von den Angehörigen der beiden jüngeren Generationen 62 bzw. 64 Prozent. Umgekehrt sahen sich nur fünf bzw. sieben Prozent der »Väter« und »Enkel« rechts vom Publikum, aber immerhin 17 Prozent der »Großväter«.

Nicht alle Vergleiche mit der eigenen Vergangenheit und mit Bezugspersonen eignen sich in gleichem Maße als Indikatoren für die politischen Einstellungen von Journalisten. Nur der Vergleich mit den Schulfreunden wird allen Anforderungen gerecht, die hierfür erfüllt sein müssen: Er ist erstens in hohem Maße erfahrungsgesättigt. Mit den Schulfreunden vergleichen sich zweitens die meisten Befragten. Der Vergleich betrifft drittens das Denken anderer Personen und nicht die eigenen früheren Vorstellungen. Damit ist ausgeschlossen, daß zwei Sachverhalte miteinander vermischt werden – die gegenwärtige Position und die vergangene Entwicklung. Die Einstellungen der Schulfreunde von Journalisten dürften sich viertens nur wenig von den Einstellungen der Schulfreunde von Nicht-

[23] Eine Ausnahme bildet der Vergleich der »Großväter« zur Mutter. Aus dieser Generation gaben 40 Prozent an, ihr aktuelles Denken gleiche dem der Mutter. Dies ist vermutlich darauf zurückzuführen, daß viele »Großväter« aufgrund des Krieges ohne Vater aufgewachsen sind und eine starke Prägung durch die Mutter erfahren haben, zu der sie nach wie vor eine große Nähe empfinden.

journalisten unterscheiden.[24] Sie bilden damit eine Vergleichsgröße, anhand derer man die politische Orientierung von Journalisten realistisch einschätzen kann.[25] Aus den genannten Gründen wird der Vergleich mit den Schulfreunden im folgenden als Indikator für die generellen politischen Einstellungen der Journalisten aus den drei Generationen herangezogen.

In allen drei Generationen stuften sich mehr Journalisten links als rechts von ihren Schulfreunden ein. Dies stimmt mit den Ergebnissen anderer Befragungen überein.[26] Die Antworten der »Enkel« lassen jedoch einen bemerkenswerten Unterschied zu den »Vätern« und »Großvätern« erkennen. In den beiden älteren Generationen sah sich jeweils gut die Hälfte links von den Schulfreunden (56 % bzw. 54 %), etwa jeder Zehnte rechts davon (11 % bzw. 9 %). Die »Enkel« dagegen stuften sich nur noch zu 40 Prozent links, aber immerhin zu 22 Prozent rechts ein. Dieser Befund widerspricht der generellen Annahme, daß Menschen mit zunehmendem Alter konservativer werden.[27] Der bemerkenswerte Unterschied in der politischen Orientierung der »Enkel« im Vergleich zu den »Vätern« und »Großvätern« dürfte deshalb weniger ein Alterseffekt sein als einen möglichen Wandel andeuten, in dessen Verlauf die starke Linksorientierung, die bisher im deutschen Journalismus festzustellen war, ein wenig zurückgeht (Tabelle 3).[28]

[24] Dies trifft beispielsweise schon für die Vergleiche von Journalisten mit ihren Eltern nicht zu. Journalisten stammen vorwiegend aus dem Mittelstand (dies zeigte zum Beispiel – wenn auch auf kleiner Basis – von Rohland 1989). Ihre Eltern besitzen wahrscheinlich andere Sichtweisen als etwa die Eltern von Arbeitern.

[25] Vgl. hierzu die ausführliche Diskussion in Kepplinger, Ehmig 1997.

[26] Vgl. die oben referierten Befunde der Studien von Köcher; Patterson und Donsbach; Schneider, Schönbach und Stürzebecher sowie Weischenberg, Löffelholz und Scholl. Sie lassen ohne Ausnahme erkennen, daß deutsche Journalisten überwiegend linke politische Einstellungen besitzen.

[27] Demnach hätten sich die jungen Journalisten noch häufiger als die älteren links von ihren Schulfreunden und noch seltener rechts davon einstufen müssen. Vgl. zusammenfassend Danigelis, Cutler 1991. Die Autoren widerlegen mit ihren eigenen Daten ebenfalls, daß mit zunehmendem Lebensalter quasi automatisch eine Hinwendung zu konservativen Sichtweisen verbunden ist.

[28] Darauf deuteten auch bereits die Ergebnisse der Vergleiche zur eigenen Vergangenheit. Einschränkend muß man hier allerdings auch die Möglichkeit in Betracht ziehen, daß die Unterschiede auf veränderten Sichtweisen in der Vergleichsgruppe der Schulfreunde beruhen. In diesem Fall müßten die Schulfreunde der »Enkel« sehr viel weiter links stehen als die Schulfreunde der »Väter« und »Großväter«. Allerdings müßte dann auch die Absetzungsbewegung der »Enkel« von ihren Schulfreunden erheblich radikaler gewesen sein als die ihrer älteren Kollegen von deren Schulfreunden. Realistisch betrachtet ist dies eher unwahrscheinlich.

Tabelle 3: Aktuelle politische Orientierung von Journalisten verschiedener Generationen im Vergleich zur eigenen politischen Orientierung in der Vergangenheit und zur politischen Orientierung von Vergleichsgruppen

Frage: *»Um noch einmal auf Ihr eigenes politisches Denken zu kommen: In welcher Richtung (was man so ›rechts‹ oder ›links‹ nennt) unterscheidet es sich von Ihrem früheren Denken bis zu Ihrem Schulabschluß / während Ihres Studiums/Ihrer Ausbildung / seit Ihrem Berufsantritt? Und wie unterscheidet sich Ihr jetziges politisches Denken von dem Ihres Vaters / Ihrer Mutter / der meisten Ihrer früheren Schulfreunde / der meisten Ihrer Kommilitonen / der meisten Ihrer Kollegen / Ihres jetzigen Freundeskreises / Ihrer Leser/Zuhörer/Zuschauer?«*

	»Großväter« geboren 1909–35 (n=168)				»Väter« geboren 1936–50 (n=162)				»Enkel« geboren 1951–66 (n=161)			
Vergleich des aktuellen politischen Denkens mit dem Denken …	n	*»eindeutig/eher links davon«* %	*»mehr oder weniger gleich«* %	*»eindeutig/eher rechts davon«* %	n	*»eindeutig/eher links davon«* %	*»mehr oder weniger gleich«* %	*»eindeutig/eher rechts davon«* %	n	*»eindeutig/eher links davon«* %	*»mehr oder weniger gleich«* %	*»eindeutig/eher rechts davon«* %
»… bis zu Ihrem Schulabschluß«	155	41	33	27	152	45	31	24	156	39	27	34
*»… während Ihres Studiums/Ihrer Ausbildung«**	154	36	40	24	153	39	35	26	156	22	53	24
*»… seit Ihrem Berufsantritt«**	159	33	40	26	154	33	46	22	155	19	66	15
*»… Ihres Vaters«**	144	60	29	11	139	68	27	4	153	74	20	6
»… Ihrer Mutter«	139	52	40	8	148	67	28	5	154	66	30	4
*»… der meisten Ihrer früheren Schulfreunde«**	125	56	33	11	142	54	37	9	148	40	39	22
*»… der meisten Ihrer Kommilitonen«**	91	41	37	22	121	27	51	22	129	18	46	36
*»… der meisten Ihrer Kollegen«**	147	22	39	39	151	28	44	28	154	38	44	19
»… Ihres jetzigen Freundeskreises«	150	28	63	9	148	28	66	7	154	20	70	11
*»… Ihrer Leser/Zuhörer/Zuschauer«**	127	44	39	17	134	62	33	5	146	64	30	7

* Die Angaben der Journalisten aus den drei Generationen unterscheiden sich statistisch signifikant (Chi^2-Test; $p < 0{,}05$).
Quelle: Historische Ereignisse I (1989).

Konkrete politische Meinungen
Die konkreten politischen Meinungen der Journalisten wurden mit einer Frage nach ihren Ansichten zu kontroversen Themen ermittelt, die zur Zeit der Befragung aktuell waren. Die Frage lautet: »Sie finden unten eine Reihe von politischen Forderungen. Bitte geben Sie an, ob Sie ihnen zustimmen, oder ob Sie sie ablehnen.« Vorgegeben waren zwölf Thesen, von denen man sieben als »linke« und fünf als »rechte« Forderungen betrachten kann.[29] Die Befragten konnten zwischen fünf Antwortmöglichkeiten wählen: »Stimme völlig zu«, »Stimme eher zu«, »Nicht zu sagen / weder noch«, »Lehne ich eher ab« und »Lehne ich völlig ab«. Für den Vergleich der drei Generationen werden jeweils diejenigen Befragten betrachtet, die mit »Stimme völlig zu« oder »Stimme eher zu« geantwortet haben. Die Journalisten aus den drei Generationen unterscheiden sich in ihren Ansichten zu den kontroversen Themen deutlich. Die »Großväter« stimmten den meisten linken Forderungen seltener zu als die »Väter« und diese wiederum seltener als die »Enkel«. Demgegenüber stimmten die »Großväter« den meisten rechten Forderungen häufiger zu als die »Väter« und diese häufiger als die »Enkel«. Die Vermutung, daß die Linksorientierung von Journalisten in der »Enkel«-Generation nicht mehr so deutlich ausgeprägt ist wie bei den »Vätern« und »Großvätern« bestätigt sich damit bei ihren konkreten politischen Meinungen nicht (Tabelle 4).

In allen drei Generationen bestand ein klarer Zusammenhang zwischen den politischen Einstellungen der Journalisten – gemessen anhand der Selbsteinstufung im Vergleich zu den Schulfreunden – und ihren Meinungen zu den kontroversen Themen: In der Mehrzahl der Fälle unterschieden sich die Meinungen der »Großväter«, »Väter« und »Enkel«, die sich links von ihren Schulfreunden sahen, deutlich von den Meinungen ihrer Altersgenossen, die sich rechts

[29] Als »linke« Thesen gelten Aussagen und Forderungen, die üblicherweise die politische Linke vertritt. In der vorliegenden Studie beinhalten sie den Vorrang von Umweltschutz vor Wirtschaftsinteressen, die verteidigungspolitische Unabhängigkeit Deutschlands, die Sicherheit der Demokratie ohne starke Verteidigung, staatliche Maßnahmen gegen die Neue Armut, die Erleichterung des Aufenthalts von Ausländern in Deutschland, Quotenregelungen für Frauen und die Einführung der Gesamtschule als Regelschule. Als »rechte« Thesen gelten Aussagen und Forderungen, die üblicherweise die politische Rechte vertritt. Die hier verwendeten Thesen betreffen das Nationalitätsbewußtsein, den Vorrang politischer Ziele der USA vor jenen der damaligen UdSSR, die Räumung der besetzten Häuser in der Hamburger Hafenstraße, das Festhalten an den Grenzen des Deutschen Reichs von 1937 und die Ablehnung der Finanzierung von Abtreibungen durch Krankenkassen.

Tabelle 4: Meinungen der Journalisten aus verschiedenen Generationen zu politischen Sachfragen

Frage: *»Sie finden unten eine Reihe von politischen Forderungen. Bitte geben Sie an, ob Sie ihnen zustimmen oder ob Sie sie ablehnen.«* Vorlage von 12 politischen Forderungen. Fünfstufige Skala zur Angabe der eigenen Meinung: *»Stimme völlig zu«*, *»Stimme eher zu«*, *»Nicht zu sagen/weder noch«*, *»Lehne ich eher ab«*, *»Lehne ich völlig ab«*.

Anteil der Befragten, die den Forderungen völlig oder eher zustimmten

»Stimme völlig zu« / »Stimme eher zu«	»Großväter« geboren 1909–35 (n=168) %	»Väter« geboren 1936–50 (n=162) %	»Enkel« geboren 1951–66 (n=161) %
Linke Forderungen:			
*»Der Umweltschutz sollte Vorrang vor wirtschaftlichen Interessen haben.«**	74	85	91
*»Der Staat sollte mehr gegen die Neue Armut tun.«**	68	78	86
*»Die Demokratie in der BRD ist auch ohne eine starke Verteidigung gesichert.«**	39	46	61
»Man sollte es den Ausländern so leicht wie möglich machen, bei uns zu bleiben.«	39	43	48
*»Die BRD sollte in der Verteidigungspolitik von den USA möglichst unabhängig werden.«**	36	41	60
*»Die Gleichberechtigung von Frauen sollte durch Quotenregelungen sichergestellt werden.«**	21	19	35
»Die Gesamtschule sollte als Regelschule eingeführt werden.«	20	28	26
Durchschnitt linke Forderungen*	42	49	58
Rechte Forderungen:			
*»Der Hamburger Senat sollte die besetzten Häuser in der Hafenstraße möglichst bald räumen lassen.«**	70	53	34
*»Es ist wichtig, sich seiner Nationalität bewußt zu sein.«**	65	51	51
*»Die USA vertreten alles in allem höherwertige politische Ziele als die UdSSR.«**	55	51	27
*»Abtreibungen sollten nicht von den Krankenkassen bezahlt werden.«**	42	27	19
»Die BRD sollte am Deutschen Reich in den Grenzen von 1937 festhalten.«	8	6	6
Durchschnitt rechte Forderungen*	48	38	27

* Die Meinungen der Journalisten aus den drei Generationen unterscheiden sich statistisch signifikant (Chi^2-Test; $p < 0,05$).
Quelle: Historische Ereignisse I (1989).

von den Schulfreunden einstuften. Meist war der Zusammenhang zwischen Einstellungen und Meinungen so, wie man ihn erwarten konnte: Journalisten aller Generationen, die sich links einstuften, unterstützten eher linke Forderungen. Kollegen, die sich rechts einstuften, unterstützten eher rechte Thesen. Dabei stimmten die »Enkel« allerdings – weitgehend unabhängig von ihrer Selbsteinstufung im Vergleich zu den Schulfreunden – den linken Thesen in der Regel generell häufiger zu als die »Großväter« und die »Väter«. Dementsprechend seltener stimmten sie generell den rechten Forderungen zu (Tabelle 5).

4.1.2.2 Berufsverständnis

Berufsmotive
Die tatsächlichen Gründe dafür, weshalb jemand Journalist wurde, lassen sich im Nachhinein nicht mit letzter Sicherheit ermitteln, weil sie zum Teil in der Erinnerung verblassen, zum Teil durch nachgeschobene Motive verdrängt werden. Trotzdem liefert eine Erinnerungsfrage eine brauchbare Annäherung an die tatsächlichen Gründe. Darüber hinaus ist sie im Vergleich mit Informationen über gegenwärtige Anziehungspunkte des Berufs aufschlußreich. Als Indikatoren für die gegenwärtigen Anziehungspunkte können beispielsweise die Gründe dienen, die Journalisten zu einem Wechsel ihrer beruflichen Position veranlassen würden. Um die ursprünglichen Beweggründe für die Berufswahl und die aktuellen Anziehungspunkte ihrer Tätigkeit zu erfassen, wurde den Journalisten eine zweigeteilte Frage gestellt. Im ersten Schritt wurden ihnen acht Berufsmotive vorgegeben, die sie nach der Bedeutung für die eigene Berufswahl in eine Rangreihe bringen sollten. Die Frage dazu lautet: »Als Sie sich entschlossen haben, Journalist zu werden, was waren damals die wichtigsten Beweggründe? Ordnen Sie die folgenden Gründe … nach ihrer Wichtigkeit. Das geht so: Schreiben Sie hinter den wichtigsten Grund eine 1, hinter den zweitwichtigsten eine 2 usw.« Im zweiten Schritt sollten sie dieselben Motive danach ordnen, was ihren »Entschluß am meisten beeinflussen« würde, wenn sie »nach einer anderen Stelle im Journalismus suchen müßten«. Die Beweggründe und Anziehungspunkte umfassen Elemente, die einem Selbstverständnis der Journalisten als neutrale Vermittler (»Wissen vermitteln«) einerseits und als engagierte Kritiker (»Mißstände aufdecken und kritisieren«, »politische Entscheidungen beeinflussen«) andererseits Ausdruck geben. Darüber hinaus wurden persönliche Gründe wie

Selbstverwirklichung, berufliche Freiheit und finanzieller Anreiz vorgegeben.[30]

Die Aussagen der Journalisten über die Wichtigkeit der acht Gründe für den Entschluß, Journalist zu werden, geben Hinweise darauf, welchen relativen Stellenwert die Motive in ihrer Erinnerung besaßen. Mit dem Fragemodell sind selbstverständlich keine Aussagen darüber möglich, welche anderen Berufsmotive die Befragten über die vorgegebenen hinaus möglicherweise hatten. Es ist allerdings auch nicht Ziel der Analyse, alle Gründe zu ermitteln, die jemanden dazu veranlaßt haben, Journalist zu werden. Es geht vielmehr um den Stellenwert, den bestimmte, in früheren Studien als relevant identifizierte Motive für Journalisten verschiedener Generationen ursprünglich besessen haben.

Sehr viele Journalisten aller drei Generationen hatten sich für ihren Beruf entschieden, weil sie eine »spannende, abwechslungsreiche Tätigkeit« erwarteten. Dieses Motiv spielte für die jüngsten Journalisten noch häufiger eine Rolle als für die Kollegen der mittleren und vor allem der ältesten Generation. Generell sehr selten hatten gute oder »bessere Verdienstmöglichkeiten« eine große Bedeutung für die Berufswahl der Befragten aller Altersstufen gehabt. Neben diesen Gemeinsamkeiten zeigen sich deutliche Unterschiede in der Bedeutung einzelner Berufsmotive für die Generationen. Die »Großväter« nannten seltener als ihre jüngeren Kollegen die »berufliche Freiheit, daß man die Aufgaben und Themen selbst bestimmen kann« als wichtigen Beweggrund für ihre Berufswahl. Sie gaben dagegen häufiger als die »Väter« und »Enkel« an, daß die

[30] Sechs der acht Motive sind – zum Teil sprachlich variiert – dem von Köcher 1980/81 verwendeten Fragebogen entnommen (*IfD*-Umfrage 1272, Frage 4 / Kartenspiel). Die Unterscheidung zwischen ursprünglichen Berufsmotiven und aktuellen Anziehungspunkten wurde bereits von Lang und Engel Lang in ihrer Befragung der ehemaligen *Wilson*-Stipendiaten vorgenommen. Die Autoren fragten zuerst nach der aktuellen, dann nach der ursprünglichen Motivation und arbeiteten mit vierstufigen Skalen von 1 »essential« bis 4 »give it no thougt«. 307 Journalisten (63 %) bildeten eine vollständige, 129 (26 %) eine unvollständige Rangreihe. Zwölf Befragte vergaben Ränge mehrfach (2 %), 36 kreuzten eine oder mehrere Vorgaben an, statt ihnen Ziffern für die Wichtigkeit zuzuweisen (7 %). Sieben Journalisten beantworteten die gesamte Frage nicht. Es handelt sich dabei um ältere Redakteure, von denen einige anmerkten, nach dem Krieg zufällig in ihren Beruf geraten zu sein. Mit Ausnahme dieser sieben Fälle wurden die unvollständigen Rangreihen, die Reihen mit mehrfach vergebenen Rängen und Kreuzen durch Mittelung der (fehlenden) Rangplätze aufgefüllt. Um zu vermeiden, daß die dadurch entstandenen Ungenauigkeiten die Analyse verzerren, wird im folgenden Untersuchungsschritt der Anteil der Befragten betrachtet, die die Berufsmotive als wichtigste oder zweitwichtigste Beweggründe (Rangplätze 1 bis 2) einstuften.

Tabelle 5: Zusammenhang zwischen der politischen Selbsteinstufung von Journalisten verschiedener Generationen im Vergleich zu den Schulfreunden und ihren konkreten politischen Meinungen

Fragen: *»Um noch einmal auf Ihr eigenes politisches Denken zu kommen: In welcher Richtung (was man so ›rechts‹ oder ›links‹ nennt) unterscheidet es sich von … dem … der meisten Ihrer früheren Schulfreunde?«*
»Sie finden unten eine Reihe von politischen Forderungen. Bitte geben Sie an, ob Sie ihnen zustimmen oder ob Sie sie ablehnen.« Vorlage von 12 politischen Forderungen.

Anteil der Befragten, die mit *»Stimme völlig zu«* oder *»Stimme eher zu«* antworteten	»Großväter« geboren 1909–35 Eigenes Denken im Vgl. zu den Schulfreunden:			»Väter« geboren 1936–50 Eigenes Denken im Vgl. zu den Schulfreunden:			»Enkel« geboren 1951–66 Eigenes Denken im Vgl. zu den Schulfreunden:		
	»eindeutig/eher links davon« (n=70) %	*»mehr oder weniger gleich«* (n=41) %	*»eindeutig/eher rechts davon«* (n=14) %	*»eindeutig/eher links davon«* (n=77) %	*»mehr oder weniger gleich«* (n=53) %	*»eindeutig/eher rechts davon«* (n=12) %	*»eindeutig/eher links davon«* (n=59) %	*»mehr oder weniger gleich«* (n=57) %	*»eindeutig/eher rechts davon«* (n=32) %
Linke Forderungen:									
»Der Umweltschutz sollte Vorrang vor wirtschaftlichen Interessen haben.«	83	78	64	87	79	75	90	95	88
»Der Staat sollte mehr gegen die Neue Armut tun.«	80	59	71	87	72	25*	97	88	69*
»Die Demokratie in der BRD ist auch ohne eine starke Verteidigung gesichert.«	57	24	21*	49	47	25	76	54	38*
»Man sollte es den Ausländern so leicht wie möglich machen, bei uns zu bleiben.«	49	32	21	53	40	17*	59	49	31*
»Die BRD sollte in der Verteidigungspolitik von den USA möglichst unabhängig werden.«	43	32	36	51	34	25	64	65	47
»Die Gleichberechtigung von Frauen sollte durch Quotenregelungen sichergestellt werden.«	31	12	7*	21	17	8	44	42	16*
»Die Gesamtschule sollte als Regelschule eingeführt werden.«	33	7	7*	34	25	–*	31	21	22
Durchschnitt linke Forderungen	54	35	33*	55	45	25*	66	59	44*

/…

Tabelle 5: Zusammenhang zwischen der politischen Selbsteinstufung von Journalisten verschiedener Generationen im Vergleich zu den Schulfreunden und ihren konkreten politischen Meinungen (Fortsetzung)

Anteil der Befragten, die mit *»Stimme völlig zu«* oder *»Stimme eher zu«* antworteten	»Großväter« geboren 1909–35 Eigenes Denken im Vgl. zu den Schulfreunden: *»eindeutig/eher links davon«* (n=70) %	*»mehr oder weniger gleich«* (n=41) %	*»eindeutig/eher rechts davon«* (n=14) %	»Väter« geboren 1936–50 Eigenes Denken im Vgl. zu den Schulfreunden: *»eindeutig/eher links davon«* (n=77) %	*»mehr oder weniger gleich«* (n=53) %	*»eindeutig/eher rechts davon«* (n=12) %	»Enkel« geboren 1951–66 Eigenes Denken im Vgl. zu den Schulfreunden: *»eindeutig/eher links davon«* (n=59) %	*»mehr oder weniger gleich«* (n=57) %	*»eindeutig/eher rechts davon«* (n=32) %
Rechte Forderungen:									
»Der Hamburger Senat sollte die besetzten Häuser in der Hafenstraße möglichst bald räumen lassen.«	61	78	93*	52	53	58	17	32	69*
»Es ist wichtig, sich seiner Nationalität bewußt zu sein.«	53	73	79*	47	51	75	42	37	81*
»Die USA vertreten alles in allem höherwertige politische Ziele als die UdSSR.«	44	71	64*	51	49	67	15	25	56*
»Abtreibungen sollten nicht von den Krankenkassen bezahlt werden.«	31	59	43*	23	36	33	15	9	41*
»Die BRD sollte am Deutschen Reich in den Grenzen von 1937 festhalten.«	4	17	14	4	6	17	5	–	19*
Durchschnitt rechte Forderungen	39	60	59*	35	39	50	19	20	53*

* Die Antworten der Befragten, die sich links von ihren Schulfreunden einordneten, unterscheiden sich in dieser Generation statistisch signifikant von den Antworten derjenigen, die sich rechts von den Schulfreunden sahen (Chi^2-Test; $p < 0{,}05$).
Quelle: Historische Ereignisse I (1989)

Möglichkeiten, »Werte und Ideale zu vermitteln« oder »politische Entscheidungen zu beeinflussen« bedeutsame Motive waren.

Damit kann man feststellen: In allen drei Generationen stand bei der Entscheidung für den Beruf das Bedürfnis nach Spannung und Abwechslung im Vordergrund, nur selten finanzielles Interesse. Hierbei scheint es sich um konstante berufsspezifische Merkmale zu handeln, die keinem erkennbaren Wandel unterworfen sind. Die »Großväter« sahen neben Spannung und Abwechslung im Journalismus relativ häufig auch eine Möglichkeit zur politischen und gesellschaftlichen Einflußnahme, vor allem zur Vermittlung von »Werten und Idealen«. Dagegen war für die Generation der »Enkel« die Befriedigung subjektiver Bedürfnisse die dominierende Triebfeder, wozu die Selbstbestimmung des beruflichen Aufgabenfeldes oder die Selbstverwirklichung zählen. Die »Väter«-Generation nahm dabei eine Mittelposition zwischen den »Großvätern« und »Enkeln« ein (Tabelle 6). Die Befunde bestätigen das Ergebnis anderer Befragungen, daß sich – bei konstantem Anreiz von Spannung und Abwechslung – innerhalb des Journalismus ein Wandel der Berufsmotivation vollzogen hat bzw. noch vollzieht:[31] Der missionarische Anspruch, auf politische und gesellschaftliche Entwicklungen Einfluß zu nehmen, wird mehr und mehr überlagert von dem Wunsch nach Selbstentfaltung und der Erfüllung persönlicher Ansprüche.

Die ursprünglichen Erwartungen an einen Beruf können im Lauf der Berufstätigkeit erfüllt oder enttäuscht werden. Ehemals zentrale Motive verlieren an Bedeutung, nebensächliche Gründe werden wichtiger. Um zu ermitteln, welche Anziehungspunkte der Journalismus für die Befragten im Herbst 1989 aktuell besaß, sollten sie die acht Berufsmotive noch einmal nach ihrer Wichtigkeit ordnen – je nachdem welche Rolle sie bei der Suche »nach einer anderen Stelle im Journalismus« spielen würden.[32] Die Antworten auf diese Frage sind nicht ohne weiteres mit den Angaben zu den ursprünglichen Berufsmotiven gleichzusetzen: Hier geht es nicht mehr um die Entscheidung für oder gegen den Journalismus, sondern um eine

[31] Vgl. vor allem die eingangs referierten Befunde von Schneider, Schönbach, Stürzebecher 1993a und b.

[32] Das Antwortverhalten der Befragten ist nahezu identisch mit dem auf die Vorfrage: 305 Journalisten (62 %) bildeten eine vollständige, 137 (28 %) eine unvollständige Rangreihe. Zehn Journalisten vergaben Ränge mehrfach (2 %), 35 kreuzten an, statt Ränge zuzuweisen (7 %). Vier Befragte beantworteten die gesamte Frage nicht. Auch in diesem Fall wurden unvollständige Rangreihen, Reihen mit mehrfach vergebenen Rängen und Kreuzen durch Mittelung der (fehlenden) Rangplätze aufgefüllt.

Tabelle 6: Ursprüngliche Berufsmotive von Journalisten verschiedener Generationen

Frage: *»Als Sie sich entschlossen haben, Journalist zu werden, was waren damals die wichtigsten Beweggründe? Ordnen Sie die folgenden Gründe ... nach Ihrer Wichtigkeit. Das geht so: Schreiben Sie hinter den wichtigsten Grund eine 1, hinter den zweitwichtigsten eine 2 usw.«* (Vorlage einer Liste mit acht Berufsmotiven).

Anteil der Befragten, die die Beweggründe als wichtigste oder zweitwichtigste einstuften.*

Ursprüngliche Berufsmotive	»Großväter« geboren 1909–35 (n=168) %	»Väter« geboren 1936–50 (n=162) %	»Enkel« geboren 1951–66 (n=161) %	Alle (n=491) %
»Die spannende, abwechslungsreiche Tätigkeit«	54	68	73	65**
»Die berufliche Freiheit, daß man die Aufgaben und Themen selbst bestimmen kann«	18	37	40	31**
»Die Möglichkeit, sich selbst zu verwirklichen«	19	20	26	21
»Die Möglichkeit, anderen Wissen zu vermitteln, ihren Horizont zu erweitern«	23	17	19	20
»Die Möglichkeit, Mißstände aufzudecken und zu kritisieren«	14	19	22	18
»Die Möglichkeit, Werte und Ideale zu vermitteln«	27	15	5	16**
»Die Möglichkeit, politische Entscheidungen zu beeinflussen«	19	11	6	12**
»Gute, bessere Verdienstmöglichkeiten«	10	6	6	7

* Unvollständige Rangreihen und Reihen mit mehrfach vergebenen Rängen wurden durch Mittelung der (fehlenden) Rangplätze aufgefüllt.

** Die Angaben der Journalisten aus den drei Generationen unterscheiden sich statistisch signifikant (Chi^2-Test; $p < 0,05$).

Quelle: Historische Ereignisse I (1989).

Veränderung innerhalb des Berufs, für den bereits eine Entscheidung gefallen ist. Die Motive für die Entscheidung, eine andere Stelle zu übernehmen, sind deshalb nicht zwangsläufig dieselben wie die Motive für die Berufswahl. Trotzdem kann man die Antworten der Journalisten als Indikatoren für den Wandel von Motiven unter veränderten Entscheidungsbedingungen betrachten.

Die wichtigsten Gründe, sich für eine andere Stelle im Journalismus zu entscheiden, wären für alle drei Generationen die Aussicht auf eine »spannende, abwechslungsreiche Tätigkeit« und die »berufliche Freiheit, daß man die Aufgaben und Themen selbst bestimmen kann«. Die jüngeren Journalisten äußerten noch etwas häufiger Vorlieben für diese Aspekte als die Kollegen der »Väter«- und »Großväter«-Generation. Die Möglichkeiten, »politische Entscheidungen zu beeinflussen« oder »Werte und Ideale zu vermitteln«, die bereits bei der Berufswahl vor allem von den ältesten Journalisten favorisiert worden waren, spielten auch für ihre Motivation zu einem Stellenwechsel eine bemerkenswerte Rolle. Immerhin jeder vierte der »Großväter« setzte die politische Einflußnahme auf den ersten oder zweiten Platz. Für die »Väter«, vor allem aber die »Enkel« waren die Vermittlung von Werten und der Einfluß auf politische Entscheidungen nur selten von zentraler Bedeutung. In den Augen vieler »Enkel« würde dagegen die Möglichkeit einer finanziellen Verbesserung einen großen Reiz ausüben (Tabelle 7). Dieser Aspekt hatte bei der ursprünglichen Berufsentscheidung nahezu niemanden aus dieser Generation beeinflußt. Die unterschiedliche Bedeutung der Beweggründe für einen Stellenwechsel in den drei Generationen deutet erneut auf einen Wandel der Berufsmotive im Journalismus, der sich hier in ähnlicher Weise manifestiert wie in den ursprünglichen Gründen für die Berufswahl.

Zwischen den Angaben der »Großväter«, »Väter« und »Enkel« zu ihren ursprünglichen Berufsmotiven und ihren Angaben zu den Anziehungspunkten einer neuen Tätigkeit bestand ein enger Zusammenhang: Die Motive, die – nach eigenen Aussagen – bei der Wahl ihres Berufs eine große Rolle gespielt hatten, wären meist auch für einen Stellenwechsel ausschlaggebend gewesen. Die Beweggründe, die beim Berufseintritt nur von untergeordneter Bedeutung gewesen waren, hätten in der Regel auch für eine andere Tätigkeit im Journalismus kaum eine Rolle gespielt. Für diesen Befund gibt es zwei alternative Erklärungen. Die erste Erklärung lautet: Die Ähnlichkeit der Antworten auf die Fragen nach den ursprünglichen und aktuellen Berufsmotiven beruht auf einem Mangel an Trennschärfe. Für die Journalisten handelte es sich beide Male um denselben Sachverhalt, so daß ihre Antworten kaum differenziert waren. Gegen diese Vermutung spricht einerseits, daß die Befragten nahezu ausnahmslos beide Fragen beantworteten. Hinweise darauf, daß sie keinen Unterschied zwischen ihnen erkannten – etwa in Form handschriftlicher Anmerkungen – gibt es nicht. Gegen die Vermutung spricht darüber hinaus, daß die Korrelation zwischen den Einstufungen der ursprünglichen und aktuellen Beweggründe – über alle acht Berufsmotive hinweg – bei den »Großvätern« nicht ganz so hoch ist (.58) wie bei den »Vätern« und »Enkeln« (.88 bzw. .83). Dies verweist auf eine alternative Erklärung.

Tabelle 7: Aktuelle Anziehungspunkte des Berufs für Journalisten verschiedener Generationen

Frage: *»Und wie wäre das heute: Wenn Sie nach einer anderen Stelle im Journalismus suchen müßten, was würde Ihren Entschluß am meisten beeinflussen? Ordnen Sie die Gründe bitte … (nach ihrer Wichtigkeit).«* (Vorlage einer Liste mit acht Berufsmotiven).

Anteil der Befragten, die die Beweggründe als wichtigste oder zweitwichtigste einstuften.*

Aktuelle Anziehungspunkte	»Groß-väter« geboren 1909–35 (n=168) %	»Väter« geboren 1936–50 (n=162) %	»Enkel« geboren 1951–66 (n=161) %	Alle (n=491) %
»Die spannende, abwechslungsreiche Tätigkeit«	38	45	59	47**
»Die berufliche Freiheit, daß man die Aufgaben und Themen selbst bestimmen kann«	38	46	41	42
»Die Möglichkeit, sich selbst zu verwirklichen«	17	21	19	19
»Die Möglichkeit, anderen Wissen zu vermitteln, ihren Horizont zu erweitern«	19	20	17	19
»Die Möglichkeit, Mißstände aufzudecken und zu kritisieren«	17	19	16	18
»Gute, bessere Verdienstmöglichkeiten«	11	16	26	18**
»Die Möglichkeit, politische Entscheidungen zu beeinflussen«	25	12	9	16**
»Die Möglichkeit, Werte und Ideale zu vermitteln«	19	9	8	12**

* Unvollständige Rangreihen und Reihen mit mehrfach vergebenen Rängen wurden durch Mittelung der (fehlenden) Rangplätze aufgefüllt.
** Die Angaben der Journalisten aus den drei Generationen unterscheiden sich statistisch signifikant (Chi^2-Test; $p < 0,05$).
Quelle: Historische Ereignisse I (1989).

Diese Erklärung lautet: Die Berufsmotive der Befragten waren im Verlauf ihrer Berufstätigkeit alles in allem nur einem sehr geringen Wandel unterworfen. Lediglich für die »Großväter«, deren Berufseintritt vergleichsweise weit zurücklag, hatte sich die Bedeutung einiger Motive verändert. Dies war bei ihren jüngeren Kollegen, deren Berufseinstieg nicht ganz so weit zurücklag, noch seltener der Fall. Demnach stellen die Berufsmotive von Journalisten Konstanten ihres individuellen Selbstverständnisses dar – auch wenn sich die Bedeutung bestimmter Motive für die gesamte Berufsgruppe mit dem Wandel der Generationen verändert. Anders betrachtet: Der Journalismus ist ein Beruf, der hält, was er verspricht. Seine Anziehungspunkte für jeden Einzelnen verlieren ihren Reiz über die Jahre hinweg nicht bzw. kaum. Neue Generationen nehmen allerdings unter Umständen andere Anziehungspunkte wahr und für sich in Anspruch als bereits im Beruf etablierte Generationen (Tabelle A 4 im Anhang).

Recherchemethoden

Zur Routine journalistischer Arbeit gehört unter anderem die Beschaffung von Informationen. Journalisten nutzen dazu verschiedenartige Informationsquellen wie Archive, Datenbanken und Kontakte zu Informanten. Informanten können Personen sein, die selbst Gegenstand der Berichterstattung sind, aber auch Dritte, die Hintergrundinformationen liefern. Der Zugang zu Informationsquellen unterliegt im Normalfall professioneller Routine. Über die Anwendung der dabei üblichen Recherchemethoden besteht innerhalb des Journalismus weitgehend Konsens. In Ausnahmefällen, zum Beispiel bei Konflikten und Krisen, greifen Journalisten aber gelegentlich auch zu Mitteln der Informationsbeschaffung, die rechtlich oder ethisch nicht einwandfrei und daher nicht allgemein akzeptiert sind. Die Vorstellungen davon, was im Journalismus erlaubt und notwendig ist, unterscheiden sich von Land zu Land[33] und befinden sich im Wandel. Beispiele für fragwürdige Recherchemethoden sind die verdeckte Tätigkeit in Institutionen oder Unternehmen, um Einblick in interne Vorgänge zu erhalten,[34] oder Geldzahlungen an Informanten.[35] Inwieweit sind die Journalisten

[33] Vgl. zum Beispiel die Unterschiede zwischen den Ansichten deutscher und britischer Journalisten bei Köcher 1985; 1986; Kepplinger, Köcher 1990. Zur Bedeutung der verschiedenen Berufstraditionen in den beiden Ländern vgl. ausführlich Esser 1993 und vor allem 1998. Hinweise auf länderspezifische Normen im Journalismus gibt auch ein tabellarischer internationaler Vergleich von Pressekodizes, den Dremel 1998 vorgelegt hat.

[34] Ein spektakuläres Beispiel hierfür ist das Buch *Ganz unten* (1985), für das Günter Wallraff sich bei Veranstaltungen, in Firmen usw. als Türke *Ali* ausgegeben hat. Auch Alice Schwarzer berichtet über eine Reportage »VDO-Akkordarbeiterin Nr. 3444«, für die sie sich 1969 inkognito als Fabrikarbeiterin einstellen ließ, um Belege für ihrer Meinung nach schlechte Arbeitsbedingungen zu sammeln (Schwarzer 1982, 42–50).

[35] Beispiele hierfür sind routinemäßige Geldzahlungen an Informanten von politischen Fernsehmagazinen (vgl. Kalt 1995), das Angebot einer größeren Geldsumme an die Eltern einer hirntoten schwangeren Frau, die in der Erlanger Universitätsklinik künstlich am Leben gehalten wurde (vgl. Ostermann 1994), die Zahlung von 160.000 DM an den früheren Barschel-Referenten Reiner Pfeiffer für seine Offenbarungen an den *Spiegel* (*Medien Kritik* 29.11.93, 10) oder die Zahlungen des *Stern* für die gefälschten Hitler-Tagebücher.

verschiedener Generationen bereit, solche Vorgehensweisen zu billigen? Um dies zu ermitteln, wurden sie gebeten anzugeben, ob sie zwei Recherchemethoden, »die umstritten sind … gutheißen oder mißbilligen«. Bei den fraglichen Wegen der Informationsbeschaffung handelt es sich um die Betätigung »als Mitarbeiter in einem Betrieb …, um an interne Informationen zu kommen« und die Beschaffung vertraulicher Unterlagen »durch Geldzuwendungen«. Die Journalisten sollten ihre Ansichten auf einer dreistufigen Skala angeben, die mit »Heiße gut«, »Teils / teils« und »Mißbillige« bezeichnet war.[36] Im folgenden werden diejenigen Befragten betrachtet, die die beiden Recherchemethoden nicht ausdrücklich mißbilligten, also mit »Heiße gut« oder »Teils / teils« antworteten.

Die Angehörigen der drei Generationen besaßen sehr verschiedene Vorstellungen von der Zulässigkeit der Praktiken: Die Befragten der »Großväter«-Generation waren deutlich seltener als die Redakteure der »Enkel«-Generation ganz oder teilweise einverstanden, sich »als Mitarbeiter in einem Betrieb« zu »betätigen, um an interne Informationen zu kommen« oder sich »durch Geldzuwendungen vertrauliche Unterlagen« zu beschaffen. Der Anteil der »Väter«, die die Recherchemethoden ganz oder teilweise billigten, lag jeweils zwischen dem Anteil der »Großväter« und »Enkel«. Dies deutet darauf hin, daß ein Wandel der Vorstellungen von der Zulässigkeit fragwürdiger Praktiken der Informationsbeschaffung stattgefunden hat: Die noch von den Älteren vertretene eher ablehnende, zurückhaltende Position wird von einer toleranteren Haltung jüngerer Journalisten abgelöst. Trotz der Unterschiede zwischen den Generationen ist bemerkenswert, daß die Befragten aller Altersstufen deutlich häufiger bereit waren, die verdeckte Recherche zu akzeptieren als Geldzahlungen für Informationen (Tabelle 8).

Daß die genannten und andere Recherchemethoden innerhalb des Journalismus *umstritten* sind, illustriert eine bemerkenswerte Diskrepanz in den Urteilen von Journalisten: Einerseits prangern Journalisten in spektakulären Fällen das Verhalten ihrer Kollegen öffentlich an (zum Beispiel Buchholz 1983; Busche 1984; Wankell 1987; Hanig 1992; Koch 1993; Sturm 1995). Andererseits findet man beispielsweise in einem Lehrbuch über das *Recherchieren*, das von einem Journalisten verfaßt wurde (Haller 1983), Passagen, in denen solche fragwürdigen Methoden empfohlen oder zumindest gebilligt werden (zum Beispiel S. 57, 65–67, 165–168).

[36] In einer umfangreicheren und anders formulierten Frage hatte bereits Renate Köcher die Ansichten zu den beiden Methoden der Informationsbeschaffung erfaßt (*IfD*-Umfrage 1272, Frage 33a / d).

Tabelle 8: Ansichten von Journalisten verschiedener Generationen zu umstrittenen Recherchemethoden

Frage: *»Im Journalismus gibt es Verhaltensweisen, die umstritten sind. Bitte geben Sie an, ob Sie die folgenden Handlungsweisen gutheißen oder mißbilligen.«* (Vorlage von sieben Verhaltensweisen, darunter zwei Recherchemethoden). Antwortvorgaben: *»Heiße gut« / »Mißbillige« / »Teils/teils«.*

Anteil der Befragten, die mit *»Heiße gut«* oder *»Teils/teils«* antworteten.

Recherchemethoden	»Großväter« geboren 1909–35 (n=168) %	»Väter« geboren 1936–50 (n=162) %	»Enkel« geboren 1951–66 (n=161) %	Alle (n=491) %
»Sich als Mitarbeiter in einem Betrieb betätigen, um an interne Informationen zu kommen.«	49	53	78	60*
»Sich durch Geldzuwendungen vertrauliche Unterlagen beschaffen.«	24	40	59	41*
Durchschnitt	36	46	68	50*

* Die Ansichten der Journalisten aus den drei Generationen unterscheiden sich statistisch signifikant (Chi^2-Test; $p < 0{,}001$).
Quelle: Historische Ereignisse I (1989).

Neutralitätspflicht

Journalistische Berichterstattung soll neutral und fair sein. Dieser Anspruch ist Kern der angelsächsischen Journalismustradition, die die Siegermächte des Zweiten Weltkriegs – vor allem die Amerikaner und Engländer – der Neugestaltung von Presse und Rundfunk in der Bundesrepublik Deutschland zugrundelegten. In dieser Tradition wird Neutralität durch drei Grundsätze gewährleistet: die Trennung zwischen den journalistischen Positionen des Berichterstatters und des Kommentators, die Trennung der journalistischen Darstellungsformen Nachricht und Kommentar sowie die Trennung der beruflichen Aufgaben eines Journalisten von seinen privaten Ansichten.[37] Dem Neutralitätsgebot stehen einige, zum Teil bereits erwähnte Fakten gegenüber: Im deutschen Journalismus gab es erstens nie eine strikte Trennung der Arbeitsrollen wie im angelsächsischen Journalismus: Diejenigen, die über ein Thema berichten,

[37] Vgl. die zusammenfassende Darstellung dieser Grundsätze bei Kepplinger 1992b, 60f. Vgl. auch Bentele 1988; Erbring 1988, dort vor allem die Ausführungen zur Herkunft des Prinzips der Trennung von Nachricht und Meinung S. 77–80.

kommentieren es häufig auch. Im beruflichen Selbstverständnis deutscher Journalisten besteht zweitens eine starke Überlappung der Berufsrollen von Mediator und Kommunikator: Journalisten sehen ihre Aufgabe häufig in der politischen Einflußnahme, die Berichterstattung besitzt für sie aber auch eine wichtige expressive Funktion. Eine strikte Trennung von wertfreien Nachrichten und wertenden Kommentaren ist drittens häufig nicht gewährleistet.[38] Die subjektiven Sichtweisen von Journalisten besitzen viertens einen Einfluß auf die Auswahl von Fakten, vor allem in der Berichterstattung über konflikthaltige Themen.[39]

Welche Haltung nehmen die »Großväter«, »Väter« und »Enkel« gegenüber der Neutralitätspflicht ein? Zur Beantwortung dieser Frage wurde ihnen in einem ersten Schritt eine allgemein formulierte These vorgelegt. Sie lautet: »Journalisten sollten eigene Wertvorstellungen in ihrer Arbeit klar zum Ausdruck bringen.« Die Befragten sollten angeben, ob sie ihr »zustimmen oder ob« sie »sie ablehnen«. Vorgegeben war eine fünfstufige Skala, die mit »Stimme völlig zu«, »Stimme eher zu«, »Nicht zu sagen / weder noch«, »Lehne ich eher ab« und »Lehne ich völlig ab« beschriftet war.[40] Gut drei Viertel der »Großväter«-Generation und jeweils etwa zwei Drittel der »Väter«- und »Enkel«-Generation billigten es ganz oder teilweise, wenn »Journalisten … eigene Wertvorstellungen in ihrer Arbeit klar zum Ausdruck bringen«. Nur ein Siebtel der »Großväter«, aber gut ein Viertel der »Väter« und ein Fünftel der »Enkel« lehnten dies ganz oder eingeschränkt ab. Jeder zehnte Befragte der drei Generationen war unentschieden. Damit unterstützte die Mehrheit der Redakteure aller Altersgruppen die Idee einer subjektiv gefärbten Berichterstattung, mit der Journalisten ihren eigenen Vorstellungen Ausdruck verleihen. Besonders häufig und entschieden sprachen sich die Befragten der »Großväter«-Generation für den Ausdruck eigener Wertvorstellungen in der journalistischen Arbeit aus (Tabelle 9).

Die generelle Haltung von Journalisten zur Neutralität der Berichterstattung insgesamt ist zu unterscheiden von ihren Ansichten

[38] Vgl. Schönbach 1977.

[39] Vgl. Noelle-Neumann, Kepplinger 1978; Kepplinger 1989a; Kepplinger, Brosius, Staab, Linke 1989; Kepplinger, Brosius, Staab, Linke, Autze, Wüst 1990; Kepplinger, Ehmig, Ahlheim 1991; Wagner 1991; Donsbach 1993b; Donsbach, Klett 1993; Kepplinger, Eps, Esser, Gattwinkel 1993; Kepplinger 1995.

[40] Die Vorgabe ist Teil einer umfangreichen Frage zu zwölf politischen und zwei journalistischen Wertvorstellungen. Die ebenfalls als Forderungen formulierten Thesen zu politischen Themen wurden bereits als Indikatoren für die konkreten politischen Meinungen der Journalisten betrachtet.

Tabelle 9: Generelle Ansichten von Journalisten verschiedener Generationen zur Neutralität

Frage: *»Sie finden unten eine Reihe von politischen Forderungen. Bitte geben Sie an, ob Sie ihnen zustimmen oder ob Sie sie ablehnen.«* Vorlage von 14 Forderungen, darunter: *»Journalisten sollten eigene Wertvorstellungen in ihrer Arbeit klar zum Ausdruck bringen.«*

	»Groß-väter« geboren 1909–35 (n=168) %	»Väter« geboren 1936–50 (n=162) %	»Enkel« geboren 1951–66 (n=161) %	Alle (n=491) %
»Stimme völlig zu«	53	33	30	39
»Stimme eher zu«	23	30	39	30
»Nicht zu sagen/weder noch«	10	9	11	10
»Lehne ich eher ab«	13	24	16	17
»Lehne ich völlig ab«	1	3	4	3
Keine Angabe	1	1	1	1
Summe	101	100	101	100

Die Ansichten der Journalisten aus den drei Generationen unterscheiden sich statistisch signifikant (Chi^2-Test; $p < 0{,}05$).
Quelle: Historische Ereignisse I (1989).

zur Neutralität der Darstellung im konkreten Fall, wobei die politische Stoßrichtung der Publikation eine Rolle zu spielen scheint. Ein solcher Fall wurde den Befragten in folgendem Szenario geschildert: »Angenommen, es wird eine extreme politische Partei gegründet, die offensichtlich eine Gefahr für die Gesellschaft darstellt.« Die Journalisten sollten angeben, ob sie es als ihre »Aufgabe ansehen, gegen diese Partei zu kämpfen«. Diejenigen, die den Widerstand gegen die extreme Partei als ihre Aufgabe betrachteten, sollten darüber hinaus angeben, wie sie »das vermutlich tun« würden – indem »man objektiv über sie berichtet und sie sich selbst bloßstellen läßt«, indem »man ständig auf ihre Gefährlichkeit hinweist, sie kritisiert« oder indem »man sie soweit wie möglich totschweigt«.[41]

Fast alle Journalisten in den drei Altersgruppen bejahten die Frage, ob sie es als ihre »Aufgabe ansehen« würden, »gegen diese Partei zu kämpfen«. Auf die Nachfrage, wie sie »das vermutlich tun« würden, gaben die Redakteure der drei Generationen durchaus unterschiedlichen Vorstellungen von ihrem Kampf gegen die extreme

[41] Auch diese Frage wurde bereits ähnlich von Renate Köcher gestellt (*IfD*-Umfrage 1272, Frage 19).

Tabelle 10: Ansichten von Journalisten verschiedener Generationen zur Neutralität der Darstellung im konkreten Fall

Frage: *»Angenommen, es wird eine extreme politische Partei gegründet, die offensichtlich eine Gefahr für die Gesellschaft darstellt. Würden Sie es als Ihre Aufgabe ansehen, gegen diese Partei zu kämpfen? ... Wenn ja: Wie würden Sie das vermutlich tun?«*

	»Groß-väter« geboren 1909–35 (n=168) %	»Väter« geboren 1936–50 (n=162) %	»Enkel« geboren 1951–66 (n=161) %	Alle (n=491) %
»*Ja*«, es ist Aufgabe, gegen die Partei zu kämpfen.	95	95	98	96
»Indem man objektiv über sie berichtet und sie sich selbst bloßstellen läßt.«	49	56	63	56
»Indem man ständig auf ihre Gefährlichkeit hinweist, sie kritisiert.«	36	35	26	32
»Indem man sie soweit wie möglich totschweigt.«	8	5	8	7
Keine Angabe von Mitteln	2	–	1	1
»*Nein*«, es ist nicht Aufgabe, gegen die Partei zu kämpfen.	2	3	1	2
Keine Angabe	3	3	1	2
Summe	100	101	100	100

Die Unterschiede zwischen den Antworten der Journalisten aus den drei Generationen sind statistisch nicht signifikant (Chi^2-Test).
Quelle: Historische Ereignisse I (1989).

Partei Ausdruck. In allen Altersgruppen waren zwar mehr Journalisten der Ansicht, daß man »objektiv über« die extreme Partei berichten »und sie sich selbst bloßstellen« lassen sollte, als »ständig auf ihre Gefährlichkeit« hinzuweisen und sie zu kritisieren.[42] Aller-

[42] Darin zeigt sich ein – zum Teil methodisch bedingter – Unterschied zu den Ergebnissen von Köcher 1985. Die Mehrheit der von ihr befragten Journalisten hatte angegeben, man solle »ständig auf ihre Gefährlichkeit hinweis[en], sie kritisier[en]« (56 %), jeder Zehnte wollte damals die extreme Partei »soweit wie möglich totschweig[en]« (11 %). Im Unterschied zur vorliegenden Studie hatte Köcher nicht die Möglichkeit vorgegeben, »objektiv« zu berichten, um die Partei »sich selbst bloßstellen« zu lassen. Vielmehr bot sie die Alternative an, daß man »über sie berichtet, wie über andere Ereignisse auch«. Dafür entschied sich damals nicht einmal ein Drittel der Journalisten (29 %). Die unterschiedlichen Formulierungen »objektiv berichten« und »berichten wie über andere Ereignisse auch« mag dazu beigetragen haben, daß die Redakteure 1980/81 anders antworteten als 1989. Sie erklären jedoch vermutlich nicht die gravierende Differenz

dings plädierten für eine objektive Vorgehensweise deutlich mehr Befragte aus der »Enkel«-Generation als aus der »Väter«- und vor allem aus der »Großväter«-Generation. Für ständige offene Kritik entschieden sich entsprechend häufiger die »Großväter« und die »Väter« als die Vertreter der jüngsten Generation. Nur wenige Journalisten aller drei Altersgruppen würden die Partei totschweigen (Tabelle 10).

Persönlichkeitsschutz

Bei der Entscheidung über die Publikation von Fakten spielen neben professionellen Selektionskriterien und subjektiven Sichtweisen rechtliche und berufsethische Anforderungen eine Rolle. Dazu gehört der Persönlichkeitsschutz, der im Einzelfall gegen den Informationsanspruch der Öffentlichkeit abzuwägen ist.[43] Um zu prüfen, welche Bedeutung Journalisten aus verschiedenen Generationen den beiden konkurrierenden Normen beimessen, wurde ihnen folgende Forderung vorgelegt: »In der journalistischen Arbeit sollte der Persönlichkeitsschutz Vorrang haben vor der Information der Öffentlichkeit.«[44] Die Befragten sollten auf einer fünfstufigen Skala angeben, ob und wie entschieden sie dieser Aussage zustimmten bzw. sie ablehnten. Die Journalisten aller drei Generationen billigten die Forderung häufiger als sie abzulehnen. Die »Großväter« zogen den Persönlichkeitsschutz noch häufiger der Information der Öffentlichkeit vor als die »Väter« und die »Enkel«, wobei der Umbruch der Ansichten im Wechsel von der »Großväter«- zur »Väter«-Generation erfolgte (Tabelle 11).

zwischen dem hohen Anteil der Befragten, die in der Untersuchung Köchers für ständige Kritik und Hinweise auf die Gefährlichkeit der Partei plädierten, und der relativ geringen Zahl von Journalisten, die dies 1989 äußerten. Hier wird womöglich eher eine generelle Tendenz zur Neutralität im Sinne einer Abkehr von politisch motivierter Berichterstattung deutlich. Dieser Wandel manifestiert sich demnach nicht nur in den Unterschieden zwischen den drei Generationen, sondern hat seine Ursache möglicherweise auch in geänderten Sichtweisen der älteren Journalisten.

[43] Siehe die Beispiele für entsprechende Konflikte und Auseinandersetzungen in Busche 1986; Maetzke 1987; Gustedt, Martin 1994; Hanefeld 1994a und b; *Der Spiegel* Nr. 9, 1994, 30; Huff 1995.

[44] Die Vorgabe gehört ebenfalls zu der Frage nach zwölf politischen und zwei journalistischen Wertvorstellungen. Die Alternative von Persönlichkeitsschutz und Information der Öffentlichkeit wurde in etwas anderer Form bereits von Köcher erhoben (*IfD*-Umfrage 1272, Frage 17).

Tabelle 11: Ansichten von Journalisten verschiedener Generationen zum Stellenwert von Persönlichkeitsschutz und Informationsanspruch

Frage: *»Sie finden unten eine Reihe von politischen Forderungen. Bitte geben Sie an, ob Sie ihnen zustimmen oder ob Sie sie ablehnen.«* Vorlage von 14 Forderungen, darunter: *»In der journalistischen Arbeit sollte der Persönlichkeitsschutz Vorrang haben vor der Information der Öffentlichkeit.«*

	»Großväter« geboren 1909–35 (n=168) %	»Väter« geboren 1936–50 (n=162) %	»Enkel« geboren 1951–66 (n=161) %	Alle (n=491) %
»Stimme völlig zu«	24	14	12	17
»Stimme eher zu«	30	30	29	30
»Nicht zu sagen/weder noch«	17	20	28	22
»Lehne ich eher ab«	23	29	26	26
»Lehne ich völlig ab«	5	6	5	6
Keine Angabe	1	1	–	x
Summe	100	100	100	101

x = weniger als 0,5 Prozent.
Die Ansichten der Journalisten aus den drei Generationen unterscheiden sich statistisch nicht signifikant (Chi^2-Test).
Quelle: Historische Ereignisse I (1989).

Rationalität journalistischen Handelns

Max Weber unterscheidet zwei Arten rationalen Handelns: Zweck- und Wertrationalität. Zweckrational handelt nach Weber, »wer sein Handeln nach Zweck, Mitteln und Nebenfolgen orientiert und dabei sowohl die Mittel gegen die Zwecke, die Zwecke gegen die Nebenfolgen wie endlich auch die verschiedenen möglichen Zwecke gegeneinander rational abwägt.«[45] Zweckrational sei beispielsweise das Handeln von Politikern: Sie müßten zwischen verschiedenen, unter Umständen unvereinbaren Zielen wählen, die unerwünschten Nebenfolgen bedenken und eine Entscheidung für die angemessensten Mittel treffen. Zweckrationales Handeln folgt nach Weber einer verantwortungsethischen Orientierung: Der Handelnde übernimmt die Verantwortung für die beabsichtigten und unbeabsichtigten Folgen seines Handelns und richtet sein Verhalten danach aus.[46] Wertrational verhält sich nach Weber, »wer ohne Rücksicht auf die voraussehbaren Folgen handelt im Dienste seiner Überzeugung von

[45] Weber 1984, 45.
[46] Vgl. Weber 1964, 175–177; Weber 1982, 57–60.

dem, was Pflicht, Würde, Schönheit, religiöse Weisung, Pietät oder die Wichtigkeit einer ›Sache‹, gleichviel jeder Art, ihm zu gebieten scheinen. Stets ist … wertrationales Handeln ein Handeln nach ›Geboten‹ oder gemäß ›Forderungen‹, die der Handelnde an sich gestellt glaubt.«[47] Wertrational sei beispielsweise das Handeln von Journalisten:[48] Da sie vorrangig dem Prinzip der Öffentlichkeit verpflichtet sind, publizieren sie geheime Dokumente, prangern Mißstände und Verfehlungen an, obwohl die möglichen Folgen für sie selbst, ihr Publikum, die Betroffenen oder die gesamte Bevölkerung unangenehm sein könnten. Wertrationales Handeln folgt nach Weber einer gesinnungsethischen Orientierung: Der Handelnde orientiert sich ausschließlich an ethischen Zielen und lehnt eine Verantwortung für die unbeabsichtigten negativen Folgen seines Handelns ab.[49]

Um zu prüfen, ob auch die Rationalität journalistischen Denkens – ähnlich wie die Berufsmotive, die Ansichten zur Recherche, zur Neutralität und zum Persönlichkeitsschutz – einem Generationswandel unterworfen ist, wurden die Befragten gebeten: »Im Journalismus gibt es Verhaltensweisen, die umstritten sind. Bitte geben Sie an, ob Sie die folgenden Handlungsweisen gutheißen oder mißbilligen.« Die Journalisten sollten eine allgemeine Verhaltensweise sowie drei konkrete Fälle von Publikationsentscheidun-

[47] Weber 1984, 45.
[48] Vgl. Weber 1982, 29.
[49] Vgl. Weber 1964, 175–177. Vgl. zur Bedeutung der Definitionen Webers ausführlicher die Zusammenfassung in Kepplinger 1992d, 158–161.
Eine Befragung von 91 Lokalredakteuren von Regionalzeitungen in Rheinland-Pfalz 1977 zeigte, daß sich Journalisten – entgegen der Annahme Webers – nicht ausschließlich wertrational verhalten: Die meisten Redakteure hielten es zwar für »sehr wichtig«, daß Journalisten »Konflikte und Ungerechtigkeiten aufdekken und über deren Hintergründe berichten«. Wenige sahen es aber für »sehr wichtig« an, daß Journalisten »ohne Rücksicht Kritik üben, auch wenn die Folgen nicht zu übersehen sind« (Mühlberger 1979, 106). Eine Befragung von 96 Redakteuren des *ZDF* 1974 zeigte, daß sich Journalisten – entsprechend der Annahme Webers – tatsächlich überwiegend gesinnungsethisch orientieren: Den Redakteuren waren sechs Fallbeispiele vorgelegt worden, in denen journalistische Berichte unbeabsichtigte Folgen hatten – in jeweils drei Fällen positive und negative Konsequenzen. Die meisten Redakteure waren der Ansicht, daß die Journalisten für negative Folgen moralisch nicht verantwortlich sind. Allerdings waren sie zugleich auch der Ansicht, daß positive Folgen als moralische Verdienste der Berichterstatter zu werten sind (vgl. Kepplinger, Vohl 1979, 244 f.). Hans Mathias Kepplinger leitet aus den Befunden eine mehrfache Asymmetrie zwischen der Rationalität des Handelns und der ethischen Orientierung von Journalisten ab (vgl. Kepplinger 1992d, 165). Neuere Befunde einer quasiexperimentellen Studie präsentieren Kepplinger, Knirsch 2000 a und b.

gen beurteilen, die positive oder negative Folgen besitzen.[50] Die allgemeine Verhaltensweise lautet: »Ohne Rücksicht Kritik üben, auch wenn die Folgen nicht zu übersehen sind.«[51] Bei zwei der drei konkreten Beispiele handelt es sich um Veröffentlichungen geheimer Unterlagen, die negative Nebenfolgen besitzen können. In einem Fall wurden diese negativen Folgen explizit genannt (»Geheime Dokumente veröffentlichen, deren Bekanntmachung nach Ansicht der Regierung den Interessen der BRD schadet.«), im anderen Fall waren sie nur zu erschließen (»Streng geheime Regierungspläne für außenpolitische Verhandlungen veröffentlichen.«). Sowohl die allgemeine Vorgabe wie auch die beiden konkreten Fälle bilden Beispiele für wertrationale Verhaltensweisen. Im dritten Fall wurde den Befragten eine zweckrationale Publikationsentscheidung geschildert, die mit Blick auf zu vermeidende negative Konsequenzen getroffen wird. Dabei handelt es sich um die Entscheidung *gegen* eine Publikation (»Einen Bericht über Kriminalität von Ausländern zurückhalten, um Ressentiments keine Nahrung zu geben.«). Im folgenden werden wieder diejenigen Befragten betrachtet, die die Verhaltensweisen nicht ausdrücklich mißbilligten, also mit »Heiße gut« oder »Teils / teils« antworteten.[52]

Die Angehörigen der drei Generationen besaßen sehr verschiedene Vorstellungen von der Richtigkeit der fraglichen Verhaltensweisen. Dies zeigt sich in ihren Ansichten darüber, ob Journalisten ohne Rücksicht Kritik üben sollen, »auch wenn die Folgen nicht zu übersehen sind«. Gut ein Drittel der »Großväter« billigte diese Möglichkeit ganz oder teilweise, von den »Enkeln« immerhin fast die Hälfte. Dies deutet darauf hin, daß die in den siebziger Jahren noch große Zurückhaltung der Journalisten[53] gegenüber diesem

[50] Dieser Frage liegt ein von Köcher verwendetes Modell zugrunde (*IfD*-Umfrage 1272, Frage 27). Die hier verwendeten Fälle sind jedoch neu entwickelt worden.
Außer den genannten Vorgaben enthielt die Frage eine weitere Publikationsentscheidung – »Dem Druck von Terroristen nachgeben und ihre politischen Stellungnahmen im Fernsehen verlesen.« Sie wird aus der Betrachtung ausgeklammert, da externe Faktoren hier einen großen – mit den vorliegenden Daten nicht meßbaren – Einfluß auf die journalistische Entscheidung ausüben dürften. Deshalb eignet sich diese Vorgabe nicht uneingeschränkt als Indikator für die Rationalität journalistischen Handelns.

[51] Mit dieser Vorgabe arbeitete bereits Mühlberger 1979 in seiner Befragung von 91 Lokalredakteuren im Jahr 1977.

[52] Diese Betrachtung stand bereits bei der Analyse der Urteile über die beiden Recherchemethoden im Mittelpunkt.

[53] Bei Mühlbergers Befragung hielten es 1977 nur 13 Prozent der 91 Lokaljournalisten für »sehr wichtig«, »[o]hne Rücksicht Kritik [zu] üben, auch wenn die

wertrationalen Aufgabenverständnis in den nachwachsenden Generationen nicht mehr so stark ausgeprägt ist. In die gleiche Richtung weisen die Urteile über die Fallbeispiele zur Veröffentlichung geheimer Unterlagen: Die »Enkel« waren häufiger als die »Väter« und »Großväter« bereit, die Publikation geheimer Dokumente zu billigen, auch wenn dies »nach Ansicht der Regierung den Interessen der BRD schadet«. Die »Enkel« stimmten auch häufiger als die »Väter« und »Großväter« der Veröffentlichung streng geheimer Regierungspläne »für außenpolitische Verhandlungen« zu. Diese Befunde deuten darauf hin, daß sich innerhalb des Journalismus ein Wandel der Auffassungen zu wertrationalem Handeln vollzieht. Mit den »Enkeln«, deren Denken besonders deutlich von entsprechenden Sichtweisen beherrscht ist, wächst eine Generation nach, für die stärker als für die »Väter« und vor allem die »Großväter« ein Handeln ohne Rücksicht auf die voraussehbaren Folgen – wertrationales Verhalten im Sinne Webers – zur Maxime wird.

Mit der wachsenden Zustimmung zu wertrationalem Handeln müßte die Bedeutung zweckrationalen Verhaltens zurückgehen. Demnach ist zu vermuten, daß jüngere Journalisten zweckrationale Publikationsentscheidungen seltener billigen als ältere Kollegen. Den Befragten der drei Generationen war eine solche Entscheidung vorgelegt worden. Sie lautet: »Einen »Bericht über Kriminalität von Ausländern zurückhalten, um Ressentiments keine Nahrung zu geben.« Die Befragten der »Enkel«-Generation stimmten der Vorgabe etwas seltener zu als ihre älteren Kollegen. Dies kann man als – wenn auch schwachen – Beleg für die genannte These betrachten. Allerdings ist dabei der besondere Charakter der hier thematisierten Entscheidung zu berücksichtigen: Möglicherweise hängt die Bereitschaft, das Zurückhalten von Informationen über Ausländerkriminalität zu billigen, auch stark von der eigenen Meinung gegenüber Ausländern ab. Um dies zu prüfen, wird eine der zwölf Thesen herangezogen, die in einem früheren Abschnitt als Indikatoren für die konkreten politischen Meinungen der Befragten verwendet wurden. Die hier relevante These lautet: »Man sollte es den Ausländern so leicht wie möglich machen, bei uns zu bleiben.« Die Journalisten, die dieser Forderung zustimmten, billigten häufiger das Verschweigen von Ausländerkriminalität als die Kollegen, die die These ablehnten. Dieser Unterschied zeigt sich in allen drei Generationen in ähnlicher Weise (Tabelle A 5 im Anhang). Dies

Folgen nicht zu übersehen sind«. Allerdings stuften damals 44 Prozent diese Möglichkeit als »auch wichtig« ein, lehnten sie also nicht ganz ab.

Tabelle 12: Ansichten von Journalisten verschiedener Generationen zu umstrittenen Publikationsentscheidungen

Frage: *»Im Journalismus gibt es Verhaltensweisen, die umstritten sind. Bitte geben Sie an, ob Sie die folgenden Handlungsweisen gutheißen oder mißbilligen.«* (Vorlage von sieben Verhaltensweisen, darunter vier Publikationsentscheidungen). Antwortvorgaben: *»Heiße gut«* / *»Mißbillige«* / *»Teils/teils«*.

Anteil der Befragten, die mit *»Heiße gut«* oder *»Teils/teils«* antworteten.

Publikationsentscheidungen	»Großväter« geboren 1909–35 (n=168) %	»Väter« geboren 1936–50 (n=162) %	»Enkel« geboren 1951–66 (n=161) %	Alle (n=491) %
»Ohne Rücksicht Kritik üben auch wenn die Folgen nicht zu übersehen sind.«	36	39	45	40
»Geheime Dokumente veröffentlichen, deren Bekanntmachung nach Ansicht der Regierung den Interessen der BRD schadet.«	55	75	83	71*
»Streng geheime Regierungspläne für außenpolitische Verhandlungen veröffentlichen«	41	55	66	54*
»Einen Bericht über Kriminalität von Ausländern zurückhalten, um Ressentiments keine Nahrung zu geben.«-	41	43	36	40
Durchschnitt	41	50	55	49*

* Die Ansichten der Journalisten aus den drei Generationen unterscheiden sich statistisch signifikant (Chi^2-Test; $p < 0{,}001$).
Quelle: Historische Ereignisse I (1989).

erhärtet die Vermutung, daß die Ansichten zur Nichtpublikation in diesem Fall nicht nur vom generationsspezifischen Berufsverständnis der Journalisten abhängen, sondern auch von ihren subjektiven Sichtweisen (Tabelle 12).

Kollegenkritik

Wenn Journalisten gegen berufliche Standards verstoßen – etwa die Einhaltung des Neutralitätsgebots oder Grundsätze der Recherche – kann ihr Fehlverhalten auf verschiedene Weise sanktioniert werden. Denkbar sind zum Beispiel Reaktionen der Betroffenen oder des Publikums, aber auch Maßnahmen innerhalb des Journalismus wie redaktionsinterne Kritik von Vorgesetzten oder die öffentliche Kritik von Kollegen. Journalisten bejahen generell die Kritik am Fehlverhalten von Kollegen. Anders als in anderen – stärker professionalisierten – Berufen, etwa der Wissenschaft, sind Journalisten jedoch verhältnismäßig selten bereit, Verfehlungen von Kollegen öffentlich *namentlich* zu kritisieren.[54] Um zu prüfen, wie die Journalisten der drei Generationen zur öffentlichen und namentlichen Kritik am Fehlverhalten von Berufskollegen stehen, wurde ihnen folgender Fall geschildert: »Stellen Sie sich bitte vor: Ein Kollege kritisiert in einem Kommentar massiv das Verhalten eines Reporters während der Gladbecker Geiselnahme. Er beschreibt, wie der Reporter die Arbeit der Polizei behindert und dadurch das Leben einer Geisel gefährdet hat. Dabei erwähnt er mehrfach den Namen des Reporters. Als Folge dieser öffentlichen Kritik wird der Reporter in der Redaktion heftig angegriffen und von Kollegen geschnitten.« Die Befragten sollten angeben, ob sie die Kritik am Fehlverhalten des Reporters für »notwendig«, »vertretbar« oder »falsch« halten.[55]

Die Journalisten aus den drei Generationen beantworteten die Frage sehr ähnlich. Jeweils knapp die Hälfte der »Großväter«, »Väter« und »Enkel« hielt die genannte Form der Kollegenkritik für »vertretbar«. »Notwendig« war sie in den Augen jedes dritten bis vierten Journalisten. Die Befragten der »Großväter«-Generation zeigten noch etwas häufiger eine zustimmende Haltung als die »Väter« und die »Enkel« (Tabelle 13).

4.1.2.3 Zwischenbilanz: Generationswandel im Journalismus

Der systematische Vergleich des Denkens von Redakteuren aus drei Generationen bestätigt die Vermutung eines Generationswandels innerhalb des deutschen Journalismus. Dieser Generationswandel manifestiert sich in charakteristischen Unterschieden zwischen den Sichtweisen von »Großvätern«, »Vätern« und »Enkeln«. Anhand der Unterschiede kann man den Generationswandel differenzierter und genauer charakterisieren als bisher. Man kann aus der Art und Größe der Unterschiede auch Vermutungen darüber ableiten, ob sich die einzelnen Veränderungen kontinuierlich und längerfristig vollzogen haben, oder ob es im Wechsel einzelner Generationen zur nächsten zu eher abrupten Umbrüchen gekommen ist. Die folgenden sieben Thesen enthalten die zentralen Charakteristika des Generationswandels, die man aus den Einzelbefunden ableiten kann, sowie einige Folgerungen.

[54] Vgl. Kepplinger 1993.

[55] Aus Platzgründen wurde die Frage nach der Kollegenkritik auf die *namentliche* Anprangerung des Fehlverhaltens zugespitzt. Auf eine eigene Frage nach der generellen Billigung von Kollegenkritik – unabhängig davon, ob namentlich oder nicht – wurde verzichtet.

Tabelle 13: Ansichten von Journalisten verschiedener Generationen zur Kritik am Fehlverhalten von Kollegen

Frage: *»Stellen Sie sich bitte vor: Ein Kollege kritisiert in einem Kommentar massiv das Verhalten eines Reporters während der Gladbecker Geiselnahme. Er beschreibt, wie der Reporter die Arbeit der Polizei behindert und dadurch das Leben einer Geisel gefährdet hat. Dabei erwähnt er mehrfach den Namen des Reporters. Als Folge dieser öffentlichen Kritik wird der Reporter in der Redaktion heftig angegriffen und von Kollegen geschnitten. Einen solchen Kommentar halte ich ...«*

	»Groß-väter« geboren 1909–35 (n=168) %	»Väter« geboren 1936–50 (n=162) %	»Enkel« geboren 1951–66 (n=161) %	Alle (n=491) %
»... für notwendig«	34	28	30	31
»... für vertretbar«	46	46	44	45
»... für falsch«	18	23	27	22
Keine Angabe	2	3	–	1
Summe	100	100	101	99

Die Ansichten der Journalisten aus den drei Generationen unterscheiden sich statistisch nicht signifikant (Chi^2-Test).
Quelle: Historische Ereignisse I (1989).

Erstens: In den generellen politischen Einstellungen der Journalisten deutet sich ein leichter Rückgang der bisher sehr starken Linksorientierung der Berufsgruppe an. Der Wandel setzt mit der Generation der »Enkel« ein, die ihre politische Position im Vergleich zur eigenen Vergangenheit, vor allem aber im Vergleich zu den Schulfreunden nicht mehr so häufig mit dem Etikett *links* beschreiben wie ihre älteren Kollegen. Ob diese andersartige politische Selbsteinstufung langfristig mit einer Hinwendung zu konservativeren Sichtweisen verbunden ist oder lediglich einer kurzfristigen Abgrenzung gegenüber radikalen linken Positionen – vor allem der Achtundsechziger-Zeit – Ausdruck gibt, ist anhand der vorliegenden Daten nicht zu klären. In Betracht zu ziehen ist auch die Möglichkeit, daß die Positionsbestimmungen der »Enkel« einer Tendenz zur Entpolitisierung der Sichtweisen dieser Generation Ausdruck geben.[56]

[56] Indikatoren für eine Entfremdung dieser Generation von politischen Vorgängen sind beispielsweise der Rückgang der politischen Bildung, das abnehmende politische Interesse und der Rückgang des Vertrauens in Politiker. Vgl. beispielhaft Noelle-Neumann, Köcher 1993, 632 ff; 1997, 783 ff; Band 1 der *Allensbacher Markt- und Werbeträger-Analyse* 1996, 14 und 21.

Zweitens: Anders als die generellen politischen Einstellungen lassen die konkreten politischen Meinungen der Journalisten keine Abschwächung der Linksorientierung in der »Enkel«-Generation erkennen. Die konkreten politischen Meinungen der »Enkel« sind darüber hinaus weitgehend unabhängig von ihren generellen politischen Einstellungen – gemessen anhand des Vergleichs zu den Schulfreunden. Auch dies läßt daran zweifeln, daß die relativ häufige Selbsteinstufung rechts von der eigenen Vergangenheit und von den Schulfreunden eine dauerhafte Abwendung der »Enkel« von linken Sichtweisen anzeigt. Es spricht eher für die Entpolitisierung dieser Generation.

Drittens: Innerhalb des deutschen Journalismus vollzieht sich ein Wandel der Berufsmotivation. Bei konstantem Anreiz von Spannung und Abwechslung geht die Bedeutung des missionarischen Anspruchs, auf politische und gesellschaftliche Entwicklungen Einfluß zu nehmen, zurück. Er wird überlagert von dem Wunsch nach Selbstentfaltung und der Erfüllung persönlicher Ansprüche, darunter auch finanziellen Erwartungen.[57] Der Wandel zeigt sich sowohl in der rückblickenden Beschreibung der ursprünglichen Motive, die die Befragten der drei Generationen zur Wahl ihres Berufs veranlaßt haben, als auch in den Anziehungspunkten einer neuen Tätigkeit, die zu einem Stellenwechsel reizen würden. Nach allem, was man erkennen kann, begann der Umbruch in der Bedeutung der Berufsmotive bereits mit dem Wechsel von der »Großväter«- zur »Väter«-Generation und setzte sich bei den »Enkeln« kontinuierlich fort.

Viertens: Ein Wandel zeigt sich auch in den Vorstellungen von journalistischer Recherche. Fragwürdige Methoden der Informationsbeschaffung, die noch von der Mehrheit der »Großväter« abgelehnt wurden, besitzen in der »Enkel«-Generation eine ungleich höhere Akzeptanz. Dies läßt erwarten, daß es mit der Ablösung der älteren Journalisten durch Kollegen der nachwachsenden Generationen in den Redaktionen langfristig zu veränderten Normen und Erwartungen an die Arbeitsweisen von Journalisten kommt. Man kann vermuten, daß die zunehmende Billigung fragwürdiger Recherchemethoden den Spielraum für konkretes journalistisches Handeln erweitert: Wenn mit der nachwachsenden Generation immer mehr Kollegen Geldzahlungen für Informationen oder ver-

[57] Darin manifestiert sich eine Entwicklung, die Naisbitt, Aburdene 1990, 375 mit dem »Triumph des Individuums« beschreiben: In den jüngeren Generationen zeige sich ein Trend zur Individualisierung, der mit einer wachsenden Bedeutung von Selbstentfaltung und -verwirklichung einhergehe.

deckte Recherche unter falscher Identität akzeptieren, verändert sich nach und nach das Klima für die tatsächliche Anwendung solcher Verhaltensweisen. Ein Journalist, der so handelt, muß immer seltener damit rechnen, gegen herrschende Vorstellungen zu verstoßen und sich außerhalb der Norm zu bewegen.

Fünftens: Mit dem Rückgang der Bedeutung missionarischer Berufsziele geht offenbar auch eine veränderte Haltung von Journalisten zur Neutralität einher. Diese Entwicklung zeigt sich nicht so deutlich wie der Wandel der Berufsmotive. Sie wird aber sowohl in den generellen Ansichten zum Ausdruck von Wertvorstellungen in der journalistischen Arbeit deutlich als auch in den konkreten Vorstellungen davon, wie über einen politischen Gegner zu berichten sei. In beiden Fällen distanzierten sich die jungen Journalisten häufiger von wertender, subjektiv gefärbter Darstellung als ihre älteren Kollegen. Man kann diesen Befund einerseits als Hinweis auf eine wachsende Bedeutung der Werte Neutralität und Objektivität innerhalb des Journalismus interpretieren. Dabei ist andererseits zu berücksichtigen, daß offenbar auch das Verständnis von Neutralität und Objektivität selbst im Wandel begriffen ist. Darauf deutet ein bereits erwähntes Ergebnis der Befragung von Patterson und Donsbach 1991: Für die Älteren bedeutete Objektivität überwiegend die faire Wiedergabe verschiedener Standpunkte, die Jüngeren sahen darin eher die Jagd nach harten Fakten.[58] In der Distanzierung vor allem der »Enkel« von subjektiv gefärbter Berichterstattung und ihrer Hinwendung zu neutraler, objektiver Darstellung muß man demnach nicht unbedingt eine Entwicklung zu größerer persönlicher Zurückhaltung von Journalisten sehen. Möglicherweise manifestiert sich hier implizit ein gewandeltes praktisches Arbeitsverständnis.

Sechstens: Die Relevanz des Persönlichkeitsschutzes geht mit dem Wechsel der Generationen geringfügig, aber kontinuierlich zurück. Der Anteil der Journalisten, die ihm Vorrang vor dem Informationsanspruch der Öffentlichkeit einräumen, ist unter den »Großvätern« noch beträchtlich hoch, bei den »Vätern« und den »Enkeln« aber schon erkennbar geringer. Der Umbruch der Ansichten im Wechsel von der »Großväter«- zur »Väter«-Generation hat möglicherweise seit dem Beginn der sechziger Jahre zu der kontinuierlich wachsenden Tendenz beigetragen, Mißstände und Fehlverhalten vor allem von Politikern öffentlich anzuprangern.[59] Mit abnehmendem Stellenwert des Persönlichkeitsschutzes bei den

[58] Vgl. Donsbach, Klett 1993, 67.
[59] Vgl. dazu Kepplinger 1996b.

Journalisten, die seit Mitte der fünfziger Jahre in den Beruf gegangen sind, dürfte die Bereitschaft der »Väter« und »Enkel« hoch sein, Informationen über Personen zu enthüllen, die die »Großväter« vielleicht noch zurückgehalten hätten.[60] Die erfolgreiche Anprangerung von Mißständen und Fehlleistungen dürfte wiederum umgekehrt einen Einfluß auf das Berufsverständnis vor allem der »Enkel« gehabt haben, indem sie sie in der Rolle von Skandalierern bestätigte und anspornte.

Siebtens: Die Rationalität journalistischen Denkens ändert sich in eine vergleichbare Richtung. Von Generation zu Generation zeigt sich eine kontinuierlich wachsende Zustimmung zu wertrationalen Publikationsentscheidungen. In den Augen der »Enkel« stellen die Folgen journalistischen Handelns – ob kalkulierbar oder nicht – seltener ein Hindernis für kritische Berichterstattung oder die Veröffentlichung von geheimen Unterlagen dar als für die »Väter« und vor allem die »Großväter«. Dies läßt ebenfalls erwarten, daß die Sichtweisen der jüngeren Generationen langfristig zu einem Wandel der Normen und des Handlungsspielraums in den Redaktionen führen. Der Anstieg der Zahl von Skandalen und Affären, die durch die Anprangerung von Mißständen und Verfehlungen in den Medien ausgelöst wurden, belegt, daß ein solcher Normwandel bereits seit einiger Zeit im Gang sein dürfte.[61]

Betrachtet man die verschiedenen Facetten des Generationswandels im Überblick, erkennt man, daß die »Enkel« einen Journalistentyp verkörpern, der von dem der »Großväter« verschieden ist. Die »Großväter« entsprechen noch weitgehend dem Typus des »Missionars«, der einen ausgeprägten Einflußwillen besitzt, in der Recherche jedoch eher Zurückhaltung übt und die möglichen Konsequenzen der Berichterstattung in Betracht zieht. Die »Enkel« entsprechen bereits in beträchtlichem Maß dem Typus des »Spürhunds«, der berufliche Freiheit und Selbstverwirklichung anstrebt, seine Recherchebegeisterung gelegentlich mit skrupellosen Mitteln[62] auslebt und eventuelle Folgen nur noch selten in Publikationsentscheidungen einbezieht. Die Berufsvorstellungen der »Väter«, die Merkmale beider Journalismuskonzeptionen aufweisen, belegen, daß der Umbruch zu großen Teilen in gerade dieser Gene-

[60] Dies erklärt womöglich die Tendenz, immer häufiger vertrauliche Informationen von der politischen »Hinterbühne« auf die »Vorderbühne« zu bringen – vgl. Kepplinger, Eps, Esser, Gattwinkel 1993.

[61] Die Relevanz der veränderten Darstellung politischer Akteure und Vorgänge beschreibt Kepplinger 1998 ausführlich im Sinne einer »Demontage der Politik«.

[62] Zur »skrupellosen Recherchebegeisterung« der »Spürhunde« siehe Köcher 1985, 209.

ration stattgefunden hat. Dies bestätigt die eingangs zitierten Aussagen zur Schlüsselrolle der Achtundsechziger-Generation, der ein Großteil der »Väter« angehört. Die Befunde belegen damit die Hinweise verschiedener Autoren, die von einer Annäherung des Selbstverständnisses deutscher Journalisten an die angelsächsische Berufstradition sprechen.[63]

4.1.3 Wahrnehmung des Generationswandels durch Journalisten

Bewußtsein für die Existenz eines Generationswandels
Den Generationswechsel innerhalb eines Berufs kennzeichnen mindestens zwei Merkmale. Erstens, junge Berufsangehörige lösen ältere Kollegen in leitenden Positionen ab. Hierbei handelt es sich um einen formalen Vorgang, der nicht zwangsläufig mit einer Veränderung der herrschenden Sichtweisen verbunden sein muß. Zweitens, die Angehörigen der nachwachsenden Generation übernehmen tonangebende Funktionen, ohne leitende Positionen innehaben zu müssen. Hierbei handelt es sich um den faktischen Vollzug eines Generationswechsels, bei dem sich die Sichtweisen der jungen Kollegen durchsetzen. Um zu prüfen, ob den Journalisten ein Generationswechsel im zuletzt genannten Sinne bewußt ist, wurde ihnen folgende Frage gestellt: »Normalerweise prägen die älteren Journalisten das Selbstverständnis und die Arbeitsweise der jüngeren Kollegen. Gelegentlich besitzen jedoch auch die jüngeren Kollegen einen bemerkenswerten Einfluß auf Selbstverständnis und Arbeitsweise der älteren Journalisten. Haben Sie eine solche Umkehrung der Einflußrichtung einmal erlebt, und wann war das?«

Knapp ein Drittel der »Großväter« (32 %), ähnlich viele »Väter« (30 %) und ein gutes Fünftel der »Enkel« (22 %) gaben an, eine »Umkehrung der Einflußrichtung« schon einmal erlebt zu haben.

[63] Schneider, Schönbach, Stürzebecher 1993a, 28 stellen fest: »Westdeutsche Kollegen ähneln inzwischen in ihrem Profil stärker ihren amerikanischen Kollegen als ihrer Vorgänger-Generation von 1980/81. Vieles deutet darauf hin, daß sich der Journalismus in Westdeutschland in einer Umbruchphase befindet, die unsere amerikanischen Kollegen schon für den Untersuchungszeitraum 1982/83 beschrieben hatten.« Weischenberg, Löffelholz, Scholl 1994a, 165 folgern: »Aus vielfältigen Gründen … gibt es eine Konvergenz im Journalismus der Demokratien westlichen Typs. Dies gilt insbesondere für den Journalismus und die Journalisten in der Bundesrepublik und in den USA.« Vergleichende Studien zeigen jedoch, daß die grundlegenden Unterschiede weiterhin bestehen, man also keineswegs von einer völligen Angleichung sprechen kann (Donsbach 1993a; Weischenberg 1995, vor allem S. 460–466; Esser 1998).

Jeweils mehr als die Hälfte der »Großväter« und »Väter« (61 % und 60 %) sowie fast drei Viertel der »Enkel« (72 %) verneinten die Frage. Anders als man vermuten könnte,[64] zeigen sich damit nur geringfügige Unterschiede in der Wahrnehmung der drei Journalistengenerationen. Die längere Berufserfahrung der älteren Redakteure spielt offenbar für die Beobachtung derartiger Veränderungen nur eine untergeordnete Rolle.[65] Der Anteil der älteren Befragten, die sich an einen Generationswechsel erinnerten, ist zudem unerwartet gering. Eine Ursache liegt möglicherweise darin, daß die befragten Redakteure im Herbst 1989 zu einem großen Teil leitende Positionen innehatten – die »Väter« und vor allem die »Großväter« vermutlich schon seit geraumer Zeit. Aus dieser Warte hatten sie den zunehmenden Einfluß nachwachsender Generationen möglicherweise nicht so sehr als tiefgreifende Veränderung oder gar Umkehrung des Gewohnten erlebt, da sie im redaktionellen Alltag aufgrund ihrer Weisungsbefugnisse selten unmittelbar davon betroffen waren.

Die Analyse des Generationswandels im vorangegangenen Kapitel zeigte, daß einige Veränderungen offenbar kontinuierlich erfolgten, andere dagegen kurzfristig mit dem Umbruch von einer Generation zur nächsten einsetzten. Um festzustellen, ob sich die Journalisten an solche Umbruchphasen und -zeitpunkte erinnerten, wurden sie in der bereits genannten Frage nach der »Umkehrung der Einflußrichtung« gebeten anzugeben, wann diese erfolgte. Diejenigen, die erlebt hatten, daß »die jüngeren Kollegen einen bemerkenswerten Einfluß auf Selbstverständnis und Arbeitsweise der älteren Journalisten« ausübten, gaben dafür drei klar umgrenzte Zeiträume an: die Phase zwischen 1968 und 1970, die Zeit um 1980 und das Ende der achtziger Jahre. Diese Angaben umschreiben drei

[64] Da ältere Journalisten eine längere Berufspraxis besitzen als jüngere und durchschnittlich länger in ihren Redaktionen tätig waren, kann man annehmen, daß sie Veränderungen im beruflichen Selbstverständnis häufiger wahrgenommen haben als ihre jüngeren Kollegen.

[65] Die Dauer der Berufstätigkeit wurde mit folgender Frage ermittelt: »Seit wann arbeiten Sie als Journalist (hauptberuflich)?« Anhand der Antworten wurde festgestellt, wie lange die Befragten bis zum Herbst 1989 bereits in ihrem Beruf tätig waren: Die »Großväter« waren im Schnitt seit 36 Jahren Journalisten, die »Väter« seit 21 und die »Enkel« seit sieben Jahren. Die Dauer der Tätigkeit im aktuellen Medium wurde mit folgender Frage erhoben: »Und seit wann [arbeiten Sie] bei Ihrer jetzigen Zeitung / Zeitschrift / Rundfunkanstalt?« Auch hier wurde berechnet, wie lange die Journalisten im Herbst 1989 bereits in den Medien tätig waren, bei denen sie kontaktiert worden waren: Die »Großväter« arbeiteten im Durchschnitt seit 27 Jahren bei ihrer Zeitung, Zeitschrift oder Rundfunkanstalt, die »Väter« seit 15, die »Enkel« seit fünf Jahren.

Umbruchsituationen, die durch historisches Geschehen einerseits sowie Lebens- und Arbeitsphasen der Journalistengenerationen andererseits bedingt wurden. In der Zeit zwischen 1968 und 1970 fanden die Studentenunruhen statt, Protestbewegungen zum Beispiel gegen den Schah von Persien oder den Vietnamkrieg. Viele der damals vermutlich aktiv Beteiligten – Angehörige der »Väter«-Generation – begannen journalistisch zu arbeiten. Viele von denen, die bereits im Beruf waren, solidarisierten sich mit den Protestbewegungen und trugen die politischen Auseinandersetzungen auch in die Redaktionen hinein. Die Zeit um 1980 war geprägt durch politische Auseinandersetzungen um Atomkraft und Nachrüstung. Sie deckt sich mit der Phase, in der die ersten Journalisten der »Väter«-Generation leitende Positionen übernommen haben dürften. Damals begannen die ersten »Enkel« ihre journalistische Berufstätigkeit. Das Ende der achtziger Jahre war bestimmt von Umwälzungen im Ostblock, unter anderem durch den russischen Staatschef Gorbatschow. Die Diskussion um die Nutzung der Atomenergie war durch den Reaktorunfall in Tschernobyl 1986 erneut aufgeflammt. In dieser Zeit gingen viele Redakteure der ältesten Generation in den Ruhestand, in den Redaktionen war die »Enkel«-Generation nachgewachsen, die ersten ihrer Vertreter dürften bereits leitende Positionen übernommen haben.

Wahrgenommener Charakter des Generationswechsels
Um eine »Umkehrung der Einflußrichtung« wahrnehmen zu können, mußten den Journalisten an ihren Kollegen Eigenschaften und Verhaltensweisen aufgefallen sein, die gegenüber dem Gewohnten neu waren und Veränderungen im Redaktionsalltag mit sich brachten. Die Befragten wurden gebeten, diese Eigenschaften zu beschreiben: »Bitte notieren Sie kurz, was an Selbstverständnis und Arbeitsweise der jüngeren Kollegen neu war.« Die Angaben der Redakteure betreffen überwiegend vier Aspekte des Denkens und Handelns von Journalisten – ihre berufliche Kompetenz; die Objektivität bzw. Subjektivität ihrer Darstellung; ihre Toleranz, zum Beispiel gegenüber konträren Auffassungen; ihr Auftreten gegenüber Kollegen, Vorgesetzten, Informanten usw.

Die Journalisten aller drei Generationen schrieben den jüngeren Kollegen häufiger positive Berufseigenschaften zu als negative. Sie hoben besonders hervor, daß die jungen Redakteure respektloser und eigenständiger auftraten als bis dahin üblich, sich selbstbewußt gegenüber etablierten Hierarchien innerhalb und außerhalb der Redaktionen durchsetzten. Dabei sei das Verhalten der neuen Journalistengeneration von großer Toleranz und Kompetenz ge-

Tabelle 14: Wahrgenommene veränderte berufsspezifische Eigenschaften neuer Journalistengenerationen

Frage: *»Bitte notieren Sie kurz, was an Selbstverständnis und Arbeitsweise der jüngeren Kollegen neu war.«* (Keine Antwortvorgaben, Mehrfachangaben möglich, maximal drei wurden erfaßt).

Basis: 138 Befragte, die angaben, eine *»Umkehrung der Einflußrichtung«* im Journalismus schon einmal erlebt zu haben

	»Großväter« geboren 1909–35 (n=54) %	»Väter« geboren 1936–50 (n=48) %	»Enkel« geboren 1951–66 (n=36) %	Alle (n=138) %
Positive Eigenschaften:				
Größere berufliche Kompetenz	17	17	28	20
Größere Objektivität	7	13	17	12
Größere Toleranz	28	15	28	23
Größere Respektlosigkeit (im Sinne von Eigenständigkeit, Selbstbewußtsein)	26	40	19	29
Alle positiven Zuschreibungen*	78	83	92	83
Negative Eigenschaften:				
Geringere berufliche Kompetenz	4	2	3	3
Größere Subjektivität	13	6	6	9
Größere Intoleranz	6	–	6	2
Größere Rücksichtslosigkeit	4	2	–	2
Alle negativen Zuschreibungen*	26	10	14	16
Anderes	19	21	11	17

* Die Gesamtwerte für alle positiven bzw. negativen Zuschreibungen unterscheiden sich aufgrund von Rundungsfehlern in einigen Fällen von den Summen der Werte für die einzelnen positiven bzw. negativen Eigenschaften.
Die Angaben der Journalisten aus den drei Generationen unterscheiden sich in keinem Fall statistisch signifikant (Chi^2-Test).
Quelle: Historische Ereignisse I (1989).

prägt.[66] Allerdings nannten vor allem die »Großväter« gelegentlich auch negative Veränderungen. Sie charakterisierten das Handeln und die Beiträge der jungen Kollegen verhältnismäßig häufig als subjektiv (Tabelle 14).

[66] In den überwiegend positiven Charakterisierungen zeigt sich aber möglicherweise auch, daß die veränderten Sichtweisen, die die jüngeren Journalisten in die Redaktionen hineingetragen haben, bereits zur Norm geworden sind, der sich die älteren Kollegen zunehmend verpflichtet fühlen.

Vermutete Ursachen der wahrgenommenen Veränderungen
Für die veränderten beruflichen Sichtweisen der Journalisten in den jüngeren Generationen kann es verschiedene Ursachen geben. Einige davon wurden bereits in einem früheren Abschnitt zusammengefaßt. Man kann vermuten, daß Journalisten selbst dezidierte Vorstellungen darüber besitzen, welche Gründe die Veränderungen ausgelöst haben. Dazu wurde ihnen folgende Frage gestellt: »Das Selbstverständnis und die Arbeitsweise von Journalisten hat sich in der BRD in den letzten zwanzig oder dreißig Jahren geändert. Was sind nach Ihrer Ansicht die Hauptursachen dafür? Schätzen Sie bitte jeweils die Stärke des Einflusses ein.« Den Befragten wurden 14 Ursachen vorgelegt, die rechtliche, politische, wirtschaftliche und journalistische Einflußfaktoren umfassen. Sie sollten jede einzelne Vorgabe auf einer siebenstufigen Skala einschätzen, je nachdem, ob die Ursache nach ihrer Ansicht »ohne jeden Einfluß« (1) oder »außerordentlich einflußreich« (7) war. Der folgenden Betrachtung werden jeweils die Befragten zugrundegelegt, die den Ursachen mit den Skalenpunkten 5, 6 oder 7 einen großen Einfluß zuschrieben.

Die überwiegende Mehrheit der Journalisten aller drei Altersgruppen erkannte im »Generationswechsel«, in der »Aufdeckung von Skandalen« und im »Einfluß der Parteien in den Rundfunk- und Fernsehräten« bedeutende Ursachen des Wandels im journalistischen Denken und Arbeiten. Die Skandale und die Parteien in den Rundfunkräten spielten für die »Enkel« häufiger eine Rolle als für die »Väter«, vor allem aber die »Großväter«. Nicht ganz so oft, aber immer noch von sehr vielen genannt wurden die »wachsende Konkurrenz durch privates Fernsehen«, die »*Spiegel*-Affäre« und die »Schlüsselstellung des ›*Spiegel*‹« sowie die »wachsende Zahl von Hochschulabsolventen«. Die Befragten der jüngsten Generation waren – mit Ausnahme der zuletzt genannten Ursache – in allen Fällen häufiger der Ansicht, daß es sich um bedeutsame Gründe handelt, als ihre älteren Kollegen. Verhältnismäßig selten hielten die Befragten die »Stärkung des Zeugnisverweigerungsrechts«, die »verstärkte Stellung der Presse bei Gegendarstellungsverlangen« und vor allem die »Arbeit des ›Deutschen Presserates‹« für einflußreich.

Die Tatsache, daß eine klare Mehrheit der Befragten den »Generationswechsel in den Redaktionen« als Ursache von Veränderungen im Journalismus ansah (70 % bis 72 %), widerspricht auf den ersten Blick einem anderen bereits referierten Befund: Relativ wenige hatten überhaupt einen Generationswechsel im Sinne einer »Umkehrung der Einflußrichtung« von jungen und älteren Journalisten in den Redaktionen wahrgenommen (zwischen 22 % und 32 %). Diese Diskrepanz ist darauf zurückzuführen, daß die beiden Testfragen inhaltlich verschiedene Schwerpunkte setzten und unterschiedlich formuliert waren. Im einen Fall wurden die Journalisten gefragt, ob sie in ihrer *eigenen Berufspraxis* einmal eine *»Umkehrung der Einflußrichtung«* bemerkt hatten. Mit dieser Formulierung war ein Generationswandel gemeint, der Begriff selbst wurde aber nicht genannt. Es ist nicht ausgeschlossen, daß ein Teil der Befragten die »Umkehrung der Einflußrichtung« nicht in diesem Sinne verstanden hat, sondern als Umkehrung der in den Redaktionen vorherrschenden Sichtweisen. Da eine völlige Umkehrung der Sichtweisen im Zuge eines Generationswandels eher die Ausnahme sein dürfte, äußerten sich diejenigen, die die Frage so verstanden, zurückhaltend und verneinten sie. Im anderen Fall wurden die Journalisten gefragt, ob sie im Generationswechsel eine *Ursache* des generellen Wandels im beruflichen Selbstverständnis wahrnahmen. Im Fragetext wurde dieser Wandel vorausgesetzt, der Generationswechsel zusammen mit anderen möglichen Ursachen explizit genannt. Das Fragemodell ist damit einerseits klarer formuliert, andererseits erfaßt es eine andere Facette als die Frage nach dem Wandel selbst – nämlich seine Ursachen. Dies erklärt die scheinbar widersprüchlichen Antworten der Befragten.

Mit dem »Generationswechsel in den Redaktionen« nannte die Mehrzahl aller Befragten den naheliegendsten Grund für Veränderungen im Journalismus. Viele beobachteten im Zuge dieses Generationswechsels eine Veränderung der Ausbildungsvoraussetzungen bzw. einen Anstieg des Ausbildungsniveaus, wie die häufige Betonung der »wachsenden Zahl von Hochschulabsolventen« erkennen läßt.[67] Neben diesem durch die Generationenfolge bedingten Ablösungsprozeß nahmen die Journalisten überwiegend politische und wirtschaftliche Bedingungen ihrer Tätigkeit als Einflußfaktoren wahr – Skandale, die Rolle der Parteien in den Rundfunkräten und Wettbewerb im dualen System. Auffällig ist, daß so viele Befragte vor allem der jüngsten Generation die »Aufdeckung von Skandalen« als *Ursache* für Veränderungen im Journalismus nannten. Dieser Betrachtungsweise muß man nicht folgen. Man kann vielmehr umgekehrt annehmen, daß die in den vergangenen Jahrzehnten immer häufigere Skandalierung von Mißständen und Fehlverhalten in Politik, Wirtschaft und Gesellschaft eine *Folge*

[67] Die »wachsende Zahl der Hochschulabsolventen« zeigt sich auch in den drei untersuchten Journalistengenerationen: Von den »Großvätern« hatten 41 Prozent ein Studium abgeschlossen, von den »Enkeln« 57 Prozent.

des veränderten Berufsverständnisses von Journalisten ist.[68] Realistischer erscheint demgegenüber die Einschätzung der Rolle von »*Spiegel*-Affäre« und »Schlüsselstellung des ›*Spiegel*‹«. Die »*Spiegel*-Affäre«, deren Bedeutung als prägendes historisches Ereignis vor allem der »Väter«-Generation noch zu diskutieren ist, hatte vermutlich einen erheblichen Einfluß auf die Sichtweisen der Journalisten – ebenso wie auf ihre politischen Ansichten. Das Nachrichtenmagazin *Der Spiegel* dürfte durch seine Vorreiterrolle und seine über lange Zeit unangefochtene exponierte Stellung im Mediensystem eine wichtige Vorbildfunktion vor allem für die »Väter«- und »Enkel«-Generation besessen haben.[69]

Bemerkenswerter noch ist die Tatsache, daß die Befragten der verbesserten Rechtsstellung, die ihnen in den vergangenen Jahrzehnten eingeräumt worden sind, nur selten eine bedeutende Rolle für die Veränderungen zubilligten. Wie bereits gezeigt, erhielten die Medien gerade durch diese Ausweitung der Rechte – die Erweiterung des Zeugnisverweigerungsrechts, die verstärkte Position der Medien bei Gegendarstellungsverlangen, die Legalisierung der Publikation illegal beschaffter Dokumente und das Medienprivileg bei der Archivierung und Speicherung personenbezogener Daten – einen besonderen Freiraum. Nur in diesem Freiraum kann sich ein Journalist realistischerweise und ohne großes Risiko »durch Geldzuwendungen vertrauliche Unterlagen beschaffen«, sich »als Mitarbeiter in einem Betrieb betätigen, um an interne Informationen zu kommen«, »streng geheime Regierungspläne für außenpolitische Verhandlungen« oder geheime »Dokumente veröffentlichen, deren Bekanntmachung … den Interessen der BRD schadet«. Die im Vergleich zu anderen Vorgaben eher seltenen Nennungen dieser Vorzüge als Ursachen der Veränderungen im Journalismus kann man auf verschiedene Weise deuten. Ein möglicher Grund liegt darin, daß sich die Journalisten der Bedeutung ihrer besonderen Rechtsstellung nicht bewußt sind und sie daher eher gering einschätzen. Eine zweite Erklärung ist, daß die Befragten die Tragweite der Entscheidungen sehr wohl kannten, aber als selbstverständlich ansahen und deshalb nicht als Einflußfaktoren angaben.

[68] Vgl. zum Zusammenhang zwischen der wachsenden Zahl von Skandalen und der Politikverdrossenheit in der Bevölkerung Kepplinger 1996b.

[69] Dies illustriert eine – wenn auch im Tenor diskussionswürdige – Aussage von Hans-Jürgen Jakobs und Uwe Müller (1990, 13) über Rudolf Augstein: »Wenn sich hierzulande nach 1945 so etwas wie eine ›vierte Gewalt‹, die diesen Namen tatsächlich verdient, etablieren konnte – es ist nicht zuletzt Augsteins Verdienst. Sein Nachrichtenmagazin setzte Maßstäbe, beeinflußte Generationen von Journalisten und wurde schlechthin stilprägend.«

Tabelle 15: Wahrgenommene Ursachen des Wandels im journalistischen Berufsverständnis

Frage: *»Das Selbstverständnis und die Arbeitsweise von Journalisten hat sich in der BRD in den letzten zwanzig oder dreißig Jahren geändert. Was sind nach Ihrer Ansicht die Hauptursachen dafür? Schätzen Sie bitte jeweils die Stärke des Einflusses ein.«* Vorlage von 14 Ursachen, deren Bedeutung die Befragten auf einer siebenstufigen Skala von 1 *(»ohne jeden Einfluß«)* bis 7 *(»außerordentlich einflußreich«)* einschätzen sollten.

Anteil der Befragten, die die Ursachen für einflußreich hielten (Skalenpunkte 5 bis 7)

	»Großväter« geboren 1909–35 (n=168) %	»Väter« geboren 1936–50 (n=162) %	»Enkel« geboren 1951–66 (n=161) %	Alle (n=491) %
»Der Generationswechsel in den Redaktionen«	71	72	70	71
»Die Aufdeckung von Skandalen (Flick-Affäre, Neue Heimat usw.)«	57	70	81	69*
»Der Einfluß der Parteien in den Rundfunk-/Fernsehräten«	59	72	73	68*
»Die wachsende Konkurrenz durch privates Fernsehen«	35	46	62	48*
»Die ›Spiegel-Affäre‹«	39	45	52	45
»Die wachsende Zahl von Hochschulabsolventen«	42	44	46	44
»Die Schlüsselstellung des ›Spiegel‹«	32	35	45	38*
»Die Legalisierung der Veröffentlichung illegal beschaffter Dokumente«	23	19	49	30*
»Die besondere Rolle der ›Bild-Zeitung‹«	28	26	34	29
»Der Skandal um die ›Hitler-Tagebücher‹«	17	24	37	26*
»Der Ausbau der hauseigenen Archive«	23	19	27	23
»Die Stärkung des Zeugnisverweigerungsrechts«	16	13	29	19*
»Die verstärkte Stellung der Presse bei Gegendarstellungsverlangen«	19	14	23	19
»Die Arbeit des ›Deutschen Presserates‹«	8	3	10	7*

* Die Angaben der Journalisten aus den drei Generationen unterscheiden sich statistisch signifikant (Chi^2-Test; $p < 0{,}05$).
Quelle: Historische Ereignisse I (1989).

Schließlich ist auch denkbar, daß in den Antworten eine Scheu von Journalisten zum Ausdruck kommt, die besondere Rechtsstellung ihres Berufsstandes in der Öffentlichkeit hervorzuheben – und damit offenzulegen, welche Vorteile sie gegenüber anderen Personen und Berufsgruppen[70] besitzen (Tabelle 15).

4.2 Einfluß historischer Ereignisse und individueller Erlebnisse

4.2.1 Vorbemerkung

Die Beschreibung des Generationswandels durch die »Großväter«, »Väter« und »Enkel« deckt sich mit den empirisch ermittelten Unterschieden in der Berufsauffassung der drei Generationen. In den Augen der Redakteure kommt dem »Generationswechsel in den Redaktionen« als Ursache des Wandels eine größere Bedeutung zu als den veränderten Arbeitsbedingungen. Einen zentralen Auslöser der Veränderungen sehen sie demnach in der Ablösung der älteren Journalisten durch jüngere Kollegen, die ein neues Arbeits- und Selbstverständnis in die Redaktionen hineintragen. Dies erhärtet die Vermutung, daß veränderte technische, wirtschaftliche und rechtliche Bedingungen allein keine hinreichenden Gründe für den Werte- und Normwandel im Journalismus darstellen. Das Stichwort *Generationswechsel* verweist auf eine vordergründige Erklärung: Die Unterschiede in den Sichtweisen der »Großväter«, »Väter« und »Enkel« bilden zwar eine Ursache dafür, daß die Ablösung der älteren durch die jüngeren Generationen zu einem veränderten Meinungsbild insgesamt führen. Sie stellen *manifeste* Voraussetzungen für den Wandel der Berufsauffassungen dar. Die Unterschiede zwischen den Generationen sind jedoch selbst erklärungsbedürftig. Sie stellen *latente* Gründe für den Wandel der Berufsauffassungen dar. Als latente Ursachen werden in der vorliegenden Untersuchung prägende historische Ereignisse und individuelle Erlebnisse betrachtet, die mit dem historischen Geschehen unterschiedlich eng zusammenhängen. Diese prägenden Erfahrungen werden im folgenden identifiziert und beschrieben.

[70] So etwa im Falle des Zeugnisverweigerungsrechtes gegenüber den Strafverfolgungsbehörden bei Gerichtsverhandlungen oder gegenüber Wissenschaftlern beim Medienprivileg der Speicherung personenbezogener Daten.

4.2.2 Identifikation prägender Erfahrungen

4.2.2.1 Quellen und Vorgehensweisen

Zur Identifikation der Erfahrungen, die für eine Generation prägend waren, sind verschiedene Vorgehensweisen möglich. Zwei Alternativen diskutiert der Historiker Arnold Esch. Mit Blick auf zurückliegende Jahrhunderte stellt er die Frage: »Wie … läßt sich in Erfahrung bringen, was für die Identität einer Generation konstitutiv gewesen sein mag?« Zur Beantwortung der Frage sei zu klären, an »welchen Ereignissen Menschen … ihre Gegenwart innerhalb der Geschichte orientieren und inwieweit sie mit Hilfe solch historischer Ereignisse auch ganz persönliche Erlebnisse datieren«. *Eine* Quelle der Information über solche Ereignisse seien Urteile von Historikern. Aufgrund ihrer Kenntnis des Geschehens seien sie in der Lage, als Experten zentrale Einschnitte zu bestimmen und damit die prägenden Eindrücke von Generationen zu identifizieren: »Man kann … zentrale Ereignisse postulieren und sagen, dies oder jenes sei ein Ereignis, an dem die Menschen der Zeit unmöglich hätten vorbeisehen können, und das also ihrer aller Blicke auf sich gezogen habe.« Man könne davon ausgehen, daß »der Historiker da meist das Richtige treffen wird«.[71] Diese Art der Identifikation prägender Ereignisse liegt vielen Generationenporträts und Studien der Lebensverlaufforschung zugrunde.

Esch schränkt jedoch die Aussagekraft von Urteilen externer Betrachter ein. Bei der Frage nach den prägenden Erfahrungen einer Generation gehe es »nicht um das Geschichtsbild einer Chronistik, die ihren Blickpunkt vorsätzlich hoch legt, um uns absichtsvoll ihre historische Sicht der Dinge zu vermitteln, und in der das Geschichtsverständnis einer Zeit gewissermaßen schon gerahmt ist und gefaßt in den festen Fluchtlinien von historischem Wissen«.[72] »Die historische Identität einer Generation« sei vielmehr »weitgehend bestimmt durch die Perspektive, unter der diese Generation ihre Zeit und die jüngste Vergangenheit sieht«.[73] Deshalb sei es sinnvoller, die Angehörigen einer Generation selbst etwas über ihre prägenden Erfahrungen sagen zu lassen. Einige Quellen für die Identifikation von Erfahrungen, die im Bewußtsein der Angehörigen verschiedener Generationen als prägende Eindrücke verhaftet sind, wurden bereits erwähnt: Tagebuchaufzeichnungen oder Brie-

[71] Esch 1994, 25.
[72] Esch 1994, 26.
[73] Esch 1994, 23.

fe, wie sie in der historisch orientierten Lebensverlaufforschung Anwendung finden;[74] (Selbst-) Aussagen in (auto-) biographischen Darstellungen des Lebens einzelner Personen; Tiefeninterviews zur Rekonstruktion von Lebensverläufen.

Auch Daten über die persönliche Entwicklung und den beruflichen Werdegang von Personen, die aus Akten, Chroniken und anderen öffentlich zugänglichen Aufzeichnungen vorliegen, gehören zu den Quellen, die Auskunft über prägende Eindrücke geben können. Ein Beispiel für eine Untersuchung anhand solcher Daten hat Friedrich Hausjell vorgelegt.[75] Er befaßte sich mit der Rolle österreichischer Journalisten, die bereits während des Nationalsozialismus in ihrem Beruf tätig waren, für den Journalismus der Nachkriegszeit. Um zu untersuchen, wie »sich die Mitarbeit dieser Personen mit ihren Faschismus-Erfahrungen auf den ›Wiederaufbau‹-Journalismus ausgewirkt« hat,[76] erstellte Hausjell Kurzbiographien von 438 Journalisten, die in den ersten Nachkriegsjahren in Österreich tätig waren. Er nutzte dazu unter anderem Unterlagen der amerikanischen Besatzungsmacht, Personalakten der österreichischen Journalistengewerkschaft und Akten des Reichsverbandes der deutschen Presse.[77] Der Autor zeigt für den österreichischen Nachkriegsjournalismus eine hohe personelle Kontinuität: Zahlreiche Redakteure, waren bereits im Dritten Reich journalistisch tätig. Hausjell zieht aus seinen differenzierten Untersuchungsergebnissen den Schluß, »daß für das Jahr 1945 von einem eindeutigen Bruch oder einem völligen Neubeginn nicht gesprochen werden kann«.[78]

In der vorliegenden Analyse geht es nicht darum, den gesamten Werdegang der »Großväter«, »Väter« und »Enkel« nachzuzeichnen. Es geht vielmehr um die Identifikation der Ereignisse und Erlebnisse, die die Journalisten »kollektiv« geprägt haben und als einschneidende Eindrücke in ihrem Bewußtsein verhaftet sind.

[74] Ideal sind nach Esch 1994, 26 »Quellen unterhalb der Geschichtsschreibung, Quellen, die die Menschen unter sich reden lassen und nicht an uns gewendet.« Der Autor nennt beispielhaft für das 15. Jahrhundert die »sogenannten *Ricordi* Florentiner Kaufleute: persönliche, meist nur für den Kreis gedachte Aufzeichnungen, eine reizvolle und spezifische Mischung von tagebuchartigen Eintragungen, Bilanzen, Kindstaufen, Grundstücksgeschäften und … versetzt mit Beobachtungen zum Lauf der Welt im allgemeinen und zum Lauf der eigenen Zeit im besonderen« (Hervorhebung im Original).

[75] Vgl. Hausjell 1987, ausführlicher auch Hausjell 1989 und 1993.

[76] Hausjell 1987, 659.

[77] Zusätzlich führte er eine schriftliche Befragung der identifizierten Personen durch und interviewte ausgewählte Journalisten ausführlicher.

[78] Hausjell 1989, 325.

4.2.2.2 Autobiographische Erinnerung

Einschneidende Eindrücke im Leben von Menschen lassen sich nur rückblickend erheben, unabhängig davon, welche der genannten Vorgehensweisen und Quellen man nutzt. Eine Voraussetzung hierfür ist, daß sich die Personen an diese Eindrücke erinnern und sich ihres prägenden Charakters bewußt sind.[79] Erinnerungen an zurückliegende Ereignisse des eigenen Lebens werden im *episodischen Gedächtnis* gespeichert. Nach Wippich werden dem »episodischen Gedächtnissystem … Informationen über zeitlich datierte Episoden und Ereignisse und zeitlich-räumliche Beziehungen zwischen den Ereignissen zugeordnet. Es handelt sich … um Informationen, die persönlich erfahren wurden, einen autobiographischen Bezug aufweisen. Die Repräsentation des ›Wie, wo und wann und in welcher Abfolge mir Geschehen‹ sind kennzeichnende Leistungen des episodischen Systems.«[80] Das episodische Gedächtnis gehört zum Langzeitgedächtnis, dessen Funktion darin besteht, Informationen über einen langen Zeitraum hinweg zu speichern. In das Langzeitgedächtnis einer Person gehen vor allem Informationen ein, die ihr subjektiv bedeutsam erscheinen oder einen emotionalen Eindruck hinterlassen.[81]

Die Erinnerung an Ereignisse des eigenen Lebens bezeichnet man als *autobiographisches Gedächtnis.* Das autobiographische Gedächtnis des Menschen ist zeitlich organisiert und thematisch strukturiert.[82] Menschen erinnern sich nicht dauerhaft an alles, was

[79] Vgl. zur retrospektiven Erhebung am Beispiel schicksalhafter kritischer Lebensereignisse Petermann 1990. Die gemeinsame Erinnerung der Angehörigen einer Generation ist nach Marshall 1983, 58 die Voraussetzung für die wissenschaftliche Erhebung generationsspezifischer Merkmale: »When members of a generation, or of an age group, become conscious of their positional similarities of interests and articulate them, the social scientist can call upon the definitions of generational members or age group members themselves to define such boundaries.«.

[80] Wippich 1984, 53. Der Autor unterscheidet vom episodischen das *semantische* Gedächtnissystem, das dem Lernen und Behalten von Wissen dient. Vgl. auch Baddeley 1986, 16.

[81] Vgl. Baddeley 1986, 55ff; Warringten, Sanders 1971; Bahrick, Bahrick; Wittlinger 1975.

[82] Vgl. exemplarisch Neisser 1982a; Ross 1991; Neisser, Fivush 1994. Nach Brückner 1990, 382 wird die »Abfolge von Lebensereignissen … durch das Ordnungsschema einer *Zeitachse* strukturiert … Durch Fixierung von Zeitpunkten auf einem Kontinuum – beginnend bei der Geburt – können die für die Untersuchung wichtigen Daten (auf einer Geraden) einen Gesamtüberblick geben sowie einzelne Ereignisse und deren zeitliche Zusammenhänge definieren.« Robinson 1994, 12 folgert in einer Rezension des Bandes von Ross 1991: »Autobiographical memory appears to be organized thematically, not just chronologically.«

während ihres Lebens geschehen ist. Die Erinnerung an Lebensereignisse ist abhängig vom Abstand zwischen Ereigniszeitpunkt und Zeitpunkt der Erinnerung, mehr noch aber von der Bedeutung der Ereignisse. Marigold Linton führte über sechs Jahre hinweg Tagebuch über ihre eigenen Erlebnisse und privaten Ereignisse. Während dieser Zeit testete sie einmal pro Monat ihre Erinnerung an zufällig ausgewählte Erfahrungen, die sie bis dahin bereits aufgezeichnet hatte.[83] Linton erinnerte die Ereignisse nahezu ausnahmslos bis etwa ein Jahr, nachdem sie geschehen waren. Danach begann sie immer mehr zu vergessen: »[T]he present function indicates almost linear forgetting after an early period of almost perfect retention.«[84] Erfahrungen mit starker emotionaler Ladung und einschneidender Bedeutung für den weiteren Lebensverlauf blieben jedoch über den gesamten Zeitraum im Gedächtnis. Linton folgert: »Events whose emotionality will endure in memory are likely to have the following features: 1. The event must be salient and be perceived as strongly emotional at the time it occurs … 2. Your life's subsequent course must make the target event focal in recall; the event may be seen as a turning point, the beginning of a sequence, or as instrumental in other later activities.«[85]

Zu ähnlichen Ergebnissen kam Willem A. Wagenaar, der Lintons Studie replizierte und weiterführte:[86] »Retention was significantly related to the salience of the events, to their pleasantness, and to the degree of emotional involvement.«[87] Unangenehme Ereignisse würden zwar kurzfristig unterdrückt, blieben aber langfristig ebenso im Gedächtnis verankert wie angenehme Erfahrungen.[88] Elizabeth Warrington und Helen Sanders führten eine Untersuchung zum Vergessen von Ereignissen des öffentlichen Lebens der zurückliegenden dreißig Jahre durch. Die Ergebnisse zeigen, daß Ereignisse um so häufiger vergessen werden, je weiter sie zurückliegen. Ältere Menschen erinnern generell weniger Ereignisse als jüngere.[89] Warrington und Sanders berücksichtigten allerdings nicht die persönliche Betroffenheit der Versuchspersonen. Bahrick, Bah-

[83] Linton 1975; 1978a und b; hier 1982, 78f.
[84] Linton 1982, 85.
[85] Linton 1982, 89.
[86] Wagenaar 1986; 1988.
[87] Wagenaar 1986, 249.
[88] In diesem Sinne bemerkt Brückner 1990, 381, die »positive oder negative Betroffenheit« durch »Ereignisse von besonderer persönlicher aber auch sozialer Bedeutung« könne »unerwünschte Effekte bewirken (Verdrängung/Verfälschung). *Schlüsselerlebnisse* sind aber *im Prinzip wieder abrufbar*«.
[89] Warrington, Sanders 1971, 434f.

rick und Wittlinger untersuchten das Erinnerungsvermögen von Highschoolabsolventen an Namen und Gesichter ehemaliger Klassenkameraden. Die Befragten erinnerten sich vor allem an diejenigen Personen gut, mit denen sie emotionale Erfahrungen verbanden.[90] Zusammenfassend kann man damit aufgrund der psychologischen Literatur feststellen, daß die emotionale Ladung eine Erinnerung wesentlich verbessert. Umgekehrt bedeutet dies, daß emotional geladene Ereignisse in der Erinnerung an den eigenen Lebensweg überwiegen.

Die Erinnerung an prägende Lebensereignisse geht bis zur frühen Kindheit zurück und ist im Einzelfall sehr detailliert, auch noch viele Jahre später. Dies belegt eine Studie zur Erinnerung an die Geburt jüngerer Geschwister während der eigenen Kindheit. Lag ein solches Ereignis allerdings vor dem dritten Lebensjahr, ist die Erinnerung ungenau oder gar nicht vorhanden.[91] Erfahrungen, die radikale Veränderungen und Einschnitte im Leben von Menschen bedeuten, bleiben über Jahrzehnte lebhaft im Gedächtnis verhaftet. Hinweise darauf enthält eine Untersuchung zur Erinnerung von KZ-Häftlingen. Willem A. Wagenaar und Jop Groeneweg verglichen Protokolle von Gerichtsverfahren gegen KZ-Aufseher, die 1943 bis 1948 aufgenommen wurden, mit Interviews, in denen ehemalige Häftlinge zwischen 1984 und 1987 über ihre Erinnerungen sprachen. Die ehemaligen Häftlinge, die in den vierziger Jahren vor Gericht aussagten, waren nicht identisch mit den ehemaligen Häftlingen, die in den achtziger Jahren befragt wurden. Die Autoren bemerken eine hohe Übereinstimmung der kurz- und längerfristigen Erinnerungen. Allerdings zeigen sie im Detail auch Diskrepanzen, für die sie mehrere Erklärungen diskutieren: Falschaussagen während des Gerichtsverfahrens, Verdrängung, Erinnerungsfehler und die erwähnte Tatsache, daß es sich in den beiden Befragungen um unterschiedliche Personen handelte.[92]

Erinnerungsfehler oder Verzerrungen in der Erinnerung an Lebensereignisse beruhen nicht nur auf dem Vergessen von Einzelheiten. Sie hängen unter anderem von der Situation ab, in der die Erinnerung aufgerufen wird. Marigold Linton charakterisiert die Fähigkeit zur Datierung von Ereignissen als »zyklisch«. So könnten Personen zum Beispiel in Wahljahren den Zeitpunkt zurückliegen-

[90] Bahrick, Bahrick, Wittlinger 1975.

[91] Sheingold, Tenney 1982. Vgl. zur Erinnerung an Ereignisse in verschiedenen Lebensphasen auch Cohen, Faulkner 1988.

[92] Wagenaar, Groeneweg 1990. Die in den achtziger Jahren Befragten traten zum Teil ebenfalls als Zeugen in einem Prozeß gegen den Niederländer Marinus De Rijke auf.

der Wahlen leichter erinnern, da Wahlen in bestimmten zyklischen Abständen stattfinden.[93] Momentane Reaktionen auf Befragungen zur Vergangenheit, zum Beispiel bei Zeugenaussagen, stimmen nicht unbedingt mit Aussagen überein, die zu Papier gebracht oder Jahre später in einer anderen persönlichen Situation geäußert werden. Darauf deuteten bereits die Befunde von Wagenaar und Groeneweg. Ein weiterer Beleg ist eine Untersuchung von Ulric Neisser, der die schriftliche Zeugenaussage eines Beraters von Präsident Nixon zur Watergate-Affäre mit Aufzeichnungen seiner Äußerungen bei einer Anhörung verglich.[94] In den genannten Beispielen handelt es sich vermutlich meist um unbewußte Irrtümer. In anderen Fällen deuten Menschen ihre Vergangenheit um – entsprechend der Sichtweisen, die sie aktuell vertreten.[95] Bereits Linton sprach von der Erinnerung an Sachverhalte, die »instrumental in other later activities« sind.[96] Craig R. Barclay unterscheidet »[t]ruth and accuracy in autobiographical recollections« und diskutiert »self-schemata« als Einflußfaktoren auf Äußerungen über die eigene Vergangenheit.[97] Ein Experiment von George R. Goethals und Richard F. Reckman zeigt, daß Versuchspersonen Angaben zu ihren früheren Einstellungen über politische und soziale Fragen den Sichtweisen anpassen, die in einer Gruppendiskussion vorherrschen.[98]

Barbara Keller untersuchte den »Umgang der ›Kriegsgeneration‹ mit Lebenserinnerungen«[99] an Ereignisse und Erfahrungen während der Zeit des Nationalsozialismus bzw. des Zweiten Weltkriegs. Sie führte 1989 intensive Leitfadengespräche mit 38 Personen, die 70 Jahre und älter waren, die fragliche historische Phase also als junge Menschen miterlebt hatten. Die Gesprächspartner hatten sich aufgrund eines Aufrufs in der Lokalpresse freiwillig zur Verfügung gestellt.[100] Die Befragten zeigten eine bemerkenswerte Übereinstimmung in der Erinnerung an »historische Eckdaten«[101] Allerdings bestanden »[u]nerwünschten Erinnerungen gegenüber … Vermeidungstendenzen«. Viele Gesprächspartner sahen »sich un-

93 Linton 1978b, 379.
94 Neisser 1981.
95 Es handelt sich um ein Phänomen, das man vermutlich konsistenztheoretisch erklären kann. Vgl. Heider 1946; Festinger 1957; Osgood, Tannenbaum 1967.
96 Linton 1982, 89.
97 Barclay 1988, 289.
98 Goethals, Reckman 1973; 1982.
99 So die Formulierung des Untertitels von Keller 1996.
100 Vgl. zur Methode Keller 1996, 131–142.
101 Keller 1996, 244. Die Autorin erkennt dies unter anderem daran, daß Männer und Frauen unabhäng voneinander dieselben Ereignisse als Eckdaten ihrer Schilderungen verwendeten. Beispielsweise »[a]m häufigsten nannten die Frau-

gerechten Vorwürfen ausgesetzt« und empfanden den »öffentlichen Diskurs« über die Zeit des Nationalsozialismus »überwiegend als zu negativ«. Die Autorin schließt daraus auf »große Differenzen bezüglich der einzunehmenden Perspektive auf die jüngere deutsche Vergangenheit«.[102]

Die Beispiele verweisen auf ein grundlegendes Problem von Erinnerung: Sie erfolgt immer vor dem aktuellen persönlichen und sozialen Hintergrund der Person, die sich erinnert. Dabei spielen ihre individuelle Situation, ihr Selbstbild und ihre Sichtweisen zum Zeitpunkt der Erinnerung eine zentrale Rolle: »[E]veryone uses the past to define themselves.«[103] Die Gegenwart eines Menschen besitzt Einfluß auf die Rekonstruktion seiner Vergangenheit.[104] Deshalb kann zum Beispiel ein erinnertes Erlebnis »an miterlebten Einzelheiten ärmer sein als das originale«, es kann auch gegenüber dem tatsächlichen Geschehen »völlig umstrukturiert sein«.[105] Einige Aussagen aus Autobiographien von Journalisten belegen diesen Sachverhalt. Karl Korn, der seine Erinnerungen 1975 mit einem früheren Lebensrückblick von 1946 vergleicht, bemerkt: »Es stellt sich mir so da, als förderte das Alter eine andere Kindheit aus der Erinnerung zutage.«[106] Für Margret Boveri »prägen sich« »[b]estimmte Daten politischer Vorgänge … ein, weil sie mit einem Geburtstag, einer Reise, einer Operation zusammenfielen, andere entschwinden dem Gedächtnis, weil sie in einer Zeit mangelnder Aufnahmefähigkeit nur gleichgültig registriert wurden. […] Jeder sieht sich als Mittelpunkt seiner Welt und beurteilt auch das, woran er selbst beteiligt war, von diesem Mittelpunkt und nicht vom Zentrum des Geschehens her.«[107] Die Autorin hatte zahlreiche Interviews mit Kollegen geführt, um die Geschichte des *Berliner Tageblatts* während des Dritten Reiches nachzuzeichnen. Nach ihren Erfahrungen waren »[n]ach zwanzig bis dreißig Jahren bei den meisten Befragten die Erinnerungen von so vielen Erlebnissen überlagert, daß nur Bruchstücke zutage kamen. Das gilt vor allem bei denjenigen Kollegen, die in den dazwischen liegenden Jahren ohne nennenswerte Unterbrechung ihren Beruf als Journalist fortgeführt hatten und ständig

en die Einberufung des Ehemannes zum Militär, die Männer nannten die Einberufung am häufigsten.«

[102] Keller 1996, 245.

[103] Neisser 1982b, 13.

[104] Robinson 1994, 12 faßt diese grundlegende Auffassung der Gedächtnisforschung zusammen: »Each person constructs a personal history.«

[105] Flechtner 1976, 41.

[106] Korn 1975, 8.

[107] Boveri 1965, 10.

den sich überstürzenden Ereignissen ausgesetzt waren, während diejenigen, die den Beruf wechselten oder emigrierten, ihre *BT*-Zeit meist als abgeschlossenes Erlebnis besser im Gedächtnis bewahrt hatten.« So schienen »Ereignisse, die im Jahr 1933 die Beteiligten in größte Aufregung versetzt hatten, ... manchmal wie ausgelöscht.«[108] Relativierend ist darauf hinzuweisen, daß Boveri hier Erinnerungen an extreme Einschnitte beschreibt und ihre Folgerungen deshalb kaum verallgemeinerbar sind.

Aus den Überlegungen zur autobiographischen Erinnerung kann man für die vorliegende Untersuchung folgern: Erstens, die Journalisten werden in der Lage sein, die Eindrücke zu erinnern, die sie persönlich in besonderer Weise geprägt haben. Sie werden nicht alle Einzelheiten der Erfahrungen im Gedächtnis behalten haben, aber die Tatsache, daß es sich um einschneidende Erlebnisse handelt. Nur diese Information ist hier relevant.[109] Zweitens, man muß davon ausgehen, daß die aktuellen Sichtweisen und das Selbstverständnis der Journalisten einen Einfluß darauf besitzen, welche Lebensereignisse sie als prägend identifizieren. Dieser Effekt dürfte bei der Verwendung offener Fragen stärker sein als bei der Vorgabe von Listen, die mögliche einschneidende, aber momentan nicht präsente Erfahrungen ins Gedächtnis rufen. Die prägenden historischen Ereignisse und individuellen Erlebnisse der »Großväter«, »Väter« und »Enkel« werden deshalb anhand von Ereignis- und Erlebnislisten erfaßt. Drittens, es ist nicht auszuschließen, daß einzelne Journalisten prägende Erfahrungen unbewußt verdrängen oder bewußt verschweigen. Es ist auch nicht auszuschließen, daß sie Eindrücke nennen, die in Wirklichkeit keine einschneidende Bedeutung hatten. Dieses Problem ist nicht spezifisch für die vorliegende Studie, sondern stellt sich generell bei Umfragen.[110] Die Bedeutung von Falschaussagen dürfte jedoch aufgrund der großen Zahl der Befragten und der Tatsache, daß die Fragebögen anonym ausgefüllt wurden, zu vernachlässigen sein.

4.2.2.3 Auswahl der historischen Ereignisse und individuellen Erlebnisse

Das *historische Geschehen*, das für die Journalisten aus den drei Generationen bedeutsam war, wurde anhand einer Liste ermittelt, die 34 Ereignisse enthält. Sie wurden aufgrund von vier Kriterien

108 Boveri 1965, 14.

109 Die Voraussetzung hierfür faßt Silex 1968, 10 treffend zusammen: »Was im Gedächtnis haften blieb, muß für mich bedeutsam gewesen sein.«

110 Vgl. Noelle-Neumann, Petersen 1996, 102f.

ausgewählt. Erstens, das Geschehen sollte von möglichst vielen Journalisten, die im Herbst 1989 in ihrem Beruf tätig waren, persönlich miterlebt worden sein. Es sollte sich mit anderen Worten aus der Sicht der Befragten um zeitgenössische Ereignisse handeln. Deshalb wurden Ereignisse ausgewählt, die zwischen 1940 (»Deutscher Einmarsch in Paris«) und 1986 (»Reaktorunfall in Tschernobyl« und »Chemieunfall Sandoz«) stattfanden. Zweitens, das Geschehen sollte sich möglichst kontinuierlich und gleichmäßig auf den Zeitraum zwischen 1940 und 1986 verteilen, um Verzerrungen in den Antworten durch eine Häufung von Ereignissen aus bestimmten Zeitabschnitten zu vermeiden. Die Liste der historischen Ereignisse deckt einen Großteil der insgesamt 47 Jahre ab,[111] die Ereigniszeitpunkte überschneiden sich nur in einigen Fällen.[112] Drittens, das Geschehen sollte aus möglichst vielen gesellschaftlichen Bereichen stammen. Deshalb wurden Ereignisse aus verschiedenen Politikfeldern (»Bildung der Großen Koalition«, »Nachrüstungsdebatte«), sowie aus Technik und Wissenschaft (»Mondlandung«, »Entdeckung des AIDS-Virus«) ausgewählt. Darüber hinaus umfaßt die Liste sowohl inner-(west-)deutsche (»*Spiegel*-Affäre«, »Baader-Meinhof-Prozeß«) als auch deutsch-deutsche (»Bau der Berliner Mauer«) und Ost-West-Ereignisse (»Zerschlagung des Prager Frühlings«, »Brandts Kniefall in Warschau«) sowie Geschehen im Ausland (»Ermordung von Präsident Kennedy«). Viertens, die historischen Ereignisse sollten sich in ihrem Charakter möglichst unterscheiden. Deshalb enthält die Liste neben Konflikten (»Konflikt um die Notstandsgesetze«), Krisen (»Ölkrise 1973«), Attentaten (»Ermordung von Schleyer, Ponto und Buback«) und Unglücken (»Reaktorunfall in Tschernobyl«) auch Zeichen wirtschaftlicher und politischer Entspannung (»Währungsreform 1948«, »Rückkehr der letzten Kriegsgefangenen«) oder technischer Erfolge (»Mondlandung«).[113]

Die *individuellen Erlebnisse*, die für die Journalisten aus den drei Generationen bedeutsam waren, wurden anhand einer Liste ermittelt, die 33 Erlebnisse enthält. Sie wurden ebenfalls aufgrund von vier Kriterien ausgewählt. Erstens, die Befragten sollten Erlebnisse vorfinden, die sie in möglichst vielen unterschiedlichen Lebensphasen erfahren haben konnten. Deshalb wurden einerseits typische Er-

[111] Kein Ereignis wurde vorgelegt aus den Jahren 1941, 1947, 1954, 1957–60, 1971, 1974, 1978, 1979 und 1985 (zwölf von 47 Jahren).

[112] Es gab Überschneidungen bei den Jahren 1944, 1945, 1948, 1953, 1961–63, 1966–1968, 1976, 1977 und 1986 (13 von 47 Jahren).

[113] Der Anhang enthält eine Übersicht über die ausgewählten historischen Ereignisse mit kurzen Zusammenfassungen des Geschehens.

lebnisse Jugendlicher (»Engagement in einer kirchlichen Gruppe«) und junger Erwachsener (»Kriegsdienstverweigerung«, »Leben in einer Wohngemeinschaft«) ausgewählt. Andererseits wurden auch Erlebnisse präsentiert, die im Verlauf des gesamten weiteren Lebens eine Rolle spielen können (»Politischer Druck in der Redaktion«, »Schreiben gegen die eigene Überzeugung«). Ein Teil der Erlebnisse ist nicht an ein bestimmtes Lebensalter gebunden (»Leben in einem anderen Land«). Zweitens, Erlebnisse können die Folge bewußter Entscheidungen und Handlungen sein oder auf Ursachen beruhen, die sich dem Einfluß der Betroffenen entziehen. Die Liste umfaßt beide Typen individueller Erlebnisse. Zu den bewußt gesuchten Erfahrungen gehören unter anderem der »Austritt aus der Kirche«, die »Kandidatur für ein politisches Amt« und die »Teilnahme an friedlichen Demonstrationen«. Beispiele für Erfahrungen, die nicht dem eigenen Einfluß unterliegen, sind »Bombenangriffe«, »Opfer eines Gewaltverbrechens« und »Leben in einer Diktatur«. Drittens, man kann annehmen, daß das Denken und Handeln von Journalisten einerseits von beruflichen Erlebnissen geprägt wird, andererseits von Erfahrungen, die sie vor dem Berufseintritt und während der Berufsausübung in anderen Bereichen gemacht haben.[114] Deshalb wurden für die vorliegende Studie Erlebnisse aus dem persönlichen (»Austritt aus der Kirche«, »Leben in einer Wohngemeinschaft«) und beruflichen Umfeld (»Öffentliche Angriffe gegen Ihre Arbeit«, »Entlassung, Kündigung als Journalist«) sowie aus anderen Lebensbereichen (»Engagement in der Umweltschutzbewegung«, »Antideutsche Ressentiments«) ausgewählt.

Viertens, manche individuelle Erlebnisse sind eng an historisches Geschehen gebunden, zum Beispiel Kriegserlebnisse, andere völlig unabhängig davon, zum Beispiel Auslandsaufenthalte. Dieser Sachverhalt wurde bereits eingehend diskutiert. Dabei wurden vier Typen von individuellen Erlebnissen unterschieden, je nachdem wie eng sie mit historischen Ereignissen verbunden sind: historisch determinierte, historisch bedingte, historisch begünstigte und historisch unabhängige individuelle Erlebnisse.[115] Beispiele für historisch determinierte Erfahrungen sind die »Elendsjahre nach dem Krieg« und der »Dienst in der Bundeswehr«. Zu den historisch bedingten Erlebnissen gehört das »Leben in einer Diktatur«. Historisch begünstigt sind beispielsweise »Kriegsdienstverweigerung« oder das

[114] So unterscheiden Kurt Lang und Gladys Engel Lang (1978) zwischen »Life-Cycle-Experiences« (S. 218–220), »Carreer-Cycle Experiences« (S. 220–222) und »Biographical Experiences« (S. 222–228).

[115] Vgl. die Unterscheidung der Erlebnistypen in Kapitel 2.3.4.3.

»Engagement in der Umweltschutzbewegung«. Historisch unabhängige Erlebnisse sind die »Arbeit in einer Fabrik, auf einer Baustelle« oder die Erfahrung von »[p]olitische[m] Druck in der Redaktion«. Tabelle A 6 im Anhang zeigt die Verbindung der erfaßten individuellen Erlebnisse zu zeitgeschichtlichen Phasen und einzelnen Ereignissen im Detail.

Ein spezifischer Typ individueller Erlebnisse wurde aus der Betrachtung ausgeklammert. Es handelt sich um – positive und negative – menschliche Grunderfahrungen, die im weitesten Sinne schicksalhafte Erlebnisse umfassen. Beispiele sind persönliche Katastrophen wie schwere Erkrankungen oder der Tod von Angehörigen, individuelle Lebensentscheidungen oder grundlegende Veränderungen des eigenen Lebens, etwa durch Heirat oder die Geburt eines Kindes.[116] Menschen durchleben diese Grunderfahrungen als persönliche Hoch- oder Tiefpunkte ihres eigenen Lebens.[117] Die genannten Eindrücke sind ausschließlich privater Natur. Sie sind von den äußeren Lebensbedingungen weitgehend unabhängig und unterscheiden deshalb die Angehörigen verschiedener Generationen grundsätzlich nicht voneinander.[118] Aus den genannten Gründen kann man vermuten, daß schicksalhafte kritische Lebensereignisse in der Gestalt von privatem und familiärem Geschehen keine Ursache der Unterschiede in den beruflichen Sichtweisen von Journalisten verschiedener Generationen bilden. Diese Lebenserfahrungen werden deshalb ausgeklammert.

[116] Nach Oerter, Montada 1987, 61 sind viele dieser menschlichen Grunderfahrungen altersspezifisch. So sei die individuelle Lebensspanne durch spezifische Phasen und Entscheidungen des beruflichen Werdegangs oder des Familienzyklus gegliedert. Vgl. zur Rolle dieser Art kritischer Lebensereignisse, vor allem im privaten und familiären Bereich, zusammenfassend Oerter, Montada 1987, 66–75.

[117] Ewert 1983, 135 f beschreibt den Einfluß solcher kritischer Lebensereignisse aus entwicklungspsychologischer Sicht. So bildeten junge Menschen beim Wechsel von Schule zu Universität bzw. vom Elternhaus zum Studentenmilieu neue Werthaltungen. Nach Wendt 1997, 387 besteht »das ›kritische‹ an einem Lebensereignis … darin, ob die Auseinandersetzung damit gelingt oder scheitert, d. h. zu Weiter- oder Fehlentwicklung führt«.

[118] Es ist zwar nicht ausgeschlossen, daß schicksalhafte Erfahrungen aufgrund von historischen Bedingungen in bestimmten Generationen besonders häufig oder selten auftreten. Beispiele hierfür sind Todesfälle und Geburten. In Kriegszeiten oder Notsituationen sterben mehr Menschen als in Frieden und Wohlstand. Nach der Einführung empfängnisverhütender Mittel und ihrer zunehmenden Nutzung kamen weniger Kinder zur Welt als bis dahin. Generationsspezifisch bedeutsam und typisch sind in diesen Fällen jedoch nicht die Erfahrungen von Tod oder Geburt an sich, sondern die Umstände, die dazu führen, daß sie besonders häufig oder selten sind – also wiederum historische Gegebenheiten.

Die Liste der individuellen Erlebnisse enthält zwei Erfahrungen, die man ebensogut zu den historischen Ereignissen zählen könnte: »Bombenangriffe« und »Elendsjahre nach dem Krieg«. Die »Bombenangriffe« wurden deshalb nicht nur als individuelles Erlebnis vorgelegt, sondern auch als historisches Ereignis mit der Formulierung »Bombenangriffe auf deutsche Städte«. Damit wurde den verschiedenen Möglichkeiten des *Erlebens* dieses historischen Geschehens Rechnung getragen: Die Befragten konnten Bombenangriffe als Zeitgenossen miterleben, wenn sie zum Zeitpunkt des Geschehens bereits geboren waren. Diejenigen, die außerhalb der bombardierten Gebiete lebten, mußten davon nicht direkt persönlich betroffen sein und hatten in diesem Fall die Position externer Beobachter. Die Zeitgenossen konnten die Bombenangriffe aber auch unmittelbar am eigenen Leib erfahren – zum Beispiel indem sie selbst ausgebombt wurden oder Verwandte bei Bombenangriffen verloren. In diesem Fall waren sie Betroffene. Deshalb ist es sinnvoll, dieses Geschehen sowohl in seiner Bedeutung als historisches Ereignis als auch in seiner Bedeutung als individuelles Erlebnis zu betrachten.

Im Fall der »Elendsjahre nach dem Krieg« wurde darauf verzichtet, sie auch bei den historischen Ereignissen zu berücksichtigen. Es handelt sich bei diesem Geschehen zwar um eine zeitgeschichtlich klar eingegrenzte Phase mit einschneidender Bedeutung für die Gesellschaft der Nachkriegszeit. Wenn sich die Zeitgenossen daran erinnern, werden sie jedoch vermutlich überwiegend ihre persönliche Situation und das eigene Lebensgefühl zu dieser Zeit vor Augen haben, weniger die historischen Daten der »Elendsjahre nach dem Krieg«. Deshalb ist es sinnvoll, diese Erfahrung als individuelles Erlebnis zu behandeln und nicht als historisches Ereignis.[119]

[119] Die Listen der historischen Ereignisse und individuellen Erlebnisse wurden in Gesprächen und Fragebogen-Pretests mit etwa zehn überwiegend leitenden Journalisten politischer Ressorts in Presse- und Rundfunkredaktionen des Rhein-Main-Gebietes ausführlich diskutiert. Aufgrund dessen wurden einige ursprünglich vorgesehene Vorgaben gestrichen, andere ergänzt. Man kann davon ausgehen, daß die Listen einen Großteil der Erfahrungen enthalten, die das Denken der Journalisten aus den drei Generationen maßgeblich beeinflußt haben können. Selbstverständlich konnten die Listen jedoch nicht alle potentiell prägenden Erfahrungen enthalten. Dies zeigen die Bemerkungen einiger Befragter, daß zum Beispiel der Rücktritt des baden-württembergischen Ministerpräsidenten Filbinger 1978 oder die Barschel-Affäre 1987 fehlten.

4.2.2.4 *Messung des prägenden Charakters von Ereignissen und Erlebnissen*

Welche spezifischen Lebensereignisse haben Generationen geprägt? Ein Blick auf die methodischen Vorgehensweisen von Autoren soziologischer und psychologischer Untersuchungen gibt Hinweise auf zentrale Kriterien zur Identifikation prägender Eindrücke: Studien zum kollektiven Gedächtnis arbeiten mit Fragen nach »events or changes that seem to you to have been especially important«[120] und »national oder auch weltweit bedeutende[n] Ereignissen und Veränderungen ..., die Ihnen persönlich als besonders bedeutsam erscheinen«.[121] Psychologische Untersuchungen erfassen »Gipfel-«, »Tief-« und »Wendepunkte« im Leben, früheste Erinnerungen und wichtige Erinnerungen aus verschiedenen Lebensphasen.[122] Allen Erhebungen prägender Lebensereignisse gemeinsam ist das Kriterium der »Selektions- oder Weichenfunktion« dieser Erfahrungen.[123] Gräser, Esser und Saile arbeiten mit Indikatoren, die die »›Bewertung‹« von Lebenserfahrungen (ob sie erwünscht waren oder nicht), ihre »›Bedeutsamkeit‹« und die »›Aktivität‹« erfassen, die die Betroffenen »bei der Auseinandersetzung mit dem Lebensereignis und seinen Folgen entwickeln.[124] Der prägende Charakter von Erfahrungen ist demnach durch zwei Komponenten bestimmt: durch ihre herausragende Bedeutung als Wendepunkte im Leben einerseits und durch die Art der Veränderungen, die sie auslösten, andererseits.[125] Beide Aspekte wurden hier bei der Identifikation der prägenden Lebenserfahrungen verschiedener Journalistengenerationen berücksichtigt.

Welche der hier relevanten 34 historischen Ereignisse und der 33 individuellen Erlebnisse haben die drei Generationen geprägt? Zur Beantwortung dieser Frage ist in einem ersten Schritt festzustellen, wer von den Befragten die – historischen und individuellen – Erfahrungen überhaupt erlebt hatte. Im Falle des zeitgeschichtlichen Geschehens werden hierzu die Zeitgenossen identifiziert. Als Zeitgenossen historischer Ereignisse werden alle Befragten betrachtet, die spätestens im Jahr vor dem Geschehen geboren wurden.[126] Ob dies

[120] Schuman, Scott 1989, 363.
[121] Heinrich 1996, 75.
[122] Ernst 1994, 25 f.
[123] Ecarius 1996, 68.
[124] Gräser, Esser, Saile 1990, 111.
[125] Vgl. dazu auch den Überblick bei Petermann 1990.
[126] Bei Ereignissen, die sich über mehr als ein Jahr erstreckten, wird das erste als Ereignisjahr betrachtet. Bei der genannten Bestimmung der Zeitgenossen bleibt

der Fall war, kann einfach festgestellt werden, weil das Ereignisjahr bekannt ist und das Geburtsjahr erfragt wurde. Im Falle der individuellen Erlebnisse wurden die Befragten gebeten, auf der Liste anzukreuzen, »was [s]ie persönlich erlebt haben«.[127]

Die historischen Ereignisse, die im Leben der Zeitgenossen besonders herausragend waren, sowie die individuellen Erlebnisse, die sie geprägt hatten, wurden auf folgende Weise ermittelt: Die Befragten sollten aus den 34 historischen Ereignissen und aus den 33 individuellen Erlebnissen jeweils die drei auswählen, die für ihr »gegenwärtiges politisches Denken am bedeutsamsten« waren. Durch die Beschränkung auf je drei Erfahrungen sollte sichergestellt werden, daß die Redakteure nicht alles für wichtig erklärten, was ihnen beispielsweise gerade lebhaft in Erinnerung war, sondern sich auf die wirklich bedeutsamsten Geschehnisse konzentrierten. Diese Vorgehensweise ist mit einem Informationsverlust verbunden: Über die Bedeutung zahlreicher Ereignisse und Erlebnisse erfährt man nichts. Dem steht allerdings ein beträchtlicher Gewinn gegenüber – die Konzentration auf sachlich relevante prägende Geschehnisse.[128] Die Bedeutsamkeit für das »politische Denken« wurde als Kriterium formuliert, um die Lebensereignisse zu erfassen, die für den Charakter der »Großväter«, »Väter« und »Enkel« als »politische Generationen« verantwortlich waren. Auf diese Weise wurde ausgeschlossen, daß die Relevanz bestimmter Erlebnisse für den privaten Bereich einen Einfluß auf die Antworten nehmen konnten. Ein solcher Einfluß wäre beispielsweise für den »Austritt aus der Kirche« oder das »Leben in einer Wohngemeinschaft« denkbar.

Es ist nicht auszuschließen, daß in den Listen der historischen Er-

vorerst unberücksichtigt, inwieweit die Journalisten das Geschehen bereits bewußt miterleben konnten, wenn sie beispielsweise gerade erst ein oder zwei Jahre alt waren. Dieses Problem wird an späterer Stelle eingehend erörtert und geprüft (vgl. Kapitel 4.2.5).

[127] Kurt Lang und Gladys Engel Lang verwendeten in ihrer Studie über die Schlüsselerfahrungen der ehemaligen *Wilson*-Stipendiaten ebenfalls Listen mit historischen Ereignissen und individuellen Erlebnissen. Sie fragten in beiden Fällen nach der Erinnerung. Bei den Ereignissen baten sie: »For each of the following, please mark all those you vividly remember.« Bei den Erlebnissen sollten die Befragten analog dem hier verwendeten Fragemodell ankreuzen, wovon sie persönlich betroffen waren.

[128] Kurt Lang und Gladys Engel Lang waren in ihrer Befragung der ehemaligen *Wilson*-Stipendiaten bereits auf ähnliche Weise vorgegangen: Die Frage nach den prägenden individuellen Erlebnissen war identisch aufgebaut wie die hier verwendete. Beim historischen Geschehen wurden die Befragten gebeten, *alle* Ereignisse anzukreuzen, »that were important in shaping your present political orientation«.

eignisse und individuellen Erlebnisse einschneidende Erfahrungen fehlen und deshalb nicht erfaßt wurden, obwohl sie einen bedeutsamen Einfluß auf die Befragten ausübten. Um dies zu prüfen, enthielten die Fragen nach den drei prägenden historischen Ereignissen und den drei prägenden individuellen Erlebnissen jeweils den Zusatz: »Gab es noch etwas wichtiges, das oben nicht erwähnt wurde?« Ein beträchtlicher Teil der Journalisten machte von dieser Möglichkeit Gebrauch und nannte zusätzliche Erfahrungen.[129] Nur wenige Angaben enthielten jedoch substanziell neue und für die Untersuchung relevante Informationen. Eine Reihe von Journalisten nannten bei der Frage nach den prägenden individuellen Erlebnissen historische Ereignisse, die im Fragebogen erst zwei Seiten später ermittelt wurden. Umgekehrt wiederholten einige bei der Frage nach den prägenden historischen Ereignissen individuelle Erfahrungen, die in der bereits vorangegangenen Frage enthalten waren. Diese Angaben wurden in beiden Fällen in die – dafür vorgesehenen – Ereignis- bzw. Erlebnisanalysen einbezogen. Zahlreiche andere Angaben betreffen privates, zum Teil familiäres Geschehen. Diese Eindrücke werden aus den genannten Gründen nicht berücksichtigt. Substantielle Angaben bilden lediglich einige Hinweise auf die Barschel-Affäre sowie – nach dem 9. November – auf den Fall der Berliner Mauer, der sich während der Erhebungsphase ereignet hatte. Von diesen Fällen abgesehen, kann man davon ausgehen, daß die Listen die wesentlichen Erfahrungen beinhalten, die den Journalisten der drei Generationen im Herbst 1989 als prägende Eindrücke in Erinnerung waren.

Man kann vermuten, daß die prägenden Erfahrungen der Journalistengenerationen das politische Denken der »Großväter«, »Väter« und »Enkel« – also derjenigen, die politische Generationseinheiten im Sinne Mannheims bilden – überwiegend in eine einheitliche Richtung verändert haben. Um dies zu prüfen, wurden die Journalisten gebeten: »Bitte geben Sie auch an, in welcher Richtung sich Ihr Denken entwickelt hat.« Sie sollten einschätzen, ob die bedeutsamen Erfahrungen ihre Weltsicht »eher nach links«, »eher nach rechts« oder weder in die eine noch in die andere Richtung verändert hatten.[130] Die Etiketten *Links* und *Rechts* wurden aus densel-

[129] 205 Befragte (42 %) machten zusätzliche Angaben bei den historischen Ereignissen, 247 (50 %) bei den individuellen Erlebnissen.

[130] Lang und Engel Lang fragten im Fall der prägenden individuellen Erlebnisse ebenfalls nach der Art ihrer Wirkung. Dabei erfaßten sie nicht die politische Richtung des Einflusses sondern das politische Engagement, zu dem die Erfahrungen geführt hatten: »… they were finally requested to state for each whether it had gotten them more or less involved in social action and whether it had cau-

ben Gründen als Indikatoren für politisches Denken verwendet wie bereits die Fragen zur generellen politischen Orientierung im Vergleich zur eigenen Vergangenheit bzw. zu Bezugsgruppen.

Historische Ereignisse bilden kollektive Erfahrungen aller Zeitgenossen, mindestens aber derjenigen, die von dem Geschehen mittelbar oder unmittelbar betroffen sind. Die 34 historischen Ereignisse, die den Befragten vorgelegt wurden, konnten deshalb nicht nur auf die Journalisten, sondern auf die gesamte Bevölkerung einen prägenden Einfluß ausüben. Man kann annehmen, daß Journalisten Vorstellungen davon besitzen, welche Ereignisse die Bevölkerung insgesamt geprägt haben. Diese Vorstellungen besitzen zwei Funktionen. Zum einen sind sie Indikatoren für das Bild der Journalisten von der Gesellschaft. Zum anderen sind sie – im Vergleich mit der Selbsteinstufung – Indikatoren für die Nähe bzw. Distanz der Journalisten zur Gesamtbevölkerung. Um festzustellen, welche historischen Ereignisse aus der Sicht der Journalisten einen Einfluß auf die Bevölkerung besaßen, wurde ihnen folgende Frage gestellt: »Es gibt Ereignisse, bei denen hat man das Gefühl, daß sie einen tiefen Einschnitt für die Gesellschaft bedeuten. Welche der folgenden Ereignisse haben Sie persönlich mit diesem Gefühl erlebt?« Die Befragten sollten alle Geschehnisse, ankreuzen, die sie als »tiefen Einschnitt für die Gesellschaft … erlebt« hatten.

4.2.3 Aussagekraft der Antworten

4.2.3.1 Fragestellung

Die Angaben der drei besonders bedeutsamen Ereignisse und Erlebnisse müssen nicht zwangsläufig die Erfahrungen wiedergeben, die die Befragten tatsächlich langfristig geprägt haben. Möglicherweise nannten die Journalisten vielmehr Geschehen, das ihnen momentan – etwa aufgrund der aktuellen Ereignislage – bedeutsam erschien. In diesem Fall wären ihre Angaben keine zuverlässigen Indikatoren für die tatsächlich prägenden Erfahrungen, sondern allenfalls für die augenblicklichen Geschichts- und Gesellschaftsvorstellungen der Journalisten. Diese Interpretationsmöglichkeit muß aufgrund der Überlegungen zur Aussagekraft und Zuverlässigkeit autobiographischer Erinnerung in Betracht gezogen werden. Sie er-

sed them to become more or less radical or liberal« (Lang, Engel Lang 1978, 212). Nach der Richtung des Einflusses der historischen Ereignisse fragten die Autoren nicht.

gibt sich unter anderem aus den Befunden von Scott und Zac sowie Heinrich, die die Bedeutung aktueller Ereignisse für das kollektive Gedächtnis diskutieren. Auch Arno Esch bemerkt: »Große historische Ereignisse haben es an sich, daß sie ihre Vorgeschichte auffressen: daß sie scheinbar abgeschlossenes Geschehen rückwirkend umwerten, weil sie es in einem neuen Licht erscheinen lassen.«[131] Folgt man dieser Argumentation, bilden die Antworten lediglich kurzfristige Urteile, die zwar die momentane Erinnerung, die von den Besonderheiten im Herbst 1989 geprägt ist, aber keine dauerhaften Eindrücke wiedergeben.

Wenn die Antworten valide Indikatoren für dauerhafte prägende Erfahrungen sind, müßten die Ereignisse und Erlebnisse zu verschiedenen Zeitpunkten ähnlich häufig genannt werden – auch wenn sich die aktuelle Ereignislage geändert hat. Die *Stabilität der prägenden Erfahrungen* wird anhand eines Vergleichs der Daten von 1989 mit Ergebnissen einer Befragung im Winter 1991/92 überprüft.[132] Aus dieser Erhebung liegen Angaben von 455 westdeutschen Journalisten vor. Die Stichprobe war 1991/92 weitgehend identisch mit der Stichprobe von 1989. Deshalb sind die Befragten größtenteils dieselben Personen: 277 Journalisten antworteten sowohl 1989 als auch 1991/92.[133] Weil die Befragung in beiden Fällen anonym war, ist jedoch eine Panelanalyse ihrer Antworten nicht möglich. Andererseits stimmen die Journalisten, die 1989 und bzw.

[131] Esch 1994, 224.

[132] Mit einem in den zentralen Fragen identischen Erhebungsbogen wurden im Winter 1991/92 west- und ostdeutsche Redakteure befragt. Für die Bildung der Stichprobe in den alten Bundesländern wurden alle Journalisten berücksichtigt, die bereits 1989 angeschrieben worden waren – mit Ausnahme derjenigen, die ihren beruflichen Standort außerhalb Westdeutschlands verlagert hatten oder nicht mehr in ihrem Beruf arbeiteten – insgesamt 1.151 Redakteure. Aus den aktuellen Ausgaben von *Zimpel* und *ARD* / *ZDF*-Jahrbüchern wurden zusätzlich 116 Journalisten identifiziert, die 1989 noch nicht in den relevanten Redaktionen gearbeitet hatten. Für die Bildung der Stichprobe in den neuen Bundesländern wurden mit Hilfe des bekannten zweistufigen Verfahrens 347 Journalisten in Tageszeitungen, Wochenblättern mit eigener politischer Berichterstattung und den damals noch existierenden Rundfunksendern identifiziert. Insgesamt liegen 578 Antworten vor (36 % von 1.614 angeschriebenen Redakteuren). 455 Befragte gaben an, »vor der Öffnung der Mauer in der BRD (einschl. West-Berlin) gewohnt« zu haben, davon sechs auch parallel im Ausland. Diese 455 westdeutschen Journalisten bilden die Basis der vergleichenden Analyse. Die Antworten der 115 ostdeutschen Journalisten bleiben hier unberücksichtigt.

[133] Diese Gruppe umfaßt 57 Prozent der 498 Redakteure im Herbst 1989 bzw. 61 Prozent der 455 Redakteure im Winter 1991/92. 109 Befragte waren zwar 1989 bereits angeschrieben worden, hatten damals aber nicht geantwortet (24 %), die restlichen 1991/92 befragten 69 Redakteure (15 %) wurden zu diesem Zeitpunkt zum ersten Mal kontaktiert.

oder 1991/92 geantwortet haben, in ihren soziodemographischen Merkmalen so gut überein, daß man sie als Basis für eine Trendanalyse betrachten kann. Ausgenommen werden drei Journalisten, die zum zweiten Zeitpunkt ihr Alter nicht angaben. Grundlage der Vergleiche bilden folglich die 491 Befragten vom Herbst 1989 sowie 452 Befragte vom Winter 1991/92.

Die Liste der *historischen Ereignisse*, die 1991/92 vorgelegt wurde, unterscheidet sich in einigen Vorgaben von der Liste im Herbst 1989: 30 Ereignisse sind identisch, vier wurden 1991/92 nicht mehr vorgelegt.[134] Dafür enthielt der Fragebogen jetzt aufgrund der aktuellen Entwicklung 13 zusätzliche Vorgaben: zwei Ereignisse, die in den fünfziger Jahren im Ostblock stattgefunden hatten,[135] fünf Ereignisse der deutschen Vereinigung,[136] zwei neuere innerdeutsche Ereignisse[137] sowie vier zum Befragungszeitpunkt aktuelle Krisen und Konflikte im Ausland.[138] Die Liste der *individuellen Erlebnisse*, die 1991/92 vorgelegt wurde, enthält alle bereits 1989 verwendeten und zwei zusätzliche Erfahrungen.[139] Zur Entlastung des Fragebogens wurden von der Liste der historischen Ereignisse einige der alten Vorgaben gestrichen. Die Veränderung des Fragebogens kann sich, wie aus der Methodenliteratur bekannt ist, auf die Antworten auswirken.[140] Dies dürfte um so eher der Fall sein, je instabiler das Antwortverhalten ist. Je stabiler und aussagekräftiger das Antwort-

[134] Es handelt sich um den »Deutsche[n] Einmarsch in Paris« 1940, das »Attentat auf Hitler« 1944, den »Korea-Krieg« 1950–53 und die »Contergan-Affäre« 1961/62.

[135] Um auch spezifische Schlüsselereignisse der ostdeutschen Befragten zu berücksichtigen, wurden »Stalins Tod« 1953 und der »Sputnik-Flug« 1957 in die Liste aufgenommen.

[136] Es handelt sich um die »Fluchtwelle aus der DDR« 1989, die »Montagsdemonstrationen in Leipzig« 1989/90, den »Rücktritt Honeckers« 1989, die »Öffnung der Berliner Mauer« 1989 und die »Einführung der D-Mark in Ostdeutschland« 1990.

[137] Die »Barschel-Affäre« 1987 und die »Attentate auf Lafontaine und Schäuble« 1990.

[138] Der »Golfkrieg« 1991, der »Putschversuch in der UdSSR« 1991, die »Auflösung der Sowjetunion« 1991 und der 1991 begonnene »Bürgerkrieg in Jugoslawien«. Die neu in die Liste aufgenommenen Ereignisse sind im Anhang ebenfalls kurz zusammengefaßt.

[139] Es handelt sich um zwei Erlebnisse, von denen man vermuten kann, daß sie vor allem für die ostdeutschen Journalisten eine Rolle gespielt haben – die »Mitgliedschaft in einer Jugendorganisation (z.B. ›Junge Pioniere‹)« und die »Überwachung durch den Staatsapparat«.

[140] Vgl. die Beispiele für Einflüsse der Frageformulierung auf das Antwortverhalten in Noelle-Neumann, Petersen 1996, 191–207; einen Überblick über den Stand der Forschung geben Sudman, Bradburn, Schwarz 1996.

verhalten ist, desto geringer wird der Einfluß der veränderten Vorgaben und der veränderten historischen Situation sein.

Um festzustellen, wie stabil die Urteile über die Bedeutung der historischen Ereignisse und individuellen Erlebnisse sind, wird der Anteil der Befragten, die sie 1989 als prägende Erfahrungen angaben, mit dem Anteil derjenigen verglichen, die sie 1991/92 nannten.[141] Diesem Vorgehen liegen vier Annahmen zugrunde.

Die erste Annahme lautet: Viele Befragte werden 1991/92 die damals erst kurz zurückliegenden Ereignisse der deutschen Vereinigung als prägend empfunden haben, denn zu »dem wenigen, was sich mit einiger Sicherheit voraussagen läßt, gehört die begründete Vermutung, daß dieses Jahr 1989 auch künftig als epochale Zäsur angesehen werden wird [...] Daten, die sich tief in die kollektive Erinnerung einer Generation absenken, gibt es gar nicht so viele. Aber eines ist gewiß: der Anstoß von 1989, wie immer er ausgeht, wird dazugehören, oder genauer: die Generation, die noch die Konfrontation der Systeme vor 1989 erlebt hat [...], wird sich abschichten von einer Generation, für die es ein Vor-1989 nicht gibt, für die diese epochale Zäsur also Vergangenheit ist von Anfang an.«[142] Durch die Wahl aktueller Ereignisse werden weiter zurückliegende Ereignisse seltener genannt als in der ersten Befragung. Der Grund dafür liegt in der Konzeption der Testfrage, die nur maximal drei Angaben erlaubt: Wenn sich ein Journalist 1991/92 für eines der aktuellen, neu in den Fragebogen aufgenommenen Ereignisse entschied, mußte er zwangsläufig auf die Angabe eines älteren Ereignisses verzichten, das er 1989 genannt hat (wenn er zu den zweimal Befragten gehörte). Der Verzicht auf die Angabe muß demzufolge nicht bedeuten, daß das Ereignis nicht (mehr) als prägend empfunden wird. Dies ist bei der Interpretation der Befunde zu berücksichtigen.

Die zweite Annahme lautet: Die Angaben aktueller, 1991/92 hinzugefügter historischer Ereignisse werden nicht in gleichem Maße zu Lasten aller Ereignisse gehen, die 1989 im Fragebogen enthalten waren. Man kann erwarten, daß vor allem jüngeres Geschehen seltener genannt wird. Weiter zurückliegende Ereignisse werden ver-

141 Dazu werden die drei Generationen zunächst zusammenbetrachtet. Dies ist möglich, da aufgrund der sehr ähnlichen Altersstruktur der Journalisten, die 1989 und / oder 1991/92 antworteten, die Befragten zu beiden Zeitpunkten einen nahezu identischen Bestand an Erfahrungen hatten. Dies gilt sowohl für die historischen Ereignisse als auch für die individuellen Erlebnisse (vgl. die Tabellen A 7 und A 8 im Anhang). Im zweiten Schritt wird dann jeweils geprüft, wie stabil die Urteile in den einzelnen Generationen sind.

142 Esch 1994, 223.

mutlich 1991/92 ähnlich häufig angegeben wie 1989. Ein Grund liegt darin, daß sich die Bedeutung von (potentiell) prägendem Geschehen im Laufe der Zeit relativiert. Je weiter man sich zurückerinnert, desto klarer kristallisieren sich diejenigen Erfahrungen heraus, die tatsächlich prägenden Charakter hatten, und heben sich von weniger bedeutsamem Geschehen ab. Bei der Erinnerung an aktuelleres Geschehen ist das Empfinden, daß es sich um prägende Erfahrungen handelt, noch stärker durch den unmittelbaren Eindruck und die Aktualität beeinflußt – und deshalb noch wandelbarer als die Erinnerung an prägende Erfahrungen der weiteren Vergangenheit.

Die dritte Annahme lautet: Die Urteile über die Bedeutung der historischen Ereignisse werden nicht in allen drei Generationen gleich häufig und gleich stark Veränderungen aufweisen. Da die jüngsten Befragten auf eine verhältnismäßig kurze Zeitspanne und damit relativ wenig historische Erfahrungen zurückblicken, reagieren sie auf das aktuelle Geschehen vermutlich stärker als die älteren Journalisten, die aus einer langen Lebenserfahrung heraus urteilen. Deshalb werden sich die Angaben der »Enkel« 1991/92 häufiger und stärker von den Angaben 1989 unterscheiden als die Angaben der »Väter« und diese wiederum häufiger und stärker als die der »Großväter«.

Die vierte Annahme lautet: Die Urteile über die Bedeutung der *historischen Ereignisse* werden stärkere Schwankungen aufweisen als die Urteile über die Bedeutung der *individuellen Erlebnisse*. Dies hat einen methodischen Grund: Die Liste der individuellen Erlebnisse war 1991/92 gegenüber 1989 kaum verändert. Sie enthielt lediglich zwei zusätzliche Vorgaben, die auf Befragte in Ostdeutschland zugeschnitten waren und deshalb erwartungsgemäß nur von wenigen Westdeutschen angegeben wurden. Individuelle Erlebnisse stellen zudem unmittelbarere Eindrücke dar als historische Ereignisse, die aus größerer persönlicher Distanz wahrgenommen werden können. Prägende individuelle Erlebnisse sind deshalb vermutlich noch stärker im Bewußtsein verankert als prägende historische Ereignisse. Aus diesem Grund kann man erwarten, daß die Urteile über die Bedeutung individueller Erlebnisse noch stabiler und unempfindlicher gegenüber dem aktuellen Geschehen sind als die Urteile über die Bedeutung historischer Ereignisse.

4.2.3.2 Stabilität der Urteile über prägende Ereignisse

Grundlage der folgenden Betrachtung ist ein Vergleich der Angaben prägender historischer Ereignisse im Herbst 1989 und im Winter 1991/92. Dazu wird der Anteil derjenigen, für deren »eigenes politisches Denken« die Ereignisse 1989 »am bedeutsamsten« waren, dem Anteil derjenigen gegenübergestellt, die die Ereignisse 1991/92 zu den prägenden Erfahrungen zählten. Die *Differenzen* zwischen den Urteilen in den beiden Befragungen werden als Indikatoren für ihre Stabilität bzw. Instabilität betrachtet. Einige der 1991/92 neu im Fragebogen enthaltenen Ereignisse besaßen für eine erhebliche Zahl von Befragten eine herausragende Bedeutung. Dabei handelt es sich vor allem um die »Öffnung der Berliner Mauer« 1989, die mehr als ein Drittel aller Journalisten nannten.[143] Beachtlich viele waren auch durch den »Golfkrieg« 1991 und die »Auflösung der Sowjetunion« 1991 beeindruckt worden. Diese Befunde bestätigen den ersten Teil der ersten Annahme: Das aktuelle Geschehen besaß in den Augen zahlreicher Befragter einen Einfluß auf ihr Denken. Aufgrund der aktuellen, 1991/92 neu im Fragebogen enthaltenen Ereignisse wurde erwartungsgemäß das weiter zurückliegende Geschehen seltener genannt als 1989. Im Durchschnitt wurde jedes Ereignis, das in beiden Befragungswellen vorgelegt wurde, 1991/92 von drei Prozent der Befragten weniger genannt als 1989. Dieser Wert ist relativ niedrig und läßt vermuten, daß die Urteile generell stabil waren.[144] Das ist allerdings, wie eine differenzierte Betrachtung der Einzelereignisse sowie der drei Generationen zeigt, nicht uneingeschränkt der Fall.

Die Urteile über das Geschehen der vierziger, fünfziger und sechziger Jahre waren insgesamt sehr stabil: Alle Ereignisse dieser Zeit wurden 1991/92 ähnlich oft genannt wie 1989. Im Unterschied dazu waren die Urteile über die Ereignisse der siebziger und vor allem der achtziger Jahre insgesamt eher instabil. Das aktuelle Geschehen und die Veränderungen im Fragebogen hatten in diesen Fällen einen erheblichen Einfluß auf die Wahrnehmung der Ereignisse. Dies bestätigt die zweite Annahme: Je weiter das historische Geschehen zurückliegt, desto stabiler sind die Urteile über seine Bedeutung. Je jünger die Ereignisse sind, desto anfälliger sind die Ur-

[143] Die »Öffnung der Berliner Mauer« wurde damit wesentlich häufiger als alle anderen Ereignisse genannt, die in Zusammenhang mit der deutschen Vereinigung standen.

[144] Darauf deutet auch der enge statistische Zusammenhang, den der Rangkorrelationskoeffizient von $r_s = 0{,}78$ anzeigt. Dieser Wert belegt jedoch nur, daß die 30 Ereignisse, die sowohl 1989 als auch 1991/92 vorgelegt wurden, alles in allem ihre *relative* Bedeutung behalten haben: Geschehen, das 1989 häufiger als andere Ereignisse genannt wurde, wurde auch 1991/92 häufiger genannt. Geschehen, das 1989 seltener als andere Ereignisse genannt wurde, wurde auch 1991/92 seltener genannt. Der Koeffizient sagt jedoch nichts darüber aus, wie stark die Angaben der Befragten zu den *einzelnen* Ereignissen jeweils schwankten.

Tabelle 16: Unterschiede in der Wahrnehmung der Bedeutung historischer Ereignisse für das eigene Denken 1989 und 1991/92 durch Journalisten verschiedener Generationen

Frage: *»Schauen Sie sich bitte noch einmal an, woran Sie sich erinnern, und nennen Sie die drei Ereignisse, die für Ihr eigenes politisches Denken am bedeutsamsten sind.«* (Vorlage einer Liste mit 34 Ereignissen im Herbst 1989 bzw. mit 43 Ereignissen im Winter 1991/92)

Differenz zwischen dem Anteil derjenigen, die die Ereignisse 1989 als bedeutsam für ihr eigenes Denken ansahen, und dem Anteil derjenigen, die dies 1991/92 sagten

Basis: Alle Befragten, die im Ereignisjahr jeweils bereits geboren waren (Zeitgenossen); nur Ereignisse, die 1989 und 1991/92 vorgelegt wurden

	»Großväter« geboren 1909–35 (n=168/132) %	»Väter« geboren 1936–50 (n=162/174) %	»Enkel« geboren 1951–66 (n=161/146) %
»Bombenangriffe auf deutsche Städte« 1942–45	–3	+1	–*
»Kriegsende« 1945	–2	+3	–*
»Atombombe auf Hiroshima« 1945	–2	+2	–*
»Nürnberger Prozesse« 1945/46	–3	+1	–*
»Währungsreform« 1948	+3	+1	–*
»Luftbrücke nach Berlin« 1948/49	–2	–1	–*
»17. Juni 1953«	0	–2	0
»Rückkehr der letzten Kriegsgefangenen« 1955	0	0	0
»Ungarn-Aufstand« 1956	0	+3	0
»Bau der Berliner Mauer« 1961	–10	0	–3
»Spiegel-Affäre« 1962	0	–5	–2
»Kuba-Krise« 1962/63	0	+1	–3
»Ermordung von Präsident Kennedy« 1963	+3	–1	–1
»Auschwitz-Prozeß« 1963–65	–3	–1	+1
»Bildung der Großen Koalition« 1966	–2	0	+1
»Konflikt um die Notstandsgesetze« 1966–68	–1	–4	–2
»Erschießung von Benno Ohnesorg« 1967	–1	0	–1
»Anti-Vietnam-Demonstrationen« 1968	–1	–1	0
»Zerschlagung des Prager Frühlings« 1968	–4	–6	–5
»Mondlandung« 1969	0	–2	–4
»Brandts Kniefall in Warschau« 1970	–2	–10**	–11**
»Terroranschl. b. d. Olymp.Spielen i. München« 1972	–5**	–5	–2
»Ölkrise« 1973	–5	–5	–3
»Baader-Meinhof-Prozeß« 1975–77	–2	–3	–8**
»Demonstrationen in Brokdorf« 1976	+1	–1	–9**
»Ermordung von Schleyer, Ponto und Buback« 1977	–9**	–18**	–13**
»Nachrüstungsdebatte« 1980–83	–5**	–10**	–23**
»Entdeckung des AIDS-Virus« 1984	–2	–1	–19**
»Reaktorunfall in Tschernobyl« 1986	–11**	–20**	–30**
»Chemieunfall Sandoz« 1986	0	–2	–4

* Dieses Ereignis hat niemand aus dieser Altersgruppe miterlebt.

** Die Angaben der Journalisten dieser Generation im Winter 1991/92 unterscheiden sich statistisch signifikant von den Angaben im Herbst 1989 (Chi²-Test; $p < 0{,}05$).

Lesebeispiel: Von den Journalisten der »Väter«-Generation sahen 1991/92 zehn Prozent weniger als 1989 *»Brandts Kniefall in Warschau«* als Ereignis an, das ihr eigenes Denken in besonderer Weise geprägt hat. Dieser Unterschied ist statistisch signifikant. Basis der Analyse sind die Antworten von 162 »Vätern« im Herbst 1989 und 174 »Vätern« im Winter 1991/92.

Quelle: Historische Ereignisse I (1989) und II (1991/92).

teile unter anderem für den Einfluß aktueller Entwicklungen, die – kurz- oder langfristig – in den Vordergrund treten (Tabelle A 9 im Anhang).

Die Angaben der »Enkel« wichen 1991/92 bei zahlreichen Ereignissen und bei den einzelnen Ereignissen relativ deutlich von den Angaben ab, die sie 1989 gemacht hatten. Dies war bei den Urteilen der »Väter« und vor allem der »Großväter« nicht in gleicher Weise der Fall. Das aktuelle Geschehen und die Veränderungen des Fragebogens hatten auf die Wahrnehmung der drei Generationen also einen unterschiedlichen Einfluß. Dies bestätigt die dritte Annahme: Mit zunehmendem Alter verfestigen sich die Vorstellungen von den prägenden Einflüssen, denen man im Laufe des Lebens ausgesetzt war. Sie sind weniger empfindlich gegenüber dem Einfluß aktueller Eindrücke als die Vorstellungen jüngerer Personen (Tabelle 16).

4.2.3.3 Stabilität der Urteile über prägende Erlebnisse

Grundlage der folgenden Betrachtung ist ein Vergleich der Angaben prägender individueller Erlebnisse im Herbst 1989 und im Winter 1991/92. Dazu wird der Anteil derjenigen, für deren »gegenwärtiges politisches Denken« die Erlebnisse 1989 »am bedeutsamsten« waren, dem Anteil derjenigen gegenübergestellt, die die Erlebnisse 1991/92 zu den prägenden Erfahrungen zählten. Die *Differenzen* zwischen den Urteilen in den beiden Befragungen werden auch hier als Indikatoren für die Stabilität bzw. Instabilität der Urteile betrachtet. Die Angaben prägender individueller Erlebnisse weisen nur in sehr wenigen Fällen bemerkenswerte Schwankungen auf. Lediglich die »Elendsjahre nach dem Krieg«, das »Leben in einem anderen Land« und die »Teilnahme an friedlichen Demonstrationen« wurden 1991/92 deutlich seltener genannt als 1989. Die Erfahrung wohlhabend zu sein, »wo Armut herrscht«, gaben in der zweiten Befragung mehr Journalisten an als in der ersten. Alle anderen individuellen Erlebnisse wurden 1991/92 ähnlich häufig als prägende Eindrücke identifiziert wie 1989. Diese Befunde belegen die vierte Annahme: Die Urteile über die Bedeutung individueller Erlebnisse sind stabiler als die Urteile über die Bedeutung historischer Ereignisse (Tabelle A 10 im Anhang).

Die wenigen aber deutlichen Unterschiede in der Wahrnehmung einiger individueller Erlebnisse kann man kaum mit Veränderungen im Fragebogen erklären, da die Vorgaben in beiden Befragungen fast identisch waren. Die Differenzen dürften vielmehr tatsächlichen Veränderungen in den Urteilen Ausdruck geben. Sie waren nicht in allen Generationen gleich stark. Die »Elendsjahre nach

Tabelle 17: Unterschiede in der Wahrnehmung der Bedeutung individueller Erlebnisse für das eigene Denken 1989 und 1991/92 durch Journalisten verschiedener Generationen

Frage: *»Schauen Sie sich bitte noch einmal an, was Sie angekreuzt haben und nennen Sie die drei Erfahrungen, die für Ihr gegenwärtiges politisches Denken am bedeutsamsten sind.«* (Vorlage einer Liste mit 33 Erlebnissen im Herbst 1989 bzw. mit 35 Erlebnissen im Winter 1991/92)

Differenz zwischen dem Anteil derjenigen, die die Erlebnisse 1989 als bedeutsam für ihr eigenes Denken ansahen, und dem Anteil derjenigen, die dies 1991/92 sagten

Basis: Nur Erlebnisse, die 1989 und 1991/92 vorgelegt wurden

	»Großväter« geboren 1909–35 (n=168/132) %	»Väter« geboren 1936–50 (n=162/174) %	»Enkel« geboren 1951–66 (n=161/146) %
»Elendsjahre nach dem Krieg«	–6	–10	0
»Arbeit in einer Fabrik, auf einer Baustelle«	–3	0	–4
»Leben in einer Diktatur«	–6	0	+1
»Politischer Druck in der Redaktion«	–9*	–5	–4
»Leben in einem anderen Land (mindestens 1 Jahr)«	–1	–4	+1
»Gewalt bei Demonstrationen«	–2	–8*	+1
»Wohlhabend sein, wo Armut herrscht«	+7*	+1	+4
»Vertrauensverhältnis zu einem Politiker«	–5	–4	–1
»Engagement in einer kirchlichen Gruppe«	–4	–2	+1
»Teilnahme an friedlichen Demonstrationen«	+1	–3	–10*
»Bombenangriffe«	–5	+2	+1
»Dienst in der Bundeswehr«	0	0	+6
»Engagement in der Studentenbewegung«	0	+3	+1
»Öffentliche Angriffe gegen Ihre Arbeit«	+1	–4	–1
»Eigene materielle Not«	–2	+3	–4
»Kriegsdienstverweigerung«	+1	+1	0
»Fronteinsatz«	–5	0	0
»Leben in einer Wohngemeinschaft«	0	–1	+1
»Engagement in der Umweltschutzbewegung«	0	–3	+2
»Kandidatur für ein politisches Amt«	0	+1	–1
»Übersiedelung aus der DDR«	+1	+2	0
»Antideutsche Ressentiments«	–2	0	+2
»Schreiben gegen die eigene Überzeugung«	–1	+1	–1
»Austritt aus der Kirche«	–2	+1	–2
»Flucht aus den Ostgebieten«	–2	–2	0
»Kriegsgefangenschaft«	–2	0	0
»Entlassung, Kündigung als Journalist«	–1	0	0
»Engagement in der Frauenbewegung«	–1	0	–1
»Zusammenarbeit mit den Besatzungsmächten«	–2	+1	–1
»Längere Arbeitslosigkeit«	0	–1	–1
»Verhaftung durch Polizei«	+1	+1	0
»Opfer eines Gewaltverbrechens«	0	+1	+1
»Engagement in einer Burschenschaft«	0	+1	+1

* Die Angaben der Journalisten dieser Generation im Winter 1991/92 unterscheiden sich statistisch signifikant von den Angaben im Herbst 1989 (Chi^2-Test; $p < 0{,}05$).

Lesebeispiel: Von den Journalisten der »Väter«-Generation sahen 1991/92 acht Prozent weniger als 1989 *»Gewalt bei Demonstrationen«* als Erlebnis an, das ihr eigenes Denken in besonderer Weise geprägt hat. Dieser Unterschied ist statistisch signifikant. Basis der Analyse sind die Antworten von 162 »Vätern« im Herbst 1989 und 174 »Vätern« im Winter 1991/92.

Quelle: Historische Ereignisse I (1989) und II (1991/92).

dem Krieg« hatten vor allem in der »Väter«- und »Großväter«-Generation an Bedeutung verloren. »Politischer Druck in der Redaktion« wurde 1991/92 besonders von den »Großvätern« seltener genannt. Die Wahrnehmung der Erfahrung, wohlhabend zu sein, »wo Armut herrscht«, war ebenfalls vor allem bei den Großvätern einer Veränderung unterworfen: Sie hielten sie 1991/92 häufiger für prägend als 1989. In der »Väter«-Generation hatte – neben den erwähnten »Elendsjahren nach dem Krieg« – die Erfahrung von »Gewalt bei Demonstrationen« an Bedeutung verloren. Die »Enkel« sahen 1991/92 in der »Teilnahme an friedlichen Demonstrationen« seltener eine einschneidende Erfahrung als 1989 (Tabelle 17).

Die Einzelbefunde zeigen, daß in allen Generationen die Urteile über die Bedeutung der meisten individuellen Erlebnisse stabil sind. In jeder Generation zeigten sich nur in der Wahrnehmung von einem oder zwei Erlebnissen deutliche Unterschiede zwischen den beiden Befragungen. Diese Differenzen sind vermutlich zum Teil auf das aktuelle Geschehen zurückzuführen, das einige Erfahrungen 1991/92 in einem etwas anderen Licht erscheinen ließ als 1989.[145] Dabei ist jedoch auch in Betracht zu ziehen, daß die Befragten 1991/92 nicht genau dieselben Personen waren wie 1989. Diejenigen, die bei der zweiten Befragung hinzukamen, hatten vermutlich nicht exakt dieselben Erfahrungen gemacht und diese Erfahrungen auf dieselbe Weise wahrgenommen wie diejenigen, die nur an der ersten Befragung teilgenommen hatten.

4.2.3.4 Stabilität der Urteile über die Bedeutung historischer Ereignisse für die Gesellschaft

Die Journalisten sollten 1989 und 1991/92 nicht nur die historischen Ereignisse und individuellen Erlebnisse identifizieren, die für ihr »eigenes politisches Denken am bedeutsamsten« gewesen sind. Sie sollten auch einschätzen, welches historische Geschehen »einen tiefen Einschnitt für die Gesellschaft« bedeutet hat. In diesem Fall wa-

[145] So bedeutete »[p]olitischer Druck in der Redaktion« nach der Vereinigung vermutlich etwas anderes als zuvor: Als die Journalisten von den Pressionen wußten, denen Bürger und Kollegen in der DDR ausgesetzt waren, unterstellten sie ihren Vorgesetzten vermutlich nicht mehr so häufig politische Motive und fühlten sich unter Druck gesetzt. Einen ähnlichen Einfluß des aktuellen Geschehens kann man auf die Wahrnehmung der »Teilnahme an friedlichen Demonstrationen« vermuten: 1989 bedeuteten »friedliche Demonstrationen« meist Kundgebungen gegen Atomkraft, Nachrüstung oder den Bau der Startbahn West. 1991/92 waren andere »friedliche Demonstrationen« hinzugekommen: die Kundgebungen der DDR-Bürger im Vorfeld der Maueröffnung. Sie relativierten die Demonstrationserfahrungen der »Enkel«.

ren ihre Antworten nicht auf maximal drei Angaben beschränkt. Die Befragten sollten *alle* Ereignisse nennen, die sie »persönlich mit diesem Gefühl erlebt« hatten. Die Antworten auf die Frage nach dem Geschehen, das einen »tiefen Einschnitt für die Gesellschaft« bedeutete, besitzen einen grundlegend anderen Charakter als ihre Antworten auf die Frage nach den drei Ereignissen, die für ihr »eigenes politisches Denken am bedeutsamsten« waren. Es geht hier nicht mehr um die prägenden Erfahrungen jedes einzelnen Journalisten, sondern um die Vorstellungen davon, wodurch die Bevölkerung insgesamt geprägt wurde. Diese Vorstellungen bilden Indikatoren für das Bild der Journalisten von der Gesellschaft und sind deshalb unabhängig von den bisher behandelten prägenden Erfahrungen zu betrachten.

Die Vorstellungen davon, was die Bevölkerung geprägt hat, sind vermutlich ebenfalls anfällig für Einflüsse des aktuellen Geschehens sowie der Veränderungen im Fragebogen. Die Stabilität der Angaben von Ereignissen, die die Gesellschaft geprägt haben, ist nicht in gleicher Weise von der methodischen Variation der Testfrage betroffen wie die Stabilität der Angaben von Ereignissen, die die Journalisten selbst geprägt haben. Zwar sind auch hier die Veränderungen in der Ereignisliste zu beachten. Jedoch gehen Angaben von aktuellem Geschehen, das 1991/92 neu im Fragebogen enthalten war, hier nicht automatisch zu Lasten der Angaben von Ereignissen, die bereits 1989 vorgelegt worden waren: Ein Journalist, der 1991/92 die »Öffnung der Berliner Mauer« ankreuzte, weil er sie für »einen tiefen Einschnitt für die Gesellschaft« hielt, konnte – weil er so viel ankreuzen konnte wie er wollte – deshalb trotzdem alle Ereignisse nennen, die er bereits 1989 genannt hatte.

Obwohl der Einfluß der methodischen Variation gering einzuschätzen ist, kann man annehmen, daß die Vermutungen über die Ereignisse, die die Gesellschaft geprägt haben, instabiler sind als das Erleben der Ereignisse, die das eigene Denken geprägt haben. Im Fall der Ereignisse, die das eigene Denken geprägt haben, urteilten die Journalisten über sich selbst. Ihre Angaben sind erfahrungsgesättigt und beruhen auf persönlichem Empfinden und Selbstbeobachtung. Im Fall der Ereignisse, die die Gesellschaft geprägt haben, urteilten die Journalisten über andere. Bei diesen »anderen« handelt es sich nicht um konkrete Personen, sondern um »die Gesellschaft« bzw. die Bevölkerung, über die die Befragten nur Vermutungen anstellen können.

Man kann erwarten, daß die Urteile über die Bedeutung historischer Ereignisse für die Gesellschaft um so stabiler sind, je weiter das Geschehen zurückliegt. Sie werden um so instabiler sein, je aktueller das Geschehen ist. Man kann auch annehmen, daß die Angaben der »Enkel« häufiger und stärker schwanken als die Angaben der »Väter« und vor allem der »Großväter«. Beide Vermutungen beruhen auf denselben Überlegungen wie im Fall der Urteile über persönlich prägende Erfahrungen.

Grundlage der folgenden Betrachtung ist ein Vergleich der Angaben gesellschaftlich bedeutsamer historischer Ereignisse 1989 und 1991/92. Dazu wird der Anteil derjenigen, die die Ereignisse 1989 als tiefe Einschnitte »für die Gesellschaft« ansahen, dem Anteil derjenigen gegenübergestellt, die das Geschehen 1991/92 so einstuften. Die *Differenzen* zwischen den Urteilen werden wieder als Indikatoren für ihre Stabilität bzw. Instabilität betrachtet. Die Urteile über das Geschehen der vierziger und fünfziger Jahre waren insgesamt sehr stabil: Alle Ereignisse dieser Zeit wurden 1991/92 ähnlich oft genannt wie 1989. Das aktuelle Geschehen hatte hier also nahezu keinen Einfluß auf die Angaben. Die Vorstellungen von der gesellschaftlichen Bedeutung der Ereignisse der sechziger Jahre waren ebenfalls überwiegend stabil. Davon gab es jedoch zwei bemerkenswerte Ausnahmen: Die Journalisten waren 1991/92 häufiger als 1989 der Ansicht, der »Bau der Berliner Mauer« 1961 habe die Bevölkerung geprägt. Sie waren seltener der Meinung, die »Erschießung von Benno Ohnesorg« 1967 habe einen solchen Effekt gehabt. Die Urteile über die Ereignisse der siebziger und achtziger Jahre waren ausnahmslos instabil (Tabelle A 11 im Anhang).

Aus den Befunden kann man folgern: Erstens, die Urteile über die gesellschaftliche Bedeutung der historischen Ereignisse sind um so stabiler, je weiter sie in der Vergangenheit liegen. Dies bestätigt die Erwartungen und deckt sich mit dem Befund zur Stabilität der Urteile über die persönliche Bedeutung des Geschehens. Zweitens, die Vorstellungen der Journalisten vom gesellschaftlichen Einfluß historischer Ereignisse weisen bereits bei Geschehen der sechziger Jahre zum Teil deutliche Schwankungen auf – anders als die Angaben zu persönlich prägenden Ereignissen. Auch dies bestätigt die Erwartungen: Die Urteile über gesellschaftlich bedeutsames Geschehen sind instabiler als die Urteile über persönlich prägende Ereignisse. Sie sind anfälliger gegenüber aktuellen Entwicklungen. Dabei dürften vor allem die deutsche Vereinigung, der Zusammenbruch des Ostblocks sowie der Golfkrieg eine große Rolle gespielt haben. Diese Ereignisse hatten die Journalisten sehr häufig mit dem »Gefühl erlebt«, »daß sie einen tiefen Einschnitt für die Gesellschaft bedeuten«.

Die Vorstellungen der »Großväter« schwankten erheblich selte-

Tabelle 18: Unterschiede in der Wahrnehmung der Bedeutung historischer Ereignisse für die Gesellschaft 1989 und 1991/92 durch Journalisten verschiedener Generationen

Frage: *»Es gibt Ereignisse, bei denen hat man das Gefühl, daß sie einen tiefen Einschnitt für die Gesellschaft bedeuten. Welche der folgenden Ereignisse haben Sie persönlich mit diesem Gefühl erlebt?«* (Vorlage einer Liste mit 34 Ereignissen im Herbst 1989 bzw. mit 43 Ereignissen im Winter 1991/92)

Differenz zwischen dem Anteil derjenigen, die die Ereignisse 1989 als *»tiefen Einschnitt für die Gesellschaft«* ansahen, und dem Anteil derjenigen, die dies 1991/92 sagten

Basis: Alle Befragten, die im Ereignisjahr jeweils bereits geboren waren (Zeitgenossen); nur Ereignisse, die 1989 und 1991/92 vorgelegt wurden

	»Großväter« geboren 1909–35 (n=168/132) %	»Väter« geboren 1936–50 (n=162/174) %	»Enkel« geboren 1951–66 (n=161/146) %
»Bombenangriffe auf deutsche Städte« 1942–45	+6	+13	–*
»Kriegsende« 1945	+3	+12	–*
»Atombombe auf Hiroshima« 1945	+10	+8	–*
»Nürnberger Prozesse« 1945/46	+8	+4	–*
»Währungsreform« 1948	+10	+5	–*
»Luftbrücke nach Berlin« 1948/49	–1	+3	–*
»17. Juni 1953«	+3	+6	–9
»Rückkehr der letzten Kriegsgefangenen« 1955	+2	+6	+2
»Ungarn-Aufstand« 1956	0	+16**	+3
»Bau der Berliner Mauer« 1961	+10**	+14**	+6
»Spiegel-Affäre« 1962	+3	–2	–3
»Kuba-Krise« 1962/63	+1	–2	–4
»Ermordung von Präsident Kennedy« 1963	+5	–5	+5
»Auschwitz-Prozeß« 1963–65	–2	–1	–3
»Bildung der Großen Koalition« 1966	–6	–6	+3
»Konflikt um die Notstandsgesetze« 1966–68	–7	–8	–2
»Erschießung von Benno Ohnesorg« 1967	–1	–15**	–3
»Anti-Vietnam-Demonstrationen« 1968	+1	–11	+2
»Zerschlagung des Prager Frühlings« 1968	0	–2	0
»Mondlandung« 1969	–7	+8	–7
»Brandts Kniefall in Warschau« 1970	+3	–13**	–4
»Terroranschl. b. d. Olymp.Spielen i. München« 1972	–6	–9	–16**
»Ölkrise« 1973	–5	–7	–14**
»Baader-Meinhof-Prozeß« 1975–77	–10**	–23**	–17**
»Demonstrationen in Brokdorf« 1976	–4	–14**	–20**
»Ermordung von Schleyer, Ponto und Buback« 1977	–17**	–16**	–19**
»Nachrüstungsdebatte« 1980–83	–4	–11**	–18**
»Entdeckung des AIDS-Virus« 1984	–7	–2	–17**
»Reaktorunfall in Tschernobyl« 1986	–4	–9	–7
»Chemieunfall Sandoz« 1986	–9**	–13**	–5

* Dieses Ereignis hat niemand aus dieser Altersgruppe miterlebt.

** Die Angaben der Journalisten dieser Generation im Winter 1991/92 unterscheiden sich statistisch signifikant von den Angaben im Herbst 1989 (Chi^2-Test; $p < 0{,}05$).

Lesebeispiel: Von den Journalisten der »Väter«-Generation sahen 1991/92 14 Prozent mehr als 1989 den *»Bau der Berliner Mauer«* als gesellschaftlich bedeutsames Ereignis an. Dieser Unterschied ist statistisch signifikant. Basis der Analyse sind die Antworten von 162 »Vätern« im Herbst 1989 und 174 »Vätern« im Winter 1991/92.

Quelle: Historische Ereignisse I (1989) und II (1991/92).

ner als die der jüngeren Journalisten.[146] Darüber hinaus waren diese Schwankungen bei den »Großvätern« auch deutlich schwächer als bei den jüngeren Befragten.[147] Dies belegt, daß die Urteile der älteren Journalisten über den gesellschaftlichen Einfluß historischen Geschehens erwartungsgemäß etwas stabiler sind als die Urteile jüngerer Journalisten. Die Altersunterschiede sind hier jedoch weitaus weniger deutlich als bei der Wahrnehmung der Ereignisse, die als persönlich prägend empfunden wurden. Besonders bemerkenswert ist in diesem Zusammenhang, daß vor allem die Wahrnehmung der Journalisten aus der »Väter«-Generation in zahlreichen Fällen deutliche Unterschiede zwischen den beiden Befragungen aufweist. In diesen Fällen handelt es sich nicht nur um Ereignisse der jüngeren Vergangenheit, sondern aus dem gesamten Untersuchungszeitraum. Die aktuellen Entwicklungen in Deutschland und im Ostblock hatten das Bild von der Gesellschaft in dieser Generation am weitreichendsten beeinflußt. Dies widerspricht der Annahme, daß die häufigsten und stärksten Schwankungen bei den »Enkeln« zu erwarten sind. Die Erfahrungen der Deutschen Vereinigung und des Zusammenbruchs des Ostblocks bestärkten die »Väter« einerseits in ihrer Vorstellung von der Bedeutung der Kriegs- und Nachkriegszeit sowie der Ost-West-Konflikte, sie relativierten andererseits ihr Bild von den Protestbewegungen, Terroranschlägen und Unglücken seit dem Ende der sechziger Jahre (Tabelle 18).

4.2.3.5 Fazit

Die Ergebnisse der Analysen belegen ausnahmslos eine erstaunliche Stabilität der Aussagen über die meisten historischen Ereignisse und individuellen Erlebnisse. Sie hängt vor allem von drei Faktoren ab: der persönlichen Nähe des Geschehens bzw. der Urteile, der Aktualität der Erfahrungen und dem Alter der Befragten. Man kann die zentralen Befunde in drei Thesen zusammenfassen. Erstens, je näher die Erfahrungen, über die die Befragten urteilen, an ihrem eigenen Lebensbereich sind, desto stabiler sind sie: Am stabilsten sind die Angaben von prägenden individuellen Erlebnissen. Die Angaben der prägenden historischen Ereignisse weisen etwas

[146] Die Unterschiede zwischen der Einschätzung 1991/92 und 1989 waren bei den »Großvätern« nur in vier Fällen statistisch signifikant, bei den »Vätern« in neun, bei den »Enkeln« in sieben Fällen.

[147] Der Anteil derjenigen, die die Ereignisse 1991/92 signifikant häufiger bzw. seltener nannten als 1989, lag in der »Großväter«-Generation zwischen neun und 17 Prozent. Bei den »Vätern« betrugen die Differenzen zwischen elf und 23, bei den »Enkeln« zwischen 16 und 20 Prozent.

häufiger Schwankungen auf. Am wenigsten stabil sind die Urteile über den Einfluß des historischen Geschehens auf die Gesellschaft. Zweitens, je weiter in der Vergangenheit die Ereignisse, über die die Befragten urteilen, liegen, desto stabiler ist ihre Wahrnehmung: Die Angaben von prägenden Ereignissen der vierziger, fünfziger und meist auch der sechziger Jahre sind nahezu ausnahmslos stabil. Die Urteile über das Geschehen der siebziger und achtziger Jahre sind eher instabil. Drittens, je älter die Befragten sind, desto stabiler sind ihre Angaben: Die Wahrnehmung der historischen Ereignisse durch die »Großväter« wies 1991/92 nur selten Unterschiede zu 1989 auf. Die Angaben der »Väter« und vor allem der »Enkel« zeigten dagegen etwas häufiger Veränderungen, die zudem stärker ausgeprägt waren als bei den »Großvätern«.

In den Fällen, in denen die Stabilität der Wahrnehmung der Erfahrungen beeinträchtigt wurde, waren drei Einflußfaktoren erkennbar: erstens die aktuellen Ereignisse in Deutschland und der Welt; zweitens die Veränderungen im Fragebogen, die im Zusammenspiel mit den Besonderheiten der Testfragen einige Unterschiede in den Antworten erzwungen haben; drittens die Tatsache, daß die Befragten 1989 und 1991/92 zum Teil nicht dieselben Personen waren. Wie stark die einzelnen Faktoren die Stabilität der Antworten jeweils beeinträchtigt haben, ist anhand der Daten nicht zu klären. Entscheidend ist, daß sie die Stabilität der Angaben nur unter bestimmten Bedingungen und bemerkenswert selten eingeschränkt haben.

4.2.4 Erfahrungen der drei Generationen

4.2.4.1 Historische Ereignisse

Die 491 Journalisten nannten anhand der 34 Vorgaben insgesamt 1.211 prägende historische Ereignisse.[148] Sie gaben fast ausschließlich Geschehen an, das sie selbst als Zeitgenossen miterleben konnten. Einige wenige Befragte bezeichneten allerdings Ereignisse als prägend, die sie persönlich nicht hatten miterleben können: Zwei Journalisten nannten das »Kriegsende« 1945, obwohl einer von ihnen erst 21 Jahre danach geboren wurde, der andere ein Jahr danach. Drei Befragte fühlten sich durch den Abwurf der »Atombombe auf Hiroshima« 1945 beeinflußt, obwohl das Ereignis ein, drei bzw. zwölf Jahre vor ihrer Geburt stattgefunden hatte. Zwei weitere

[148] Das entspricht 82 % von insgesamt möglichen 1.473 Angaben.

Journalisten gaben den »Bau der Berliner Mauer« 1961 als prägendes Ereignis an, obwohl sie beide erst fünf Jahre später geboren wurden. Trotz ihrer geringen Zahl – sieben von 1.211 Angaben – werfen diese Antworten die Frage auf, welche Bedeutung sie besitzen.

In allen bisherigen Überlegungen wurde davon ausgegangen, daß vor allem solche Ereignisse einen Einfluß auf das politische Denken ausüben, die man aktiv, das heißt bewußt miterlebt hat. Demzufolge wären Ereignisse auszuschließen, die vor der Geburt stattgefunden haben, möglicherweise aber auch solche, die in ganz früher Kindheit geschehen sind. Unter dieser Voraussetzung handelt es sich bei der Erwähnung von früheren Ereignissen um falsche Angaben, die auf fehlendem Erinnerungsvermögen oder bewußter Täuschung beruhen. Sie wären demnach als Meßfehler zu betrachten, die man bei der weiteren Analyse ausschalten muß. Diese Argumentation ist allerdings nicht zwingend. Man kann vielmehr vermuten, daß Menschen auch durch Ereignisse geprägt werden können, die sie selbst nicht miterlebt haben, weil diese zum Beispiel in den Erzählungen der Eltern, Verwandten und Bekannten eine große Rolle spielten. In diesem Fall handelt es sich nicht um einen direkten Einfluß, den das Miterleben von Ereignissen auf Zeitgenossen ausübt, sondern um einen indirekten Effekt, den man als *tradierte Prägung* bezeichnen kann. Auch eine solche mittelbare Konfrontation kann Einfluß auf das persönliche Denken nehmen.[149] Einen Beleg für die tradierte Prägung durch historische Ereignisse enthält die Studie von Horst-Alfred Heinrich zum kollektiven Gedächtnis in Deutschland. Der Autor identifiziert die Zeit des Nationalsozialismus als »traumatisierendes« Geschehen, dessen Bedeutung »an die nachfolgenden Generationen vermittelt« werde. Diese »rekurrieren in ihrer Erinnerung auf das gesellschaftliche Trauma, unabhängig davon, ob sie es selber erlebten oder nicht.«[150] Geht man von einem tradierten prägenden Einfluß aus, stellen die Erwähnungen von Geschehen, das die Journalisten selbst nicht miterleben konnten, keinen Meßfehler dar. Sie verweisen vielmehr auf die Tradition als intervenierenden Faktor in der Prägung von Menschen. Weil hierfür jedoch nur sieben Belege vorliegen, werden Ereignisse, die vor der Geburt der Befragten geschehen sind, aus der Analyse ausgeklammert. Alle Berechnungen basieren auf den 1.204 Angaben derjenigen, die die Ereignisse als Zeitgenossen miterleben konnten.

Da die Journalisten zwischen 1909 und 1966 geboren worden waren, konnten nicht alle Befragten alle 34 historischen Ereignisse

[149] Beispiele hierfür enthält Assmann 1992.
[150] Heinrich 1996, 89.

miterleben, die zwischen 1940 und 1986 stattgefunden hatten. Lediglich die vor 1940 Geborenen, also die gesamte »Großväter«- und ein Teil der »Väter«-Generation, sind Zeitgenossen des gesamten Geschehens seit dem »Deutsche[n] Einmarsch in Paris« gewesen. Die jüngsten »Väter« hatten erst die Zeit ab den fünfziger Jahren selbst erlebt. In der »Enkel«-Generation sind die ältesten Befragten ebenfalls Zeitgenossen der Ereignisse seit den fünfziger Jahren gewesen, die Jüngsten haben erst das Geschehen ab 1967 selbst erlebt.[151]

Die Journalisten der »Großväter«-Generation sahen sich zum größten Teil durch Ereignisse der Kriegs- und Nachkriegszeit beeinflußt. Dabei spielte das »Kriegsende« 1945 die wichtigste Rolle, mit großem Abstand gefolgt von der »Währungsreform« 1948, dem »17. Juni 1953« und dem »Ungarn-Aufstand« 1956. Auch einige spätere Ereignisse hatten das Denken vieler »Großväter« noch geprägt, darunter der »Bau der Berliner Mauer« 1961, die »Zerschlagung des Prager Frühlings« 1968, die »Ermordung von Schleyer, Ponto und Buback« 1977 und der »Reaktorunfall in Tschernobyl« 1986. Alle diese Ereignisse hatten jedoch zumindest eine der beiden jüngeren Generationen noch deutlich mehr beeindruckt.

Die Journalisten der »Väter«-Generation hatten ihre Schlüsselereignisse überwiegend in den sechziger und beginnenden siebziger Jahren. Dazu gehörten der »Bau der Berliner Mauer« 1961, die »*Spiegel*-Affäre« 1962, die »Zerschlagung des Prager Frühlings« 1968 und »Brandts Kniefall in Warschau« 1970. Viele »Väter« sahen sich auch durch die »Ermordung von Schleyer, Ponto und Buback« 1977, die »Nachrüstungsdebatte« 1980–83 und den »Reaktorunfall in Tschernobyl« 1986 geprägt. Die beiden zuletzt genannten Ereignisse spielten für die »Enkel« jedoch eine noch größere Rolle.

Die Journalisten der »Enkel«-Generation sahen ihre Weltsicht vor allem durch das Geschehen seit Mitte der siebziger Jahre geprägt – darunter die »Nachrüstungsdebatte« 1980–83, die »Entdekkung des AIDS-Virus« 1984 und vor allem den »Reaktorunfall in Tschernobyl« 1986. Er stellte das herausragende Schlüsselereignis dieser Generation dar. Hierbei ist zu beachten, daß sich die Urteile vor allem der »Enkel« über den »Reaktorunfall in Tschernobyl« im Winter 1991/92 als sehr instabil erwiesen hatten. Dies schränkt die Aussagekraft der Angaben ein und läßt erwarten, daß das Ereignis

[151] Jeder Journalist nannte durchschnittlich 2,5 prägende historische Ereignisse. Dieser Wert war in allen drei Generationen gleich. Die Ereignisse, die die »Großväter«, »Väter« und »Enkel« nannten, unterscheiden sich jedoch in ihrem Charakter von Generation zu Generation gravierend.

in den Augen der »Enkel« langfristig nicht so bedeutsam bleiben wird, wie man aufgrund der hohen Anzahl der Nennungen 1989 vermuten könnte. Bemerkenswert viele »Enkel« sahen sich rückblikkend auch bereits von der »Zerschlagung des Prager Frühlings« 1968 und von »Brandts Kniefall in Warschau« 1970 beeindruckt. Allerdings war diese Ansicht bei ihnen weitaus weniger verbreitet als in der »Väter«-Generation.

Die vergleichende Übersicht zeigt, daß man für jede Generation charakteristische prägende Ereignisse identifizieren kann, die jeweils innerhalb eines begrenzten Zeitraums stattgefunden haben. Dieser Zeitraum fällt jeweils in die Phasen, in denen die Befragten der drei Generationen Jugendliche bzw. junge Erwachsene waren. Bei den charakteristischen prägenden Ereignissen handelt es sich erstens um das Kriegs- und Nachkriegsgeschehen, das für die »Großväter« von besonderer Bedeutung war; zweitens um die Konflikte und Krisen der sechziger Jahre, die die »Väter«-Generation maßgeblich beeinflußt haben; drittens um die Protestbewegungen sowie wissenschaftlich-technische Ereignisse und Unfälle der siebziger und achtziger Jahre, die vor allem für das Denken der »Enkel« relevant waren. Die Befragten der drei Generationen sprachen damit sehr verschiedenartigen Ereignissen einen prägenden Einfluß auf ihr eigenes Denken zu (Tabelle 19).

4.2.4.2 Individuelle Erlebnisse

Anders als historische Ereignisse, die zu einem bestimmten Zeitpunkt stattgefunden haben und von den Zeitgenossen kollektiv miterlebt worden sind, stellen individuelle Erlebnisse persönliche Erfahrungen Einzelner dar, die nicht zwangsläufig von allen Angehörigen einzelner Altersstufen oder ganzer Generationen geteilt werden. Ausnahmen bilden Erlebnisse, die nur im Umfeld bestimmter historischer Ereignisse möglich sind, zum Beispiel »Bombenangriffe« oder die Erfahrung der »Elendsjahre nach dem Krieg«. Deshalb wird im folgenden zunächst geprüft, welche individuellen Erlebnisse die Journalisten aus den drei Generationen überhaupt kennzeichnen. Im zweiten Schritt werden dann die Erlebnisse identifiziert, die die »Großväter«, »Väter« und »Enkel« geprägt haben.

Individuelle Erlebnisse der drei Generationen

Die 491 Befragten nannten anhand der 33 Vorgaben insgesamt 3.900 individuelle Erlebnisse. Damit gab jeder durchschnittlich 7,9 Erlebnisse an. Die Journalisten der »Großväter«-Generation er-

Tabelle 19: Bedeutung historischer Ereignisse für das Denken von Journalisten verschiedener Generationen

Frage: *»Schauen Sie sich bitte noch einmal an, woran Sie sich erinnern, und nennen Sie die drei Ereignisse, die für Ihr eigenes politisches Denken am bedeutsamsten sind.«* (Vorlage einer Liste mit 34 Ereignissen)

Anteil der Befragten, die die Ereignisse als bedeutsam für ihr eigenes Denken ansahen

Basis: Alle Befragten, die im Ereignisjahr jeweils bereits geboren waren (Zeitgenossen)

	»Großväter« geboren 1909–35 (n=168) %	»Väter« geboren 1936–50 (n=162) %	»Enkel« geboren 1951–66 (n=161) %
»Deutscher Einmarsch in Paris« 1940	**1**	–	–*
»Bombenangriffe auf deutsche Städte« 1942–45	**8****	1	–*
»Attentat auf Hitler« 1944	**3**	–	–*
»Kriegsende« 1945	**35****	3	–*
»Atombombe auf Hiroshima« 1945	**7**	3	–*
»Nürnberger Prozesse« 1945/46	**3**	–	–*
»Währungsreform« 1948	**12****	–	–*
»Luftbrücke nach Berlin« 1948/49	**4**	1	–*
»Korea-Krieg« 1950–53	**2**	–	–*
»17. Juni 1953«	**13****	7	–
»Rückkehr der letzten Kriegsgefangenen« 1955	1	1	–
»Ungarn-Aufstand« 1956	**11****	3	–
»Bau der Berliner Mauer« 1961	25	**29****	6
»Contergan-Affäre« 1961/62	1	2	2
»Spiegel-Affäre« 1962	10	**14****	3
»Kuba-Krise« 1962/63	2	1	**3**
»Ermordung von Präsident Kennedy« 1963	5	**8**	3
»Auschwitz-Prozeß« 1963–65	**5**	4	1
»Bildung der Großen Koalition« 1966	4	4	1
»Konflikt um die Notstandsgesetze« 1966–68	2	**9****	3
»Erschießung von Benno Ohnesorg« 1967	2	**5**	2
»Anti-Vietnam-Demonstrationen« 1968	4	**9**	6
»Zerschlagung des Prager Frühlings« 1968	13	**27****	12
»Mondlandung« 1969	4	4	**6**
»Brandts Kniefall in Warschau« 1970	7	**20****	17
»Terroranschl. b. d. Olymp.Spielen i. München« 1972	6	**7**	5
»Ölkrise« 1973	7	**10**	8
»Baader-Meinhof-Prozeß« 1975–77	2	4	**11****
»Demonstrationen in Brokdorf« 1976	1	4	**14****
»Ermordung von Schleyer, Ponto und Buback« 1977	14	**23**	18
»Nachrüstungsdebatte« 1980–83	7	13	**28****
»Entdeckung des AIDS-Virus« 1984	2	3	**24****
»Reaktorunfall in Tschernobyl« 1986	18	34	**64****
»Chemieunfall Sandoz« 1986	–	3	**8****

* Dieses Ereignis hat niemand aus dieser Altersgruppe miterlebt.

** Die Wahrnehmung des Ereignisses in dieser Generation unterscheidet sich statistisch signifikant von seiner Wahrnehmung in den beiden anderen Generationen (Chi²-Test; $p < 0{,}05$).

Quelle: Historische Ereignisse I (1989).

wähnten aufgrund ihrer längeren Lebenserfahrung erwartungsgemäß mehr (9,4) als die »Väter« (8,1) und die »Enkel« (6,4).

Die Journalisten der »Großväter«-Generation nannten am häufigsten »Bombenangriffe«, die »Elendsjahre nach dem Krieg« und das »Leben in einer Diktatur«. Bemerkenswert oft hatten die älteren Journalisten auch »in einer Fabrik, auf einer Baustelle« gearbeitet, ein »Vertrauensverhältnis zu einem Politiker« gehabt, »Fronteinsatz«, eigene »materielle Not« und öffentliche »Angriffe« gegen ihre Arbeit kennengelernt oder waren in »Kriegsgefangenschaft« gewesen. Die Lebensgeschichte der »Großväter« kennzeichnet damit nach eigenen Angaben vor allem die Erfahrung von individueller Not und Gefahr. In ihren Angaben spiegelt sich das Schicksal einer Generation als Erlebnisgemeinschaft von Gleichaltrigen.

Nur sehr wenige »Großväter« hatten nach ihren Angaben »gegen die eigene Überzeugung« geschrieben, sich »in der Umweltschutz«- oder »Frauenbewegung« engagiert, »Dienst in der Bundeswehr« geleistet, »in einer Wohngemeinschaft« gelebt, den Kriegsdienst verweigert oder waren »Opfer eines Gewaltverbrechens« geworden. Vor allem die seltene Erwähnung, daß sie »gegen die eigene Überzeugung« geschrieben hatten, überrascht bei den Angehörigen der »Großväter«-Generation, da man annehmen kann, daß ein Teil von ihnen bereits im Dritten Reich journalistisch tätig war. Dies trifft – nach eigenen Angaben – allerdings nur auf zwei Befragte zu.[152] Daraus folgt, daß entweder tatsächlich nur sehr wenige »Großväter« »gegen die eigene Überzeugung« geschrieben haben, weil sie damals überhaupt nicht als Journalisten gearbeitet haben – oder aber daß kaum einer der »Großväter« zugeben wollte, sich opportunistisch verhalten zu haben.

Die Journalisten der »Väter«-Generation berichteten vor allem über die »Arbeit in einer Fabrik, auf einer Baustelle« und die »Elendsjahre nach dem Krieg«. Viele von ihnen hatten auch »an friedlichen Demonstrationen« teilgenommen, waren öffentlichen Angriffen gegen ihre Arbeit und politischem »Druck in der Redaktion« ausgesetzt, hatten ein »Vertrauensverhältnis zu einem Politiker« gehabt, »Gewalt bei Demonstrationen« und »Bombenangriffe« erlebt, waren »aus der Kirche« ausgetreten oder waren wohlhabend, »wo Armut herrscht«. Auch die »Väter«-Generation

152 Basis dieser Feststellung sind die Antworten der »Großväter« auf die Frage: »Seit wann arbeiten Sie als Journalist (hauptberuflich)?« Die Befragten sollten das Jahr angeben, seit dem sie ihren Beruf ausüben. Ein Journalist hatte 1936, ein weiterer 1944 begonnen, diese Tätigkeit hauptberuflich auszuüben. Alle anderen »Großväter« gaben Zeitpunkte ab 1945 an.

Tabelle 20: Individuelle Erlebnisse von Journalisten verschiedener Generationen

Frage: *»Bitte kreuzen Sie an, was Sie persönlich erlebt haben.«* (Vorlage einer Liste mit 33 Erlebnissen)

Anteil der Befragten, die die Erlebnisse ankreuzten

	»Großväter« geboren 1909–35 (n=168) %	»Väter« geboren 1936–50 (n=162) %	»Enkel« geboren 1951–66 (n=161) %
»Bombenangriffe«	**93***	44	–
»Elendsjahre nach dem Krieg«	**93***	62	–
»Leben in einer Diktatur«	**92***	21	4
»Vertrauensverhältnis zu einem Politiker«	**52***	48	27
»Fronteinsatz«	**51***	–	–
»Eigene materielle Not«	**49***	33	19
»Kriegsgefangenschaft«	**43***	–	–
»Antideutsche Ressentiments«	**35**	31	26
»Zusammenarbeit mit den Besatzungsmächten«	**27***	7	2
»Entlassung, Kündigung als Journalist«	**13***	7	3
»Arbeit in einer Fabrik, auf einer Baustelle«	62	**73**	71
»Öffentliche Angriffe gegen Ihre Arbeit«	44	**52**	42
»Politischer Druck in der Redaktion«	36	**48**	43
»Gewalt bei Demonstrationen«	39	**47***	35
»Austritt aus der Kirche«	27	**41***	24
»Wohlhabend sein, wo Armut herrscht«	26	**40**	39
»Engagement in der Studentenbewegung«	8	**31***	19
»Leben in einem anderen Land (mindestens 1 Jahr)«	**27**	24	17
»Engagement in einer kirchlichen Gruppe«	24	24	22
»Flucht aus den Ostgebieten«	16	**17***	–
»Kandidatur für ein politisches Amt«	11	**12**	11
»Übersiedelung aus der DDR«	8	**11***	2
»Teilnahme an friedlichen Demonstrationen«	23	57	**73***
»Leben in einer Wohngemeinschaft«	1	9	**45***
»Dienst in der Bundeswehr«	2	27	**35***
»Kriegsdienstverweigerung«	1	7	**22***
»Schreiben gegen die eigene Überzeugung«	4	10	**17***
»Engagement in der Umweltschutzbewegung«	4	9	**16***
»Engagement in der Frauenbewegung«	2	2	**6***
»Verhaftung durch Polizei«	**8**	7	4
»Längere Arbeitslosigkeit«	**7**	2	2
»Engagement in einer Burschenschaft«	**7**	4	4
»Opfer eines Gewaltverbrechens«	1	1	3

* Die Angaben der Journalisten aus dieser Generation unterscheiden sich statistisch signifikant von den Angaben der Journalisten in den beiden anderen Generationen (Chi^2-Test; $p < 0,05$).

Quelle: Historische Ereignisse I (1989).

wurde demnach noch verhältnismäßig stark mit individueller Not konfrontiert. Hierin mischten sich jedoch bereits zahlreiche andere Erfahrungen, die die Befragten selbst gesucht und eher aktiv mitgeprägt hatten.

Sehr selten hatten sich die Journalisten der »Väter«-Generation »in einer Burschenschaft« oder »in der Frauenbewegung« engagiert, waren länger arbeitslos gewesen oder »Opfer eines Gewaltverbrechens« geworden. Niemand von ihnen hatte »Fronteinsatz« oder »Kriegsgefangenschaft« erlebt. Diese Befunde charakterisieren die Stellung der »Väter« als eine Zwischengeneration: Sie haben nur noch relativ selten die Notlagen der »Großväter« erlebt – aber auch noch selten die selbstgestalteten Erfahrungen der »Enkel« gemacht.

Die Journalisten der »Enkel«-Generation erwähnten am häufigsten die »Teilnahme an friedlichen Demonstrationen« und die »Arbeit in einer Fabrik, auf einer Baustelle«. Viele von ihnen hatten »in einer Wohngemeinschaft« gelebt, politischen »Druck in der Redaktion« empfunden und waren öffentlichen Angriffen gegen ihre Arbeit« ausgesetzt. In den Antworten der »Enkel« manifestiert sich noch deutlicher als in den Aussagen der beiden anderen Generationen ein selbstgestaltetes Leben – die Konsequenz eigener Entscheidungen und gesuchter Erfahrungen. Dies belegen auch die seltenen Hinweise auf Erlebnisse, denen man eher passiv ausgesetzt ist: Nur sehr wenige »Enkel« waren »durch Polizei« verhaftet worden, »Opfer eines Gewaltverbrechens« geworden, länger arbeitslos gewesen oder »aus der DDR« übersiedelt. Erwartungsgemäß hatte keiner der Befragten dieser Generation »Bombenangriffe«, »Fronteinsatz«, »Kriegsgefangenschaft«, die »Elendsjahre nach dem Krieg«, oder eine »Flucht aus den Ostgebieten« erlebt (Tabelle 20).

Einige der erwähnten Erlebnisse kennzeichnen einzelne Generationen und gehören – zum Teil historisch bedingt – zu ihrem charakteristischen Erfahrungsschatz. Andere Erlebnisse wurden von Befragten aller Altersstufen ähnlich häufig oder selten angegeben und bilden damit vermutlich allgemein menschliche oder berufstypische Erfahrungen, die den Journalismus insgesamt kennzeichnen. Zu den *generationstypischen* Erlebnissen, die die Generationen unterscheiden, gehören erstens die charakteristischen Erfahrungen der »Großväter«-Generation: physische Bedrohung durch »Bombenangriffe« und »Fronteinsatz« während des Zweiten Weltkriegs, persönliche Einschränkung durch das »Leben in einer Diktatur« oder »Kriegsgefangenschaft«, vor allem aber materielle Not während der »Elendsjahre nach dem Krieg«. Hierzu gehören zweitens die typischen Erfahrungen der »Väter-Generation: ihre Abwendung von etablierten Werten, die sich zum Beispiel im »Austritt aus der Kirche« zeigt; ihre Hinwendung zur Alternative der »Studentenbewegung« und die damit erkaufte »Gewalt bei Demonstrationen«; Erfahrungen beruflicher Widerstände in Form von öffentlichen Angriffen gegen ihre Arbeit und politischem »Druck in der Redaktion«. Drittens gehören hierzu charakteristische Erlebnisse der »Enkel«-Generation: die Selbstbestimmung des eigenen Lebensstils und des Lebensumfeldes, zum Beispiel in einer »Wohngemeinschaft«, die Entscheidungsfreiheit zwischen dem »Dienst in der Bundeswehr« und der »Kriegsdienstverweigerung« sowie die Möglichkeit zur Artikulation der eigenen Sichtweisen in »friedlichen Demonstrationen«. Besonders bemerkenswert ist, daß sich die »Väter« von den beiden anderen Generationen durch zwei wesentliche berufliche Erfahrungen unterscheiden – die öffentliche Kritik an der eigenen Arbeit und den politischen Druck in der Redaktion. Hier wird die besondere Erlebniswelt der »Achtundsechziger« deutlich – die Überzeugungen, die sie in ihre berufliche Arbeit eingebracht haben, und die Widerstände, auf die sie innerhalb und außerhalb der Redaktionen gestoßen sind.

Die Erlebnisse, die die drei Generationen *verbinden*, weisen die Journalisten generell als aktive, engagierte Menschen aus. So hat sich etwa jeder vierte der »Großväter«, »Väter« und »Enkel« – vermutlich als Jugendlicher – »in einer kirchlichen Gruppe« engagiert. Sehr viele Befragte der drei Generationen haben mindestens ein Jahr ihres Lebens im Ausland verbracht. Der überwiegende Teil der Journalisten aller Altersgruppen hat einmal »in einer Fabrik« oder »auf einer Baustelle« gearbeitet. Nur wenige »Großväter«, »Väter« oder »Enkel« sind einmal gekündigt worden oder arbeitslos gewesen. Dies belegt die aktive, zupackende Haltung, die für die Berufsgruppe insgesamt charakteristisch zu sein scheint.

Prägende individuelle Erlebnisse

Die Tatsache, daß die meisten Journalisten einmal in einer Fabrik oder auf einer Baustelle gearbeitet haben, muß nicht bedeuten, daß sie dadurch in ihrer Persönlichkeit und ihrem Denken in besonderer Weise geprägt worden sind. Deshalb wird im folgenden geprüft, welche individuellen Erlebnisse der drei Generationen für ihr »gegenwärtiges politisches Denken« im Herbst 1989 »am bedeutsamsten« waren. Die 491 Befragten nannten anhand der 33 Vorgaben insgesamt 723 prägende individuelle Erlebnisse.[153] Jeder Journalist gab also durchschnittlich 1,5 Erlebnisse an. Dieser Wert ist in allen drei Generationen ähnlich – die »Großväter« und »Enkel« nannten im Schnitt 1,4 Erlebnisse, die »Väter 1,6 – und liegt deutlich unter der Zahl von 2,5 prägenden historischen Ereignissen, die jeder Journalist im Schnitt nannte.

[153] Das entspricht 49 % von insgesamt möglichen 1.473 Angaben.

Die Journalisten der »Großväter«-Generation sahen ihr eigenes Denken besonders durch das »Leben in einer Diktatur« und die »Elendsjahre nach dem Krieg« geprägt. Auch »Bombenangriffe«, »Fronteinsatz«, »politischer Druck in der Redaktion« und das »Leben in einem anderen Land« hatten sie bemerkenswert oft beeindruckt. Die Erfahrungen von materieller Not und persönlicher Bedrängnis, die zur Lebensgeschichte der meisten »Großväter« gehörten, hatten damit auch für ihr Denken am häufigsten eine bestimmende Rolle gespielt.

Die Sichtweisen der »Väter«-Generation wurden überwiegend von den »Elendsjahren nach dem Krieg« und der »Arbeit in einer Fabrik, auf einer Baustelle« beeinflußt. Ebenfalls eine bemerkenswerte Rolle spielten die »Gewalt«, die die Befragten »bei Demonstrationen« erlebt hatten, der politische »Druck«, dem sie sich »in der Redaktion« ausgesetzt sahen, das »Leben in einem anderen Land«, die Erfahrung, wohlhabend zu sein, »wo Armut herrscht«, das »Vertrauensverhältnis zu einem Politiker« und das »Engagement in der Studentenbewegung«. In den prägenden Erlebnissen der »Väter« spiegeln sich damit verschiedene Facetten, die erneut ihre Stellung als Zwischengeneration belegen. Die »Väter« waren zum einen noch relativ häufig durch die Erfahrung von Not geprägt, die sie – als Kinder und Jugendliche – während der Nachkriegszeit gemacht hatten. Dies verbindet sie mit den »Großvätern«. Die »Väter« sahen zum anderen auch bereits häufig in selbstgewählten Erfahrungen und eigenen Aktivitäten prägende Eindrücke, so zum Beispiel in der Fabrikarbeit und in den Auslandsaufenthalten. Dies verbindet sie – wie noch zu sehen sein wird – mit den »Enkeln«. Zwei einschneidende Erlebnisse unterscheiden die »Väter« jedoch deutlich sowohl von den »Großvätern« als auch von den »Enkeln« – die Studentenbewegung und gewalttätige Auseinandersetzungen bei Demonstrationen. Sie bilden typische prägende Erfahrungen der »Achtundsechziger«-Generation.

Die Journalisten der »Enkel«-Generation sahen ihr Denken vor allem durch die »Arbeit in einer Fabrik, auf einer Baustelle« geprägt. Auch die Erfahrungen wohlhabend zu sein, »wo Armut herrscht« und von politischem Druck in der Redaktion, die »Teilnahme an friedlichen Demonstrationen«, der »Dienst in der Bundeswehr« und die »Kriegsdienstverweigerung« stellten einschneidende Eindrücke dar. Deutlicher noch als die mittlere Generation sahen sich die »Enkel« damit einerseits von selbstgewählten Erfahrungen geprägt, andererseits aber auch durch soziale Faktoren. Weil sie vermutlich mehrheitlich in relativem Wohlstand aufgewachsen sind und – anders als die älteren Kollegen – eigene materielle Not

Tabelle 21: Bedeutung individueller Erlebnisse für das Denken von Journalisten verschiedener Generationen

Frage: *»Schauen Sie sich bitte noch einmal an, was Sie angekreuzt haben und nennen Sie die drei Erfahrungen, die für Ihr gegenwärtiges politisches Denken am bedeutsamsten sind.«* (Vorlage einer Liste mit 33 Erlebnissen)

Anteil der Befragten, die die Erlebnisse als bedeutsam für ihr eigenes Denken ansahen

	»Großväter« geboren 1909–35 (n=168) %	»Väter« geboren 1936–50 (n=162) %	»Enkel« geboren 1951–66 (n=161) %
»Leben in einer Diktatur«	**39***	6	3
»Elendsjahre nach dem Krieg«	**29***	27	–
»Bombenangriffe«	**13***	7	–
»Fronteinsatz«	**12***	–	–
»Kriegsgefangenschaft«	**6***	–	–
»Gewalt bei Demonstrationen«	4	**16***	9
»Politischer Druck in der Redaktion«	13	**15**	14
»Leben in einem anderen Land (mindestens 1 Jahr)«	12	**14**	11
»Engagement in der Studentenbewegung«	1	**11***	7
»Vertrauensverhältnis zu einem Politiker«	7	**11***	6
»Flucht aus den Ostgebieten«	2	**5***	–
»Arbeit in einer Fabrik, auf einer Baustelle«	8	20	**24***
»Wohlhabend sein, wo Armut herrscht«	1	12	**15***
»Teilnahme an friedlichen Demonstrationen«	–	8	**14***
»Dienst in der Bundeswehr«	1	6	**12***
»Kriegsdienstverweigerung«	–	1	**12***
»Leben in einer Wohngemeinschaft«	–	2	**9***
»Schreiben gegen die eigene Überzeugung«	1	1	**4***
»Engagement in einer kirchlichen Gruppe«	5	8	**9**
»Engagement in der Umweltschutzbewegung«	1	5	**6**
»Öffentliche Angriffe gegen Ihre Arbeit«	1	9	9
»Eigene materielle Not«	**7**	4	6
»Übersiedelung aus der DDR«	**4**	3	1
»Zusammenarbeit mit den Besatzungsmächten«	**2***	–	1
»Antideutsche Ressentiments«	2	2	2
»Kandidatur für ein politisches Amt«	2	3	**4**
»Austritt aus der Kirche«	2	2	**3**
»Längere Arbeitslosigkeit«	1	1	1
»Entlassung, Kündigung als Journalist«	1	**2**	1
»Engagement in der Frauenbewegung«	1	1	**2**
»Verhaftung durch Polizei«	1	–	1
»Opfer eines Gewaltverbrechens«	–	–	**1***
»Engagement in einer Burschenschaft«	–	–	–

* Die Wahrnehmung des Erlebnisses in dieser Generation unterscheidet sich statistisch signifikant von seiner Wahrnehmung in den beiden anderen Generationen (Chi^2-Test; $p < 0,05$).

Quelle: Historische Ereignisse I (1989).

kaum erfahren haben dürften,[154] empfanden sie es deutlich häufiger prägend als die »Väter« und »Großväter«, wohlhabend zu sein, »wo Armut herrscht«. Dabei bleibt offen, wo und wie die »Enkel« mit Armut konfrontiert worden sind – in ihrem eigenen Lebensumfeld, durch ihre »Arbeit in einer Fabrik, auf einer Baustelle«,[155] im Ausland[156] oder durch die Berichterstattung der Medien (Tabelle 21).

4.2.5 Prägende Jahre

4.2.5.1 Fragestellung

Die Antworten der Journalisten aus den drei Generationen auf die Fragen nach ihren einschneidenden Lebenserfahrungen lassen einen Zusammenhang zwischen dem Alter der Befragten und der Prägung ihres eigenen Denkens erkennen. Die Urteile der älteren Journalisten über die Bedeutung historischer Ereignisse und individueller Erlebnisse sind zum einen stabiler als die Urteile der jüngeren Journalisten. Sie sind weniger anfällig gegenüber dem Einfluß aktueller Eindrücke. Dies zeigte der Vergleich der Ergebnisse vom Herbst 1989 und vom Winter 1991/92. Bei den prägenden Ereignissen der drei Generationen handelt es sich zum anderen meist um Geschehen, das die Journalisten als Jugendliche oder junge Erwachsene erlebt haben. Nur selten charakterisierten die Befragten Ereignisse, die sie in höherem Alter erlebt hatten, als einschneidende Erfahrungen. Die genannten Befunde deuten darauf hin, daß die Journalisten in verschiedenen *Lebensphasen* auf Eindrücke in unterschiedlicher Weise reagierten: Sie wurden demnach während ihrer Jugendzeit stärker beeinflußt und geprägt als in späteren Jahren. Nach Abschluß dieser »prägenden« Lebensphase waren ihre Überzeugungen so weit gefestigt, daß neue Erfahrungen vergleichsweise seltener darauf einwirken konnten. Dieser Befund ist nicht überraschend. Er bestätigt die Annahmen Mannheims und anderer Autoren, daß es eine prägende Lebensphase gibt, in der die Ange-

[154] Nur 19 Prozent der »Enkel« hatten »eigene materielle Not« erlebt, aber 33 Prozent der »Väter« und 49 Prozent der »Großväter«.

[155] Immerhin 71 Prozent der »Enkel« haben dort einmal gearbeitet, 24 Prozent fühlten sich davon geprägt. Da die soziale Herkunft und Stellung von Fabrik- und Bauarbeitern gewöhnlich niedriger sein dürfte als die von Journalisten, kann man vermuten, daß sie mit Armut zum Teil die dort wahrgenommenen Lebensverhältnisse meinten.

[156] Wo allerdings nur 17 Prozent von ihnen mindestens ein Jahr lang gelebt haben.

hörigen von Generationen ihre wichtigsten Erfahrungen sammeln. Die Autoren benennen solche Lebensphasen mit mehr oder weniger konkreten Altersangaben.

Mannheim spricht von einer »Prädominanz der ersten Eindrücke«,[157] wobei das Attribut »erste« im Sinne von »früh« gemeint ist. Nach Mannheim spielen also Eindrücke in frühen Lebensabschnitten eine besondere Rolle: »Es ist weitgehend entscheidend für die Formierung des Bewußtseins, welche Erlebnisse als ›erste Eindrücke‹, ›Jugenderlebnisse‹ sich niederschlagen, und welche als zweite, dritte Schicht usw. hinzukommen.«[158] Einen besonderen Einschnitt setzt Mannheim beim 17. Lebensjahr an: »Mit dem 17. Lebensjahr, oft etwas früher, oft später, eben dort, wo das selbstexperimentierende Leben beginnt, entsteht erst die Möglichkeit des In-Frage-Stellens.«[159] Das Weltbild junger Menschen sei mit etwa 25 Jahren fertig ausgebildet. Auch einige andere Autoren setzen das Ende der Prägephase bei etwa Mitte 20 an. Die Angaben zum Beginn und zum Ende der prägenden Jahre umfassen verschieden lange Zeitspannen. So finden sich beispielsweise Altersangaben, die die sensible Lebensphase von 18 bis 26,[160] von 17 bis 25[161] oder von zehn bis 25 Jahre eingrenzen.[162]

Studien zur Sozialisation oder aus dem Bereich der Lebensverlaufforschung gehen von einer Prägung noch früher im Leben aus. Besondere Bedeutung wird hier der frühen Kindheit zugeschrieben.[163] Elisabeth Pfeil führt verschiedene Sichtweisen zusammen und resümiert, »daß die Sozialisation nicht nur in der frühen Kindheit erfolge, sondern ein fortlaufender Vorgang sei, der zu allen Phasen der persönlichen Entwicklung gehört, so daß also die Formierung des Bewußtseins einer Generation nicht allein an die frühe Kindheit, aber auch nicht allein an die Pubertätszeit oder den Beginn des 3. Jahrzehnts gebunden ist«.[164] Otto Ewert relati-

[157] Mannheim 1928, 537.
[158] Mannheim 1928, 536.
[159] Mannheim 1928, 539. Der Autor beruft sich hierbei auf Eduard Sprangers 1925 erschienene *Psychologie des Jugendalters*.
[160] Vgl. Lambert 1972, 24f. In dieser Zeit bilde sich das *politische* Bewußtsein junger Menschen. Die Voraussetzung dafür sei eine Bewußtseins-«Kapazität«, die erst ab einem bestimmten Alter gegeben sei. Die Phase, in der Ereignisse am eindrucksvollsten wirken können, sei beschränkt. Nach ihrem Abschluß sei das Bewußtsein gesättigt, es wende sich dann anderen Aufgaben zu.
[161] Vgl. Rintala 1979a, 14f. Der Autor beruft sich auf die Altersgrenzen, die Mannheim gesetzt hat.
[162] Vgl. Becker 1989, 77.
[163] Vgl. Glenn 1980; Kohli 1982.
[164] Pfeil 1967, 649.

viert den Sachverhalt aus entwicklungspsychologischer Sicht ähnlich: »Insgesamt zeigen Erhebungen zwar, daß Jugendliche intensiver, wacher als Erwachsene auf Gegenwartsprobleme reagieren, doch finden sich keine Anzeichen für einen radikalen Generationenbruch. Was den Älteren aufgrund ihrer Erfahrungen von Diktatur und Krieg, Vertreibung und Hungerjahren als ein Übel mehr erscheint, gewinnt für die Jugendlichen, die sich erstmals bewußt mit den Lebensbedingungen ihrer Zeit auseinandersetzen, bewußtseinserfüllende Breite – sie sehen ihre Umwelt, ihre Gesundheit und ihre Möglichkeit zu sinnerfüllter Arbeit bedroht.«[165]

Kurt Lang und Gladys Engel Lang untersuchen in ihrer Studie über die prägenden Lebenserfahrungen der ehemaligen *Wilson*-Stipendiaten auch das Alter, in dem die Befragten von den historischen Ereignissen und individuellen Erlebnissen beeindruckt worden sind. Sie stellen fest, daß die vor 1934 geborenen *Wilson*-Absolventen vor allem Erfahrungen am Ende der fünfziger Jahre nannten und zum Zeitpunkt dieser prägenden Eindrücke durchschnittlich 28 Jahre alt waren. Die nach 1945 Geborenen hätten überwiegend Erfahrungen vom Ende der sechziger Jahre genannt, die sie im Durchschnittsalter von 20 Jahren erlebten. Die Ereignisse der Zeit um 1968 – »a year noteworthy for its turmoil, for the Eugene McCarthy campaign, and for the assassinations of Robert Kennedy and Martin Luther King«[166] – seien aber nicht nur für die damals jüngsten Befragten von Bedeutung gewesen. Auch *Wilson*-Stipendiaten der älteren Kohorten seien von diesem Geschehen geprägt worden. Lang und Engel Lang schließen daraus, daß die prägende Lebensphase noch nicht – wie Mannheim dies annimmt – mit dem 25. Lebensjahr abgeschlossen ist. Vielmehr sei eine Prägung auch durch Erfahrungen möglich, die man in späteren Jahren mache: »Insofar as persons remain open to influence, the impact of an experience depends not on its primacy but on its recency. Contrary to what Mannheim reasoned, the mentality of a cohort is not formed once and for all by the time members reach full maturity (which he determined to be around 25 years of age). Cohort membership limits what can be critical for any age group, but contemporaries of considerably different ages can still respond to the same set of historically unique experiences.«[167]

Die vorliegende Untersuchung bietet die Möglichkeit, die Aussa-

[165] Ewert 1983, 152. Mit dem Beispiel belegt Ewert jedoch – konträr zu seinem einleitenden Satz – gerade eine Prägung in einer bestimmten Lebensphase, nämlich der Jugendzeit.

[166] Lang, Engel Lang 1978, 217.

[167] Lang, Engel Lang 1978, 217.

gen der verschiedenen Autoren über prägende Phasen zu überprüfen. Die Erinnerungen der Journalisten aus den drei Generationen werden herangezogen, um folgende Frage zu beantworten: Wann im Leben sind Menschen – in diesem konkreten Fall Journalisten – besonders empfänglich für prägende Eindrücke? Kann man also – wie zum Beispiel die Generationstheoretiker annehmen – prägende Phasen identifizieren, und in welchen Lebensabschnitten liegen sie? Genauer: In welchem Alter beginnen Menschen allgemein und mit ihnen spätere Journalisten, ein Bewußtsein für ihr historisches und politisches Umfeld zu entwickeln?

Die Aussagen zum Zeitpunkt der Prägung kann man auf zwei Standpunkte zuspitzen und unter einem rein zeitgeschichtlichen bzw. einem biographischen Aspekt betrachten. Der *zeitgeschichtlichen Perspektive* liegt folgende Annahme zugrunde: Die Art und Weise wie und der Zeitpunkt wann Menschen geprägt werden, hängen von der Situation ab, in der sie aufwachsen und leben. Personen, die in historisch bewegten Zeiten leben, sind prägenden Kräften intensiver ausgesetzt und werden stärker, eventuell auch früher beeinflußt als Personen, die in historisch gleichförmigen Situationen leben. Im Leben der meisten Menschen wechseln Zeiten mit mehr und weniger bedeutsamem Geschehen ab. Wann in ihrem Leben sich Geschehnisse zuspitzen, hängt davon ab, wann sie geboren sind. Daraus folgt, daß die prägenden Phasen von Generation zu Generation, unter Umständen sogar von Geburtsjahrgang zu Geburtsjahrgang verschieden sein können. Diese Betrachtung geht von den Ereignissen aus und fragt, wie sie in das Leben der Menschen eingreifen – relativ unabhängig von ihrem Alter. Ein Beispiel hierfür ist der prägende Einfluß des Falls der Mauer 1989 auf Personen, die in verschiedenen Jahren geboren wurden: Jemand, der 1969 zur Welt gekommen ist, wurde vom Mauerfall als junger Mensch im Alter von 20 Jahren geprägt, ein 1936 Geborener dagegen in einer wesentlich späteren Lebensphase – als 53-jähriger. Die zuletzt genannte Person konnte darüber hinaus bereits durch den Bau der Berliner Mauer maßgeblich beeindruckt worden sein – damals im Alter von 25 Jahren.

Der *biographischen Perspektive* liegt folgende Annahme zugrunde: Man kann vermuten, daß es – unabhängig von der äußeren Situation – im Leben von Menschen Entwicklungsphasen und Perioden gibt, in denen sie generell stärker beeinflußbar und prägbar sind als in anderen Lebensabschnitten. Rolf Oerter und Leo Montada sprechen von »sensible[n] Perioden«, die sie als »Entwicklungsabschnitte« definieren, »in denen – im Vergleich zu vorangehenden oder nachfolgenden Perioden – spezifische Erfahrungen maximale positive oder negative Wirkungen haben«.[168] Diese Phasen sind im Lebenszyklus aller Menschen ähnlich. Aufgrund der vorliegenden Befunde kann man annehmen, daß die prägenden Zeitabschnitte in der Jugend liegen. Demnach entwickeln Menschen, wenn sie heranwachsen, mehr und mehr eine Empfänglichkeit für prägende Einflüsse. Dagegen werden sie mit fortschreitendem Alter, wenn ihr Leben in einem gefestigten Rahmen verläuft, weniger empfänglich sein. Dies schließt nicht aus, daß einzelne, ganz besondere Ereignisse und Eindrücke (zum Beispiel Kriegserlebnisse, Tschernobyl, deutsche Vereinigung) auch Personen erreichen und nachhaltig beeinflussen, deren Leben sich nicht mehr oder noch nicht in einer prägenden Phase befindet.[169]

Belege für die zuletzt genannten Annahmen finden sich in psychologischen Ansätzen zur Strukturierung des Lebensverlaufs. Sie heben die *Adoleszenz* als besondere Entwicklungsphase heraus.[170] Unter Adoleszenz versteht man die »Periode zwischen der Kindheit und dem Erwachsenenalter, in der sich sowohl *quantitative* als auch *qualitative* Veränderungen verschiedener Merkmale des Organismus vollziehen«.[171] Sie beginnt mit circa zehn Jahren und erstreckt sich bis etwa Mitte 20.[172] Den Beginn der Adoleszenz bildet die *Vorpubertät*,[173] in der Kinder ein aktives Interesse an ihrer Umwelt entwickeln und sich gegenüber ihrer unmittelbaren Umgebung abgrenzen.[174] Mit den körperlichen Veränderungen setzen zwischen dem zwölften und 14. Lebensjahr auch emotionale, kognitive und soziale Veränderungen ein. Jugendliche sind in dieser Zeit der *frühen Adoleszenz* besonders sensibel, sie befinden sich in einem »kritischen Abschnitt«.[175] Die weitere Entwicklung der Jugendlichen zu

168 Oerter, Montada 1987, 38.

169 Vgl. Peiser 1996, 28.

170 Vgl. zum folgenden zusammenfassend Ewert 1983, vor allem 13–17.

171 Krech, Crutchfield, Livson, Wilson, Parducci 1985b, 92. Hervorhebungen im Original. Vgl. zur historischen Entwicklung des Adoleszenz-Begriffs Demos, Demos 1969.

172 Vgl. Krech, Crutchfield, Livson, Wilson, Parducci 1985b, 72.

173 Ewert 1983, 13.

174 Etwa indem sie gegen Entscheidungen der Eltern opponieren oder gemeinsame Unternehmungen mit der Familie ablehnen. Ewert 1983, 14 zitiert in diesem Zusammenhang die umgangssprachliche Bezeichnung »Flegeljahre«. Zimbardo 1983, 106 unterscheidet die späte Kindheit im Alter von sechs bis 13 Jahren und die Jugendzeit von 13 bis 20 Jahren. Während beiden Phasen entwickelten die Heranwachsenden einen Großteil ihrer kognitiven Fähigkeiten und würden von Familie und Umwelt unabhängig.

175 Ewert 1983, 15. Buchhofer, Friedrichs, Lüdtke 1970, 303 folgern, daß die »gesamte Differenz zwischen zwei Generationen … ihren Höhepunkt in der Adoleszenzphase der Jüngeren« erreicht. Für Oerter, Montada 1987 ist das Jugendal-

Erwachsenen mit eigener Identität endet zwischen dem 18. Lebensjahr und Mitte 20, je nach Ausbildungs- und Lebenssituation.[176] Im Verlauf der skizzierten Veränderungen nehmen verschiedene Faktoren Einfluß auf die Heranwachsenden. Dabei gewinnt das soziale und politische Geschehen mehr und mehr an Bedeutung, während die Rolle der biologischen Veränderungen und des familiären Umfeldes zurückgeht.[177]

Den Beginn der Entwicklung vom Kind zum Jugendlichen und Erwachsenen konkretisiert in besonderer Weise die psychoanalytische Theorie der Adoleszenz Freuds.[178] Danach bildet die Phase zwischen dem sechsten und zwölften Lebensjahr eine »Latenzzeit« zwischen zwei Perioden, in denen das Individuum »starken Triebquantitäten« ausgesetzt ist.[179] Diese Phase bilde eine ideale Lehrzeit des Menschen, da er weder innere Konflikte aushalten müsse noch dem Zwang ausgesetzt sei, sein Leben selbständig zu gestalten. Mit dem Eintritt in die Pubertät ist aus psychoanalytischer Sicht ein Wandel der Interessen von Jugendlichen verbunden: Sie wenden sich von bis dahin überwiegend konkreten Gegenständen mehr und mehr abstrakten Fragen zu und beschäftigen sich mit Werten wie Gerechtigkeit, Freiheit usw. Es finde eine Intellektualisierung ihres Denkens statt.[180]

In einem ähnlichen Zeitraum wie Freud setzt Jean Piaget eine Phase der kognitiven Entwicklung an, die den Übergang vom Kind

ter nicht notwendigerweise eine Zeit der Krise, Labilität und Gefährdung. Allerdings stelle sich jedem Individuum hier die schwierige Aufgabe des Übergangs vom Kinder- und Jugend- zum Erwachsenenalter, die mit der Entwicklung einer eigenen Identität, eigenen Ansichten, Werthaltungen usw. verbunden sei (vgl. dort S. 265–338). Siehe hierzu auch Wendt 1997, 358. Nach Ring 1996a; b ist zwischen zehn und 15 Jahren auch die Entwicklung der Sprach- und Lesefähigkeit abgeschlossen.

176 Nach Ryder 1965, 848 »the potential for change is concentrated in the cohorts of young adults who are old enough to participate directly in the movements impelled by change, but not old enough to have become committed to an occupation, a residence, a family of procreation or a way of life.« Ryder beschreibt hier die mit *Adoleszenz* gemeinte Entwicklungsphase zwischen behütetem Leben als Kind bzw. Jugendlicher einerseits und selbstbestimmtem Leben als Erwachsener andererseits. Vgl. zur Entwicklung der Identität Wendt 1997, 358–364.

177 Ewert 1983, 25 beschreibt dies: »Auf dem Weg von der Kindheit zum Jugendalter nimmt der Einfluß von Entwicklungsfaktoren im klassischen Sinne ab und der Einfluß des sozialen Wandels auf die Veränderungen von Erleben und Verhalten nimmt zu.« Nach Inglehart 1971; 1977; 1990 wird in der Phase der Jugend und Adoleszenz die Wertorientierung von Individuen geprägt.

178 Vgl. Freud 1946, 1949, 1955 und 1958; zusammenfassend Ewert 1983, 38–41.

179 Freud 1953, 16–18; zusammenfassend Ewert 1983, 38.

180 Vgl. die Zusammenfassungen bei Ewert 1983, 38; Zimbardo 1983, 125f; Krech, Crutchfield, Livson, Wilson, Parducci 1985c, 37f.

zum Jugendlichen kennzeichne.[181] Zwischen dem fünften und siebten Lebensjahr sieht er bereits eine Zeit des Umbruchs vom Kind, das noch durch Spiel und Nachahmung seine Welt begreift, zum Jugendlichen, der mehr und mehr zu abstraktem Denken fähig wird und eine Intelligenz entwickelt, die nicht mehr an die unmittelbare Vorstellungswelt gebunden ist. Besondere Bedeutung mißt Piaget den Phasen der »konkreten« und »formalen Operationen« zu.[182] Während der Zeit der konkreten Operationen zwischen dem siebten und elften Lebensjahr entwickele sich die Fähigkeit zu differenziertem Wahrnehmen, Erkennen und Ordnen sowie zu rationalem Denken.[183] Piaget setzt bei etwa zwölf Jahren den Beginn der Phase der formalen Operationen an. Sie sei gekennzeichnet durch die »Abstraktion vom konkret Gegebenen, Anschaulichen und die Erkenntnis übergeordneter Prinzipien«,[184] die bis zum Alter von etwa 20 Jahren abgeschlossen sei. Die Jugendlichen lösten sich während dieser Zeit vom ausschließlich konkreten Denken und durchliefen einen intellektuellen Reifungsprozeß, der zum selben Zeitpunkt einsetze wie die physische bzw. biologische Reifung der pubertären Entwicklung.

Aus den entwicklungspsychologischen Grundlagen kann man folgern, daß die Phase der Adoleszenz einen Lebensabschnitt darstellt, in dem Menschen eine besondere Sensibilität entwickeln und auf prägende Eindrücke stärker reagieren als sonst. Sie beginnen vermutlich um das zehnte Lebensjahr, eventuell auch schon früher, sich für das zu interessieren, was um sie herum geschieht. Sie lassen sich von diesem Geschehen zunehmend in ihrem Denken beeinflussen und entwickeln dabei ihre persönlichen Überzeugungen und Werte.[185] Mit dem Abschluß der Jugendzeit – vermutlich um das 20. Lebensjahr – sind diese Überzeugungen so weit gefestigt, daß Erfahrungen späterer Lebensjahre nur noch selten darauf

[181] Vgl. zum Beispiel die Hinweise in Piagets Ausführungen zur »Elaboration des Weltbildes« in Piaget 1975, 337–371. Vgl. auch Piaget 1965; 1970. Zusammenfassend Zimbardo 1983, 121–125; Krech, Crutchfield, Livson, Wilson, Parducci 1985d, 13–22; Wendt 1997, 287–312.

[182] Vgl. zum folgenden die Zusammenfassungen bei Krech, Crutchfield, Livson, Wilson, Parducci 1985d, 13–22; Wendt 1997, 303–305. Piaget unterscheidet insgesamt vier Hauptstadien der geistigen Entwicklung von Kindern, siehe dazu Wendt 1997, 289.

[183] Wendt 1997, 332.

[184] Wendt 1997, 304.

[185] So sind beispielsweise Easton, Dennis 1967, 31 der Ansicht, daß sich auch die grundlegende politische Orientierung bereits in früher Jugend herauskristallisiert.

Einfluß nehmen.[186] Diese prägende Phase verläuft bei allen Individuen ähnlich und ist weitgehend unabhängig von der jeweiligen historischen Situation. Das Geschehen beeinflußt demnach in der Regel nicht, *wann* in ihrem Leben Menschen geprägt werden. Es hat allerdings einen Einfluß darauf, *in welcher Weise* sie geprägt werden. Dieser Aspekt ist von der Frage nach dem Beginn und dem Ende der prägenden Phase zu trennen und steht hier nicht im Mittelpunkt der Betrachtung.

Die genannten Überlegungen zu Beginn und Verlauf der prägenden Phase können mit dem einfachen Bild eines Zuges mit offenen Fenstern verdeutlicht werden, der an einer Batterie von Feuerwehrschläuchen vorbeifährt:[187] Der fahrende Zug steht für das Leben eines Individuums, jedes Zugfenster für ein Lebensjahr, jeder Schlauch für ein historisches Ereignis oder individuelles Erlebnis, die Menge des daraus fließenden Wassers für die prägende Kraft des Geschehens. Man kann dieses Bild anhand von drei Fragen betrachten. Die erste Frage lautet: Wieviel Wasser dringt in den Zug ein? Die Menge des Wassers ist abhängig davon, an wieviel Schläuchen der Zug vorbeifährt und wieviel Wasser diese jeweils ausstoßen. Die zweite Frage lautet: Durch welche Fenster des Zuges dringt das meiste Wasser ein? Lassen alle Fenster gleich viel Wasser durch – unabhängig davon, wieviel Schläuche draußen wieviel Wasser ausstoßen –, oder gibt es Fenster, durch die mehr eindringt als durch andere? Mit anderen Worten: In welchem Alter werden Journalisten am meisten beeindruckt? *Wann* sind sie besonders empfänglich für prägende Einflüsse durch historische Ereignisse und andere Eindrücke – unabhängig davon, um welche Eindrücke es sich dabei im einzelnen handelt? An diese Frage schließt sich eine dritte an: Ab welchem Fenster geht kein weiteres Wasser mehr in den Zug hinein. Also: Wann im Leben der Journalisten ist die Prägephase abgeschlossen? Gibt es einen Zeitpunkt, ab dem kein nennenswerter Einfluß historischer Ereignisse und individueller Erlebnisse mehr zu erwarten ist?

Im folgenden Analyseschritt geht es nicht um den zeitgeschichtlich bedingten Einfluß einzelner historischer Ereignisse oder individueller Erlebnisse auf Journalisten. Es geht vielmehr um die Er-

[186] Die Journalistin und Schriftstellerin Barbara Tuchman (1989, 10) beschreibt, »daß Jahr und Jahrzehnt, in dem man die Volljährigkeit erreicht, einen viel stärker prägen als der Zeitpunkt der Geburt.« Der Historiker Pierre Chaunu (1989, 14) lokalisiert die prägende Phase noch früher: »Wirklich zählt im Leben nur die frühe Kindheit, die uns prägt, …«.

[187] Ich danke Professor Kepplinger für das anschauliche Beispiel sowie generell für die Anregung zu der folgenden Analyse.

mittlung jener Lebensphasen, in denen solche Ereignisse und Erlebnisse – unabhängig von den Einzelerfahrungen – das Denken prägen. Es geht zudem um den Beginn und das Ende der Prägung – also um den Zeitpunkt, ab dem die späteren Journalisten ihre Umwelt bewußt miterlebt haben. Eine Voraussetzung für die Identifikation der prägenden Lebensphasen sind Aussagen von Personen aus verschiedenen Generationen darüber, wodurch sie besonders beeindruckt worden sind. Diese Voraussetzung ist durch die 491 Journalisten erfüllt, die im Herbst 1989 zwischen 23 und 80 Jahre alt waren und drei Generationen bilden.

4.2.5.2 Prägung des eigenen Denkens

In der vorliegenden Untersuchung werden zwei Klassen von prägenden Einflüssen auf Journalisten unterschieden: historische Ereignisse und individuelle Erlebnisse. Zur Bestimmung der Lebensphasen, in denen die Journalisten besonders empfänglich gegenüber prägenden Eindrücken waren, werden zunächst die historischen Ereignisse herangezogen.[188] Sie erlauben eine eindeutige Zuordnung von Ereigniszeitpunkt und Lebensalter und bilden damit eine solide rechnerische Grundlage für die Analyse. Die auf dieser Basis identifizierten prägenden Lebensphasen werden dann im zweiten Schritt anhand der individuellen Erlebnisse überprüft.

Prägung durch historische Ereignisse
Für die Identifikation der prägenden Lebensphasen von Journalisten werden zwei Angaben der Befragten herangezogen: ihr Alter und die drei Ereignisse, die für ihr »eigenes politisches Denken am bedeutsamsten sind«. Die Daten werden in drei Schritten analysiert. Basis der Analyse sind zunächst alle 491 Befragten. Gemeinsamkeiten und Unterschiede zwischen den drei Generationen werden in einem späteren Abschnitt erarbeitet. Im ersten Schritt wird für alle 34 Einzelereignisse, die den Befragten vorlagen, festgestellt, wie alt sie waren, als die Ereignisse stattfanden. Tabelle 22 zeigt – beispielhaft für einen Teil der Befragten – in den ersten drei Spalten für »Brandts Kniefall in Warschau« 1970, welches Alter die Befragten zu diesem Zeitpunkt hatten. So waren zum Beispiel 20 Journalisten damals zwölf Jahre alt. Für die übrigen 33 Ereignisse ergeben sich entsprechende Verteilungen, die man gegebenenfalls in 33 weiteren, gleichermaßen aufgebauten Tabellen präsentieren könnte.

Im zweiten Schritt wird festgestellt, wieviele Journalisten eines

[188] Einen Ausschnitt aus diesem Teil der Analyse enthält Ehmig 1999.

Tabelle 22: Alter der Befragten zum Zeitpunkt des historischen Ereignisses *»Brandts Kniefall in Warschau«* 1970 sowie Anzahl und Anteil derjenigen, die durch das Ereignis geprägt wurden

Frage: *»Schauen Sie sich bitte noch einmal an, woran Sie sich erinnern, und nennen Sie die drei Ereignisse, die für Ihr eigenes politisches Denken am bedeutsamsten sind«* (Vorlage einer Liste mit 34 Ereignissen, darunter *»Brandts Kniefall in Warschau«*)

Auszug: Berücksichtigt wurde beispielhaft nur jeder zweite Geburtsjahrgang

			Journalisten, die durch den Kniefall Brandts geprägt wurden	
Alter in Jahren	Geburtsjahrgang	n	n	%
2	1968	–	–	–
4	1966	3	–	–
6	1964	5	–	–
8	1962	9	–	–
10	1960	9	3	33
12	1958	20	5	25
14	1956	13	1	8
16	1954	11	4	36
18	1952	12	1	8
20	1950	6	1	17
22	1948	7	1	14
24	1946	9	2	22
26	1944	12	3	25
28	1942	13	3	23
30	1940	18	5	28
32	1938	15	5	33
34	1936	12	3	25
36	1934	7	–	–
38	1932	4	–	–
40	1930	9	1	11
42	1928	22	1	5
44	1926	20	–	–
46	1924	11	–	–
48	1922	8	1	13
50	1920	1	–	–
52	1918	–	–	–
54	1916	–	–	–
56	1914	–	–	–
58	1912	–	–	–
60	1910	–	–	–

Quelle: Historische Ereignisse I (1989).

Jahrgangs die 34 Ereignisse als Geschehen angaben, das für ihr »eigenes politisches Denken am bedeutsamsten« war. Dies geschieht für jedes der 34 Ereignisse getrennt. Tabelle 22 zeigt in den beiden letzten Spalten beispielhaft jeweils die Anzahl bzw. den Anteil der Angehörigen der einzelnen Jahrgänge, für deren Ansichten »Brandts Kniefall in Warschau« 1970 prägend war. So hatten zum Beispiel fünf der erwähnten 20 Journalisten (25 %), die bei Brandts Kniefall zwölf Jahre alt waren, dieses Ereignis als prägend erlebt.

Anschaulicher als die tabellarische Auflistung ist die grafische Umsetzung der Prozentwertverteilung. Sie ermöglicht es, für jedes Einzelereignis ein Profil seines prägenden Einflusses auf Journalisten unterschiedlichen Alters zu erstellen. Schaubild 4 zeigt dies erneut am Beispiel des Brandt-Kniefalls, wobei nun die Antworten aller Journalisten ausgewiesen werden. Bei der Beschreibung und Interpretation solcher Profile ist zu berücksichtigen, daß die Basis der Prozentwerte sehr klein ist (zwischen einem und 22 Befragte), so daß auffällige Unterschiede zwischen Altersstufen in der grafischen Darstellung häufig nur auf Angaben einzelner Befragter beruhen. Dennoch geben solche Profile erste Hinweise darauf, welche Altersstufen besonders stark von einem bestimmten Ereignis geprägt wurden. So zeigt zum Beispiel Schaubild 4: Vor allem Journalisten, die »Brandts Kniefall in Warschau« im Alter von zehn bis etwa 21 Jahren miterlebt hatten, gaben an, daß dieses Ereignis sie in ihrem Denken beeinflußt hat.

Die Betrachtung des prägenden Einflusses der verschiedenen historischen Ereignisse gibt zwar Hinweise auf das charakteristische Wirkpotential dieses spezifischen Geschehens. Sie liefert aber keine Antwort auf die Frage nach Phasen im Leben von Menschen, in denen sie – unabhängig vom Charakter des Geschehens – besonders empfänglich für prägende Einflüsse sind. Aus diesem Grund werden im dritten Analyseschritt alle 34 Ereignisse zusammengefaßt. Die 34 Ereignisse wurden von den 491 Journalisten 1.204 mal als prägend bezeichnet. Basis der Betrachtung sind nun nicht mehr die einzelnen Ereignisse. Basis der Betrachtung sind jeweils alle Befragte, die zum Zeitpunkt der Ereignisse ein bestimmtes Alter hatten – zum Beispiel 15 Jahre alt waren – und eines der Ereignisse als prägend erlebt haben. Die 34 Profile des prägenden Einflusses einzelner Ereignisse auf das Denken von Befragten verschiedenen Alters werden – bildlich gesprochen – übereinandergeschoben, so daß die Werte für jeweils gleiche Altersstufen übereinanderliegen. Berechnet wird für jede Altersstufe (bis 77 Jahre) der durchschnittliche Anteil der Befragten, die die Ereignisse als persönlich prägende Eindrücke erlebt haben. Dieser auf den ersten Blick abstrak-

Schaubild 4: Prägung durch Brandts Kniefall in Warschau 1970

Frage: »*Schauen Sie sich bitte noch einmal an, woran Sie sich erinnern, und nennen Sie die drei Ereignisse, die für Ihr eigenes politisches Denken am bedeutsamsten sind.*« (Vorlage einer Liste mit 34 Ereignissen, darunter »*Brandts Kniefall in Warschau*«)

Anteil der Journalisten, die Brandts Kniefall als eines der drei prägenden historischen Ereignisse nannten

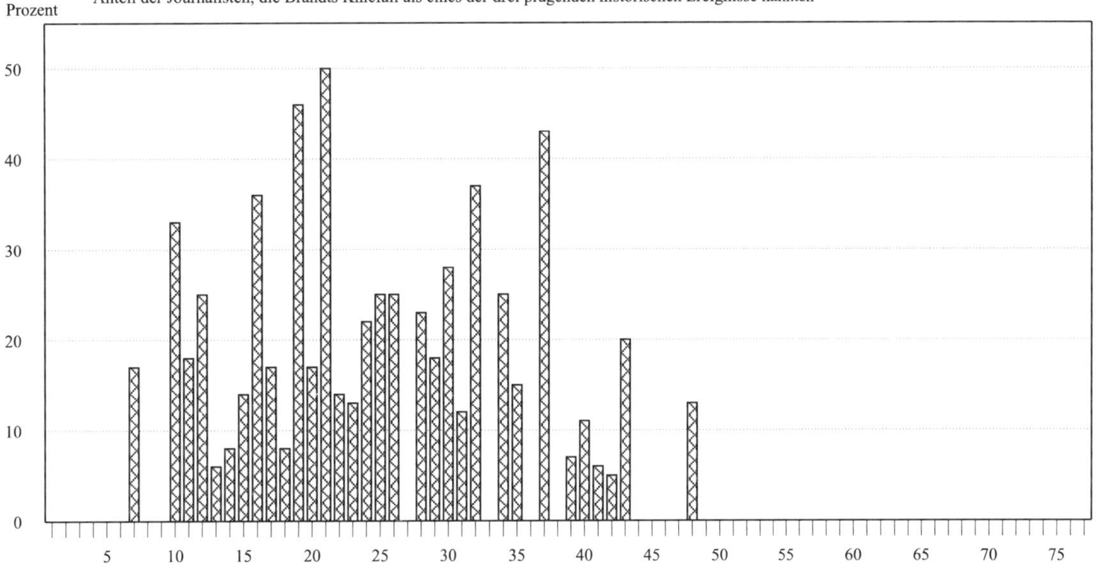

Quelle: Historische Ereignisse I (1989).

te Analyseschritt wird im folgenden anhand eines Beispiels illustriert.

Untersucht wird die Intensität, mit der 15-jährige durch historische Ereignisse geprägt werden. Dazu werden zunächst für jedes der 34 Einzelereignisse die Journalisten ermittelt, die im Ereignisjahr 15 Jahre alt waren. Tabelle A 12 im Anhang zeigt, auf welche Geburtsjahrgänge dies zutrifft und um wieviele Journalisten es sich bei den einzelnen Ereignissen handelt. So waren zum Beispiel beim »Bau der Berliner Mauer« 1961 neun Befragte 15 Jahre alt (1946 geboren), bei »Brandts Kniefall in Warschau« 1970 waren es 14 (1955 geboren). Anschließend wird ermittelt, wieviele der 15-jährigen von den 34 Ereignissen geprägt wurden. Von den neun Journalisten, die beim Mauerbau 15 Jahre alt waren, sagten dies beispielsweise zwei, also 22 Prozent, von den 14, die beim Kniefall Brandts in diesem Alter waren, sagten es ebenfalls zwei, also 14 Prozent. Analog wird für alle 34 Ereignisse der Anteil der 15-jährigen ermittelt, die nach eigener Aussage von dem Geschehen geprägt worden waren. Auf dieser Grundlage wird für alle Jahrgänge der Durchschnitt für alle Ereignisse berechnet. Er beträgt bei den 15-jährigen zehn Prozent. Dies bedeutet konkret: Als die befragten Journalisten 15 Jahre alt waren, wurde etwa jeder Zehnte nach eigenen Angaben durch historische Ereignisse in seinem Denken maßgeblich beeinflußt.

Auf die beschriebene Weise läßt sich für jede Altersstufe ein solcher Durchschnitt berechnen. Die Durchschnittswerte kann man als Indikatoren für die Empfänglichkeit der Befragten gegenüber dem Einfluß historischer Ereignisse betrachten. Je höher der Durchschnitt für ein Lebensjahr, desto sensibler und empfänglicher waren die Journalisten in diesem Alter gegenüber prägenden Einflüssen.[189] Die Analyse zeigt: Beginnend etwa mit dem siebten, spätestens aber ab dem zehnten Lebensjahr nahm die Sensibilität der Journalisten gegenüber historischen Ereignissen kontinuierlich zu und erreichte im Alter von circa 28 Jahren ihren Höhepunkt. Danach ging die Beeinflußbarkeit deutlich zurück. Dies deutet darauf hin, daß die prägende Phase im Leben der befragten Journalisten

[189] Gegen diese Interpretation könnte man einwenden, daß die Verteilung der Durchschnittswerte nur die dreigipflige Altersstruktur der Befragten widerspiegelt, also zufällig ist. Um dies zu prüfen, wurde die *Gesamtzahl* der Kontakte der Befragten aller Altersstufen mit historischen Ereignissen der Anzahl der *bedeutsamen* Kontakte (den Angaben prägender Ereignisse im gleichen Alter) gegenübergestellt. Je ähnlicher sich die Zahl der Kontakte und die Zahl der prägenden Kontakte verteilen, desto eher muß man ein Zufallsergebnis annehmen. Aufgrund der Daten kann man dies aber mit hoher Sicherheit ausschließen (Schaubild A 1 im Anhang).

Schaubild 5: Prägung durch 34 historische Ereignisse

Frage: *»Schauen Sie sich bitte noch einmal an, woran Sie sich erinnern, und nennen Sie die drei Ereignisse, die für Ihr eigenes politisches Denken am bedeutsamsten sind.«* (Vorlage einer Liste mit 34 Ereignissen)

Anteil der prägenden an allen Kontakten mit historischen Ereignissen: Gleitende Mittelwerte

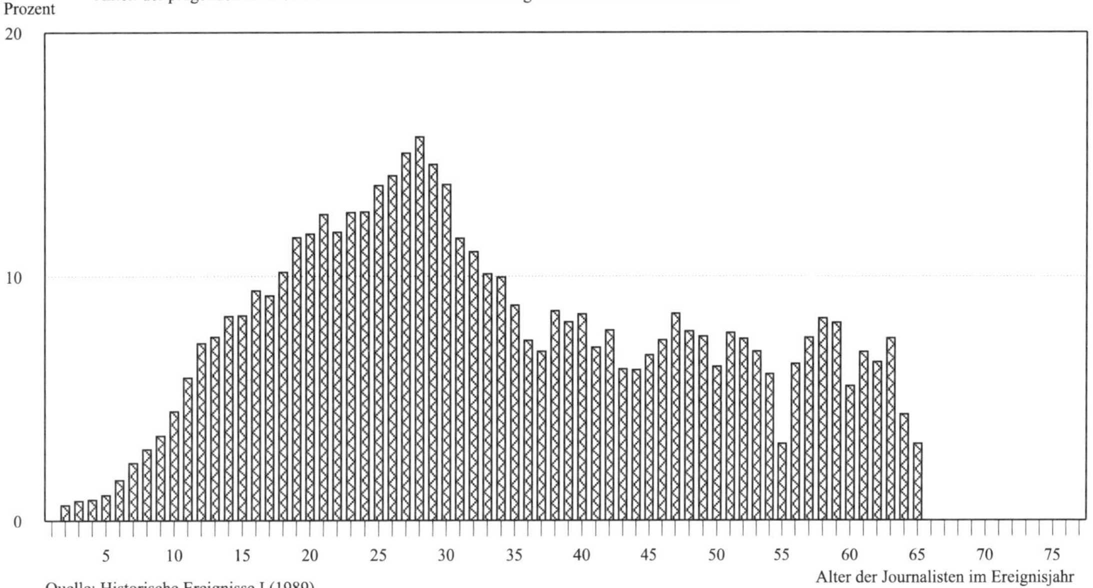

Quelle: Historische Ereignisse I (1989).

im Alter von zehn bis 28 Jahren lag. In dieser Zeit waren sie besonders aufgeschlossen gegenüber dem Geschehen. Sie reagierten stärker auf das, was in der Welt passierte und wurden dadurch in ihrem Denken beeinflußt. Später waren ihre Überzeugungen vermutlich so weit gefestigt, daß die meisten Ereignisse nicht mehr nachhaltig darauf einwirken konnten. Schaubild 5 zeigt die *durchschnittliche Empfänglichkeit* der befragten Journalisten in verschiedenen Lebensphasen für prägende Eindrücke.

Früheste Prägung aller Befragten

Grundlage der vorangegangenen Analyse sind alle 1.204 Angaben prägender Ereignisse. Jeder Befragte konnte maximal drei Geschehnisse angeben, die ihn besonders beeindruckt hatten. Dies konnten drei zeitlich eng zusammenliegende Ereignisse sein, aber auch drei Ereignisse aus verschiedenen Lebensabschnitten. In die bisherigen Berechnungen wurde jedes Geschehen einbezogen, unabhängig davon, ob es das – zeitlich gesehen – früheste, mittlere oder letzte prägende Ereignis war. Deshalb zeigen die Befunde zwar, in welchen Phasen die Journalisten überhaupt besonders sensibel und empfänglich für historische Einflüsse waren. Sie lassen aber noch keine eindeutige Aussage über den *Beginn* der Prägung zu, also darüber, in welchem Alter die Befragten *zuerst* ein Ereignis als bedeutsam empfunden hatten. Dies kann man nur feststellen, wenn man sich auf die frühesten Ereignisse konzentriert, die die Befragten nannten. Deshalb werden im folgenden die jeweils zeitlich *ersten* prägenden Ereignisse näher betrachtet. Für jede Altersstufe wird untersucht, wieviele der Kontakte zu den Ereignissen als *früheste* prägende Eindrücke erlebt wurden. Die Berechnungen erfolgen analog zu den Analysen auf der Basis aller Angaben prägender Geschehnisse.

Die Ergebnisse deuten darauf hin, daß die historischen Ereignisse das Denken der Journalisten im Alter von etwa sieben bis 14 Jahren zu prägen begonnen hatten. Der Befund erhärtet die Ergebnisse der vorangegangenen Analyse auf der Basis aller prägenden Ereignisse: Für die Befragten begann das historische und politische Umfeld per saldo etwa mit sieben Jahren bedeutsam zu werden. Ab da entwickelten sie eine zunehmende Empfänglichkeit für historische Ereignisse. Sie reagierten zwar auch später noch auf herausragendes Geschehen, ihre Sensibilität stieg dann jedoch nicht mehr an. Dies bestätigt die aus den entwicklungspsychologischen Grundlagen abgeleiteten Annahmen (Schaubild 6).[190]

[190] Die Daten bestätigen die entwicklungspsychologischen Aussagen zur zeitlichen Koinzidenz des Beginns der prägenden Phase und der Pubertät. Daraus

Schaubild 6: Früheste Prägung durch 34 historische Ereignisse

Frage: »*Schauen Sie sich bitte noch einmal an, woran Sie sich erinnern, und nennen Sie die drei Ereignisse, die für Ihr eigenes politisches Denken am bedeutsamsten sind.*« (Vorlage einer Liste mit 34 Ereignissen)

Anteil der frühesten prägenden an allen Kontakten mit historischen Ereignissen: Gleitende Mittelwerte

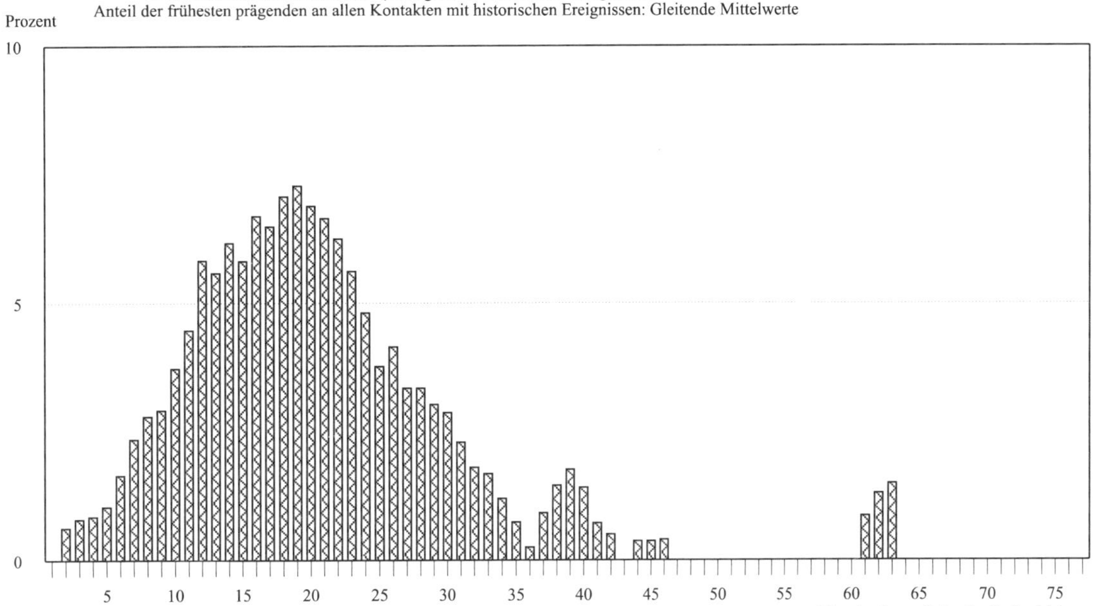

Quelle: Historische Ereignisse I (1989).

Prägung der drei Generationen
Die vorangegangenen Analysen beruhen auf der Gesamtzahl aller 491 Befragten. Im Mittelpunkt stehen jedoch die drei Generationen der »Großväter«, »Väter« und »Enkel«. Deshalb ist zu fragen: Gilt die anhand aller Journalisten identifizierte prägende Lebensphase zwischen etwa sieben und 28 Jahren generations- und damit auch ereignisunabhängig, oder gibt es eine Verlagerung der prägenden Phase mit dem Wandel der Generationen? Man kann vermuten, daß sich sowohl der Beginn wie auch das Ende der prägenden Phase im Lauf der Zeit verschoben haben. Nach Ewert machen die »komplexen Arbeitsbedingungen unserer Industriegesellschaften immer längere Ausbildungszeiten erforderlich und schieben somit das Erreichen einer gesellschaftlich zugestandenen sozialen Reife immer weiter hinaus. [...] Auch die untere Grenze des Jugendalters, das Erlangen der biologischen Reife, ist nicht unveränderlich, sondern hat sich in den letzten 100 Jahren kontinuierlich nach vorn verlagert, so daß insgesamt die Grenzen des Jugendalters erheblich auseinandergetriftet sind«.[191]

Gegen die Vermutung einer Vorverlagerung der prägenden Pha-

ergibt sich die Frage, ob die Pubertät ein Auslöser bzw. Verstärker der Sensibilität für prägende Ereignisse ist. Die pubertäre Entwicklung von Mädchen beginnt meist früher als die von Jungen (vgl. Ewert 1983, 13f und 62–65; Krech, Crutchfield, Livson, Wilson, Parducci 1985b, 92; Wendt 1997, 342–348). Falls die Pubertät einen zentralen Einflußfaktor darstellt, müßte bei den Journalistinnen die Sensibilität für historisches Geschehen früher und deutlicher ansteigen als bei ihren Kollegen. Dies wurde geprüft, indem die Prägung im Lebensverlauf und die früheste Prägung der weiblichen und männlichen Befragten verglichen wurden. Die Werte wurden auf dieselbe Weise berechnet wie die Werte für alle Journalisten. Von den 491 Befragten, die ihr Alter angaben, sind 435 Männer und 55 Frauen. Die Journalistinnen waren 23 bis 67, ihre Kollegen 23 bis 80 Jahre alt. Um Verzerrungen aufgrund der unterschiedlichen Zahl von Männern und Frauen und aufgrund deren unterschiedlicher Altersstruktur zu vermeiden, wurden für jede Altersstufe per Zufall genauso viele Männer ausgewählt, wie Frauen befragt worden waren. Die Ergebnisse zeigen keine nennenswerten Unterschiede zwischen dem Verlauf der prägenden Phasen von Männern und Frauen. Damit kann ein direkter Einfluß der geschlechtsspezifischen pubertären Entwicklung auf die Sensibilität für historisches Geschehen – zumindest für Journalisten – mit hoher Sicherheit ausgeschlossen werden. Vgl. die Schaubilder A 2 und A 3 im Anhang.

[191] Ewert 1983, 12. Berger 1960, 12 beschreibt bereits für Amerika: »[T]he length of adolescence is increasing in the United States«. Der Beginn des Reifungsprozesses sei nach vorne verlagert, das Ende nach hinten. Damit habe sich die Entwicklungsphase insgesamt verlängert. In einem Bericht des *Jugendwerks der deutschen Shell* heißt es 1985, daß die Übernahme von Positionen des Erwachsenenlebens immer weiter hinausgeschoben würden, häufig bis weit ins dritte Lebensjahrzehnt hinein.

se in den jüngeren Generationen spricht, daß gerade die Journalisten der »Großväter«-Generation bereits in frühester Jugend schwerwiegenden Ereignissen ausgesetzt waren, die tief in ihr Leben eingriffen. Deshalb kann man vermuten, daß gerade sie ihre prägende Phase besonders früh erlebt hatten. Man kann darüber hinaus einwenden, daß es mit den vorliegenden Daten aus methodischen Gründen kaum möglich sein wird, eine Verschiebung der prägenden Phase der jüngeren Generationen in spätere Lebensjahre zu zeigen. Die »Großväter« blicken aufgrund ihres höheren Alters auf eine längere Zeitspanne zurück als die »Väter« und diese wiederum auf eine längere Lebensphase als die »Enkel«. Die Journalisten konnten nur drei prägende Ereignisse nennen. Deshalb ist die Wahrscheinlichkeit, daß sie Geschehnisse nannten, die sie als Erwachsene – etwa nach ihrem 30. Geburtstag – geprägt hatten, aufgrund des höheren Lebensalters bei den »Großvätern« höher als bei den »Vätern« und bei diesen höher als bei den »Enkeln«. Die Analyse wird deshalb für die »Großväter« unter Umständen methodisch bedingt eine längere Dauer der prägenden Phase anzeigen als für die »Väter« und die »Enkel«. Die genannten Überlegungen und Annahmen werden im folgenden geprüft, indem der Verlauf der Prägung der drei Generationen getrennt untersucht wird.[192] Die Berechnungen erfolgen auf dieselbe Weise wie bei der Analyse der prägenden Phasen *aller* Befragten.

Die Ergebnisse bestätigen die Vermutung, daß sich die prägende Phase in der Abfolge der Generationen verlagert hat. Der prägende

[192] In diesem Zusammenhang ist auf eine spezifische Konsequenz des genannten methodischen Problems hinzuweisen: Die Journalisten der drei Generationen erlebten verschieden viele und verschiedenartige historische Ereignisse. Die Jüngsten – sie waren 1989 23 Jahre alt – waren nur Zeitgenossen der Ereignisse zwischen 1967 und 1986, und zwar im Alter zwischen einem und 20 Jahren. Der Älteste – er war 1989 80 Jahre alt – hatte im Alter zwischen 31 und 77 Jahren das gesamte hier berücksichtigte Geschehen miterlebt. In der Konsequenz ist die Zahl der Journalisten in den einzelnen Altersklassen, die in die Berechnung der Kontakte mit historischen Ereignissen eingehen, unterschiedlich groß. Sie hängt außerdem von der zeitlichen Abfolge und Dichte der vorgelegten Ereignisse ab: Das Geschehen ereignete sich zwischen 1940 und 1986. Aber nicht aus jedem Jahr wurde ein Ereignis präsentiert. Aus manchen Jahren wurden mehrere Ereignisse vorgelegt. Einige Ereignisse erstreckten sich über mehrere Jahre. Durch die unterschiedliche Ereignisdichte pro Jahr und die unterschiedlich große Zahl der Befragten pro Geburtsjahrgang ist die Basis der Berechnung für jedes Ereignis und für jedes Jahr unterschiedlich groß. Dadurch besteht die Möglichkeit, daß der für alle Journalisten ermittelte Verlauf ihrer Prägung nicht der tatsächlichen Entwicklung entspricht, sondern durch die genannten Störvariablen verzerrt ist. Diese Störvariablen werden durch die getrennte Analyse der drei Generationen weitgehend ausgeschaltet.

Lebensabschnitt der »Großväter« lag etwa zwischen sieben und 20 Jahren, die »Väter« hatten ihre prägende Phase im Alter von etwa zwölf bis 23 Jahren und die »Enkel« zwischen etwa zehn und 28 Jahren. Darin zeigen sich zwei zentrale Befunde: Erstens, die »Großväter«-Generation erlebte ihre prägenden Lebensjahre wie erwartet besonders früh, da die Journalisten bereits in früher Jugend schwerwiegenden Ereignissen ausgesetzt waren. Besonders durch die Erfahrungen der Bombenangriffe und des Kriegsendes waren sie deutlich früher als die Journalisten der beiden nachfolgenden Generationen empfänglich für prägende Eindrücke. Zweitens, das Ende der prägenden Phase verlagerte sich – trotz der genannten methodischen Einschränkungen – mit dem Wechsel der Generationen deutlich nach hinten. Die Gleichförmigkeit dieser Verlagerung (von circa 20 über 23 auf 28 Jahre) deutet darauf hin, daß sie nicht nur auf die besonderen Einflüsse einzelner herausragender Schlüsselereignisse zurückzuführen ist. Eine wesentliche Ursache dieser Verlagerung dürfte vielmehr – wie vermutet – die Verlängerung der Schul- und Ausbildungszeiten und damit die insgesamt »verlängerte Jugend« der jüngeren Generationen gewesen sein (Schaubild 7).

Gegen die Aussagekraft der Befunde ist einzuwenden, daß sie möglicherweise durch Erinnerungsfehler vor allem der »Großväter« eingeschränkt ist. Die Gefahr solcher Erinnerungsfehler ist vor allem dann gegeben, wenn die Befragten ihre prägenden Lebenserfahrungen frei wiedergeben, etwa in Form einer autobiographischen »Nacherzählung«. In der vorliegenden Studie wurde den Journalisten eine Liste mit Ereignissen vorgelegt, deren Daten feststehen und zusammen mit den Altersangaben eine eindeutige Bestimmung der Lebensjahre zulassen, in denen die Redakteure das Geschehen miterlebten. Die Rekonstruktion der prägenden Jahre ist insofern unabhängig von der Genauigkeit der Erinnerung an das Alter, in dem die Befragten ihre prägenden Eindrücke erfahren hatten. Dies schließt einen Einfluß von Erinnerungsfehlern auf die Bestimmung der prägenden Phasen der drei Generationen weitgehend aus.

Der außergewöhnlich frühe Beginn der prägenden Phase in der »Großväter«-Generation zeigt sich besonders deutlich, wenn man nur die frühesten prägenden Ereignisse in die Analyse einbezieht. Die »Väter« und »Enkel« reagierten etwa mit sieben Jahren erstmals erkennbar auf das historische Geschehen. Ihre Sensibilität wuchs in den folgenden Jahren kontinuierlich an, wobei dies in der »Enkel«-Generation etwas früher der Fall war als in der »Väter«-Generation. Im Vergleich zu diesen beiden jüngeren Altersgruppen waren die

Schaubild 7: Prägung von Journalisten aus drei Generationen durch 34 historische Ereignisse
Frage: »*Schauen Sie sich bitte noch einmal an, woran Sie sich erinnern, und nennen Sie die drei Ereignisse, die für Ihr eigenes politisches Denken am bedeutsamsten sind.*« (Vorlage einer Liste mit 34 Ereignissen)
Anteil der prägenden an allen Kontakten mit historischen Ereignissen: Gleitende Mittelwerte

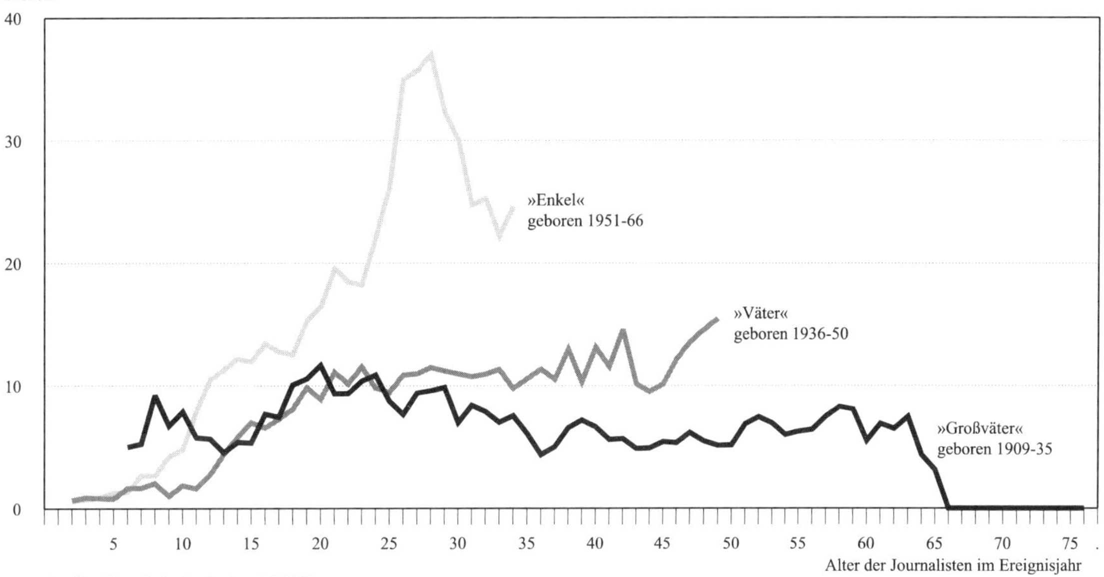

Quelle: Historische Ereignisse I (1989).

»Großväter« jedoch bereits mit sieben bis zehn Jahren so empfänglich für die Ereignisse wie die »Väter« und »Enkel« erst mit zwölf bis 21 Jahren. Dies belegt erneut den Einfluß der frühen Erfahrungen von Krieg und Not, die die älteren Journalisten besonders früh reagieren und sensibel werden ließen.[193] Die beiden jüngeren Generationen konnten ihre Jugendzeit aufgrund des (teilweisen) Wegfalls von Not und Bedrohung sowie aufgrund der verlängerten Schul- und Ausbildungszeiten länger ausleben als die »Großväter« (Schaubild 8).

Prägung durch individuelle Erlebnisse

Die bisherige Analyse des Einflusses historischer Ereignisse auf die Entwicklung des Denkens von Journalisten hat zur Identifikation von prägenden Phasen geführt, die sich in der Abfolge der Generationen zeitlich etwas verschoben haben. Sind diese Phasen typisch für den spezifischen Einfluß historischer Ereignisse oder zeigen sie sich in gleicher Weise auch für die Prägung durch individuelle Erlebnisse? Diese Frage steht im Mittelpunkt der folgenden Analyse. Zu ihrer Beantwortung werden die Erlebnisse herangezogen, die nach Angabe der Befragten für ihr »gegenwärtiges politisches Denken« im Herbst 1989 »am bedeutsamsten« waren.

Die genauen Daten aller individuellen Erlebnisse aller Journalisten wurden nicht erfaßt. Sie können – anders als die Daten der historischen Ereignisse – auch nicht bestimmt werden. So ist zwar zum Beispiel der Zeitraum, in dem die älteren Journalisten im »Fronteinsatz« gewesen sein konnten, durch Beginn und Ende des Zweiten Weltkriegs eingegrenzt. Jeder Betroffene konnte aber in verschiedenen Jahren zwischen 1939 und 1945 diese Erfahrung gemacht haben. Deshalb ist es nicht möglich, die Gesamtzahl der individuellen Erfahrungen einzelner Jahrgänge – analog der Gesamtzahl der Kontakte zu historischen Ereignissen – zu berechnen. Dies stellt jedoch keinen Mangel dar, weil es vorrangig um die *prägenden* individuellen Erlebnisse der Befragten geht. Die Journalisten sollten deshalb zu jeder prägenden Erfahrung angeben, in welchem Jahr sie stattgefunden hatte. Als Indikator für die Sensibilität der Befragten in einem bestimmten Lebensjahr wird die Summe der als prägend empfundenen individuellen Erlebnisse in diesem Alter

[193] Auch hier ist wieder auf ein methodisches Problem hinzuweisen: Die Liste der historischen Ereignisse enthielt kein Geschehen, das die »Großväter« vor ihrem fünften Lebensjahr miterleben konnten. Deshalb wurden in dieser Generation erst prägende Eindrücke ab diesem Alter erfaßt. Dies läßt nicht erkennen, wie stark die »Großväter« unter Umständen bereits noch früher auf einschneidende Ereignisse reagiert hatten.

Schaubild 8: Früheste Prägung von Journalisten aus drei Generationen durch 34 historische Ereignisse

Frage: »*Schauen Sie sich bitte noch einmal an, woran Sie sich erinnern, und nennen Sie die drei Ereignisse, die für Ihr eigenes politisches Denken am bedeutsamsten sind.*« (Vorlage einer Liste mit 34 Ereignissen)

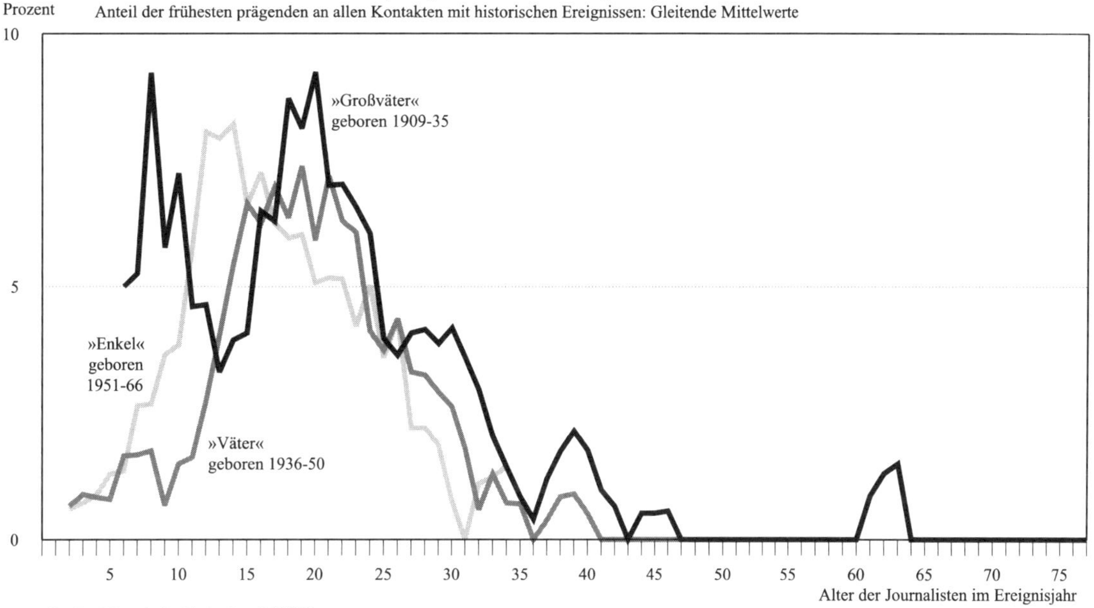

Quelle: Historische Ereignisse I (1989).

betrachtet. Je mehr Eindrücke eines bestimmten Lebensjahres die Befragten nannten, desto stärker waren sie empfänglich für diese persönlichen Erfahrungen. Die Analyse erfolgt für die drei Generationen getrennt.

Die Journalisten aller drei Altersgruppen erinnerten sich an prägende Erlebnisse, die bereits vor ihrem zehnten Lebensjahr geschehen waren. Die Zahl dieser einschneidenden Erfahrungen – und damit die Empfänglichkeit für dauerhafte Eindrücke – stieg allerdings erst mit 15 Jahren stark an und erreichte zwischen 19 und 23 Jahren ihren Höhepunkt. Die Journalisten wurden jedoch auch über ihr 25. Lebensjahr hinaus von individuellen Erlebnissen geprägt – allerdings deutlich seltener. Die Entwicklung zeigt sich in ähnlicher Weise für alle drei Generationen. Allerdings sind auch hier im Detail bemerkenswerte Unterschiede festzustellen. Wie bei den historischen Ereignissen zeigt sich eine Verschiebung der prägenden Phase in spätere Lebensjahre: Die »Großväter« wurden im Alter von sechs bis 19 zunehmend empfänglich für die einschneidenden Erfahrungen, die »Enkel« erst im Alter von 15 bis 23 Jahren. Eine Ausnahme bilden die Journalisten der »Väter«-Generation: Sie wurden noch früher als die »Großväter« durch individuelle Erlebnisse geprägt. Dies ist darauf zurückzuführen, daß sehr viele Befragte dieser Generation die *»Elendsjahre nach dem Krieg«* nannten. Für viele »Väter« lag dieser Zeitraum in frühester Jugend. Die – hier historisch bedingten – Erlebnisse von Armut und Not führten dazu, daß die prägende Phase früher einsetzte, als dies im Durchschnitt der Fall ist. Möglicherweise liegt hier eine – bisher völlig vernachlässigte – Quelle späterer Verhaltensweisen.

In der jüngsten Generation fällt der späte Beginn der von individuellen Erlebnissen bedingten prägenden Phase mit circa 15 Jahren auf und vor allem die intensiven Reaktionen im Alter zwischen etwa 19 und 24 Jahren. Beides dürfte zusammenhängen und darauf beruhen, daß viele der vorgegebenen Erfahrungen mit der Kriegs- und Nachkriegszeit sowie mit Geschehen der sechziger Jahre zusammenhängen. Die Liste enthält vergleichsweise wenige Erlebnisse, mit denen die »Enkel« als Kinder oder Jugendliche konfrontiert worden sind. Sehr viele vorgegebenen Erfahrungen waren dagegen Erlebnisse im frühen Erwachsenenalter: »Dienst in der Bundeswehr«, »Kriegsdienstverweigerung« oder »Leben in einer Wohngemeinschaft«. Die Besonderheiten im Verlauf der Prägung von Journalisten der jüngsten Generation sind damit vermutlich eher auf die Vorgaben im Fragebogen zurückzuführen als auf generelle Unterschiede in der Reaktion auf prägende individuelle Erfahrungen. Dies ist bei den historischen Ereignissen nicht in gleicher Weise

Schaubild 9: Prägung von Journalisten aus drei Generationen durch 33 individuelle Erlebnisse

Frage: *»Schauen Sie sich bitte noch einmal an, was Sie angekreuzt haben und nennen Sie die drei Erfahrungen, die für Ihr gegenwärtiges politisches Denken am bedeutsamsten sind.«* (Vorlage einer Liste mit 33 Erlebnissen)

Summe der pro Lebensjahr genannten prägenden Erlebnisse: Gleitende Mittelwerte

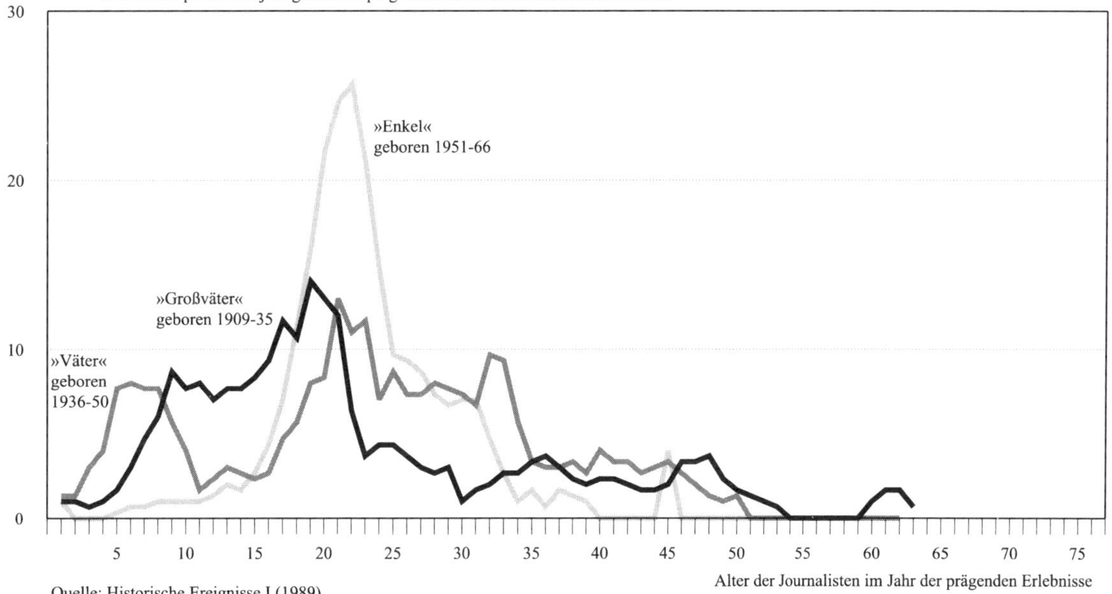

Quelle: Historische Ereignisse I (1989).

der Fall, da hier relativ kontinuierlich Geschehen des gesamten Zeitraums ausgewählt und eine besondere Häufung von Ereignissen in bestimmten Phasen vermieden wurde (Schaubild 9; Schaubild A 4 im Anhang zeigt den Beginn der Prägung der drei Generationen auf der Basis der frühesten bedeutsamen individuellen Erlebnisse).

Betrachtet man den Einfluß historischer Ereignisse und individueller Erlebnisse zusammen, kann man feststellen: Die individuellen Erlebnisse prägten die Journalisten vermutlich in den gleichen Lebensphasen wie die historischen Ereignisse. Dies mag auf der unscharfen Trennung zwischen den Vorgaben beruhen – einige individuelle Erfahrungen kann man als historisches Geschehen betrachten, einige historische Ereignisse deckten sich mit individuellen Erfahrungen der Journalisten. Zugleich deuten die Ergebnisse darauf hin, daß eine schärfere Trennung für die vorliegende Studie nicht unbedingt erforderlich ist, weil es hier nicht um eine verallgemeinerbare Identifikation von psychologischen Konstanten geht, sondern um eine Bestimmung der spezifischen Lebensphasen, in denen drei Generationen von Journalisten ihre relevanten Vorstellungen ausgebildet haben. Diese Lebensphasen begannen vor dem zehnten, im Durchschnitt etwa ab dem siebten Lebensjahr. Von da an entwickelten die Journalisten eine zunehmende Offenheit und Sensibilität, die mit Anfang 20 ihren Höhepunkt erreichte und noch bis Mitte 20, spätestens 30 andauerte. Danach wurden die Überzeugungen der Journalisten zwar auch weiterhin durch historische Ereignisse, zum Teil auch durch individuelle Erlebnisse beeinflußt, allerdings nicht mehr so häufig wie während der prägenden Jahre.

4.2.5.3 Prägung der Vorstellungen von gesellschaftlich relevanten Ereignissen

Die individuellen Reaktionen auf prägende Eindrücke werden vermutlich beeinflußt durch die Vorstellungen davon, was die Gesellschaft als ganzes gravierend verändert. Die eigene Prägung ist mit anderen Worten auch eine Folge der wahrgenommenen Prägung der Gesellschaft. Ein Beispiel dafür ist der Reaktorunfall von Tschernobyl: Wer annimmt, dieses Ereignis habe die Gesellschaft verändert, wurde durch diese wahrgenommene Erschütterung der Gesellschaft wahrscheinlich auch selbst geprägt. Beides – wahrgenomme Prägung der Gesellschaft und eigene Prägung – muß man dabei nicht als isolierte unabhängige bzw. abhängige Faktoren betrachten. Vielmehr gibt es zwischen beiden Größen vermutlich starke Wechselwirkungen, die jedoch im Rahmen dieser Studie nicht differenziert analysiert werden können.

Die Journalisten waren gebeten worden, außer den drei für sie persönlich besonders bedeutsamen Geschehnissen alle Ereignisse zu nennen, die sie mit dem »Gefühl erlebt« haben, »daß sie einen tiefen Einschnitt für die Gesellschaft bedeuten«. Mit Hilfe dieser Angaben ist es möglich, die Phasen im Leben der Befragten zu ermitteln, in denen ihre Vorstellungen vom Einfluß historischer Ereignisse auf die Gesellschaft geprägt worden sind. Die Basis der Berechnungen bilden erneut alle Kontakte der Journalisten mit den 34 Ereignissen in den einzelnen Lebensjahren. Berechnet wird, wieviele dieser Kontakte mit historischem Geschehen sie als tiefe Einschnitte »für die Gesellschaft« erlebt haben.[194]

Die Befragten gaben insgesamt 5.929 mal an, historische Ereignisse als tiefe Einschnitte »für die Gesellschaft« erlebt zu haben. In 58 Fällen (1 %) nannten sie Geschehen, das sie selbst nicht miterlebt hatten, weil es vor ihrer Geburt stattgefunden hatte. Diese Angaben werden im folgenden vernachlässigt, da es um die Prägung der Vorstellungen vom gesellschaftlichen Einfluß derjenigen Ereignisse geht, die die Journalisten in verschiedenen Lebensphasen *miterlebt* hatten. Es geht folglich nicht um die tradierte Prägung durch Geschehen, dessen Bedeutung von Vorfahren weitergegeben wurde. Grundlage der folgenden Berechnungen sind deshalb die 5.871 Angaben der Zeitgenossen zur gesellschaftlichen Bedeutung der 34 Ereignisse. Die Analyse erfolgt wieder für die drei Generationen getrennt.

Die Prägung der Vorstellungen davon, was die Gesellschaft maßgeblich beeinflußt hat, begann zwischen dem siebten und zehnten Lebensjahr. Ihr Höhepunkt war jedoch erst im Alter von etwa 25 bis 33 Jahren. Danach nahmen die Journalisten die Ereignisse seltener als bedeutsam für die Gesellschaft wahr als während der prägenden Periode.[195] Der Verlauf der prägenden Phase war in allen

[194] Die Prozentwerte sind aufgrund des Fragemodells (die Journalisten konnten *alle* gesellschaftlich bedeutsamen Ereignisse nennen) höher als die Werte für die Eindrücke, die das eigene Denken prägten (maximal drei Angaben). Da die Indikatorwerte für die Prägung des eigenen Denkens und die Prägung der Vorstellung vom gesellschaftlichen Einfluß der Ereignisse nicht unmittelbar miteinander verglichen werden, stellt der Unterschied im Ergebnis kein Problem dar. Entscheidend ist das An- und Abschwellen der Empfindsamkeit, das auch bei der Wahrnehmung der Bedeutung von Ereignissen für die Gesellschaft ein Maß für die Sensibilität der Journalisten darstellt.

[195] Die starken Ausschläge bis zu 100 Prozent für die über 65-jährigen in Schaubild 10 beruhen auf den Aussagen Einzelner und zeigen deshalb keinen erneuteten Anstieg der Sensibilität in diesem Alter mehr an.

Schaubild 10: Prägung der Vorstellung vom Einfluß historischer Ereignisse auf die Gesellschaft bei Journalisten aus drei Generationen

Frage: »*Es gibt Ereignisse, bei denen hat man das Gefühl, daß sie einen tiefen Einschnitt für die Gesellschaft bedeuten. Welche der folgenden Ereignisse haben Sie persönlich mit diesem Gefühl erlebt ?*« (Vorlage einer Liste mit 34 Ereignissen)

Anteil der Kontakte mit historischen Ereignissen, die als bedeutsam für die Gesellschaft erlebt wurden: Gleitende Mittelwerte

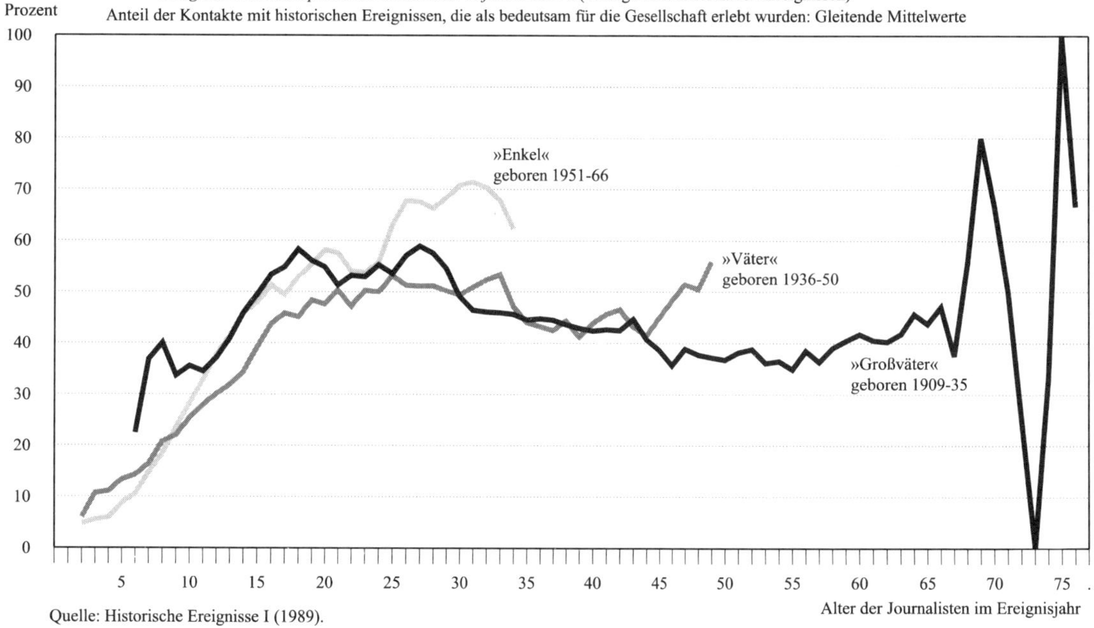

Quelle: Historische Ereignisse I (1989).

drei Generationen gleich. Dies überrascht in Anbetracht der sehr verschiedenen historischen Ereignisse, mit denen die »Großväter«, »Väter« und »Enkel« zwischen ihrem siebten und 30. Lebensjahr konfrontiert waren. Sie führten hier nicht in gleicher Weise zu Verlagerungen der prägenden Phase in den drei Generationen wie im Falle der Prägung des eigenen Denkens (Schaubild 10).[196]

Im Alter von 25 bis 33 Jahren waren die meisten Befragten schon als Journalisten tätig. Daraus folgt, daß ihre Vorstellungen von den gesellschaftlich relevanten Ereignissen während – und nicht vor – ihrer Berufstätigkeit geprägt wurden. Ferner kann man vermuten, daß die Sichtweisen ihrer jeweiligen Berufskollegen darauf einen wesentlichen Einfluß besaßen. Die Entwicklung der Vorstellung von den gesellschaftlich relevanten Ereignissen erweist sich somit als Teil der beruflichen Sozialisation von Journalisten und muß insofern von dem eher entwicklungspsychologisch bedingten Erleben von Geschehnissen getrennt werden, die ihr eigenes Denken und Fühlen prägten.[197]

4.2.5.4 Zwischenbilanz

Ausgangspunkt der vorangegangenen Analysen war die Frage, in welchen Lebensabschnitten die Journalisten besonders sensibel für einschneidende Erfahrungen waren. Zur Beantwortung dieser Frage wurden zwei Alternativen in Betracht gezogen: aus *zeitgeschichtlicher* Perspektive die Vermutung, daß Menschen vor allem in historisch bewegten Zeiten geprägt werden, also potentiell in ganz verschiedenen Lebensphasen; aus *biographischer* und entwicklungspsychologischer Perspektive die Vermutung, daß Menschen

[196] So reagierten auch hier die »Großväter« aufgrund der Kindheitserfahrungen im und nach dem Krieg früher als die »Väter« und »Enkel«. Auch reagierten die »Enkel« aufgrund des Reaktorunfalls bei Tschernobyl zwischen 25 und 35 Jahren intensiver als ihre älteren Kollegen. Der Einfluß des Geschehens ist hier jedoch schwächer als bei der Prägung des eigenen Denkens.

[197] Schaubild A 5 im Anhang zeigt die früheste Prägung der Vorstellung vom Einfluß der Ereignisse auf die Gesellschaft. Berechnungsgrundlage sind die frühesten Ereignisse, die als »tiefe Einschnitt[e] für die Gesellschaft« empfunden wurden. Die enormen Ausschläge der Kurve für die »Großväter« zwischen sieben und zehn Jahren sind nicht nur mit der besonderen Kraft der Kriegs- und Nachkriegsereignisse zu erklären. Eine zweite (methodische) Ursache liegt darin, daß den »Großvätern« kein Ereignis vorlag, das sie vor ihrem fünften Lebensjahr miterleben konnten. Deshalb wurden für diese Generation erst prägende Eindrücke ab fünf Jahren erfaßt. Dieser Sachverhalt findet in der vorliegenden Analyse einen besonderen Niederschlag, da die Befragten nicht nur drei (wie bei den persönlich bedeutsamen), sondern beliebig viele gesellschaftlich einschneidende Ereignisse nennen konnten.

vor allem während ihrer Jugendzeit geprägt werden, also weitgehend unabhängig von der äußeren Situation.

Alle Analysen zur Identifikation der prägenden Lebensphasen bestätigen die biographische Betrachtung: Man kann im Leben der (späteren) Journalisten Perioden erkennen, in denen sich ihr eigenes Denken wie auch die Wahrnehmung der sie umgebenden Gesellschaft aufgrund von prägenden Eindrücken entwickelt und gefestigt haben. Der Beginn der Prägung liegt – das zeigen alle verwendeten Indikatoren – vor dem zehnten Lebensjahr, durchschnittlich etwa bei sieben Jahren. Die in diesem Alter wachsende Empfänglichkeit für die historischen und individuellen Eindrücke nahm bis weit ins dritte Lebensjahrzehnt hinein kontinuierlich zu und stabilisierte sich. Die Antworten der Journalisten aus der »Väter«- und »Großväter«- Generation lassen erkennen, daß auch in den folgenden Lebensjahren eine Sensibilität für prägende Erfahrungen besteht, allerdings auf einem deutlich niedrigeren Niveau als zuvor. Wie im Detail gezeigt, prägten historische Ereignisse die Journalisten in denselben Lebensjahren wie individuelle Erlebnisse. Dies belegt – trotz der unscharfen Trennung zwischen beiden Klassen einschneidender Erfahrungen – daß es sich bei den identifizierten prägenden Perioden tatsächlich um die spezifischen Lebensphasen handelt, in denen die drei Journalistengenerationen einen Großteil ihrer persönlichen und gesellschaftlich relevanten Vorstellungen ausgebildet haben.

Die Prägung der späteren Journalisten im Jugend- und frühen Erwachsenenalter erfolgte nicht unabhängig von der jeweiligen historischen Situation. Es handelt sich also nicht um einen nur von endogenen Faktoren bestimmten Prozeß. Darauf deutet die Verlagerung der prägenden Phase in spätere Lebensjahre mit dem Wandel der Generationen. Darauf verweist auch die sehr frühe Prägung der »Großväter« durch einschneidende historische Ereignisse ihrer frühesten Jugend sowie die sehr frühe Prägung der »Väter« durch einschneidende individuelle Erlebnisse ihrer frühesten Jugend. In diesen Verschiebungen schlugen sich Veränderungen in den Lebensbedingungen der drei Generationen nieder: die Entlastung der Kindheit von Not und Bedrohung, die noch die »Großväter« und ein Teil der »Väter« erlebt hatten, sowie die Ausdehnung der Schul- und Ausbildungsphasen, die zu einer Verlängerung der Jugendzeit der jüngeren Journalisten führte.

Die spezifischen Lebensbedingungen, mit denen die Journalisten der drei Generationen als Heranwachsende konfrontiert waren, führten zwar zu den genannten Verschiebungen der Phasen, in denen das *eigene* Denken geprägt wurde. Sie hatten aber einen sehr viel geringeren Einfluß auf die Prägung der Vorstellungen vom *gesellschaftlichen* Einfluß historischer Ereignisse. Sie bildeten sich in allen drei Altersgruppen in nahezu exakt denselben Lebensjahren und waren damit weitgehend unabhängig vom verschiedenartigen Charakter des Geschehens, das diese Generationen jeweils geprägt hatte. Die Phase, in der das *individuelle* Denken der Journalisten durch historische und persönliche Erfahrungen geprägt wurde, umfaßt im wesentlichen Lebensabschnitte vor dem Berufseintritt bzw. zu Beginn der Berufstätigkeit. Sie setzte früher ein als die Phase, in der sich die Vorstellungen vom *gesellschaftlichen* Einfluß des Geschehens herauskristallisierten. Sie vollzog sich zu einem großen Teil erst in einem Alter, in dem die Journalisten mitten im Beruf standen. Trotz dieser Unterschiede kann man vermuten, daß Wechselwirkungen zwischen der wahrgenommenen Prägung der Gesellschaft und der eigenen Prägung bestehen. Art und Stärke dieser Wechselwirkungen sind anhand der vorliegenden Daten jedoch nicht zu bestimmen. Sie werden deshalb aus der Betrachtung ausgeklammert.

4.2.6 Qualität und Wirkung prägender Erfahrungen

4.2.6.1 Fragestellung

Die Antworten der Journalisten auf die Fragen nach der Bedeutung von historischen Ereignissen und individuellen Erlebnissen wurden bisher unter zwei Aspekten betrachtet: als Indikatoren für Gemeinsamkeiten und Unterschiede im (historischen) Bewußtsein von Journalisten verschiedener Generationen und als Grundlage für die Identifikation prägender Lebensphasen. In allen Fällen standen dabei die Journalisten im Mittelpunkt der Betrachtung. Die Einschätzung eines Ereignisses als »tiefen Einschnitt für die Gesellschaft«, vor allem aber seine Identifikation als Geschehen, das für das »eigene politische Denken am bedeutsamsten« ist, stellen individuelle Reaktionen dar. Individuelle Reaktionen sind auch die Erinnerung an persönliche Erlebnisse und ihre Einschätzung als Erfahrungen, die für das »gegenwärtige politische Denken am bedeutsamsten« sind.

Anhand einer Vielzahl von subjektiven Reaktionen ist es möglich, *überindividuelle* Eigenschaften historischer Ereignisse und individueller Erlebnisse zu bestimmen. Dabei geht es nicht mehr um die persönliche Einschätzung und Wahrnehmung Einzelner, sondern um – quasi objektive – Charakteristika des Geschehens, um

Ereignis- und Erlebnisqualitäten.[198] Sie stehen im Mittelpunkt der folgenden Analyse. Dabei werden die Sichtweisen der drei Generationen nicht mehr getrennt betrachtet. Ihre Antworten gehen zusammen in die Berechnungen ein, da es hier nicht mehr um die spezifischen Reaktionen der »Großväter«, »Väter« und »Enkel« auf das Geschehen geht, sondern um Charakteristika des Geschehens selbst – zum Beispiel die Bedeutung historischer Ereignisse innerhalb der journalistischen Berufsgruppe. Für die Bestimmung solcher überindividueller Eigenschaften des Geschehens genügt es nicht, nur die subjektiven Reaktionen einzelner Generationen heranzuziehen. Es ist vielmehr notwendig, die gesamte Berufsgruppe zu betrachten, in der die Generation, die von entsprechenden Ereignissen besonders geprägt wurde, nur eine von mehreren Generationen ist.

Historische Ereignisse sind Geschehnisse in der Vergangenheit von großer, etwa nationaler oder internationaler Reichweite. Individuelle Erlebnisse sind herausragende Geschehnisse in der Vergangenheit einzelner Personen. Für beide Typen von Erfahrungen, die sich häufig überschneiden, gilt: Sie besitzen eine prägende Kraft. Darauf deuten bereits die vorangegangenen Analysen. Sie lassen erkennen: Je nachdem, ob und wann jemand mit einem Ereignis bzw. Erlebnis konfrontiert wird, kann sein Denken und Handeln davon beeinflußt werden. Man kann annehmen, daß es Ereignisse bzw. Erlebnisse mit unterschiedlich starkem Wirk*potential* gibt: Manche Erfahrungen besitzen aufgrund ihres besonderen Charakters einen sehr intensiven Einfluß auf Menschen, andere Erfahrungen entfalten nur eine schwache oder keine Wirkung. Man kann darüber hinaus annehmen, daß es Ereignisse bzw. Erlebnisse mit einer mehr oder weniger eindeutigen Wirk*richtung* gibt: Manche Erfahrungen bewegen Menschen politisch generell eher nach links oder rechts, andere bewirken keine so eindeutigen und einheitlichen Reaktionen. Die beiden Annahmen werden im folgenden spezifiziert und überprüft.

Ähnliche Überlegungen stellen bereits Kurt Lang und Gladys Engel Lang in ihrer Studie zum Einfluß prägender Lebenserfahrungen der ehemaligen *Wilson*-Stipendiaten an. Aus den Angaben aller Befragten bilden sie Indikatoren für verschiedene Eigenschaften

[198] Auch im Bereich der Lebensverlaufforschung werden Eigenschaften von (kritischen) Lebensereignissen bestimmt – ihre Eintrittswahrscheinlichkeit, der durchschnittliche Zeitpunkt ihres Eintretens und ähnliches. Analysen dieser Art liegen komplexe mathematische Modelle zugrunde. Vgl. zur Ereignisanalyse in diesem Kontext Diekmann, Mitter 1990; Snyder 1991.

der individuellen Erlebnisse. Den Anteil derjenigen, die eine bestimmte Erfahrung im Lauf ihres Lebens gemacht haben, betrachten Lang und Engel Lang als Maß für die *Verbreitung* dieser Erfahrung: »*prevalence*, that is the proportion who had undergone a particular experience«.[199] Im Anteil der *Wilson*-Absolventen, deren politisches Denken nach eigenen Angaben durch ein Erlebnis geprägt worden ist, sehen die Autoren einen Indikator für den prägenden Einfluß dieses Erlebnisses *(»impact«)*.[200] Aus »prevalence« und »impact« berechnen sie ein Maß für die prägende Kraft – *»potency«* – der Erfahrungen.[201] Darüber hinaus betrachten sie den spezifischen Charakter des Einflusses, den die Erlebnisse auf die Befragten hatten. Sie unterscheiden »Radicalization« und »Involvement«, je nachdem wie viele der ehemaligen *Wilson*-Stipendiaten angaben, durch die prägenden Erfahrungen zu radikaleren oder liberalen Ansichten gekommen bzw. zu sozialem und politischem Engagement angeregt worden zu sein.[202] Einige der Berechnungen, die Lang und Engel Lang zur Identifikation von Merkmalen individueller Erlebnisse anstellen, sind auf die vorliegende Analyse übertragbar und werden – wo sinnvoll und möglich – analog durchgeführt. Die hier verfügbaren Informationen zum prägenden Einfluß historischer Ereignisse und individueller Erlebnisse erlauben jedoch eine weitaus differenziertere Betrachtung des Wirk*potentials* und der Wirk*richtung* dieser Erfahrungen.

4.2.6.2 Historische Ereignisse[203]

Historische Ereignisse sind per definitionem vergangene Ereignisse. Man muß deshalb ihren Einfluß auf diejenigen, die sie persönlich miterlebt haben – die Zeitgenossen – und ihren Einfluß auf die heute lebenden Menschen unterscheiden. Im Fall der Zeitgenossen

[199] Lang, Engel Lang 1978, 212. Hervorhebung im Original.

[200] Lang, Engel Lang 1978, 212: »... the proportion saying a given experience had a significant *impact* on their thinking, that is the proportion for whom the experience had been critical and formative.« Die Autoren weisen darauf hin, daß der »impact« der Erlebnisse in hohem Maße von ihrer Verbreitung (»prevalence«) abhängig sei.

[201] Lang, Engel Lang 1978, 213 (Tabelle 5) und 215.

[202] Lang, Engel Lang 1978, 213 (Tabelle 5) und 215.

[203] Für die Bestimmung der Qualität und Wirkung historischer Ereignisse wurden Analysen überarbeitet, die Hans Mathias Kepplinger, Kurt Lang, Gladys Engel Lang und die Verfasserin 1992 bei internationalen Konferenzen vorgestellt und 1991 bzw. 1993 in Aufsätzen publiziert haben. Vgl. Kepplinger 1991, Lang, Kepplinger, Engel Lang, Ehmig 1992, Lang, Engel Lang, Kepplinger, Ehmig 1992, Lang, Engel Lang, Kepplinger, Ehmig 1993.

sind alle Personen, die zum Zeitpunkt eines Ereignisses gelebt haben, von denjenigen zu unterscheiden, die alt genug waren, das Ereignis bewußt mitzuerleben. Die vorangegangenen Analysen zeigen, daß die Journalisten ab einem Alter von etwa sieben Jahren ein Bewußtsein für ihr historisches und politisches Umfeld entwickelten. Aufgrund dieses Befundes wird im folgenden zwischen *Zeitgenossen* – allen Personen, die im Ereignisjahr bereits geboren waren – und *bewußten Zeitgenossen* – Personen, die im Ereignisjahr mindestens sieben Jahre alt wurden – unterschieden. Die relative Bedeutung historischer Ereignisse für die bewußten Zeitgenossen wird als *Einflußpotential* betrachtet. Das Einflußpotential historischer Ereignisse ist die prägende Kraft, die das Geschehen auf Personen ausübte, die es aufgrund ihres Alters bewußt miterleben konnten: Je mehr Personen beeinflußt wurden, desto größer ist ihr Einflußpotential. Den Einfluß historischer Ereignisse auf die heute lebenden Menschen kann man als *gegenwärtige Relevanz* der Ereignisse betrachten. Die Relevanz historischen Geschehens ist die prägende Kraft, die die Ereignisse heute noch besitzen: Je mehr Personen ein Ereignis heute noch als bedeutsam empfinden, desto größer ist seine Relevanz.

Historische Ereignisse können eine ganze Gesellschaft oder einzelne Gruppen beeinflussen. Man muß deshalb ihren Einfluß auf die Bevölkerung insgesamt und auf Teile der Bevölkerung – hier die Berufsgruppe der Journalisten – unterscheiden. Der Einfluß historischer Ereignisse auf die gesamte Bevölkerung wird als *gesellschaftliches Einflußpotential* bzw. als *gesellschaftliche Relevanz* bezeichnet. Das gesellschaftliche Einflußpotential ist die prägende Kraft, die die Ereignisse zum Zeitpunkt des Geschehens auf die gesamte Bevölkerung ausübten. Die gesellschaftliche Relevanz ist die prägende Kraft, die die Ereignisse später noch für die Bevölkerung besitzen. Der Einfluß historischer Ereignisse auf die Berufsgruppe der Journalisten wird als *berufsspezifisches Einflußpotential* bzw. als *berufsspezifische Relevanz* bezeichnet. Das berufsspezifische Einflußpotential ist die prägende Kraft, die die Ereignisse auf die Gruppe der Journalisten zum Zeitpunkt ihres Geschehens ausübten. Die berufsspezifische Relevanz ist die prägende Kraft, die die Ereignisse auch später noch für die Gruppe der Journalisten besitzen (Schaubild 11).

Aus den Definitionen kann man folgende Annahme ableiten: Historische Ereignisse besitzen ein überindividuelles Einflußpotential. Die Ereignisse scheinen – quasi natürlich – eine mehr oder weniger große Bedeutung für die Zeitgenossen der Ereignisse zu besitzen. Allerdings ist die Bedeutung historischer Ereignisse nicht für alle

Schaubild 11: Einflußpotential und Relevanz historischer Ereignisse für die Gesellschaft und die Berufsgruppe der Journalisten

Modell

	Ereignisqualitäten	
Einfluß auf …	Einfluß-potential	Gegenwärtige Relevanz
Gesellschaft (vermutet)	*Gesellschaftliches Einflußpotential* = prägende Kraft, die die Ereignisse zum Zeitpunkt des Geschehens auf die Bevölkerung ausübten.	*Gesellschaftliche Relevanz* = Bedeutung, die die Ereignisse später noch für die gesamte Bevölkerung besitzen.
Berufsgruppe der Journalisten (behauptet)	*Berufsspezifisches Einflußpotential* = prägende Kraft, die die Ereignisse zum Zeitpunkt des Geschehens auf die Gruppe der Journalisten ausübten.	*Berufsspezifische Relevanz* = Bedeutung, die die Ereignisse später noch für die Gruppe der Journalisten besitzen.

sozialen Gruppen gleich groß. Sie hängt vielmehr unter anderem von der physischen und psychischen Distanz zwischen dem Ereignis und den Zeitgenossen ab. Hinweise auf die Bedeutung der physischen und psychischen Distanz für die Wahrnehmung öffentlicher Themen enthalten Untersuchungen zur Agenda Setting-Funktion der Massenmedien.[204] Aus der Annahme kann man folgende Frage ableiten: Besitzen historische Ereignisse auf die Journalisten selbst den gleichen Einfluß wie auf ihre Vorstellungen von den Sichtweisen der Bevölkerung? Mit anderen Worten: Unterscheidet sich das (vermutete) gesellschaftliche vom berufsspezifischen Einflußpotential der Ereignisse? Diese Frage wird im folgenden geprüft.

Als Indikatoren für das vermutete gesellschaftliche Einflußpotential bzw. die vermutete gesellschaftliche Relevanz historischer Geschehnisse werden die Antworten der Journalisten auf die Frage nach der von ihnen wahrgenommenen gesellschaftlichen Bedeutung der 34 Ereignisse herangezogen. Die bereits bekannte Frage lautet: »Es gibt Ereignisse, bei denen hat man das Gefühl, daß sie einen tiefen Einschnitt für die Gesellschaft bedeuten. Welche der folgenden Ereignisse haben Sie persönlich mit diesem Gefühl erlebt?« Diese Einschätzungen bilden die Grundlage für die Berechnung des – von den Journalisten wahrgenommenen – gesellschaftlichen Einflußpotentials der Geschehnisse und ihrer gegenwärtigen gesellschaftlichen Relevanz. Auch hier werden nur die 5.871 Anga-

[204] Vgl. zum Beispiel Palmgreen, Clarke 1977, Winter 1981, Yagade, Dozier 1990.

ben der Zeitgenossen herangezogen, also derjenigen Befragten, die im Ereignisjahr bereits geboren waren.

Zur Berechnung des *gesellschaftlichen Einflußpotentials* wird die Gesamtzahl der Zeitgenossen, die ein Ereignis als gesellschaftlich bedeutsam erlebt haben, durch die Zahl der bewußten Zeitgenossen dividiert, also derjenigen, die zum Zeitpunkt der Ereignisse mindestens sieben Jahre alt geworden sind. Die bewußten Zeitgenossen werden hier als Basis der Berechnung herangezogen, da es um die prägende Kraft geht, die die Ereignisse zum Zeitpunkt des Geschehens auf die Bevölkerung ausübten. Die *gegenwärtige gesellschaftliche Relevanz* der historischen Ereignisse wird bestimmt durch den Anteil aller damaligen Zeitgenossen, die die Ereignisse rückblikkend als gesellschaftlich bedeutsam ansehen. Die Gesamtzahl der Zeitgenossen wird hier zugrundegelegt, weil es um die prägende Kraft geht, die die Ereignisse später noch für die Bevölkerung besitzen. Die ermittelten Werte zeigen an, welches historische Geschehen nach Ansicht der befragten Journalisten die Gesellschaft in der Bundesrepublik Deutschland geprägt hat (Einflußpotential) bzw. noch immer prägt (Relevanz).

Zur Berechnung des berufsspezifischen Einflußpotentials und der berufsspezifischen Relevanz wird die ebenfalls bereits bekannte Frage nach der persönlichen Bedeutung der 34 Ereignisse herangezogen. Sie lautet: »Schauen Sie sich bitte noch einmal an, woran Sie sich erinnern, und nennen Sie die drei Ereignisse, die für Ihr eigenes politisches Denken am bedeutsamsten sind.« Basis der Analyse sind 1.204 Angaben von Geschehnissen, die die Journalisten als prägend empfunden haben. Die berufsspezifischen Ereignisqualitäten werden analog zu den gesellschaftlichen Werten berechnet: Zur Ermittlung des *berufsspezifischen Einflußpotentials* wird die Gesamtzahl der Zeitgenossen, die ein Ereignis als persönlich bedeutsam erlebt haben, durch die Zahl der bewußten Zeitgenossen dividiert. Hier geht es um die prägende Kraft, die die Ereignisse zum Zeitpunkt ihres Geschehens auf die Gruppe der Journalisten ausübten. Die *gegenwärtige berufsspezifische Relevanz* der historischen Ereignisse wird bestimmt durch den Anteil aller damaligen Zeitgenossen, die die Ereignisse rückblickend für sich selbst als bedeutsam empfinden. Hier geht es um die prägende Kraft, die die Ereignisse auch später noch für die Gruppe der Journalisten besitzen. Die Werte zeigen an, welches historische Geschehen das Denken westdeutscher Journalisten geprägt hat (Einflußpotential) bzw. noch immer prägt (Relevanz). Darüber hinaus gibt der Vergleich zwischen der gesellschaftlichen und der berufsspezifischen Relevanz Auskunft darüber, welche historischen Ereignisse die Bevölkerung insgesamt und die Journalisten gleichermaßen bewegt haben, und welche – aus Sicht der Journalisten – nur die Gesellschaft oder nur den Journalismus geprägt haben. Das zuletzt genannte Geschehen kann man als eine Ursache für Unterschiede zwischen dem Denken der Bevölkerung insgesamt und dem der Journalisten betrachten.[205] Schaubild A 6 im Anhang gibt einen Überblick über die Berechnung der genannten sowie einiger weiterer Indikatoren, die an späterer Stelle behandelt werden.

Die historischen Ereignisse mit dem größten *gesellschaftlichen Einflußpotential* waren das »Kriegsende« 1945, der »Reaktorunfall in Tschernobyl« 1986 und die »Bombenangriffe auf deutsche Städte« 1942–45. Diese Ereignisse stellten aus der Sicht der meisten, die sie bewußt miterlebt haben, tiefe Einschnitte in die Gesellschaft dar. Dabei mag die herausragende Stellung der Bombenangriffe überraschen, da sie nur einen Teil der Bevölkerung betrafen und in der Vergangenheit kaum noch ein Thema waren. Sie stellten allerdings für diejenigen, die sie betrafen, eine schwere existenzielle Bedrohung dar und dürften deshalb einen weitaus nachhaltigeren Einfluß ausgeübt haben als andere Ereignisse. Weitere historische Ereignisse mit einem großen gesellschaftlichen Einflußpotential waren der »Bau der Berliner Mauer« 1961, die »Zerschlagung des Prager Frühlings« 1968, die »Ermordung von Schleyer, Ponto und Buback« 1977, die »Ermordung von Präsident Kennedy« 1963 und die »Währungsreform« 1948. Nur eine geringe Bedeutung für die Gesellschaft hatten aus der Sicht derer, die die Ereignisse bewußt miterlebt hatten, dagegen unter anderem der »Deutsche Einmarsch in Paris« 1940, der »Korea-Krieg« 1950–53 und der »Auschwitz-Prozeß« 1963–65. Diese Ereignisse bedeuteten nach Ansicht der Journalisten, die alt genug waren, um sie zu verfolgen, keinen tiefen Einschnitt. Dies gilt in ähnlicher Weise auch für die »Contergan-Affäre« 1961/62, die »Erschießung von Benno Ohnesorg« 1967 und den »Konflikt um die Notstandsgesetze« 1966–68.[206]

[205] Die hier beschriebene Berechnung von gesellschaftlichem und berufsspezifischem Einflußpotential bzw. gesellschaftlicher und berufsspezifischer Relevanz der Ereignisse weicht von früheren Berechnungen in Kepplinger 1991 und Lang, Engel Lang, Kepplinger, Ehmig 1992 ab. Basis der damaligen Analysen waren jeweils alle Aussagen über gesellschaftlich bzw. persönlich bedeutsame Ereignisse, unabhängig davon, ob die Befragten Zeitgenossen des Geschehens waren oder nicht. Darüber hinaus wurde als Mindestalter für bewußtes Miterleben damals 14 Jahre festgesetzt, jetzt – aufgrund der Ergebnisse des vorangegangenen Analyseschritts – sieben Jahre.

[206] Aufgrund der unterschiedlichen Berechnung der Indikatorwerte weichen die Ergebnisse geringfügig von den Befunden in Kepplinger 1991 und Lang, Engel Lang, Kepplinger, Ehmig 1992 ab.

Die größte *gesellschaftliche Relevanz* besaß 1989 in der Bundesrepublik Deutschland nach Ansicht der Journalisten der »Reaktorunfall in Tschernobyl« 1986. Dieses historische Geschehen überschattete zu dieser Zeit den Einfluß aller anderen Ereignisse, wobei daran zu erinnern ist, daß die Daten vor dem endgültigen Zusammenbruch der DDR erhoben wurden. Große Bedeutung für die Gesellschaft in der Bundesrepublik Deutschland besaßen neben dem Reaktorunfall die Ermordung des Industriellen Schleyer, des Bankiers Ponto und des Bundesanwaltes Buback durch Terroristen 1977 sowie die »Zerschlagung des Prager Frühlings« 1968. Auch das »Kriegsende« 1945, der »Bau der Berliner Mauer« 1961 und der »Terroranschlag bei den Olympischen Spielen in München« 1972 sind hier zu nennen. Dagegen waren nur wenige Journalisten der Ansicht, daß der »Deutsche Einmarsch in Paris« 1940, der »Korea-Krieg« 1950–53 und die »Nürnberger Prozesse« 1945/46 historische Ereignisse waren, die noch einen tiefen Einschnitt für die Gesellschaft bedeuten (Tabelle A 13 im Anhang).

Zwischen dem *berufsspezifischen* und dem *gesellschaftlichen Einflußpotential* historischer Ereignisse – also ihrer Einflußstärke zum Zeitpunkt des Geschehens – besteht ein bemerkenswerter statistischer Zusammenhang ($R = 0{,}79$; $p < 0{,}01$). Die historischen Ereignisse, die die Journalisten mit dem Gefühl erlebt haben, daß sie einen tiefen Einschnitt für die Gesellschaft bedeuten, sind in vielen Fällen auch die Ereignisse, die ihr eigenes politisches Denken geprägt haben. Jedoch zeigen sich auch Unterschiede in den Vorstellungen der bewußten Zeitzeugen historischer Ereignisse von ihrem Einfluß auf die Gesellschaft und das eigene Denken.[207] Betrachtet man diese Unterschiede genauer, ergibt sich ein klares zeitliches Muster: Die historischen Ereignisse bis Mitte der sechziger Jahre haben nach Ansicht der bewußten Zeitzeugen eher die Gesellschaft als sie geprägt. Die Ereignisse ab Mitte der sechziger Jahre haben dagegen nach ihrer Ansicht mehr sie selbst als die Gesellschaft beeinflußt. Dabei kristallisieren sich einige Schlüsselereignisse heraus, die speziell auf das politische Denken der Journalisten einen massiven Einfluß besaßen: die »Nachrüstungsdebatte« 1980–83, die »Demonstrationen in Brokdorf« 1976 und »Brandts Kniefall in Warschau« 1970. Diese Ereignisse kann man damit als Schlüsselereignisse betrachten, die in der jüngeren Vergangenheit die Sichtweisen

[207] Da die gesellschaftliche und die berufsspezifische Bedeutung der historischen Ereignisse unterschiedlich erhoben wurden, können die Indikatorwerte für Einflußpotential und Relevanz nicht unmittelbar miteinander verglichen werden. Für die vergleichenden Analysen wurden deshalb Rangreihen gebildet.

Schaubild 12: Gesellschaftliches und berufsspezifisches Einflußpotential von 34 historischen Ereignissen
Rangplätze (1 = Ereignis mit dem größten Einflußpotential / 34 = Ereignis mit dem geringsten Einflußpotential)

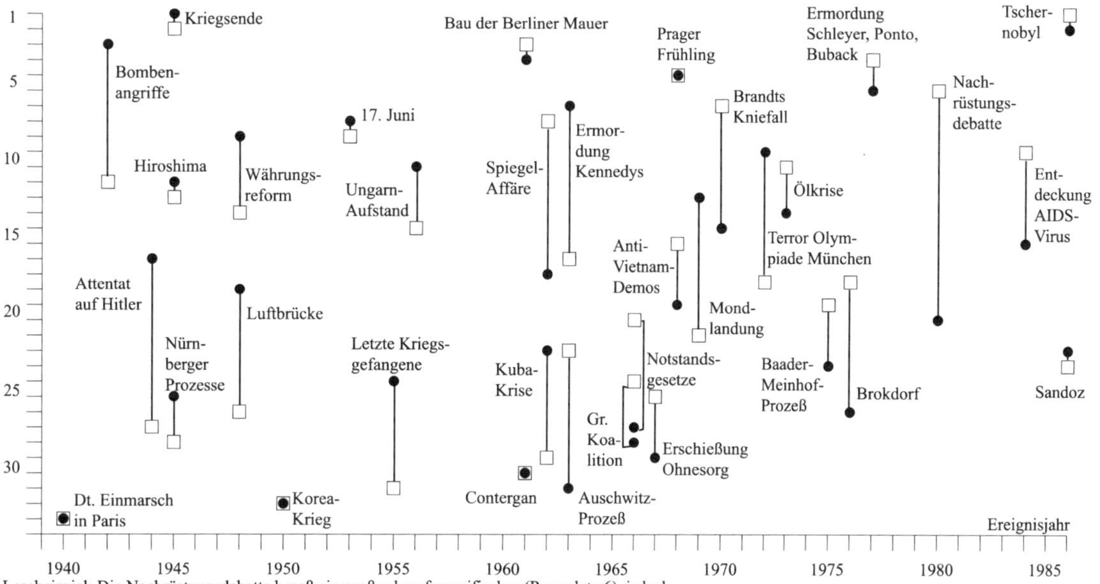

Lesebeispiel: Die Nachrüstungsdebatte besaß ein großes berufsspezifisches (Rangplatz 6), jedoch in den Augen der Journalisten nur ein geringes gesellschaftliches Einflußpotential (Rangplatz 21).
Quelle: Historische Ereignisse I (1989).

● Gesellschaftliches Einflußpotential
□ Berufsspezifisches Einflußpotential

der Journalisten von den Sichtweisen der Bevölkerung geschieden haben. Schaubild 12 veranschaulicht diese Befunde.

Die Ergebnisse dürften mehr oder weniger dem entsprechen, was man erwarten konnte – wenn man von Einzelfällen absieht wie zum Beispiel der großen Bedeutung des Baus der Berliner Mauer und der Zerschlagung des Prager Frühlings in der Vorstellungswelt der Journalisten. Ein Befund fällt jedoch deutlich aus diesem Rahmen: die relativ geringe Bedeutung, die die Anti-Vietnam-Demonstrationen für die Gesellschaft insgesamt und für das eigene politische Denken der Journalisten besaßen. Sie bildeten offensichtlich nicht das Schlüsselereignis, das man in ihnen vermuten könnte, zumindest nicht für die befragten Journalisten. Das bedeutet nicht, daß die Demonstrationen keine Bedeutung besaßen. Ihre Bedeutung lag jedoch nicht in ihrem einmaligen, herausragenden Einfluß. Sie haben die politische Orientierung der Journalisten offensichtlich nicht schlagartig verändert. Ihre Bedeutung lag eher darin, daß sie einen Wendepunkt im politischen Denken der Journalisten darstellten, auf dessen Weg sich ihre Vorstellungswelt zunehmend von der Vorstellungswelt der Gesellschaft entfernte. Im Verlauf dieser Entwicklung waren es dann ganz andere Geschehnisse, denen eine herausragende Bedeutung zukam, und an die man nicht sofort denken würde, wenn es um den Einfluß historischer Ereignisse auf das Bewußtsein von Journalisten geht: die »Demonstrationen in Brokdorf« 1976 und vor allem die »Nachrüstungsdebatte« 1980–83.

Zwischen der *gesellschaftlichen* und der *berufsspezifischen Relevanz* – also ihrer fortdauernden Bedeutung – besteht ebenfalls ein bemerkenswerter Zusammenhang, der noch deutlicher ausgeprägt ist als im Fall des gesellschaftlichen und berufsspezifischen Einflußpotentials ($R = 0{,}82$; $p < 0{,}01$). Die Vorstellungen der Zeitgenossen vom Einfluß historischer Ereignisse auf die Gesellschaft und das eigene Denken unterscheiden sich mit anderen Worten noch weniger als die Vorstellungen derjenigen, die die historischen Ereignisse bewußt und aufgeschlossen miterlebt haben. Das Geschehen, das die Journalisten mit dem Gefühl erlebt haben, daß es einen tiefen Einschnitt für die Gesellschaft bedeutet, ist in der Regel auch das Geschehen, das ihr eigenes politisches Denken geprägt hat. Auch von dieser generellen Gemeinsamkeit gibt es Ausnahmen, die besondere Beachtung verdienen. Hierbei handelt es sich zum einen um Ereignisse, die nach Ansicht der Journalisten einen relativ großen Einfluß auf die Gesellschaft, jedoch nur einen relativ geringen Einfluß auf ihr eigenes politisches Denken besaßen. Sie entfernten die Gesellschaft von den Journalisten. Dies gilt vor allem für die »Ermordung von Präsident Kennedy« 1963, die »Mondlandung« 1969, die

»Bombenangriffe auf deutsche Städte« 1942–45 und den »Terroranschlag bei den Olympischen Spielen in München« 1972. Die zweite Kategorie von Ausnahmen bilden die Ereignisse, die nach Ansicht der Journalisten einen relativ kleinen Einfluß auf die Gesellschaft, jedoch einen relativ großen Einfluß auf ihr eigenes Denken besaßen. Sie entfernten die Journalisten von der Gesellschaft. Hierbei handelt es sich vor allem um die »Nachrüstungsdebatte« 1980–83, die »*Spiegel*-Affäre« 1962 und die »Demonstrationen in Brokdorf« 1976, aber auch die »Anti-Vietnam-Demonstrationen« 1968 und den »Baader-Meinhof-Prozeß« 1975–77. Sie bestimmen bis heute wesentlich das politische Selbstverständnis der Journalisten.

Die Unterschiede zwischen dem gesellschaftlichen Einflußpotential bzw. der gesellschaftlichen Relevanz der historischen Ereignisse und ihrem berufsspezifischen Einflußpotential bzw. ihrer berufsspezifischen Relevanz wird man vor allem auf die unterschiedliche physische und psychische Distanz der Bevölkerung insgesamt bzw. der Journalisten zu den Ereignissen zurückführen können. Von der *Spiegel*-Affäre waren die Journalisten direkt betroffen, die Baader-Meinhof-Gruppe war aus der Studentenbewegung hervorgegangen, der viele der befragten Journalisten angehörten,[208] die Demonstrationen gegen das Kernkraftwerk Brokdorf und gegen die Nachrüstung stellten Sammelbecken dar, in denen sich die verstreuten Reste der Studentenbewegung zusammenfanden. Der Kniefall Brandts war symbolischer Ausdruck der neuen Ostpolitik Deutschlands, für die sich führende Intellektuelle jahrelang eingesetzt hatten. Zu allen genannten Ereignissen hatten die Journalisten eine besondere Beziehung, sei es als Beteiligte oder als Berichterstatter. Dies traf auf die historischen Ereignisse, die nach ihrer Ansicht vor allem die Gesellschaft prägten, nicht in gleichem Maße zu.

Politische Qualität historischer Ereignisse

Historische Ereignisse können das politische Denken einer sozialen Gruppe, zum Beispiel von Journalisten, oder einer ganzen Gesellschaft in gleicher Weise beeinflussen, weil alle Mitglieder der sozialen Gruppe bzw. der Gesellschaft das historische Geschehen mehr oder weniger gleich wahrnehmen. Die historischen Ereignisse erscheinen ihnen zum Beispiel als Sieg oder Niederlage der Demokratie – so die Französische Revolution oder die Machtergreifung Hitlers, als Beleg für den Erfolg oder das Scheitern des Kommunis-

[208] Acht Prozent der »Großväter«, 31 Prozent der »Väter« und 19 Prozent der »Enkel« hatten angegeben, daß das »Engagement in der Studentenbewegung« zu ihren individuellen Erlebnissen gehörte.

mus – so die Oktoberrevolution oder der Zusammenbruch der UdSSR usw. In diesem Sinn besitzen historische Ereignisse eine *politische Qualität*, das heißt sie bestätigen konservative oder liberale Sichtweisen bzw. widerlegen sie. Die politische Qualität historischer Ereignisse ist keine natürliche Eigenschaft des Geschehens. Sie ist vielmehr das Ergebnis von kollektiven Definitionen der Ereignisse durch Historiker, Politiker, Journalisten oder andere gesellschaftlich relevante Gruppen. Diese kollektiven Definitionen sind allerdings nicht willkürlich. Sie finden in bestimmten Grenzen statt, die unter anderem durch das politische System, die politische Kultur und die dominierenden Werte einer Gesellschaft vorgegeben sind. So erscheint es beispielsweise kaum denkbar, daß der Zusammenbruch der UdSSR als linkes politisches Ereignis erscheint, das den Glauben an den Sozialismus stärkt. Die politische Qualität historischer Ereignisse kann man deshalb als eine überindividuelle Eigenschaft der Ereignisse betrachten, deren Einfluß die einzelnen Menschen mehr oder weniger stark ausgesetzt sind.[209]

Aus diesen Überlegungen kann man folgende Annahme ableiten: Historische Ereignisse besitzen eine überindividuelle politische Qualität. Die Ereignisse scheinen – quasi natürlich – konservative oder liberale Sichtweisen zu bestätigen. Aus dieser Annahme und den bereits präsentierten Befunden zum Einflußpotential historischer Ereignisse kann man die Frage ableiten: Gibt es einen Zusammenhang zwischen politischer Qualität und Einflußpotential historischen Geschehens? Üben beispielsweise extrem linke bzw. rechte Ereignisse einen stärkeren Einfluß auf Journalisten aus als Geschehen mit moderater politischer Qualität?

Zur Bestimmung der politischen Qualität historischer Ereignisse werden Angaben herangezogen, um die die Journalisten direkt im Anschluß an die Frage nach den drei prägenden Ereignissen gebeten wurden: »Bitte geben Sie auch an, in welcher Richtung sich Ihr Denken entwickelt hat.« Vorgegeben waren die Möglichkeiten »Mein politisches Denken hat sich dadurch eher nach links entwikkelt«, »eher nach rechts entwickelt« und »weder noch«. Für die Datenanalyse wurden den Antworten die Werte –1 (»eher nach links«), 0 (»weder noch«) und +1 (»eher nach rechts«) zugeordnet. Zur Berechnung eines Indikatorwertes für die politische Qualität

209 Vgl. dazu Kepplinger, Brosius, Staab 1991a; b. Der Konsens kollektiver Definitionen kann mehr oder weniger eindeutig sein, je nachdem ob alle bzw. die meisten Mitglieder der gesellschaftlich relevanten Gruppen die politische Qualität von Ereignissen ähnlich beurteilen, oder ob gleichgewichtig unterschiedliche Sichtweisen vertreten werden.

eines historischen Ereignisses wird zunächst die Differenz zwischen der Anzahl der Zeitgenossen, deren politisches Denken nach rechts und nach links bewegt wurde, berechnet. Diese Differenz wird dividiert durch die Anzahl der Zeitgenossen, auf die das Ereignis einen Einfluß besaß. Die ermittelten Werte zeigen an, ob es sich bei den historischen Ereignissen eher um linke oder eher um rechte Ereignisse handelt. Um linkes Geschehen handelt es sich, wenn es die meisten Journalisten, die sich davon beeinflußt fühlten, nach links bewegt hat. Um rechte Ereignisse handelt es sich, wenn sie die meisten Befragten, die sich davon beeinflußt fühlten, nach rechts bewegt haben. Die Indikatorwerte für die politische Qualität historischer Ereignisse beschreiben somit kollektive Definitionen, nicht individuelle Wahrnehmungen. Schaubild A 6 im Anhang enthält die genaue Berechnung der Indikatoren.

Aufgrund der Indikatoren für ihre politische Qualität werden die historischen Ereignisse für die folgende Analyse in vier Klassen (Quartile) eingeteilt. Alle Ereignisse, die zum oberen Quartil gehören, werden als *eindeutig rechte*, Ereignisse im unteren Quartil als *eindeutig linke* Geschehnisse bezeichnet.[210] Eindeutig linke politische Ereignisse in diesem Sinne waren die »Erschießung von Benno Ohnesorg« 1967, die »Nürnberger Prozesse« 1945/46, der »Deutsche Einmarsch in Paris« 1940, der »Konflikt um die Notstandsgesetze« 1966–68, die »*Spiegel*-Affäre« 1962, der »Auschwitz-Prozeß« 1963–65, die »Anti-Vietnam-Demonstrationen« 1968, »Brandts Kniefall in Warschau« 1970 und das »Attentat auf Hitler« 1944. Diese Ereignisse haben das politische Denken aller oder nahezu aller Zeitgenossen, die nach eigener Aussage davon beeinflußt waren, nach links in das liberale Spektrum verschoben. Eindeutig rechte historische Ereignisse waren die »Ermordung von Schleyer, Ponto und Buback« 1977, der »Bau der Berliner Mauer« 1961, der »17. Juni 1953«, die »Luftbrücke nach Berlin« 1948/49, der »Ungarn-Aufstand« 1956, die »Kuba-Krise« 1962/63, der »Korea-Krieg« 1950–53, die »Zerschlagung des Prager Frühlings« 1968 und die »Währungsreform« 1948. Diese Ereignisse haben das politische Denken aller oder nahe-

[210] Die Indexwerte können theoretisch zwischen +1 und –1 liegen. +1 würde bedeuten, daß alle Journalisten, die sich durch ein Ereignis geprägt sahen, ihr politisches Denken dadurch nach rechts gewendet haben. –1 würde bedeuten, daß alle Journalisten, die sich durch ein Ereignis geprägt sahen, ihr politisches Denken dadurch nach links gewendet haben.
Die hier berechneten Werte für die politische Qualität der historischen Ereignisse unterscheiden sich von den Werten in Kepplinger 1991 und Lang, Engel Lang, Kepplinger, Ehmig 1992. Die Berechnungen dort waren, wie sich bei der nochmaligen Analyse herausstellte, aufgrund eines Recodierungsfehlers falsch.

zu aller Journalisten, die nach eigener Aussage davon beeinflußt waren, nach rechts in das konservative Spektrum verschoben.

Vergleicht man die eindeutig linken und die eindeutig rechten historischen Ereignisse, erkennt man einen bemerkenswerten Unterschied. Die eindeutig linken Ereignisse wurden von den Journalisten, die sich davon beeinflußt sahen, sehr ähnlich erlebt, was sich in relativ hohen negativen Skalenwerten niederschlägt (–1,00 bis –0,60). Die eindeutig rechten Ereignisse wurden dagegen nicht so ähnlich erlebt, was zu geringeren positiven Skalenwerten führt (+0,70 bis +0,30). Die eindeutig linken Ereignisse bilden damit eine relativ homogene Klasse von Ereignissen, in der jedes einzelne Geschehen eine klar umrissene politische Qualität besitzt. Die eindeutig rechten politischen Ereignisse bilden dagegen eine relativ inhomogene Klasse von Ereignissen, wobei auch das einzelne Geschehen eher unscharfe politische Konturen besitzt. Den gleichen Sachverhalt kann man auch auf die urteilenden Personen beziehen. Die linken Journalisten wurden durch sehr ähnliche Ereignisse geprägt – die rechten Journalisten eher durch heterogenes Geschehen. Erstere kann man folglich viel eher als eine homogene Personengruppe mit einem gemeinsamen Erlebnishintergrund betrachten als letztere.

Die politische Qualität der historischen Ereignisse zeigt an, in welche Richtung sie das politische Denken derjenigen verschoben haben, die davon beeinflußt wurden. Sie sagt jedoch nichts darüber aus, wieviele Journalisten, die das historische Ereignis aufgrund ihres Alters bewußt erlebt haben, davon beeinflußt wurden, wie groß mit anderen Worten ihr berufsspezifisches Einflußpotential war. Für die folgende Analyse werden die Ereignisse anhand der Indikatorwerte für ihr Einflußpotential ebenfalls in vier Klassen eingeteilt. Von Interesse ist vor allem das obere Viertel (Quartil), also die Ereignisse mit dem größten Einflußpotential. Betrachtet man die politische Qualität dieser Ereignisse, ergibt sich folgendes Bild: Den größten Einfluß auf das politische Denken der Journalisten, die alt genug waren, das Geschehen bewußt mitzuerleben, besaßen (in der Reihenfolge ihrer Bedeutung) der »Reaktorunfall in Tschernobyl« 1986 (politische Qualität: links), das »Kriegsende« 1945 (links), der »Bau der Berliner Mauer« 1961 (rechts), die »Ermordung von Schleyer, Ponto und Buback« 1977 (rechts), die »Zerschlagung des Prager Frühlings« 1968 (rechts), die »Nachrüstungsdebatte« 1980–83 (links), »Brandts Kniefall in Warschau« 1970 (links), die »*Spiegel*-Affäre« 1962 (links) und der »17. Juni 1953« (rechts). Damit stehen fünf linke Ereignisse mit außergewöhnlicher Bedeutung für das politische Denken der Journalisten vier rechten Ereignissen gegenüber (Schaubild 13).

Schaubild 13: Zusammenhang zwischen berufsspezifischem Einflußpotential und politischer Qualität historischer Ereignisse

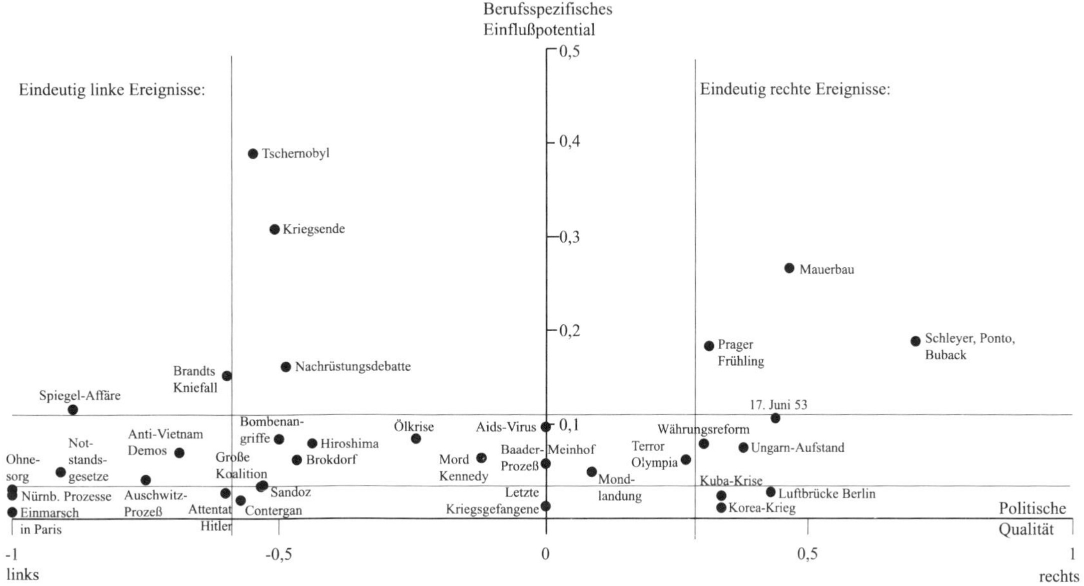

Lesebeispiel: Der »*Reaktorunfall in Tschernobyl*« 1986 war das Ereignis mit dem höchsten Einflußpotential. Das Ereignis besaß eine linke politische Qualität, hatte also mehr Journalisten, die davon geprägt wurden, nach links bewegt als nach rechts.

Quelle: Historische Ereignisse I (1989).

Zusammenfassend kann man folgendes feststellen: Ausgangspunkt der Analysen war die Annahme, daß historische Ereignisse überindividuelle Eigenschaften besitzen, denen die einzelnen Zeitgenossen ausgesetzt sind. Zu diesen Eigenschaften gehören die politische Qualität und das Einflußpotential des Geschehens. Aufgrund ihrer politischen Qualität lenken Ereignisse das politische Denken nach links oder rechts, aufgrund ihres Einflußpotentials üben sie dabei eine mehr oder weniger starke prägende Kraft aus. Die politische Qualität und das Einflußpotential der 34 historischen Ereignisse wurden anhand von Selbstaussagen der Befragten bestimmt. Auf diese Weise wurden Ereignisse identifiziert, die eine mehr oder weniger eindeutige politische Qualität und ein mehr oder weniger großes Einflußpotential besitzen. Die Identifikation dieser Eigenschaften sagt noch nichts darüber aus, ob sie auch einen Einfluß auf das generationsspezifische Berufsverständnis von Journalisten ausgeübt haben. Dies wird an späterer Stelle geprüft.

Man kann davon ausgehen, daß der Einfluß historischer Ereignisse nicht allein von ihrer politischen Qualität bestimmt wird, ebensowenig allein von ihrem Einflußpotential. Beide Ereignisqualitäten wirken vermutlich zusammen und ergänzen einander. Deshalb wird für jedes Ereignis aus seiner politischen Qualität und seinem berufsspezifischen Einflußpotential durch Multiplikation der Indikatorwerte ein Maß für seine *politische Kraft* berechnet. Die politische Kraft eines historischen Ereignisses ist der prägende Einfluß, den es auf die Richtung des politischen Denkens von Journalisten ausübt, die alt genug sind, es bewußt mitzuerleben. Unter den 34 Geschehnissen, deren politische Qualität und Einflußpotential bekannt sind, besitzen vier Ereignisse eine besondere politische Kraft. Als Geschehen mit besonderer politischer Kraft werden die Ereignisse dann betrachtet, wenn der Betrag des Indikatorwertes größer als 0,10 ist. Bei den vier Ereignissen handelt es sich um den Unfall im Kernkraftwerk bei Tschernobyl 1986, das Ende des Zweiten Weltkriegs 1945, die Morde an Schleyer, Ponto und Buback 1977 und den Bau der Mauer in Berlin 1961. Tabelle A 13 im Anhang enthält die Indikatorwerte für die politische Kraft aller Ereignisse.

4.2.6.3 Individuelle Erlebnisse

Wie im Fall des historischen Geschehens kann man auch bei den individuellen Erlebnissen zwischen subjektiven Reaktionen der Journalisten einerseits und quasi objektiven, überindividuellen Qualitäten der Erfahrungen andererseits unterscheiden. Zu den subjektiven Reaktionen gehören die Erinnerung an ein Erlebnis als Teil der eigenen Biographie sowie das Urteil darüber, ob es eine für das eigene »gegenwärtige politische Denken« bedeutsame Erfahrung darstellt. Anhand der Vielzahl solcher subjektiven Einschätzungen ist es auch hier möglich, Eigenschaften der Erlebnisse zu bestimmen, die von der Reaktion und der Lebensgeschichte Einzelner nicht mehr unmittelbar abhängig sind. Dabei geht es – wie bereits beim historischen Geschehen – um quasi objektive, überindividuelle Charakteristika, um Erlebnisqualitäten. Sie stehen im Mittelpunkt des folgenden Abschnitts. Wie schon in den vorangegangenen Untersuchungsschritten wird die Analyse auch hier – soweit möglich – analog zur Analyse der historischen Ereignisse durchgeführt. Die Frage nach den individuellen Erlebnissen der Journalisten war ausschließlich auf sie persönlich zugeschnitten. Sie erfaßte nicht – wie die Frage nach den historischen Ereignissen – ihre Urteile über den gesellschaftlichen Einfluß solcher Erfahrungen. Deshalb entfällt hier die Unterscheidung zwischen gesellschaftlichen und berufsspezifischen Qualitäten der individuellen Erlebnisse.

Wie bereits gezeigt wurde, sind nicht alle Erlebnisse Bestandteil der Biographie aller Journalisten. Manche Erfahrungen haben fast alle gemacht, andere nur einige. Der Anteil der Befragten, die sich an ein Erlebnis erinnerten, wird als *Verbreitung* dieses Erlebnisses bezeichnet. Der Einfluß von Erfahrungen auf diejenigen, die sie selbst erlebt haben, wird als *Einflußpotential* der individuellen Erlebnisse betrachtet. Das Einflußpotential individueller Erlebnisse ist mit anderen Worten die prägende Kraft, die sie auf die betroffenen Individuen ausübten. Die Bedeutung von individuellen Erlebnissen für die Gesamtheit der Journalisten kann man als *Relevanz* der Erfahrungen betrachten. Die Relevanz individueller Erlebnisse ist die prägende Kraft, die sie auf die Berufsgruppe insgesamt ausüben. Individuelle Erlebnisse besitzen darüber hinaus – analog zu den historischen Ereignissen – auch eine mehr oder weniger eindeutige *politische Qualität*. Man kann davon ausgehen, daß die persönlichen Erfahrungen – ebenso wie das Miterleben historischer Ereignisse, mit denen sie häufig zusammenhängen – konservative oder liberale Sichtweisen bestätigen bzw. widerlegen. Auch hier ist die politische Qualität keine natürliche Eigenschaft der individuellen Erlebnisse, sondern das Ergebnis kollektiver Definitionen, die innerhalb bestimmter Grenzen auf allgemeinem Konsens beruhen. So dürfte das Erleben von Not und Elend beispielsweise eher linke Denkweisen der Betroffenen bestärken als konservative Ansichten.

Die Verbreitung der 33 individuellen Erlebnisse unter den Journalisten wurde mit der Frage ermittelt: »Bitte kreuzen Sie an, was

Sie persönlich erlebt haben.« Die Verbreitung der einzelnen Erlebnisse wird berechnet als Anteil aller 491 Journalisten, die sich jeweils an sie erinnerten.[211] Zur Bestimmung des Einflußpotentials und der Relevanz wird die Frage nach der subjektiven Bedeutung der 33 Erlebnisse herangezogen. Sie lautet bekanntlich: »Schauen Sie sich bitte noch einmal an, was sie angekreuzt haben und nennen Sie die drei Erfahrungen, die für Ihr gegenwärtiges politisches Denken am bedeutsamsten sind.« Als Indikator für das Einflußpotential – die Kraft, die bestimmte Erlebnisse auf die Individuen ausgeübt haben – gilt die Anzahl der Journalisten, für die eine Erfahrung besonders bedeutsam war, dividiert durch die Anzahl derjenigen, die diese Erfahrung gemacht haben.[212] Die Relevanz der individuellen Erlebnisse für die Gesamtheit der Befragten wird bestimmt durch den Anteil aller 491 Journalisten, die die Erfahrungen rückblickend für sich selbst als bedeutsam empfanden.[213]

Die politische Qualität individueller Erlebnisse wird anhand folgender Frage bestimmt, die direkt im Anschluß an die Frage nach den drei prägenden Erfahrungen gestellt wurde. Sie lautete: »Bitte geben Sie auch an, in welcher Richtung sich Ihr Denken entwickelt hat.« Vorgegeben waren »Mein politisches Denken hat sich dadurch eher nach links entwickelt«, »eher nach rechts entwickelt« und »weder noch«. Für die Datenanalyse wurden den Antworten die Werte –1 (»eher nach links«), 0 (»weder noch«) und +1 (»eher nach rechts«) zugeordnet. Zur Berechnung eines Indikators für die politische Qualität eines individuellen Erlebnisses wird zunächst die Differenz zwischen der Anzahl der Befragten gebildet, deren politisches Denken nach rechts und nach links bewegt wurde. Dieser Differenzwert wird dividiert durch die Anzahl derjenigen, auf die das Erlebnis einen Einfluß besaß. Die ermittelten Indikatoren zeigen an, ob es sich bei den Erfahrungen eher um linke oder eher um rechte Erlebnisse handelt. Um linke Erfahrungen handelt es sich, wenn sie die meisten Journalisten, die sich davon beeinflußt fühlten, nach links bewegt haben. Um rechte Erlebnisse handelt es sich, wenn sie die meisten Befragten, die sich davon beeinflußt fühlten, nach rechts bewegt haben. Die Indikatorwerte für die politi-

211 Lang, Engel Lang 1978, 212f berechnen auf exakt dieselbe Weise ein Maß für die Verbreitung, das sie mit »Prevalence« bezeichnen.

212 Lang, Engel Lang 1978, 212f bilden auf ähnliche Weise einen Indikator für das Einflußpotential (»Potency«). Ihre Berechnungen führen allerdings nicht – wie im vorliegenden Fall – zu Werten zwischen 0 und 1, sondern zu Werten > 1. Dieser Unterschied ist anhand der Angaben im Text nicht nachzuvollziehen.

213 Bei Lang, Engel Lang 1978, 212f wird auf dieselbe Weise ein Wert für den »Impact« der Erlebnisse gebildet.

sche Qualität individueller Erlebnisse beschreiben somit – ebenso wie die Werte für die politische Qualität historischen Geschehens – kollektive Definitionen, nicht individuelle Wahrnehmungen. Schaubild A 7 im Anhang gibt einen Überblick über die verschiedenen Konzepte und die Berechnung der Indikatoren.

Verbreitung, Einflußpotential und Relevanz der individuellen Erlebnisse

Die meisten Journalisten erinnerten sich an die »Arbeit in einer Fabrik, auf einer Baustelle«, sehr viele an die »Elendsjahre nach dem Krieg« und die »Teilnahme an friedlichen Demonstrationen«. Relativ viele hatten auch »Bombenangriffe«, öffentliche Angriffe gegen ihre Arbeit, politischen »Druck in der Redaktion«, ein »Vertrauensverhältnis zu einem Politiker«, »Gewalt bei Demonstrationen« und das »Leben in einer Diktatur« erlebt. Die genannten individuellen Erfahrungen besitzen damit eine große Verbreitung unter allen Journalisten. Nur wenige Befragte hatten dagegen eine »Entlassung« bzw. »Kündigung als Journalist« oder »längere Arbeitslosigkeit« erlebt, hatten sich »in einer Burschenschaft« oder »in der Frauenbewegung« engagiert, waren »durch Polizei« verhaftet oder »Opfer eines Gewaltverbrechens« geworden. Die zuletzt genannten individuellen Erlebnisse waren damit unter allen Befragten nur sehr gering verbreitet.

Zwischen der Verbreitung der individuellen Erlebnisse und ihrer Relevanz besteht ein hoher statistischer Zusammenhang ($R = 0{,}84$; $p < 0{,}01$). Dies war zu erwarten, da die Befragten nur solche individuellen Erlebnisse als einschneidende Erfahrungen angeben sollten – und konnten, die Teil ihrer eigenen Biographie gewesen sind. Die Erlebnisse mit der größten Relevanz sind deshalb in den meisten Fällen auch die Erlebnisse, an die sich sehr viele erinnerten: die »Elendsjahre nach dem Krieg«, die »Arbeit in einer Fabrik, auf einer Baustelle«, das »Leben in einer Diktatur«, »politischer Druck in der Redaktion« und das »Leben in einem anderen Land«. Nicht alle Erfahrungen, die viele Journalisten gemacht hatten, und die insgesamt eine große Bedeutung besaßen, übten aber auf die Betroffenen selbst eine große prägende Kraft aus. Einige Erfahrungen, die nur von wenigen erlebt worden sind und für die Gesamtheit der Befragten eine geringe Relevanz besaßen, hatten einen durchaus bemerkenswerten Einfluß auf die Betroffenen. In diesen Fällen sind die Indikatorwerte für das Einflußpotential deutlich höher als die Indikatorwerte für die Relevanz der Erfahrungen. Zu diesen Erlebnissen gehören zum Beispiel die »Kriegsdienstverweigerung«, das »Engagement in der Umweltschutzbewegung« oder die »Übersiedelung aus der DDR«. Andere Erfahrungen, die sehr viele gemacht hatten, und die eine große Relevanz für die Gesamtheit der Journalisten besaßen, hatten dagegen einen vergleichsweise geringen Einfluß auf die betroffenen Individuen. In diesen Fällen sind die Indikatorwerte für das Einflußpotential deutlich niedriger als die Indikatorwerte für die Relevanz der Erfahrungen. Dies gilt zum Beispiel für die »Arbeit in einer Fabrik, auf einer Baustelle«. Dementsprechend ist der rechnerische Zusammenhang zwischen der Relevanz der Erlebnisse und ihrem Einflußpotential relativ schwach, allerdings statistisch signifikant ($R = 0{,}52$; $p < 0{,}01$) (Tabelle A 14 im Anhang).

Politische Qualität der individuellen Erlebnisse
Die persönlichen Erlebnisse können – wie bereits erläutert – entsprechend ihrer politischen Qualität in linke und rechte Erfahrungen unterteilt werden. Die linken Erlebnisse haben nach Auskunft der Journalisten ihr politisches Denken größtenteils nach links verschoben, die rechten Erlebnisse haben es überwiegend nach rechts verändert. Nach dieser Definition können unter den 33 individuellen Erlebnissen 26 linke und vier rechte Erfahrungen identifiziert werden, drei Erlebnisse besitzen keine eindeutige politische Qualität. Zwei davon – die »Flucht aus den Ostgebieten« und die »Verhaftung durch Polizei« – kann man als ambivalent bezeichnen, da hier gleich viele Befragte angaben, ihr Denken nach rechts bzw. links verändert zu haben. Beim »Engagement in einer Burschenschaft« ist die politische Qualität nicht erkennbar, da kein Befragter davon in seinem Denken beeinflußt wurde. Rechte individuelle Erlebnisse sind die Erfahrung, »Opfer eines Gewaltverbrechens« geworden zu sein, die Konfrontation mit antideutschen »Ressentiments«, die »Übersiedelung aus der DDR« und »Gewalt bei Demonstrationen«. Linke persönliche Erlebnisse sind das »Engagement in der Frauenbewegung«, die »Zusammenarbeit mit den Besatzungsmächten«, die Erfahrung, wohlhabend zu sein, »wo Armut herrscht«, der »Dienst in der Bundeswehr«, die »Kriegsdienstverweigerung«, das »Engagement in der Umweltschutz-« und »in der Studentenbewegung« sowie die »Entlassung, Kündigung als Journalist«. Hierbei handelt es sich ausschließlich um eindeutig linke Erlebnisse, weil sie alle im unteren Viertel – weit weg vom Mittelpunkt angesiedelt sind.

Die politische Qualität der individuellen Erlebnisse zeigt an, in welche Richtung sie das politische Denken derjenigen verschoben haben, die davon beeinflußt wurden. Sie sagt jedoch nichts darüber aus, wieviele Journalisten, die von einem Erlebnis betroffen waren, davon beeinflußt wurden, wie groß mit anderen Worten das Ein-

Schaubild 14: Zusammenhang zwischen Einflußpotential und politischer Qualität individueller Erlebnisse

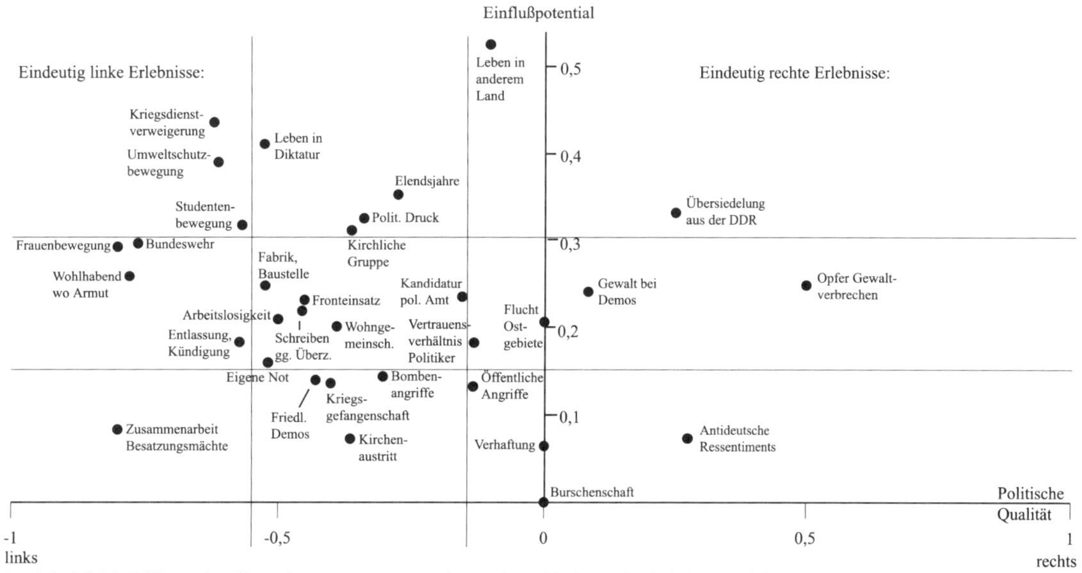

Lesebeispiel: Die Erfahrung der »*Kriegsdienstverweigerung*« gehört zu den Erlebnissen mit sehr hohem Einflußpotential. Das Erlebnis besitzt eine linke politische Qualität, hat also mehr Journalisten, die davon geprägt wurden, nach links bewegt als nach rechts.

Quelle: Historische Ereignisse I (1989).

flußpotential der Erfahrung war. Für die folgende Analyse werden die individuellen Erlebnisse aufgrund der Indikatorwerte für ihr Einflußpotential in vier Klassen eingeteilt. Von Interesse ist hier nur das obere Quartil, also die Erlebnisse mit dem größten Einflußpotential. Bezieht man die politische Qualität dieser Erfahrungen in die Betrachtung ein, ergibt sich folgendes Bild: Den größten Einfluß auf das Denken der Journalisten, die die Erlebnisse selbst kennengelernt hatten, besaßen (in der Reihenfolge ihrer Bedeutung) der mindestens einjährige Aufenthalt »in einem anderen Land« (politische Qualität: links), die »Kriegsdienstverweigerung« (links), das »Leben in einer Diktatur« (links), das »Engagement in der Umweltschutzbewegung« (links), die »Elendsjahre nach dem Krieg« (links), die »Übersiedelung aus der DDR« (rechts), politischer »Druck in der Redaktion« (links), das »Engagement in der Studentenbewegung« (links) und »in einer kirchlichen Gruppe« (links). Damit stehen acht linke – darunter drei eindeutig linke – individuelle Erlebnisse mit außergewöhnlicher Bedeutung für das politische Denken der Journalisten einem einzigen rechten Erlebnis gegenüber. Die Analyse der politischen Qualität und des Einflußpotentials der individuellen Erlebnisse belegt noch klarer als die Analyse der entsprechenden Merkmale historischer Ereignisse: Linke Erfahrungen besitzen ein deutlich größeres Einflußpotential als rechte. Anders formuliert: Ereignisse und Erlebnisse mit linker politischer Qualität wurden von mehr Zeitgenossen als bedeutsam und prägend erlebt als Ereignisse und Erlebnisse mit rechter politischer Qualität. Dies wirft die Frage auf, weshalb das so war – und welche Rolle dabei die Mediendarstellung des Geschehens besaß. Ihre Beantwortung geht allerdings weit über die Möglichkeiten der vorliegenden Daten hinaus und muß einer eigenen Studie vorbehalten bleiben (Schaubild 14).

Man kann – wie bereits bei den historischen Ereignissen – davon ausgehen, daß der Einfluß individueller Erlebnisse nicht allein von ihrer politischen Qualität bestimmt wird, ebensowenig allein von ihrem Einflußpotential. Beide Erlebnisqualitäten dürften zusammenwirken und einander ergänzen. Deshalb wird für jedes Erlebnis aus seiner politischen Qualität und seinem Einflußpotential durch Multiplikation der Indikatorwerte ein Maß für seine *politische Kraft* berechnet. Die politische Kraft eines individuellen Erlebnisses ist der prägende Einfluß, den es auf die Richtung des politischen Denkens von Journalisten ausübt, die davon betroffenen waren. Als Erfahrungen mit besonderer politischer Kraft werden die Erlebnisse dann betrachtet, wenn der Betrag des Indikatorwertes für ihre politische Kraft größer als 0,20 ist. Unter den 33 Erfahrungen, deren politische Qualität und Einflußpotential bekannt sind, besitzen sechs Erlebnisse eine besondere politische Kraft: »Kriegsdienstverweigerung«, die Erfahrung, »Opfer eines Gewaltverbrechens« geworden zu sein, das »Engagement in der Umweltschutz-« und »in der Frauenbewegung«, das »Leben in einer Diktatur« und das Erlebnis, wohlhabend zu sein, »wo Armut herrscht«. Tabelle A 14 im Anhang enthält die Indikatorwerte für die politische Kraft aller Erlebnisse.

4.2.7 Einfluß der prägenden Erfahrungen auf die Ansichten von Journalisten

4.2.7.1 Abhängige Variablen

In den bisherigen Analysen wurden die politischen und beruflichen Ansichten der Journalisten und ihre prägenden Erfahrungen getrennt voneinander betrachtet. Aufgrund von Selbstaussagen und empirischen Befunden wurden charakteristische Unterschiede im aktuellen politischen, vor allem aber im beruflichen Denken der drei Journalistengenerationen identifiziert. Anhand ihrer Angaben zu 34 historischen Ereignissen und 33 individuellen Erlebnissen wurden Gemeinsamkeiten und Unterschiede im Erfahrungshorizont der Journalisten herausgearbeitet. Für jede Generation wurden zentrale prägende Ereignisse und Erlebnisse identifiziert. Die unterschiedliche Art der prägenden Eindrücke und die Unterschiede in den Sichtweisen der »Großväter«, »Väter« und »Enkel« legen nahe, daß die Geschehnisse einen Einfluß auf die unterschiedlichen Sichtweisen besitzen. Diese Annahme wird im folgenden überprüft. Im Mittelpunkt stehen die aktuellen politischen Positionen und die aktuellen beruflichen Rollenvorstellungen der »Großväter«, »Väter« und »Enkel« vom Herbst 1989. Sie bilden die abhängigen Variablen. Die Analyse soll den Einfluß der prägenden Eindrücke auf die *Unterschiede* im aktuellen Denken der drei Journalistengenerationen ermitteln. Deshalb werden im folgenden nur diejenigen politischen und beruflichen Sichtweisen herangezogen, bei denen sich in den vorangegangenen Kapiteln statistisch signifikante Unterschiede zwischen den Generationen zeigten.

Politische Position
Die aktuelle politische Position wird anhand von zwei Indikatoren bestimmt. Sie erfassen die generellen politischen Einstellungen und die konkreten politischen Meinungen, die die Journalisten zum

Zeitpunkt der Befragung besaßen. Die *generellen politischen Einstellungen* der Journalisten wurden mit Hilfe der Selbsteinstufung ihres aktuellen politischen Denkens im Vergleich zu »dem der meisten« ihrer »früheren Schulfreunde« gemessen.[214] Befragte, die sich »eindeutig« oder »eher links davon« sahen, werden als Journalisten mit linker politischer Einstellung betrachtet, Befragte, die sich »eindeutig« oder »eher rechts davon« einstuften, als Journalisten mit rechter politischer Einstellung.

Zur Bestimmung der *konkreten politischen Meinungen* werden die Ansichten der Befragten zu fünf linken und vier rechten politischen Forderungen herangezogen. Es handelt sich um Aussagen zu kontroversen Themen, die zum Zeitpunkt der Befragung aktuell waren. Bei den linken Forderungen handelt es sich um die Aussagen »Der Umweltschutz sollte Vorrang vor wirtschaftlichen Interessen haben.«, »Der Staat sollte mehr gegen die Neue Armut tun.«, »Die Demokratie in der BRD ist auch ohne eine starke Verteidigung gesichert.«, »Die BRD sollte in der Verteidigungspolitik von den USA möglichst unabhängig werden.« und »Die Gleichberechtigung von Frauen sollte durch Quotenregelungen sichergestellt werden.« Die rechten Forderungen lauten: »Der Hamburger Senat sollte die besetzten Häuser in der Hafenstraße möglichst bald räumen lassen.«, »Es ist wichtig, sich seiner Nationalität bewußt zu sein.«, »Die USA vertreten alles in allem höherwertige politische Ziele als die UdSSR.« und »Abtreibungen sollten nicht von den Krankenkassen bezahlt werden.« Die Ansichten zu den einzelnen Forderungen wurden mit fünfstufigen Skalen erhoben, die mit »Stimme völlig zu«, »Stimme eher zu« »Nicht zu sagen / weder noch«, »Lehne ich eher ab« und »Lehne ich völlig ab« beschriftet waren. Sie werden zu einem Gesamtindex für alle neun Aussagen verrechnet,[215] dessen Werte zwischen –2 und +2 liegen können.[216]

[214] Vgl. zu den Gründen für die besondere Eignung dieses Vergleichs zur Messung der generellen politischen Einstellungen Kapitel 4.1.2.1 und Kepplinger, Ehmig 1997, 282 f.

[215] Die völlige Zustimmung zu einer linken Forderung wurde mit dem Wert –2 codiert, die eingeschränkte Zustimmung mit –1, die eingeschränkte Ablehnung mit +1 und die völlige Ablehnung mit +2. Umgekehrt wurde die völlige Zustimmung zu einer rechten Forderung mit dem Wert +2 codiert, die eingeschränkte Zustimmung mit +1, die eingeschränkte bzw. völlige Ablehnung mit –1 bzw. –2. Der Antwort »Nicht zu sagen / weder noch« wurde der Wert 0 zugeordnet. Zur Berechnung des Index' für die konkreten politischen Meinungen wurden die Werte für die Antworten zu allen neun Forderungen addiert und durch 9 dividiert.

[216] Ein Journalist, der allen linken Aussagen völlig zustimmte und alle rechten

Berufsverständnis
Für die Analyse des Einflusses prägender Erfahrungen auf das journalistische Selbstverständnis werden als abhängige Variablen einige Motive beim Berufseintritt und einige aktuelle Anziehungspunkte des Berufs betrachtet. Darüber hinaus werden die Ansichten zur Recherche und zur Neutralität sowie zur Publikation problematischer Meldungen berücksichtigt. Die Angaben zu den *ursprünglichen Berufsmotiven* werden hier zum *aktuellen* beruflichen Selbstverständnis der Generationen gezählt. Sie geben die aktuelle Sicht der Journalisten auf eine Entscheidung wieder, die meist zwischen den prägenden Erfahrungen und dem Zeitpunkt der Befragung im Herbst 1989 lag. Von insgesamt acht Beweggründen für den Entschluß der Befragten »Journalist zu werden«, werden vier ausgewählt. Zwei dieser Berufsmotive sind die Wünsche nach Selbstverwirklichung und nach beruflicher Freiheit. Sie wurden anhand der Vorgaben »Die spannende, abwechslungsreiche Tätigkeit« und »Die berufliche Freiheit, daß man die Aufgaben und Themen selbst bestimmen kann« erfaßt. Die beiden anderen Beweggründe für die Berufswahl der Journalisten sind typisch »missionarische« Motive. Es handelt sich um die Möglichkeiten, »Werte und Ideale zu vermitteln« sowie »politische Entscheidungen zu beeinflussen«. Für die Analyse des Einflusses prägender Geschehnisse auf die genannten Berufsmotive wird jeweils der Anteil derjenigen Journalisten berechnet, für die die Motive sehr bedeutsam waren. Als bedeutsam werden sie dann betrachtet, wenn die Befragten sie als wichtigste oder zweitwichtigste von insgesamt acht Motiven nannten.

Neben den Motiven für die Berufswahl waren auch die *aktuellen Anziehungspunkte* des Journalismus erhoben worden. Dabei handelt es sich um die Kriterien, die im Fall einer Suche »nach einer anderen Stelle im Journalismus« den »Entschluß« der Befragten »am meisten beeinflussen« würden. Sie wurden anhand derselben Vorgaben erhoben wie die Motive beim Berufseintritt. Von den insgesamt acht Anziehungspunkten werden ebenfalls vier ausgewählt. Zwei davon sind die »missionarischen« Ziele, »Werte und Ideale zu

Aussagen völlig ablehnte, hat den Minimalwert –2. Analog hat ein Kollege, der allen rechten Forderungen völlig zustimmte und alle linken völlig ablehnte, den Maximalwert +2. Empirisch streuen die Werte zwischen –1,89 und +1,67. In den folgenden Analysen werden die Befragten mit einem Indexwert zwischen –1,89 und –0,12 als Journalisten mit überwiegend linken konkreten politischen Meinungen betrachtet, die Befragten mit einem Indexwert zwischen +0,12 und +1,67 als Journalisten mit überwiegend rechten politischen Meinungen und die Befragten mit einem Indexwert zwischen –0,11 und +0,11 als Journalisten mit ambivalenten politischen Meinungen.

vermitteln« sowie »politische Entscheidungen zu beeinflussen«. Darüber hinaus werden die Aussichten auf eine »spannende, abwechslungsreiche« neue Tätigkeit sowie auf gute oder »bessere Verdienstmöglichkeiten« erfaßt. Für die Analyse des Einflusses prägender Geschehnisse auf die Wahrnehmung der aktuellen Anziehungspunkte des Berufs wird jeweils der Anteil der Journalisten berechnet, für die die Motive und Ziele sehr bedeutsam waren. Als bedeutsam werden sie dann betrachtet, wenn die Befragten sie als wichtigste oder zweitwichtigste von insgesamt acht Anziehungspunkten nannten.

Die *Ansichten zur Recherche* werden anhand der Billigung bzw. Mißbilligung von zwei umstrittenen Vorgehensweisen bei der Informationsbeschaffung erfaßt. Dabei handelt es sich um die verdeckte Recherche in einem Unternehmen, »um an interne Informationen zu kommen« und die Beschaffung vertraulicher Unterlagen »durch Geldzuwendungen«. Journalisten, die diese Methoden ganz oder teilweise billigten, werden von denjenigen unterschieden, die sie eindeutig mißbilligten. Die *Ansichten zur Neutralität* werden anhand der Meinungen zu einer journalistischen Forderung ermittelt. Sie lautet: »Journalisten sollten eigene Wertvorstellungen in ihrer Arbeit klar zum Ausdruck bringen.« Die Befragten konnten dieser Aussage völlig bzw. eher zustimmen oder sie völlig bzw. eher ablehnen. Die *Ansichten zu problematischen Publikationsentscheidungen* werden anhand von zwei Fallbeispielen erfaßt. Dabei handelt es sich um die Veröffentlichung geheimer Dokumente, »deren Bekanntmachung nach Ansicht der Regierung den Interessen der BRD schadet«, und die Publikation streng geheimer »Regierungspläne für außenpolitische Verhandlungen«. Auch hier werden Journalisten, die die Entscheidungen ganz oder teilweise billigten, von denjenigen unterschieden, die sie eindeutig mißbilligten.

4.2.7.2 Einfluß einzelner Schlüsselereignisse und -erlebnisse

Die Analyse der prägenden historischen und individuellen Geschehnisse der »Großväter«, »Väter« und »Enkel« zeigt, daß man für jede Generation spezifische Schlüsselerfahrungen identifizieren kann. Es handelt sich um Ereignisse und Erlebnisse, die besonders viele Angehörigen der einzelnen Generationen – meist als Kinder und Jugendliche – in ihrem damaligen »politischen Denken« beeinflußten. Die Schlüsselerfahrungen der drei Generationen unterscheiden sich in ihrem Charakter deutlich. Während die »Großväter« überwiegend die Bedrohungen und Einschränkungen der Kriegs- und Nachkriegszeit nannten, waren für die »Väter« beson-

Tabelle 23: Schlüsselerfahrungen der drei Journalistengenerationen

Historische Ereignisse und individuelle Erlebnisse, die mindestens zehn Prozent und statistisch signifikant mehr Journalisten einer Generation geprägt haben als Angehörige der beiden anderen Generationen

Generationen	Historische Ereignisse	Individuelle Erlebnisse
»Großväter«	*»Kriegsende«* 1945 *»Währungsreform«* 1948 *»17. Juni 1953«* *»Ungarn-Aufstand«* 1956	*»Leben in einer Diktatur«* *»Fronteinsatz«* *»Bombenangriffe«* *»Elendsjahre nach dem Krieg«*
»Väter«	*»Bau der Berliner Mauer«* 1961 *»Spiegel-Affäre«* 1962 *»Zerschlagung des Prager Frühlings«* 1968 *»Brandts Kniefall in Warschau«* 1970	*»Engagement in der Studentenbewegung«* *»Gewalt bei Demonstrationen«* *»Vertrauensverhältnis zu einem Politiker«*
»Enkel«	*»Baader-Meinhof-Prozeß«* 1975–77 *»Demonstrationen in Brokdorf«* 1976 *»Nachrüstungsdebatte«* 1980–83 *»Entdeckung des AIDS-Virus«* 1984 *»Reaktorunfall in Tschernobyl«* 1986	*»Wohlhabend sein, wo Armut herrscht«* *»Arbeit in einer Fabrik, auf einer Baustelle«* *»Teilnahme an friedlichen Demonstrationen«* *»Dienst in der Bundeswehr«* *»Kriegsdienstverweigerung«*

Die Zusammenstellung der Schlüsselerfahrungen beruht auf den Einzelbefunden, die die Tabellen 19 und 21 detailliert ausweisen.
Quelle: Historische Ereignisse I (1989).

ders die Konflikte und Krisen der sechziger Jahre prägend. Die »Enkel« sahen sich durch selbstgewählte Erfahrungen und die Bedrohung durch Rüstung, Technik- und Umweltrisiken bestimmt. Aufgrund der Unterschiede in der Art der generationsspezifischen Schlüsselerfahrungen kann man vermuten, daß diese herausragende Eindrücke aufgrund ihres besonderen Charakters einen Einfluß auf das aktuelle generationsspezifische Denken der Journalisten besaßen. Diese Annahme wird im folgenden geprüft. Dazu werden zunächst die *Schlüsselerfahrungen* der drei Generationen zusammengestellt. Als Schlüsselerfahrungen werden alle historischen Ereignisse und individuellen Erlebnisse betrachtet, die mindestens zehn Prozent der Journalisten einer Generation geprägt haben, und diese Generation statistisch signifikant von den beiden anderen Generationen unterscheiden.[217] Nach diesen Kriterien kann man je-

[217] Die Grenze von zehn Prozent ist willkürlich gezogen. Sie soll ausschließen,

weils vier bzw. fünf generationsspezifische Schlüsselereignisse sowie drei bis fünf generationsspezifische Schlüsselerlebnisse identifizieren. Tabelle 23 zeigt sie im Überblick.

Man kann annehmen, daß die Schlüsselerfahrungen der Generationen eine Ursache der spezifischen aktuellen Sichtweisen ihrer Angehörigen sind. Das Denken der Journalisten, die von einer Schlüsselerfahrung geprägt wurden, unterscheidet sich deshalb vom Denken der Kollegen aus der eigenen Generation, für die die Schlüsselerfahrung nicht prägend war. Die Geprägten werden häufiger die generationstypischen Ansichten äußern als die nicht Geprägten. Diese Annahme wird exemplarisch anhand von jeweils einem historischen Schlüsselereignis und einem individuellen Schlüsselerlebnis der drei Generationen überprüft. Um eine verläßliche rechnerische Basis zu erhalten, werden diejenigen Ereignisse und Erlebnisse ausgewählt, die von den Generationen jeweils am häufigsten genannt wurden. Für die »Großväter« sind dies das »Kriegsende« 1945 und das »Leben in einer Diktatur«, für die »Väter« der »Bau der Berliner Mauer« 1961 und die Erfahrung von »Gewalt bei Demonstrationen«, für die »Enkel« der »Reaktorunfall in Tschernobyl« 1986 und die »Arbeit in einer Fabrik, auf einer Baustelle«. In jeder Generation werden die aktuellen politischen und beruflichen Sichtweisen derjenigen, die von einer Schlüsselerfahrung geprägt wurden, mit den aktuellen politischen und beruflichen Sichtweisen derjenigen verglichen, die die Erfahrung nicht nannten.

Wenn sich die aktuellen Sichtweisen der Geprägten und nicht Geprägten unterscheiden, kann man daraus auf einen Einfluß der Schlüsselerfahrungen schließen. Die Unterschiede zwischen den Geprägten und nicht Geprägten lassen sich in Prozentwerten ausdrücken. Ein Beispiel verdeutlicht dies: Für 55 Prozent der »Väter«, die vom »Bau der Berliner Mauer« 1961 geprägt worden sind, würde die Aussicht auf eine »spannende, abwechslungsreiche Tätigkeit« ihren »Entschluß am meisten beeinflussen«, wenn sie heute »nach einer anderen Stelle im Journalismus suchen müßten«. Von den »Vätern«, die den Mauerbau nicht als prägendes Ereignis nannten, gaben dies nur 41 Prozent an. Die Differenz zwischen den Antworten beträgt 14 Prozent. Der Unterschied ist statistisch nicht

daß Ereignisse und Erlebnisse als Schlüsselerfahrungen identifiziert werden, die zwar nur in einer einzelnen Generation, dort aber auch nur von einigen wenigen Journalisten genannt wurden und deshalb inhaltlich kaum für die Generation prägend waren. Ein Beispiel hierfür ist die Erfahrung, »Opfer eines Gewaltverbrechens« geworden zu sein, die nur von einem Prozent der »Enkel« als prägender Eindruck genannt wurde.

signifikant.[218] Die statistische Signifikanz der Unterschiede hängt unter anderem von der Zahl der Fälle ab, die in die Analyse eingehen. Die vorliegenden Analysen beruhen zum Teil auf einer relativ geringen Zahl von Journalisten, so daß bemerkenswerte Unterschiede zwischen den Geprägten und nicht Geprägten häufig statistisch nicht signifikant sind. Deshalb werden alle Unterschiede von mindestens zehn Prozent als bedeutsam betrachtet. Sie gelten als Hinweise auf einen Einfluß der Schlüsselerfahrungen. Je häufiger sich die aktuelle politische Position und das aktuelle Berufsverständnis der Geprägten und nicht Geprägten unterscheiden, und je größer diese Unterschiede – gemessen in Prozent – sind, desto stärker war vermutlich der Einfluß des Geschehens auf die aktuellen Sichtweisen.

Einfluß der einzelnen Schlüsselerfahrungen auf die aktuelle politische Position

In allen drei Generationen unterscheiden sich die aktuellen politischen Sichtweisen der Journalisten, die von den Schlüsselerfahrungen geprägt wurden, mehr oder weniger stark von den aktuellen politischen Sichtweisen derjenigen, für die die Schlüsselerfahrungen nicht bedeutsam waren. Die Angehörigen der »Großväter«-Generation, für die das »Kriegsende« und das »Leben in einer Diktatur« einschneidende Erfahrungen waren, besaßen aktuell häufiger linke und seltener rechte politische Einstellungen als ihre Altersgenossen, die die Geschehnisse nicht nannten. Ebenso äußerten die vom »Reaktorunfall in Tschernobyl« geprägten Angehörigen der »Enkel«-Generation häufiger linke und seltener rechte politische Ansichten als die »Enkel«, für die Tschernobyl nicht zu den prägenden Eindrücken gehörte. Kaum Unterschiede in den politischen Ansichten der geprägten und nicht geprägten »Enkel« zeigen sich für die »Arbeit in einer Fabrik, auf einer Baustelle«. Dieses Schlüsselerlebnis hatte demnach keinen bemerkenswerten Einfluß auf die politische Position der »Enkel«. Die Angehörigen der »Väter«-Generation, die den »Bau der Berliner Mauer« und »Gewalt bei Demonstrationen« als einschneidendes Geschehen miterlebt hatten, besaßen im Herbst 1989 seltener linke und häufiger rechte politische Einstellungen und Meinungen als die nicht Geprägten (Tabelle 24).

Das »Kriegsende«, das »Leben in einer Diktatur« und der »Reaktorunfall in Tschernobyl« werden als Geschehnisse mit linker politischer Qualität betrachtet, weil sie die Mehrzahl der Journalisten

[218] Der Differenzwert ist in Tabelle 25 ausgewiesen.

Tabelle 24: Einfluß einzelner Schlüsselerfahrungen von Journalisten verschiedener Generationen auf ihre aktuelle politische Position

Differenz der Prozentwerte für diejenigen, die von einer Schlüsselerfahrung geprägt wurden, und diejenigen, die davon nicht geprägt wurden

	»Großväter« geboren 1909–35		»Väter« geboren 1936–50		»Enkel« geboren 1951–66	
Aktuelle politische Position	*»Kriegsende«* 1945 (n=59:109) %	*»Leben in einer Diktatur«* (n=66:102) %	*»Bau der Berliner Mauer«* 1961 (n=47:115) %	*»Gewalt bei Demonstrationen«* (n=26:136) %	*»Reaktorunfall in Tschernobyl«* 1986 (n=103:58) %	*»Arbeit in e. Fabrik, auf e. Baustelle«* (n=38:123) %
Generelle politische Einstellungen: Vergleich mit den Schulfreunden		*				
»eindeutig«/»eher links davon«	+6	+10	–16	–8	+15	–9
»mehr oder weniger gleich«	+5	+5	+12	–2	+1	+7
»eindeutig«/«eher rechts davon«	–11	–15	+4	+9	–16	+1
Konkrete politische Meinungen: Index aus neun Forderungen			*			
überwiegend links	–1	–12	–19	+1	+11	–4
ambivalent	+1	+1	–7	–14	–5	+3
überwiegend rechts	–1	+11	+26	+14	–5	+1

* Die Unterschiede zwischen den Antworten der geprägten und nicht geprägten Journalisten sind statistisch signifikant (Chi^2-Test; $p < 0{,}05$).

Lesebeispiel: Vom »Leben in einer Diktatur« wurden 66 Journalisten der »Großväter«-Generation geprägt. 102 von ihnen nannten diese Erfahrung nicht als prägenden Eindruck. Die Angehörigen der »Großväter«-Generation, die vom »Leben in einer Diktatur geprägt worden sind, stuften ihr eigenes politisches Denken häufiger links von dem ihrer Schulfreunde ein als ihre Altersgenossen, die nicht vom »Leben in einer Diktatur geprägt worden sind. Der Unterschied beträgt 10 Prozentpunkte und ist statistisch signifikant.

Quelle: Historische Ereignisse I (1989)

damals in ihrem Denken nach links bewegt haben. Der »Bau der Berliner Mauer« und »Gewalt bei Demonstrationen« werden dementsprechend als Geschehnisse mit rechter politischer Qualität betrachtet, weil sie die Mehrzahl der Journalisten damals nach rechts bewegt haben. Die hier vorliegenden Befunde zum Einfluß der Schlüsselerfahrungen auf die aktuellen politischen Einstellungen und Meinungen der Befragten deuten darauf hin, daß ihre politische Qualität einen Beitrag zum Charakter dieses Einflusses leistet: Diejenigen, die von Eindrücken mit linker politischer Qualität beeindruckt worden sind, besaßen 1989 häufiger linke und seltener rechte Ansichten als diejenigen, die von Eindrücken mit rechter politischer Qualität beeindruckt worden sind.

Der Zusammenhang zwischen der politischen Qualität der prägenden Geschehnisse und der politischen Position der Journalisten erscheint auf den ersten Blick zirkulär: Die Ereignisse, durch die sich das politische Denken »eher nach links« bzw. »eher nach rechts entwickelt« hat, sind auch die Ereignisse, die die Journalisten mit linken politischen Einstellungen und Meinungen geprägt haben. Bei der Interpretation des Zusammenhangs ist jedoch zu beachten, daß es sich bei der politischen Qualität des Geschehens und der aktuellen politischen Position der Befragten um zwei verschiedene Sachverhalte handelt: Grundlage der Ermittlung der politischen Qualität der prägenden Ereignisse und Erlebnisse sind die *Erinnerungen* der Journalisten an Sichtweisen, die sie zum Zeitpunkt des Geschehens besaßen, und die sich aufgrund des Geschehens *damals* verändert haben. Es handelt sich also um die von ihnen in der Vergangenheit erlebten Richtungs- bzw. Positionsänderungen. Anhand der Erinnerungen *aller* von einem Ereignis oder Erlebnis Geprägten an die damaligen Veränderungen ihres politischen Denkens wird die politische Qualität des Geschehens bestimmt. Bei den generellen politischen Einstellungen und konkreten politischen Meinungen der Journalisten handelt es sich um ihre individuellen und aktuellen politischen Positionen zum Zeitpunkt der Befragung. Sie beruhen nicht auf den Erinnerungen an zurückliegende Lebensphasen, sondern auf der Einstufung der *aktuellen* Sichtweisen. Der Zusammenhang zwischen der politischen Qualität der prägenden Geschehnisse und den politischen Positionen der Journalisten zeigen somit: Die damals erlebte Richtungsänderung des Denkens, an die sich die meisten von einer Schlüsselerfahrung geprägten Journalisten erinnern, besitzt einen Einfluß auf die politische Position, die die Journalisten heute einnehmen.

Einfluß der einzelnen Schlüsselerfahrungen auf das aktuelle Berufsverständnis
In den drei Generationen unterscheidet sich das aktuelle Berufsverständnis der Journalisten, die von den Schlüsselerfahrungen geprägt wurden, zum Teil vom aktuellen Berufsverständnis derjenigen, für die die Schlüsselerfahrungen nicht bedeutsam waren. Das »Kriegsende« und das »Leben in einer Diktatur« hatten in der »Großväter«-Generation lediglich Einfluß auf die Bedeutung, die die Journalisten bei der Suche »nach einer anderen Stelle« einer »spannenden, abwechslungsreichen Tätigkeit« beimessen würden. Diejenigen, die von den Geschehnissen geprägt worden sind, hielten 40 Jahre später Spannung und Abwechslung seltener für wichtige Kriterien als die nicht geprägten »Großväter«. Einen ähnlichen Einfluß hatte der »Reaktorunfall in Tschernobyl« auf die »Enkel«-Generation. Die davon Geprägten würden seltener eine neue Stelle wegen einer »spannenden, abwechslungsreichen Tätigkeit« antreten als die nicht Geprägten. Noch häufiger als durch Tschernobyl wurden die aktuellen Berufsvorstellungen der »Enkel«-Generation durch ihre »Arbeit in einer Fabrik, auf einer Baustelle« beeinflußt. Diejenigen, die von solchen Erfahrungen besonders beeindruckt worden sind, räumten Spannung und Abwechslung im Beruf einen größeren Stellenwert ein als ihre Kollegen, für die Fabrik- und Baustellenarbeit nicht prägend waren. Sie billigten auch deutlich seltener »Geldzuwendungen« für die Beschaffung vertraulicher Unterlagen sowie die Veröffentlichung geheimer Dokumente und streng geheimer Regierungsunterlagen.

Die häufigsten und deutlichsten Unterschiede im aktuellen Berufsverständnis zeigen sich in der »Väter«-Generation. Diejenigen, die der »Bau der Berliner Mauer« und »Gewalt bei Demonstrationen« geprägt hatten, fühlten sich häufiger als ihre nicht geprägten Zeitgenossen von Spannung und Abwechslung in ihrem Beruf angezogen. Sie wollten demgegenüber seltener Einfluß auf politische Entscheidungen nehmen. Sie billigten auch seltener Geldzahlungen für vertrauliche Informationen, die Betätigung in einem Betrieb, um an interne Informationen zu kommen, sowie die Veröffentlichung von geheimen Dokumenten und Regierungsunterlagen (Tabelle 25).

4.2.7.3 Einfluß von Ereignis- und Erlebnistypen

Die Analyse des Einflusses *einzelner* Schlüsselerfahrungen einzelner Generationen ist aus zwei Gründen problematisch. Historisches Geschehen ereignet sich erstens nicht isoliert von der politischen

Tabelle 25: Einfluß einzelner Schlüsselerfahrungen von Journalisten verschiedener Generationen auf ihr aktuelles Berufsverständnis

Differenz der Prozentwerte für diejenigen, die von einer Schlüsselerfahrung geprägt wurden, und diejenigen, die davon nicht geprägt wurden

Auszug aus den Vorgaben: Ausgewiesen sind nur Indikatoren für das Berufsverständnis, die in mindestens einer Generation bedeutsame Unterschiede zwischen den Geprägten und nicht Geprägten erkennen lassen

Aktuelles Berufsverständnis	»Großväter« geboren 1909–35		»Väter« geboren 1936–50		»Enkel« geboren 1951–66	
	»Kriegsende« 1945 (n=59:109) %	*»Leben in einer Diktatur«* (n=66:102) %	*»Bau der Berliner Mauer«* 1961 (n=47:115) %	*»Gewalt bei Demonstrationen«* (n=26:136) %	*»Reaktorunfall in Tschernobyl«* 1986 (n=103:58) %	*»Arbeit in e. Fabrik, auf e. Baustelle«* (n=38:123) %
Aktuelle Anziehungspunkte: Anteil derjenigen, die die Motive als wichtigste oder zweitwichtigste einstuften						
»Die spannende, abwechslungsreiche Tätigkeit«	–11	–13	+14	+11	–11	+12
»… politische Entscheidungen … beeinflussen«	–2	+1	–5	–10	–4	+2
Ansichten zur Recherche: Anteil der Befragten, die mit *»Heiße gut«* oder *»Teils/teils«* antworteten						
»Sich als Mitarbeiter in einem Betrieb betätigen, um an interne Informationen zu kommen«	+5	+6	–24*	–21*	+6	–3
»Sich durch Geldzuwendungen vertrauliche Unterlagen beschaffen«	–3	+3	–21*	–16	–7	–16
Ansichten zur Publikation: Anteil der Befragten, die mit *»Heiße gut«* oder *»Teils/teils«* antworteten						
»Geheime Dokumente veröffentlichen …«	+4	0	–36*	–9	+6	–11
»Streng geheime Regierungsunterlagen … veröffentlichen«	+4	+2	–34*	+16	+3	–14

* Die Unterschiede zwischen den Antworten der geprägten und nicht geprägten Journalisten sind statistisch signifikant (Chi^2-Test; $p < 0{,}05$).

Lesebeispiel: Vom »Bau der Berliner Mauer« wurden 47 Journalisten der »Väter«-Generation geprägt. 115 von ihnen nannten dieses Geschehen nicht als prägenden Eindruck. Die Angehörigen der »Väter«-Generation, die vom Mauerbau geprägt worden sind, sahen in einer »spannenden, abwechslungsreichen Tätigkeit« häufiger einen Anziehungspunkt des Journalismus als ihre Altersgenossen, die nicht vom Mauerbau geprägt worden sind. Der Unterschied beträgt 14 Prozentpunkte. Er ist statistisch nicht signifikant.

Quelle: Historische Ereignisse I (1989)

und gesellschaftlichen Situation. Auch individuelle Erlebnisse sind nicht isoliert von ihrem zeitgeschichtlichen Umfeld – dies wurde in den vorangegangenen Abschnitten deutlich. Die einzelnen Schlüsselerfahrungen der Generationen sind vielmehr Bestandteile umfassender historischer und gesellschaftlicher Situationen. Sie ragen zwar aufgrund besonderer Merkmale aus diesen Situationen heraus, dürfen aber nicht losgelöst davon betrachtet werden. Konkret bedeutet dies beispielsweise: Ein Journalist, der die »Bombenangriffe auf deutsche Städte« als einschneidendes historisches Ereignis nannte, wurde ebenso wie ein Kollege, der den »Fronteinsatz« als einschneidendes individuelles Erlebnis nannte, von der physischen Bedrohung des Krieges geprägt. Ähnliches gilt für den »Ungarn-Aufstand« und die »Zerschlagung des Prager Frühlings«. Beide stehen stellvertretend für den Ost-West-Konflikt. Aus den genannten Gründen ist es sinnvoll, die Erfahrungen, die zu denselben historischen Situationen gehören, zusammenzufassen, und deren Einfluß auf die Sichtweisen der Zeitgenossen zu betrachten.

Die Geschehnisse, die als Schlüsselerfahrungen einzelner Generationen identifiziert wurden, waren zweitens oft nicht nur für Angehörige dieser Generationen prägend. Sie hatten häufig auch Journalisten benachbarter Generationen beeindruckt. Dies trifft zum Beispiel auf die wirtschaftliche Not der Nachkriegszeit zu. Die »Elendsjahre« sind zwar ein Schlüsselerlebnis der »Großväter«-Generation, aber auch in der »Väter«-Generation wurden noch viele davon geprägt. Daraus folgt: Wenn die prägenden Erfahrungen bestimmter historischer Situationen einen Einfluß auf die aktuellen Sichtweisen von Journalisten besitzen, sollte dieser Einfluß nicht nur in der Generation sichtbar sein, die besonders häufig davon geprägt wurde. Er wird sich auch in benachbarten Generationen zeigen – allerdings bei einer geringeren Zahl von Personen. Aufgrund dieser Überlegungen wird im folgenden der Einfluß von Erfahrungen untersucht, die sich ähnlichen historischen bzw. politischen Situationen zuordnen lassen. Dazu werden alle historischen Ereignisse und individuellen Erlebnisse zusammengefaßt, die entweder zu einer gemeinsamen historischen Situation gehören oder in ihrem Charakter ähnlich sind. 33 Ereignisse und 31 Erlebnisse lassen sich zwölf Typen von Geschehnissen zuordnen. Jeder dieser Typen repräsentiert einen eigenen Erfahrungshintergrund, der meist durch eine spezifische historische Situation bestimmt ist. In einigen Fällen sind die zusammengefaßten Erfahrungen auch unabhängig vom Zeitgeschehen (Tabelle 26).

Im folgenden wird geprüft, ob die Ereignis- und Erlebnistypen einen Einfluß auf die aktuellen Sichtweisen der Journalisten besa-

Tabelle 26: Typen von historischen Ereignissen und individuellen Erlebnissen

Ereignis-/Erlebnistypen	Historische Ereignisse	Individuelle Erlebnisse
Bedrohung durch Krieg und Diktatur	*»Bombenangriffe auf deutsche Städte«* 1942–45 *»Kriegsende«* 1945	*»Leben in einer Diktatur«* *»Bombenangriffe«* *»Fronteinsatz«* *»Kriegsgefangenschaft«* *»Flucht aus den Ostgebieten«*
Nachkriegserfahrungen	*»Währungsreform«* 1948 *»Rückkehr der letzten Kriegsgefangenen«* 1955	*»Elendsjahre nach dem Krieg«* *»Eigene materielle Not«* *»Zusammenarbeit mit den Besatzungsmächten«*
Konfrontation mit deutscher Vergangenheit und Schuld	*»Deutscher Einmarsch in Paris«* 1940 *»Attentat auf Hitler«* 1944 *»Nürnberger Prozesse«* 1945/46 *»Auschwitz-Prozeß«* 1966 *»Brandts Kniefall in Warschau«* 1970	*»Antideutsche Ressentiments«*
Internationale Krisen und Kriegshandlungen	*»Atombombe auf Hiroshima«* 1945 *»Korea-Krieg«* 1950–53 *»Ermordung von Präsident Kennedy«* 1963	
Konventionelles politisches Engagement		*»Kandidatur für ein politisches Amt«* *»Vertrauensverhältnis zu einem Politiker«*
Ost-West-Konflikt	*»Luftbrücke nach Berlin«* 1948/49 *»17. Juni 1953«* *»Ungarn-Aufstand«* 1956 *»Bau der Berliner Mauer«* 1961 *»Kuba-Krise«* 1962/63 *»Zerschlagung des Prager Frühlings«* 1968	*»Übersiedelung aus der DDR«*
Protest gegen Einschränkungen durch Staat und Politik	*»Bildung d. Großen Koalition«* 1966 *»Konflikt um die Notstandsgesetze«* 1966–68 »Anti-Vietnam-Demonstrationen« 1968 *»Erschießung von Benno Ohnesorg«* 1967 *»Demonstrationen in Brokdorf«* 1976 *»Nachrüstungsdebatte«* 1980–83	*»Teilnahme an friedlichen Demonstrationen«* *»Engagement in der Studentenbewegung«* *»Verhaftung durch Polizei«* *»Kriegsdienstverweigerung«* *»Engagement in der Frauenbewegung«*
Einschränkung journalistischer Freiheit	*»Spiegel-Affäre«* 1962	*»Politischer Druck in der Redaktion«* *»Öffentliche Angriffe gegen Ihre Arbeit«* *»Schreiben gg. d. eigene Überzeugung«* *»Entlassung, Kündigung als Journalist«* *»Längere Arbeitslosigkeit«*
Konfrontation mit Terror und Gewalt	*»Baader-Meinhof-Prozeß«* 1975–77 *»Ermordung von Schleyer, Ponto und Buback«* 1977 *»Terroranschlag bei den Olympischen Spielen in München«* 1972	*»Gewalt bei Demonstrationen«* *»Opfer eines Gewaltverbrechens«*

/…

Tabelle 26: Typen von hist. Ereignissen und individ. Erlebnissen (Fortsetzung)

Ereignis-/Erlebnistypen	Historische Ereignisse	Individuelle Erlebnisse
Bedrohung durch Umwelt- und Technikrisiken	*»Contergan-Affäre«* 1961/62 *»Ölkrise«* 1973 *»Entdeckung des AIDS-Virus«* 1984 *»Reaktorunfall in Tschernobyl«* 1986 *»Chemieunfall Sandoz«* 1986	*»Engagement in der Umweltschutzbewegung«*
Selbstverwirklichung, -bestimmung		*»Engagement in einer kirchl. Gruppe«* *»Austritt aus der Kirche«* *»Leben in einer Wohngemeinschaft«* *»Leben in einem anderen Land«*
Konfrontation mit sozialem und wirtschaftlichem Gefälle		*»Arbeit in einer Fabrik, auf einer Baustelle«* *»Wohlhabend sein, wo Armut herrscht«*

Nicht zugeordnet wurden das historische Ereignis »Mondlandung« 1969 sowie die individuellen Erlebnisse »Engagement in einer Burschenschaft« und »Dienst in der Bundeswehr«.
Quelle: Historische Ereignisse I (1989)

ßen. Wenn die Geschehnisse einen Einfluß hatten, dann nicht nur in der Generation, in der jeweils die meisten Journalisten geprägt worden sind, sondern auch in den benachbarten Generationen. So werden beispielsweise nicht nur die Ansichten der »Großväter«-Generation durch Nachkriegserfahrungen und nicht nur die Ansichten der »Enkel«-Generation durch Umwelt- und Technikrisiken beeinflußt worden sein – sondern vermutlich auch die einiger »Väter«, die als »Zwischengeneration« die Erfahrungshorizonte der älteren und jüngeren Kollegen teilen. Um eine ausreichende Berechnungsgrundlage zu erhalten, werden in die Analyse alle Typen von Erfahrungen einbezogen, die von mindestens 30 Journalisten einer Generation als prägende Eindrücke genannt wurden. Deshalb werden die internationalen Krisen und Kriegshandlungen (»Atombombe auf Hiroshima«, »Korea-Krieg«, »Ermordung von Präsident Kennedy«) sowie die Erfahrungen mit konventionellem politischem Engagement (»Kandidatur für ein politisches Amt«, »Vertrauensverhältnis zu einem Politiker«) ausgeklammert.

Die aktuellen politischen und beruflichen Ansichten der Journalisten, die von mindestens einem Ereignis oder Erlebnis eines bestimmtes Typs geprägt worden sind, werden mit den aktuellen politischen und beruflichen Ansichten der Kollegen verglichen, für die keines dieser Ereignisse oder Erlebnisse einschneidend war. Wenn sich die Sichtweisen der Geprägten von denen der nicht Geprägten unterscheiden, spricht dies für einen Einfluß der Ereignis- und Erlebnistypen. Auch hier werden alle Unterschiede von mindestens zehn Prozent als bedeutsame Unterschiede und damit als Hinweise auf einen Einfluß der Ereignis- und Erlebnistypen betrachtet. Je häufiger sich die politischen Positionen und das Berufsverständnis der Geprägten und nicht Geprägten unterscheiden, und je größer diese Unterschiede – gemessen in Prozent – sind, desto stärker war vermutlich der Einfluß des Geschehens auf die aktuellen Sichtweisen.

Einfluß der Ereignis- und Erlebnistypen auf die aktuelle politische Position

Die unterschiedlichen Ereignis- und Erlebnistypen besaßen in fast allen Fällen einen Einfluß auf die aktuellen politischen Sichtweisen der »Großväter«-, häufig auch auf die der »Väter«- und »Enkel«-Generation. Journalisten, die durch einige Typen von Geschehnissen geprägt worden sind, besaßen aktuell häufiger linke und seltener rechte politische Einstellungen und Meinungen als diejenigen, die nicht davon geprägt worden sind. Bei diesen Geschehnissen handelt es sich um die Bedrohung durch Krieg und Diktatur, die Konfrontation mit deutscher Vergangenheit und Schuld, die Proteste gegen Einschränkungen durch Staat und Politik, die Einschränkungen journalistischer Freiheit, die Konfrontation mit Umwelt- und Technikrisiken sowie selbstbestimmte Erfahrungen wie das Leben in einer Wohngemeinschaft oder der Austritt aus der Kirche. Journalisten, die durch andere Typen von Geschehnissen geprägt worden sind, hatten aktuell deutlich häufiger rechte und seltener linke politische Einstellungen und Meinungen als die nicht Geprägten. Bei diesen Erfahrungen handelt es sich um die Not, aber auch den Aufbruch in der Nachkriegszeit, den Ost-West-Konflikt sowie die Konfrontation mit Terror und Gewalt. Betrachtet man, was die Ereignis- und Erlebnistypen politisch verbindet, die die aktuelle politische Position der Journalisten in unterschiedlicher Weise beeinflußt haben, bestätigt sich ein Befund des ersten Analyseschritts: Journalisten, die von Erfahrungen beeindruckt worden sind, die man als Geschehnisse mit linker politischer Qualität betrachten kann, besaßen aktuell häufiger linke und seltener rechte politische Einstellungen und Meinungen als diejenigen, die von Erfahrungen geprägt worden sind, die man als Geschehnisse mit rechter politischer Qualität betrachten kann. Die politische Qualität der Erfahrungen – im Sinne von Richtungsänderungen im politischen Denken der meisten Geprägten zum damaligen Zeitpunkt des Geschehens – scheint somit einen Einfluß auf die aktuelle politische Position der Journalisten zu besitzen. Dies gilt für alle Ereignis- und Erlebnistypen sowie in allen Generationen (Tabelle 27).

Tabelle 27: Einfluß von Ereignis- und Erlebnistypen auf die aktuelle politische Position von Journalisten verschiedener Generationen

Differenz der Prozentwerte für diejenigen, die von mindestens einer entsprechenden Erfahrung geprägt wurden, und diejenigen, die von keiner solchen Erfahrung geprägt wurden

Auszug aus den Vorgaben: Ausgewiesen sind nur Ereignis- und Erlebnistypen, die in mindestens einer Generation bedeutsame Unterschiede zwischen den Geprägten und nicht Geprägten erkennen lassen

Ereignis- und Erlebnistypen		Aktuelle politische Einstellungen: Vergleich mit den Schulfreunden			Aktuelle politische Meinungen: Index aus neun Forderungen		
		links davon %	gleich %	rechts davon %	überw. links %	ambivalent %	überw. rechts %
Bedrohung durch Krieg und Diktatur:							
»Großväter«	(n=118:50)	+16	–2	–14	+1	+9	–9
»Väter«	(n=27:135)	**	**	**	**	**	**
»Enkel«	(n=4:157)	**	**	**	**	**	**
Nachkriegserfahrungen:							
»Großväter«	(n=75:93)	–10	+15	–5	–17	+12	+5*
»Väter«	(n=48:114)	+4	+2	–5	–14	–5	+19
»Enkel«	(n=11:150)	**	**	**	**	**	**
Konfrontation mit dt. Vergangenheit/Schuld:							
»Großväter«	(n=33:135)	+17	–6	–11	+18	–5	–13
»Väter«	(n=35:123)	+10	–3	–7	+23	+6	–29*
»Enkel«	(n=31:130)	+15	+3	–18	+15	–13	–2
Ost-West-Konflikt:							
»Großväter«	(n=83:85)	–4	–8	+13	–7	–3	+9
»Väter«	(n=86:76)	+3	–3	+1	–14	–2	+16
»Enkel«	(n=28:133)	**	**	**	**	**	**
Einschränkungen durch Staat und Politik:							
»Großväter«	(n=30:138)	+15	–15	0	+10	+8	–20
»Väter«	(n=67:95)	+8	–4	–4	+28	–10	–18*
»Enkel«	(n=90:71)	+12	–2	–9	+23	–16	–7*
Einschränkungen journalistischer Freiheit:							
»Großväter«	(n=41:127)	+23	–12	–11	+15	+1	–17
»Väter«	(n=59:103)	+5	–11	+6	+13	–6	–6
»Enkel«	(n=39:122)	+1	+6	–7	–9	+9	+1
Konfrontation mit Terror und Gewalt:							
»Großväter«	(n=39:129)	–19	+16	+2	–15	–8	+23*
»Väter«	(n=68:94)	–9	+3	+6	–9	–2	+11
»Enkel«	(n=63:98)	0	–9	+7	–22	+4	+19*
Bedrohung durch Umwelt- u. Technikrisiken:							
»Großväter«	(n=44:124)	–5	+2	+3	+11	+3	–14
»Väter«	(n=73:89)	+6	+1	–8	0	+13	–13*
»Enkel«	(n=116:45)	+11	–2	–10	+7	–6	–1
Selbstbestimmte Erfahrungen:							
»Großväter«	(n=31:137)	–6	+18	–14	–7	+4	+3
»Väter«	(n=40:122)	+19	–18	–1	+1	–1	+1
»Enkel«	(n=45:116)	+14	–11	–4	+6	–13	+6

* Die Unterschiede zwischen den Antworten der geprägten und nicht geprägten Journalisten sind statistisch signifikant (Chi²-Test; $p < 0,05$).

** Die Erfahrungen hatten in dieser Generation zu wenige Journalisten geprägt, um einen Vergleich der Geprägten mit den nicht Geprägten durchführen zu können.

Lesebeispiel: 118 Journalisten der »Großväter«-Generation wurden durch Krieg und Diktatur geprägt. 50 Befragte dieser Generation nannte keine prägende Erfahrung dieses Typs (vgl die erste Datenzeile). Die »Großväter«, die durch Krieg und Diktatur geprägt worden sind, stuften ihr eigenes politisches Denken häufiger links von den Schulfreunden ein als ihre Altersgenossen, die nicht durch Krieg und Diktatur geprägt worden sind. Der Unterschied beträgt 16 Prozentpunkte. Er ist statistisch nicht signifikant.

Quelle: Historische Ereignisse I (1989).

Einfluß der Ereignis- und Erlebnistypen auf das aktuelle Berufsverständnis

Die Ereignis- und Erlebnistypen besaßen auf das Berufsverständnis der Journalisten aus den drei Generationen einen unterschiedlichen Einfluß. Deshalb wird im folgenden der spezifische Einfluß der Ereignis- und Erlebnistypen für die einzelnen Generationen getrennt betrachtet.

Die beruflichen Sichtweisen der *»Großväter«*-Generation wurden von Erfahrungen aller Typen und aller historischen Situationen beeinflußt. Einen besonderen Einfluß besaßen aber die Bedrohung durch Krieg und Diktatur, die Nachkriegszeit sowie die Konfrontation mit deutscher Vergangenheit und Schuld auf ihre Berufsmotive. Die Angehörigen dieser Generation, die durch solche Geschehnisse geprägt worden sind, waren häufiger als ihre nicht geprägten Altersgenossen Journalisten geworden, weil sie politische Entscheidungen beeinflussen wollten. Spannung, Abwechslung und berufliche Freiheit hatten für ihre Berufswahl dagegen eine deutlich geringere Rolle gespielt. In den Berufsmotiven der von Krieg, Diktatur und deutscher Vergangenheit Geprägten und nicht Geprägten schlägt sich die spezifische Bedeutung des Geschehens für das Leben der Einzelnen nieder: Weil viele Angehörige der »Großväter«-Generation durch politische Verfolgung und existenzielle Bedrohung in Diktatur und Krieg geprägt wurden, wollten sie als Journalisten später Einfluß auf politische Vorgänge nehmen – und damit einer Wiederholung dessen entgegenwirken, was sie am eigenen Leib schmerzhaft erfahren hatten. Einen bemerkenswerten Einfluß auf die Motive der »Großväter«-Generation für die Berufswahl hatten auch selbstgewählte Erfahrungen, die immerhin fast jeder fünfte aus dieser Altersgruppe mit Kirchenaustritt, Wohngemeinschaften oder Auslandsaufenthalten gemacht hatte. Der Wunsch nach Selbstverwirklichung, der sich in diesen prägenden Erlebnissen äußerte, schlug sich auch darin nieder, wie wichtig Spannung, Abwechslung und berufliche Freiheit bei der Entscheidung, Journalist zu werden, waren: Die »Großväter«, für die selbstgewählte Erfahrungen zu den einschneidenden Eindrücken gehörten, waren häufiger aus diesen Motiven Journalisten geworden als ihre Altersgenossen ohne entsprechende prägende Erlebnisse (Tabelle 28).

In der *»Väter«*-Generation zeigen sich Einflüsse des prägenden Geschehens besonders häufig und deutlich. Ihre aktuellen Berufsvorstellungen sind sehr oft durch Einschränkungen der journalistischen Freiheit sowie durch selbstgewählte Erfahrungen beeinflußt worden. Bemerkenswert oft haben aber auch noch Nachkriegserfahrungen und der Ost-West-Konflikt die beruflichen Ansichten

Tabelle 28: Einfluß verschiedener Ereignis- und Erlebnistypen auf das aktuelle Berufsverständnis von Journalisten der »Großväter«-Generation

Differenz der Prozentwerte für diejenigen, die von mindestens einer entsprechenden Erfahrung geprägt wurden, und diejenigen, die von keiner solchen Erfahrung geprägt wurden

Auszug aus den Vorgaben

Aktuelles Berufsverständnis	Bedrohung durch Krieg und Diktatur (n=118:50) %	Konfrontation mit dt. Vergangenheit/Schuld (n=33:135) %	Nachkriegserfahrungen (n=75:93) %	Selbstbestimmte Erfahrungen (n=31:137) %
Ursprüngliche Berufsmotive: Anteil derjenigen, die die Motive als wichtigste oder zweitwichtigste einstuften				
»Die spannende, abwechslungsreiche Tätigkeit«	–12	+2	+2	+18
»Die berufliche Freiheit …«	+6	0	+2	+10
»… politische Entscheidungen … beeinflussen«	+10	+6	–13*	+12
Aktuelle Anziehungspunkte: Anteil derjenigen, die die Motive als wichtigste oder zweitwichtigste einstuften				
»Die spannende, abwechslungsreiche Tätigkeit«	–20*	+1	–6	+1
»… politische Entscheidungen … beeinflussen«	+7	+14	–21*	+9

* Die Unterschiede zwischen den Antworten der geprägten und nicht geprägten Journalisten sind statistisch signifikant (Chi^2-Test; $p < 0,05$).

Lesebeispiel: 118 Journalisten der »Großväter«-Generation wurden durch Krieg und Diktatur geprägt. 50 Befragte dieser Generation nannte keine prägende Erfahrung dieses Typs. Die »Großväter«, die von Krieg und Diktatur geprägt worden sind, hatten häufiger ihren Beruf ergriffen, weil sie auf politische Entscheidungen Einfluß nehmen wollten, als ihre Altersgenossen, die nicht von Krieg und Diktatur geprägt worden sind. Dieser Unterschied beträgt 10 Prozentpunkte. Er ist statistisch nicht signifikant.

Quelle: Historische Ereignisse I (1989).

der »Väter« geprägt. Die Befunde belegen ihre besondere Situation als »Zwischengeneration«, die noch zahlreiche Erfahrungen mit den »Großvätern«, aber ebenso viele bereits mit den »Enkeln« teilt. Die Nachkriegserfahrungen von Not und Einschränkung, aber auch von wirtschaftlicher und politischer Entspannung hatten die Berufsmotive der »Väter« sowie ihre Ansichten zur Recherche, zur Neutralität und zu problematischen Publikationsentscheidungen beeinflußt. Diejenigen, die von den genannten Eindrücken geprägt worden sind, wollten seltener als ihre nicht geprägten Altersgenossen Spannung und Abwechslung im Beruf erleben. Wichtiger war ihnen die »Möglichkeit, Werte und Ideale zu vermitteln«. Sie hielten es auch häufiger für richtig, daß Journalisten »eigene Wertvorstellungen in ihrer Arbeit klar zum Ausdruck bringen«. Darin spiegelt sich vermutlich das gerade in der Nachkriegszeit neu gewonnene Bewußtsein für solche Werte und Ideale. Diejenigen, die in der damaligen Zeit einschneidende Erfahrungen machten, waren seltener als ihre Kollegen ohne solche prägenden Eindrücke bereit, die Recherche interner Informationen durch verdeckte Tätigkeit in einem Unternehmen zu billigen. Sie lehnten auch die Veröffentlichung streng geheimer »Regierungsunterlagen für außenpolitische Verhandlungen« häufiger ab. Einen ähnlichen Einfluß besaßen Eindrücke, die die »Väter«-Generation im Kontext des Ost-West-Konflikts geprägt hatten. Die Geprägten billigten deutlich seltener als die nicht Geprägten die Betätigung »in einem Betrieb«, »um an interne Informationen zu kommen«, die Beschaffung vertraulicher Unterlagen durch Geldzuwendungen sowie die Veröffentlichung geheimer Dokumente oder streng geheimer Regierungsunterlagen. Zu dieser Zurückhaltung haben die Eindrücke des Ost-West-Konflikts möglicherweise dadurch beigetragen, daß die Journalisten durch sie ein Gespür für Spannungen entwickelten, die sie mit ihrem Verhalten nicht unbedingt schüren wollten.

Das aktuelle journalistische Selbstverständnis der »Väter«-Generation wurde auch durch Einschränkungen beruflicher Freiheit beeinflußt. Das Bewußtsein für solche Einschränkungen entwickelten viele von ihnen vermutlich bei der »*Spiegel*-Affäre« 1962. Sensibilisiert durch das Geschehen empfanden viele politischen Druck in der Redaktion oder nahmen öffentliche Angriffe gegen ihre Arbeit wahr. Die Angehörigen der »Väter«-Generation, die von solchen Eindrücken geprägt worden sind, waren seltener als ihre nicht geprägten Kollegen Journalisten geworden, um Spannung und Abwechslung zu erleben. Sie vertraten jedoch häufiger die Ansicht, »Journalisten sollten eigene Wertvorstellungen in ihrer Arbeit klar zum Ausdruck bringen«. Darin zeigt sich eine Gegenposition zu den Einschränkungen, denen sie ihrem eigenen Empfinden nach häufig ausgesetzt waren. Diese Gegenposition schlug sich in einer offensiven Haltung zu Recherchemethoden und Publikationsentscheidungen nieder: Die von Einschränkungen ihrer journalistischen Freiheit geprägten Angehörigen der »Väter«-Generation billigten sehr viel häufiger als die nicht Geprägten umstrittene Vorgehensweisen bei der Informationsbeschaffung und die Veröffentlichung geheimer »Dokumente für außenpolitische Verhandlungen«. Die besondere Bereitschaft dieser Generation, umstrittene Recherchemethoden zu akzeptieren, resultiert offenbar auch zum Teil aus ihren selbstgewählten Erfahrungen in Wohngemeinschaften oder bei Auslandsaufenthalten. Diejenigen, die von solchen Aktivitäten besonders beeindruckt waren, zeigten sich für problematische Wege der Informationsbeschaffung deutlich häufiger aufgeschlossen als diejenigen, die keine entsprechenden Eindrücke nannten. Demnach übertrugen zahlreiche Journalisten dieser Generation die Freiheiten ihres individuellen Lebensstils auch auf ihren Beruf.

Ein systematischer Vergleich der aktuellen beruflichen Ansichten der drei Generationen in einem früheren Abschnitt zeigt, daß die »Väter«-Generation für den Generationswandel im Selbstverständnis von Journalisten eine besondere Rolle spielt. In dieser Altersgruppe zeigt sich besonders häufig ein Umbruch der Sichtweisen vom missionarischen Berufsbild der »Großväter«- zum Berufsbild des »Spürhundes« in der »Enkel«-Generation. In den Einschränkungen journalistischer Freiheit, die die »Väter«-Generation besonders häufig geprägt haben, kann man eine zentrale Ursache dieses Umbruchs erkennen: Die von *Spiegel*-Affäre, politischem Druck und öffentlichen Angriffen beeinflußten »Väter« waren einerseits noch dem missionarischen Berufsbild des Journalisten verhaftet, der seine eigenen Wertvorstellungen in der Arbeit zum Ausdruck bringt. Dies entspricht noch dem Selbstverständnis vieler Angehöriger der »Großväter«-Generation. Sie zeigten zugleich aber bereits auch eine ausgeprägte »Spürhund«-Mentalität, die möglicherweise ein Mittel ihrer Gegenwehr gegen die wahrgenommenen Einschränkungen darstellt. Damit nahmen sie die Berufsvorstellungen vieler Vertreter der »Enkel«-Generation vorweg (Tabelle 29).

Das aktuelle Berufsverständnis der Journalisten der *»Enkel«*-Generation wurde insgesamt seltener von den prägenden Geschehnissen beeinflußt als das der »Großväter«- und vor allem der »Väter«-Generation. Auffällig ist die besondere Bedeutung von Erfahrungen mit Einschränkungen durch Staat und Politik, gegen die sie zum Teil offen rebellierten. Hierzu gehören Schlüsselereignisse und -erlebnisse wie die »Demonstrationen in Brokdorf«, die »Nachrüstungsdebatte«, die Teilnahme an friedlichen Demonstrationen« oder die Entscheidung zur »Kriegsdienstverweigerung«. Diese Erfahrungen hatten vor allem die Ansichten der »Enkel« zur Recherche und zu Publikationsentscheidungen beeinflußt: Diejenigen, die von den Einschränkungen und Protesten geprägt worden sind, billigten die umstrittenen Methoden der Informationsbeschaffung und die Publikationsentscheidungen deutlich häufiger als ihre nicht geprägten Altersgenossen. In ähnlicher Weise, allerdings nicht so häufig wie die Angehörigen der »Enkel«-Generation, waren bereits die

Tabelle 29: Einfluß verschiedener Ereignis- und Erlebnistypen auf das aktuelle Berufsverständnis von Journalisten der »Väter«-Generation

Differenz der Prozentwerte für diejenigen, die von mindestens einer entsprechenden Erfahrung geprägt wurden, und diejenigen, die von keiner solchen Erfahrung geprägt wurden

Auszug aus den Vorgaben

Aktuelles Berufsverständnis	Nachkriegserfahrungen (n=48:114) %	Ost-West-Konflikt (n=86:76) %	Einschränkungen journalist. Freiheit (n=59:103) %	Selbstbestimmte Erfahrungen (n=40:122) %
Ursprüngliche Berufsmotive: Anteil derjenigen, die die Motive als wichtigste oder zweitwichtigste einstuften				
»Die spannende, abwechslungsreiche Tätigkeit«	–11	+2	–16*	–4
»Die berufliche Freiheit ...«	+1	+10	+3	–16
»... Werte und Ideale ... vermitteln«	+11	+4	–2	–1
»... politische Entscheidungen ... beeinflussen«	–1	–5	+5	–5
Aktuelle Anziehungspunkte: Anteil derjenigen, die die Motive als wichtigste oder zweitwichtigste einstuften				
»Die spannende, abwechslungsreiche Tätigkeit«	+1	+6	–5	+17
»... Werte und Ideale ... vermitteln«	+8	+8	–10	+5
»... politische Entscheidungen ... beeinflussen«	+1	–1	–4	–10
Ansichten zur Recherche: Anteil der Befragten, die mit *»Heiße gut«* oder *»Teils/teils«* antworteten				
»Sich als Mitarbeiter in einem Betrieb betätigen, um an interne Informationen zu kommen«	–10	–16*	+27*	+10
»Sich durch Geldzuwendungen vertrauliche Unterlagen beschaffen«	–1	–14	+12	+10
Ansichten zur Neutralität: Forderung *»Journalisten sollten eigene Wertvorstellungen in ihrer Arbeit klar zum Ausdruck bringen.«*				
»Stimme völlig«/»eher zu«	+11	–8	+10	+8
»Nicht zu sagen / weder noch«	–3	+1	0	–1
»Lehne ich völlig«/»eher ab«	–8	+7	–10	–6
Ansichten zur Publikation: Anteil der Befragten, die mit *»Heiße gut«* oder *»Teils/teils«* antworteten				
»Geheime Dokumente veröffentlichen ...«	–8	–20*	+11	–10
»Streng geheime Regierungsunterlagen ... veröffentlichen«	–13	–21*	+5	–7

* Die Unterschiede zwischen den Antworten der geprägten und nicht geprägten Journalisten sind statistisch signifikant (Chi²-Test; $p < 0,05$).

Lesebeispiel: 48 Journalisten der »Väter«-Generation wurden durch Nachkriegserfahrungen geprägt. 114 Befragte dieser Generation nannte keine prägende Erfahrung dieses Typs. Die »Väter«, die von Nachkriegserfahrungen geprägt worden sind, hatten häufiger ihren Beruf ergriffen, weil sie Werte und Ideale vermitteln wollten, als ihre Altersgenossen, die nicht von Nachkriegserfahrungen geprägt worden sind. Dieser Unterschied beträgt 11 Prozentpunkte. Er ist statistisch nicht signifikant.

Quelle: Historische Ereignisse I (1989).

»Väter« von den Einschränkungen und Protesten in ihren Ansichten zu Recherche und Publikation beeinflußt worden. Ein gravierender Unterschied zur »Väter«-Generation zeigt sich im Einfluß der Einschränkungen journalistischer Arbeit auf die Berufsvorstellungen der »Enkel«. Ihre »Spürhund«-Mentalität wurde – anders als man aufgrund der Effekte in der »Väter«-Generation erwarten konnte – offensichtlich nicht durch das Empfinden von Druck und Einschränkungen im Beruf ausgelöst: Diejenigen, die solche Erfahrungen als prägende Eindrücke nannten, billigten seltener als die nicht Geprägten die Veröffentlichung geheimer Dokumente und Regierungsunterlagen. Die Einschränkungen journalistischer Freiheit beeinflußten die beruflichen Sichtweisen der »Enkel«-Generation also in einer anderen Weise als die der »Väter«-Generation. Dies ist möglicherweise darauf zurückzuführen, daß die »Enkel« anderen Einschränkungen ausgesetzt waren und sind als die »Väter« – oder aber daß sie mit den Einschränkungen subjektiv andere Erfahrungen verbinden als sie (Tabelle 30).

Fazit

Die verschiedenen Typen prägender Geschehnisse hatten einen Einfluß auf die aktuellen politischen und beruflichen Sichtweisen der Journalisten in den drei Generationen. Dies kann man aus charakteristischen Unterschieden im Denken derjenigen schließen, die von den Ereignissen und Erlebnissen geprägt bzw. nicht geprägt wurden. Die Einflüsse des Geschehens auf das Berufsverständnis zeigen sich am häufigsten und deutlichsten in der »Väter«-Generation, etwas seltener in der »Großväter«- und »Enkel«-Generation. Wie vermutet, ist der Einfluß der einzelnen Ereignis- und Erlebnistypen nicht nur in den Generationen sichtbar, die besonders häufig davon geprägt wurden. Er zeigt sich auch in benachbarten Generationen – dort allerdings bei einer geringeren Zahl von Personen.

Betrachtet man alle drei Generationen zusammen, kann man feststellen, daß die als prägend erlebten Geschehnisse am häufigsten die aktuellen Ansichten zur Recherche und zur Publikation beeinflußten. Seltener waren Einflüsse auf die ursprünglichen und aktuellen Berufsmotive sowie die Ansichten zur Neutralität journalistischer Berichterstattung zu erkennen.[219] Einige Ereignis- und Er-

[219] Die zwölf Ereignis- und Erlebnistypen hatten in 22 von 50 möglichen Fällen Einfluß auf die Ansichten zur Recherche (44 %), in 19 von 50 Fällen Einfluß auf die Ansichten zu problematischen Publikationsentscheidungen (38 %), in 42 von 200 Fällen Einfluß auf ursprüngliche oder aktuelle Berufsmotive (21 %) und in vier von 25 Fällen Einfluß auf die Ansichten zur Neutralität (16 %). Basis der Berechnungen sind Unterschiede von mindestens zehn Prozent zwischen Jour-

Tabelle 30: Einfluß verschiedener Ereignis- und Erlebnistypen auf das aktuelle Berufsverständnis von Journalisten der »Enkel«-Generation

Differenz der Prozentwerte für diejenigen, die von mindestens einer entsprechenden Erfahrung geprägt wurden, und diejenigen, die von keiner solchen Erfahrung geprägt wurden

Auszug aus den Vorgaben

Aktuelles Berufsverständnis	Einschränkungen durch Staat und Politik (n=90:71) %	Einschränkungen journalist. Freiheit (n=39:122) %
Ansichten zur Recherche: Anteil der Befragten, die mit *»Heiße gut«* oder *»Teils/teils«* antworteten		
»Sich als Mitarbeiter in einem Betrieb betätigen, um an interne Informationen zu kommen«	+11	–8
»Sich durch Geldzuwendungen vertrauliche Unterlagen beschaffen«	+8	–7
Ansichten zur Publikation: Anteil der Befragten, die mit *»Heiße gut«* oder *»Teils/teils«* antworteten		
»Geheime Dokumente veröffentlichen …«	+12	–18*
»Streng geheime Regierungsunterlagen … veröffentlichen«	+19*	–29*

* Die Unterschiede zwischen den Antworten der geprägten und nicht geprägten Journalisten sind statistisch signifikant (Chi²-Test; $p < 0,05$).

Lesebeispiel: 90 Journalisten der »Enkel«-Generation wurden von Einschränkungen durch Staat und Politik geprägt. 71 Befragte dieser Generation nannte keine prägende Erfahrung dieses Typs. Die »Enkel«, die von Einschränkungen durch Staat und Politik geprägt worden sind, billigten häufiger die Veröffentlichung streng geheimer Regierungsunterlagen als ihre Altersgenossen, die nicht von Einschränkungen durch Staat und Politik geprägt worden sind. Dieser Unterschied beträgt 19 Prozentpunkte. Er ist statistisch signifikant.

Quelle: Historische Ereignisse I (1989).

lebnistypen weckten oder bestärkten bei denjenigen, die davon geprägt worden sind, mehrheitlich offensive Berufsvorstellungen, die einem Selbstverständnis als »Spürhund« entsprechen. Es handelt sich vor allem um die Konfrontation mit deutscher Vergangenheit und Schuld sowie Einschränkungen durch Staat und Politik, zum Teil auch Einschränkungen journalistischer Freiheit. Andere Ereignis- und Erlebnistypen förderten bei denjenigen, die davon geprägt worden sind, mehrheitlich Skepsis gegenüber umstrittenen Recherchemethoden und Publikationsentscheidungen. Es handelt sich

nalisten der einzelnen Generationen, die von den Ereignis- bzw. Erlebnistypen geprägt wurden, und ihren nicht geprägten Altersgenossen.

zum Teil um die Erfahrungen der Nachkriegszeit, vor allem aber das Geschehen im Verlauf des Ost-West-Konflikts sowie die Konfrontation mit Terror und Gewalt.

Betrachtet man die Merkmale der Geschehnisse genauer, die die Ansichten in unterschiedlicher Weise beeinflußten, wird erneut die besondere Bedeutung der politischen Qualität der Erfahrungen sichtbar. Die Ereignis- und Erlebnistypen, die die Billigung offensiver Recherchemethoden und Publikationsentscheidungen gefördert hatten, können mehrheitlich als Geschehnisse mit linker politischer Qualität betrachtet werden. Die Erfahrungen, die eher Skepsis gegenüber den genannten Verhaltensweisen und Entscheidungen gefördert hatten, können meist als Eindrücke mit rechter politischer Qualität betrachtet werden. Dieser Befund ist ein erneuter Beleg für die Vermutung, daß die politische Qualität der prägenden Erfahrungen einen systematischen Einfluß auf das aktuelle Berufsverständnis der Journalisten besitzt. Diese Vermutung wird im folgenden Analyseschritt präzisiert und genauer überprüft.

4.2.7.4 Einfluß der politischen Qualität prägender Erfahrungen

Aus den Unterschieden in der aktuellen politischen Position und im aktuellen Berufsverständnis der Generationsangehörigen, die von linken bzw. rechten Ereignissen geprägt worden sind, kann man folgende Vermutung ableiten: Die Journalisten aus den drei Generationen unterscheiden sich in ihren Ansichten unter anderem deshalb, weil sie mit unterschiedlicher Intensität Ereignissen und Erlebnissen mit unterschiedlicher politischer Qualität ausgesetzt waren. Diese Annahme wird im folgenden Analyseschritt geprüft. In einem früheren Abschnitt wurde die politische Qualität der historischen Ereignisse und individuellen Erlebnisse bestimmt. Sie zeigt an, daß das politische Denken der Mehrzahl der Journalisten davon damals nach rechts oder nach links bewegt wurde. Grundlage für die Bestimmung der politischen Qualität der Geschehnisse bilden die Erinnerungen aller davon Geprägten an die erlebte Veränderung ihrer politischen Position, die das Ereignis oder Erlebnis zum damaligen Zeitpunkt ausgelöst hat. Bei der politischen Qualität handelt es sich um eine überindividuelle Eigenschaft der Geschehnisse. Die überindividuelle politische Qualität von Erfahrungen und ihre individuelle Wahrnehmung stimmen in einem Großteil der Fälle überein, können sich im Einzelfall aber auch unterscheiden.[220] Solche Unterschiede werden im folgenden vernachläs-

[220] So kann beispielsweise ein einzelner Redakteur seine eigene Weltsicht durch

sigt. Sie sagen zwar etwas über das einzelne Individuum aus, aber nichts über die Geschehnisse, die als Ursachen der heutigen politischen und beruflichen Sichtweisen der drei Generationen betrachtet werden.

Anhand ihrer politische Qualität werden die historischen Ereignisse und individuellen Erlebnisse in drei Kategorien – linke, ambivalente und rechte Erfahrungen – eingeteilt. Für die Klassifikation ist ausschließlich die politische *Richtung* der Erfahrungen ausschlaggebend. Nicht berücksichtigt wird, wie weit links bzw. rechts im politischen Spektrum man die Ereignisse und Erlebnisse lokalisieren kann, wie groß also der Überhang von Befragten ist, deren Denken damals nach links bzw. rechts bewegt wurde. Der Verlust dieser Information wird in Kauf genommen, um ein möglichst klares Kriterium für die Bildung der Analysegruppen zu erhalten. Im nächsten Schritt wird für jeden Befragten festgestellt, ob er überwiegend durch Eindrücke mit linker oder rechter politischer Qualität geprägt wurde. Dazu wird der Saldo aus der Anzahl der linken und der Anzahl der rechten Ereignisse und Erlebnisse gebildet. Weil unter den 34 Ereignissen wie auch unter den 33 Erlebnissen die Eindrücke mit linker politischer Richtung die rechten Erfahrungen überwiegen, ist die Wahrscheinlichkeit größer, daß ein Journalist mehr linke als rechte historische Ereignisse und mehr linke als rechte individuelle Erlebnisse nannte als umgekehrt. Dies ist bei der Betrachtung der Ergebnisse zu berücksichtigen.

Von den Angehörigen der »Großväter«-Generation war etwa die Hälfte überwiegend von linken *historischen Ereignissen* geprägt worden, knapp ein Drittel überwiegend von rechten Ereignissen. Von den Journalisten der »Enkel«-Generation waren dagegen zwei Drittel vor allem von linkem Geschehen geprägt worden, nicht einmal jeder zehnte nannte mehr rechte als linke Ereignisse. Die »Väter«-Generation nahm eine Mittelposition zwischen den älteren und jüngeren Kollegen ein. Die genannten Unterschiede zwischen den Generationen zeigen sich nur für die historischen Ereignisse, nicht aber für die *individuellen Erlebnisse*. In allen drei Altersgruppen waren deutlich mehr als zwei Drittel der Befragten überwiegend durch linke Eindrücke geprägt worden. Kaum jemand hatte mehr rechte als linke Erlebnisse genannt. Eine Ursache dafür dürfte darin liegen, daß nur vier der 33 individuellen Erlebnisse eine

das Miterleben der »*Spiegel*-Affäre« durchaus nach rechts beeinflußt sehen, obwohl es sich aufgrund der Reaktionen der meisten Journalisten, die von dem Ereignis geprägt wurden, um eine Erfahrung mit deutlich ausgeprägter linker politischer Qualität handelt (Indexwert -0,89).

Tabelle 31: Prägung von Journalisten verschiedener Generationen durch Erfahrungen mit unterschiedlicher politischer Richtung

Basis: Politische Qualität der historischen Ereignisse und individuellen Erlebnisse, anhand derer sie in linke, ambivalente/neutrale und rechte Erfahrungen eingeteilt wurden. Für jeden Befragten wurde der Saldo aus der Anzahl der prägenden linken und der Anzahl der prägenden rechten Ereignisse bzw. Erlebnisse gebildet.

	»Großväter« geboren 1909–35 (n=168) %	»Väter« geboren 1936–50 (n=162) %	»Enkel« geboren 1951–66 (n=161) %
Prägung durch historische Ereignisse:*			
Überwiegend links	49	53	67
Ambivalent / neutral	21	19	25
Überwiegend rechts	30	28	8
Summe	100	100	100
Prägung durch individuelle Erlebnisse:			
Überwiegend links	69	73	71
Ambivalent / neutral	30	25	28
Überwiegend rechts	1	2	1
Summe	100	100	100

* Die Unterschiede zwischen den Journalisten aus den drei Generationen sind statistisch signifikant (Chi^2-Test; $p < 0{,}05$).

Überwiegend links = Befragter nannte mehr linke als rechte Erfahrungen.

Ambivalent / neutral = Befragter nannte gleich viele linke und rechte bzw. ambivalente Erfahrungen.

Überwiegend rechts = Befragter nannte mehr rechte als linke Erfahrungen.

Quelle: Historische Ereignisse I (1989).

rechte politische Qualität besaßen. Dies mag auf die Auswahl der Erlebnisse zurückzuführen sein, kann jedoch auch die Verarbeitung der Erlebnisse durch die Befragten reflektieren (Tabelle 31).

Einfluß der politischen Richtung des Geschehens auf die aktuelle politische Position

Um zu prüfen, ob die politische Richtung der prägenden Erfahrungen einen systematischen Einfluß auf die aktuelle politische Position besaßen, werden die generellen politischen Einstellungen und die konkreten politischen Meinungen der überwiegend durch linke Erfahrungen Geprägten mit den entsprechenden Ansichten der überwiegend durch rechte Erfahrungen geprägten Kollegen verglichen.

Für diese Vergleiche werden nur die historischen Ereignisse herangezogen. Die individuellen Erlebnisse werden von der Betrachtung ausgenommen, weil die Zahl der überwiegend von rechten Erlebnissen geprägten Journalisten keine hinreichende rechnerische Grundlage bietet. Auch ist zu berücksichtigen, daß die politische Qualität der individuellen Erlebnisse möglicherweise in hohem Maße von den subjektiven Interpretationen der Journalisten und vom jeweiligen historischen Kontext abhängt. Deshalb kann man sie nicht ohne weiteres als unabhängige Variable betrachten. In der »Enkel«-Generation ist der Anteil der überwiegend von linkem Geschehen Geprägten deutlich höher als in der »Väter«-Generation und dort wiederum höher als in der »Großväter«-Generation. Wenn die politische Richtung des historischen Geschehens einen Einfluß auf die aktuellen politischen und vor allem beruflichen Denkweisen besitzt, müssen sich in allen drei Generationen die Ansichten derjenigen, die vor allem von linken Ereignissen beeindruckt worden sind, von den Ansichten derjenigen unterscheiden, die vor allem von rechten Ereignissen beeindruckt worden sind.

Die aktuellen politischen Ansichten der Journalisten, die überwiegend von Ereignissen mit linker politischer Qualität geprägt wurden, unterscheiden sich in allen drei Generationen erheblich von den aktuellen politischen Ansichten der Kollegen, die überwiegend von Ereignissen mit rechter politischer Qualität geprägt wurden. Die vor allem von linkem Geschehen beeindruckten Redakteure besaßen deutlich häufiger linke politische Einstellungen als ihre Altersgenossen, die vor allem von rechtem Geschehen geprägt worden sind. Dies ist daran zu erkennen, daß sie ihre politische Position im Herbst 1989 häufiger links bzw. seltener rechts von den Schulfreunden einstuften. Die vor allem von linken Ereignissen geprägten Journalisten besaßen darüber hinaus auch häufiger linke politische Meinungen als ihre Kollegen, die vor allem von rechten Geschehnissen geprägt worden sind. Dies ist daran zu erkennen, daß sie im Herbst 1989 linken Forderungen häufiger zustimmten und rechte Forderungen häufiger ablehnten als diese (Tabelle 32).

Einfluß der politischen Richtung des Geschehens auf das aktuelle Berufsverständnis

Der Einfluß von historischen Ereignissen mit unterschiedlicher politischer Qualität manifestiert sich vor allem in den aktuellen Ansichten zu umstrittenen Recherchemethoden und Publikationsentscheidungen. Die überwiegend durch linkes Geschehen geprägten Journalisten hielten Geldzahlungen für vertrauliche Informationen und verdeckte Recherche wesentlich häufiger für akzeptabel als die

Tabelle 32: Einfluß der politischen Richtung prägender historischer Ereignisse auf die aktuelle politische Position von Journalisten

Differenz der Prozentwerte für diejenigen, die überwiegend von linken Ereignissen geprägt wurden, und diejenigen, die überwiegend von rechten Ereignissen geprägt wurden

Aktuelle politische Position	»Großväter« geboren 1909–35 (n=82:51) %	»Väter« geboren 1936–50 (n=86:46) %	»Enkel« geboren 1951–66 (n=108:13) %
Generelle politische Einstellungen: Vergleich mit den Schulfreunden	*	*	
»eindeutig«/»eher links davon«	+24	+28	+22
»mehr oder weniger gleich«	–3	–19	+2
»eindeutig«/»eher rechts davon«	–21	–9	–24
Konkrete politische Meinungen: Index aus neun Forderungen	*	*	*
überwiegend links	+26	+36	+67
ambivalent	+11	+6	–14
überwiegend rechts	–38	–41	–53

* Die Unterschiede zwischen den Antworten der überwiegend von linken bzw. rechten Ereignissen geprägten Journalisten sind statistisch signifikant (Chi^2-Test; $p < 0{,}05$).

Lesebeispiel: 82 Journalisten der »Großväter«-Generation wurden überwiegend durch linke historische Ereignisse geprägt, 51 überwiegend durch rechte. Die »Großväter«, die überwiegend durch linke Geschehnisse geprägt worden sind, stuften ihr eigenes politisches Denken häufiger links von dem ihrer Schulfreunde ein als ihre Altersgenossen, die überwiegend durch rechte Ereignisse geprägt worden sind. Dieser Unterschied beträgt 24 Prozentpunkte. Er ist statistisch signifikant.

Quelle: Historische Ereignisse I (1989).

überwiegend durch rechtes Geschehen geprägten Journalisten. Sie billigten auch deutlich häufiger die Veröffentlichung geheimer Dokumente für außenpolitische Verhandlungen und die Publikation geheimer Regierungspläne.

Neben diesen allgemeinen Befunden zeigen sich einige generationsspezifische Zusammenhänge. Die politische Richtung des Geschehens, das die Angehörigen der »Großväter«-Generation geprägt hatte, besaß einen Einfluß auf deren Berufsmotive. Redakteure dieser Generation, die vor allem linke Ereignisse nannten, waren häufiger wegen der beruflichen Freiheit Journalisten geworden als ihre Altersgenossen, die überwiegend von rechtem Geschehen beeindruckt worden sind. Sie wollten demgegenüber seltener Werte und Ideale vermitteln. In der »Enkel«-Generation zeigt sich ein

Tabelle 33: Einfluß der politischen Richtung prägender historischer Ereignisse auf das aktuelle Berufsverständnis von Journalisten

Differenz der Prozentwerte für diejenigen, die überwiegend von linken Ereignissen geprägt wurden, und diejenigen, die überwiegend von rechten Ereignissen geprägt wurden

Auszug aus den Vorgaben

Aktuelles Berufsverständnis	»Großväter« geboren 1909–35 (n=82:51) %	»Väter« geboren 1936–50 (n=86:46) %	»Enkel« geboren 1951–66 (n=108:13) %
Ursprüngliche Berufsmotive: Anteil derjenigen, die die Motive als wichtigste oder zweitwichtigste einstuften			
»Die berufliche Freiheit ...«	+15*	+8	–3
»... Werte und Ideale ... vermitteln«	–14	–8	+3
Aktuelle Anziehungspunkte: Anteil derjenigen, die die Motive als wichtigste oder zweitwichtigste einstuften			
»... Werte und Ideale ... vermitteln«	–10	–6	0
Ansichten zur Recherche: Anteil der Befragten, die mit *»Heiße gut«* oder *»Teils/teils«* antworteten			
»Sich als Mitarbeiter in einem Betrieb betätigen, um an interne Informationen zu kommen«	+25*	+40*	+20
»Sich durch Geldzuwendungen vertrauliche Unterlagen beschaffen«	+13*	+17	+41*
Ansichten zur Neutralität: Forderung *»Journalisten sollten eigene Wertvorstellungen in ihrer Arbeit klar zum Ausdruck bringen.«*			
»Stimme völlig«/»eher zu«	–6	+9	+28
»Nicht zu sagen / weder noch«	+1	–4	–12
»Lehne ich völlig«/»eher ab«	+5	–6	–16
Ansichten zur Publikation: Anteil der Befragten, die mit *»Heiße gut«* oder *»Teils/teils«* antworteten			
»Geheime Dokumente veröffentlichen ...«	+20*	+18*	+24*
»Streng geheime Regierungsunterlagen ... veröffentlichen«	+25*	+10	+61*

* Die Unterschiede zwischen den Antworten der überwiegend von linken bzw. rechten Ereignissen geprägten Journalisten sind statistisch signifikant (Chi^2-Test; $p < 0,05$).

Lesebeispiel: 82 Journalisten der »Großväter«-Generation wurden überwiegend durch linke historische Ereignisse geprägt, 51 überwiegend durch rechte. Die »Großväter«, die überwiegend durch linke Geschehnisse geprägt worden sind, billigten häufiger die Veröffentlichung streng geheimer Regierungsunterlagen als ihre Altersgenossen, die überwiegend durch rechte Ereignisse geprägt worden sind. Dieser Unterschied beträgt 25 Prozentpunkte. Er ist statistisch signifikant.

Quelle: Historische Ereignisse I (1989).

Einfluß der politischen Richtung ihrer prägenden Erfahrungen auf die aktuellen Ansichten zur Neutralität. Von linkem Geschehen geprägte Redakteure waren häufiger der Ansicht, »Journalisten sollten eigene Wertvorstellungen in ihrer Arbeit klar zum Ausdruck bringen«, als die wenigen von rechten Ereignissen geprägten Kollegen dieser Generation. Die Befunde belegen die Annahme, daß die politische Richtung der prägenden Erfahrungen von Journalisten einen systematischen Einfluß auf ihre beruflichen Ansichten ausübten. Weil die Zahl der linken prägenden Ereignisse von Generation zu Generation zunahm, konnten sich in der »Väter«-, vor allem aber in der »Enkel«-Generation berufliche Sichtweisen durchsetzen, die bereits die von linkem Geschehen geprägten »Großväter« besaßen. Sie dominierten das Berufsverständnis der älteren Journalisten jedoch noch nicht so deutlich, weil in der »Großväter«-Generation auch noch sehr viele von rechten Ereignissen geprägt wurden, dadurch später andere berufliche Sichtweisen entwickelten und ein Gegengewicht zum »linken« Berufsverständnis ihrer Altersgenossen bildeten (Tabelle 33).

4.2.8 Ursache und Wirkung

4.2.8.1 Generelles Kausalitätsproblem

In der bisherigen Darstellung wurden die prägenden historischen Ereignisse und die damit verbundenen individuellen Erlebnisse als Ursachen der aktuellen politischen Position und der aktuellen Berufsauffassung von Journalisten betrachtet. Die Grundlage dafür sind generationstheoretische Überlegungen. Danach bilden Generationen ihre spezifischen Charakteristika aufgrund der gemeinsamen Lebenserfahrungen in der Jugendzeit. Die im letzten Abschnitt präsentierten Zusammenhänge zwischen dem prägenden Geschehen und den späteren politischen sowie beruflichen Sichtweisen wurden als Belege des vermuteten Einflusses der Ereignisse und Erlebnisse auf das Denken der Generationen interpretiert. Sie bestätigen auch die Aussagen über den Einfluß prägender Lebenserfahrungen in biographischen und autobiographischen Darstellungen.

Der hier vorgelegten Betrachtungsweise kann man eine alternative Interpretationsmöglichkeit gegenüberstellen. Der enge Zusammenhang zwischen den als prägend genannten Geschehnissen und den aktuellen Denkweisen der Journalisten ist danach kein Beleg für einen Einfluß des Geschehens auf das Denken. Er ist vielmehr umgekehrt ein Beleg für den Einfluß der aktuellen Sichtweisen auf die rückblickende Wahrnehmung und Darstellung der eigenen Biographie. Demnach sind die aktuelle politische Position und das aktuelle Berufsverständnis der Journalisten aus den drei Generationen die Ursachen ihrer Erinnerung an prägende historische Ereignisse und individuelle Erlebnisse. Die Grundlage dieser Betrachtungsweise bilden konsistenztheoretische Überlegungen: Danach tendieren Menschen dazu, ein konsistentes Bild von sich und der Welt zu besitzen – und nach außen zu zeigen.[221] Folglich kann zum Beispiel ein überzeugter Linker sein Leben rückblickend durch die Brille seiner aktuellen politischen Überzeugung sehen und deshalb vor allem linke prägende Ereignisse erinnern. Ein überzeugter Rechter erinnert dementsprechend vor allem Geschehnisse, die die Entwicklung rechter Sichtweisen nahelegen. Ein Journalist mit ausgeprägter »Spürhund«-Mentalität wird rückblickend vor allem solche Erlebnisse als einschneidend empfinden, die zu seinem aktuellen Berufsbild passen – etwa Erfahrungen, die ihn als selbständigen, unabhängigen und kritischen Menschen zeigen, der für politische und berufliche Einschränkungen sensibel ist und mit journalistischen Mitteln dagegen angeht. Analog wird ein Journalist mit »missionarischer« Berufsauffassung Stationen seiner Biographie in den Vordergrund stellen, die seine aktuelle Motivation rechtfertigen – etwa Erlebnisse von politischer Verfolgung und Unterdrückung, von existenzieller Bedrohung oder sozialer und wirtschaftlicher Benachteiligung. Sie bilden quasi ex post facto die Rechtfertigung für die Aufgabe, Werte und Ideale zu vermitteln bzw. Einfluß auf politische Entscheidungen zu nehmen. Mit einem von Hans Mathias Kepplinger geprägten Begriff kann man von einer »instrumentellen Aktualisierung«[222] der Ereignisse und Erlebnisse sprechen, die die aktuellen politischen und beruflichen Denkweisen der Journalisten verschiedener Generationen bestätigen bzw. rechtfertigen. Aus dieser Perspektive betrachtet, stellen die Erinnerungen an prägende Ereignisse und Erlebnisse Rationalisierungen dar – scheinrationale Rechtfertigungen augenblicklicher Sichtweisen, die die eigene Gegenwart als logische Folge der erlebten Vergangenheit erscheinen lassen.

Anhand der vorliegenden Daten können Zusammenhänge zwischen den prägenden Lebenserfahrungen und aktuellen politischen bzw. beruflichen Sichtweisen identifiziert werden. Es ist allerdings

[221] Vgl. dazu die Überlegungen der Konsistenztheorien, vor allem bei Heider 1946; Osgood, Tannenbaum 1967; Festinger 1957.

[222] Kepplinger, Brosius, Staab, Linke 1989.

nicht mit Sicherheit zu klären, ob die prägenden historischen Ereignisse und individuellen Erlebnisse eher als Ursache der heutigen politischen und beruflichen Sichtweisen von Journalisten zu betrachten sind, oder ob ihre aktuellen Sichtweisen eher eine Ursache der Wahrnehmung des Einflusses prägender Geschehnisse in der eigenen Biographie darstellt. Man kann davon ausgehen, daß Wechselwirkungen bestehen zwischen dem tatsächlichen Einfluß der prägenden Eindrücke, den aktuellen politischen und beruflichen Sichtweisen und der Erinnerung an den Einfluß prägender Eindrücke.

4.2.8.2 Relativer Einfluß der prägenden Geschehnisse

Folgt man der Vermutung, daß die prägenden Erfahrungen nicht die Ursache der aktuellen Sichtweisen bilden, sondern daß die Erinnerung an die prägenden Erfahrungen eine Folge der aktuellen Sichtweisen der Journalisten darstellt, ist der enge Zusammenhang zwischen der politischen Qualität der Ereignisse und dem heutigen Berufsverständnis eine Scheinkorrelation. Für diese Vermutung spricht, daß das aktuelle Berufsverständnis der Befragten eng mit ihren aktuellen konkreten politischen Meinungen zusammenhängt. Demnach kann man vermuten, daß die tatsächliche Ursache der aktuellen beruflichen Sichtweisen die aktuelle politische Position der Journalisten ist. Sie würde demnach sowohl einen Einfluß auf die Nennung der Ereignisse als auch auf die beruflichen Ansichten besitzen. Zwar kann man das Verhältnis von Ursache und Wirkung mit den vorliegenden Daten nicht zweifelsfrei klären. Man kann aber feststellen, ob die politische Qualität der historischen Ereignisse einen eigenständigen Beitrag zur Erklärung der aktuellen beruflichen Sichtweisen leistet, oder ob die beruflichen Sichtweisen ausschließlich von der aktuellen politischen Position abhängen. Wenn die verschiedentlich gezeigten Zusammenhänge zwischen der politischen Qualität der Ereignisse und dem aktuellen Berufsverständnis der Journalisten ausschließlich Rationalisierungen sind, darf die politische Qualität der Ereignisse keinen eigenständigen Beitrag zur Erklärung des Berufsverständnisses leisten. Leistet sie aber einen Beitrag, ist dies ein Beleg für die Grundannahme der vorliegenden Untersuchung – daß die prägenden Ereignisse der Generationen zur Erklärung des Wertewandels im Journalismus beitragen.

Zur Analyse dieses Sachverhalts wird eine hierarchische multiple Regression durchgeführt, in die als unabhängige Variablen zunächst die aktuellen politischen Sichtweisen und anschließend die politische Qualität der prägenden historischen Ereignisse eingehen. Als abhängige Variablen werden die Ansichten der Journalisten zu den umstrittenen Recherchemethoden und Publikationsentscheidungen herangezogen. Die genannte Vorgehensweise führt dazu, daß nur noch jener Einfluß der politischen Qualität der Ereignisse ausgewiesen wird, der über den Einfluß der aktuellen politischen Ansichten hinausgeht. Die Analyse wird für beide Indikatoren der aktuellen politischen Position – die generellen politischen *Einstellungen* und die konkreten politischen *Meinungen* – getrennt durchgeführt. In die Berechnungen werden hier die ursprünglichen Skalenwerte für die politischen Einstellungen und Meinungen einbezogen. Sie liegen zwischen –2 und +2. Zur genaueren Bestimmung der Einflußrichtung des historischen Geschehens wird nicht mehr nur die linke oder rechte politische Richtung berücksichtigt. In die Analyse gehen die exakten Werte für die politische Qualität ein, die zwischen –1 und +1 liegen können.[223] Für jeden Befragten werden die Werte für die politische Qualität seiner maximal drei prägenden Ereignisse addiert. Die so ermittelten Indexwerte können theoretisch zwischen –3 und +3 liegen, tatsächlich streuen sie zwischen –2,8 und +1,6. Für die Analyse werden schließlich auch die ursprünglichen Skalen verwendet, mit denen die Billigung bzw. Mißbilligung von Recherchemethoden und Publikationsentscheidungen gemessen wurden. Die Skalenwerte liegen zwischen –1 und +1.[224]

Die *generellen politischen Einstellungen* der Journalisten leisten in der »Großväter«- und »Enkel«-Generation in zwei, in der »Väter«-Generation in einem von vier Fällen einen Beitrag zur Erklärung der beruflichen Sichtweisen. Die aktuellen politischen Einstellungen spielen damit nur eine relativ geringe Rolle. Die *politische Qualität* der prägenden Ereignisse leistet auch nach Berücksichtigung der aktuellen politischen Einstellungen sehr häufig einen eigenständigen Beitrag zur Erklärung der beruflichen Sichtweisen. Dies ist in der »Großväter«-Generation in allen vier, in der »Väter«-Generation in drei Fällen so, in der »Enkel«-Generation allerdings in keinem Fall. Letzteres hat vermutlich methodische und inhaltliche Ursachen. Eine methodische Ursache besteht in der relativ geringen Varianz der Variablen, die in die Analyse der»Enkel«-Generation einbezogen wurden. Eine inhaltliche Ursache liegt darin, daß die »Enkel« auf eine wesentlich kürzere Lebenszeit zurückblicken als ihre älteren Kollegen. Ihre prägenden Ereignisse liegen deshalb zeitlich nah am Zeitpunkt der Befragung – und da-

[223] Sie sind in Tabelle A 13 im Anhang enthalten.

[224] Die Befragten konnten mit »Heiße gut« (Skalenwert –1), »Teils / teils« (Skalenwert 0) und »Mißbillige« (Skalenwert +1) antworten.

mit auch an ihren damals aktuellen politischen Sichtweisen. Die Wechselwirkungen zwischen diesen Sichtweisen und der Wahrnehmung des prägenden Einflusses der Ereignisse dürften hier besonders stark sein – und deshalb keine klare Unterscheidung zwischen Ursache und Wirkung zulassen. Somit verschwimmt in der »Enkel«-Generation der Einfluß der politischen Qualität ihrer prägenden Erfahrungen vermutlich noch stärker mit dem ihrer aktuellen politischen Ansichten, als dies in der »Väter«- und »Großväter«-Generation der Fall ist.

Die politische Qualität der prägenden Ereignisse der »Großväter«- und »Väter«-Generation besitzt in drei bzw. vier Fällen einen stärkeren Einfluß auf die beruflichen Sichtweisen als die aktuellen politischen Einstellungen. Besonders deutlich ist dies bei den Ansichten der »Großväter« zur Veröffentlichung streng geheimer Regierungspläne zu erkennen, ebenso bei den Ansichten der »Väter« zur verdeckten Recherche interner Informationen und zur Veröffentlichung geheimer Dokumente. Aufgrund der Ergebnisse kann man feststellen, daß – soweit Kausalaussagen auf der Grundlage von Regressionsanalysen überhaupt möglich sind – die politische Qualität der prägenden Ereignisse von Journalisten unabhängig von ihren aktuellen politischen Einstellungen einen eigenständigen Einfluß auf ihre Ansichten zur Recherche und zu umstrittenen Publikationsentscheidungen besitzen (Tabelle 34).

Die *konkreten politischen Meinungen* der Journalisten leisten in der »Großväter«-Generation in vier, in der »Väter«- und »Enkel«-Generation in drei Fällen einen Beitrag zur Erklärung der beruflichen Sichtweisen. Die konkreten politischen Meinungen spielen damit eine größere Rolle als die generellen politischen Einstellungen. Auch hier leistet jedoch die *politische Qualität* der prägenden Ereignisse nach Berücksichtigung der aktuellen politischen Meinungen einen eigenständigen Beitrag zur Erklärung einiger beruflicher Sichtweisen. Dies ist in der »Großväter«- und »Väter«-Generation in jeweils zwei der vier Fälle so. Die politische Qualität des prägenden Geschehens leistet auch hier in der »Enkel«-Generation keinen zusätzlichen Beitrag zur Erklärung der Ansichten zu den Recherchemethoden und Publikationsentscheidungen. Die möglichen Ursachen wurden bereits genannt. Bei den »Großvätern« und »Vätern« besitzt die politische Qualität ihrer prägenden historischen Ereignisse in allen Fällen einen schwächeren Einfluß auf die beruflichen Sichtweisen als die politischen Meinungen. Dies konnte man erwarten, da die konkreten politischen Meinungen und das Berufsverständnis in allen drei Generationen sehr häufig starke Zusammenhänge aufweisen. Trotz dieser Einschränkung deuten auch die

Tabelle 34: Relativer Einfluß der aktuellen generellen politischen Einstellungen von Journalisten aus drei Generationen und der politischen Qualität ihrer prägenden historischen Ereignisse auf ihre aktuellen beruflichen Sichtweisen

Hierarchische multiple Regressionen

	»Großväter«, geboren 1909–35 (n=168)					»Väter«, geboren 1936–50 (n=162)					»Enkel«, geboren 1951–66 (n=161)				
	Generelle politische Einstellung		Polit. Qualität der prägenden Ereignisse			Generelle politische Einstellung		Polit. Qualität der prägenden Ereignisse			Generelle politische Einstellung		Polit. Qualität der prägenden Ereignisse		
		Erklärte Varianz		Zusätzlich erklärte Varianz	Gesamtvarianz		Erklärte Varianz		Zusätzlich erklärte Varianz	Gesamtvarianz		Erklärte Varianz		Zusätzlich erklärte Varianz	Gesamtvarianz
	beta	%	beta	%	%	beta	%	beta	%	%	beta	%	beta	%	%
Recherche:															
»Sich als Mitarbeiter in einem Betrieb betätigen, um an interne Informationen zu kommen.«	0,09	0,8	0,22	3,9*	4,7*	0,25	6,0*	0,33	10,3*	16,4*	0,17	2,9*	0,06	0,3	3,2
»Sich durch Geldzuwendungen vertrauliche Unterlagen beschaffen.«	0,11	1,2	0,23	4,4*	5,6*	0,07	0,5	0,19	3,2*	3,7	–0,07	0,5	0,09	0,8	1,3
Publikationsentscheidungen:															
»Geheime Dokumente veröffentlichen, deren Bekanntmachung nach Ansicht der Regierung den Interessen der BRD schadet.«	0,26	6,6*	0,22	4,0*	10,7*	0,12	1,6	0,31	8,7*	10,2*	0,18	3,1*	0,03	0,1	3,2
»Streng geheime Regierungspläne für außenpolitische Verhandlungen veröffentlichen.«	0,21	4,2*	0,35	10,3*	14,4*	0,03	0,1	0,11	1,0	1,1	0,08	0,7	0,16	2,5	3,2

* $p < 0{,}05$.

Quelle: Historische Ereignisse I (1989).

Tabelle 35: Relativer Einfluß der aktuellen konkreten politischen Meinungen von Journalisten aus drei Generationen und der politischen Qualität ihrer prägenden historischen Ereignisse auf ihre aktuellen beruflichen Sichtweisen

Hierarchische multiple Regressionen

	»Großväter«, geboren 1909–35 (n=168)					»Väter«, geboren 1936–50 (n=162)					»Enkel«, geboren 1951–66 (n=161)				
	Konkrete politische Meinungen		Polit. Qualität der prägenden Ereignisse			Konkrete politische Meinungen		Polit. Qualität der prägenden Ereignisse			Konkrete politische Meinungen		Polit. Qualität der prägenden Ereignisse		
	beta	Erklärte Varianz %	beta	Zusätzlich erklärte Varianz %	Gesamtvarianz %	beta	Erklärte Varianz %	beta	Zusätzlich erklärte Varianz %	Gesamtvarianz %	beta	Erklärte Varianz %	beta	Zusätzlich erklärte Varianz %	Gesamtvarianz %
Recherche:															
»Sich als Mitarbeiter in einem Betrieb betätigen, um an interne Informationen zu kommen.«	0,41	16,6*	0,07	0,4	17,0*	0,45	20,1*	0,21	3,8*	23,9*	0,31	9,7*	0,03	0,1	9,8*
»Sich durch Geldzuwendungen vertrauliche Unterlagen beschaffen.«	0,20	4,1*	0,16	2,1	6,2*	0,10	0,9	0,17	2,4	3,3	0,06	0,4	0,07	0,5	0,9
Publikationsentscheidungen:															
»Geheime Dokumente veröffentlichen, deren Bekanntmachung nach Ansicht der Regierung den Interessen der BRD schadet.«	0,24	5,7*	0,22	4,0*	9,7*	0,36	12,7*	0,17	2,5*	15,1*	0,24	5,8*	0,05	0,2	6,0*
»Streng geheime Regierungspläne für außenpolitische Verhandlungen veröffentlichen.«	0,28	7,9*	0,24	4,9*	12,8*	0,25	6,0*	0,00	0,0	6,0	0,26	6,8*	0,14	1,7	8,5*

* $p < 0,05$.

Quelle: Historische Ereignisse I (1989).

Befunde dieses Analyseschritts darauf hin, daß die politische Qualität der prägenden historischen Ereignisse von Journalisten unabhängig von ihrer aktuellen politischen Position einen zum Teil zwar schwachen, aber eigenständigen Einfluß auf einige ihrer beruflichen Ansichten besitzen (Tabelle 35).

4.2.8.3 Fazit

Ausgangspunkt des vorliegenden Abschnitts war die Frage nach der Kausalität des Zusammenhangs zwischen prägenden Lebenserfahrungen von Journalisten und ihren aktuellen Denkweisen. Dabei wurden zwei alternative Interpretationsmöglichkeiten gegenübergestellt. Die erste Interpretationsmöglichkeit lautet: Die prägenden Lebenserfahrungen bilden eine Ursache der aktuellen Denkweisen. Weil die Journalisten der verschiedenen Generationen in ihrer Jugend durch bestimmte Eindrücke geprägt worden sind, besitzen sie heute die generationstypischen politischen und vor allem beruflichen Sichtweisen. Diese Betrachtung entspricht der Grundannahme der vorliegenden Studie. Sie resultiert aus generationstheoretischen Überlegungen und wird von Aussagen über den Einfluß prägender Lebenserfahrungen in biographischen und autobiographischen Darstellungen gestützt. Die alternative Interpretationsmöglichkeit lautet: Die aktuellen Denkweisen bilden eine Ursache der rückblickenden Wahrnehmung der Lebenserfahrungen und damit auch der Nennung prägender Eindrücke. Je nachdem, wie die Journalisten der verschiedenen Generationen aktuell denken, erinnern sie sich auch an ihre eigene Vergangenheit. Mit den prägenden Ereignissen und Erlebnissen, die sie nennen, rechtfertigen und erklären sie – bewußt oder unbewußt – ex post facto ihre heutige politische Orientierung und ihr Berufsverständnis. Diese Betrachtung resultiert aus konsistenztheoretischen Überlegungen, wonach Menschen generell ein stimmiges Bild von sich und der Welt anstreben.

Mit den vorliegenden Daten ist es nicht möglich, das genaue Verhältnis von Ursache und Wirkung wie auch die Stärke möglicher Wechselwirkungen zu bestimmen. Sie bieten allerdings die Möglichkeit zu prüfen, ob man einen Einfluß der prägenden Geschehnisse kategorisch ausschließen kann. Dies wäre dann der Fall, wenn die prägenden Erfahrungen keinen eigenständigen Beitrag zur Erklärung des aktuellen Berufsverständnisses der Journalisten leisten würden. Aufgrund der Ergebnisse hierarchischer multipler Regressionen, in die als unabhängige Variablen zunächst die aktuellen politischen Positionen der Journalisten und anschließend die politische Qualität der prägenden Ereignisse eingingen, kann man feststellen: Das historische Geschehen leistet mit seiner politischen Qualität einen eigenständigen Beitrag zur Erklärung des Berufsverständnisses der »Großväter«- und der »Väter«-Generation. Es leistet noch keinen Beitrag zur Erklärung des Berufsverständnisses der »Enkel«-Generation. Methodische und inhaltliche Gründe lassen vermuten, daß ein entsprechender Einfluß mit wachsender Distanz zwischen Befragungszeitpunkt und prägender Lebensphase nachzuweisen sein wird.

Aufgrund der vorliegenden Befunde kann man mit großer Sicherheit ausschließen, daß die prägenden Geschehnisse im Leben von Journalisten verschiedener Generationen keinen Einfluß auf ihr späteres berufliches Selbstverständnis besitzen. Das Geschehen leistet vielmehr mit seiner politischen Qualität einen eigenständigen Beitrag zur Erklärung des Berufsverständnisses. Dies bestätigt die Grundannahme der vorliegenden Untersuchung, schließt jedoch Wechselwirkungen zwischen den aktuellen Sichtweisen und der rückblickenden Wahrnehmung des Geschehens nicht aus. Die Erinnerung an die eigene Vergangenheit ist nicht unabhängig davon, wie jemand aktuell denkt, womit er sich aktuell beschäftigt, und wie sein aktuelles Lebensumfeld aussieht. Allerdings prägt auch die eigene Biographie die Entstehung der aktuellen Sichtweisen.

5. Zusammenfassung und Folgerungen

Ausgangspunkt der vorliegenden Untersuchung waren Aussagen und empirische Befunde, die einen Wertewandel im deutschen Journalismus feststellen oder nahelegen. Dieser Wertewandel wurde im Sinne eines Generationswandels interpretiert, der sich in der raschen Ablösung älterer Journalisten durch eine große Zahl junger Kollegen mit veränderten Sichtweisen vollzieht. Für die Unterschiede in den Sichtweisen älterer und jüngerer Journalisten wurden mehrere Ursachen identifiziert und diskutiert. Dazu gehören veränderte berufliche Bedingungen wie die Dualisierung und Differenzierung des deutschen Mediensystems, technische Neuerungen und erweiterte rechtliche Spielräume, die die Arbeit in den Redaktionen verändert haben, sowie veränderte Bildungs- und Berufswege der Journalisten. Diskutiert wurde auch die Bedeutung von Alterseffekten zur Erklärung der Unterschiede in den Sichtweisen älterer und jüngerer Journalisten: Demnach zeigten die Ansichten der jungen Journalisten an, wie ihre älteren Kollegen früher gedacht haben; die Ansichten der älteren Journalisten ließen erkennen, wie ihre jüngeren Kollegen später denken werden. Ein an Kohortenanalysen angelehnter Vergleich der Berufsauffassung von Vertretern aus zwei Generationen zu Beginn der achtziger und Anfang der neunziger Jahre zeigt zwar einige Hinweise auf Alterseffekte. Die Befunde lassen aber erkennen, daß Unterschiede im Denken von Journalisten verschiedener Generationen bestehen, die altersbedingte Veränderungen überdauern und schließlich zu einem Generationswandel im Berufsverständnis beitragen.

Zur Erklärung der dauerhaften Unterschiede im Denken von Journalisten verschiedener Generationen wurden Überlegungen des Soziologen Karl Mannheim herangezogen. Er beschreibt die Entstehung von Generationen als Schicksalsgemeinschaften Gleichaltriger, die durch gemeinsame historisch bedingte Lebenserfahrungen geprägt wurden. Aus Mannheims Konzept wurde die Folgerung abgeleitet: Eine zentrale Ursache für Unterschiede in den Sichtweisen älterer und jüngerer Journalisten bilden spezifische Lebenserfahrungen im Kontext der historischen Situationen, in denen die späteren Journalisten aufwuchsen und lebten. Sie prägten ihre Sichtweisen nachhaltig und generationstypisch. Die generationstheoretischen Grundlagen wurden ergänzt durch Erkenntnisse zum kollektiven Gedächtnis der Zeitgenossen von historischen Schlüsselereignissen und zur Rolle kritischer Lebensereignisse als Wendepunkte im Schicksal von Individuen. Sie bildeten den Hintergrund für die Unterscheidung von historischen Ereignissen und individuellen Erlebnissen als potentiell prägende Lebenserfahrungen. Als historische Ereignisse wurden Geschehnisse in der Vergangenheit von großer überindividueller Reichweite betrachtet, als individuelle Erlebnisse Geschehen und persönliche Erfahrungen mit Wendepunktcharakter im Leben einzelner Menschen. Die besonderen Charakteristika historischer Ereignisse und individueller Erlebnisse wurden identifiziert und voneinander abgegrenzt. Dabei wurden auch verschiedenartige Zusammenhänge zwischen beiden Erfahrungstypen diskutiert und systematisiert.

Als Belege für den Einfluß generationsspezifischer prägender Lebenserfahrungen auf die Sichtweisen der Generationsangehörigen wurden zunächst Hinweise aus allgemeinen empirischen Studien, vor allem aber aus Biographien und Autobiographien von Journalisten zusammengetragen. Sie bildeten die Grundlage für den Kern der vorliegenden Untersuchung – die empirische Überprüfung der Frage, welchen Beitrag die prägenden Lebenserfahrungen verschiedener Journalistengenerationen zur Erklärung des Werte- und Normwandels in der gesamten Berufsgruppe leisten. Sie wurde anhand einer schriftlichen Befragung von 491 Journalisten vorgenommen, die sich drei Generationen – hier als »Großväter«-, »Väter«- und »Enkel«-Generationen bezeichnet – zuordnen lassen. Den Redakteuren aus Presse, öffentlich-rechtlichem Hörfunk und Fernsehen wurden im Herbst 1989 Fragen zu ihrem aktuellen politischen und beruflichen Denken sowie zu ihren prägenden Lebenserfahrungen gestellt. Die Grundlage für die Identifikation der prägenden Lebenserfahrungen bildeten 34 historische Ereignisse und 33 individuelle Erlebnisse, die vorab zusammengestellt worden waren. Die Antworten der Journalisten wurden in mehreren Schritten unter verschiedenen Gesichtspunkten analysiert. Die Ergebnisse lassen sich in neun Punkten zusammenfassen.

Erstens: Ein systematischer Vergleich des aktuellen politischen und beruflichen Denkens der Redakteure aus den drei Generationen bestätigt die Vermutung eines Generationswandels im deutschen Journalismus, den man aus den bisher vorliegenden empirischen Studien nur unter methodischen Vorbehalten ableiten konnte. Zwischen den Sichtweisen der »Großväter«, »Väter« und

»Enkel« bestehen charakteristische Unterschiede, anhand derer man den Generationswandel präzisieren und seinen Verlauf beschreiben kann. Die politische Orientierung der Journalisten weist verhältnismäßig geringe Veränderungen auf. Sie lassen eher auf eine Entpolitisierung der »Enkel«-Generation als auf eine Abkehr von linken Positionen schließen. Deutlichere Veränderungen finden sich im journalistischen Berufsverständnis. Der Generationswandel manifestiert sich hier in einem Rückgang der Bedeutung missionarischer Berufsmotive. Sie werden von dem Wunsch nach Selbstentfaltung und beruflicher Freiheit überlagert. Er manifestiert sich in einer zunehmenden Billigung von fragwürdigen Methoden der Informationsbeschaffung. Er manifestiert sich in einem verstärkten Bekenntnis jüngerer Redakteure zu Neutralität und Objektivität. Allerdings besitzen sie auch zum Teil andere Vorstellungen von Objektivität als ihre älteren Kollegen: Die Älteren sehen darin überwiegend die faire Wiedergabe verschiedener Standpunkte, die Jüngeren eher die Jagd nach harten Fakten. Der Generationswandel manifestiert sich darüber hinaus in einem schwindenden Stellenwert des Persönlichkeitsschutzes und in einer kontinuierlich wachsenden Zustimmung zu problematischen Publikationsentscheidungen. Die Veränderungen können in der Terminologie von Renate Köcher als Wandel vom Typus des »Missionars« zu dem eines »Spürhundes« charakterisiert werden. Sie stellen eine Annäherung des Selbstverständnisses deutscher Journalisten an die angelsächsische Berufstradition dar.

Zweitens: Die Journalisten nehmen den Wertewandel innerhalb ihres Berufs selbst wahr. Sie lokalisieren Umbruchphasen am Ende der sechziger Jahre, um das Jahr 1980 und am Ende der achtziger Jahre. Diese Zeiträume fallen mit einschneidenden politischen und gesellschaftlichen Veränderungen einerseits sowie mit besonderen Phasen in den Karrieren der Journalistengenerationen zusammen. Die meisten Redakteure identifizieren als Ursache des wahrgenommenen Wandels einen Generationswechsel in den Redaktionen. Sie erkennen kaum einen Einfluß der verbesserten Rechtsstellung, die Journalisten durch die Erweiterung des Zeugnisverweigerungsrechts, die verstärkte Position der Medien bei Gegendarstellungsverlangen, die Legalisierung der Publikation illegal beschaffter Dokumente und das Medienprivileg bei der Archivierung und Speicherung personenbezogener Daten besitzen. Eine wesentliche Rolle spielt nach Ansicht der Journalisten aber die Aufdeckung von Skandalen. Sie kann man jedoch auch als eine Folge eines bereits vollzogenen Wandels der Berufsauffassungen betrachten: Der abnehmende Stellenwert des Persönlichkeitsschutzes, die wachsende

Zustimmung zu problematischen Publikationsentscheidungen und die zunehmende Billigung fragwürdiger Recherchemethoden erweitern den Handlungsspielraum innerhalb der Redaktionen. Er fördert die Bereitschaft von Journalisten der »Väter«- und vor allem der »Enkel«-Generation, Mißstände und Fehlverhalten öffentlich anzuprangern und Informationen über Personen zu enthüllen, die ihre Kollegen aus der »Großväter«-Generation überwiegend noch zurückgehalten hätten.

Drittens: Die prägenden Lebenserfahrungen der Journalisten wurden anhand der 34 historischen Ereignisse und 33 individuellen Erlebnisse identifiziert. Die Redakteure sollten jeweils die drei Ereignisse und Erlebnisse nennen, die ihr eigenes politisches Denken besonders beeinflußt haben. Die Aussagekraft solcher Angaben kann durch den Einfluß von aktuellem Geschehen zum Zeitpunkt der Befragung eingeschränkt sein. Es besteht deshalb die Gefahr, daß die Antworten lediglich die augenblicklichen Geschichts- und Gesellschaftsvorstellungen von Journalisten wiedergeben. Um dies auszuschließen, wurde die Stabilität der Antworten vom Herbst 1989 durch einen Vergleich mit den Angaben von Journalisten einer nahezu identisch strukturierten Stichprobe im Winter 1991/92 überprüft. Die Aussagen über die meisten Ereignisse und Erlebnisse waren trotz der dazwischenliegenden Umwälzungen, vor allem der deutschen Vereinigung, bemerkenswert stabil. Dies gilt vor allem für die individuellen Erlebnisse. Die Angaben zu den historischen Ereignissen wiesen etwas häufiger Schwankungen auf. Je weiter in der Vergangenheit die Ereignisse lagen, über die die Journalisten urteilten, desto stabiler war ihre Einschätzung. Je älter die Befragten waren, desto stabiler waren ihre Angaben.

Viertens: Für jede Generation lassen sich prägende historische Ereignisse identifizieren, die jeweils innerhalb eines begrenzten Zeitraums stattgefunden haben. Für die »Großväter« war vor allem das Kriegs- und Nachkriegsgeschehen von besonderer Bedeutung, für die »Väter« die Konflikte und Krisen der sechziger Jahre, für die »Enkel« die Protestbewegungen sowie wissenschaftlich-technische Ereignisse und Unfälle der siebziger und achtziger Jahre. In gleicher Weise kann man typische individuelle Erlebnisse der drei Generationen erkennen: Erfahrungen von materieller Not und persönlicher Bedrängnis, die zur Lebensgeschichte der meisten Journalisten aus der »Großväter«-Generation gehörten, hatten auch für ihr damaliges Denken sehr häufig eine bestimmende Rolle gespielt. In den prägenden Erlebnissen der »Väter« spiegeln sich verschiedene Facetten, die sie als Zwischengeneration kennzeichnen. Sie waren einerseits noch relativ häufig durch die Erfahrung von Not geprägt, die sie als Kinder und Jugendliche nach dem Krieg gemacht hatten – dies verbindet sie mit den »Großvätern«. Andererseits spielten für sie bereits häufig auch selbstgewählte Erfahrungen und eigene Aktivitäten wie Fabrikarbeit oder Auslandsaufenthalte eine prägende Rolle – dies verbindet sie mit den »Enkeln«, die von selbstgewählten Erfahrungen noch deutlich häufiger beeindruckt wurden, ebenso durch soziale Faktoren wie das Empfinden des eigenen Wohlstands in der Konfrontation mit Armut.

Fünftens: Generationstheoretiker und Entwicklungspsychologen betonen, daß Menschen während einer bestimmten Phase ihrer Jugend und frühen Erwachsenenzeit besonders empfänglich für prägende Eindrücke seien. In dieser Zeit entwickele und festige sich ihre Weltsicht, die im weiteren Lebensverlauf weitgehend stabil bleibe. In der Literatur wird die prägende Phase unterschiedlich eingegrenzt. Anhand der vorliegenden Daten wurden die Annahme einer prägenden Phase sowie die Vermutungen darüber, wann diese Phase beginnt und endet, überprüft. Dazu wurden das Alter der Redakteure sowie die Zeitpunkte ihrer prägenden Ereignisse und Erlebnisse herangezogen. Die detaillierten Analysen bestätigen und präzisieren die Annahmen: Man kann im Leben der späteren Journalisten Perioden erkennen, in denen sich ihr eigenes Denken wie auch die Wahrnehmung der sie umgebenden Gesellschaft aufgrund von prägenden Eindrücken entwickelt und gefestigt haben. Der Beginn der Prägung liegt vor dem zehnten Lebensjahr, durchschnittlich bei sieben Jahren. Die in diesem Alter wachsende Empfänglichkeit nahm bis weit ins dritte Lebensjahrzehnt hinein kontinuierlich zu und stabilisierte sich dann. Die historischen Ereignisse prägten die Journalisten in denselben Lebensjahren wie die individuellen Erlebnisse. Die prägenden Phasen verlagerten sich mit dem Wandel der Generationen in spätere Lebensjahre. Dies ist zum einen auf die gravierenden Ereignisse in der frühen Jugend der »Großväter«-Generation zurückzuführen. Zum anderen schlagen sich darin auch Veränderungen in den Lebensbedingungen der drei Generationen nieder – die Entlastung der Kindheit von Not und Bedrohung einerseits sowie die Ausdehnung der Schul- und Ausbildungsphasen andererseits.

Sechstens: Anhand der subjektiven Reaktionen der Journalisten auf das historische Geschehen und ihre persönlichen Erlebnisse wurden überindividuelle Merkmale der Erfahrungen identifiziert. Zu diesen Merkmalen gehören das Einflußpotential und die politische Qualität von Ereignissen und Erlebnissen. Sie werden als Indikatoren für die Stärke und Richtung ihres prägenden Einflusses auf Journalisten betrachtet: Das Einflußpotential von historischem Geschehen gibt Auskunft darüber, wieviele Zeitgenossen, die es bewußt miterleben konnten, davon geprägt wurden. Seine politische Qualität gibt an, ob das Ereignis die Mehrzahl der davon geprägten Journalisten in ihrem Denken damals nach rechts oder nach links bewegt hat. Analog zu den historischen Ereignissen wurden auch das Einflußpotential und die politische Qualität der individuellen Erlebnisse bestimmt. Die Analyse zeigte zwei Unterschiede zwischen dem historischen Geschehen und den individuellen Erlebnissen. Die historischen Ereignisse besitzen erstens ein größeres Einflußpotential als die individuellen Erlebnisse. Zweitens dominieren Erfahrungen mit linker politischer Qualität unter den individuellen Erlebnissen noch wesentlich stärker als unter den historischen Geschehnissen. Dies liegt möglicherweise daran, daß die politische Qualität der individuellen Erlebnisse in hohem Maße von den subjektiven Interpretationen der Journalisten einerseits und vom jeweiligen historischen Kontext andererseits abhängt.

Siebtens: Zur Beantwortung der Ausgangsfrage, ob die prägenden Lebenserfahrungen von Journalistengenerationen einen Beitrag zur Erklärung ihrer spezifischen Sichtweisen leisten, wurde der Einfluß der historischen Ereignisse und individuellen Erlebnisse auf die aktuelle politische Position und das aktuelle Berufsverständnis der Journalisten analysiert. Dazu wurde zunächst der Einfluß einzelner herausragender Schlüsselerfahrungen untersucht, anschließend der Einfluß von Ereignis- und Erlebnistypen. Zu diesen Typen wurden Eindrücke zusammengefaßt, die zu gemeinsamen historischen Situationen gehörten oder in ihrem Charakter ähnlich waren. Als Anzeichen für den Einfluß des prägenden Geschehens wurden Unterschiede in der aktuellen politischen Orientierung und im aktuellen Berufsverständnis von Journalisten betrachtet, die durch die Geschehnisse geprägt bzw. nicht geprägt wurden. Die Anzahl und Stärke dieser Unterschiede weisen darauf hin, daß die prägenden Erfahrungen besonders häufig das aktuelle Berufsverständnis der »Väter« beeinflußten, die als »Zwischengeneration« die Erfahrungshorizonte der älteren und jüngeren Kollegen teilen. Die Geschehnisse beeinflußten am häufigsten die Ansichten zur Recherche und zu problematischen Publikationsentscheidungen. Seltener waren Einflüsse auf die ursprünglichen und aktuellen Berufsmotive sowie die Ansichten zur Neutralität journalistischer Berichterstattung zu erkennen.

Achtens: Die Analysen deuten darauf hin, daß die politische Qualität der prägenden Lebenserfahrungen einen besonderen Beitrag zu ihrem Einfluß auf die aktuellen Sichtweisen der Journalisten leistet. Redakteure aller drei Generationen, die überwiegend von linken Ereignissen geprägt worden sind, besaßen häufiger linke politische Einstellungen und linke politische Meinungen als ihre Kollegen, die überwiegend von rechten Ereignissen geprägt worden sind. Sie billigten darüber hinaus häufiger umstrittene Recherchemethoden und Entscheidungen zur Veröffentlichung von Informationen ohne Rücksicht auf mögliche Nebenfolgen. Weil die Zahl der prägenden Ereignisse mit linker politischer Qualität von Generation zu Generation zunahm, konnten sich in der »Väter«-, vor allem aber in der »Enkel«-Generation berufliche Sichtweisen durchsetzen, die bereits die von linken Geschehnissen geprägten »Großväter« besaßen. Sie bestimmten das Berufsverständnis dieser Generation aber noch nicht so deutlich, weil noch viele der älteren Journalisten von rechten Ereignissen geprägt wurden und ein Gegengewicht zum »linken« Berufsverständnis ihrer Altersgenossen bildeten.

Neuntens: Ein grundlegendes Problem der Analysen zum Einfluß prägender Erfahrungen auf die aktuellen Sichtweisen von Journalisten ist das Verhältnis von Ursache und Wirkung. Die Zusammenhänge zwischen den prägenden Eindrücken der Redakteure und ihren aktuellen Denkweisen lassen sich in zwei Richtungen interpretieren. Der Grundannahme der Studie entspricht die erste Interpretationsmöglichkeit: Die prägenden Lebenserfahrungen bilden die Ursache der aktuellen Denkweisen. Die alternative Interpretationsmöglichkeit lautet: Die aktuellen Denkweisen bilden die Ursache der rückblickenden Wahrnehmung der Lebenserfahrungen und damit auch die Ursache der Nennung prägender Eindrücke. Diese Betrachtungsweise kann man aus konsistenztheoretischen Überlegungen ableiten, wonach Menschen generell ein stimmiges Bild von sich und der Welt anstreben. Mit den vorliegenden Daten ist es nicht möglich, das genaue Verhältnis von Ursache und Wirkung wie auch die Stärke von Wechselwirkungen zu bestimmen. Sie bieten allerdings die Möglichkeit zu prüfen, ob man einen Einfluß der prägenden Geschehnisse kategorisch ausschließen muß. Ausschließen müßte man einen Einfluß des Geschehens dann, wenn es keinen eigenständigen Beitrag zur Erklärung des aktuellen Berufsverständnisses der Journalisten leisten würde. Zur Klärung des Sachverhalts wurden hierarchische multiple Regressionen durchgeführt, in die als unabhängige Variablen zunächst die aktuellen politischen Sichtweisen und anschließend die politische Qualität der prägenden historischen Ereignisse eingingen. Als abhängige Variablen wurden die Ansichten der Journalisten zu umstrittenen Recherchemethoden und Publikationsentscheidungen herangezogen. Die Ergebnisse zeigen: Das historische Geschehen leistet mit seiner politischen Qualität einen eigenständigen Beitrag zur Erklärung des aktuellen Berufsverständnisses. Die Befunde bestätigen die Vermutung, daß prägende Geschehnisse im Leben von Journalisten verschiedener Generationen einen Einfluß auf ihr späteres berufliches Selbstverständnis besitzen. Sie schließen dabei Wechselwirkungen zwischen den aktuellen Sichtweisen und und der rückblikkenden Wahrnehmung des Geschehens nicht aus.

Folgerungen

Die aus generationstheoretischen Überlegungen abgeleitete Annahme, daß prägende Lebenserfahrungen von Journalisten verschiedener Generationen einen Beitrag zur Erklärung ihrer aktuellen generationsspezifischen, vor allem beruflichen Sichtweisen leisten, wurde bestätigt. Der Einfluß des Geschehens, mit dem (spätere) Journalisten aufwachsen, beruht einerseits auf seiner spezifischen Bedeutung für das Leben des Einzelnen. Dies zeigt sich beispielhaft in den Berufsmotiven der Journalisten der »Großväter«-Generation, die persönlich durch politische Verfolgung und existenzielle Bedrohung in Diktatur und Krieg geprägt wurden: Viele von ihnen wollten als Journalisten später Einfluß auf politische Vorgänge nehmen – vermutlich weil sie einer Wiederholung dessen entgegenwirken wollten, was sie am eigenen Leib erfahren hatten. Der Einfluß des Geschehens beruht andererseits auf dem allgemeinen Konsens über seine gesellschaftliche Bedeutung, der weitgehend unabhängig davon ist, was der Einzelne konkret mit den Ereignissen verbindet. Dies zeigt sich in der herausragenden Bedeutung der politischen Qualität von historischen Ereignissen. Je nachdem, ob das Geschehen ursprünglich konservative oder liberale Sichtweisen bestätigt oder widerlegt, fördert es bei seinen Zeitgenossen später entsprechende Ansichten oder läßt sie in den Hintergrund treten.

Der Einfluß generationsspezifischer prägender Lebenserfahrungen auf das aktuelle Berufsverständnis von Journalisten darf nicht losgelöst von anderen Faktoren betrachtet werden, die ihre Arbeitsbedingungen und -möglichkeiten bestimmen. Dazu gehören die Struktur des Mediensystems, technische Möglichkeiten und rechtliche Spielräume. Dazu gehören auch Berufsnormen, die beim Berufseintritt von Journalisten bereits bestehen und von Vorgesetzten bzw. Kollegen an sie weitergegeben werden. Über den relativen Einfluß der verschiedenen Faktoren auf das praktische Verhalten im Berufsalltag kann anhand der vorliegenden Befunde keine Aussage getroffen werden. Allerdings erklären die Erfahrungen zum Teil, warum Journalisten heute denken, wie sie denken. Sie erlauben darüber hinaus auch vorsichtige Prognosen darüber, wie Journalisten nachwachsender Generationen denken werden – etwa diejenigen, die der »Enkel«-Generation folgen bzw. bereits gefolgt sind. Von den Journalisten, die in den späten sechziger und frühen siebziger Jahren geboren wurden, gingen die ersten am Ende der achtziger Jahre in den Beruf. Ein großer Teil von ihnen dürfte – den Befunden vom Winter 1991/92 zufolge – durch den Umbruch im Ostblock, vor allem aber durch die Vereinigung Deutschlands geprägt worden sein. Einige verbinden sicherlich auch individuelle Erlebnisse mit diesem Geschehen. Ob die Ereignisse – die vermutlich überwiegend eine rechte politische Qualität besitzen – Einfluß auf eine Gegenbewegung zum hier skizzierten Wertewandel im Journalismus besitzen, könnte nur mit neueren Daten geklärt werden.

Für zukünftige Journalistenbefragungen kann man aus der vorliegenden Untersuchung einige Folgerungen ableiten. Die systematische Betrachtung der Umfragen vom Beginn der neunziger Jahre hatte bei den Vergleichen zur Studie von Renate Köcher gravierende methodische Probleme zutage gefördert. Beträchtliche Unterschiede in der Definition der Grundgesamtheit, in der Stichprobenbildung, in den Befragungstechniken und in den Testfragen lassen den Schluß auf einen Wertewandel im Journalismus nur unter großen Vorbehalten zu. Untersuchungen, die einen solchen Wandel beschreiben sollen, müssen methodisch an die Vergleichsstudien angeglichen werden – auch wenn dies Zugeständnisse, zum Beispiel an die Repräsentativität der Daten, erfordert. Die hier vorgelegten Befunde zum spezifischen Charakter verschiedener Journalistengenerationen besitzen auch eine Konsequenz für Vergleiche zwischen jüngeren und älteren Journalisten in Befragungen. Solche Vergleiche werden meist an Kohorten vorgenommen, die aufgrund des Alters der Journalisten zum Befragungszeitpunkt gebildet werden. Dieses Kriterium sowie die formale Einteilung der Kohorten, zum Beispiel in Zehnjahresschritten, berücksichtigt kaum die Abfolge politischer Generationen, wie sie in der vorliegenden Studie exemplarisch sichtbar wurde. Sinnvoller ist es, Altersgruppen anhand der Geburtsjahrgänge zu bilden und dabei jeweils diejenigen zusammenzufassen, die echte Generationen im Sinne Mannheims bilden – auch wenn dies den Einsatz formaler Kriterien weitgehend ausschließt. Nur auf einer solchen Grundlage jedoch kann man bei augenfälligen Unterschieden zwischen jüngeren und älteren Journalisten legitimerweise von Generationsunterschieden sprechen.

Die hier gezeigten Einflüsse der prägenden Lebenserfahrungen auf Journalistengenerationen entsprechen dem, was man in der Terminologie der Kohortenanalysen als »Generationseffekte« bezeichnet. Wie ausführlich diskutiert wurde, muß man solche Generationseffekte gegen Alterseffekte abwägen. Alterseffekte dürften beispielsweise zum Teil den unterschiedlichen konkreten politischen Meinungen der »Großväter«-, »Väter«- und »Enkel«-Generationen zugrundeliegen. Wie stark sie sind, läßt sich jedoch anhand einer einmaligen Befragung nicht erkennen. Unter anderem darauf ist es zurückzuführen, daß die Kausalität des Zusammenhangs zwischen der aktuellen politischen Orientierung von Journalisten und ihrer Einschätzung des prägenden Einflusses von Lebenserfahrungen nicht eindeutig geklärt werden kann. Um die Zusammenhänge genauer prüfen zu können, wären Kohortenanalysen hilfreich. Sie könnten auf der Basis der hier vorgenommenen Generationeneinteilung Aufschluß über Konstanten und Veränderungen der Sichtweisen dieser Generationen, aber auch über die relative Bedeutung späterer potentiell prägender historischer Ereignisse und Erlebnisse geben. Sie könnten darüber hinaus nachwachsende Generationen einbeziehen – so die inzwischen in den Beruf eingetretenen »Urenkel«, über die die vorliegende Studie noch keine Aussagen machen kann.

6. Literatur

Allerbeck, Klaus R. (1976): Demokratisierung und sozialer Wandel in der Bundesrepublik Deutschland: Sekundäranalyse von Umfragedaten 1953–1974. Opladen: *Westdeutscher Verlag.*

Allerbeck Klaus R. (1977): Political generations: Some reflections on the concept and its application to the German case. In *European Journal of Political Research* 5, 119–134.

Arbeitsgemeinschaft der öffentlich-rechtlichen Rundfunkanstalten der Bundesrepublik Deutschland (ARD) (Hrsg.) (1989): *ARD*-Jahrbuch 89. 21. Jahrgang. Hamburg: *Hans-Bredow-Institut.*

Arbeitsgemeinschaft der öffentlich-rechtlichen Rundfunkanstalten der Bundesrepublik Deutschland (ARD) (Hrsg.) (1991): *ARD*-Jahrbuch 91. 23. Jahrgang. Hamburg: *Hans-Bredow-Institut.*

Archiv der Gegenwart. Sankt Augustin: *Siegler & Co. Verlag für Zeitarchive.*

Assmann, Jan (1992): Das kulturelle Gedächtnis. Schrift, Erinnerung und politische Identität in frühen Hochkulturen. München: *Beck.*

Attias-Donfut, Claudine (1978): Freizeit, Lebensablauf und Generationenbildung. In Leopold Rosenmayr (Hrsg.): Die menschlichen Lebensalter. Kontinuität und Krisen. München, Zürich: *Piper*, 354–375.

Attias-Donfut, Claudine (1984): Aging and generation: Social structure and cultural dynamics. In Vienka Garms-Homolová, Erika M. Hoernig, Doris Schaeffer (Hrsg.): Intergeneral relationships. Lewiston, NY, Toronto: *Hogrefe*, 159–169.

Bacher, Gerd (1996): Der Fernseh-Journalist in der Auseinandersetzung mit der Gesellschaft und den politischen Parteien. In Jürgen Wilke (Hrsg.): Ethik der Massenmedien. Wien: *Braumüller*, 180–186.

Baddeley, Alan (1986): So denkt der Mensch. Unser Gedächtnis und wie es funktioniert. München: *Droemer Knaur.*

Bade, Thomas (1990): Fritz Pleitgen – Journalistenbiographie. Magisterarbeit. Mainz: *Johannes Gutenberg-Universität.*

Bahrick, Harry P., P. P. Bahrick, R. P. Wittlinger (1975): Fifty years of memory for names and faces: A cross-sectional approach. In *Journal of Experimental Psychology: General* 104, 54–75.

Baker, Kendall L. (1978): Generational differences in the role of party identification in German political behavior. In *American Journal of Political Science* 22, 106–129.

Barclay, Craig R. (1988): Truth and accuracy in autobiographical memory. In Michael M. Gruneberg, Peter Edwin Morris, Robert N. Sykes (Hrsg.): Practical aspects of memory: Current research and issues. Band 1: Memory in everyday life. Chichester u. a.: *Wiley*, 289–294.

Beck, Klaus (1994): Medien und die soziale Konstruktion von Zeit. Über die Vermittlung von gesellschaftlicher Zeitordnung und sozialem Zeitbewußtsein. Opladen: *Westdeutscher Verlag.*

Becker, Henk A. (1989): Generationen, Handlungsspielräume und Generationspolitik. In Ansgar Weymann (Hrsg.): Handlungsspielräume: Untersuchungen zur Individualisierung und Institutionalisierung von Lebensläufen in der Moderne. Stuttgart: *Enke*, 76–89.

Bentele, Günter (1988): Wie objektiv können Journalisten sein? In Lutz Erbring, Stephan Ruß-Mohl, Berhold Seewald, Bernd Sösemann (Hrsg.): Medien ohne Moral. Variationen über Journalismus und Ethik. Berlin: *Argon* 1988, 196–225.

Benz, Wolfgang (1990): Deutschland seit 1945. Entwicklungen in der Bundesrepublik und in der DDR. Chronik, Dokumente, Bilder. Bonn: *Bundeszentrale für politische Bildung*.

Berg, Klaus, Helmut Kohl, Friedrich Kübler (Hrsg.) (1992): Medienrechtliche Entscheidungen. Höchstrichterliche Rechtsprechung zum Presse- und Rundfunkrecht. Konstanz: *Universitätsverlag*.

Berger, Bennett M. (1960): How long is a generation? In *British Journal of Sociology* 11, 10–23.

Berger, Bennett M. (1984): The resonance of the generation concept. In Vjenka Garms-Homolová, Erika M. Hoernig, Doris Schaeffer (Hrsg.): Intergenerational relationships. Lewiston, N.Y., Toronto: *Hogrefe*, 219–227.

Bertaux, Daniel (1982): The life course approach as a challenge to the social sciences. In Tamara K. Hareven, Kathleen J. Adams (Hrsg.): Ageing and life course transitions: An interdisciplinary perspective. London, New York: *Tavistock Publications*, 127–150.

Bertaux, Daniel, Martin Kohli (1984): The life story approach: A continental view. In *Annual Review of Sociology* 10, 215–237.

Bessermann, Hans (1979): Der Fall Günter Wallraff. Mainz: *von Hase & Koehler*.

Block, Jack (1981): Some enduring and consequential structures of personality. In Albert I. Rabin, Joel Aronoff, Andrew M. Barclay, Robert A. Zucker (Hrsg.): Further explorations in personality. New York u. a.: *Wiley*, 27–43.

Böckelmann, Frank, Walter A. Mahle (1993): Arbeitslosigkeit und Berufswechsel. Ergebnisse der Sozialenquete über die Journalisten in den neuen Ländern der Bundesrepublik II. In Walter A. Mahle (Hrsg.): Journalisten in Deutschland. Nationale und internationale Vergleiche und Perspektiven. München: *Ölschläger*, 57–69.

Böckelmann, Frank, Claudia Mast, Beate Schneider (Hrsg.) (1994): Journalismus in den neuen Ländern. Ein Berufsstand zwischen Aufbruch und Abwicklung. Konstanz: *UVK Medien*.

Bögeholz, Hartwig (1995): Die Deutschen nach dem Krieg. Eine Chronik. Befreit, geteilt, vereint: Deutschland 1945 bis 1995. Reinbek bei Hamburg: *Rowohlt*.

Bolesch, Cornelia (1994): Die Schubladenaffäre. Björn Engholm oder Wie auch Opfer am Ende straucheln. In Georg M. Hafner, Edmund Jacoby (Hrsg.): Neue Skandale der Republik. Reinbek bei Hamburg: *Rowohlt*, 156–170.

Boockmann, Hartmut (1981): Denkmäler und ihre Bedeutung für das Geschichtsbewußtsein. In Oswald Hauser (Hrsg.): Geschichte und Geschichtsbewußtsein. 19 Vorträge für die Ranke-Gesellschaft Vereinigung für Geschichte im öffentlichen Leben. Göttingen, Zürich: *Muster-Schmidt*, 231–245.

Borgelt, Hans (1991): Der lange Weg nach Berlin. Eine Jugend in schwieriger Zeit. Berlin: *edition q*.

Boventer, Hermann (1985): Ethik des Journalismus. Zur Philosophie der Medienkultur. 2. Auflage. Konstanz: *Universitätsverlag*.

Boveri, Margret (1965). Wir lügen alle. Eine Hauptstadtzeitung unter Hitler. Olten, Freiburg im Breisgau: *Walter-Verlag*.

Bracher, Karl Dietrich (1992): Wendezeiten der Geschichte. Historisch-Politische Essays 1987–1992. Stuttgart: *Deutsche Verlags-Anstalt.*
Branahl, Udo (1996): Medienrecht. Eine Einführung. 2. Auflage. Opladen: *Westdeutscher Verlag.*
Brawand, Leo (1987): Die Spiegel-Story. Wie alles anfing. Düsseldorf, Wien, New York: *Econ.*
Brim, Orville Gilbert Jr., Carol D. Ryff (1980): On the properties of life events. In Paul B. Baltes, Orville Gilbert Brim Jr. (Hrsg.): Life-span development and behavior. Band 3. New York u. a.: *Academic Press*, 367–388.
Brückner, Erika (1990): Die retrospektive Erhebung von Lebensverläufen. In Karl Ulrich Mayer (Hrsg.): Lebensverläufe und sozialer Wandel. Opladen: *Westdeutscher Verlag*, 374–403.
Bucerius, Gerd (1974): Der angeklagte Verleger. Notizen zur Freiheit der Presse. München: *Piper.*
Buchhofer, Bernd, Jürgen Friedrichs, Hartmut Lüdtke (1970): Alter, Generationsdynamik und soziale Differenzierung. Zur Revision des Generationsbegriffs als analytisches Konzept. In *Kölner Zeitschrift für Soziologie und Sozialpsychologie* 22, 300–334.
Buchholz, Kurt (1983): Undichte Stelle im *BKA:* Sachbearbeiterin verkaufte Geheimpapiere. In *Allgemeine Zeitung* Mainz 2. 2. 83, 4.
Bude, Heinz (1998): Generation Berlin. In Vorbereitung auf die neue Republik. In *Frankfurter Allgemeine Zeitung* 28. 6. 98, 43.
Bundesverband Deutscher Zeitungsverleger e. V. (1991): Zeitungen ’91. Bonn: *Bundesverband Deutscher Zeitungsverleger e. V.*
Burghart, Heinz (1993): Medienknechte. Wie die Politik das Fernsehen verdarb. München: *Droemer Knaur.*
Busche, Jürgen (1984): Diese einzige Fälschung wollte niemand sehen. In *Frankfurter Allgemeine Zeitung* 20. 12. 84, 7–8.
Busche, Jürgen (1986): Die Kieler Affäre und die Presse. Ein Einzelfall wie jeder – nur schlimmer. In *Die politische Meinung* November / Dezember 1986, 16–25.
Busse, Karl Heiner (1985): Nachwort. In Fritz Sänger: Der Freiheit dienen. Kritische Kommentare zum Zeitgeschehen. Göttingen: *Steidl*, 296–301.
Carlsson, Gosta, Katarina Karlsson (1970): Age, cohorts and the generation of generations. In *American Sociological Review* 35, 710–718.
Cassirer, Henry M. (1992): Und alles kam anders ... Ein Journalist erinnert sich. Konstanz: *Universitätsverlag.*
Chaunu, Pierre (1989): Der Sohn einer Toten. In Pierre Chaunu, Georges Duby, Jacques Le Goff, Michelle Perrot : Leben mit der Geschichte. Vier Selbstbeschreibungen. Frankfurt am Main: *S. Fischer*, 11–64.
Chladenius, Johann Martin (1752): Die »Allgemeine Geschichtswissenschaft«. Leipzig. In Auszügen abgedruckt in Wolfgang Hardtwig (Hrsg.) (1990): Über das Studium der Geschichte. München: *Deutscher Taschenbuch Verlag*, 11–17.
Cohen, Gillian, Dorothy Faulkner (1988): Life span changes in autobiographical memory. In Michael M. Gruneberg, Peter Edwin Morris, Robert N. Sykes (Hrsg.): Practical aspects of memory: Current research and issues. Band 1: Memory in everyday life. Chichester u. a.: *Wiley*, 277–282.
Cohn-Bendit, Daniel (1988): Tyrannei der Mehrheit – Tyrannei der Betroffenheit. In Lutz Erbring, Stephan Ruß-Mohl, Berthold Seewald, Bernd Sösemann (Hrsg.): Medien ohne Moral. Variationen über Journalismus und seine Ethik. Berlin: *Argon*, 105–123.
Conze, Werner, Volker Hentschel (Hrsg.) (1991): Ploetz Deutsche Geschichte.

Epochen und Daten. 5. Auflage. Darmstadt: *Wissenschaftliche Buchgesellschaft.*

Costa, Paul T. jr., Robert R. McCrae (1980): Still stable after all these years: Personality as a key to some issues in adulthood and old age. In Paul B. Baltes, Orville Gilbert Brim jr. (Hrsg.): Life-span development and behavior. New York u. a.: *Academic Press*, 65–102.

Coupland, Douglas (1995): Generation X. Geschichten für eine immer schneller werdende Kultur. München: *Goldmann.*

Courts, Gerd (1967): Hier und Heute. Hinter den Kulissen einer Fernseh-Sendung. Düsseldorf, Wien: *Econ.*

Crittenden, John (1962): Aging and party affiliation. In *Public Opinion Quarterly* 26, 648–657.

Cutler, Neal E. (1969): Generation, maturation, and party affiliation: A cohort analysis. In *Public Opinion Quarterly* 33, 583–588.

Cutler, Neal E., Vern L. Bengtson (1974): Age and political alienation: Maturation, generation and period effects. In *Annals of the American Academy of Political and Social Science* 415, 160–175.

Danigelis, Nicholas, Stephen J. Cutler (1991): Cohort trends in attitudes about law and order: Who's leading the conservative wave? In *Public Opinion Quarterly* 55, 24–49.

Danish, Seven J., Michael A. Smyker, Carol A. Nowak (1980): Devolopmental intervention: Enhancing life-event processes. In Paul B. Baltes, Orville Gilbert Brim Jr. (Hrsg.): Life-span development and behavior. New York u. a.: *Academic Press*, 339–366.

Demant, Ebbo (1971): Von Schleicher zu Springer. Hans Zehrer als politischer Publizist. Mainz: *von Hase & Koehler.*

Demos, John, Virginia Demos (1969): Adolescence in historical perspective. In *Journal of Marriage and the Family* 31, 632–638.

Diekmann, Andreas, Peter Mitter (1990): Stand und Probleme der Ereignisanalyse. In Karl Ulrich Mayer (Hrsg.): Lebensverläufe und sozialer Wandel. Opladen: *Westdeutscher Verlag*, 404–441.

Dierichs, Helga (1990): Contergan. In Georg M. Hafner, Edmund Jacoby (Hrsg.): Die Skandale der Republik. Hamburg: *Hoffmann und Campe*, 61–68.

Dilthey, Wilhelm (1875): Über das Studium der Geschichte der Wissenschaft vom Menschen, der Gesellschaft und dem Staat. In Wilhelm Dilthey (1957): Die Geistige Welt. Einleitung in die Philosophie des Lebens. Erste Hälfte: Abhandlungen zur Grundlegung der Geisteswissenschaften. Stuttgart: *Teubner* / Göttingen: *Vandenhoeck & Ruprecht*, 1–73.

Donsbach, Wolfgang (1979): Aus eigenem Recht. Legitimationsbewußtsein und Legitimationsgründe von Journalisten. In Hans Mathias Kepplinger (Hrsg.): Angepaßte Außenseiter. Was Journalisten denken und wie sie arbeiten. Freiburg im Breisgau, München: *Alber*, 29–48.

Donsbach, Wolfgang (1981): Journalisten zwischen Publikum und Kollegen. Forschungsergebnisse zum Publikumsbild und zum in-group-Verhalten. In *Rundfunk und Fernsehen* 29, 168–184.

Donsbach, Wolfgang (1982): Legitimationsprobleme des Journalismus. Gesellschaftliche Rolle der Massenmedien und berufliche Einstellung von Journalisten. Freiburg im Breisgau, München: *Alber.*

Donsbach, Wolfgang (1983): Journalists' conceptions of their audience. Comparative indicators for the way British and German journalists define their relations to the public. In *Gazette* 32, 19–36.

Donsbach, Wolfgang (1987): Journalismusforschung in der Bundesrepublik: Of-

fene Fragen trotz ›Forschungsboom‹. In Jürgen Wilke (Hrsg.): Zwischenbilanz der Journalistenausbildung. München: *Ölschläger*, 105–142.
Donsbach, Wolfgang (1990): Journalistikstudenten im internationalen Vergleich. In *Publizistik* 35, 408–427.
Donsbach, Wolfgang (1993a): Journalismus versus journalism – ein Vergleich zum Verhältnis von Medien und Politik in Deutschland und in den USA. In Wolfgang Donsbach, Otfried Jarren, Hans Mathias Kepplinger, Barbara Pfetsch (Hrsg.): Beziehungsspiele – Medien und Politik in der öffentlichen Diskussion. Fallstudien und Analysen. Gütersloh: *Bertelsmann*, 283–315.
Donsbach, Wolfgang (1993b): Redaktionelle Kontrolle im Journalismus: Ein internationaler Vergleich. In Walter A. Mahle (Hrsg.): Journalisten in Deutschland. Nationale und internationale Vergleiche und Perspektiven. München: *Ölschläger*, 143–160.
Donsbach, Wolfgang (1994): Journalist. In Elisabeth Noelle-Neumann, Winfried Schulz, Jürgen Wilke (Hrsg.): Das Fischer Lexikon Publizistik Massenkommunikation. Frankfurt am Main: *Fischer*, 64–91.
Donsbach, Wolfgang, Bettina Klett (1993): Subjective objectivity. How journalists in four countries define a key term of their profession. In *Gazette* 51, 53–83.
Donsbach, Wolfgang, Thomas E. Patterson (1992): Journalists' roles and newsroom practices: A cross-national comparison. Paper presented in the Joint Session »Politics and the news in democracies« of the *International Communication Association (ICA)* and the *World Association for Public Opinion Research (WAPOR)*, 42nd Conference of the *International Communication Association*, Miami, FL, May 21–25.
Dremel, Michael J. (1998): Internationale Pressekodizes im Vergleich. In *Bertelsmann Briefe* 139, 59.
Easton, David, Jack Dennis (1967): The child's aquisition of regime norms. In *American Political Science Review* 61, 25–38.
Ecarius, Jutta (1996): Individualisierung und soziale Reproduktion im Lebensverlauf. Konzepte der Lebenslaufforschung. Opladen: *Leske + Budrich.*
Eckardt, Felix von (1967): Ein unordentliches Leben. Lebenserinnerungen. Düsseldorf, Wien: *Econ.*
Ehmig, Simone Christine (1999): Prägende Jahre im Leben von Journalisten verschiedener Generationen. In Jürgen Wilke (Hrsg.): Massenmedien und Zeitgeschichte. Konstanz: *UVK Medien*, 688–702.
Elder, Glen H. Jr. (1974): Children of the great depression. Chicago: *University of Chicago Press.*
Elder, Glen H. Jr. (1975): Age differentiation and the life course. In *Annual Review of Sociology* 1, 165–190.
Elder, Glen H. Jr. (1979): Historical change in life patterns and personality. In Paul B. Baltes, Orville Gilbert Brim jr. (Hrsg.): Life-span development and behavior. Band 2. New York, San Francisco, London: *Academic Press*, 117–159.
Elder, Glen H. Jr. (1980): Adolescence in historical perspective. In Joseph Adelson (Hrsg.): Handbook of adolescent psychology. New York u. a.: *Wiley*, 3–46.
Elder, Glen H. jr. (1982): Historical experiences in the later years. In Tamara K. Hareven, Kathleen J. Adams (Hrsg.): Ageing and life course transitions: An interdisciplinary perspective. London, New York: *Tavistock*, 75–107.
Elder, Glen H. Jr., Avsholm Caspi (1990): Persönliche Entwicklung und sozialer Wandel. Die Entstehung der Lebensverlaufsforschung. In Karl Ulrich Mayer (Hrsg.): Lebensverläufe und sozialer Wandel. Opladen: *Westdeutscher Verlag*, 22–57.

Elder, Glen H. Jr., Richard C. Rockwell (1978): Historische Zeit im Lebenslauf. In Martin Kohli (Hrsg.): Soziologie des Lebenslaufs. Darmstadt, Neuwied: *Luchterhand*, 78–101.

Erbring, Lutz (1988): Journalistische Berufsnormen in amerikanischen und deutschen Nachrichten. In Lutz Erbring, Stephan Ruß-Mohl, Berthold Seewald, Bernd Sösemann (Hrsg.): Medien ohne Moral. Variationen über Journalismus und Ethik. Berlin: *Argon*, 73–104.

Ernst, Heiko (1994): Dem Leben Gestalt geben. In *Psychologie Heute* 21 (2) 20–26.

Esch, Arnold (1994): Zeitalter und Menschenalter. Der Historiker und die Erfahrung vergangener Gegenwart. München: *Beck*.

Eschbach, Barbara (1998): Mediengeneration Kind. In *Bertelsmann Briefe* 140, 4–6.

Esser, Frank (1993): Inside British Journalism. Tätigkeitsprofile, Redaktionsstrukturen und Arbeitsabläufe in britischen Zeitungsredaktionen. Magisterarbeit. Mainz: *Johannes Gutenberg-Universität*.

Esser, Frank (1998a): Das Ende des »Luhmann-Schüttelns«? Tagungsbericht der *DGPuK*-Fachgruppe Journalistik und Journalismusforschung am 16. und 17. Januar 1998 in Witten. In *Publizistik* 43, 181–183.

Esser, Frank (1998b): Die Kräfte hinter den Schlagzeilen. Englischer und deutscher Journalismus im Vergleich. Freiburg im Breisgau, München: *Alber*.

Ewert, Otto (1983): Entwicklungspsychologie des Jugendalters. Stuttgart u. a.: *Kohlhammer*.

Fabris, Hans Heinz (1981): Medienjournalismus und Bürgerkommunikation. Tendenzen und Alternativen journalistischer Arbeit. In *Rundfunk und Fernsehen* 29, 200–210.

Feddersen, Jens (1994): »Bloß keine Weltverbesserer!« Über junge Kollegen, Politiker und die Zukunft der Zeitung. In *Die Zeitung* März/April 1994, 7–8.

Feldman, Stanley (1989): Measuring issue preferences: The problem of response instability. In *Political Analysis* 1, 25–60.

Festinger, Leon (1957): A theory of cognitive dissonance. Stanford: *Stanford University Press*.

Fienberg, Stephen E., William M. Mason (1985): Specification and implementation of age, period and cohort models. In William M. Mason, Stephen E. Fienberg (Hrsg.): Cohort analysis in social research. Beyond the identification problem. New York u. a.: *Springer*, 45–87.

Filipp, Sigrun-Heide (Hrsg.) (1990a): Kritische Lebensereignisse. 2. Auflage. München: *Psychologie Verlags Union*.

Filipp, Sigrun-Heide (Hrsg.) (1990b): Ein allgemeines Modell für die Analyse kritischer Lebensereignisse. In Sigrun-Heide Filipp (Hrsg.): Kritische Lebensereignisse. 2. Auflage. München: *Psychologie Verlags Union*, 3–52.

Filipp, Sigrun-Heide (1990c): Lebensereignisforschung – eine Bilanz. In Sigrun-Heide Filipp (Hrsg.): Kritische Lebensereignisse. 2. Auflage. München: *Psychologie Verlags Union*, 293–326.

Fishman, Mark (1980): Manufacturing the news. Austin, Texas: *University of Texas Press*.

Flacks, Richard (1971): Revolt of the young intelligentsia: Revolutionary classconsciousness in post-scarcity America. In Roderick Aya, Norman Miller (Hrsg.): The new American revolution. New York: *Free Press*, London: *Collier-Macmillan*, 223–259.

Flechtner, Hans-Joachim (1976): Gedächtnis und Lernen in psychologischer Sicht. 2. Auflage. Stuttgart: *Hirzel*.

Flegel, Ruth C., Steve H. Chaffee (1971): Influences of editors, readers, and personal opinions on reporters. In *Journalism Quarterly* 48, 645–651.
Flügge, Manfred (Hrsg.) (1990): Gérard Sandoz – Ein Leben für die Verständigung. Politischer Journalismus zwischen Berlin und Paris. Marburg: *Hitzeroth.*
Fogt, Helmut (1982): Politische Generationen. Empirische Bedeutung und theoretisches Modell. Opladen: *Westdeutscher Verlag.*
Freud, Anna (1946): Das Ich und die Abwehrmechanismen. London: *Imago Publishing Co.*
Freud, Anna (1958): Adolescence. In *Psychoanalytic Study of the Child* 16, 225–278.
Freud, Sigmund (1949): Drei Abhandlungen zur Sexualtheorie. In Sigmund Freud: Gesammelte Werke. Band V. London: *Imago Publishing Co.*, 27–145 (zuerst 1905).
Freud, Sigmund (1953): Abriß der Psychoanalyse. Das Unbehagen in der Kultur. Frankfurt am Main, Hamburg: *Fischer.*
Freud, Sigmund (1955): Selbstdarstellung. In Sigmund Freud: Gesammelte Werke. Band XIV. London: *Imago Publishing Co.*, 31–96.
Fuchs, Dieter, Hans-Dieter Klingemann (1990): The left-right schema. In M. Kent Jennings, Jan W. van Deth (Hrsg.): Continuities in political action. A longitudinal study of political orientations in three western democracies. Berlin, New York: *de Gruyter*, 203–234.
Furnham, Adrian (1985): A short measure of economic beliefs. In *Personality and Individual Differences* 6, 123–126.
Furnham, Adrian (1987): Work related beliefs and human values. In *Personality and Individual Differences* 8, 627–637.
Gärtner, Hans-Dieter, Peter Klemm (1989): Der Griff nach der Öffentlichkeit. Grundsätze und Ziele der neuen *IG Medien* im *DGB*. Köln: *Tiberius.*
Gall, Lothar (1993): Alles Seiende zu verflüssigen. Das 19. Jahrhundert im Dialog mit dem Leser: Zum Lebenswerk des Historikers Thomas Nipperdey. In *Frankfurter Allgemeine Zeitung* 13.3.93, *Bilder und Zeiten*, 2.
Gerhardt, Rudolf, Erich Steffen (1996): Kleiner Knigge des Presserechts. Wie weit Journalisten zu weit gehen dürfen. Frankfurt am Main: *Institut für Medienentwicklung und Kommunikation.*
Gillessen, Günther (1986): Auf verlorenem Posten. Die *Frankfurter Zeitung* im Dritten Reich. Berlin: *Siedler.*
Gillessen, Günther (1991): 1990. Eine Jahres-Chronik. Frankfurt am Main, Leipzig: *Insel.*
Glenn, Norval D. (1974): Aging and conservatism. In *Annals of The American Academy of Political and Social Science* 415, 176–186.
Glenn, Norval D. (1977): Cohort Analysis. Beverly Hills: *Sage.*
Glenn, Norval D. (1980): Values, attitudes, and beliefs. In Orville Gilbert Brim Jr., Jerome Kagan (Hrsg.): Constancy and change in human development. Cambridge, MA: *Harvard University Press*, 596–640.
Gnauck, Gerhard (1992): Marxistischer Historismus. Wie ein russischer Historiker die geschehende Geschichte verarbeitet. In *Frankfurter Allgemeine Zeitung* 5.12.92, 11.
Goethals, George R., Richard F. Reckman (1973): The perception of consistency in attitudes. In *Journal of Experimental Social Psychology* 9, 491–501.
Goethals, George R., Richard F. Reckman (1982): Recalling preciously held attitudes. In Ulric Neisser: Memory observed. Remembering in natural contexts. San Francisco: *Freeman*, 178–188.
Götz, Christiane (1992): Die Geschichte hat ihm recht gegeben. Blick zurück im

Zorn: Zum 70. Geburtstag von Gerhard Löwenthal. In *Frankfurter Allgemeine Sonntagszeitung* 6.12.92, 8.
Gorbatschow, Michail (1993): Der Fuchs hat es begriffen. In *Spiegel Spezial* 6/1993: Rudolf Augstein, 66–67.
Gräser, Horst, Helmut Esser, Helmut Saile (1990): Einschätzung von Lebensereignissen und ihren Auswirkungen. In Sigrun-Heide Filipp (Hrsg.): Kritische Lebensereignisse. 2. Auflage. München: *Psychologie Verlags Union*, 104–122.
Greuner, Ruth (o. J.): Gegenspieler. Profile linksbürgerlicher Publizisten aus Kaiserreich und Weimarer Republik. Berlin: *Verlag Der Morgen*.
Gruber, Thomas, Barbara Koller, Manfred Rühl (1974/75): Berufsziel: Journalist. Vorstellungen, Einstellungen und Bedingungen beim Eintritt in den Beruf. In *Publizistik* 19/20, 337–359.
Gustedt, Volker, Uli Martin (1994): »Schneewittchens Baby«. Umstrittene Doku-Dramen: *RTL* will einen Film über eine »schwangere Tote« ausstrahlen. Die echten Eltern fühlen sich ausgetrickst. In *Focus* Nr. 37, 12.9.1994, 206–208.
Hagenaars, Jacques A., Niko P. Cobben (1978): Age, cohort and period: A general model for the analysis of social change. In *The Netherlands' Journal of Sociology* 14, 59–91.
Halbwachs, Maurice (1925): Das Gedächtnis und seine sozialen Bedingungen. Neuwied: *Luchterhand* 1966.
Halbwachs, Maurice (1950): Das kollektive Gedächtnis. Stuttgart: *Enke* 1967.
Haller, Michael (1983): Recherchieren. Ein Handbuch für Journalisten. München: *Ölschläger*.
Halter, Hans (1995): Sieg des Chaos. Aufstieg und Unsterblichkeit der alternativen *tageszeitung*. In *Spiegel special* 1/1995: Die Journalisten, 34–37.
Hanefeld, Michael (1994a): »Ein Lehrstück skrupelloser Methoden«. *»Kulturweltspiegel«* (*WDR / ARD*): Rufmord an Marcel Reich-Ranicki. In *Medien Kritik* Nr. 24, 13.6.94, 2–4.
Hanefeld, Michael (MH) (1994b): »Bereit, Leute zu töten, die Ihr Kind getötet haben?«. *RTL* interviewte die Mutter eines ermordeten Kindes ohne Skrupel. In *Medien Kritik* Nr. 25, 20.6.94, 10.
Hanig, Florian (1992): Original und Fälschung. In *Journalist* Nr. 1, 1992, 48–49.
Harenberg, Bodo (Hrsg.) (1994): Harenberg Schlüsseldaten 20. Jahrhundert. 3. Auflage. Dortmund: *Harenberg*.
Hareven, Tamara K. (1977): Family time and historical time. In *Daedalus* 106 (2) 57–70.
Hareven, Tamara K. (1982): The life course and aging in historical perspective. In Tamara K. Hareven, Kathleen J. Adams (Hrsg.): Ageing and life course transitions: An interdisciplinary perspective. London, New York, London: *Tavistock*, 1–26.
Hausjell, Friedrich (1987): Zwischen Tradition und Neubeginn. Pressejournalisten in Österreich nach dem Zweiten Weltkrieg. In Manfred Bobrowsky, Wolfgang R. Langenbucher (Hrsg.): Wege zur Kommunikationsgeschichte. München: *Ölschläger*, 659–669.
Hausjell, Friedrich (1989): Journalisten gegen Demokratie und Faschismus. Eine kollektiv-biographische Analyse der beruflichen und politischen Herkunft der österreichischen Tageszeitungsjournalisten am Beginn der Zweiten Republik (1945–1947). Teil 1. Frankfurt am Main u. a.: *Verlag Peter Lang*.
Hausjell, Friedrich (1993): Journalisten für das Reich. Der »Reichsverband der deutschen Presse« in Österreich 1938–1945. Wien: *Verlag für Gesellschaftskritik*.

Heaven, Patrick C. L. (1990): Economic beliefs and human values: Further evidence of the two-value model? In *Journal of Social Psychology* 130, 583–589.
Heider, Fritz (1946): Attitudes and cognitive organization. In *Journal of Psychology* 21, 107–112.
Heigl, Frank A., Jürgen Saupe (1992): Operation EVA. Die Affäre Langemann. Hamburg: *Konkret Literatur Verlag.*
Heinrich, Horst-Alfred (1996): Zeithistorische Ereignisse als Kristallisationspunkte von Generationen. Replikation eines Meßinstrumentes. In *ZUMA-Nachrichten* 20 (39) 69–94.
Hesslein, Bernd C. (Hrsg.) (1991): Fritz Sänger. Ein Mutiger – kein Held. Dokumentation. Hamburg: Selbstverlag der *SPD.*
Hillmann, Karl-Heinz (1989): Wertwandel. Zur Frage soziokultureller Voraussetzungen alternativer Lebensformen. 2. Auflage. Darmstadt: *Wissenschaftliche Buchgesellschaft.*
Hobcraft, John, Jane Menken, Samuel Preston (1982): Age, period, and cohort effects in demography: A review. In *Population Index* 48, 4–43.
Höfer, Werner (1974): Wenn ich mich erinnere. In Walter Förster (Hrsg.): Aus Köln in die Welt. Beiträge zur Rundfunk-Geschichte. Köln, Berlin: *Grote,* 105–141.
Hörisch, Jochen (1998): Mediengenerationen – von der Jukebox bis zur CD. In *Bertelsmann Briefe* 140, 46–49.
Hoff, Klaus (1992): Rechts und Links – zwei Schlagworte auf dem Prüfstand. Krefeld: *Sinus.*
Hoffmeister, Johannes (Hrsg.) (1955): Wörterbuch der philosophischen Begriffe. 2. Auflage. Hamburg: *Meiner.*
Hogan, Dennis P. (1978): The variable order of events in the life course. In *American Sociological Review* 43, 573–586.
Holzamer, Karl (1974): Als Redakteur in den dreißiger Jahren. In Walter Förster (Hrsg.): Aus Köln in die Welt. Beiträge zur Rundfunk-Geschichte. Köln, Berlin: *Grote,* 87–104.
Huff, Martin W. (1995): Ein neues Kapitel im deutschen Presserecht. Das Urteil des *BGH* im Fall *Bauer-Verlag* gegen Prinzessin Caroline. In *Medien Kritik* Nr. 7, 13.2.95, 12–13.
Hultsch, David F., Steven W. Cornelius (1990): Kritische Lebensereignisse und lebenslange Entwicklung: Methodologische Aspekte. In Sigrun-Heide Filipp (Hrsg.): Kritische Lebensereignisse. 2. Auflage. München: *Psychologie Verlags Union,* 72–90.
Hultsch, David F., Judy K. Plemons (1979): Life events and life-span development. In Paul B. Baltes, Orville Gilbert Brim jr. (Hrsg.): Life-span development and behavior. Band 2. New York u. a.: *Academic Press,* 1–36.
Inglehart, Ronald (1971): The silent revolution in Europe: Intergenerational change in post-industrial societies. In *American Political Science Review* 65, 991–1017.
Inglehart, Ronald (1977): The silent revolution: Changing values and political styles among western publics. Princeton, NJ: *Princeton University Press.*
Inglehart, Ronald (1990): Culture shift in advanced industrial society. Princeton, NJ: *Princeton University Press.*
Institut für Demoskopie Allensbach (1989): Allensbacher Markt-Analyse / Werbeträger-Analyse 1989. Allensbach am Bodensee: *Institut für Demoskopie.*
Institut für Demoskopie Allensbach (1993): Drei Jahre nach dem Fall der Mauer. Die Einstellung der West- und Ostdeutschen zueinander und zur Wiederver-

einigung. Unveröffentlichte Dokumentation. Allensbach am Bodensee: *Institut für Demoskopie.*
Institut für Demoskopie Allensbach (1996): Allensbacher Markt-Analyse / Werbeträger-Analyse 1996. Allensbach am Bodensee: *Institut für Demoskopie.*
Jaenecke, Heinrich (1991): Oh, Vaterland! Deutsche Augenblicke. Reportagen aus vier Jahrzehnten. Hamburg: *Gruner + Jahr.*
Jakobs, Hans-Jürgen, Uwe Müller (1990): Augstein, Springer & Co. Deutsche Mediendynastien. Zürich, Wiesbaden: *Orell Füssli.*
Jansen, Heiner (1990): Geschichtsbewußtsein. Überlegungen zur wissenschaftlichen Tauglichkeit eines multivalenten Begriffs. In Udo Arnold, Josef Schröder, Günther Walzik (Hrsg.): Aspekte der Geschichte. Festschrift für Peter Gerrit Thielen zum 65. Geburtstag am 12. Dezember 1989. Göttingen, Zürich: *Muster-Schmidt*, 305–319.
Jegorow, Vladimir K. (1992): Geschichte in unserem Leben. Betrachtungen zum historischen Denken in Politik und Wissenschaft. Berlin: *edition q.*
Jeismann, Karl-Ernst (1981): Das preußische Gymnasium und das Geschichtsbewußtsein im 19. Jahrhundert. In Oswald Hauser: Geschichte und Geschichtsbewußtsein. 19 Vorträge für die Ranke-Gesellschaft Vereinigung für Geschichte im öffentlichen Leben. Göttingen, Zürich: *Muster-Schmidt*, 47–74.
Jennings, M. Kent (1976): The variable nature of generational conflict. Some examples from West Germany. In *Comparative Political Studies* 9 (2) 171–188.
Jeske, Jürgen (1996): Geprägt durch die fünfziger Jahre: Der Jahrgang 1937. Lebenswege, die in einer Zeit beispiellosen Wachstums begonnen haben. In *Frankfurter Allgemeine Zeitung* 27.12.96, 15.
Jesse, Eckardt (1993): Höhepunkte der Pubertät. 1968 in der deutschen Nachkriegsgeschichte. In *Frankfurter Allgemeine Zeitung* 9.7.93, 35.
Jugendwerk der Deutschen Shell (Hrsg.) (1985): Jugendliche und Erwachsene 85. Generationen im Vergleich. Opladen: *Leske + Budrich.*
Junker, Detlef, Peter Reisinger (1974): Was kann Objektivität in der Geschichtsschreibung heißen, und wie ist sie möglich? In *Historische Zeitschrift*, Beiheft 3 (Neue Folge) 1–46. Wieder abgedruckt in Theodor Schieder, Kurt Gräubig (Hrsg.) (1977): Theorieprobleme der Geschichtswissenschaft. Darmstadt: *Wissenschaftliche Buchgesellschaft*, 420–471.
Kalt, Gero (1994): Tendenz linksliberal. Viele Journalisten lehnen Koalitionsparteien ab. In *Medien Kritik* Nr. 45, 7.11.94, 6.
Kalt, Gero (1995): Schmiergelder an der Tagesordnung. Die Redaktionen befinden sich in einem harten Konkurrenzkampf. In *Medien Kritik* Nr. 23, 6.6.95, 12.
Karg, Thorsten (1991): Der berufliche Werdegang und das publizistische Selbstverständnis der Alice Schwarzer. Magisterarbeit. Mainz: *Johannes Gutenberg-Universität.*
Keller, Barbara (1996): Rekonstruktion von Vergangenheit. Vom Umgang der »Kriegsgeneration« mit Lebenserinnerungen. Opladen: *Westdeutscher Verlag.*
Kepplinger, Hans Mathias (Hrsg.) (1979): Angepaßte Außenseiter. Was Journalisten denken und wie sie arbeiten. Freiburg im Breisgau, München: *Alber.*
Kepplinger, Hans Mathias (1982): Massenkommunikation. Rechtsgrundlagen, Medienstrukturen, Kommunikationspolitik. Stuttgart: *Teubner.*
Kepplinger, Hans Mathias (1985): Systemtheoretische Aspekte politischer Kommunikation. In *Publizistik* 30, 247–264.
Kepplinger, Hans Mathias (1989a): Künstliche Horizonte. Folgen, Darstellung und Akzeptanz von Technik in der Bundesrepublik Deutschland. Frankfurt am Main, New York: *Campus.*

Kepplinger, Hans Mathias (1989b): Voluntaristische Grundlagen der Politikberichterstattung. In Frank E. Böckelmann (Hrsg.): Medienmacht und Politik. Mediatisierte Politik und politischer Wertewandel. Berlin: *Spiess*, 59–83.
Kepplinger, Hans Mathias (1991): Historische Ereignisse im Bewußtsein von Journalisten. In Walter A. Mahle (Hrsg.): Medien im vereinten Deutschland. Nationale und internationale Perspektiven. München: *Ölschläger*, 127–138.
Kepplinger, Hans Mathias (1992a): Gesellschaftskritik und Kollegenkritik. In Hans Mathias Kepplinger: Ereignismanagement. Wirklichkeit und Massenmedien. Zürich: *Edition Interfrom*, Osnabrück: *Fromm*, 128–148.
Kepplinger, Hans Mathias (1992b): Voluntaristische Grundlagen der Politikberichterstattung. In Hans Mathias Kepplinger: Ereignismanagement. Wirklichkeit und Massenmedien. Zürich: *Edition Interfrom*, Osnabrück: *Fromm*, 60–77.
Kepplinger, Hans Mathias (1992c): Journalisten im vereinten Deutschland. In Hans Mathias Kepplinger: Ereignismanagement. Wirklichkeit und Massenmedien. Zürich: *Edition Interfrom*, Osnabrück: *Fromm*, 78–93.
Kepplinger, Hans Mathias (1992d): Macht ohne Verantwortung? In Hans Mathias Kepplinger: Ereignismanagement. Wirklichkeit und Massenmedien. Zürich: *Edition Interfrom*, Osnabrück: *Fromm*, 149–168.
Kepplinger, Hans Mathias (1993): Kritik am Beruf. Zur Rolle der Kollegenkritik im Journalismus. In Walter A. Mahle (Hrsg.): Journalisten in Deutschland. München: *Ölschläger*, 161–183.
Kepplinger, Hans Mathias (1995): Medienzugang, Medienmonopol, Medienkonzentration: Läßt sich mit rechtlichen Mitteln Meinungs- und Programmvielfalt sichern? In *Gesellschaft für Rechtspolitik* Trier (Hrsg.): Bitburger Gespräche. Jahrbuch 1995/II. München: *Beck*, 45–82.
Kepplinger, Hans Mathias (1996a): Toward a system theory of political communication. In David L. Paletz (Hrsg.): Political communication research: Approaches, studies, assessments. Band II. Norwood, N. J.: *Ablex*, 3–25.
Kepplinger, Hans Mathias (1996b): Skandale und Politikverdrossenheit – ein Langzeitvergleich. In Otfried Jarren, Heribert Schatz, Hartmut Weßler (Hrsg.): Medien und politischer Prozeß. Politische Öffentlichkeit und massenmediale Politikvermittlung im Wandel. Opladen: *Westdeutscher Verlag*, 41–58.
Kepplinger, Hans Mathias (1997): Sozialwissenschaftliche Erkenntnis und juristische Praxis. Einführungsreferat anläßlich der 1. Zusammenkunft des Arbeitskreises *Medienrecht und Medienwirkungsforschung* am 27./28. Juni in Konstanz. Manuskript. Mainz: *Institut für Publizistik*.
Kepplinger, Hans Mathias (1998): Die Demontage der Politik in der Informationsgesellschaft. Freiburg im Breisgau, München: *Alber*.
Kepplinger, Hans Mathias (2000): Theorie und Empirie. Problemdimensionen des Journalismus. Erscheint in Martin Löffelholz (Hrsg.): Theorien des Journalismus. Ein Text- und Studienbuch. Opladen: *Westdeutscher Verlag*.
Kepplinger, Hans Mathias, Hans-Bernd Brosius (o. J.): Das deplazierte Drittel. Eine empirische Untersuchung über den Einfluß subjektiver Überzeugung auf die Tendenz der Nachrichtenauswahl von Wirtschaftsredakteuren und politischen Redakteuren. Manuskript. Mainz: *Institut für Publizistik*.
Kepplinger, Hans Mathias, Hans-Bernd Brosius, Joachim Friedrich Staab (1991a): Instrumental actualization: A theory of mediated conflicts. In *European Journal of Communication* 6, 263–290.
Kepplinger, Hans Mathias, Hans-Bernd Brosius, Joachim Friedrich Staab (1991b): Opinion formation in mediated conflicts and crises: A theory of cognitive-affective media effects. In *International Journal of Public Opinion Research* 3, 132–156.

Kepplinger, Hans Mathias, Hans-Bernd Brosius, Joachim Friedrich Staab, Günter Linke (1989): Instrumentelle Aktualisierung. Grundlagen einer Theorie publizistischer Konflikte. In Max Kaase, Winfried Schulz (Hrsg.): Massenkommunikation. Theorien, Methoden, Befunde. Opladen: *Westdeutscher Verlag*, 199–220.

Kepplinger, Hans Mathias, Hans-Bernd Brosius, Joachim Friedrich Staab, Günter Linke, Kersten Autze, Sabine Wüst (1990): Instrumentelle Aktualisierung. Abschlußbericht zum *DFG*-Projekt (Az. Ke 279/8–1 bis Ke 279/8–5). Mainz: *Institut für Publizistik.*

Kepplinger, Hans Mathias, Simone Christine Ehmig (1997): Der Einfluß politischer Einstellungen von Journalisten auf die Beurteilung aktueller Kontroversen. In *Medienpsychologie* 9, 271–292.

Kepplinger, Hans Mathias, Simone Christine Ehmig, Christine Ahlheim (1991): Gentechnik im Widerstreit. Zum Verhältnis von Wissenschaft und Journalismus. Frankfurt am Main, New York: *Campus.*

Kepplinger, Hans Mathias, Peter Eps, Frank Esser, Dietmar Gattwinkel (1993): Am Pranger: Der Fall Späth und der Fall Stolpe. In Wolfgang Donsbach, Otfried Jarren, Hans Mathias Kepplinger, Barbara Pfetsch (Hrsg.): Beziehungsspiele – Medien und Politik in der öffentlichen Diskussion. Fallstudien und Analysen. Gütersloh: *Bertelsmann*, 159–220.

Kepplinger, Hans Mathias, Kerstin Knirsch (2000a): Gesinnungs- und Verantwortungsethik im Journalismus. Sind Max Webers theoretische Annahmen empirisch haltbar? In Mathias Rath (Hrsg.): Medienethik und Medienwirkungsforschung. Opladen: *Westdeutscher Verlag,* 11–44.

Kepplinger, Hans Mathias, Kerstin Knirsch (2000b): The relevance of Weberian ethics in journalism for contemporary communication research. Erscheint in *European Journal of Communication* 15.

Kepplinger, Hans Mathias, Renate Köcher (1990): Professionalism in the media world? In *European Journal of Communication* 5, 285–311.

Kepplinger, Hans Mathias, Herbert Roth (1978): Kommunikation in der Ölkrise des Winters 1973/74. Ein Paradigma für Wirkungsstudien. In *Publizistik* 23, 337–356.

Kepplinger, Hans Mathias, Inge Vohl (1979): Mit beschränkter Haftung. Zum Verantwortungsbewußtsein von Fernsehredakteuren. In Hans Mathias Kepplinger (Hrsg.): Angepaßte Außenseiter. Was Journalisten denken und wie sie arbeiten. Freiburg im Breisgau, München: *Alber*, 223–259.

Kerrick, Jean S., Thomas E. Anderson, Luita B. Swales (1964): Balance and the writer's attitude in news stories and editorials. In *Journalism Quarterly* 41, 207–215.

Kertzer, David I. (1983): Generation as a sociological problem. In *Annual Review of Sociology* 9, 125–149.

Kiesel, Manfred (1992): Die Liquidierung des Ehrenschutzes durch das BVerfG. In *Neue Zeitschrift für Verwaltungsrecht* 11, 1129–1137.

Kieslich, Günter (1974): Der journalistische Nachwuchs in der Bundesrepublik Deutschland. Daten zur Volontärsausbildung in der Tagespresse. Köln: *Bund-Verlag.*

Kim, Min-Sun, John E. Hunter (1993): Attitude-behavior relations: A meta-analysis of attitudinal relevance and topic. In *Journal of Communication* 43, 102–142.

Kitschelt, Herbert, Staf Hellemans (1990): The left-right semantics and the new politics cleavage. In *Comparative Political Studies* 23, 210–238.

Klecka, William R. (1971): Applying political generations to the study of political behavior: A cohort analysis. In *Public Opinion Quarterly* 35, 358–373.
Klump, Brigitte (1993): Das Rote Kloster. Als Zögling in der Kaderschmiede der Stasi. Frankfurt am Main: *Ullstein* (zuerst 1978).
Knutsen, Oddbjørn (1998): Europeans move towards the center: A comparative longitudinal study of left-right self-placement in Western Europe. In *International Journal of Public Opinion Research* 10, 292–316.
Koch, Dirk (1993): Der Sargdeckel ist zu kurz. Über den Fall Vöcking und die Rolle des Kanzleramts. In *Der Spiegel* Nr. 27, 5.7.1993, 30–32.
Koebner, Richard (1990): Das historische Bewußtsein als Gegenstand der Geschichtswissenschaft. (»Gewissensprüfung«) Abschiedsvorlesung in Jerusalem (1955). In Richard Koebner: Geschichte, Geschichtsbewußtsein und Zeitwende. Vorträge und Schriften aus dem Nachlaß. Gerlingen: *Bleicher*, 275–285.
Köcher, Renate (1985): Spürhund und Missionar. Eine vergleichende Untersuchung über Berufsethik und Aufgabenverständnis britischer und deutscher Journalisten. Dissertation. München: *Ludwig-Maximilians-Universität.*
Köcher, Renate (1986): Bloodhounds or missionaries: Role definitions of German and British journalists. In *European Journal of Communication* 1, 43–64.
Köhler, Otto (1989): Wir Schreibmaschinentäter. Journalisten unter Hitler – und danach. Köln: *Pahl-Rugenstein.*
Köpf, Doris, Wolfgang Donauer, Gottfried Hahn, Sylvia Leuker (1996): Was aus den 68ern geworden ist. In *Focus* Nr. 36, 2.9.1996, 66–78.
Kohl, Helmut (1989): Regierungserklärung vom 1. September 1989 zum 50. Jahrestag des Beginns des Zweiten Weltkriegs. Erinnerung, Trauer, Mahnung, Verantwortung. Bonn: *Presse- und Informationsamt der Bundesregierung.*
Kohli, Martin (1982): Lebenslauftheoretische Ansätze in der Sozialisationsforschung. In Klaus Hurrelmann, Dieter Ulich (Hrsg.): Handbuch der Sozialisationsforschung. 2. Auflage. Weinheim, Basel: *Beltz*, 299–317.
Kohli, Martin (1985): Die Institutionalisierung des Lebenslaufs. Historische Befunde und theoretische Argumente. In *Kölner Zeitschrift für Soziologie und Sozialpsychologie* 37, 1–29. Wiederabgedruckt in Jürgen Friedrichs, Karl Ulrich Mayer, Wolfgang Schluchter (Hrsg.) (1997): Soziologische Theorie und Empirie. Opladen: *Westdeutscher Verlag*, 284–312.
Kohli, Martin (1986): Gesellschaftszeit und Lebenszeit. Der Lebenslauf im Strukturwandel der Moderne. In Johannes Berger (Hrsg.): Die Moderne – Kontinuitäten und Zäsuren. Göttingen: *Verlag Otto Schwartz & Co*, 183–208.
Kojima, Kazuto (1986): Generational change and journalism. Methodology and tentative analysis. In *Studies of Broadcasting* 22, 79–105.
Korn, Karl (1946): Die Rheingauer Jahre. Berlin: *Minerva.*
Korn, Karl (1975): Lange Lehrzeit. Ein deutsches Leben. Frankfurt am Main: *Societäts-Verlag.*
Krause, Klaus Peter (1991): Die ostdeutschen Bürger wollten die D-Mark sofort. Der schnelle Weg zur Wirtschaftsunion. In *Frankfurter Allgemeine Zeitung* 29.6.91, 4.
Krech, David, Richard S. Crutchfield, Norman Livson, William A. Wilson jr., Allen Parducci (1985a): Grundlagen der Psychologie in 8 Bänden. Band 5: Motivations- und Emotionspsychologie. Weinheim, Basel: *Beltz.*
Krech, David, Richard S. Crutchfield, Norman Livson, William A. Wilson jr., Allen Parducci (1985b): Grundlagen der Psychologie in 8 Bänden. Band 1: Theoretische Grundlagen und Entwicklungspsychologie. Weinheim, Basel: *Beltz.*
Krech, David, Richard S. Crutchfield, Norman Livson, William A. Wilson jr., Al-

len Parducci (1985c): Grundlagen der Psychologie in 8 Bänden. Band 6: Persönlichkeitspsychologie und Psychotherapie. Weinheim, Basel: *Beltz*.

Krech, David, Richard S. Crutchfield, Norman Livson, William A. Wilson jr., Allen Parducci (1985d): Grundlagen der Psychologie in 8 Bänden. Band 4: Kognitionspsychologie. Weinheim, Basel: *Beltz*.

Kriele, Martin (1994): Ehrenschutz und Meinungsfreiheit. In *Neue Juristische Wochenschrift* 47, 1897–1905.

Krosnick, Jon A., Duane F. Alwin (1989): Aging and susceptability to attitude change. In *Journal of Personality and Social Psychology* 57, 416–425.

Kuby, Erich (1987): *Der Spiegel* im Spiegel. Das deutsche Nachrichten-Magazin – kritisch analysiert. München: *Heyne*.

Kudera, Sabine (1985): Sozialer Wandel und Kohortenschicksal. Veränderungen von Lebensverläufen und Orientierungen in der Generationenfolge. In Stefan Hradil (Hrsg.): Sozialstruktur im Umbruch. Karl Martin Bolte zum 60. Geburtstag. Opladen: *Leske + Budrich*, 165–180.

Labouvie-Vief, Gisela (1982): Individual time, social time, and intellectual aging. In Tamara K. Hareven, Kathleen J. Adams (Hrsg.): Ageing and life course transitions: An interdisciplinary perspective. London, New York: *Tavistock*, 151–182.

Lambert, T. Allen (1972): Generations and change: Toward a theory of generations as a force in historical process. In *Youth and Society* 4 (4) 21–45.

Lang, Kurt, Gladys Engel Lang (1978): Experiences and ideology: The influence of the sixties on an intellectual elite. In *Research in Social Movements, Conflicts and Change* 1, 197–230.

Lang, Kurt, Hans Mathias Kepplinger, Gladys Engel Lang, Simone Christine Ehmig (1992): Collective memory and the political attitude of German journalists. Paper presented to the Annual Conference of the *World Association for Public Opinion Research* in St. Petersburg, Florida, May 15–19.

Lang, Kurt, Gladys Engel Lang, Hans Mathias Kepplinger, Simone Christine Ehmig (1992): The influence of historical events on the political thinking of journalists in Germany. Paper presented to the 42nd Annual Conference of the *International Communication Association* in Miami, Florida, May 21–25.

Lang, Kurt, Gladys Engel Lang, Hans Mathias Kepplinger, Simone Ehmig (1993): Collective memory and political generations: A survey of German journalists. In *Political Communication* 10, 211–229.

Langenbucher, Wolfgang R. (1974/75): Kommunikation als Beruf. Ansätze und Konsequenzen kommunikationswissenschaftlicher Berufsforschung. In *Publizistik* 19/20, 256–277.

Laufer, Robert S., Vern L. Bengtson (1974): Generations, aging, and social stratification: On the development of generational units. In *Journal of Social Issues* 30 (3) 181–205.

Le Goff, Jacques (1992): Geschichte und Gedächtnis. Frankfurt am Main, New York: *Campus* / Paris: *Editions de la Maison des Sciences de l'Homme*.

Leggewie, Claus (1995): Die 89er. Portrait einer Generation. Hamburg: *Hoffmann und Campe*.

Leinemann, Jürgen (1989): Über den Autor. In Hermann Schreiber: Durchblikke. Reportagen aus dreißig Jahren Gegenwart. Zürich: *SV international / Schweizer Verlagshaus*, 321–322.

Lerner, Robert, Althea K. Nagai, Stanley Rothman (1991): Elite vs. mass opinion: Another look at a classic relationship. In *International Journal of Public Opinion Research* 3, 1–31.

Levinson, Daniel J. (1981): Explorations in biography: Evolution of the individual life structure in adulthood. In Albert I. Rabin, Joel Aronoff, Andrew M. Barclay, Robert A. Zucker (Hrsg.): Further explorations in personality. New York u. a.: *Wiley*, 44–79

Liepmann, Heinz (1961): Egon Erwin Kisch. In Egon Erwin Kisch: Der rasende Reporter. Klassische Reportagen. Hamburg: *Rütten & Loenig*, 405–411.

Lietzmann, Sabina (1996): Geborgte Macht. In Jürgen Wilke (Hrsg.): Ethik der Massenmedien. Wien: *Braumüller*, 204–206.

Linton, Marigold (1975): Memory for real world events. In Donald A. Norman, David E. Rumelhart (Hrsg.): Explorations in cognition. San Francisco: *Freeman*, 376–404.

Linton, Marigold (1978a): Real world memory after six years: An in vivo study of very long term memory. In Michael M. Gruneberg, Peter Edwin Morris, Robert N. Sykes (Hrsg.): Practical aspects of memory. Orlando, London: *Academic Press*, 69–76.

Linton, Marigold (1978b): Gedächtnis für Ereignisse in der Realwelt. In Donald A. Norman, David E. Rumelhart: Strukturen des Wissens. Wege der Kognitionsforschung. Stuttgart: *Klett-Cotta*, 371–395.

Linton, Marigold (1982): Transformations of memory in everyday life. In Ulric Neisser: Memory observed. Remembering in natural contexts. San Francisco: *Freeman*, 77–91.

Litt, Theodor (1947): Das Verhältnis der Generationen ehedem und heute. Wiesbaden: *Dieterich*.

Littmann, Wolf (1984): Ton ab – Kamera läuft. Reportage über Reportagen. Bayreuth: *Hestia*.

Löffelholz, Martin (1992): Arbeitsplatzabbau und Chancen(un)gleichheit. Erste Basisdaten zum Journalismus in Deutschland. In *Publizistik und Kunst* 41 (12) 13.

Löffelholz, Martin (Hrsg.) (erscheint 2000): Theorien des Journalismus. Ein Text- und Studienbuch. Opladen: *Westdeutscher Verlag*.

Lüscher, Kurt (1993): Generationenbeziehungen – Neue Zugänge zu einem alten Thema. In Kurt Lüscher, Franz Schultheis (Hrsg.): Generationenbeziehungen in »postmodernen« Gesellschaften. Analysen zum Verhältnis von Individuum, Familie, Staat und Gesellschaft. Konstanz: *Universitätsverlag*, 17–47.

Maetzke, Ernst-Otto (1987): Tödliches Kraftfeld. In *Frankfurter Allgemeine Zeitung* 13. 10. 87, 1.

Malasomma, Claudio (1991): Journalistenbefragung in Italien. Magisterarbeit. Mainz: *Johannes Gutenberg-Universität*.

Mann, Golo (Hrsg.) (1986a): Propyläen Weltgeschichte. Eine Universalgeschichte. Neunter Band: Das zwanzigste Jahrhundert. Frankfurt am Main: *Ullstein* / Berlin: *Propyläen*.

Mann, Golo (Hrsg.) (1986b): Propyläen Weltgeschichte. Eine Universalgeschichte. Zehnter Band: Die Welt von heute. Frankfurt am Main: *Ullstein* / Berlin: *Propyläen*.

Mannheim, Karl (1928): Das Problem der Generationen. In *Kölner Vierteljahreshefte für Soziologie* 7, 157–185, 309–330. Wiederabgedruckt in Karl Mannheim (1964): Wissenssoziologie. Auswahl aus dem Werk eingeleitet und herausgegeben von Kurt H. Wolff. Berlin, Neuwied: *Luchterhand*, 509–565, 703–705.

Markus, Gregory B. (1985): Dynamic modeling of cohort change: The case of political partisanship. In William M. Mason, Stephen E. Fienberg (Hrsg.): Cohort analysis in social research. Beyond the identification problem. New York u. a.: *Springer*, 259–287.

Marshall, Victor W. (1983): Generations, age groups and cohorts: Conceptual distinctions. In *Canadian Journal of Aging* 2 (2) 51–62.

Marshall, Victor W. (1984): Tendencies in generational research: From the generation to the cohort and back to the generation. In Vjenka Garms-Homolová, Erika M. Hoernig, Doris Schaeffer (Hrsg.): Intergenerational relationships. Lewiston, N.Y., Toronto: *Hogrefe*, 207–218.

Mast, Claudia (Hrsg.) (1991): Journalismus für die Praxis. Ein Leitfaden für die Redaktionsarbeit. Hohenheim: *Fachgebiet Kommunikationswissenschaft / Journalistik der Universität Hohenheim.*

Mast, Claudia (1993): Medien und Journalismus im Umbruch – Erfahrungen von Medienunternehmen in den neuen Bundesländern. Ergebnisse der Sozialenquete über die Journalisten in den neuen Ländern der Bundesrepublik Deutschland III. In Walter A. Mahle (Hrsg.): Journalisten in Deutschland. Nationale und internationale Vergleiche und Perspektiven. München: *Ölschläger*, 71–80.

Mayer, Karl Ulrich (1990): Lebensverläufe und sozialer Wandel. Anmerkungen zu einem Forschungsprogramm. In Karl Ulrich Mayer (Hrsg.): Lebensverläufe und sozialer Wandel. Opladen: *Westdeutscher Verlag*, 7–21.

Mayer, Karl Ulrich, Johannes Huinink (1990): Alters-, Perioden- und Kohorteneffekte in der Analyse von Lebensverläufen oder: Lexis ade? In Karl Ulrich Mayer (Hrsg.): Lebensverläufe und sozialer Wandel. Opladen: *Westdeutscher Verlag*, 442–459.

Mayer, William G. (1992): The effects of generational replacement on American public opinion, 1960–1988. Paper presented at the annual conference of the *American Association for Public Opinion Research*, St. Petersburg Beach, Florida, May, 1992.

Meulemann, Heiner (1991): Lebenszufriedenheit und Lebenserfolg im Übergang vom Jugendlichen zum Erwachsenen. In *Kölner Zeitschrift für Soziologie und Sozialpsychologie* 43, 476–501.

Meyn, Hermann (1995): Verludern die publizistischen Sitten? In Beate Schneider, Kurt Reumann, Peter Schiwy (Hrsg.): Publizistik. Beiträge zur Medienentwicklung. Festschrift für Walter J. Schütz. Konstanz: *Universitätsverlag*, 245–271.

Michael, Bernd M. (1998): Master Consumer – die versteckte Kaufkraft. Warum ignoriert das Marketing die reichste Generation aller Zeiten? In *Bertelsmann Briefe* 140, 10–13.

Möller, Horst (1992): Die Grenze der Betroffenheit. Allerorten die Banalität des Bösen: Zeitgenossenschaft und Wissenschaftlichkeit schließen einander meist aus. In *Frankfurter Allgemeine Zeitung* 22.7.92, 25.

Mohr, Reinhard (1992): Zaungäste. Die Generation, die nach der Revolte kam. Frankfurt am Main: *S. Fischer.*

Muchow, Hans Heinrich (1959): Sexualreife und Sozialstruktur der Jugend. Reinbek bei Hamburg: *Rowohlt Taschenbuch-Verlag.*

Mühlberger, Holger (1979): Stille Teilhaber. Zur gesellschaftlichen Integration von Lokaljournalisten. In Hans Mathias Kepplinger (Hrsg.): Angepaßte Außenseiter. Was Journalisten denken und wie sie arbeiten. Freiburg im Breisgau, München: *Alber*, 97–114.

Müller, André (1993): Morgen früh kann ich tot sein. André Müller spricht mit Rudolf Augstein. In *Die Zeit* 15.10.93, 67–69.

Müller, Walter (1978): Der Lebenslauf von Geburtskohorten. In Martin Kohli (Hrsg.): Soziologie des Lebenslaufs. Darmstadt, Neuwied: *Luchterhand*, 54–77.

Nachruf Sebastian Haffner 1907 bis 1999. In *Der Spiegel* Nr. 2, 11.1.1999, 173.
Naeher, Gerhard (1991): Axel Springer. Mensch Macht Mythos. Erlangen, Bonn, Wien: *Straube.*
Naisbitt, John, Patricia Aburdene (1990): Megatrends 2000. Zehn Perspektiven für den Weg ins nächste Jahrtausend. 3. Auflage. Düsseldorf, Wien, New York: *Econ.*
Neidhardt, Friedhelm (1967): Die Junge Generation. Jugend und Gesellschaft in der Bundesrepublik. Köln, Opladen: *Leske.*
Neisser, Ulric (1981): John Dean's memory: A case study. In *Cognition* 9, 1–22. Wiederabgedruckt in Ulric Neisser: Memory observed. Remembering in natural contexts. San Francisco: *Freeman*, 139–159.
Neisser, Ulric (1982a): Memory observed. Remembering in natural contexts. San Francisco: *Freeman.*
Neisser, Ulric (1982b): Memory: What are the important questions? In Ulric Neisser: Memory observed. Remembering in natural contexts. San Francisco: *Freeman*, 3–19.
Neisser, Ulric, Robyn Fivush (Hrsg.) (1994): The remembering self: Construction and accuracy in the self narrative. New York: *Cambridge University Press.*
Nie, Norman H., Kristi Andersen (1974): Mass belief systems revisited: Political change and attitude structure. In *Journal of Politics* 36, 540–591.
Noack, Paul (1973): Die deutsche Nachkriegszeit. 2. Auflage. München, Wien: *Olzog.*
Noelle-Neumann, Elisabeth (1973a): Kumulation, Konsonanz und Öffentlichkeitseffekt. Ein neuer Ansatz zur Analyse der Wirkung der Massenmedien. In *Publizistik* 18, 26–55.
Noelle-Neumann, Elisabeth (1973b): Innere Pressefreiheit 1973. Allensbach: *Institut für Demoskopie.*
Noelle-Neumann, Elisabeth (1985): Die geschlagene und die befreite Generation. Ein historisches Stück. Dokumentation der Veröffentlichung in der *Zeit* Nr. 20 vom 10. Mai 1985. Allensbach: *Institut für Demoskopie.*
Noelle-Neumann, Elisabeth (1997): Eine Generation, zwei Gesellschaften. Junge Ostdeutsche und Westdeutsche fühlen sich politisch heimatlos. In *Frankfurter Allgemeine Zeitung* 16.4.97, 5.
Noelle-Neumann, Elisabeth (1998a): Die Luft der Freiheit weht. Die Bundestagswahl zwischen den Polen links und rechts. In *Frankfurter Allgemeine Zeitung* 24.6.98, 5.
Noelle-Neumann, Elisabeth (1998b): A shift from the right to the left as an indicator of value change: A battle for the climate of opinion. In *International Journal of Public Opinion Research* 10, 317–334.
Noelle-Neumann, Elisabeth, Hans Mathias Kepplinger (1978): Journalistenmeinungen, Medieninhalte und Medienwirkungen. Eine empirische Untersuchung zum Einfluß der Journalisten auf die Wahrnehmung sozialer Probleme durch Arbeiter und Elite. In Gertraude Steindl (Hrsg.): Publizistik aus Profession. Festschrift für Johannes Binkowski aus Anlaß der Vollendung seines 70. Lebensjahres. Düsseldorf: *Droste*, 41–68.
Noelle-Neumann, Elisabeth, Renate Köcher (1993): Allensbacher Jahrbuch der Demoskopie 1984–1992. München u. a.: *Saur.*
Noelle-Neumann, Elisabeth, Renate Köcher (1997): Allensbacher Jahrbuch der Demoskopie 1993–1997. München: *Saur*, Allensbach am Bodensee: *Verlag für Demoskopie.*
Noelle-Neumann, Elisabeth, Thomas Petersen (1996): Alle, nicht jeder. Einführung in die Methoden der Demoskopie. München: *dtv.*

Nolte, Ernst (1992): Geschichtsdenken im 20. Jahrhundert. Von Max Weber bis Hans Jonas. 2. Auflage. Berlin: *Ullstein* / Frankfurt am Main: *Propyläen*.

Oerter, Rolf, Leo Montada (1987): Entwicklungspsychologie. Ein Lehrbuch. 2. Auflage. München, Weinheim: *Psychologie Verlags Union*.

Osgood, Charles E., Percy H. Tannenbaum (1967): The principle of congruity in the prediction of attitude change. In Martin Fishbein (Hrsg.): Attitude theory and measurement. New York: *Wiley*, 301–311.

Ossenbühl, Fritz (1995): Medien zwischen Macht und Recht. In *Gesellschaft für Rechtspolitik* Trier (Hrsg.): Bitburger Gespräche. Jahrbuch 1995/II. München: *Beck*, 1–24.

Ostermann, Hansjochem (1994): Geldstrafe für Scheckbuch-Journalismus. 10.000 Mark wegen Nötigung und Hausfriedensbruchs für Reporter. In *Süddeutsche Zeitung* 11.2.94, 46.

Palmgreen, Philip, Peter Clarke (1977): Agenda-setting with local and national issues. In *Communication Research* 4, 435–452.

Palmore, Erdman (1978): When can age, period, and cohort be separated? In *Social Forces* 57, 282–295.

Papier, Hans-Jürgen (1995): Medien und Persönlichkeitsrechte – wer schützt den Bürger vor Vermarktung? In *Gesellschaft für Rechtspolitik* Trier (Hrsg.): Bitburger Gespräche. Jahrbuch 1995/II. München: Beck, 25–43.

Patterson, Thomas E., Wolfgang Donsbach (1996): News decisions: Journalists as partisan actors. In *Political Communication* 13, 455–468.

Peiser, Wolfram (1996): Die Fernsehgeneration. Eine empirische Untersuchung ihrer Mediennutzung und Medienbewertung. Opladen: *Westdeutscher Verlag*.

Petermann, Franz (1990): Identifikation und Effektanalyse von kritischen Lebensereignissen. In Sigrun-Heide Filipp (Hrsg.): Kritische Lebensereignisse. 2. Auflage. München: *Psychologie Verlags Union*, 53–71.

Pfeil, Elisabeth (1967): Der Kohortenansatz in der Soziologie. Ein Zugang zum Generationsproblem? In *Kölner Zeitschrift für Soziologie und Sozialpsychologie* 19, 645–657.

Piaget, Jean (1965): The moral judgment of the child. New York: *Free Press*.

Piaget, Jean (1970): Piaget's theory. In Paul H. Mussen (Hrsg.): Carmichaels manual of child psychology. Band 1. 3. Auflage. New York: *Wiley*, 703–732.

Piaget, Jean (1975): Der Aufbau der Wirklichkeit beim Kinde. Stuttgart: *Klett*.

Pinder, Wilhelm (1926): Das Problem der Generation in der Kunstgeschichte Europas. Berlin: *Frankfurter Verlags-Anstalt*.

Plum, Wolfgang (1982): Kohortenanalyse von Umfragedaten. Zur Identifizierung möglicher Einflußfaktoren politischen Verhaltens und politischer Einstellungen. In *Kölner Zeitschrift für Soziologie und Sozialpsychologie* 34, 509–532.

Pöttgens, Stephanie (1989): Franz Alt. Biographie eines Journalisten. Magisterarbeit. Mainz: *Johannes Gutenberg-Universität*.

Prott, Jürgen (1976): Bewußtsein von Journalisten. Standesdenken oder gewerkschaftliche Solidarisierung? Frankfurt am Main, Köln: *Europäische Verlagsanstalt*.

Prott, Jürgen, Bernd Blöbaum, Helga Gießelmann, Enrico Tröbst, Wolfgang Vahle (1983): Berufsbild der Journalisten im Wandel? Zeitungsredakteure unter den Bedingungen der Bildschirmarbeit. Frankfurt am Main: *R. G. Fischer*.

Pürer, Heinz (1991): Berufliche Anforderungen und Perspektiven im tagesaktuellen Journalismus (Zeitung, Radio und Fernsehen). In Heinz-Werner Stuiber, Heinz Pürer (Hrsg.): Journalismus. Anforderungen, Berufsauffassungen,

Verantwortung. Nürnberg: *Verlag der Kommunikationswissenschaftlichen Forschungsvereinigung*, 23–40.
Raulff, Ulrich (1999): Ein Meister der vorletzten Dinge. Der Geschichtsschreiber als unverbesserlicher Leser Thomas Manns: Zum Tod des Historikers und Publizisten Sebastian Haffner. In *Frankfurter Allgemeine Zeitung* 4. 1. 99, 45.
Reumann, Kurt (1990): Gegendarstellung. In Peter Schiwy, Walter J. Schütz (Hrsg.): Medienrecht. Lexikon für Wissenschaft und Praxis. 2. Auflage. Neuwied, Frankfurt am Main: *Luchterhand*, 114–125.
Ricker, Reinhart (1994): Handbuch des Presserechts. 3. Auflage. München: *Beck*.
Riedel, Manfred (1969): Wandel des Generationenproblems in der modernen Gesellschaft. Düsseldorf, Köln: *Diederichs*.
Riley, Matilda White (1973): Aging and cohort succession: Interpretations and misinterpretations. In *Public Opinion Quarterly* 37, 35–49.
Ring, Klaus (1996a): … daß die Windungen des Gehirns nicht zu glatten Schnellbahnen begradigt werden. In *Börsenblatt des Deutschen Buchhandels* Nr. 6, Januar 1996, 22–26.
Ring, Klaus (1996b): Basisarbeit für die Hochkultur. Sprachvermögen und Lesefähigkeit – Schlüsselqualifikation für die intelligente Nutzung der neuen Medien. In *Süddeutsche Zeitung* 12. 6. 1996, Beilage *Literatur und Lesen*, IV.
Rintala, Marvin (1979a): Generations: Key to politics? In Marvin Rintala: The constitution of silence: Essays on generational themes. Westport, CT, London: *Greenwood Press*, 3–30.
Rintala, Marvin (1979b): The European war generation of 1914–18. In Marvin Rintala: The constitution of silence: Essays on generational themes. Westport, CT, London: *Greenwood Press*, 31–91.
Robinson, John A. (1994): Past as Prologue. In *Contemporary Psychology* 39 (1) 11–12.
Röhl, Henning (1992): Die Macht der Nachricht. Hinter den Kulissen der Tagesschau. Frankfurt am Main: *Ullstein*.
Rohland, Hans Friedrich von (1989): Political communication networks: Media and political elite interaction in France and the Federal Republic of Germany. Dissertation. Florenz: *Europäische Universität*.
Ross, Bruce M. (1991): Remembering the personal past: Descriptions of autobiographical memory. New York: *Oxford University Press*.
Rosow, Irving (1978): What is a cohort and why? In *Human Development* 21, 65–75.
Rudorf, Reginald (1994): Die vierte Gewalt. Das linke Medienkartell. Frankfurt am Main, Berlin: *Ullstein*.
Rust, Holger (1986): Entfremdete Elite? Journalisten im Kreuzfeuer der Kritik. Wien: *Literas Universitäts-Verlag*.
Ryder, Norman B. (1965): The cohort as a concept in the study of social change. In *American Sociological Review* 30, 843–861. Wiederabgedruckt in William M. Mason, Stephen E. Fienberg (Hrsg.) (1985): Cohort analysis in social research. Beyond the identification problem. New York u. a.: *Springer*, 9–44.
Sage & Schreibe special (1994): Journalisten in Deutschland: Was sie denken – wie sie arbeiten. Sonderheft April 1994.
Sartorius, Peter (1997): Seiltanz über den Fronten. Als Augenzeuge bei Krisen, Kriegen, Katastrophen. Konstanz: *UVK Medien*.
Schäfer-Talanga, Gudrun (1990): Der Journalist Werner Holzer. Magisterarbeit. Mainz: *Johannes Gutenberg-Universität*.
Schaeffler, Richard (1991): Einführung in die Geschichtsphilosophie. 4. Auflage. Darmstadt: *Wissenschaftliche Buchgesellschaft*.

Schaus, Anabel (1992): Selbstkritik von Journalisten und Wissenschaftlern. Magisterarbeit. Mainz: *Johannes Gutenberg-Universität.*

Schelsky, Helmut (1957): Die skeptische Generation. Düsseldorf, Köln: *Diederichs.*

Scheuring, Christoph (1995a): Der Bluthund. Der TV-Nachrichtenjäger Wolfgang Wiebold. In *Spiegel special* 1/1995, 52–63.

Scheuring, Christoph (1995b): Kalter Atem. Die Karriere des *FAZ*-Herausgebers Frank Schirrmacher. In *Spiegel special* 1/1995, 44–46.

Schmied, Gerhard (1984): Der soziologische Generationsbegriff. Darstellung, Kritik und »Gewissenserforschung«. In *Neue Sammlung* 24, 231–244.

Schneider, Beate, Klaus Schönbach (1993): Journalisten in den neuen Bundesländern: Zur Struktur und zur sozialen Lage des Berufsstandes. Ergebnisse der Sozialenquete über die Journalisten in den neuen Ländern der Bundesrepublik Deutschland I. In Walter A. Mahle (Hrsg.): Journalisten in Deutschland. Nationale und internationale Vergleiche und Perspektiven. München: *Ölschläger*, 35–56.

Schneider, Beate, Klaus Schönbach, Dieter Stürzebecher (1993a): Westdeutsche Journalisten im Vergleich: jung, professionell und mit Spaß an der Arbeit. In *Publizistik* 38, 5–30.

Schneider, Beate, Klaus Schönbach, Dieter Stürzebecher (1993b): Journalisten im vereinigten Deutschland. Strukturen, Arbeitsweisen und Einstellungen im Ost-West-Vergleich. In *Publizistik* 38, 353–382.

Schneider, Beate, Klaus Schönbach, Dieter Stürzebecher (1996): Journalistische Ethik: Die Bereitschaft, sich ungewöhnlicher Recherchemethoden zu bedienen. In Jürgen Wilke (Hrsg.): Ethik der Massenmedien. Wien: *Braumüller*, 177–179.

Schneider, Franz (Hrsg.) (1993): Dienstjubiläum einer Revolte. »1968« und 25 Jahre. München, Mainz: *von Hase & Koehler.*

Schönbach, Klaus (1977): Trennung von Nachricht und Meinung. Empirische Untersuchung eines journalistischen Qualitätskriteriums. Freiburg im Breisgau / München: *Alber.*

Schönbach, Klaus (1992): Sozialenquête ostdeutscher Journalisten: das Design der Journalistenbefragung. In Walter A. Mahle (Hrsg.): Pressemarkt Ost. Nationale und internationale Perspektiven. München: *Ölschläger*, 131–136.

Schönbach, Klaus, Dieter Stürzebecher, Beate Schneider (1994): Oberlehrer und Missionare? Das Selbstverständnis deutscher Journalisten. In Friedhelm Neidhardt (Hrsg.): Öffentlichkeit, Öffentliche Meinung, Soziale Bewegungen. Opladen: *Westdeutscher Verlag*, 139–161.

Scholl, Armin (1993a): Ist der Ost-West-Vergleich im Journalismus obsolet geworden? In Walter A. Mahle (Hrsg.): Journalisten in Deutschland. Nationale und internationale Vergleiche und Perspektiven. München: *Ölschläger*, 81–88.

Scholl, Armin (1993b): Berufsstatistik. Tendenz: Steigend. In *Journalist* 43 (1) 10–13.

Scholl, Armin, Siegfried Weischenberg (1998): Journalismus in der Gesellschaft. Theorie, Methodologie und Empirie. Opladen: *Westdeutscher Verlag.*

Schroeder, Juliane (1998): Mediennutzung von Generationen. In *Bertelsmann Briefe* 140, 58–59.

Schümer, Dirk (1995): Unerschöpfliche Geschichte. Warum wir verschämte Historisten sind. In *Frankfurter Allgemeine Zeitung* 9.9.95, *Bilder und Zeiten*, 1–2.

Schultz, Hans Jürgen (Hrsg.) (1980): Journalisten über Journalisten. München: *Kindler.*

Schulz, Gerhard (1992): Einführung in die Zeitgeschichte. Darmstadt: *Wissenschaftliche Buchgesellschaft.*
Schuman, Howard, Stanley Presser (1980): Public opinion and public ignorance: The fine line between attitudes and nonattitudes. In *American Journal of Sociology* 85, 1214–1225.
Schuman, Howard, Cheryl Rieger (1992): Historical analogies, generational effects, and attitudes toward war. In *American Sociological Review* 57, 315–326.
Schuman, Howard, Jacqueline Scott (1989): Generations and collective memories. In *American Sociological Review* 54, 359–381.
Schwarzer, Alice (1982): Mit Leidenschaft. Texte 1968–1982. Reinbek bei Hamburg: *Rowohlt.*
Scott, Jaqueline, Lilian Zac (1993): Collective memories in Britain and the United States. In *Public Opinion Quarterly* 57, 315–331.
Scott, William A. (1968): Attitude Measurement. In Gardner Lindzey, Elliot Aronson (Hrsg.): Handbook of social psychology. Band 2: Research Methods. 2. Auflage. Reading, Mass. u. a.: *Addison-Wesley*, 204–273.
Sears, David O. (1981): Life-stage effects on attitude change, Especially among the elderly. In Sara B. Kiesler, James N. Morgan, Valerie Kincade Oppenheimer (Hrsg.): Aging: Social change. New York u. a.: *Academic Press*, 183–204.
Seebacher-Brandt, Brigitte (1993): 17. Juni. Wie sich vor vierzig Jahren die Deutsche Frage stellte – und wer die Antwort gab. In *Frankfurter Allgemeine Magazin* 11. 6. 93, 22–27.
Seifert, Jürgen (1990): Die Spiegel-Affäre. In Georg M. Hafner, Edmund Jacoby (Hrsg.): Die Skandale der Republik. Hamburg: *Hoffmann und Campe*, 69–84.
Shaw-Weng, Shieu-chi (1985): Berufsmerkmale und Berufseinstellungen von Journalisten in Taiwan. Dissertation. Mainz: *Johannes Gutenberg-Universität.*
Sheingold, Karen, Yvette J. Tenney (1982): Memory for a salient childhood event. In Ulric Neisser: Memory observed. Remembering in natural contexts. San Francisco: *Freeman*, 201–212.
Siemons, Mark (1995): Achtundsechziger werden immer gebraucht. Die Generationen der DDR und das neue Deutschland. In *Frankfurter Allgemeine Zeitung* 25. 11. 1995, *Bilder und Zeiten*, 1–2.
Silex, Karl (1968): Mit Kommentar. Lebensbericht eines Journalisten. Frankfurt am Main: *S. Fischer.*
Skierka, Volker (1990): Die Affäre Barschel. In Georg M. Hafner, Edmund Jacoby (Hrsg.): Die Skandale der Republik. Hamburg: *Hoffmann und Campe*, 331–345.
Smith, Mary John (1982): Cognitive schemata and persuasive communication: Toward a contingency rules theory. In Michael Burgoon (Hrsg.): Communication yearbook 5. Beverly Hills, London, New Delhi: *Sage*, 330–362.
Smith, Tom W. (1992): A life events approach to developing an index of societal well-being. In *Social Science Research* 21, 353–379.
Snyder, Leslie B. (1991): Modeling dynamic communication processes with event history analysis. In *Communication Research* 18, 464–468.
Soehring, Jörg (1995): Presserecht. Recherche, Berichterstattung, Ansprüche im Recht der Presse und des Rundfunks. 2. Auflage. Stuttgart: *Schäffer-Poeschel.*
Spranger, Eduard (1925): Psychologie des Jugendalters. Leipzig: *Quelle und Meyer.*
Springer, Axel (1971): Von Berlin aus gesehen. Zeugnisse eines engagierten Deutschen. Stuttgart: *Seewald.*
Staab, Joachim Friedrich (1990): Nachrichtenwert-Theorie. Formale Struktur und empirischer Gehalt. Freiburg im Breisgau, München: *Alber.*

Steinhau, Henry (1998): Internet und Journalismus. Vom Werkzeug zur Plattform. In *Bertelsmann Briefe* 140, 38–39.
Stemmle, Thomas N. (1971): Der Fernsehschaffende im Spannungsfeld von Institution und Massenkommunikation. In *Rundfunk und Fernsehen* 19, 406–428.
Stern-Rubarth, Edgar (1964): … Aus zuverlässiger Quelle verlautet … Ein Leben für Presse und Politik. Stuttgart: *Kohlhammer.*
Stiller, Günter (1989): Reporter des Krieges. Erfahrungen und Erlebnisse eines modernen Kriegskorrespondenten. In Fritz Peter Hoppe, Gerhard Schurig (Hrsg.): »… wahr muß es sein«. Militär und Journalismus in zwei Jahrhunderten. Herford, Bonn: *Mittler & Sohn*, 99–106.
Strache, Wolf (1988): Ich kam aus den zerbombten Städten. Berichte aus Deutschland 1945. Düsseldorf: *Droste.*
Streicher, Jürgen (1986): Der Stern und sein Gründer. Magisterarbeit. Mainz: *Johannes Gutenberg-Universität.*
Stürzebecher, Dieter (1993a): Ausgezählt. Journalisten im Ost-West-Vergleich. In *Journalist* 43 (11) 10–14.
Stürzebecher, Dieter (1993b): Hauch von Abenteuer. In *Journalist* 43 (12) 42–46.
Sturm, Christian (1995): Tango korrupti. Der *»Spiegel«* mußte einen langjährigen Wirtschaftsredakteur feuern: Der Mann steht im Verdacht, von der Industrie Geld genommen zu haben. In *Focus* Nr. 3, 16.1.1995, 34–35.
Sudman, Seymour, Norman M. Bradburn, Norbert Schwarz (1996): Thinking about answers. The application of cognitive processes to survey methodology. San Francisco: *Jossey-Bass.*
Thomae, Hans (1979): The concept of development and life-span development psychology. In Paul B. Baltes, Orville Gilbert Brim jr. (Hrsg.): Life-span development and behavior. Band 2. New York u. a.: *Academic Press*, 281–312.
Thomas, Carmen (1984): »Hallo Ü-Wagen«. Rundfunk zum Mitmachen. Erlebnisse und Erfahrungen. München: *List.*
Tuchman, Barbara (1989): In Geschichte denken. Essays. Frankfurt am Main: *Fischer.*
Tunberg, Andreas (1993): Saab 900. Eine schwedische Geschichte. St. Gallen: *Norden.*
Uhlenhut, Annette (1990): Wirtschaftsredakteure deutscher Tageszeitungen: Kritiker oder Vermittler? Eine Umfrage zum Berufsverständnis. Magisterarbeit. Mainz: *Johannes Gutenberg-Universität.*
Utitz, Emil (1956): Egon Erwin Kisch. Der klassische Journalist. Berlin: *Aufbau-Verlag.*
Veyne, Paul (1990): Geschichtsschreibung – Und was sie nicht ist. Frankfurt am Main: *Suhrkamp.*
Vossler, Otto (1983): Geschichte als Sinn. Frankfurt am Main: *Suhrkamp.*
Wagenaar, Willem A. (1986): My memory: A study of autobiographical memory over six years. In *Cognitive Psychology* 18, 225–252.
Wagenaar, Willem A. (1988): People and places in my memory: a study on cue specificity and retrieval from autobiographical memory. In Michael M. Gruneberg, Peter Edwin Morris, Robert N. Sykes (Hrsg.): Practical aspects of memory: Current research and issues. Band 1: Memory in everyday life. Chichester u. a.: *Wiley*, 228–233.
Wagenaar, Willem A., Jop Groeneweg (1990): The memory of concentration camp survivors. In *Applied Cognitive Psychology* 4, 77–87.
Wagner, Hans (1991): Medien-Tabus und Kommunikationsverbote. Die manipulierte Wirklichkeit. München: *Olzog.*

Wallraff, Günter (1985): Ganz unten. Köln: *Kiepenheuer & Witsch.*

Wankell, Susanne (1987): Kollegen ausgehorcht. In *Journalist* Nr. 7, 1987, 38–39.
Warrington, Elizabeth, Helen Sanders (1971): The fait of old memories. In *Quarterly Journal of Experimental Psychology* 23, 432–442.
Waters, Bruce (1955): The past and the historical past. In *The Journal of Philosophy* 52, Nr. 10, 253–269.
Weber, Max (1964): Der Beruf zur Politik. In Max Weber: Soziologie, Weltgeschichtliche Analysen, Politik. Stuttgart: *Kröner*, 167–185.
Weber, Max (1982): Politik als Beruf. 7. Auflage. Berlin: *Duncker & Humblot.*
Weber, Max (1984): Soziologische Grundbegriffe. 6. Auflage. Tübingen: *Mohr*. Sonderausgabe aus Max Weber: Wirtschaft und Gesellschaft. 5. Auflage. Tübingen: *Mohr* 1972/76 (zuerst 1921).
Wehler, Hans-Ulrich (1995): Die Gegenwart als Geschichte. Essays. München: *Beck*.
Weidenfeld, Werner, Karl-Rudolf Korte (Hrsg.) (1992): Handwörterbuch zur deutschen Einheit. Frankfurt am Main, New York: *Campus.*
Weil, Frederick D. (1987): Cohorts, regimes, and the legitimation of democracy: West Germany since 1945. In *American Sociological Review* 52, 308–324.
Wein, Martin (1994): Schicksalstage. Stationen der deutschen Geschichte. 3. Auflage. Stuttgart: *Deutsche Verlags-Anstalt.*
Weirich, Dieter (1981): Weg vom Tendenz- und Agitationsjournalismus – Wider den Anpassungsjournalismus. In *Rundfunk und Fernsehen* 29, 292–298.
Weischenberg, Siegfried (1981): Zwischen Taylorisierung und professioneller Orientierung. Perspektiven künftigen Kommunikatorhandelns. In *Rundfunk und Fernsehen* 29, 151–167.
Weischenberg, Siegfried (1982): Journalismus in der Computergesellschaft. Informatisierung, Medientechnik und die Rolle der Berufskommunikation. München u. a.: *Saur.*
Weischenberg, Siegfried (1994): Annäherung an die »Außenseiter«. Theoretische Einsichten und vergleichende empirische Befunde zu Wandlungsprozessen im Sportjournalismus. In *Publizistik* 39, 428–452.
Weischenberg, Siegfried (1995): Journalistik. Theorie und Praxis aktueller Medienkommunikation. Band 2: Medientechnik, Medienfunktionen, Medienakteure. Opladen: *Westdeutscher Verlag.*
Weischenberg, Siegfried (1997): »Die Gaukler und Aufklärer wachsen immer mehr zusammen«. Die Schreinemakerisierung des Fernsehens: Es geht nur um Köpfe. In *Frankfurter Allgemeine Sonntagszeitung* 23. 11. 97, 4.
Weischenberg, Siegfried, Klaus-Dieter Altmeppen, Martin Löffelholz (1994): Die Zukunft des Journalismus. Technologische, ökonomische und redaktionelle Trends. Opladen: *Westdeutscher Verlag.*
Weischenberg, Siegfried, Martin Löffelholz, Armin Scholl (1993): Journalismus in Deutschland. Design und erste Befunde der Kommunikatorstudie. In *Media Perspektiven*, 21–33.
Weischenberg, Siegfried, Martin Löffelholz, Armin Scholl (1994a): Merkmale und Einstellungen von Journalisten. »Journalismus in Deutschland« II. In *Media Perspektiven*, 154–167.
Weischenberg, Siegfried, Martin Löffelholz, Armin Scholl (1994b): Journalismus in Deutschland. Merkmale und Einstellungen von Journalisten. In *Journalist* 44 (5) 55–69.
Wendt, Dirk (1997): Entwicklungspsychologie. Eine Einführung. Stuttgart, Berlin, Köln: *Kohlhammer.*
Westerståhl, Jörgen, Folke Johansson (1986): News ideologies as moulders of domestic news. In *European Journal of Communication* 1, 133–149.

White, David Manning (1950): The »gate keeper«. A case study in the selection of news. In *Journalism Quarterly* 27, 383–390.

Wiegenstein, Roland H., Ritz J. Raddatz (Hrsg.) (1964): Interview mit der Presse. 12 internationale Zeitungen stellen sich. Reinbek bei Hamburg: *Rowohlt.*

Wilke, Jürgen, Bernhard Rosenberger (1991): Die Nachrichtenmacher. Eine Untersuchung zu Strukturen und Arbeitsweisen von Nachrichtenagenturen am Beispiel von *AP* und *dpa*. Köln, Weimar, Wien: *Böhlau.*

Winckler, Stefan (1994): Der Journalist Gerhard Löwenthal. Magisterarbeit. Mainz: *Johannes Gutenberg-Universität.*

Winckler, Stefan (1997): Ein kritischer Journalist aus Berlin: Gerhard Löwenthal. Paderborn: *Snayder.*

Winter, James P. (1981): Contingent conditions in the agenda-setting process. In G. Cleveland Wilhoit, Harold de Bock (Hrsg.): Mass communication review yearbook 2. Beverly Hills, London: *Sage*, 235–243.

Winters, Peter Jochen (1995): Das Unfaßbare vor Gericht. Vor dreißig Jahren endete der Auschwitz-Prozeß. In *Frankfurter Allgemeine Zeitung* 19. 8. 95, *Bilder und Zeiten*, 3.

Wippich, Werner (1984): Lehrbuch der angewandten Gedächtnispsychologie. Band 1. Stuttgart u. a.: *Kohlhammer.*

Wördehoff, Bernhard (1981): Journalismus zwischen Profession und Proporz. In *Rundfunk und Fernsehen* 29, 275–278.

Wucher, Albert (1991): Marksteine der deutschen Zeitgeschichte 1914–1945. Frankfurt am Main: *Societäts-Verlag.*

Yagade, Aileen, David M. Dozier (1990): The media agenda setting effect of concrete versus abstract issues. In *Journalism Quarterly* 67, 3–10.

Zahn, Peter von (1988): Zum »Ethik-Bedarf« des Journalisten in hochindustrialisierten Gesellschaften. In Lutz Erbring, Stephan Ruß-Mohl, Berthold Seewald, Bernd Sösemann (Hrsg.): Medien ohne Moral. Variationen über Journalismus und Ethik. Berlin: *Argon*, 20–36.

Zahn, Peter von (1991): Stimme der ersten Stunde. Erinnerungen 1913–1951. Stuttgart: *Deutsche Verlags-Anstalt.*

Zastrow, Volker (1991): Hitlers Allgegenwart im westdeutschen Geschichtsbewußtsein. Tiefgreifende Identitätsunterschiede zwischen Ost und West. In *Frankfurter Allgemeine Zeitung* 25. 11. 91, 5.

Zastrow, Volker (1995): Barschels Fall. Die doppelte Handschrift der Kieler Affäre: ein Betrug, von der Welt anerkannt und gewürdigt. In *Frankfurter Allgemeine Zeitung* 31. 1. 95, 9–10.

Zimbardo, Philip G. (1983): Psychologie. Berlin u. a.: *Springer.*

Zimpel, Dieter (Hrsg.): Zimpel. Redaktions-Nachschlagewerke Zeitungen, Zeitschriften, Hörfunk, Fernsehen. München: *Verlag Dieter Zimpel.* Monatlich aktualisierte Loseblattsammlung.

Zweites Deutsches Fernsehen (Hrsg.) (1989): *ZDF* Jahrbuch 1988. Jahrbuch des *Zweiten Deutschen Fernsehens.* Gemeinnützige Anstalt des öffentlichen Rechts. Berichtszeitraum: 1. Januar bis 31. Dezember 1988. Mainz: *Zweites Deutsches Fernsehen.*

Zweites Deutsches Fernsehen (Hrsg.) (1991): *ZDF* Jahrbuch 1990. Jahrbuch des *Zweiten Deutschen Fernsehens.* Gemeinnützige Anstalt des öffentlichen Rechts. Berichtszeitraum: 1. Januar bis 31. Dezember 1990. Mainz: *Zweites Deutsches Fernsehen.*

7. Anhang

7.1 Kurzportraits der historischen Ereignisse

Die folgende Übersicht enthält zu allen historischen Ereignissen, die den 1989 und 1991/92 befragten Journalisten vorgelegt wurden, eine kurze Zusammenfassung des Geschehens. Die Ereignisse sind chronologisch geordnet und enthalten jeweils eine Kennzeichnung, zu welchen Befragungszeitpunkten sie berücksichtigt wurden: * nur im Herbst 1989, ** nur im Winter 1991/92, *** in beiden Befragungen. Die Darstellung beschränkt sich auf zentrale Fakten. Detailinformationen und Hintergründe werden hier weitgehend vernachlässigt.[1]

»Deutscher Einmarsch in Paris« 1940*
Am 10. Mai 1940, gut acht Monate nach Beginn des Zweiten Weltkriegs, eröffnete Deutschland seine Westoffensive mit dem Einmarsch in Holland und Belgien. Holland kapitulierte am 15., Belgien am 28. Mai. Am 14. Juni 1940 besetzten deutsche Truppen die französische Hauptstadt Paris. Die Niederwerfung Frankreichs fand acht Tage später, am 22. Juni, ihr vorläufiges Ende im Waffenstillstand von Compiègne, mit dem Hitler glaubte, die deutsche Niederlage des Ersten Weltkriegs rückgängig gemacht zu haben.

»Bombenangriffe auf deutsche Städte« 1942–45***
Seit März 1942 führte Großbritannien eine Luftoffensive gegen deutsche Rüstungsbetriebe und Großstädte. US-Streitkräfte schlossen sich dem Luftkrieg im Sommer 1942 an. 1943 fanden erstmals amerikanische Tagesangriffe mit Großverbänden von England aus statt. Ein Luftangriff auf Penemünde am 17. August 1943 verzögerte die Fertigstellung der deutschen V 2-Waffe. Im Juni 1944 begann Deutschland seinen V-Waffen-Beschuß von London und Südengland, die letzten V 2-Geschosse trafen England am 27. März 1945. Die alliierten Luftangriffe auf das Reichsgebiet wurden 1944 noch verschärft und dauerten bis wenige Tage vor dem Kriegsende an. Viele deutsche Städte wurden zerstört, es gab zahllose Opfer in der Zivilbevölkerung.

[1] Wenn nicht anders vermerkt, sind die Quellen der Zusammenfassungen immer die *Propyläen Weltgeschichte* (Mann 1986a und 1986b), der *Ploetz Deutsche Geschichte* (Conze, Hentschel 1991), die *Harenberg Schlüsseldaten 20. Jahrhundert* (1994) sowie Benz 1990, Bögeholz 1995 und Noack 1973. Zu den Ereignissen in Zusammenhang mit der deutschen Teilung und Vereinigung wurden das *Handwörterbuch zur deutschen Einheit* (Weidenfeld, Korte 1992) sowie die *Jahres-Chronik 1990* (Gillessen 1991) herangezogen.

»Attentat auf Hitler« 1944*
Eine von Oberst Claus Graf Schenk von Stauffenberg in das Führerhauptquartier gebrachte Bombe tötete am 20. Juli 1944 mehrere Anwesende, verletzte Hitler, dem das Attentat galt, jedoch nur leicht. Urheber des Anschlags waren eine Reihe von politisch heterogenen Verschwörern, die das nationalsozialistische Regime beenden, den Rechtsstaat in Deutschland wiederherstellen und eine Regierung aufstellen wollten, mit der die Kriegsgegner zu verhandeln bereit wären. Nach dem mißglückten Attentat wurden mehrere Tausend Verdächtige und deren Angehörige festgenommen. Der Volksgerichtshof verhängte in einer Reihe von Schauprozessen zahlreiche Todesurteile. Etwa 2.000 Personen wurden hingerichtet.

»Kriegsende« 1945***
Der Zweite Weltkrieg endete in Europa mit der Gesamtkapitulation der deutschen Wehrmacht am 7. bzw. 9. Mai 1945. Im Auftrag von Großadmiral Karl Dönitz (Nachfolger Hitlers, der am 30. April 1945 Selbstmord begangen hatte) unterzeichneten General Alfred Jodl im US-Hauptquartier in Reims und Generalfeldmarschall Wilhelm Keitel im sowjetischen Hauptquartier in Berlin-Karlshorst die Urkunden. Die alliierten Siegermächte hatten in mehreren Konferenzen (Teheran, Jalta, Potsdam) die Aufteilung Deutschlands in vier Besatzungszonen beschlossen. Ostpreußen und die Gebiete östlich der Oder-Neiße-Linie wurden unter sowjetische bzw. polnische Verwaltung gestellt. Der Kapitulation vorangegangen waren der Zusammenbruch der deutschen Verteidigungslinien an allen Fronten und verschiedene Offensiven der alliierten Streitkräfte, die bis zum Mai das gesamte Reichsgebiet besetzt hatten.

»Atombombe auf Hiroshima« 1945***
Mit der Besetzung Frankreichs durch die Deutschen im Zweiten Weltkrieg endete die französische Kolonialherrschaft über Indochina. Das Land wurde 1940 von Japan besetzt. Seitdem bestanden zwischen Japan und den USA Spannungen, die mit dem japanischen Überfall auf den amerikanischen Militärstützpunkt *Pearl Harbour* am 7. Dezember 1941 in Kriegshandlungen eskalierten. Der pazifische Raum wurde neben Europa zum Schauplatz des Zweiten Weltkriegs. Seit dem Sommer 1942 gewannen die USA und ihre Verbündeten nach zahlreichen Offensiven und schweren Kämpfen allmählich die Oberhand. Japan leistete weiterhin Widerstand und lehnte Aufforderungen zur Kapitulation noch Ende Juli 1945 ab. Am 6. August löste ein amerikanisches Flugzeug die Explosion der ersten Atombombe über der japanischen Stadt Hiroshima aus. Dem Angriff fielen etwa 160.000 Menschen zum Opfer. Nach dem Abwurf einer weiteren Atombombe über Nagasaki zwei Tage später kapitulierte der japanische Oberbefehlshaber am 21. August 1945.

»Nürnberger Prozesse« 1945/46***
Am 8. August 1945 entstand das *Internationale Militärtribunal* in Nürnberg, das vom 20. November 1945 bis zum 1. Oktober 1946 die *Nürnberger Prozesse* gegen 24 deutsche Hauptkriegsverbrecher führte. Die Alliierten stellten je einen Ankläger. Gegenstand der Verfahren waren unter anderem Bruch von Verträgen, Verbrechen gegen die Kriegführung und Massentötungen. NS-Führerkorps, *Gestapo*, *SD* und *SS* wurden zu verbrecherischen Organisationen erklärt. Es folgten Prozesse gegen Juristen, *SS*-Ärzte, KZ-Aufseher, Diplomaten, Generäle, Industrielle und leitende Beamte.

»Währungsreform« 1948***

Aufgrund des *Gesetzes zur Neuordnung des Geldwesens in den Westzonen* vom

18. Juni 1948 schafften die Militärregierungen die Reichsmark ab und führten die *Deutsche Mark* ein. Am 20. Juni wurde die Währungsreform in den Westzonen durchgeführt, am 23. Juni in Berlin (mit Aufdruck B). Jeder Deutsche erhielt ein Kopfgeld von DM 40,—, die Reichsmark wurde im Verhältnis 10 : 1 in Deutsche Mark abgewertet. Die Währungsreform setzte einen Rückstau der Warenhortung frei und löste einen erheblichen Wirtschaftsaufschwung im Westteil Deutschlands aus.

»Luftbrücke nach Berlin« 1948/49***
Die Einführung der DM in Westberlin veranlaßte die UdSSR zu einer vollständigen Blockade der Westsektoren Berlins vom 24. Juni 1948 bis zum 12. Mai 1949, die den Interzonenverkehr zu Wasser und zu Lande unterband. Sie stellten Lebensmittel-, Kohle- und Stromlieferungen aus der sowjetischen Zone ein. Im Gegenzug organisierten die Westmächte ab dem 26. Juni 1948 eine Luftbrücke zwischen den Westzonen und Westberlin zur Versorgung der Bevölkerung. Bis Ende September 1949 wurden von bis zu 380 britischen und US-amerikanischen Flugzeugen in permanentem Einsatz mit mehr als 270.000 Hilfsflügen rund zwei Millionen Tonnen Waren nach Westberlin transportiert.

»Korea-Krieg« 1950–53*
Korea, das bereits seit 1876 unter japanischem Einfluß stand, wurde 1910 von Japan annektiert. Der koreanische Widerstand gegen die Besatzer war in eine kommunistische und eine bürgerlich-nationalistische Fraktion gespalten. Nach der Kapitulation Japans am Ende des Zweiten Weltkriegs besetzten die UdSSR 1945 den Norden, die USA den Süden der Halbinsel. Am 15. August 1948 erklärte Südkorea seine Unabhängigkeit, am 9. September erfolgte die Proklamation der kommunistischen Volksrepublik (Nord-) Korea. Nach dem Abzug der Besatzungstruppen marschierten am 25. Juni 1950 nordkoreanische Truppen in Südkorea ein. Auf ein südkoreanisches Hilfegesuch schickten die USA, Großbritannien und andere Staaten Truppen, Kriegsschiffe und Flugzeuge nach Südkorea. Insgesamt 38 Nationen unterstützten die Aktionen der *UN* in Korea. Nordkorea erhielt Hilfe von Streitkräften der Volksrepublik China. Nach schweren Kämpfen kam die Front in der Nähe des 38. Breitengrades, und damit der alten Grenze, zum Stehen. Am 27. Juli 1953 beendete ein Waffenstillstand in Panmunjion zwischen den *UN*-Truppen und den nordkoreanisch-chinesischen Streitkräften den Koreakrieg. Die Demarkationslinie entsprach dem Frontverlauf. Am 1. Oktober 1953 schlossen Südkorea und die USA einen Sicherheitspakt.

»Stalins Tod« 1953**
Am 5. März 1953 starb der sowjetische Partei- und Regierungschef der UdSSR, Josef Stalin. Seit dem Tod Lenins 1924 hatte Stalin unter anderem durch gezielte Terrormaßnahmen und den Ausbau der Geheimpolizei seine politischen Gegner ausgeschaltet und die Position eines Alleinherrschers eingenommen. Sein Nachfolger wurde Georgij M. Malenkow. Stalins Tod hatte einen weitreichenden politischen Wandel in der Sowjetunion zur Folge. Die neue Führung suchte einen Ausweg aus der Krise des Landes in innen- und außenpolitischen Verhandlungen. Sie räumte der Verbesserung des Lebensstandards Vorrang ein, erließ eine Amnestie für politische Gefangene und milderte die Strafgesetzgebung.

»17. Juni 1953«***
Nach dem Tod Stalins breitete sich in der DDR bei den Spitzenfunktionären der *SED* Unsicherheit über den einzuschlagenden Kurs aus. Als deren Folge und auf Anweisung von Moskau beschloß das Politbüro der *SED* am 9. Juni 1953, die seit Mitte 1952 beschleunigt vorangetriebene Entwicklung zur Volksdemokratie zu

bremsen, zum Beispiel durch Aufhebung von Repressalien gegen Mittelstand und Bauern. Normerhöhungen bis zu zehn Prozent gegenüber den Arbeitern wurden jedoch nicht zurückgenommen. Dies führte am 16. Juni zu Streiks der Bauarbeiter in der Ostberliner Stalinallee. Die Streiks weiteten sich am 17. Juni zu Massenstreiks unter anderem in Halle, Erfurt und Magdeburg aus, in Berlin fanden Demonstrationen statt. Der sowjetische Militärbefehlshaber übernahm die Regierungsgewalt und setzte sowjetische Truppen ein, die den Aufstand in blutigen Zusammenstößen mit den meist unbewaffneten Demonstranten niederschlugen. Es kam zu standrechtlichen Erschießungen und Massenverhaftungen. Die Parteispitze der *SED* nutzte den Aufstand zur Ausschaltung mißliebiger Regimegegner und zur »Säuberung« der eigenen Reihen. In der Bundesrepublik wurde der 17. Juni als *Tag der deutschen Einheit* zum Gedenktag erhoben. Nach der Vereinigung wurde der 17. Juni als Feiertag durch den 3. Oktober abgelöst.[2]

»Rückkehr der letzten Kriegsgefangenen« 1955***

Vom 9. bis zum 13. September 1955 hielt sich eine Regierungsdelegation der Bundesrepublik Deutschland unter Leitung von Bundeskanzler Adenauer zu einem Besuch in Moskau auf. Dort wurde die Aufnahme diplomatischer Beziehungen zwischen der Sowjetunion und der Bundesrepublik beschlossen. Die Sowjetregierung sagte die Entlassung der deutschen Kriegsgefangenen zu. Der erste Heimkehrertransport traf am 7. Oktober 1955 ein. Insgesamt kamen etwa 20.000 Gefangene nach Deutschland zurück.

»Ungarn-Aufstand« 1956***

Am 23. Oktober 1956 fand in Budapest eine Massendemonstration für demokratische Freiheiten statt. Nach blutigen Auseinandersetzungen begann ein bewaffneter Volksaufstand gegen das kommunistische Regime. Die sowjetische Rote Armee und ungarische Geheimpolizei versuchten die Unruhen zu unterdrücken, die sich Anfang November zu erbitterten Kämpfen ausweiteten. Die Aufständischen setzten am 24. Oktober den Reformkommunisten Imre Nagy als Ministerpräsident ein, der wenig später die Abschaffung des Einparteiensystems und den Austritt Ungarns aus dem Warschauer Pakt verkündete. Die Widerstandsbewegung brach Mitte November zusammen. Unter dem Schutz der Roten Armee wurde eine neue Regierung eingesetzt, Widerstandskämpfer wurden in die Sowjetunion verschleppt. Etwa 150.000 Flüchtlinge strömten nach Österreich. Imre Nagy wurde 1958 hingerichtet.

»Sputnik-Flug« 1957**

Am 4. Oktober 1957 startete der erste sowjetrussische Erdsatellit *Sputnik* in den Weltraum. An Bord war ein Hund. Das Ereignis war von großer militär- und machtpolitischer Bedeutung: Die bis dahin als technisch unterlegen geltende UdSSR stellte unter Beweis, daß sie – im Gegensatz zu den USA – über die Interkontinentalrakete verfügte. Am 31. Januar 1958 folgten die USA mit dem Satelliten *Explorer 1.*

»Bau der Berliner Mauer« 1961***

Politische und wirtschaftliche Probleme in der DDR führten – nach einigen Jahren der Beruhigung – 1961 zu einer starken Fluchtbewegung von DDR-Bürgern in den Westen. Da die meisten Flüchtlinge im arbeitsfähigen Alter waren, hatte dies für die DDR schwerwiegende Auswirkungen. Funktionäre der *SED* erklärten die wirtschaftlichen Schwierigkeiten der DDR mit Störaktionen aus dem Westen und planten die Grenzen zu schließen. Anfang August 1961 tagten die

[2] Vgl. auch den Rückblick von Seebacher-Brandt 1993.

Ersten Sekretäre der kommunistischen Parteien der Warschauer Pakt-Staaten. Die UdSSR stimmte einer Schließung der DDR-Grenzen zum Westen zu. In der Nacht vom 12. zum 13. August errichteten Volkspolizei und Nationale Volksarmee entlang der quer durch Berlin verlaufenden Sektorengrenze Stacheldrahtverhaue und Steinwälle, in den folgenden Tagen wurde eine Mauer gebaut. Die Berliner Mauer und die Anlagen an der Interzonengrenze zur Bundesrepublik wurden in den folgenden Jahren mit großem Aufwand zu einer hermetisch schließenden Absperrung ausgebaut.

»Contergan-Affäre« 1961/62[3]*
Seit 1957 war in Deutschland ein frei verkäufliches Schlafmittel, *Contergan*, auf dem Markt, dessen Wirkstoff *Thalidomid* als unbedenklich und nebenwirkungsfrei galt. Das Mittel wurde deshalb unter anderem von Schwangeren häufig gegen verschiedene Beschwerden eingenommen. Bereits 1959, verstärkt dann ab 1960 wurden in der Fachwelt Fälle von neurologischen Störungen bekannt, die auf die Einnahme von *Contergan* zurückgeführt wurden. 1961 wurden schwere Mißbildungen bei Neugeborenen bekannt. Die Öffentlichkeit erfuhr durch Presseberichte im August 1961[4] von den neurologischen Nebenwirkungen, im November von der Mißbildungsepidemie. Noch 1961 zog die Herstellerfirma *Contergan* vom deutschen Markt, bis Mitte 1962 auch alle *Thalidomid*-Präparate im Ausland. Weltweit haben die Nebenwirkungen des Medikaments etwa 10.000 Opfer gefordert. 1969 kam es zu einem Prozeß gegen die Herstellerfirma, der mit einem außergerichtlichen Vergleich endete.

»Spiegel-Affäre« 1962[5]***
Am 10. Oktober 1962 veröffentlichte der *Spiegel* unter dem Titel *Bedingt abwehrbereit* einen Beitrag über politische Strategien bei der Bewaffnung der Bundeswehr. Der Artikel enthielt eine Reihe von Interna, die der Bundesnachrichtendienst zuvor auf *Spiegel*-Anfrage als nicht geheimhaltungspflichtig eingestuft hatte. Aufgrund einer Strafanzeige wegen Landesverrats erließ die Bundesanwaltschaft am 23. Oktober Haft- und Durchsuchungsbefehle, die am 26. Oktober ausgeführt wurden. Die gesamte Hamburger Redaktion des *Spiegel* wurde besetzt, die Bonner Redaktion durchsucht, mehrere *Spiegel*-Redakteure wurden verhaftet, auch Privatwohnungen durchsucht. Der Chefredakteur Rudolf Augstein stellte sich am nächsten Morgen den Behörden, ein Redakteur wurde in Spanien verhaftet. Die Druckfahnen der *Spiegel*-Ausgabe vom Montag der folgenden Woche wurden beschlagnahmt. Die Aktion führte zu einer vehementen öffentlichen Auseinandersetzung um die Pressefreiheit in Deutschland. Das Vorgehen der Behörden löste eine Regierungskrise aus, in deren Verlauf am 19. November die *FDP*-Minister zurücktraten. Die *CDU / CSU / FDP*-Koalition wurde zwar erneuert, allerdings erst nach Rücktritt von Verteidigungsminister Franz-Josef Strauß und der Zusage des vorzeitigen Rücktritts Adenauers für Herbst 1963.

»Kuba-Krise« 1962/63***
In Kuba kam es in den fünfziger Jahren zu einem mehrjährigen Guerillakrieg, der 1959 mit einem Machtwechsel endete. Der Guerillaführer Fidel Castro wur-

[3] Vgl. hierzu Dierichs 1990.
[4] Da die Öffentlichkeit erst 1961, zwei Jahre nach Bekanntwerden der Nebenwirkungen in der Fachwelt, davon erfuhr, kann man erst ab da von einer *Affäre* sprechen. Deshalb wird der Beginn des historischen Ereignisses *»Contergan-Affäre«* mit 1961 datiert.
[5] Vgl. hierzu auch Seifert 1990.

de Ministerpräsident. In dem bis dahin eng an den USA orientierten Staat verfolgte er eine sozialistische Politik und suchte enge Beziehungen zur UdSSR. Die Sowjetunion errichtete Raketenbasen auf Kuba und stationierte dort Waffen. Die USA verhängten im Februar 1962 ein Handelsembargo gegen Kuba, die *Organisation amerikanischer Staaten* schloß Kuba aus. Der amerikanische Präsident Kennedy forderte am 22. Oktober 1962 den Abbau aller sowjetischen Raketen und Abschußrampen auf Kuba. Er kündigte als Maßnahme gegen die Raketenstützpunkte eine Seeblockade an, die am 24. Oktober in Kraft trat. Am 28. Oktober lenkte der sowjetische Generalsekretär Chruschtschow ein: Er ordnete den Abzug der Raketen an, die amerikanische Seeblockade endete am 21. November 1962. Die Kuba-Krise wurde am 11. Januar 1963 durch eine gemeinsame Erklärung der USA und der UdSSR beendet.

»Ermordung von Präsident Kennedy« 1963***

Am 22. November 1963 wurde der amerikanische Präsident Kennedy in Dallas (Texas) bei einer Fahrt im offenen Wagen erschossen. Der mutmaßliche Mörder Lee Harvey Oswald, der bei seiner Verfolgung einen Polizisten tötete, wurde eine Stunde nach dem Anschlag festgenommen. Zwei Tage später wurde er während seiner Überführung ins Gefängnis erschossen. Bis heute wird über mögliche Hintermänner und politische Gründe für das Attentat spekuliert. Nachfolger Kennedys im Amt des amerikanischen Präsidenten war Lyndon B. Johnson. Er bekannte sich zur Fortsetzung von Kennedys Politik, die außenpolitisch auf die Beendigung des Kalten Krieges und innenpolitisch auf die Beseitigung der Rassentrennung zielte.

»Auschwitz-Prozeß« 1963–65***

Am 20. Dezember 1963 begann in Frankfurt der Prozeß gegen 21 Bewacher des Konzentrationslagers Auschwitz. Die Urteile wurden am 19. August 1965 verkündet. Es wurden sechs lebenslängliche und zehn mehrjährige Haftstrafen verhängt. Drei ehemalige Aufseher wurden freigesprochen. Gegen die als zu mild empfundenen Urteile kam es zu starken Protesten im In- und Ausland.[6]

»Bildung der Großen Koalition« 1966***

Nach Differenzen zwischen Bundeskanzler Ludwig Erhard und der *FDP* über den Bundeshaushalt zerbrach 1966 die Regierungskoalition: Am 27. Oktober traten die *FDP*-Minister zurück, durch Mehrheitsentscheidung ihrer Fraktion wurde die Koalition vorzeitig beendet. Neue Verhandlungen mit der *CDU / CSU*-Fraktion scheiterten. Am 30. November trat Erhard zurück. Zum neuen Bundeskanzler wurde am 1. Dezember 1966 Kurt Georg Kiesinger *(CDU)* gewählt. Er bildete eine große Koalition aus *CDU / CSU* und *SPD*. Vizekanzler und Außenminister wurde Willy Brandt.

»Konflikt um die Notstandsgesetze« 1966–68***

Am 29. Mai 1968 billigte der Bundestag die sogenannte *Notstandsverfassung*. Sie erlaubt es, im Falle eines Krieges, von Katastrophen oder anderen Gefahren zeitweise bestimmte Artikel des Grundgesetzes außer Kraft zu setzen. Nach der Verabschiedung der Notstandsverfassung gaben die Westmächte ihre Vorbehaltsrechte auf, aufgrund derer sie bei einer Gefährdung der Demokratie die oberste Staatsgewalt in der Bundesrepublik hätten übernehmen können. Der Einführung der Notstandsverfassung waren über mehrere Jahre, besonders ab 1966, heftige Proteste und Auseinandersetzungen vorausgegangen.[7] So lehnte bereits

[6] Vgl. hierzu auch den Rückblick von Winters 1995.

[7] Obwohl es bereits vor 1966 kritische Stimmen gegenüber der Einführung von

am 13. Mai 1966 der Bundeskongreß des *DGB* in einer Erklärung jede Art von Notstandsgesetzgebung ab. Im Oktober 1966 begann eine öffentliche Kampagne *Notstand der Demokratie*, die sich gegen die Verabschiedung der Gesetze richtete.

»Erschießung von Benno Ohnesorg« 1967***
Ende Mai 1967 kam der Persische Schah Reza Pahlewi zu einem Staatsbesuch nach Deutschland. In zahlreichen deutschen Städten kam es zu Protestkundgebungen gegen Menschenrechtsverletzungen des Teheraner Regimes. Während einer Demonstration in Westberlin am 2. Juni 1967 wurde der Student Benno Ohnesorg bei einem Polizeieinsatz erschossen. Sein Tod war Auslöser für eine Radikalisierung und Solidarisierung großer Teile der bundesdeutschen Studentenschaft, die sich jetzt in entschiedenem Gegensatz zum Nachkriegsestablishment sahen. Ein Teil des aus der Protestbewegung hervorgegangenen Links-Terrorismus berief sich später als *Bewegung 2. Juni* auf den Tod Benno Ohnesorgs.

»Anti-Vietnam-Demonstrationen« 1968***
Mit der Besetzung Frankreichs durch die Deutschen im Zweiten Weltkrieg endete die französische Kolonialherrschaft über Vietnam (Französisch-Indochina), das Land wurde 1940 von Japan besetzt. Dagegen kämpfte seit 1941 die *Liga für die Unabhängigkeit Vietnams (Vietminh)* unter ihrem Führer Ho Chi Minh. Dieser proklamierte am 4. September 1945 die freie Republik Vietnam. Der Unabhängigkeitserklärung folgte die Entsendung eines französischen Expeditionsheeres, das die Kolonialmacht wiederherstellen sollte. Die Kämpfe eröffneten den Vietnamkrieg. Das von den USA unterstützte französische Korps unterlag 1954 den von China militärisch versorgten Einheiten des *Vietminh*. Ein Waffenstillstandsabkommen sprach der *Vietminh* die nördliche, den französischen Truppen die südliche Hälfte Vietnams zu.
Nach Angabe der USA wurden am 30. Juli 1964 zwei ihrer Zerstörer im Golf von *Tongking* von nordvietnamesischen Kriegsschiffen angegriffen. Der Zwischenfall war Anlaß für erste Bombardements der USA auf Ziele im kommunistischen Nordvietnam. Mit ihrem schon länger geplanten Angriff wollten die USA verhindern, daß der von Nordvietnam unterstützte *Vietcong* in Südvietnam weiter an Macht gewinnt. Die Situation spitzte sich 1968 zu: Am 30. Januar starteten *Vietcong*-Verbände und nordvietnamesische Truppen zu Beginn des buddhistischen Neujahrsfestes *Tet* eine Großoffensive, die den Krieg zu Ungunsten der USA wendete. Die USA mußten erkennen, daß der Krieg nicht zu gewinnen war. Am 16. März 1968 verübten US-Soldaten ein Massaker an den Einwohnern des südvietnamesischen Dorfes *My Lai*. Sie töteten mehr als 500 Menschen. *My Lai* wurde zum Sinnbild des Krieges und schürte die Zweifel an der moralischen Rechtfertigung des Eingreifens der USA in Vietnam.
Seit dem Kriegseintritt der USA wurden die Kämpfe in der amerikanischen Öffentlichkeit, nach und nach auch im Ausland von heftigen Protesten begleitet. In Deutschland kristallisierte sich die Anti-Vietnam-Bewegung 1968 überwiegend in Demonstrationen, die von der *Außerparlamentarischen Opposition* ausgingen.[8] Am 17. und 18. Februar 1968 fand in Westberlin der unter anderem von Rudi Dutschke organisierte *Internationale Vietnam-Kongreß* statt. Dabei de-

Notstandsgesetzen in Deutschland gegeben hat, lag der Schwerpunkt der Auseinandersetzung in den Jahren 1966 bis 1968. Als Beginn des historischen Ereignisses *»Konflikt um die Notstandsgesetze«* wird deshalb das Jahr 1966 festgelegt.
[8] Auch vor diesem Zeitpunkt gab es bereits Demonstrationen, in denen (unter anderem) die Beteiligung der USA am Vietnamkrieg angeprangert wurde. Der

monstrierten etwa 15.000 Studenten gegen die USA und den Krieg, es kam zu gewaltsamen Ausschreitungen.
Nachdem der amerikanische Präsident Johnson Bombenangriffe nördlich des 20. Breitengrades einstellen ließ, begannen am 13. Mai 1968 Friedensverhandlungen in Paris. Die »amerikanische Phase« des Vietnamkrieges endete am 27. Januar 1973 mit einem Waffenstillstandsvertrag zwischen den USA, Nord- und Südvietnam sowie den *Vietcong*.

»Zerschlagung des Prager Frühlings« 1968***
Am 5. Januar 1968 löste der Reformpolitiker Alexander Dubcek Antonin Novotny als Parteichef der Kommunistischen Partei der CSSR *(KPC)* ab. Es setzte eine Phase der Liberalisierung ein. Am 5. April verabschiedete die *KPC* ein Aktionsprogramm, das Reformpolitik, Meinungs-, Versammlungs- und Koalitionsfreiheit vorsah. Ziel war die Verwirklichung eines demokratischen Sozialismus. Die Reformen wurden von der Bevölkerung und tschechischen Intellektuellen unterstützt. Am 20. August 1968 besetzten Truppen der UdSSR, Polens, Ungarns, Bulgariens und der DDR die CSSR und beendeten damit den sogenannten *Prager Frühling* aus Sorge vor einem wachsenden Freiheitsdrang in Osteuropa. Am nächsten Tag wurden Alexander Dubcek und andere Politiker verhaftet. Die Bevölkerung leistete mit einem einstündigen Generalstreik am 23. August passiven Widerstand gegen die Besatzer. Mit der Unterzeichnung des Moskauer Protokolls am 26. August mußte die Parteiführung auf Druck der Sowjetunion die Reformen zurücknehmen. Nach der Wahl eines neuen Präsidiums blieben die Reformer zwar meist im Amt, wurden aber von Moskau kontrolliert. Am 17. April 1969 mußte Alexander Dubcek seinen Posten an Gustav Husák abtreten.

»Mondlandung« 1969***
Am 20. Juli 1969 betrat der amerikanische Astronaut Neil Armstrong als erster Mensch den Mond. Die US-Mondexpedition mit der Raumfähre *Apollo 11* war der Abschluß einer achtjährigen Vorbereitungsphase. Die Sowjetunion hatte mit dem ersten Satelliten 1957 und dem ersten Menschen im Weltraum 1961 bis dahin alle Weltraumpremieren gehalten. Die USA starteten noch sechs weitere Mondexpeditionen. Das Mondflugprojekt endete 1972 mit der Rückkehr der *Apollo 17*-Astronauten.

»Brandts Kniefall in Warschau« 1970***
Vom 6. bis zum 8. Dezember 1970 hielten sich Bundeskanzler Willy Brandt und Außenminister Walter Scheel in Warschau auf. Sie unterzeichneten am 7. Dezember mit dem polnischen Ministerpräsidenten Cyrankiewicz und dem Außenminister Jedrychowski den Warschauer Vertrag, in dem die Bundesrepublik die Oder-Neiße-Linie als polnische Westgrenze offiziell anerkannte. Bei der Kranzniederlegung am Mahnmal für den von Deutschen niedergeschlagenen Aufstand im Warschauer Ghetto kniete Brandt ungeachtet des Protokolls für eine Gedenkminute nieder. Die Geste wurde zum Symbol des Eingeständnisses deutscher Schuld und der deutsch-polnischen Aussöhnung.

»Terroranschlag bei den Olympischen Spielen in München« 1972***
Vom 28. August bis zum 11. September 1972 fanden in München die 20. Olympischen Sommerspiele statt. Am 5. September überfielen acht Mitglieder der arabischen Terrorgruppe *Schwarzer September* das Quartier der israelischen Mannschaft, töteten zwei Sportler und nahmen Geiseln. Sie forderten die Freilassung

Schwerpunkt der Kundgebungen lag allerdings im Jahr 1968, das deshalb als Ereignisjahr festgelegt wird.

von 200 arabischen Freischärlern, die in Israel inhaftiert waren. Die Geiselnehmer wurden auf dem Flughafen Fürstenfeldbruck von der Polizei überwältigt. Dabei starben elf israelische Geiseln, fünf Terroristen und ein Polizist. Trotz vieler Stimmen, die für einen Abbruch der Spiele plädierten, wurden sie fortgesetzt. Das Attentat war Anlaß für den Beschluß der Innenminister von Bund und Ländern, eine Sondereinheit des Bundesgrenzschutzes zur Terrorbekämpfung aufzustellen, die spätere *GSG 9*.

»Ölkrise« 1973[9]***

Im Sechstagekrieg von 1967 besetzte Israel den Gazastreifen, die Golanhöhen, das Westjordanland und die Sinaihalbinsel. Am 6. Oktober 1973, dem jüdischen Feiertag *Jom Kippur*, begann mit einem Überfall ägyptischer und syrischer Streitkräfte auf diese von Israel besetzten Gebiete der sogenannte *Jom Kippur*-Krieg. Interventionen der USA (auf der Seite Israels) und der UdSSR (auf der Seite der Araber) ermöglichten Vermittlungsversuche des Weltsicherheitsrates. Die militärischen Auseinandersetzungen endeten vorläufig am 11. November mit einem Waffenstillstandsabkommen. Als Reaktion auf den Ausbruch des arabisch-israelischen Krieges beschlossen Saudi-Arabien, Kuwait, Irak, Libyen und weitere sechs arabische Staaten Kürzungen der Rohölförderungen, solange Israel die 1967 eroberten arabischen Gebiete besetzt hielt. Am 18. Oktober 1973 begannen Libyen, Saudi-Arabien, Kuwait und andere Ölförderländer einen Ausfuhrboykott gegen die USA, am 21. Oktober stoppte Algerien, gefolgt von anderen arabischen Staaten, die Öllieferungen an die Niederlande. Die Bundesrepublik Deutschland war von den Boykottmaßnahmen zwar nicht direkt betroffen, durch die Abhängigkeit von Importen, unter anderem über den niederländischen Hafen Rotterdam, aber indirekt. Im Oktober und November 1973 wurde trotzdem noch erheblich mehr Rohöl in die Bundesrepublik eingeführt als im gleichen Zeitraum des Vorjahres. Demgegenüber breitete sich in der Bevölkerung – verursacht unter anderem durch die Darstellung der Massenmedien – rasch eine große Besorgnis über die Versorgung der Bundesrepublik mit Rohölprodukten aus. Es kam zu Hamsterkäufen von Heizöl und Benzin, die schließlich zu einer tatsächlichen Verknappung der kurzfristig verfügbaren Rohölprodukte führte. Es entstand der Eindruck einer Versorgungskrise, die die Bundesregierung dazu veranlaßte, am 9. November 1973 ein bis Ende 1974 befristetes *Energiesicherungsgesetz* zu verabschieden. Auf der Grundlage dieses Gesetzes wurde am 19. November eine Verordnung erlassen, die ein allgemeines Fahrverbot an vier Sonntagen und eine Begrenzung der Höchstgeschwindigkeit auf Autobahnen und Landstraßen enthielt.

»Baader-Meinhof-Prozeß« 1975–77***

Am 21. Mai 1975 begann im eigens dafür errichteten Hochsicherheitstrakt des Gefängnisses von Stuttgart-Stammheim unter schärfsten Vorkehrungen der Prozeß gegen Terroristen der *Rote Armee Fraktion (RAF)*, darunter Andreas Baader, Gudrun Ensslin, Ulrike Meinhof und Jan-Carl Raspe. Die *RAF* hatte sich Ende der sechziger Jahre aus radikalisierten Kreisen der studentischen Protestbewegung entwickelt. Zunächst waren ihre Anschläge noch mit revolutionären Zielsetzungen verbunden. Ab 1972 dienten ihre Gewalttaten meist dem Zweck, die Freilassung inhaftierter Terroristen zu erpressen, zum Beispiel durch die Entführung von Peter Lorenz 1975. Im Verlauf der Stuttgarter Verhandlungen wurden die Vertrauensanwälte der Angeklagten wegen des Verdachts der Konspiration mit ihren Mandanten von der Teilnahme am Prozeß ausgeschlossen und

[9] Vgl. hierzu auch Kepplinger, Roth 1978.

durch Pflichtverteidiger ersetzt. Ulrike Meinhof beging am 9. Mai 1976 Selbstmord. Andreas Baader, Gudrun Ensslin und Jan-Carl Raspe wurden am 28. April 1977 zu je dreimal lebenslanger Haft und 15 Jahren Gefängnis verurteilt. Das Oberlandesgericht Stuttgart sah es als erwiesen an, daß die Angeklagten sich des Mordes in vier und des Mordversuchs in 34 Fällen sowie der Bildung einer kriminellen Vereinigung schuldig gemacht hatten. Am 13. Oktober entführten palästinensische Terroristen eine Lufthansamaschine nach Mogadischu, um die Freilassung der inhaftierten *RAF*-Mitglieder zu erpressen. Nach der Befreiung der Geiseln durch die *GSG 9* am 18. Oktober 1977 verübten Andreas Baader, Gudrun Ensslin und Jan-Carl Raspe Selbstmord.

»Demonstrationen in Brokdorf« 1976***

Am 25. Oktober 1976 beschloß die *CDU*-Landesregierung in Schleswig-Holstein die Teilerrichtungsgenehmigung für den seit längerem geplanten Bau eines Atomkraftwerks in Brokdorf an der Unterelbe. Die Bauarbeiten begannen umgehend. Noch am 25. Oktober fand eine erste Demonstration von Atomkraftgegnern statt,[10] woraufhin der Bauplatz mit Wassergräben, Stacheldrahtzäunen und einer Mauer befestigt wurde. Am 30. Oktober kam es nach einer zunächst friedlichen Demonstration zu Zusammenstößen zwischen der Polizei und etwa 400 militanten Kernkraftgegnern, die den Bauplatz besetzen wollten. Die Polizei setzte Schlagstöcke, Tränengas und Wasserwerfer ein. Die Auseinandersetzungen nahmen im Laufe des November bürgerkriegsähnliche Ausmaße an. Die Bauarbeiten wurden 1977 vorerst eingestellt. Ende 1980 wurde eine Wiederaufnahme des Baus angekündigt, die zu erneuten Demonstrationen und Auseinandersetzungen vor allem im Frühjahr 1981 führte. Die Ereignisse 1976 in Brokdorf bildeten den Auftakt für zunehmende Bürgerproteste gegen Kernkraftwerke in den folgenden Jahren. So errichteten Atomkraftgegner zum Beispiel ein Hüttendorf gegen die Einrichtung einer Atommülldeponie im niedersächsischen Gorleben, das im Juni 1980 von der Polizei geräumt wurde.

»Ermordung von Schleyer, Ponto und Buback« 1977***

Am 7. Mai 1977 wurde der Generalbundesanwalt Siegfried Buback in Karlsruhe ermordet. Zu der Tat bekannte sich ein Kommando *Ulrike Meinhof* der *RAF.* Am 30. Juli 1977 erschoß ein *RAF*-Kommando nach einem gescheiterten Entführungsversuch den Frankfurter Bankier Jürgen Ponto. Das *RAF*-Kommando *Siegfried Hausner* entführte am 5. September 1977 in Köln den Präsidenten der *Bundesvereinigung der Deutschen Arbeitgeberverbände* und des *Bundesverbandes der Deutschen Industrie*, Hanns Martin Schleyer. Dabei wurden drei Sicherheitsbeamte und der Fahrer Schleyers erschossen. In einem Bekennerschreiben forderten die Terroristen die Freilassung von elf *RAF*-Mitgliedern. Die Bundesregierung unter Helmut Schmidt ging auf die Forderungen nicht ein. Nach dem Selbstmord der Terroristen am 18. Oktober wurde Schleyer am 19. Oktober im Kofferraum eines Autos in Mühlhausen ermordet aufgefunden.

»Nachrüstungsdebatte« 1980–83***

Am 12. Dezember 1979 beschlossen die Außen- und Verteidigungsminister der *NATO* die Modernisierung der Mittelstreckenwaffen in Westeuropa durch Ra-

[10] Auch bereits in der Planungsphase, also vor 1976, gab es Widerstand gegen den Bau des Kernkraftwerkes. Eine anhaltende öffentliche Auseinandersetzung in Form von Demonstrationen und gewalttätigen Ausschreitungen fand allerdings schwerpunktmäßig erst nach dem Beschluß über die Teilerrichtungsgenehmigung 1976 statt. Dieses Jahr gilt deshalb als Ereignisjahr.

keten vom Typ *Pershing II* und *Cruise-Missile.* Sie boten Moskau Verhandlungen über eine kontrollierte Begrenzung der strategischen Waffen in Ost und West an, von denen eine Umsetzung dieses *NATO-Doppelbeschlusses* abhängig gemacht werden sollte. Anlaß für die Nachrüstungspläne war die Stationierung der sowjetischen SS-20-Raketen, die nicht den Abrüstungsvereinbarungen unterlagen. Gegen die Umsetzung des *NATO-Doppelbeschlusses* formierte sich eine breite Bewegung von Nachrüstungsgegnern.[11] Im sogenannten *Krefelder Appell* wandte sich die Friedensbewegung am 15. November 1980 gegen das Wettrüsten der Supermächte. Sozialdemokraten, die den Vorwurf der Zusammenarbeit mit Kommunisten fürchteten, hatten sich bereits am 9. November im *Bielefelder Appell* zusammengeschlossen, der dem *Krefelder Appell* in seinen Forderungen ähnelte. Eine andere Strömung der *SPD* formulierte die *Heidelberger Erklärung*, die eine beiderseitige Abrüstung forderte. Die Friedensbewegung weitete sich auf zahlreiche gesellschaftliche Kräfte aus. So stand der Deutsche Evangelische Kirchentag vom 17. bis zum 21. Juni 1981 in Hamburg ganz in ihrem Zeichen. Am 10. Oktober 1981 erreichten die Proteste in der mit etwa 300.000 Teilnehmern bis dahin größten Friedensdemonstration seit Gründung der Bundesrepublik ihren Höhepunkt. In der Zeit der Nachrüstungsdebatte entstand die Tradition der *Ostermärsche*, Gemeinden wurden zu *Atomwaffenfreien Zonen* erklärt. Nach dem Scheitern der Genfer Abrüstungsverhandlungen zwischen *NATO* und Warschauer Pakt plante die *NATO*, im Herbst 1983 mit der Stationierung der Waffen zu beginnen. Am 1. September 1983 begann eine dreitägige Blockade des US-Raketenstützpunktes in Mutlangen, an der sich zahlreiche Prominente beteiligten. Eine harte öffentliche Debatte entbrannte, in der die Friedensbewegung, die *Grünen* und Teile der *SPD* die Raketenstationierung ablehnten. Für den 5. Oktober rief der *DGB* zu »fünf Mahnminuten für den Frieden« auf. Vom 16. bis zum 22. Oktober veranstaltete die Friedensbewegung eine bundesweite Aktionswoche, die mit einer Großdemonstration im Bonner Hofgarten endete. Am 21. und 22. November 1983 fand eine Bundestagsdebatte über die Billigung des *NATO*-Doppelbeschlusses statt, bei der mehr als fünfzig Redner antraten. Mit der Mehrheit von *CDU / CSU* und *FDP* beschloß der Bundestag, mit der Aufstellung von Mittelstreckenraketen zu beginnen. Am 1. Januar 1984 war die erste Batterie von neun *Pershing II*-Raketen in Mutlangen einsatzbereit.

»Entdeckung des AIDS-Virus« 1984***

Am Ende der siebziger Jahre wurde in den USA erstmals eine tödlich verlaufende Infektionskrankheit entdeckt, die das Immunsystem der Patienten zerstört. Als Ausgangspunkt wurde Zentralafrika vermutet. Das *Acquired Immune Deficiency Syndrome (Aids)* wird durch Blut und Körperflüssigkeit wie Sperma und Scheidenflüssigkeit übertragen. Zu den Hauptbetroffenen gehören Homosexuelle, Drogenabhängige und Bluter. Die Krankheit wurde 1981 klinisch erkannt, zunächst aber nur mit männlicher Homosexualität in Verbindung gebracht. 1984 entdeckte der Franzose Luc Montagnier den *Aids*-Erreger *HIV.* Der Amerikaner Robert Gallo entwickelte einen *Aids*-Test. Die genetische Entschlüsselung des *HI*-Virus schafft die Grundlage für die Entwicklung von Impfstoffen, die bisher allerdings nur das Immunsystem stärken und damit lebensverlängernd wirken, die Krankheit aber nicht heilen können.

[11] Kundgebungen und Aktionen von friedensbewegten Gruppierungen vor dem *NATO*-Doppelbeschluß werden hier ausgeklammert.

»Reaktorunfall in Tschernobyl« 1986***

Am 26. April 1986 kam es im ukrainischen Kernkraftwerk Tschernobyl zum bisher schwersten Unfall in der Geschichte der friedlichen Nutzung von Atomenergie. Durch eine Reihe von Bedienungsfehler und technische Mängel brach ein Reaktorbrand aus, bei dem Strahlung freigesetzt wurde, die 40 bis 50 mal so hoch war wie bei der Atombombenexplosion über Hiroshima. An den unmittelbaren Folgen des Unfalls starben 28 Personen, etwa 200 wurden wegen akuter Strahlenkrankheit in Krankenhäuser eingeliefert. Aus einer Sicherheitszone von 30 Kilometern wurden circa 135.000 Menschen evakuiert. Die radioaktive Wolke breitete sich bis nach Nord- und Mitteleuropa aus. Die Ereignisse zogen in Deutschland eine heftige Diskussion um die Sicherheit von Kernreaktoren, auch im eigenen Land, nach sich. Die kurzfristig erhöhten Meßwerte von Radioaktivität lösten in der Bevölkerung Besorgnis und Angst vor gesundheitlichen Schäden aus, die sich im Einkaufs- und Ernährungsverhalten niederschlug.

»Chemieunfall Sandoz« 1986***

Nach einem Großbrand im Chemiekonzern *Sandoz* in Basel am 1. November 1986 gelangten mit dem Löschwasser giftige Chemikalien in den Rhein, wo sie Flora und Fauna schädigten. Die Bundesrepublik löste Rheinalarm aus. Am 4. Dezember erreichte die Giftschleppe Rheinland-Pfalz, wo die Schließung der Trinkwasserbrunnen am Rhein angeordnet wurde. In Nordrhein-Westfalen wurden mehrere Gemeinden durch Tanklastzüge mit Trinkwasser versorgt. Nach dem *Sandoz*-Unfall beschloß die Bundesregierung schärfere Umweltschutzmaßnahmen.

»Barschel-Affäre« 1987[12]**

Am 13. September 1986 fanden in Schleswig-Holstein Landtagswahlen statt. In einem vorab veröffentlichten Beitrag vom 14. September beschuldigte der *Spiegel* den amtierenden Ministerpräsident Uwe Barschel *(CDU)*, er habe seinen Gegenkandidaten Björn Engholm *(SPD)* bespitzeln lassen. Als Zeuge trat der frühere Mitarbeiter Barschels, Reiner Pfeiffer auf, der in einer eidesstattlichen Erklärung von einer Detektivüberwachung sprach, mit der private und politische Verfehlungen Engholms ermittelt werden sollten. Am 18. September wies Barschel mit einem Ehrenwort alle Vorwürfe zurück. Am 25. September übernahm er die politische Verantwortung und erklärte seinen Rücktritt. Am 11. Oktober wurde Uwe Barschel von einem Journalisten des *Stern* tot in der Badewanne eines Genfer Hotelzimmers aufgefunden und fotografiert. Die Behörden vermuteten Selbstmord, bei den Ermittlungen wurde auch die Möglichkeit eines Mordes berücksichtigt. Der am 13. September 1987 gewählte Landtag beschloß angesichts einer Pattsituation am 9. März 1988 seine Auflösung. Bei Neuwahlen am 8. Mai 1988 errang die *SPD* die absolute Mehrheit, am 31. Mai wurde Björn Engholm zum neuen Ministerpräsidenten gewählt. Die Barschel-Affäre erfuhr im März 1993 eine Fortsetzung, als der damalige *SPD*-Landesvorsitzende Günther Jansen einräumen mußte, Barschels Medienreferenten Pfeiffer 1989 und 1990 DM 40.000 gezahlt zu haben. Im April 1993 wurde bekannt, daß Björn Engholm vor dem Barschel-Untersuchungsausschuß die Unwahrheit gesagt hatte. Er wußte von Pfeiffers Enthüllungen früher als er zugegeben hatte. Am 3. Mai 1993 trat Engholm von seinem Amt als Ministerpräsident zurück.[13]

[12] Vgl. hierzu auch Skierka 1990 und Bolesch 1994.
[13] Vgl. zu den Hintergründen auch Zastrow 1995.

»Fluchtwelle aus der DDR« 1989****

Am 23. Mai 1988 beschloß eine Konferenz der ungarischen *KP* tiefgreifende Staatsreformen. Die *Ungarische Sozialistische Arbeiterpartei* stimmte im Februar 1989 der Schaffung eines Mehrparteiensystems zu. Am 2. Mai 1989 begann Ungarn mit dem Abbau seiner Grenzanlagen zu Österreich und öffnete damit als erstes Land des Warschauer Pakts die Grenzen zum Westen. Ebenfalls im Mai setzte Ungarn das Reiseabkommen mit der DDR aus. Dadurch besaß die Vereinbarung, nach der eine Ausreise von Bürgern des jeweils anderen Staates über die eigenen Grenzen in den Westen untersagt war, keine Rechtswirkung mehr. Dies gab den DDR-Bürgern eine Möglichkeit, ihr Land gefahrlos zu verlassen. Den ersten Fluchtwellen über ungarisches Gebiet begegnete das *SED*-Regime mit einer Beschränkung der Reisemöglichkeiten nach Ungarn. Die Flüchtlingsströme verlagerten sich ab Juli 1989 auf die bundesdeutschen Botschaften in Prag, Warschau und Budapest sowie auf die Ständige Vertretung der Bundesrepublik in Ostberlin. Nach Verhandlungen zwischen der Bundesregierung und der DDR-Führung konnten Anfang Oktober 1989 mehrere Tausend Botschaftsflüchtlinge mit Zügen in die Bundesrepublik ausreisen. Gleichzeitig wurde der paß- und visafreie Reiseverkehr zwischen der Tschechoslowakei und der DDR ausgesetzt, um weitere Fluchtbewegungen in Richtung Ungarn zu verhindern.

»Montagsdemonstrationen in Leipzig« 1989/90****

Die Lage in der DDR spitzte sich im Verlauf des Jahres 1989 krisenhaft zu. In der Bevölkerung manifestierte sich immer deutlicher Unzufriedenheit mit der handlungsunwilligen politischen Führung. Bei der Wahl zu den örtlichen Volksvertretungen am 7. Mai wurden Wahlergebnisse gefälscht. Gegen Demonstrationen kam es zu Polizeieinsätzen, die Führung beharrte auf dem Fortbestand der Mauer und bereitete gleichzeitig die Feierlichkeiten zum 40. Gründungstag der DDR vor. Die Beobachtung dieser Vorgänge sowie die Fluchtwelle von Zehntausenden führte im Spätsommer 1989 zu offenen und anwachsenden Protestdemonstrationen. Im Anschluß an kirchliche Friedensgebete, die jeweils Montags in der Leipziger Nikolaikirche stattfanden, kam es zu den sogenannten *Montagsdemonstrationen*. Verschiedene Oppositionsgruppen waren dabei aktiv, unter anderem die *Vereinigte Linke*, das *Neue Forum*, der *Demokratische Aufbruch* und die *Sozialdemokratische Partei* in der DDR. Eine besondere Rolle kam zu dieser Zeit den evangelischen Kirchen zu: Viele Pfarrer waren zusammen mit den ursprünglich kirchlichen Basisgruppen an den neuen Parteien und Bewegungen beteiligt. Kirchenvertreter stellten in der Öffentlichkeit Forderungen an die politische Führung und mahnten die Beteiligten zur Gewaltlosigkeit. Die *Montagsdemonstrationen*, die bis weit in das Jahr 1990 andauerten, wurden zum Symbol des gewaltlosen Widerstandes in der DDR.

»Rücktritt Honeckers« 1989****

Die *SED*-Führung ließ trotz des Aufbegehrens in der Bevölkerung, in den Oppositionsgruppen sowie in den Blockparteien *(LDPD, CDU)* die Feiern zum 40. Jahrestag der DDR-Gründung im Oktober 1989 wie geplant ablaufen. Protestdemonstrationen wurden gewaltsam aufgelöst. Der sowjetische Staatschef Michael Gorbatschow, der als Ehrengast an den Feierlichkeiten teilnahm, ließ jedoch erkennen, daß er Reformen für unvermeidbar und überfällig hielt. In der Folge kam es zu Auseinandersetzungen in der *SED*-Führung, in Dresden und Leipzig zeigten Teile der örtlichen *SED*-Leitungen Gesprächsbereitschaft mit Vertretern der Opposition. Damit begann der Zerfall der Parteimacht und bald auch der *SED* als Organisation. Am 18. Oktober 1989 schieden Erich Honecker, Günter Mittag und Joachim Herrmann aus der Parteiführung aus und gaben ihre Ämter ab. Damit endete die seit 1971 andauernde Regierungszeit Honeckers als Staatschef der DDR. Sein Nachfolger wurde Egon Krenz, dessen Versuch, die Position der *SED* mit kontrollierten Reformen zu bewahren, jedoch scheiterte.

»Öffnung der Berliner Mauer« 1989**

Der in den Massendemonstrationen sichtbare Widerstand der Bevölkerung sowie die andauernde Fluchtbewegung von täglich etwa 10.000 Menschen führten zu Produktionsausfällen und Versorgungsschwierigkeiten im Dienstleistungssektor. Um einen Zusammenbruch der DDR und bürgerkriegsähnliche Ausschreitungen zu vermeiden, entschied der Ministerrat auf Anregung des Politbüros am 9. November 1989, daß die Ausreise aus der DDR und Privatreisen ins Ausland mit sofortiger Wirkung beantragt und kurzfristig erteilt werden konnten.[14] Diese Entscheidung verkündete der Informationssekretär des *SED*-Zentralkommitees, Günter Schabowski, am selben Abend auf einer Pressekonferenz. Wenige Stunden später fand vor allem in Berlin ein Ansturm auf die Grenzübergänge statt. Die Versuche der DDR-Grenzposten, Ausreisewillige nur mit Visa passieren zu lassen, erwiesen sich angesichts der Menschenmassen und der gereizten Stimmung in der Bevölkerung als sinnlos. Noch vor Mitternacht geriet die Situation außer Kontrolle. In Berlin überquerten Deutsche aus Ost und West ungehindert die Übergänge in beide Richtungen. Die überschwengliche Freude über das plötzlich spürbare Ende der deutschen Teilung brach sich in einem spontanen Volksfest Bahn. An symbolträchtigen Stellen der Berliner Mauer, zum Beispiel am Potsdamer Platz, entstanden neue Übergänge. In dieser Nacht und den folgenden Tagen bestiegen Ost- und Westdeutsche die Mauer und begannen damit, Teile des Bauwerks herauszuschlagen. Am 22. Dezember wurde das Brandenburger Tor wieder für Fußgänger geöffnet.

»Einführung der D-Mark in Ostdeutschland« 1990**

Anfang Februar 1990 schlug die Bundesregierung der Regierung der DDR Verhandlungen über eine Währungsunion vor. Die Gespräche wurden sofort aufgenommen und nach den ersten freien Wahlen in der DDR am 18. März intensiv fortgesetzt. Am 18. Mai 1990 unterzeichneten die Finanzminister Waigel und Romberg in Anwesenheit von Bundeskanzler Kohl und DDR-Ministerpräsident de Maizière den Staatsvertrag über die Wirtschafts-, Währungs- und Sozialunion zwischen der DDR und der Bundesrepublik, der am 1. Juli 1990 in Kraft trat.[15] Die DDR übernahm die Marktwirtschaft und das Sozialsystem der Bundesrepublik. Die D-Mark wurde einziges Zahlungsmittel. Löhne, Gehälter, Renten, Mieten und zum Teil Sparguthaben wurden im Verhältnis 1 : 1 umgetauscht, höhere Guthaben im Verhältnis 2 : 1. Die Bundesrepublik bezuschußte den Staatshaushalt der DDR und subventioniert den Aufbau der Renten-, Kranken- und Arbeitslosenversicherungen. Unternehmen durften für die gewerbliche Nutzung Eigentum an Grund und Boden in der DDR erwerben. Eine *Treuhandanstalt* wurde gegründet, die die 8.000 staatlichen Betriebe der DDR privatisieren sollte.

[14] Dabei handelt es sich um die offizielle Version des Zustandekommens der Entscheidung. Kritische Stimmen behaupteten, das Politbüro habe den Passus über Privatreisen, der die Öffnung der innerdeutschen Grenze ausgelöst hat, unwissentlich genehmigt. Vgl. Korger in Weidenfeld, Korte 1992, 529.

[15] Vgl. im Detail auch die Chronologie von Krause 1991.

»Attentate auf Lafontaine und Schäuble« 1990****

Während eines Wahlkampfauftritts am 25. April 1990 in Köln-Mülheim wurde der Kanzlerkandidat der *SPD*, Oskar Lafontaine, von einer Frau mit Messerstichen schwer verletzt. Das Kölner Landgericht wertete die Tat am 5. November als Mordversuch, erklärte die Täterin Adelheid Streidel aber für schuldunfähig und wies sie in eine psychiatrische Anstalt ein. Lafontaine erholte sich schnell und nahm den Bundestagswahlkampf wieder auf. Nach einer Wahlkampfveranstaltung am 12. Oktober 1990 in Oppenau (Baden) wurde Bundesinnenminister Wolfgang Schäuble von dem geistesgestörten Dieter Kaufmann mit zwei Schüssen lebensgefährlich verletzt. Er überlebte den Anschlag, ist seitdem aber querschnittgelähmt und auf den Rollstuhl angewiesen. Am 28. November nahm Schäuble sein Amt wieder auf.

»Golfkrieg« 1991****

Am 2. August 1990 annektierten Armee-Einheiten des irakischen Präsidenten Saddam Hussein den Nachbarstaat Kuwait. Zweck des Einmarschs war die Sicherung des strategisch wichtigen Zugangs zum Persischen Golf und die Vereinnahmung der kuwaitischen Ölfelder. Die Invasoren erklärten Kuwait zum irakischen Verwaltungsbezirk. Die *UNO* stellte ein Ultimatum, das unter anderem den irakischen Truppenabzug forderte. Nach dessen Ablauf begann unter dem Oberkommando des US-Generals Norman Schwarzkopf am 17. Januar 1991 mit der *Operation Wüstensturm* der Golfkrieg. US-amerikanische, britische, saudische und kuwaitische Kampfflugzeuge bombardierten Ziele im Irak und im nördlichen Kuwait. Nach geringem Widerstand der irakischen Luftabwehr setzte am 24. Februar die Landoffensive ein. Die Verluste der Alliierten waren gering, der Irak hatte circa 100.000 gefallene Soldaten, eine unbekannte Zahl von Opfern in der Zivilbevölkerung und schwere Schäden in der Infrastruktur zu beklagen. Der Krieg hatte zudem Auswirkungen auf die Umwelt am Persischen Golf. Am 28. Februar 1990 wurden alle Kampfhandlungen eingestellt. Der Irak erklärte sich zur Annahme der *UNO*-Resolutionen bereit, am 12. April trat der Waffenstillstand formal in Kraft.

»Putschversuch in der UdSSR« 1991****

Seit März 1985 war Michael Gorbatschow Generalsekretär der sowjetischen *KPdSU*. Er begann mit den größten Reformanstrengungen in der Geschichte der UdSSR. Sein Programm umfaßte eine wirtschaftliche und soziale Umgestaltung *(Perestroika)* sowie die Abkehr von restriktiver Informationspolitik *(Glasnost)*. Gegen starke Widerstände in der Partei versuchte er diese zu reformieren. Außenpolitisch war unter anderem die Zustimmung Gorbatschows zur Deutschen Vereinigung im September 1990 von Bedeutung. Die innerparteilichen Widerstände gipfelten 1991 in einem Putschversuch reformfeindlicher Kräfte. Am 19. August, einen Tag vor der geplanten Unterzeichnung eines neuen Unionsvertrags, setzte ein sogenanntes Notstandskommitee Gorbatschow ab und verhängte über Teile des Landes den Ausnahmezustand. Gorbatschow wurde auf der Krim festgehalten. Der Putschversuch scheiterte am 22. August am Widerstand der Bevölkerung und an der schwankenden Haltung des Militärs. An die Spitze des Widerstands stellte sich der russische Präsident und Radikalreformer Boris Jelzin. Michael Gorbatschow kehrte nach Moskau zurück, die Putschisten um Vizepräsident Gennadi Janajew und Verteidigungsminister Dimitri Jasow wurden festgenommen. Gorbatschow trat auf Druck von Jelzin am 24. August von seinem Amt als Generalsekretär der *Kommunistischen Partei* zurück, alle Aktivitäten der *KP* wurden verboten.

»Auflösung der Sowjetunion« 1991**

Seit dem Putschversuch im August 1991 verlor Gorbatschow an Einfluß in der Sowjetunion, während Boris Jelzin und die Präsidenten der übrigen Republiken ihre Machtfülle steigern konnten. Im November stand die Unterzeichnung eines neuen, von Gorbatschow konzipierten Unionsvertrags an, der eine Umwandlung der Sowjetunion in ein konföderales Staatssystem vorsah. Das Vorhaben scheiterte am 25. November an der Weigerung einiger Reformgegner, den Vertrag zu unterschreiben. Am 21. Dezember schlossen sich elf von 15 ehemaligen Sowjetrepubliken zur *Gemeinschaft unabhängiger Staaten (GUS)* zusammen. Damit hörte die 1922 gegründete Sowjetunion nach 69 Jahren auf zu existieren. Der noch amtierende Präsident Michael Gorbatschow trat am 25. Dezember 1991 von diesem Amt zurück.

»Bürgerkrieg in Jugoslawien« ab 1991**

Am 25. Juni 1991 erklärten die jugoslawischen Teilrepubliken Slowenien und Kroatien ihren Austritt aus dem Vielvölkerstaat. Damit begann ein blutiger Bürgerkrieg zwischen dem von Serben dominierten Restjugoslawien und den ehemaligen Republiken hauptsächlich auf dem Gebiet Kroatiens und Bosnien-Herzegowinas. Jugoslawien war am 1. Dezember 1918 vom serbischen König Peter I. als Königreich der Serben, Kroaten und Slowenen gegründet worden. Es umfaßte 15 Nationalitäten, von denen sich vor allem die Kroaten und Slowenen gegen den Machtanspruch der Serben zu wehren versuchten. Erst Tito gelang es mit seinem eigenen Weg zum Sozialismus ab 1948, die im Kampf gegen die Deutschen vereinten Nationalitäten zu beruhigen. Nach seinem Tod 1980 flammten die Auseinandersetzungen wieder auf. Im Verlauf des 1991 begonnenen Bürgerkriegs bemühten sich zahlreiche europäische Nachbarstaaten, die Europäische Union und die Vereinten Nationen in Verhandlungen und Konferenzen um Frieden. Gegen Restjugoslawien wurde ein *UN*-Embargo verhängt, im Frühjahr 1992 wurden *UN*-Soldaten nach Sarajewo entsandt. Jugoslawien zerfiel in mehrere Teilstaaten, unter anderem Slowenien und Kroatien (durch deren Unabhängigkeitserklärung im Juni 1991 der Bürgerkrieg ausgelöst wurde), die Serbische Republik Bosnien-Herzegowina (seit April 1992) und die Bundesrepublik Jugoslawien, die Serbien und Montenegro umfaßt (seit April 1992).[16]

[16] Vgl. zur komplexen Entwicklung des Bürgerkriegs im ehemaligen Jugoslawien das *Archiv der Gegenwart* 1991 ff.

7.2 Ergänzende Tabellen und Schaubilder

Hier in der Reihenfolge ihrer Erwähnung

Tabelle A 1: Alterseffekte in den Ansichten westdeutscher Journalisten zur Recherche

Ansichten von Journalisten vergleichbarer Altersgruppen in den Befragungen von Köcher (1980/81) und Schneider, Schönbach, Stürzebecher (1992)

	Vor-/Kriegsgeneration		Nachkriegsgeneration	
Fragwürdige Recherchemethoden: Anteil der Journalisten, die die jeweiligen Recherchemethoden für vertretbar hielten	Köcher 1980/81 35 Jahre u. älter (geb. 1945 u. früher) %	Schneider u. a. 1992 45 Jahre u. älter (geb. 1947 u. früher) %	Köcher 1980/81 18–34 Jahre (geb. 1946–1962) %	Schneider u. a. 1992 35–44 Jahre (geb. 1948–1957) %
Als Journalist geheime Regierungsunterlagen benutzen	57	72	56	80
Sich als Mitarbeiter in einem Betrieb, einer Organisation betätigen, um an interne Informationen zu kommen	30	24	53	56
Eine andere Meinung oder Einstellung vorgeben, um einem Informanten Vertrauen einzuflößen	19	21	42	36
Sich durch Geldzuwendungen vertrauliche Unterlagen beschaffen	19	17	39	28
Sich als eine andere Person ausgeben	17	11	36	32
Informanten unter Druck setzen	6	2	15	4
Private Papiere wie Briefe oder Fotos von jemandem veröffentlichen ohne dessen Zustimmung	5	8	7	10
Dem Informanten die Geheimhaltung der Informationen zusagen, aber nicht einhalten	1	2	2	2

Quellen: Köcher 1985, 144 f, 155, 160 (Werte für die über 35jährigen neu berechnet aus den Werten für die 35–44jährigen und die über 44jährigen); Schneider, Schönbach, Stürzebecher 1993a, 25.

Tabelle A 2: Antwortverhalten der direkt und indirekt ermittelten Journalisten

	Direkt ermittelte Journalisten* (n=851)		Indirekt ermittelte Journalisten** (n=319)		Alle kontaktierten Journalisten*** (n=1.170)	
	n	%	n	%	n	%
Fragebogen ausgefüllt	310	36	168	53	498	43
Nicht reagiert	452	53	133	42	565	48
Beantwortung abgelehnt	72	8	10	3	82	7
Nicht erreicht	17	2	8	3	25	2
Summe	851	99	319	101	1.170	100

Die direkt und indirekt ermittelten Journalisten unterscheiden sich in ihrem Antwortverhalten statistisch signifikant (Chi^2-Test; $p < 0{,}0001$).

* Quellen: *Zimpel*, Jahrbücher von *ARD* und *ZDF*.

** Quelle: Angaben direkt ermittelter Journalisten, die gebeten wurden, die Namen je eines jüngeren und älteren Kollegen zu nennen.

*** Insgesamt schickten 498 Journalisten den Fragebogen ausgefüllt zurück, davon jedoch nur 478 auch die Antwortkarte. Die Werte dieser Spalte weichen daher von den Summen der Werte für direkt und indirekt ermittelte Journalisten ab.

Quelle: Historische Ereignisse I (1989).

Tabelle A 3: Persönliche und berufliche Merkmale der Journalisten aus verschiedenen Generationen

Merkmale	»Großväter« geboren 1909–35 (n=168) %	»Väter« geboren 1936–50 (n=162) %	»Enkel« geboren 1951–66 (n=161) %	Alle (n=498)* %
Geschlecht:**				
»männlich«	97	92	76	89
»weiblich«	2	8	24	11
Keine Angabe	1	–	–	x
Summe	100	100	100	100
Familienstand:**				
»verheiratet«	83	75	46	68
»ledig«	4	6	47	19
»geschieden«	5	13	3	7
»verwitwet«	4	–	–	1
Keine Angabe	4	6	4	5
Summe	100	100	100	100
Schulbildung, ermittelt anhand der Frage:** *»Welchen Schulabschluß haben Sie?«*				
»Volksschule/Hauptschule«	2	1	–	1
»Real- oder Handelsschule ohne Abschlußprüfung«	–	1	–	x
»Real- oder Handelsschule mit Abschlußprüfung«	5	7	3	5
»Höhere Schule ohne Abitur«	10	12	3	8
»Abitur ohne anschließendes Studium«	23	15	20	20
»Abitur mit anschließendem Studium«	59	64	75	66
Keine Angabe	1	1	–	1
Summe	100	101	101	101
Berufsausbildung, ermittelt anhand der Frage: *»Haben Sie nach der Schule eine weitere Ausbildung abgeschlossen?«* (Bei den *»Ja«*-Antworten Mehrfachangaben möglich)				
»Ja, …«	84	88	88	87
*»… Lehre«***	11	16	6	11
*»… Volontariat«***	53	59	67	59
*»… Fachhochschule«***	10	9	3	7
*»… Universität«***	41	45	57	47
»Nein, keine weitere Ausbildung«	10	9	10	9
Keine Angabe	6	3	2	4
Summe	100	100	100	100

/…

Tabelle A 3: Persönliche und berufliche Merkmale der Journalisten aus verschiedenen Generationen (1. Fortsetzung)

Merkmale	»Groß-väter« geboren 1909–35 (n=168) %	»Väter« geboren 1936–50 (n=162) %	»Enkel« geboren 1951–66 (n=161) %	Alle (n=498)* %
Berufstätigkeit vor dem Journalismus, ermittelt anhand der Frage: *»Hatten Sie schon einen anderen Beruf, bevor Sie Journalist wurden?«*				
»Ja, ...«	24	26	16	22
»Nein.«	71	70	80	74
Keine Angabe	5	4	4	4
Summe	100	100	100	100
Medium, ermittelt anhand der Frage:** *»Wo sind Sie hauptsächlich tätig? (Bitte nur eine Angabe)«*				
»Zeitung«	44	48	64	52
»Zeitschrift«	2	3	4	3
»Öffentlich-rechtlicher Hörfunk«	26	25	17	23
»Privater Hörfunk«	–	–	1	x
»Öffentlich-rechtliches Fernsehen«	14	23	13	17
»Privates Fernsehen«	–	–	–	–
»Anderes, ...«	3	–	–	1
Mehrere Medien	10	1	1	4
Keine Angabe	1	–	–	x
Summe	100	100	100	100
Tätigkeitsfeld, ermittelt anhand der Frage: *»Auf welchen Gebieten liegen die Schwerpunkte Ihrer Berichterstattung?«* (Mehrfachangaben möglich)				
»Innenpolitik«	47	54	42	53
*»Außenpolitik«***	37	38	25	33
»Gesellschafts- und Sozialpolitik«	27	28	26	27
»Wirtschaft«	27	24	19	23
»Kultur/Feuilleton«	16	8	11	11
»Wissenschaft/Technik«	8	7	6	7
»Lokales/Regionales«	27	27	36	30
»Sport«	2	4	5	4
*»Vermischtes/Bunte Seiten«***	5	7	16	10
*»Anderes, ...«***	18	12	9	13
Keine Angabe	–	–	1	x

/...

Tabelle A 3: Persönliche und berufliche Merkmale der Journalisten aus verschiedenen Generationen (2. Fortsetzung)

Merkmale	»Großväter« geboren 1909–35 (n=168) %	»Väter« geboren 1936–50 (n=162) %	»Enkel« geboren 1951–66 (n=161) %	Alle (n=498)* %
Gewerkschaftszugehörigkeit, ermittelt anhand der Frage: *»Sind Sie Mitglied einer Berufsorganisation?«* (Bei den *»Ja«*-Antworten Mehrfachangabe möglich)				
»Ja, ...«	61	67	61	63
»... im DJV«	68	57	52	59
*»... in der IG Medien«***	27	46	47	40
»... in der DAG«	2	1	1	1
»... im VS«	2	–	–	1
»... im VRFF«	–	–	–	–
»... in einer anderen Organisation, ...«	5	3	2	3
»Nein«	35	31	37	34
Keine Angabe	4	2	3	3
Summe	100	100	101	100
Einkommen, ermittelt anhand der Frage:** *»Wie hoch ist Ihr Brutto-Einkommen insgesamt im Monat?«*				
»Unter 3.000 DM«	1	1	2	1
»3.000 – 3.999 DM«	2	–	9	4
»4.000 – 4.999 DM«	1	1	26	9
»5.000 – 5.999 DM«	6	4	26	12
»6.000 – 6.999 DM«	13	12	18	14
»7.000 – 7.999 DM«	10	19	11	13
»8.000 – 8.999 DM«	21	23	3	16
»9.000 – 9.999 DM«	16	15	2	11
»10.000 DM und mehr«	30	24	3	20
Keine Angabe	1	2	1	2
Summe	101	101	101	102

* Einschließlich der sechs Befragten, die ihr Alter nicht angaben, und des Journalisten, der einen unvollständigen Fragebogen erhalten hatte.

** Die Merkmale der Journalisten aus den drei Generationen unterscheiden sich statistisch signifikant (Chi^2-Test; $p < 0{,}05$).

Quelle: Historische Ereignisse I (1989).

Tabelle A 4: Zusammenhang zwischen der ursprünglichen und aktuellen Bedeutung von Berufsmotiven für Journalisten verschiedener Generationen

Fragen: *»Als Sie sich entschlossen haben, Journalist zu werden, was waren damals die wichtigsten Beweggründe? Ordnen Sie die folgenden Gründe … nach ihrer Wichtigkeit. Das geht so: Schreiben Sie hinter den wichtigsten Grund eine 1, hinter den zweitwichtigsten eine 2 usw.«*
»Und wie wäre das heute: Wenn Sie nach einer anderen Stelle im Journalismus suchen müßten, was würde Ihren Entschluß am meisten beeinflussen? Ordnen Sie die Gründe bitte … auf die gleiche Weise.«
(Vorlage einer für beide Fragen identischen Liste mit acht Berufsmotiven)

Basis: Alle Journalisten, die Angaben zu beiden Fragen machten.

Korrelationskoeffizienten (Pearson's r), berechnet anhand der Rangplätze, die die Journalisten den Berufsmotiven individuell zuwiesen (unvollständige Rangreihen und Reihen mit mehrfach vergebenen Rängen wurden durch Mittelung der (fehlenden) Rangplätze aufgefüllt).

Berufsmotive	»Großväter« geboren 1909–35 (n=166)	»Väter« geboren 1936–50 (n=159)	»Enkel« geboren 1951–66 (n=158)	Alle (n=483)
»Die spannende, abwechslungsreiche Tätigkeit«	0,49*	0,40*	0,42*	0,45*
»Die berufliche Freiheit, daß man die Aufgaben und Themen selbst bestimmen kann«	0,37*	0,47*	0,31*	0,39*
»Die Möglichkeit, sich selbst zu verwirklichen«	0,68*	0,49*	0,49*	0,55*
»Die Möglichkeit, anderen Wissen zu vermitteln, ihren Horizont zu erweitern«	0,63*	0,58*	0,64*	0,62*
»Die Möglichkeit, Mißstände aufzudecken und zu kritisieren«	0,52*	0,51*	0,39*	0,47*
»Die Möglichkeit, Werte und Ideale zu vermitteln«	0,37*	0,57*	0,53*	0,51*
»Die Möglichkeit, politische Entscheidungen zu beeinflussen«	0,55*	0,41*	0,61*	0,54*
»Gute, bessere Verdienstmöglichkeiten«	0,34*	0,47*	0,56*	0,44*
Rangkorrelationen (r_s; aggregiert**)	0,58	0,88*	0,83*	0,89*

* Der Zusammenhang zwischen der ursprünglichen und aktuellen Bedeutung des Berufsmotivs ist in dieser Generation statistisch signifikant ($p < 0,05$).

** Basis für die Bildung der Rangreihen sind jeweils die Anteile der Befragten, die die Beweggründe als wichtigste oder zweitwichtigste Motive einstuften (ausgewiesen in den Tabellen 6 und 7).

Quelle: Historische Ereignisse I (1989).

Tabelle A 5: Zusammenhang zwischen den Meinungen von Journalisten verschiedener Generationen zu Ausländern in Deutschland und der Billigung des Verschweigens von Ausländerkriminalität

Fragen: *»Sie finden unten eine Reihe von politischen Forderungen. Bitte geben Sie an, ob Sie ihnen zustimmen oder ob Sie sie ablehnen.«* Vorlage von 14 Forderungen, darunter: *»Man sollte es den Ausländern so leicht wie möglich machen, bei uns zu bleiben.«*

»Im Journalismus gibt es Verhaltensweisen, die umstritten sind. Bitte geben Sie an, ob Sie die folgenden Handlungsweisen gutheißen oder mißbilligen.« Vorlage von sieben Verhaltensweisen, darunter: *»Einen Bericht über Kriminalität von Ausländern zurückhalten, um Ressentiments keine Nahrung zu geben.«*

	»Man sollte es den Ausländern so leicht wie möglich machen, bei uns zu bleiben.«								
	»Großväter«* geboren 1909–35			»Väter« geboren 1936–50			»Enkel«* geboren 1951–66		
»Einen Bericht über Kriminalität von Ausländern zurückhalten, um Ressentiments keine Nahrung zu geben.«	*»Stimme völlig/ eher zu«* (n=65) %	*»Nicht zu sagen/weder noch«/* k. k. A. (n=45) %	*»Lehne ich völlig/ eher ab«* (n=58) %	*»Stimme völlig/ eher zu«* (n=70) %	*»Nicht zu sagen/weder noch«/* k. k. A. (n=43) %	*»Lehne ich völlig/ eher ab«* (n=49) %	*»Stimme völlig/ eher zu«* (n=78) %	*»Nicht zu sagen/weder noch«/* k. k. A. (n=47) %	*»Lehne ich völlig/ eher ab«* (n=36) %
»Heiße gut«	19	9	–	13	5	4	8	–	–
»Teils / teils«, keine Angabe	29	33	36	36	40	31	35	43	17
»Mißbillige«	52	58	64	51	56	65	58	57	83
Summe	100	100	100	100	101	100	101	100	100

* Die Publikationsentscheidungen der Befragten, die der Erleichterung des Verbleibs von Ausländern in Deutschland zustimmten, unterscheiden sich in dieser Generation statistisch signifikant von den Entscheidungen derjenigen, die die Erleichterung des Verbleibs von Ausländern in Deutschland ablehnten (Chi^2-Test; $p < 0,05$).

Quelle: Historische Ereignisse I (1989).

Tabelle A 6: Historische Verbindung der erfaßten individuellen Erlebnisse und zeitgeschichtlichen Ereignisse

Individuelle Erlebnisse	Historische Phase(n)	Relevante historische Ereignisse im Fragebogen
Historisch determiniert:*		
»Fronteinsatz«	Zweiter Weltkrieg	*»Deutscher Einmarsch in Paris«* 1940
		»Bombenangriffe auf deutsche Städte« 1942–45
		»Kriegsende« 1945
»Kriegsgefangenschaft«	Ende des Zweiten Weltkriegs	*»Kriegsende«* 1945
		»Rückkehr der letzten Kriegsgefangenen« 1955
»Flucht aus den Ostgebieten«	Ende des Zweiten Weltkriegs	*»Kriegsende«* 1945
»Elendsjahre nach dem Krieg«	Nachkriegszeit	*»Kriegsende«* 1945
		»Währungsreform« 1948
»Zusammenarbeit mit den Besatzungsmächten«	Nachkriegszeit	
»Übersiedelung aus der DDR«	Existenz von SBZ und DDR 1945–1990	*»Luftbrücke nach Berlin«* 1948/49
		»17. Juni 1953«
		»Bau der Berliner Mauer« 1961
»Dienst in der Bundeswehr«	Seit Existenz der Bundeswehr 1956	
»Engagement in der Studentenbewegung«	Ende der Sechziger Jahre	*»Bildung der Großen Koalition«* 1966
		»Konflikt um die Notstandsgesetze« 1966–68
		»Erschießung von Benno Ohnesorg« 1967
		»Anti-Vietnam-Demonstrationen« 1968
		»Baader-Meinhof-Prozeß« 1975–77

* Fronteinsatz und Kriegsgefangenschaft waren theoretisch auch während bzw. nach dem Ersten Weltkrieg denkbar. Aufgrund der Altersstruktur konnte jedoch kein Befragter in dieser Zeit entsprechende Erfahrungen machen. Beide Erlebnisse sind deshalb hier als historisch *determiniert* klassifiziert, nicht als historisch *bedingt*.

/...

Tabelle A 6: Historische Verbindung der erfaßten individuellen Erlebnisse und zeitgeschichtlichen Ereignisse (1. Fortsetzung)

Individuelle Erlebnisse	Historische Phase(n)	Relevante historische Ereignisse im Fragebogen
Historisch bedingt:		
»Bombenangriffe«	Erster Weltkrieg	
	Zweiter Weltkrieg	*»Bombenangriffe auf deutsche Städte«* 1942–45
	Militärische Auseinandersetzungen im Ausland	*»Korea-Krieg«* 1950–53
»Leben in einer Diktatur«	Drittes Reich 1933–45	*»Attentat auf Hitler«* 1944
		»Nürnberger Prozesse« 1945/46
		»Auschwitz-Prozeß« 1963–65
	SBZ und DDR 1945–90	*»Luftbrücke nach Berlin«* 1948/49
		»17. Juni 1953«
		»Bau der Berliner Mauer« 1961
	Komm./sozial. Regimes anderer Ostblockstaaten	*»Ungarn-Aufstand«* 1956
		»Zerschlagung des Prager Frühlings« 1968
Historisch begünstigt:		
»Antideutsche Ressentiments«	Seit dem Dritten Reich	
»Eigene materielle Not«	Nachkriegszeit	*»Währungsreform«* 1948
»Kriegsdienstverweigerung«	Seit Mitte/Ende der Sechziger Jahre	
»Gewalt bei Demonstrationen«	Seit Ende der Sechziger Jahre	*»Erschießung von Benno Ohnesorg«* 1967
		»Anti-Vietnam-Demonstrationen« 1968
		»Demonstrationen in Brokdorf« 1976
		»Nachrüstungsdebatte« 1980–83
»Teilnahme an friedlichen Demonstrationen«	Seit Ende der Sechziger Jahre	*»Anti-Vietnam-Demonstrationen«* 1968
		»Demonstrationen in Brokdorf« 1976
		»Nachrüstungsdebatte« 1980–83

/...

Tabelle A 6: Historische Verbindung der erfaßten individuellen Erlebnisse und zeitgeschichtlichen Ereignisse (2. Fortsetzung)

Individuelle Erlebnisse	Historische Phase(n)	Relevante historische Ereignisse im Fragebogen
Historisch begünstigt (Fortsetzung):		
»Leben in einer Wohngemeinschaft«	Seit Ende der Sechziger Jahre	
»Austritt aus der Kirche«	Seit Ende der Sechziger Jahre	
»Engagement in der Umweltschutzbewegung«	Seit Mitte der Siebziger Jahre	*»Ölkrise«* 1973
		»Reaktorunfall in Tschernobyl« 1986
		»Chemieunfall Sandoz« 1986
»Engagement in der Frauenbewegung«	Seit den Siebziger Jahren	
Historisch unabhängig:		
»Arbeit in einer Fabrik, auf einer Baustelle«		
»Leben in einem anderen Land (mind. 1 Jahr)«		
»Wohlhabend sein, wo Armut herrscht«		
»Engagement in einer kirchlichen Gruppe«		
»Engagement in einer Burschenschaft«		
»Vertrauensverhältnis zu einem Politiker«		
»Kandidatur für ein politisches Amt«		
»Öffentliche Angriffe gegen Ihre Arbeit«		
»Politischer Druck in der Redaktion«		
»Schreiben gegen die eigene Überzeugung«		
»Entlassung, Kündigung als Journalist«		
»Längere Arbeitslosigkeit«		
»Verhaftung durch Polizei«		
»Opfer eines Gewaltverbrechens«		

Quelle: Historische Ereignisse I (1989).

Tabelle A 7: Zeitgenossen historischer Ereignisse unter den 1989 und 1991/92 befragten Journalisten

Anteil der Journalisten, die im Ereignisjahr bereits geboren waren

	Journalisten, die im Herbst 1989 befragt wurden (n=491) %	Journalisten, die im Winter 1991/92 befragt wurden (n=452) %	Differenz %
»Deutscher Einmarsch in Paris« 1940	45	42*	–3
»Bombenangriffe auf deutsche Städte« 1942–45	52	50	–2
»Attentat auf Hitler« 1944	56	56*	0
»Kriegsende« 1945	59	58	–1
»Atombombe auf Hiroshima« 1945	59	58	–1
»Nürnberger Prozesse« 1945/46	59	58	–1
»Währungsreform« 1948	64	64	0
»Luftbrücke nach Berlin« 1948/49	64	64	0
»Korea-Krieg« 1950–53	66	67*	+1
»Stalins Tod« 1953	72*	73	+1
»17. Juni 1953«	72	73	+1
»Rückkehr der letzten Kriegsgefangenen« 1955	75	77	+2
»Ungarn-Aufstand« 1956	78	80	+2
»Sputnik-Flug« 1957	81*	83	+2
»Bau der Berliner Mauer« 1961	94	93	–1
»Contergan-Affäre« 1961/62	94	93*	–1
»Spiegel-Affäre« 1962	95	95	0
»Kuba-Krise« 1962/63	95	95	0
»Ermordung von Präsident Kennedy« 1963	97	96	–1
»Auschwitz-Prozeß« 1963–65	97	96	–1
»Bildung der Großen Koalition« 1966	99	98	–1
»Konflikt um die Notstandsgesetze« 1966–68	99	98	–1
»Erschießung von Benno Ohnesorg« 1967	100	99	–1
»Anti-Vietnam-Demonstrationen« 1968	100	100	0
»Zerschlagung des Prager Frühlings« 1968	100	100	0
»Mondlandung« 1969	100	100	0
»Brandts Kniefall in Warschau« 1970	100	100	0
»Terroranschlag b. d. Olymp. Spielen i. München« 1972	100	100	0
»Ölkrise« 1973	100	100	0
»Baader-Meinhof-Prozeß« 1975–77	100	100	0
»Demonstrationen in Brokdorf« 1976	100	100	0
»Ermordung von Schleyer, Ponto und Buback« 1977	100	100	0
»Nachrüstungsdebatte« 1980–83	100	100	0
»Entdeckung des AIDS-Virus« 1984	100	100	0
»Reaktorunfall in Tschernobyl« 1986	100	100	0
»Chemieunfall Sandoz« 1986	100	100	0
»Barschel-Affäre« 1987	100*	100	0

/...

Tabelle A 7: Zeitgenossen historischer Ereignisse unter den 1989 und 1991/92 befragten Journalisten (Fortsetzung)

	Journalisten, die im Herbst 1989 befragt wurden (n=491) %	Journalisten, die im Winter 1991/92 befragt wurden (n=452) %	Differenz %
»Fluchtwelle aus der DDR« 1989	100*	100	0
»Montagsdemonstrationen in Leipzig« 1989/90	100*	100	0
»Rücktritt Honeckers« 1989	100*	100	0
»Öffnung der Berliner Mauer« 1989	100*	100	0
»Einführung der D-Mark in Ostdeutschland« 1990	100*	100	0
»Attentate auf Lafontaine und Schäuble« 1990	100*	100	0
»Golfkrieg« 1991	100*	100	0
»Putschversuch in der UdSSR« 1991	100*	100	0
»Auflösung der Sowjetunion« 1991	100*	100	0
»Bürgerkrieg in Jugoslawien« seit 1991	100*	100	0
Alle Ereignisse: Durchschnitt	89	89	0

* Das Ereignis war in dieser Befragungswelle nicht in der Liste enthalten.
Die Unterschiede zwischen den 1989 und 1991/92 befragten Journalisten sind in keinem Fall statistisch signifikant (Chi^2-Test).
Quelle: Historische Ereignisse I (1989) und II (1991/92).

Tabelle A 8: Individuelle Erlebnisse der 1989 und 1991/92 befragten Journalisten

Frage: *»Bitte kreuzen Sie an, was Sie persönlich erlebt haben.«* (Vorlage einer Liste mit 33 Erlebnissen 1989 bzw. mit 35 Erlebnissen 1991/92)

Anteil der Befragten, die die Erlebnisse ankreuzten

	Journalisten, die im Herbst 1989 befragt wurden (n=491) %	Journalisten, die im Winter 1991/92 befragt wurden (n=452) %	Differenz %
»Arbeit in einer Fabrik, auf einer Baustelle«	69	69	0
»Elendsjahre nach dem Krieg«	52	49	–3
»Teilnahme an friedlichen Demonstrationen«	51	52	+1
»Bombenangriffe«	46	46	0
»Öffentliche Angriffe gegen Ihre Arbeit«	46	48	+2
»Politischer Druck in der Redaktion«	42	37	–5
»Vertrauensverhältnis zu einem Politiker«	42	44	+2
»Gewalt bei Demonstrationen«	40	41	+1
»Leben in einer Diktatur«	40	33	–7
»Wohlhabend sein, wo Armut herrscht«	35	40	+5
»Eigene materielle Not«	34	31	–3
»Austritt aus der Kirche«	31	30	–1
»Antideutsche Ressentiments«	31	31	0
»Engagement in einer kirchlichen Gruppe«	23	29	+6
»Leben in einem anderen Land (mindestens 1 Jahr)«	23	22	–1
»Dienst in der Bundeswehr«	21	22	+1
»Engagement in der Studentenbewegung«	19	19	0
»Leben in einer Wohngemeinschaft«	18	18	0
»Fronteinsatz«	18	12	–6*
»Kriegsgefangenschaft«	15	9	–6*
»Zusammenarbeit mit den Besatzungsmächten«	12	10	–2
»Kandidatur für ein politisches Amt«	11	12	+1
»Flucht aus den Ostgebieten.«	11	13	+2
»Schreiben gegen die eigene Überzeugung«	10	7	–3
»Kriegsdienstverweigerung«	10	11	+1
»Engagement in der Umweltschutzbewegung«	9	10	+1
»Entlassung, Kündigung als Journalist«	8	7	–1
»Übersiedelung aus der DDR«	7	9	+2
»Verhaftung durch Polizei«	6	8	+2
»Engagement in einer Burschenschaft«	5	5	0
»Längere Arbeitslosigkeit«	4	2	–2
»Engagement in der Frauenbewegung«	4	2	–2
»Opfer eines Gewaltverbrechens«	2	1	–1
»Mitgliedschaft in einer Jugendorganisation«	–**	23	–
»Überwachung durch den Staatsapparat«	–**	12	–
Alle Erlebnisse: Durchschnitt***	24	23	–1

* Der Unterschied zwischen den 1989 und 1991/92 befragten Journalisten ist statistisch signifikant (Chi²-Test; $p < 0,05$).

** Das Erlebnis war in dieser Befragungswelle nicht in der Liste enthalten.

*** Basis: Alle 33 Erlebnisse, die im Herbst 1989 und im Winter 1991/92 in der Liste enthalten waren. Zwischen der Verbreitung dieser 33 Ereignisse im Herbst 1989 und im Winter 1991/ 92 besteht ein enger statistisch signifikanter Zusammenhang ($r_s = 0,98$; $p < 0,0001$).

Quelle: Historische Ereignisse I (1989) und II (1991/92).

Tabelle A 9: Wahrnehmung der Bedeutung historischer Ereignisse für das eigene Denken der 1989 und 1991/92 befragten Journalisten

Frage: *»Schauen Sie sich bitte noch einmal an, woran Sie sich erinnern, und nennen Sie die drei Ereignisse, die für Ihr eigenes politisches Denken am bedeutsamsten sind.«* (Vorlage einer Liste mit 34 Ereignissen im Herbst 1989 bzw. mit 43 Ereignissen im Winter 1991/92)

Anteil der Befragten, die die Ereignisse als bedeutsam für ihr eigenes Denken ansahen

	Journalisten, die im Herbst 1989 befragt wurden (n=491) %	Journalisten, die im Winter 1991/92 befragt wurden (n=452) %	Differenz %
»Deutscher Einmarsch in Paris« 1940	x	–*	–
»Bombenangriffe auf deutsche Städte« 1942–45	3	2	–1
»Attentat auf Hitler« 1944	1	–*	–
»Kriegsende« 1945	13	12	–1
»Atombombe auf Hiroshima« 1945	4	4	0
»Nürnberger Prozesse« 1945/46	1	1	0
»Währungsreform« 1948	4	5	+1
»Luftbrücke nach Berlin« 1948/49	1	1	0
»Korea-Krieg« 1950–53	1	–*	–
»Stalins Tod« 1953	–*	x	–
»17. Juni 1953«	7	6	–1
»Rückkehr der letzten Kriegsgefangenen« 1955	1	1	0
»Ungarn-Aufstand« 1956	5	6	+1
»Sputnik-Flug« 1957	–*	x	–
»Bau der Berliner Mauer« 1961	20	16	–4
»Contergan-Affäre« 1961/62	1	–*	–
»Spiegel-Affäre« 1962	9	7	–2
»Kuba-Krise« 1962/63	2	1	–1
»Ermordung von Präsident Kennedy« 1963	5	6	+1
»Auschwitz-Prozeß« 1963–65	3	2	–1
»Bildung der Großen Koalition« 1966	3	3	0
»Konflikt um die Notstandsgesetze« 1966–68	4	3	–1
»Erschießung von Benno Ohnesorg« 1967	3	2	–1
»Anti-Vietnam-Demonstrationen« 1968	7	6	–1
»Zerschlagung des Prager Frühlings« 1968	17	13	–4
»Mondlandung« 1969	5	3	–2
»Brandts Kniefall in Warschau« 1970	15	7	–8**
»Terroranschlag b. d. Olymp. Spielen i. München« 1972	6	2	–4**
»Ölkrise« 1973	8	4	–4**
»Baader-Meinhof-Prozeß« 1975–77	6	1	–5**
»Demonstrationen in Brokdorf« 1976	6	3	–3
»Ermordung von Schleyer, Ponto und Buback« 1977	19	5	–14**
»Nachrüstungsdebatte« 1980–83	16	4	–12**
»Entdeckung des AIDS-Virus« 1984	10	2	–8**
»Reaktorunfall in Tschernobyl« 1986	38	19	–19**

/...

Tabelle A 9: Wahrnehmung der Bedeutung historischer Ereignisse für das eigene Denken der 1989 und 1991/92 befragten Journalisten (Fortsetzung)

	Journalisten, die im Herbst 1989 befragt wurden (n=491) %	Journalisten, die im Winter 1991/92 befragt wurden (n=452) %	Differenz %
»*Chemieunfall Sandoz*« 1986	3	1	–2**
»*Barschel-Affäre*« 1987	–*	10	–
»*Fluchtwelle aus der DDR*« 1989	–*	10	–
»*Montagsdemonstrationen in Leipzig*« 1989/90	–*	5	–
»*Rücktritt Honeckers*« 1989	–*	1	–
»*Öffnung der Berliner Mauer*« 1989	–*	35	–
»*Einführung der D-Mark in Ostdeutschland*« 1990	–*	1	–
»*Attentate auf Lafontaine und Schäuble*« 1990	–*	2	–
»*Golfkrieg*« 1991	–*	14	–
»*Putschversuch in der UdSSR*« 1991	–*	6	–
»*Auflösung der Sowjetunion*« 1991	–*	16	–
»*Bürgerkrieg in Jugoslawien*« seit 1991	–*	4	–
Alle Ereignisse: Durchschnitt***	8	5	–3**

* Das Ereignis war in dieser Befragungswelle nicht in der Liste enthalten.

** Die Angaben der 1989 und 1991/92 befragten Journalisten unterscheiden sich statistisch signifikant (Chi^2-Test; $p < 0{,}05$).

*** Basis: Alle 30 Ereignisse, die im Herbst 1989 und im Winter 1991/92 in der Liste enthalten waren. Zwischen der wahrgenommenen Bedeutung dieser 30 Ereignisse im Herbst 1989 und im Winter 1991/92 besteht ein enger statistisch signifikanter Zusammenhang ($r_s = 0{,}78$; $p < 0{,}001$).

x = weniger als 0,5 Prozent.

Quelle: Historische Ereignisse I (1989) und II (1991/92).

Tabelle A 10: Wahrnehmung der Bedeutung individueller Erlebnisse für das eigene Denken der 1989 und 1991/92 befragten Journalisten

Frage: *»Schauen Sie sich bitte noch einmal an, was Sie angekreuzt haben und nennen Sie die drei Erfahrungen, die für Ihr gegenwärtiges politisches Denken am bedeutsamsten sind.«* (Vorlage einer Liste mit 33 Erlebnissen im Herbst 1989 bzw. mit 35 Erlebnissen im Winter 1991/92)

Anteil der Befragten, die die Erlebnisse als bedeutsam für ihr eigenes Denken ansahen

	Journalisten, die im Herbst 1989 befragt wurden (n=491) %	Journalisten, die im Winter 1991/92 befragt wurden (n=452) %	Differenz %
»Elendsjahre nach dem Krieg«	19	13	–6*
»Arbeit in einer Fabrik, auf einer Baustelle«	17	16	–1
»Leben in einer Diktatur«	16	13	–3
»Politischer Druck in der Redaktion«	14	4	–10*
»Leben in einem anderen Land (mindestens 1 Jahr)«	12	11	–1
»Gewalt bei Demonstrationen«	10	8	–2
»Wohlhabend sein, wo Armut herrscht«	9	14	+5*
»Vertrauensverhältnis zu einem Politiker«	8	5	–3
»Engagement in einer kirchlichen Gruppe«	7	6	–1
»Teilnahme an friedlichen Demonstrationen«	7	4	–3*
»Bombenangriffe«	7	6	–1
»Dienst in der Bundeswehr«	6	8	+2
»Engagement in der Studentenbewegung«	6	8	+2
»Öffentliche Angriffe gegen Ihre Arbeit«	6	5	–1
»Eigene materielle Not«	6	5	–1
»Kriegsdienstverweigerung«	4	5	+1
»Fronteinsatz«	4	2	–2
»Leben in einer Wohngemeinschaft«	4	4	0
»Engagement in der Umweltschutzbewegung«	4	3	–1
»Kandidatur für ein politisches Amt«	3	3	0
»Übersiedelung aus der DDR«	2	3	+1
»Antideutsche Ressentiments«	2	2	0
»Schreiben gegen die eigene Überzeugung«	2	2	0
»Austritt aus der Kirche«	2	2	0
»Flucht aus den Ostgebieten.«	2	1	–1
»Kriegsgefangenschaft«	2	1	–1
»Entlassung, Kündigung als Journalist«	1	1	0
»Engagement in der Frauenbewegung«	1	1	0
»Zusammenarbeit mit den Besatzungsmächten«	1	x	–1
»Längere Arbeitslosigkeit«	1	x	–1
»Verhaftung durch Polizei«	x	1	+1
»Opfer eines Gewaltverbrechens«	x	1	+1
»Engagement in einer Burschenschaft«	–	x	+x
»Mitgliedschaft in einer Jugendorganisation«	–**	2	–
»Überwachung durch den Staatsapparat«	–**	2	–
Alle Erlebnisse: Durchschnitt***	6	5	–1*

x = weniger als 0,5 Prozent.
* Die Angaben der 1989 und 1991/92 befragten Journalisten unterscheiden sich statistisch signifikant (Chi²-Test: $p < 0{,}05$).
** Das Erlebnis war in dieser Befragungswelle nicht in der Liste enthalten.
*** Basis: Alle 33 Erlebnisse, die im Herbst 1989 und im Winter 1991/92 in der Liste enthalten waren. Zwischen der wahrgenommenen Bedeutung dieser 33 Erlebnisse 1989 und 1991/92 besteht ein enger statistisch signifikanter Zusammenhang ($r_s = 0{,}95$; $p < 0{,}0001$).
Quelle: Historische Ereignisse I (1989) und II (1991/92).

Tabelle A 11: Wahrnehmung der Bedeutung historischer Ereignisse für die Gesellschaft durch die 1989 und 1991/92 befragten Journalisten

Frage: *»Es gibt Ereignisse, bei denen hat man das Gefühl, daß sie einen tiefen Einschnitt für die Gesellschaft bedeuten. Welche der folgenden Ereignisse haben Sie persönlich mit diesem Gefühl erlebt?«* (Vorlage einer Liste mit 34 Ereignissen im Herbst 1989 bzw. mit 43 Ereignissen im Winter 1991/92)

Anteil der Befragten, die die Ereignisse als *»Einschnitt für die Gesellschaft«* ansahen

	Journalisten, die im Herbst 1989 befragt wurden (n=491) %	Journalisten, die im Winter 1991/92 befragt wurden (n=452) %	Differenz %
»Deutscher Einmarsch in Paris« 1940	5	–*	–
»Bombenangriffe auf deutsche Städte« 1942–45	29	31	+2
»Attentat auf Hitler« 1944	18	–*	–
»Kriegsende« 1945	38	40	+2
»Atombombe auf Hiroshima« 1945	25	29	+4
»Nürnberger Prozesse« 1945/46	12	15	+3
»Währungsreform« 1948	32	35	+3
»Luftbrücke nach Berlin« 1948/49	22	21	–1
»Korea-Krieg« 1950–53	11	–*	–
»Stalins Tod« 1953	–*	14	–
»17. Juni 1953«	39	41	+2
»Rückkehr der letzten Kriegsgefangenen« 1955	20	21	+1
»Ungarn-Aufstand« 1956	37	42	+5
»Sputnik-Flug« 1957	–*	23	–
»Bau der Berliner Mauer« 1961	60	69	+9**
»Contergan-Affäre« 1961/62	21	–*	–
»Spiegel-Affäre« 1962	33	32	–1
»Kuba-Krise« 1962/63	26	25	–1
»Ermordung von Präsident Kennedy« 1963	55	57	+2
»Auschwitz-Prozeß« 1963–65	21	18	–3
»Bildung der Großen Koalition« 1966	25	22	–3
»Konflikt um die Notstandsgesetze« 1966–68	25	20	–5
»Erschießung von Benno Ohnesorg« 1967	25	19	–6**
»Anti-Vietnam-Demonstrationen« 1968	33	31	–2
»Zerschlagung des Prager Frühlings« 1968	67	66	–1
»Mondlandung« 1969	51	49	–2
»Brandts Kniefall in Warschau« 1970	46	42	–4
»Terroranschlag b. d. Olymp. Spielen i. München« 1972	57	47	–10**
»Ölkrise« 1973	50	41	–9**
»Baader-Meinhof-Prozeß« 1975–77	32	15	–17**
»Demonstrationen in Brokdorf« 1976	29	16	–13**
»Ermordung von Schleyer, Ponto und Buback« 1977	68	51	–17**
»Nachrüstungsdebatte« 1980–83	34	21	–13**
»Entdeckung des AIDS-Virus« 1984	47	39	–8**

/…

Tabelle A 11: Wahrnehmung der Bedeutung historischer Ereignisse für die Gesellschaft durch die 1989 und 1991/92 befragten Journalisten (Fortsetzung)

	Journalisten, die im Herbst 1989 befragt wurden (n=491) %	Journalisten, die im Winter 1991/92 befragt wurden (n=452) %	Differenz %
»Reaktorunfall in Tschernobyl« 1986	82	76	–6**
»Chemieunfall Sandoz« 1986	32	24	–8**
»Barschel-Affäre« 1987	–*	47	–
»Fluchtwelle aus der DDR« 1989	–*	74	–
»Montagsdemonstrationen in Leipzig« 1989/90	–*	66	–
»Rücktritt Honeckers« 1989	–*	33	–
»Öffnung der Berliner Mauer« 1989	–*	92	–
»Einführung der D-Mark in Ostdeutschland« 1990	–*	38	–
»Attentate auf Lafontaine und Schäuble« 1990	–*	38	–
»Golfkrieg« 1991	–*	63	–
»Putschversuch in der UdSSR« 1991	–*	70	–
»Auflösung der Sowjetunion« 1991	–*	77	–
»Bürgerkrieg in Jugoslawien« seit 1991	–*	39	–
Alle Ereignisse: Durchschnitt***	38	35	–3**

* Das Ereignis war in dieser Befragungswelle nicht in der Liste enthalten.

** Die Angaben der 1989 und 1991/92 befragten Journalisten unterscheiden sich statistisch signifikant (Chi^2-Test; $p < 0{,}05$).

*** Basis: Alle 30 Ereignisse, die im Herbst 1989 und im Winter 1991/92 in der Liste enthalten waren. Zwischen der wahrgenommenen Bedeutung dieser 30 Ereignisse im Herbst 1989 und im Winter 1991/92 besteht ein enger statistisch signifikanter Zusammenhang ($r_s = 0{,}89$; $p < 0{,}001$).

Quelle: Historische Ereignisse I (1989) und II (1991/92).

Tabelle A 12: Prägung von Journalisten durch historische Ereignisse, die sie als 15-jährige miterlebten

Frage: *»Schauen Sie sich bitte noch einmal an, woran Sie sich erinnern, und nennen Sie die drei Ereignisse, die für Ihr eigenes politisches Denken am bedeutsamsten sind.«* (Vorlage einer Liste mit 34 Ereignissen)

Ereignis	Damals 15-jährige: Geburts-jahrgang	Anzahl n	Durch die Ereignisse geprägte 15-jährige Anzahl n	Anteil %
»Deutscher Einmarsch in Paris« 1940	1925	12	1	8
»Bombenangriffe auf deutsche Städte« 1942–45	1927	10	–	–
»Attentat auf Hitler« 1944	1929	17	1	6
»Kriegsende« 1945	1930	9	3	33
»Atombombe auf Hiroshima« 1945	1930	9	–	–
»Nürnberger Prozesse« 1945/46	1930	9	–	–
»Währungsreform« 1948	1933	7	1	14
»Luftbrücke nach Berlin« 1948/49	1933	7	–	–
»Korea-Krieg« 1950–53	1935	13	–	–
»17. Juni 1953«	1938	15	1	7
»Rückkehr der letzten Kriegsgefangenen« 1955	1940	18	–	–
»Ungarn-Aufstand« 1956	1941	17	1	6
»Bau der Berliner Mauer« 1961	1946	9	2	22
»Contergan-Affäre« 1961/62	1946	9	1	11
»Spiegel-Affäre« 1962	1947	8	–	–
»Kuba-Krise« 1962/63	1947	8	–	–
»Ermordung von Präsident Kennedy« 1963	1948	7	1	14
»Auschwitz-Prozeß« 1963–65	1948	7	–	–
»Bildung der Großen Koalition« 1966	1951	11	–	–
»Konflikt um die Notstandsgesetze« 1966–68	1951	11	2	18
»Erschießung von Benno Ohnesorg« 1967	1952	12	1	18
»Anti-Vietnam-Demonstrationen« 1968	1953	6	1	17
»Zerschlagung des Prager Frühlings« 1968	1953	6	1	17
»Mondlandung« 1969	1954	11	1	9
»Brandts Kniefall in Warschau« 1970	1955	14	2	14
»Terroranschl. b. d. Olymp.Spielen i. München« 1972	1957	17	1	6
»Ölkrise« 1973	1958	20	4	20
»Baader-Meinhof-Prozeß« 1975–77	1960	9	3	33
»Demonstrationen in Brokdorf« 1976	1961	6	1	17
»Ermordung von Schleyer, Ponto und Buback« 1977	1962	9	2	22
»Nachrüstungsdebatte« 1980–83	1965	2	1	50
»Entdeckung des AIDS-Virus« 1984	1969	–	–	–
»Reaktorunfall in Tschernobyl« 1986	1971	–	–	–
»Chemieunfall Sandoz« 1986	1971	–	–	–
Alle Ereignisse		325	32	10

Quelle: Historische Ereignisse I (1989).

Schaubild A 1: Kontakte von Journalisten verschiedener Altersstufen mit 34 historischen Ereignissen und Anzahl der Kontakte, die als prägend empfunden wurden

Frage: *»Schauen Sie sich bitte noch einmal an, woran Sie sich erinnern, und nennen Sie die drei Ereignisse, die für Ihr eigenes politisches Denken am bedeutsamsten sind.«* (Vorlage einer Liste mit 34 Ereignissen)

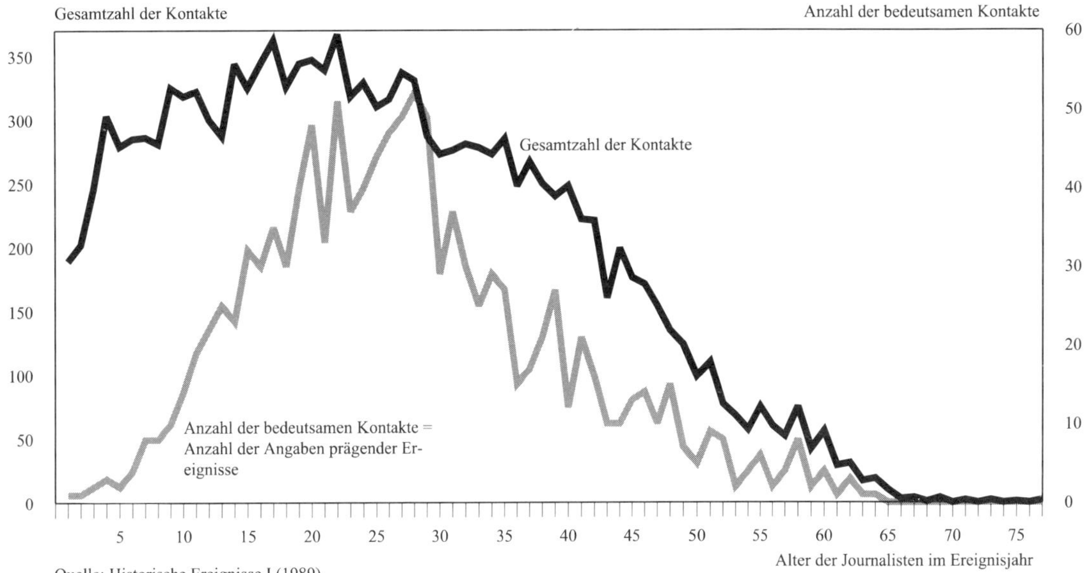

Quelle: Historische Ereignisse I (1989).

Schaubild A 2: Prägung von männlichen und weiblichen Journalisten durch 34 historische Ereignisse

Frage: *»Schauen Sie sich bitte noch einmal an, woran Sie sich erinnern, und nennen Sie die drei Ereignisse, die für Ihr eigenes politisches Denken am bedeutsamsten sind.«* (Vorlage einer Liste mit 34 Ereignissen)

Anteil der prägenden an allen Kontakten mit historischen Ereignissen: Gleitende Mittelwerte

Basis: Alle befragten weiblichen Journalisten (23 bis 67 Jahre alt) und männliche Journalisten im selben Alter*

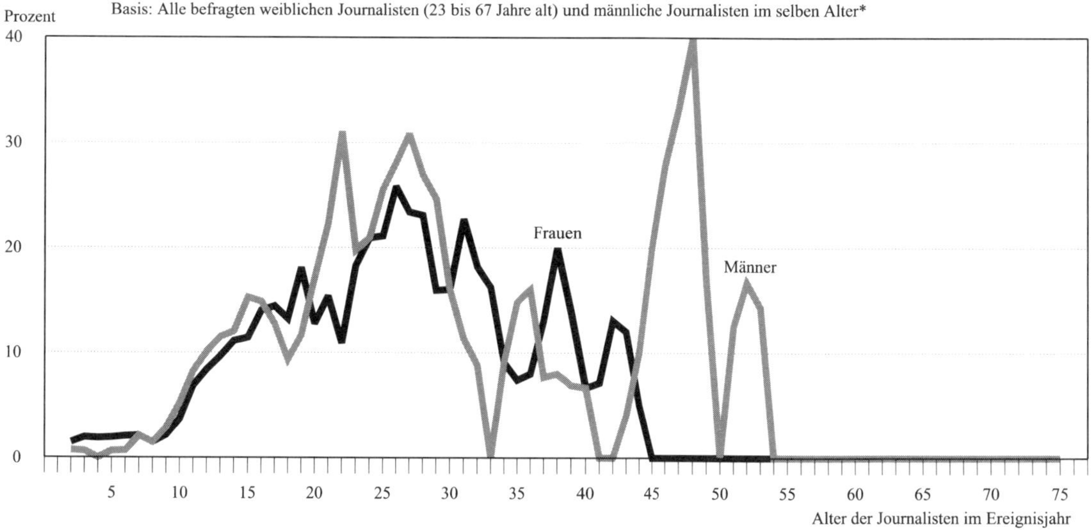

* Um Verzerrungen aufgrund der unterschiedlichen Anzahl von Männern und Frauen sowie deren unterschiedliche Altersstruktur zu vermeiden, wurden für jede Altersstufe genauso viele Männer wie Frauen ausgewählt (Auswahl per Zufallsverfahren).

Quelle: Historische Ereignisse I (1989).

Schaubild A 3: Früheste Prägung von männlichen und weiblichen Journalisten durch 34 historische Ereignisse

Frage: *»Schauen Sie sich bitte noch einmal an, woran Sie sich erinnern, und nennen Sie die drei Ereignisse, die für Ihr eigenes politisches Denken am bedeutsamsten sind.«* (Vorlage einer Liste mit 34 Ereignissen)

Anteil der frühesten prägenden an allen Kontakten mit historischen Ereignissen: Gleitende Mittelwerte

Basis: Alle befragten weiblichen Journalisten (23 bis 67 Jahre alt) und männliche Journalisten im selben Alter*

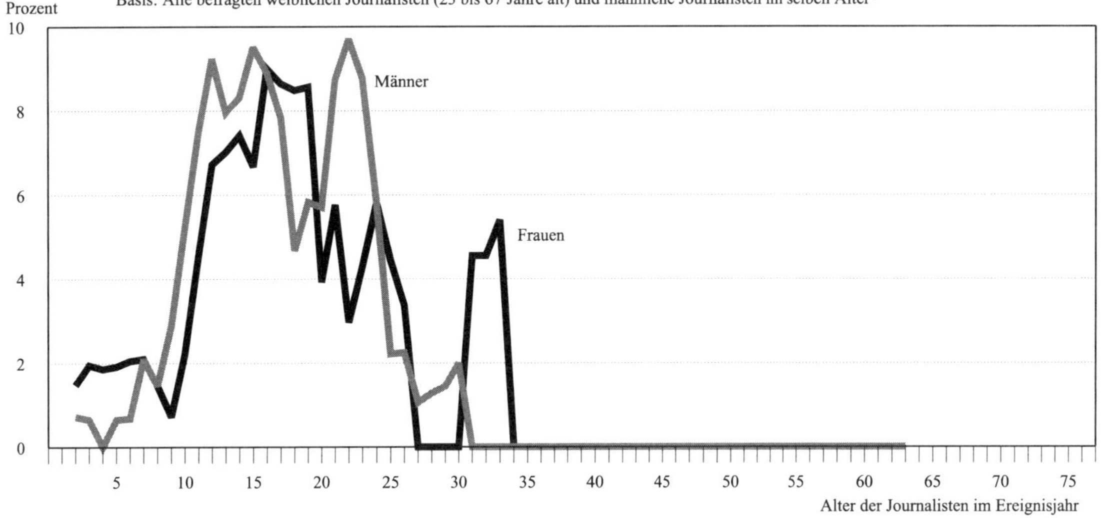

* Um Verzerrungen aufgrund der unterschiedlichen Anzahl von Männern und Frauen sowie deren unterschiedliche Altersstruktur zu vermeiden, wurden für jede Altersstufe genauso viele Männer wie Frauen ausgewählt (Auswahl per Zufallsverfahren).

Quelle: Historische Ereignisse I (1989).

Schaubild A 4: Früheste Prägung von Journalisten aus drei Generationen durch 33 individuelle Erlebnisse
Frage: *»Schauen Sie sich bitte noch einmal an, was Sie angekreuzt haben und nennen Sie die drei Erfahrungen, die für Ihr gegenwärtiges politisches Denken am bedeutsamsten sind.«* (Vorlage einer Liste mit 33 Erlebnissen)
Summe der pro Lebensjahr genannten frühesten prägenden Erlebnisse: Gleitende Mittelwerte

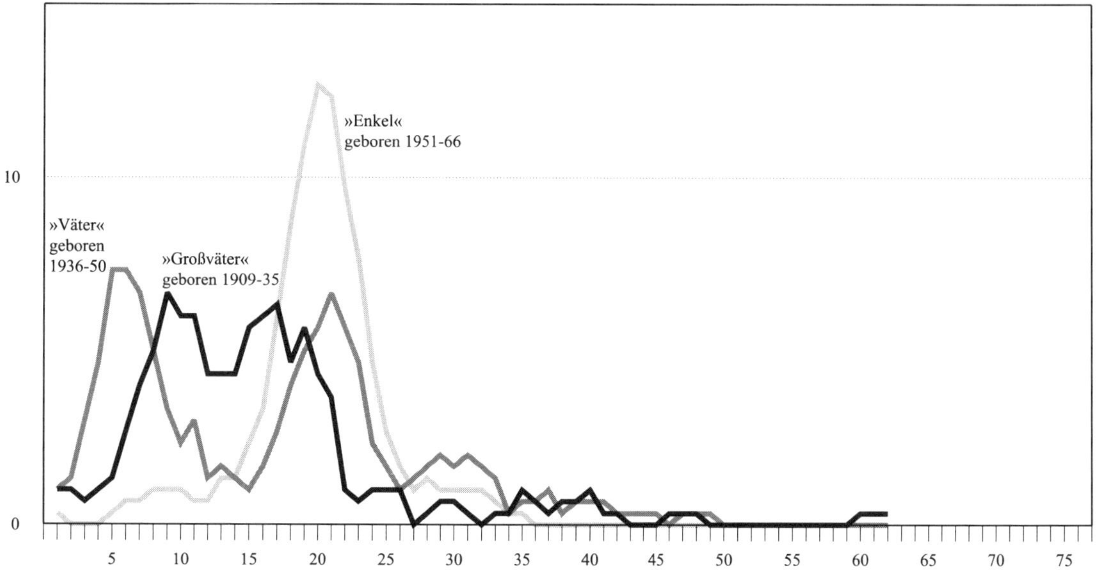

Quelle: Historische Ereignisse I (1989).

Schaubild A 5: Früheste Prägung der Vorstellung vom Einfluß historischer Ereignisse auf die Gesellschaft bei Journalisten aus drei Generationen
Frage: *»Es gibt Ereignisse, bei denen hat man das Gefühl, daß sie einen tiefen Einschnitt für die Gesellschaft bedeuten. Welche der folgenden Ereignisse haben Sie persönlich mit diesem Gefühl erlebt?«* (Vorlage einer Liste mit 34 Ereignissen)
Anteil der Kontakte mit historischen Ereignissen, die als früheste für die Gesellschaft bedeutsame Kontakte erlebt wurden: Gleitende Mittelwerte

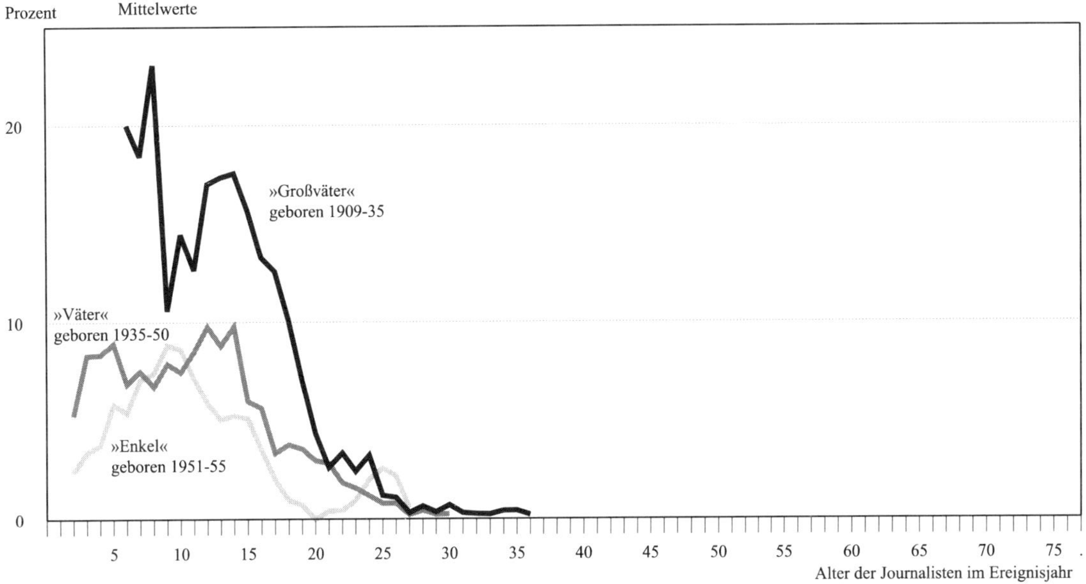

Quelle: Historische Ereignisse I (1989).

Schaubild A 6: Definitionen von subjektiven Reaktionen und Ereignisqualitäten

Alle Befragten	491 Journalisten, die im Herbst 1989 den Fragebogen vollständig ausgefüllt und ihr Alter angegeben haben
Zeitgenossen	Befragte, die im Ereignisjahr bereits geboren waren
Bewußte Zeitgenossen	Befragte, die im Ereignisjahr mindestens sieben Jahre alt wurden
Zeitgenossen im prägenden Alter	Befragte, die im Ereignisjahr zwischen sieben und 31 Jahre alt wurden

Subjektive Reaktionen auf historische Ereignisse:

Vermutete gesellschaftliche Bedeutung	Einschätzung eines Ereignisses als *»tiefen Einschnitt für die Gesellschaft«*
Persönliche Deutung	Auswahl eines Ereignisses als eines der drei, die für das *»eigene politische Denken am bedeutsamsten sind«*

Eigenschaften der Ereignisse:

Gesellschaftliche Relevanz	$GR = \frac{\text{Vermutete gesellschaftliche Bedeutung aller Zeitgenossen}}{\text{Anzahl der Zeitgenossen}}$
Gesellschaftliches Einflußpotential	$GEP = \frac{\text{Vermutete gesellschaftliche Bedeutung aller Zeitgenossen}}{\text{Anzahl der bewußten Zeitgenossen}}$
Berufsspezifische Relevanz	$BR = \frac{\text{Persönliche Bedeutung aller Zeitgenossen}}{\text{Anzahl der Zeitgenossen}}$
Berufsspezifisches Einflußpotential	$BEP = \frac{\text{Persönliche Bedeutung aller Zeitgenossen}}{\text{Anzahl der bewußten Zeitgenossen}}$
Politische Qualität	$PQ = \frac{\text{Saldierte Einflußrichtung (rechts-links)}}{\text{Persönliche Bedeutung aller Zeitgenossen}}$
Politische Kraft	$PK = BEP \times PQ$
	$PK = \frac{\text{Saldierte Einflußrichtung (rechts-links)}}{\text{Anzahl der bewußten Zeitgenossen}}$

Tabelle A 13: Einflußpotential, Relevanz, politische Qualität und politische Kraft von 34 historischen Ereignissen

	Einflußpotential*				Relevanz		Politische Qualität	Politische Kraft
	Gesell-schaft-lich		Berufs-spezi-fisch		Gesell-schaft-lich	Berufs-spezi-fisch		
Ereignisse**	GEP	Rang-platz	BEP	Rang-platz	GR	BR	PQ	PK
»*Reaktorunfall in Tschernobyl*« 1986	0,82	2	0,38	1	0,82	0,38	–0,55	–0,21
»*Ermordung von Schleyer, Ponto und Buback*« 1977	0,68	6	0,19	4	0,68	0,19	+0,70	+0,13
»*Zerschlagung des Prager Frühlings*« 1968	0,71	5	0,18	5	0,67	0,17	+0,31	+0,06
»*Kriegsende*« 1945	0,90	1	0,30	2	0,64	0,22	–0,51	–0,16
»*Bau der Berliner Mauer*« 1961	0,79	4	0,26	3	0,63	0,21	+0,46	+0,12
»*Terroranschlag bei d. Olymp. Spielen i. München*« 1972	0,58	10	0,06	18,5	0,57	0,06	+0,27	+0,02
»*Ermordung von Präsident Kennedy*« 1963	0,68	7	0,06	17	0,57	0,05	–0,12	–0,01
»*17. Juni 1953*«	0,62	8	0,10	9	0,54	0,09	+0,44	+0,05
»*Bombenangriffe auf deutsche Städte*« 1942–45	0,81	3	0,08	12	0,53	0,05	–0,50	–0,04
»*Mondlandung*« 1969	0,52	13	0,05	22	0,51	0,05	+0,09	+0,00
»*Ölkrise*« 1973	0,50	14	0,08	11	0,50	0,08	–0,24	–0,02
»*Währungsreform*« 1948	0,61	9	0,08	14	0,50	0,06	+0,30	+0,02
»*Ungarn-Aufstand*« 1956	0,56	11	0,07	15	0,47	0,06	+0,38	+0,03
»*Entdeckung des AIDS-Virus*« 1984	0,47	16	0,10	10	0,47	0,10	0,00	0,00
»*Brandts Kniefall in Warschau*« 1970	0,47	15	0,15	7	0,46	0,15	–0,60	–0,09
»*Atombombe auf Hiroshima*« 1945	0,54	12	0,08	13	0,39	0,06	–0,44	–0,03
»*Spiegel-Affäre*« 1962	0,41	18	0,11	8	0,34	0,09	–0,89	–0,10
»*Nachrüstungsdebatte*« 1980–83	0,34	21	0,16	6	0,34	0,16	–0,49	–0,08
»*Anti-Vietnam-Demonstrationen*« 1968	0,35	20	0,07	16	0,33	0,07	–0,69	–0,05
»*Luftbrücke nach Berlin*« 1948/49	0,40	19	0,03	27	0,33	0,02	+0,43	+0,01

/…

Tabelle A 13: Einflußpotential, Relevanz, politische Qualität und politische Kraft von 34 historischen Ereignissen (Fortsetzung)

	Einflußpotential*				Relevanz		Politische Qualität	Politische Kraft
	Gesellschaftlich		Berufsspezifisch		Gesellschaftlich	Berufsspezifisch		
Ereignisse**	GEP	Rangplatz	BEP	Rangplatz	GR	BR	PQ	PK
»Chemieunfall Sandoz« 1986	0,32	23	0,03	24	0,32	0,03	–0,53	–0,02
»Baader-Meinhof-Prozeß« 1975–77	0,32	24	0,06	20	0,32	0,06	0,00	0,00
»Attentat auf Hitler« 1944	0,44	17	0,03	28	0,30	0,02	–0,60	–0,02
»Demonstrationen in Brokdorf« 1976	0,29	27	0,06	18,5	0,29	0,06	–0,47	–0,03
»Kuba-Krise« 1962/63	0,33	22	0,02	30	0,27	0,02	+0,33	+0,01
»Rückkehr der letzten Kriegsgefangenen« 1955	0,30	25	0,01	32	0,26	0,01	0,00	0,00
»Bildung der Großen Koalition« 1966	0,27	28	0,03	25	0,25	0,03	–0,53	–0,02
»Konflikt um die Notstandsgesetze« 1966–68	0,27	29	0,05	21	0,25	0,05	–0,91	–0,04
»Erschießung von Benno Ohnesorg« 1967	0,26	30	0,03	26	0,25	0,03	–1,00	–0,03
»Auschwitz-Prozeß« 1963–65	0,26	32	0,04	23	0,21	0,03	–0,75	–0,03
»Contergan-Affäre« 1961/62	0,26	31	0,02	31	0,21	0,02	–0,57	–0,01
»Nürnberger Prozesse« 1945/46	0,29	26	0,02	29	0,21	0,02	–1,00	–0,02
»Korea-Krieg« 1950–53	0,18	33	0,01	33	0,16	0,01	+0,33	+0,00
»Deutscher Einmarsch in Paris« 1940	0,14	34	0,01	34	0,09	0,00***	–1,00	–0,01

* Die Werte für das gesellschaftliche bzw. berufsspezifische Einflußpotential sind gerundet. Die Rangplätze von Ereignissen, deren Einflußpotential auf gleiche Werte gerundet ist, wurden anhand der weiteren Nachkommastellen gebildet.

** Die Ereignisse sind geordnet nach ihrer gesellschaftlichen Relevanz.

*** Der Wert ist kleiner als 0,005.

Quelle: Historische Ereignisse I (1989).

Schaubild A 7: Definitionen von subjektiven Reaktionen und Erlebnisqualitäten

Subjektive Reaktionen auf individuelle Erlebnisse:

Individuelles Erleben	Erinnerung an ein Erlebnis als Bestandteil der eigenen Biographie
Persönliche Bedeutung	Auswahl eines Erlebnisses als eines der drei, die für das *»gegenwärtige politische Denken am bedeutsamsten sind«*

Eigenschaften der Erlebnisse:

Verbreitung $$V = \frac{\text{Individuelles Erleben}}{\text{Gesamtzahl der Befragten}}$$

Relevanz $$R = \frac{\text{Persönliche Bedeutung}}{\text{Gesamtzahl der Befragten}}$$

Einflußpotential $$EP = \frac{\text{Persönliche Bedeutung}}{\text{Individuelles Erleben}}$$

Politische Qualität $$PQ = \frac{\text{Saldierte Einflußrichtung (rechts-links)}}{\text{Persönliche Bedeutung}}$$

Politische Kraft $$PK = BEP \text{ x } PQ$$

$$PK = \frac{\text{Saldierte Einflußrichtung (rechts-links)}}{\text{Individuelles Erleben}}$$

Tabelle A 14: Verbreitung, Einflußpotential, Relevanz, politische Qualität und politische Kraft von 33 individuellen Erlebnissen

	Verbreitung	Einflußpotential*		Relevanz	Politische Qualität	Politische Kraft
Erlebnisse**	V	EP	Rang-platz	R	PQ	PK
»Arbeit in einer Fabrik, auf einer Baustelle«	0,69	0,25	14	0,17	–0,52	–0,13
»Elendsjahre nach dem Krieg«	0,52	0,35	5	0,19	–0,27	–0,10
»Teilnahme an friedlichen Demonstrationen«	0,51	0,14	26	0,07	–0,43	–0,06
»Bombenangriffe«	0,46	0,14	25	0,07	–0,30	–0,04
»Öffentliche Angriffe gegen Ihre Arbeit«	0,46	0,13	28	0,06	–0,13	–0,02
»Politischer Druck in der Redaktion«	0,42	0,33	7	0,14	–0,34	–0,11
»Vertrauensverhältnis zu einem Politiker«	0,42	0,18	23	0,08	–0,13	–0,02
»Gewalt bei Demonstrationen«	0,40	0,24	15	0,10	+0,08	+0,02
»Leben in einer Diktatur«	0,40	0,41	3	0,16	–0,53	–0,22
»Wohlhabend sein, wo Armut herrscht«	0,35	0,26	12	0,09	–0,78	–0,21
»Eigene materielle Not«	0,34	0,16	24	0,06	–0,52	–0,08
»Austritt aus der Kirche«	0,31	0,07	31	0,02	–0,36	–0,03
»Antideutsche Ressentiments«	0,31	0,07	30	0,02	+0,27	+0,02
»Engagement in einer kirchlichen Gruppe«	0,23	0,31	9	0,07	–0,36	–0,11
»Leben in einem anderen Land (mind. 1 Jahr)«	0,23	0,53	1	0,12	–0,10	–0,05
»Dienst in der Bundeswehr«	0,21	0,30	10	0,06	–0,76	–0,15
»Engagement in der Studentenbewegung«	0,19	0,32	8	0,06	–0,57	–0,18
»Leben in einer Wohngemeinschaft«	0,18	0,20	21	0,04	–0,39	–0,08
»Fronteinsatz«	0,18	0,23	17	0,04	–0,45	–0,10
»Kriegsgefangenschaft«	0,15	0,14	27	0,02	–0,40	–0,05
»Zusammenarbeit mit den Besatzungsmächten«	0,12	0,08	29	0,01	–0,80	–0,07
»Kandidatur für ein politisches Amt«	0,11	0,24	16	0,03	–0,15	–0,04

/...

Tabelle A 14: Verbreitung, Einflußpotential, Relevanz, politische Qualität und politische Kraft von 33 individuellen Erlebnissen (Fortsetzung)

	Verbreitung	Einflußpotential*		Relevanz	Politische Qualität	Politische Kraft
Erlebnisse**	V	EP	Rangplatz	R	PQ	PK
»Flucht aus den Ostgebieten«	0,11	0,21	20	0,02	0,00	0,00
»Schreiben gegen die eigene Überzeugung«	0,10	0,22	18	0,02	–0,45	–0,10
»Kriegsdienstverweigerung«	0,10	0,44	2	0,04	–0,62	–0,27
»Engagement in der Umweltschutzbewegung«	0,09	0,39	4	0,04	–0,61	–0,24
»Entlassung, Kündigung als Journalist«	0,08	0,18	22	0,01	–0,57	–0,11
»Übersiedelung aus der DDR«	0,07	0,33	6	0,02	+0,25	+0,08
»Verhaftung durch Polizei«	0,06	0,06	32	0,00***	0,00	0,00
»Engagement in einer Burschenschaft«	0,05	0,00	33	0,00	0,00	0,00
»Längere Arbeitslosigkeit«	0,04	0,21	19	0,01	–0,50	–0,11
»Engagement in der Frauenbewegung«	0,03	0,29	11	0,01	–0,80	–0,24
»Opfer eines Gewaltverbrechens«	0,02	0,25	13	0,00***	+0,50	+0,25

* Die Werte für das Einflußpotential sind gerundet. Die Rangplätze von Erlebnissen, deren Einflußpotential auf gleiche Werte gerundet ist, wurden anhand der weiteren Nachkommastellen gebildet.
** Die Erlebnisse sind geordnet nach ihrer berufsspezifischen Verbreitung.
*** Der Wert ist kleiner als 0,005.
Quelle: Historische Ereignisse I (1989).

Register

Kursiv gesetzte Seitenzahlen verweisen auf Tabellen und Schaubilder, alle anderen Angaben beziehen sich auf Erwähnungen im Text.

Medien und Politik – ein spannendes Verhältnis

Elisabeth Noelle-Neumann
Hans Mathias Kepplinger
Wolfgang Donsbach

Kampa

Meinungsklima und Medienwirkung
im Bundestagswahlkampf 1998

2. Auflage 2000. 288 Seiten mit Tabellen und Graphiken. Gebunden.
ISBN 3-495-47981-3

»...Pflichtlektüre jedes professionellen Wahlkämpfers. Politisch interessierten Lesern sei dieses Buch ebenso ans Herz gelegt. Da sich die Autoren eines klaren Stils ohne fachchinesisches Imponiergehabe befleißigen, erwartet auch Nichtfachleute eine fesselnde Lektüre. Sie öffnet ihnen die Augen dafür, wie raffiniert politische Werbung in der Informationsgesellschaft kritische Vernunft durch systematisch erzeugte Stimmungen auszuschalten versucht.« (Rheinischer Merkur)

Hans Mathias Kepplinger

Die Demontage der Politik in der Informationsgesellschaft

2. Auflage 2000. 256 Seiten mit 52 Schaubildern und 9 Tabellen. Gebunden.
ISBN 3-495-47892-2

»Kepplinger legt ein spannendes Buch vor, materialreich bestückt mit Daten über die Entwicklung der Berichterstattung von meinungsbildenden Zeitungen – Daten, die einer umfassend angelegten und sehr verdienstvollen Studie entstammen. Der Leser nimmt nicht nur viele interessante Ergebnisse, sondern auch viele gescheite Interpretationen und kräftig formulierte … Urteile wahr.« (Kölner Zeitschrift für Soziologie und Sozialpsychologie)

Verlag Karl Alber Freiburg / München

Alber-Reihe Kommunikation *relaunched*

In der Reihe sind bisher 26 Bände herausgekommen. Mit Band 21 setzt die *neue Folge* ein, die in verbesserter typographischer Gestalt und in festen Einbänden erscheint.

22: Ripper, Heiko: Der Große Kommunikator. Die Medienstrategie Ronald Reagans im Kontext der US-Präsidenten.
1998. 240 Seiten. Gebunden. ISBN 3-495-47840-X
»A substantial part of the political thing is acting and role playing and I know to do that.« *Ronald Reagan*

23: Esser, Frank: Die Kräfte hinter den Schlagzeilen. Englischer und deutscher Journalismus im Vergleich.
1998. 528 Seiten mit 24 Schaubildern und 17 Tabellen. Gebunden. ISBN 3-495-47882-5
Was sind die »identitätsstiftenden« Einflußkräfte des englischen und deutschen Journalismus? Was kann der eine vom anderen lernen?

24: Kepplinger, Hans Mathias: Die Demontage der Politik in der Informationsgesellschaft.
2. Aufl. 2000. 256 Seiten mit 52 Schaubildern und 9 Tabellen. Gebunden. ISBN 3-495-47892-2
»Die Medien haben der Politik ihre Regeln aufgezwungen.«

25: Noelle-Neumann, Elisabeth; Kepplinger, Hans Mathias; Donsbach, Wolfgang: Kampa. Meinungsklima und Medienwirkung im Bundestagswahlkampf 1998.
2. Aufl. 2000. 288 Seiten mit Tabellen und Graphiken. Gebunden. ISBN 3-495-47981-3
Eine fundierte Analyse des Bundestagswahlkampfes 1998 und eine Antwort auf die Frage, warum die Kampagne der SPD so erfolgreich war.